南开史学 | 成立100周年
Faculty of History, Nankai University

"南开史学百年文存"丛书

南开史学百年文存

日本卷

刘岳兵 主编

天津出版传媒集团

天津古籍出版社

天津人民出版社

图书在版编目（CIP）数据

南开史学百年文存. 日本卷 / 刘岳兵主编. —— 天津:
天津古籍出版社 : 天津人民出版社, 2023.9
ISBN 978-7-5528-1382-1

Ⅰ.①南… Ⅱ.①刘… Ⅲ.①史学—文集②日本—历
史—文集 Ⅳ.①K0-53②K313.07-53

中国国家版本馆CIP数据核字(2023)第155213号

南开史学百年文存·日本卷

NANKAI SHIXUE BAINIAN WENCUN RIBEN JUAN

出　　版	天津古籍出版社　天津人民出版社	
出 版 人	张　玮	
地　　址	天津市和平区西康路35号康岳大厦	
邮政编码	300051	
邮购电话	（022）23332469	
电子信箱	reader@tjrmcbs.com	

策划编辑	刘　庆　王　康　沈海涛		
责任编辑	王滟滟		
封面设计	汤　磊		

印　　刷	河北鹏润印刷有限公司	
经　　销	新华书店	
开　　本	710毫米×1000毫米　　1/16	
印　　张	36.25	
插　　页	2	
字　　数	593千字	
版次印次	2023年9月第1版　　2023年9月第1次印刷	
定　　价	188.00元	

总　序

南开史学诞生于风云激荡的五四运动时期。1919 年南开大学创建伊始，即设有历史学一门。从 1923 年正式创系，2000 年改组为学院，至今南开史学走过了漫长而绚烂的峥嵘岁月。百年以来，先贤硕学筚路蓝缕，后继者恢弘开拓，逐渐形成了"中外交融，古今贯通"的学科特色和"惟真惟新，求通致用"的史学传统，从而奠定了南开史学在海内外学术界的重镇地位。

20 世纪 20 年代初，应张伯苓校长的邀请，"史界革命"巨擘梁启超欣然来校，主讲"中国历史研究法"，揭橥现代新史学的两大要义，即改造中国史学和重写中国历史。梁氏对于人类文明视野下的中华民族史寄予无穷之期待，并有在南开筹设"东方文化学院"、切实推进文化传统研究的非凡构想。1923 年秋，南开大学迁入八里台新址，正式建立历史系，聘请"近代化史观"的先驱蒋廷黻为创系主任，兼文科主任。不久，刘崇鋐、蔡维藩接踵而至。蒋廷黻前后执教六载，系统构建了南开世界史的课程体系。南开文科还有李济、范文澜、汤用彤、萧公权、何廉、刘节、吴其昌、余协中等一批名家执教。

1937 年 7 月全国抗战爆发，南开大学与北京大学、清华大学奉命南迁，先组"长沙临时大学"，后移昆明，定名为"西南联合大学"。三校史学系融为一家，弦歌不辍。史界翘楚如北大的姚从吾、毛准、郑天挺、向达、钱穆，清华的刘崇鋐、雷海宗、陈寅恪、噶邦福、王信忠、邵循正、张荫麟，南开的皮名举、蔡维藩，以及联大的吴晗等，春风化雨，哺育一大批后起之秀。民族精魂、现代史学赖以延续和阐扬,功在不朽。

抗战胜利以后,历史系随校重返天津,文学院院长冯文潜代理系务。文学院的规模原本不大,历史系更是小中之小,冯氏苦心擘画历史系的发展事宜。1952年全国院系调整之际,北大历史系主任郑天挺、清华历史系主任雷海宗联袂赴津,转任南开历史系主任和世界史教研室主任。杨志玖、黎国彬、杨生茂、王玉哲、吴廷璆、谢国桢、辜燮高、杨翼骧、魏宏运、来新夏等卓越史家,云集景从,历史系获得突破性发展,成为名家云集的一流重镇,一时有"小西南联大"的戏称。

20世纪五六十年代,历史系除设有中国古代史、中国近现代史和世界史三个教研室外,又经教育部批准,陆续成立明清史、美国史、日本史和拉丁美洲史四个研究室,基本确立了布局合理、学术特色鲜明的学科结构。改革开放以后,南开史学更是焕发了勃勃生机。依托历史系学科及人才的优势,南开大学先后成立历史研究所(1979年)、古籍整理研究所(1983年)、日本研究中心(1988年)和拉丁美洲研究中心(1993年),在国内高校中率先创建博物馆学专业(1980年)。在1988年公布的国家重点学科名单中,中国古代史、中国近现代史和地区国别史三个二级学科全部入选。

2000年10月,历史系、历史研究所、古籍整理研究所和拉丁美洲研究中心合并组建历史学院,南开史学步入任重致远的发展新阶段。2007年,历史学入选国家一级重点学科,拥有中国史、世界史、考古学三个一级学科博士及硕士学位的授予权及博士后流动站。日本研究中心于2012年经教育部批准成为国别和区域研究基地,美国研究中心、拉丁美洲研究中心和希腊研究中心相继成为教育部国别和区域研究备案中心,同时设有中外文明交叉科学中心、科学技术史研究中心、生态文明研究院、古籍与文化研究所、美国历史与文化研究中心等科研机构。2017、2021年,世界史学科两次入选教育部一流学科建设名单,历史学院编制通过了以世界史为龙头、中国史和考古学为支撑及协同的历史学一流学科建设规划。

从梁启超、蒋廷黻、郑天挺和雷海宗开始,南开史学历经孕育(1919—1923年)、创业(1923—1952年)、开拓(1952—1978年)、发展(1978—2000年)和持续深化(2000年迄今)五个发展阶段。每一代的南开学人坚持与时代同行,和衷共济,在中国史、世界史、考古文博的学科体系、知识体系和理论体系方面踔厉风发,取得一系列卓越的学术创获。正所谓:"百年风雅未销歇,犹有胜流播佳咏。"试举其荦荦大端者,分列三项,略述于下。

第一,立足学术传统,彰显史学重镇之本色。南开的中国古代史研究积淀深厚,成就斐然。20世纪60年代,郑天挺参与全国高等学校文科教材编选计划,主编《中国史学名著选》《中国通史参考资料》,成为全国历史学子的必读著作。郑天挺、杨志玖等主编的《中国历史大辞典》和刘泽华等撰写的《中国古代史》,被视为20世纪末学界标志性的学术成果。在郑天挺、杨志玖、王玉哲、刘泽华、冯尔康、郑克晟、南炳文、白新良、朱凤瀚、张国刚、李治安、杜家骥、刘晓、陈絜、张荣强、夏炎和马晓林等几代学人的努力下,南开古代史研究在多个基础性领域内佳作迭出,长期处于领先地位。譬如,先秦部族、家族、地理考订,汉魏户籍简帛,唐代藩镇,元代军政制度、宗教和马可·波罗,明代政治文化、典籍和佛教,清代幕府、八旗、满蒙联姻和区域经济等。不仅上下贯通,形成若干断代史学术重镇,而且薪火相传、代不乏人。

南开世界古史研究亦是源远流长。雷海宗、辜燮高、黎国彬、周基堃、王敦书和于可等前辈史家开辟荆榛,在古希腊、罗马帝国、拜占庭帝国、基督教史等领域取得丰硕成果。陈志强领衔的拜占庭学团队致力于探寻历史唯物论指导下的拜占庭史宏观理论,其重大成果颇受国际同行之认可。杨巨平首次将亚历山大帝国、希腊化世界与丝绸之路开通综合考察,为"一带一路"的建设提供学理借鉴。

史学史是对人们研究历史的过程及其思维成果的反思,是对一切历史知识的再批判。以杨翼骧、乔治忠、姜胜利和孙卫国为代表的南开学人,不仅系统构建了中国史学史的资料体系,而且突破传统的"名家名著"的研究范式,着眼于探索史学发展的社会机制、古典史学的理论体系和东亚文明视野下的比较史学,极大地拓展了史学史的视野、理念及方法。

第二,把握时代脉搏,求通致用发南开之声。地区国别史是南开传统的优势学科。在美洲史领域,杨生茂、张友伦、梁卓生和洪国起等史学前辈着人先鞭,王晓德、李剑鸣、赵学功、韩琦、付成双和董瑜等接续推进,使其成为国内实力最强的研究团队。日本史在吴廷璆、俞辛焞、杨栋梁、李卓、宋志勇、刘岳兵及王美平的带领下,风起云涌,在国内独树一帜,担当领军者角色。南开大学世界近现代史研究中心依托地区国别史的雄厚底蕴,以"世界现代化进程中的社会转型"为主攻方向,超越西方现代化理论视野,以国际视野、比较视角在政治史、经济史、社会史以及环境史、医疗史等领域,致力于建构新时代中国特色的现代化史理论,成果迭出,反响巨大。

20世纪60年代以来,在著名历史学家魏宏运、来新夏、陈振江和李喜所等带领下,南开在全国高校中较早开展"四史"研究,确立深厚的学术传统和研究特色。来新夏的北洋军阀史、陈振江的义和团等研究,学术影响很大。魏宏运开辟了社会经济史视野下的抗日根据地研究,出版了学界最具影响的抗日根据地资料汇编和抗日根据地史专著。结合"乡村振兴"国家战略,王先明悉心探究20世纪中国乡村的发展历程,《乡路漫漫——20世纪之中国乡村(1901—1949)》被译为英文在国外出版。李金铮提出原创性的"新革命史"理念和方法,江沛倡导近现代交通史的研究,李喜所、元青等的近代留学生史研究,受到海内外学界的高度重视。

南开大学是全国第一家开设博物馆学专业的高校,为我国博物馆事业发展培养了大批人才。博物馆学研究团队在博物馆数字化、文化遗产活化利用、文旅融合等具有战略性、紧迫性、前瞻性的研究方向持续发力,有力提升了中国博物馆与文化遗产领域的国际学术话语权。王玉哲主编的《中国古代物质文化》是国内物质文化史研究领域的第一本专著。朱凤瀚的《古代中国青铜器》是国内青铜器研究的扛鼎之作。刘毅在明代陵寝制度研究方面的成就国内首屈一指,主编马克思主义理论研究和建设工程教材《文物学概论》,彰显南开考古文博在国内学界的影响力。刘尊志和袁胜文等在汉唐宋元考古领域取得了良好的成就。

科技史与国家战略密切相关,南开史学顺应国内外学术发展新态势,通过人才引进和学术重组,成立了科技史研究中心,在张柏春的带领下,目前正在加强对工程技术、疾病医疗、生态环境、水利灾害等方面的科技史研究,运用生态学思想理论方法探询众多科技领域之间的广泛联系、相互作用和协同演进关系。

第三,聚焦学术前沿,引领历史学科之新潮。社会史是改革开放以来中国史学界最具标志性和学术活力的研究领域。南开史学在冯尔康、常建华的引领下,成为这一领域最重要的首创者和推动者,形成了社会结构与社会生活并重嵌合的学科体系,出版《中国社会结构演变》《中国社会史概论》等著作;提出"从社会生活到日常生活""生活与制度"等学术理念,出版《日常生活的历史学》《追寻生命史》等重要学术成果;在宗族史、家庭史研究方面做出开创性贡献,形成了南开社会史的研究特色。明清以来的华北区域社会经济研究,也是南开社会史的一大重要特色,许檀、王先明、李金铮和张思等人的研究颇具学术影响力。

21世纪以来,在南开社会史丰厚的学术土壤中,医疗社会史研究破土而出,成为南开史学颇具亮色的学术增长点。余新忠、丁见民等南开学人,从中外疾病医疗史研究出发,立足中国视角和中国经验,融汇新文化史、知识史等新兴前沿理念和方法,提出"生命史学"之标识性学术理念,在国际学术舞台上发出响亮的南开声音。

以刘泽华和张分田等为代表的"王权主义反思学派",立足于中国政治思想史的深刻研究,提出"王权支配社会"等一系列重要的命题和论断,对于把握传统政治文化与政治实践的特点,具有极高的理论创新性。刘泽华所著《中国传统政治思想反思》及主编的三卷本《中国政治思想史》被译成韩文在韩国出版,《中国的王权主义》一书正在西方学者的译介之中。"王权主义反思学派"前后出版专著四十余种,在海内外学术界产生巨大的影响。

南开史学是中国环境史研究的主要倡导者和引领者。王利华和付成双领衔的南开中外环境史团队开展多项在全国具有首创性的工作:先后组织举办中国和亚洲规模最大、层次最高的国际学术会议,主持成立第一个全国性环境史研究学术团体——中国环境科学学会环境史专业委员会。2015年,历史学院联合相关学科共同创建南开大学生态文明研究院,开展文理学科交叉的生态文明基础理论研究和教育,由十多位院士、长江学者和权威学者共同开设《生态文明》大型慕课,获得多项国家和部省级建设支持或荣誉,南开环境史在全国产生了广泛的影响力。

南开史学创系百年来,秉持南开"知中国""服务中国"的教育理念,追求"做一流学术,育卓越人才"的教育目标,以培养品德高尚、学识卓越、兼具科学精神和人文情怀的优秀人才为己任。迄今已培养数万名合格人才,桃李遍及海内外。毕业生多数工作在高教、科研、新闻、出版、文化、文物考古及博物馆等部门,成为教育文化领域的著名学者和专家,还有一大批活跃在行政、经济、军事等各类管理部门,成为各个行业的领导和骨干力量。

值此百年重逢的历史节点,历史学院决定编纂一套"南开史学百年文存"丛书,以彰显南开史家群体艰辛扎实的学术探索和丰硕厚重的治史业绩,为这不平凡的世纪光影"立此存照"。凡曾执教于南开历史学科的学者均在网罗之列,择其代表性论文一篇,难免疏漏或选择不当,望读者谅解。本套书总计十卷,包括《先秦至隋唐卷》《宋元明清卷》《中国近代史卷》《中国现代史卷》《专门史卷》《世界上古中古史卷》《亚非拉卷》《欧美卷》《日本卷》《文博考古卷》。

南开史学百年来取得的累累硕果,离不开历代南开学人的辛勤耕耘和学界同人的长期扶持。述往事,思来者。新一代的南开学人将一如既往地秉持南开的"大学之道",弘扬"新史学"的创造精神,胸怀时代发展全局,引领中国史学发展的新潮流,为创立中国自己的学科体系、知识体系和理论体系不懈奋进！

"南开史学百年文存"丛书的编辑工作及其顺利付梓，首先需要向南开史学的先辈致以崇高的敬意。特别要提到的是，确定已故史家的入选论文，得到他们的家人、弟子的热心支持，在此一并表达谢忱。其次，要向惠赐大作的诸位师友致以诚挚的感激。尤其是不少已荣退或调离的教师，对于这一项工作极为关心，慨然提交了自己的精心之作。再次，也要感谢南开大学中外文明交叉科学中心对文存出版的慷慨资助。最后，还要感谢天津人民出版社、天津古籍出版社的各级领导和各位编辑，他们对于文存的编辑和出版等各方面，给予了细致、有力的指导和帮助。

因编辑时间短促，编者学术水平的限制，文集中会有疏漏之处，凡此，均由文存编委会负责，恳请各位师友不吝赐正。

编委会

2023年6月

出版说明

1."南开史学百年文存"包含十卷,即《先秦至隋唐卷》《宋元明清卷》《中国近代史卷》《中国现代史卷》《专门史卷》《世界上古中古史卷》《亚非拉卷》《欧美卷》《日本卷》《文博考古卷》,每卷由各个领域相关教研室的负责人担任主编,所选取的文章为曾全职在南开大学历史学科任教的学者具有代表性的论文。在遴选的过程中,各卷均根据实际情况有所取舍,疏漏和不当之处,敬请广大学人和读者包涵。

2.每卷文章按照发表时间依次排列。

3.有些文章因撰写和发表的时间较早,有些引文一时难以核查到准确的出处,无法按照现行规范的方式标注,故这次发表保留了刊发时的原貌。

4.本文存由南开大学历史学科学术委员会策划并统筹相关学术事宜,委托各个领域相应的教研室负责人联合教研室力量开展具体编纂工作,是历史学科全体同人的集体成果。

5.在全书编校的过程中,为保持作品原貌,对文章的修改原则上仅限于体例上、错别字的勘误等,不过也有部分作品依据作者意愿,进行了增补,或依据最新出版规范,进行了删改。

编委会

2023年6月

目 录

中日俄与东三省

蒋廷黻先生讲　乐永庆记

现在国内外交问题极多：如取消不平等条约，收回领事裁判权，等等。最近国府外交部，也正在进行收回领事裁判权及筹备关税自主。但我们以为这些外交问题，都不似东三省问题之重要。

东三省问题，是现在中华民族最大问题，也是将来中华民族极重要的问题，因为那是中华民族将来发展的最好的地方。

日人近来常宣传东三省是满洲人的东三省；意思是日本人在东三省，与汉人乃立于同等地位。可惜这种宣传，毫无历史上的根据！我们从历史上看，汉人之到东三省，并不自清始而远在隋唐之际，距今已一千多年。是辽东在一千多年前，即为中国之土地。且现在东三省的人民，十之六七是中华民族。故就中日俄三国与东三省之历史的关系而论，中国较之日俄都长远而深密。可惜东三省与中国，虽已有了一千多年的历史的关系，而因中国未曾有积极的政策，未曾有如何开辟东三省和如何到东三省殖民的计划，所以千多年来，汉人在东三省，毫无结果。

三国之中，对东三省有政策，有计划而又抱极大野心的，首推俄国。在16世纪时，俄人即开始经营西比（伯）利亚；17世纪中叶（明末清初）俄人势力，已达满洲边境。但这种经营并非俄政府的经营，而是俄国住在边境上的人民的经营。时值康熙初年，中国势力正大，乃出兵征之，结果中国胜了。但前边已经说过：经营中国东北边境的是俄边的游民 Khabaroff. 等等不是俄国的政府；所以这一次的战争，也只算是中国与一部分俄人之战，而非中俄之战。幸而胜了，算不了什么一回事。

1689年（清康熙二十八年）中俄和约成，划分国界，东自黑龙江支流格尔必齐河，沿外兴安岭至海；凡岭南诸川，入黑龙江的属中国，岭北的属俄国。西以额尔古纳河为界；河南属中国，河北属俄国。自此以后，外兴安岭一带，完全属于中国。这是外交上一大胜利，同时俄人之侵略满洲，也稍和缓。但外来的侵略，虽稍和缓，而中国本身，对东三省仍不谋积极发展。1858至1860年（咸丰时)英法联军与中国对敌,后入北京,文宗避难热河,赖俄使居间调停,始得解围。事后俄国索酬,要求中国改定条约。乃于1858年先后定瑷珲条约及天津条约。在天津条约里,中国把乌苏里江以东地方给俄;在瑷珲条约里,中国把黑龙江以北地方给俄。自此俄国地镜,乃与朝鲜接壤。这是俄国在东三省外交上一大胜利。

19世纪末,俄修西比(伯)利亚铁路。俄国最初计划,本拟绕道中国北境以入海,但困难极多,乃于光绪二十二年(1896年)与中国定北京条约,取得中东路在中国建筑权。越二年再定北京条约,取得旅顺大连租借权;而中东路也由哈尔滨至大连,延出一条支线。俄国在东三省外交,又一次的胜利。

查近代帝国主义之侵略,其原因不外资本太多,须设法向外投资;或国内工业发达,供给过于需要,乃向外发展去找市场来销国内过多的出品。但俄国之侵略东三省则不然。彼时俄国并不是很富:西比(伯)利亚之建筑,是从法国借款。彼时俄国工业也不算十分发达;供给既没超过需要,原料也感不到怎样的缺乏。俄国之侵略东三省,完全是政治的关系,军事的关系。中东路在日俄战前,毫无经济的价值;所以直到1914年时,中东路总是年年赔钱;但俄政府却乐于如此,且甘愿每年出很大数的款,赔在中东路上。

不但中东路如此,其他俄国在东三省一切的建筑,也莫不是毫无经济的价值或计划,他们直是一种在东三省立国的计划。虽然中东铁路建筑时,有36年后得由中国收回之规定;但俄国知道中国的经济情形是无力收回的,所以一切建筑,工程都极浩大,以便无形中阻止中国的收回。同时又要求铁路两旁七华里划为铁路附属地,在此界限以内,一切警察权,司法权,行政权完全由中俄合办!这是世界空前奇闻,也是俄国在东三省有政治野心之表现。这种奇异的特权,日俄战后,日本又承继俄国而享受之。今之所谓满铁附属地,即缘于此。自此而后,由绥芬河至满洲里,自哈尔滨至大连,沿路三千七百多里的国权,完全断送了!

1894年中日战后,日本灭朝鲜。此时俄国在东三省,既有横贯三省的中东路,又有了辽东半岛的租借权。势力之大,远非日本可比!在这种情形之下,日俄感情,日见恶劣,于是发生1905年之日俄战争。俄国大败,长春以南的俄国权利,完全转到日本手中;俄国在东三省势力,也稍减杀。这是俄国在东三省失败的开始。

1917年俄国发生革命,新政府宣言放弃一切权利,愿另定平等的新约,中国政府乃于1924年与俄定中俄协定,收回中东路附属地内一切警察司法行政权,把中东路变成一个纯粹商业性质的公司。这是俄国在东三省失败的第二步。

1924年中俄协定成立后,中东路的政治意味,消减殆尽。在这公司里,最高机关为理事会,由十人组成,中俄各五人;主席则中国人。理事会主席,同时兼任中东路督办,督办下又有会办一人,俄人任之。理事会之外有监事会,由五人组成:中国人二俄国人三,主席是中国人。行政部最高首领为局长,俄国人任之;局长下有副局长二人,中俄各一人。但按中国人特性,这个副局长照例只是月拿甘薪两千元,不管政事的。局长之下设许多处,每处有一处长。以前处长完全为俄人,现工程卫生两处长已换中国人,其余还都是俄人。至铁道附属地自中俄协定后,中国可说是完全收回了。现在哈尔滨有特别区行政长官,就是管理这收回的附属地的,其地位与职权,有如一省省长。

公司组织已变更,所谓的铁道附属地也完全收回了,但全路的行政,其至各站站长,还是完全由俄人任之,没有一个中国人任站长的!所以如此的,大约不外三原因;

一是1924年之中俄协定只有大纲而无办事细则。在新的细则未定前,旧的细则,当然继续有效。现在中国方面,虽急欲重订新的办事细则,而俄方却一意推诿!

二是中国人才缺乏。现在中东路一切来往文件,还是仍用俄文;中国在这方面的人才,数固不少,但能用则极少。

三是现在的组织,如理事会,至少要有七人到会才能开;而一件议案,至少要六票才能通过。换句话说,通过一件议案,至少要有俄方的一票。但是五个俄国理事,都是一个鼻孔出气,全受会办之指挥。所以一件议案通过之前,中国的督办须先与俄国的会办有一度接洽,而理事会之开会,也不过作一形式上的通过罢了。

另外还有一个原因,使中东路行政权完全落于俄人手中:就是东三省当局,年年向外用兵,军费浩大,于是想从中东路盈余中,提出一部分来充军费;而俄人则主张以盈余扩充资本,添置车辆。几经交涉,俄方允以盈余提充军费,但以不干涉行政权为条件。东省当局,需用军费甚急,于是竟不顾一切而承认俄方条件,铁路行政权,遂完全在俄人掌握中。但俄人势力,已远不如往年;中国人才如多,当局再稍有决心,则行政权完全收回,不算什么难事。

前边已经说过:俄国最初建筑中东路之目的,在以政治的手腕,侵略东三省。这完全是一种帝国主义者的办法。及1917年革命后,劳农政府成立,遂一变其侵略东三省之目的而为宣传主义,鼓吹世界革命,即以中东路收入,作为宣传费。但是到了现在,共产主义及世界革命已因东三省当局之限制而不能宣传,铁路收入又不能自由支配,俄国在东三省,可谓节节失败!

俄国现在在东三省,可以说无政策,也无计划。只取一种观望态度。将来如何,须看东三省当局——或者说中国人——之努力如何。中国方面,如果能有计划有政策的发展东三省,那末(么)俄国的势力,总是难于恢复的。到那时候,俄国或者联合日本以侵略东三省也未可知:这并不是故意的张大其词或脑经过敏,看俄国廿年之外交,实在可能。如1905年日俄之战,俄国大败;深仇未复,又于1907年与俄定密约,反对英美在东三省投资。从这种地方看来,将来的日俄联合以侵略东三省,又何足为奇?所以欲打倒俄国在东三省势力,首要在能打破日俄之联合。

日本方面自1905年后,以"南满路"为大本营,积极侵略东三省。"南满路"若分析起来,也是一种政治的侵略。与中东路不同的是"南满路"虽是一种政治的侵略,同时也顾到经济方面;日本政府从来不愿如俄国的把许多钱来赔在铁路上。

日本在"南满"沿线政治的事业极多,如警察、学校、试验场、农场等。1905年以来,侵略结果最大成绩为"二十一条",现在又在进行第二步了。

日本在东三省铁路,现已有自长春至大连的"南满路"干线,一千三百多里;又有支线到抚顺,安东,营口等处,合计也千余里。近又计划由会宁筑路经敦化,吉林以达长春,与"南满"干线连接,以完成其两港两路计划。这计划若果成功,则东三省东南方面,完全为日本势力的包围,政治经济各方面,将失其保障了。

中国方面,因为要打破日本的包围,也正在进行奉海吉海二路,以与"南满路"抗。

同时为欲与日本两港两路计划争抗,又计划一个一港两路的办法:就是一方面从吉林的宁安筑一条路经敦化、吉林、海龙以达奉天,又一方面由黑龙江省的克山,筑一条路经昂昂溪、洮南、郑家屯(即通辽)以达打虎山,然后再两路回合而由平奉路达葫芦岛。此之谓一港两路。

中国一港两路之计划若能成功,则中国在东三省可与日俄并驾齐驱了。因为彼时在东三省势力,俄有一港一路,日有一港一路(或二港二路),中国则有一港二路；中国地位，不远在日俄之下。经济方面，中国可不惜减低运费——或直至免费运输，以与日俄抗。因为减低运费，直接受益的是中国人。且经济流通起来，农产的输出，不发生阻碍，则农人经济情形日佳。到那时候再增加田赋来补铁路的损失，只有剩余，绝无不足！

葫芦岛开港，东省当局现正在积极进行。据调查港口似乎比大连港小，但总可将就用，且胜于无多多了！

看这种计划，我们常说东三省当局卖国的误会，总可永释了。其实东三省当局，外交手段并不十分坏，只是太聪明了，所以常思借日本武力以统一关内。自皇姑屯炸弹案发生后，东三省当局大觉悟，觉得以前的政策是不对的；为要保持东三省的主权，非同中央政府联为一气不成功，盖三省势力太孤，实不足以与日抗。同时为要打倒日本在东三省的经济的势力，对于英美投资者，十分欢迎。所以现在东三省当局外交的趋势，不外两点：

第一，同中央政府一致，俾得以全国势力对付日本；

第二，对外国开放——即欢迎英美投资——以减杀日本在东三省的经济权利。

本文原刊载于《南开大学周刊》第 63 期，1928 年 10 月 30 日。

作者简介：

蒋廷黻（1895—1965 年），湖南邵阳人，著名历史学家、外交家。南开大学历史系首任主任，中国近代外交史研究的开拓者。1919 年进入哥伦比亚大学学习，1923 年获得博士学位回国，任教于南开大学历史系，担任系主任兼文科主任。1928 年夏，参与张伯苓组织的东北考察活动，1929 年应清华大学校长罗家伦之邀，担任清华华大学历史系主任。1935 年之后从政，1965 年病逝于纽约。

日本研究谈

张伯苓

许多人会以为中国人是在怕日本,其实是看错了,如果中国人真个怕日本的话,那便好了,何至于到现在还是这样朦胧呢?反之,日本人为什么对于中国研究得这样清楚明了?就为的是怕中国的缘故。

稍为明白国际情势的,都知道今后中日两国间如无论感情是好是坏,但关系必较前更深,交涉必较前愈密;而中日两国为求各自国家的生命能够在世界存续计,必须相互扶助,不能相互猜忌,若果是相互猜忌,便是相杀也就是自杀。所以,想得到两者相互扶助的真精神,在日本首先要努力设法消融中国人对日本的嫌恶心理,进而使中国达到能谅解程度;在中国便要努力设法了解日本的全内容,欲求了解,唯有研究。

本文原刊载于《日本研究》第1卷第2号(1930年2月上海新纪元社发行)。

作者简介:

张伯苓(1876—1951年),名寿春,字伯苓,天津人。中国近代著名教育家、社会活动家、体育家和伟大的爱国主义者,南开系列学校的主要创始人。1892年考入北洋水师学堂,毕业后一度入海军服役。后弃武从文,应天津社会名流、著名教育家严范孙之聘,在严氏家馆任塾师。1904年偕严范孙赴日本考察教育,嗣在严氏家馆基础上建起了一所私立中学,定名敬业中学堂。1907年改名南开中学堂。1919年南开大学正式成立。1937年七七事变后,南开大学校舍被日军炸毁,学校被迫南迁,与北京大学、清华大学合组"国立西南联合大学",张伯苓与北大校长蒋梦麟、清华校长梅贻琦一起任校常务委员,共同主持校务。1951年在天津病逝,享年75岁。

大化改新前后日本的社会性质问题

吴廷璆

一、问题的提出

大化改新在日本历史上是与近代的明治维新同样具有它划时代的意义的。改新运动发生在7世纪中叶,相当于中国唐代初年。改新前日本的氏族制度正面临崩溃,贵族和地方豪族占有土地外还私有着奴隶和束缚在土地上的"部民",作为自由民的"公民"逐渐失去土地,皇室大权为大氏族贵族所操纵。645年(大化元年)皇室在一次宫廷政变中掌握了政权,在此后若干年中,宣布了一系列的改革政策:贵族私有的土地、人民全部归国家所有,模仿唐朝,实施班田收授法和租庸调制,规定了新的政治体制,扫除了氏族制度的势力,建立起中央集权的国家机构。

大化改新是一种自上而下的改革运动,改新后全国的土地人民形式上是成为"公地公民",但事实上不久又私有化了。

以上就是大化改新前后情形的简单说明。大化改新虽然不是社会革命,作为政治改革运动来看,它也不是彻底的,但它在日本历史上却有其重大意义,这是因为运动本身正处在日本古代社会转变的关头,大化改新在显示这一转变上具有鲜明的性质,为此它在日本历史科学中曾被作为划分历史时代的重要标志。

日本历史的分期问题,比较困难的是原始社会到封建社会,即大化改新前后的这段时期。由于历史家们对日本这段时期社会经济性质认识的不一致,过去曾展开激烈的论争,长期得不到解决,因此造成研究和讲授日本史的极大不便,就我们目前所知,对于这段时期即公元1世纪到12世纪末(镰仓幕府成立)将近1200年间的日本历史,主要已有以下四种分期说:

一是认为日本古代国家成立于公元3世纪,在此以前属于原始共产制时代,3世纪后进入奴隶制时代,大化改新从法律上巩固了奴隶制度,至于日本的封建社会则到12世纪末的镰仓时代才完全形成,主张这种学说的以伊豆公夫

为代表;①

二是认为日本大化改新以前是氏族制接近崩溃,奴隶制兴起的时代,改新以后入于农奴经济时代,主张这种学说的以泷川政次郎为代表;②

三是认为日本上古社会是氏族制社会,大化改新后到奈良时代(8世纪)是奴隶制社会,平安时代(9至12世纪)是"庄园制"社会,镰仓时代(13至14世纪)才入于封建社会,主张这种学说的以本庄荣治郎为代表;③

四是认为在公元前一二世纪日本的氏族社会内部就已产生了家内奴隶制,但它并没有发展的条件,到公元后5世纪作为奴隶制的一种变态(属于奴隶制发展的最后阶段)——"部民制"得到支配的地位,大化改新后"亚细亚的封建制"代替了部民制,典型的封建制是到了镰仓时代才形成的,主张这种学说的以早川二郎为代表。④

第一种分期说(伊豆说)曾经为进步的日本史学者所普遍主张,最近西冈虎之助等主编的《日本历史讲座》原始古代篇(1952年)、井上清著的《日本的历史》(1953年)及伊豆的新著《日本历史》(1953年),基本上还采取这一分期说,但这一学说因为对日本史只做了公式化的解释,关于历史上一些重要问题如部民制,班田制等的性质,缺乏具体深入的分析,因此这一学说本身就存在着许多不能解决的矛盾,如既认为大化改新前后都是奴隶社会,但对改新前广大"公民"阶级(自由农民)的存在却不加解释,把改新后班田制度下的农民说成是接近"奴隶"或半奴隶(国有奴隶),也没有充分的论证。⑤

同样以社会经济形态为基础而分期的第四种学说(早川说)和伊豆说就有很大的差别,早川说比较深入地分析了日本大化改新前后的社会性质,但强调部民制是奴隶制在日本的"变态",认为它是"奴隶制发展的最后阶段",又使得问题复杂化而不易被一般人所接受。

第二、三两种分期说是日本资产阶级学者在划分日本社会经济史时期所提出的,由于他们都否认阶级斗争是阶级社会发展的基本动力,否认生产关系

---

① 伊豆公夫:《日本史入门》,《日本历史讲话》(中译本),余平译,五十年代出版社,1951年。

② 泷川政次郎:《日本法制史》,有斐阁,1928年;《日本奴隶经济史》,乾元社,1948年;《日本社会史》,徐孔僧译,华通书局,1931年。

③ 本庄荣治郎:《日本社会经济史》,改造社,1930年;《日本社会史》,改造社,1936年。

④ 早川二郎:《日本历史读本》,白扬社,1948年;渡部义通等:《日本古代史的基本问题》,白扬社,1936年。

⑤ 伊豆公夫:《日本历史》,骏台社,1953年,第34~35页。

一定要适合生产力性质这些马克思主义的基本原则,只从历史现象来说明问题,不认识历史上社会经济形态变化和发展的客观法则,当然就不能对历史做出正确的分期。如泷川政次郎一方面认为大化以前是氏族制要崩溃的时代,在另一处又说这时是农奴时代,一方面主张日本古代社会无疑存在着奴隶制度,同时又说日本的奴隶经济时代是在“现在不能以纪录证实的往昔”,[①]前后混乱,自相矛盾。本庄荣治郎既认可奈良时代为“奴隶经济时代”(包括在大化改新的“郡县制社会”里),在另一处又把奴隶劳动和班田制度并列起来,认为是奈良时代的两件大事。[②]这都说明资产阶级学者对于社会历史发展法则的无知,他们所主张的分期说也就不可能是科学的。

历史唯物主义的分期法当然从考察社会生产方式中的变化出发,由此研究各方面关于大化改新前后日本社会性质问题的争论,可以看出,不易解决的基本问题,不外以下两点:一是改新前的社会是氏族制还是奴隶制?“部民”属于哪一种阶级? 二是改新后的社会是奴隶制还是农奴制?“班田农民”属于哪一种阶级? 以下就这几个问题加以分析,提出自己的看法。

二、日本古代氏族制和奴隶制的问题

大化改新前的日本是在氏族制社会走向阶级社会的过程中,也就是从公有制社会向私有制社会的过渡。过去的在历史学家把这一时期整个看成是单纯的氏族制或奴隶制统治的时期,固然不正确,但认为公元二三世纪前是氏族制,以后是奴隶或部民制的看法,也是有问题的。

历史证明,日本民族和世界其他民族一样是经过原始氏族社会的,这在考古学和神话上都可找到说明。[③]但记录所知最早的时期,即约当公元前世纪时,日本的氏族制度已失去其原始的形态了。

在《魏志·倭人传》《日本书纪》和《古事记》中已看不到禁止族内婚和图腾的现象,一般都实行一夫一妻或一夫多妻制,父系制(末子继承)开始代替母系

---

① 泷川政次郎:《日本法制史》,有斐阁,1928年,第65页;《日本奴隶经济史》,乾元社,1948年,27页以下,第399~400页。

② 本庄荣治郎:《日本社会史》,改造社,1936年,第86页;《经济史概论》,有斐阁,1935年,第248页。

③ 如新石器时代贝冢遗址中可以看到原始社会居民共同生活的痕迹。又神话传说,大和氏族先天照大神曾在天安河原聚集众神商议大事(《日本书纪》卷1,《古事记》上),反映氏族社会的民主生活。

制,[1]氏族会议也没有了。虽然大和族的生产单位还是氏族,土地在原则上还是为氏族所公有,[2]但私有制已在经济发展较高的地方萌芽起来。

日本古代社会私有制是循着一般国家所经过的道路发展的,但也有它自己的特点。约当公元前后在大和族的征服战争中,氏族已分裂为多数小氏族,由于和大陆的交通,日本西部地方首先由石器时代一跃而入铁器时代,[3]农业生产技术开始发达,据《魏志·倭人传》,公元3世纪前,日本已经"种禾稻苧麻,蚕桑缉绩,出细苧缣绵……兵用矛盾木弓……竹箭或铁镞或骨镞……有屋室……饮酒"。水稻种植是和铁器使用有密切关系的,由此氏族中剩余生产物增加,并且出现了酒,范文澜先生认为酿酒是阶级分化的标志。[4]在日本,当时氏族中也开始有外来的成员——称为"部民"的集团加入,发生了阶级的分化。

"部民"的来源说法很多,大体上一部分是世袭的职业团体(如忌部,土部,绫部等)或移民("归化人")团体所构成,在私有制发达后为有权势的氏族所支配;另一部分是由于征服与被征服的关系,征服者对被征服者的氏族或部落加以集体的支配,使氏族长交纳贡物,依贡赋的种类给该氏族以某某"部"的名称。这是因为征服者发现被征服者共同体的关系还很强,不易使它解体,为了统治和榨取的便利,所以"让原来的生产方式维持下去,满足于征收贡纳",[5]这样,部民的公社关系便长期在这种贡纳制下被保存下来,部民一直自成部落(奴隶居主人家,不能独立成户),受本族族长的直接支配,除负贡纳"庸调"义务外,和氏人没有多大区别。

公元二三世纪时,氏族因私有财产的发展,分成为许多家族(户),独立进行生产,各家族联合在一起,成为村、邑、里,这就是农村公社。氏上私有着自己家族的财产,世袭着族长权,农村公社的基础已经是经济的和地域的结合,但在日本,氏族公社一直保持着它的势力,耕地定期分配给各氏族使用,森林草地仍由共同使用,大事由村民公议决定,公共事业由村民协同举办。[6]公元

① 太田亮:《日本古代氏族制度》,矶部甲阳堂,1917年,第242~246页。
② 松岗静雄:《日本古俗志》,刀江书院,1926年,第341页。
③ 后藤守一:《日本考古学》,四海书房,1927年,第1541页。
④ 范文澜:《中国通史简编·第一编》(修订本第3版),人民出版社,1955年,第94页。
⑤ 马克思:《政治经济学批判》,人民出版社,1955年,第160页。
⑥ 渡部义通等:《日本历史教程》(第2册),白扬社,1936年,第161~162页。

后三四世纪时,经济发达的大和地方,开始形成部落国家,氏上受封爵("姓")后,成为世袭的"氏姓阶级",根据《魏志·倭人传》记载邪马台("大和"的对音)国的情形,"尊卑各有差序,足相臣服","下户(平民)与大人(氏姓阶级)相逢道路,逡巡入草,传辞说事,或蹲或跪,两手据地,为之恭敬"。可见当时阶级对立已很严格了。在家长制族长的支配下,氏人、部曲和奴婢都受着程度不等的剥削。

以上这种家族和部民之间,在阶级对立中,还各自保持着一定的氏族共同体关系,这也就是古代日本社会的特点。

主张改新前日本是氏族社会的,是忽视氏族内部的阶级对立,是将阶级分化后的这种"氏族制度"和原始氏族公社制混淆起来的结果,因而是错误的。

日本古代是存在过奴隶的,古代日语"奴"字训为"家之子",这说明它家内奴隶制的性质,[①]奴隶的来源有的是被征服的异族,如公元110年日本武尊"以所俘虾夷等献于神宫",[②]公元三四世纪后日本曾不断侵略朝鲜,掳掠朝鲜人民,[③]因此日本史书上曾有"虾夷奴""韩奴""高丽奴"等称;[④]有的是罪犯,如《魏志·倭人传》说,"其犯法轻者,没其妻子";《日本书纪》也有贬败诉的人为奴的记载。[⑤]但奴隶在古代日本社会上究竟占着怎样的地位是一个问题。文献上这一时期除上述以外,关于奴隶的记事很少。《魏志·倭人传》说卑弥呼女王死时"殉葬者奴婢百余人",但据日本记、纪,皇室中用奴婢殉葬之风于公元前2年就以道德上的理由被禁止而代以"埴轮"(土俑)。[⑥]不论奴隶是否用于殉葬,但奴隶很少被使用在生产上却是一个显著的事实。虽然以后生产力有了很高的发展,直至大化改新时,奴隶制仍没有越出家内奴隶的范畴。

日本古代奴隶制度所以不发展,主要有以下五点原因:一是生产力发展水平较低,国内仍为公社关系所支配,劳动力为这一纽带所紧缚,因此不易脱离土地而奴隶化;二是因生产力不发达,货币经济也就不发达,毫无可以作为贩卖奴隶生产物的市场,因而不可能刺激奴隶制的发展;三是奴隶来源的枯竭,

---

① 泷川政次郎:《关于奴之字与夜都古之语义》,《史学杂志》第17编第20号。

②《日本书纪·景行纪》,四十年条。

③《三国史记·新罗本纪》:儒礼尼师今四年,实圣尼师今六年,讷祇麻立干二四年,慈悲麻立干五年等条;《日本书纪·仁德纪》,五三年条。

④ 本庄荣治郎:《日本社会史》,改造社,1936年,第48页。

⑤《日本书纪·应神纪》,九年条。

⑥《日本书纪·垂仁纪》,廿八年、三十二年条。"埴轮"在考古学上是古坟中被普遍发现的遗物。

国内已为贡纳制的形态所统一,自然不能从这里得到奴隶,虾夷人被俘后曾不断暴动,使大和氏族无法用作奴隶,国内经济狭隘,不能进行大规模的海外战争,因此国外的奴隶来源也不能获得;四是因货币经济的不发达,债务奴隶也不显著;[1]五是社会生产力发达后,采取封建剥削对统治阶级已更为有利,因此家内奴隶的萌芽形态不能发展为奴隶制剥削方式,只能向封建制发展。

由此可见,改新以前日本社会看不到有原始的氏族制度,认为很少的家内奴婢可以构成奴隶制度的论点是很难成立的。

三、改新前日本社会的过渡性质

大化改新前,日本社会经济结构的特征表现在:公社制度瓦解,半家长半封建的部民制产生和发展,其末期,封建的生产关系逐渐形成。

部民的性质是随着经济的发展而变更的。最初部民不是氏族中任何个人的私产,只是对氏族负有贡纳义务的特殊氏族,佐野学认为"部在其最原始的形态是出于同一血族,并没有隶属关系"。[2]史书上古代初期所谓"诸部"又读作"诸共""诸伴",称皇室直属的部民为"品部"或"伴部",这个"伴"最初只是"随伴者"或"随臣"的意思,部甚至和统治阶级有密切联系,如《日本书纪》神代纪及崇神纪中就有将贵族称为"诸部神"及"八十诸部"的,[3]以后物部、忌部诸氏都是大贵族。当时部民还充分保有氏族的独立性。

但"氏"变为"部"毕竟意味着一定数量的剩余劳动被剥削,虽然社会生产基本上还是氏族成员自己的劳动。这是当时低下的生产力所决定的。

私有财产发生后,氏族的生产物渐次为氏上所占有,一部分公社土地(御田)也成为氏上的私地(吾田),氏人的地位开始降低,氏上并要求更多族外的劳动力,于是部民的剩余劳动被大量地剥削了。特别是天皇氏,因私有地的增加,需要耕作者,使各氏族抽出一定数量的氏人和部民建立新部,部到这时便开始失去其氏族的性质。

随着生产力的发达和私有制的发展,日本社会中部民的数量增加了。私有化的程度也加强了,因此有人认为这样的部民就是"日本型奴隶制"[4]或"奴

① 早川二郎:《日本历史读本》,白扬社,1948年,第18页。
② 佐野学:《日本历史研究》,日本历史编,希望阁,1930年,第39页。
③ 内田繁隆:《日本社会经济史》(中译本),陈趼常译,商务印书馆,1936年,第59~60页。
④ 渡部义通等:《日本历史教程》(第2册),白扬社,1936年,第282页。

隶制在日本的变态"，这种看法是否妥当呢？现在就考查一下部民制最发达的公元后五至七世纪时期的情形。

五六世纪时，因部民制引起的社会分工的发达，特别是由于中国和朝鲜文化的不断输入，刺激了生产技术的进步，大和族的势力达到前所未有的强大，但对朝鲜半岛的侵略，却因这时新罗的强盛而受到挫折，①于是转过来对国内进行统一运动。当时边远地方的部落在豪族和"国造""县主"（大和朝廷就原部落的族长加封的地方官）的支配下，除大和的势力强大时偶尔纳贡外，几乎是独立的状态，大和朝廷为使统治权直接达到这些地方，服属这些地方的豪族，征发其土地人民，以留传天皇和皇族的"御名"于后世为理由，用"御名代"和"御子代"等名义，设立屯仓及田庄（皇室私有地），扩大部民制。②在统一运动中，虽然遇到地方氏族共同体强烈的反抗，③但终于确定了大和国家的经济基础。部民制在各地方发展起来，不但皇室增大了直接的土地和部民，中央和地方贵族"氏姓阶级"也获得了很多的田庄和部曲，这种部民和部曲有的是从事经常性手工业生产的工人（"品部"）和从事耕种的"田部"；有的是专向所有主贡纳一定生产品的部民，有的是定期到皇室或贵族田地上来劳役的钁丁，④他们除极少数被征发远离自己土地外，一般都是使用自己的生产工具，在自己的土地上劳动，通过自己的氏族长或统率人（"伴造"）将生产物乃至劳动力的一部分提供给名义上的所有者，这种贡纳制本质上和封建的地租形态没有什么差别。自然，这种"服役及纳贡"的关系，正是使自由农民变成农奴的道路，有如恩格斯所说，"一经陷入这样的隶属境地，他们就逐渐地丧失了自己个人的自由，经过数代之后，他们大都变成农奴"。⑤但不论如何，这时的部曲与奴隶是有区别的，就是为日本史书和律令所根据的唐律，也明载"部曲不同资财……奴婢同资财"，⑥即奴婢可买卖而部曲则不能买卖。日本的历史记录证明，部曲有随土地转移其主人的，但从没有被买卖的情形。

部民制是在原始社会末期发展起来的一种贡纳制，这种制度可以发展为

① 日本在朝鲜南端的根据地任那日本府这时已逐渐不受本国节制，562年为新罗攻灭（见《日本书纪》，钦明纪二十三年条）。

②《日本书纪》，安闲元年、二年条，以后各帝纪都有这类记载。

③《日本书纪》，雄略记七年，继体纪廿一年等条。

④ "钁丁"指拿工具的男丁，见《日本书纪》，安闲纪元年，注云"种公田所役之民"。

⑤ 恩格斯：《家庭、私有制和国家的起源》，人民出版社，1954年，第148页。

⑥《唐律疏议》盗贼律疏文。

奴隶制,也可以发展为农奴制,作为贡纳制的部民制何以不走向奴隶制而向封建制发展呢? 我认为有以下两方面的原因。

一方面是由于部民经济自身的特点:一是部民在生产力低落,多少有提供剩余生产品的条件下,就被世代束缚于土地,对于主人氏族处于从属的地位,但并不是被"剥夺个人"(恩格斯语)的本身也变成生产手段的劳动者,由于这种生产方式多少承认部民还有自己的经济,因而在一定程度上曾刺激生产力发展。二是部民经济基本上是为消费而不是为营利,农业经营是小规模的,农业和手工业相结合,这一切都不能使它转化为奴隶制经济。三是商品经济与财富的集积没有条件,征服者只满足于交纳一定的贡物与徭役,而且当时也只有这种封建剥削更为有利,也不可能对被征服者作其他方式的榨取。

另一方面是由于外部的条件,"原始公社在其发展中,如没有受到更为发展的社会的影响,便不可能越过奴隶制的生产方式",[①]正是由于当时大陆方面中国奴隶制度早已灭亡,封建关系达到高度的发展,从后汉就和中国发生交涉的日本,五六世纪更不断遣使到南朝贡献,追求先进的文化技术,[②]因此中国的封建制度强烈地影响着日本社会,贵族豪强,兼并土地,剥削人民,部民不但没有成为奴隶,反日益增强了封建的隶属性。因而认为部民是"日本型奴隶制"或"奴隶制在日本的变态"是不符合历史事实的。

主张大化改新前日本社会是奴隶制的学说,有一个共同的弱点:他们除了忽视部民榨取形态的封建性,将部民和可以买卖屠杀的奴婢等同起来以外,都一致强调部民的庞大,而忽略了当时社会生产主要力量——自由民的存在。

部民制在五六世纪后,确有相当的发展,但部民在全国人口中所占的比例是有限的,并且在分布上,也只以经济发达的大和等地方数量较多,其他各地依然停留在很低的阶段。当时主要的人口是称为"公民"的自由农民,即氏族社会时代氏人的后身,他们在氏上支配下,没有被征服,也没有被皇室或贵族所私有,日本古语"公民"(Oomitakara)一词,语义学上的说法很多,一般训作"大御宝",有训作"大御田族"的,[③]大体上最初是指耕种皇室土地的农民(以后指天皇氏的部民)。大和族的势力扩大后,一切向天皇贡纳赋役的人民便都被

---

① B.B.斯特鲁威:《古代世界史导言》(俄文版),第8页。
②《宋书》(卷97),《南齐书》(卷58)。
③ 喜田贞吉:《Oomitakara考》(《历史地理》第44卷);日本历史地理学会编:《日本农民史》,日本学术普及会,1939年,第2页。

称为公民,平安时代把"公民"一语写成"公御财",可以知道它和国家财政的密切关系,①公民又称"人民",他们向政府缴纳实物税和从事劳役。据《日本书纪》崇神纪十二年条:"诏曰,'朕初承天位……举兵以讨不服……宜当此时,更校人民,令知长幼之次第,及课役之先后焉。……始校人民,更科调役,此谓男之弭调,女之手末调也。'"②公民又称"百姓",《日本书纪》仁德纪四年条,记载仁德天皇因见近畿"百姓"贫困,便"悉除课役"。三年以致宫室破坏;七年,诸国请"贡税调",仍不许。但同时却为皇后皇子们定"葛城""壬生"等"部";到十年冬,"甫科课役","百姓"就将宫室盖起来。这两段记载说明皇室的经济除部民的生产物外,主要还建筑在对于诸国百姓"课役"和"税调"的榨取制度上。这时的百姓或公民,由于和氏上为同一血族,在一定程度上可以说是自由农民。但6世纪后随着大土地私有制度的发展,经济发达地方的公民阶级开始没落,有的失去了土地,有的成为中央和地方贵族的部曲,③也逐渐成为附属农民。

从以上的分析,可以看出大化改新以前日本社会的若干特点:

一是原始氏族社会已经解体,家长制家族相结合的农村公社还保留着氏族共同体的残余,它阻碍着生产力的发展。

二是家内奴隶制的存在,但奴隶数量很少,由于社会生产力水平较低,不能发展为奴隶制。

三是封建的贡纳制以部民制的姿态出现,在社会生产力发展后,这种生产关系较之奴隶制对剥削阶级更为有利,因而获得广泛的发展。

这些特点说明日本在原始公社瓦解的条件下,产生了家内奴隶制和封建的部民制,社会上的基本人口还是自由农民,但在这里,社会发展已不是走向奴隶制度,而是走向封建化的道路。

这些特点说明这一时期的日本社会不可能是氏族制社会,也不可能是奴隶制社会,是不是古代东方国家中一般存在过的早期奴隶制度呢?我们认为也不是的,因为后者有大量债务奴隶的存在,而没有部民制这样的封建剥削关系。在古代日本,支配着社会生产的仍然是部民制,奴婢只用于家内劳动,在

---

① 《国史辞典》,"大御宝"条。

② "弭调"指贡纳射得的猎物,"手末调"指贡纳手织的布帛。

③ 《日本书纪》,雄略纪十五年条,《孝德纪》,大化元年、二年条。

社会生产上不具任何意义,因此生产力发达后,很自然地走向封建剥削制度。

我们认为古代日本这种社会形态正是斯大林所提出的"由一个生产关系形式过渡到另一个生产关系形式的过渡关系"。①

这种过渡的社会经济形态曾经是日耳曼民族所经过的道路,已为恩格斯所指出。②同样的情形在俄国也可以看到,在俄国,斯拉夫民族经原始社会制到封建制的过渡是在奴隶制度早已消亡,而封建关系在欧洲各国业已巩固时实现的,斯大林关于俄国历史上"封建前期"的学说是运用马克思主义理论解决这巨大复杂问题的天才的指示。③

这一理论在马克思给慧娜萨苏利支的信中就已可看出,马克思在这里提出农村公社是一种过渡形态的论点。他说:"作为第一社会结构之最后阶级的农业公社同时是第二结构的过渡阶段,也就是从一个以公有财产为基础的社会向一个以私有财产为基础的社会的过渡,自然,第二结构包括着一系列的以奴隶制和农奴制为根据的社会。"④

大化改新前的日本除大和地方私有制有高度的发展外,基本上是从原始公社走向阶级社会的时期,由于其社会内部的条件和大陆上更为发展的社会的影响,它从农村公社越过奴隶制的生产方式而跃进了封建社会。

"正如人类历史所证明的,不必每个民族都要经过社会发展的一切阶段,对许多民族来说,都形成一种条件,使他们有可能不经过某些发展阶段就立即进入较高的阶段"。⑤

四、大化改新的社会经济基础

为了进一步解决大化改新前后日本的社会性质问题,必须说明大化改新本身的历史意义。

马克思在《政治经济学批判》的序言中指出,社会政治变革的基础应该"从

---

① 《联共党史简明教程》(中译本),外国文书籍出版局印行,1949年,第152页。
② 恩格斯:《家庭、私有制和国家的起源》(中译本),张仲实译,人民出版社,1954年,第146~148页。
③ 吉谢列夫:《苏联的历史科学与历史教学》,《吉谢列夫讲演集》,时代出版社,1953年,第9~10页。
④ 《给慧娜萨苏利支的信稿》,《马克思恩格斯全集》(俄文版卷27),第680~681页。
⑤ 苏联科学院经济研究所:《政治经济学教科书》(俄文版),国家政治书籍出版局,1954年,第41页。

生产力和生产关系间现存的冲突中求得解释"。①大化改新是日本历史上一次重大的变革,改新的结果,日本古代社会的阶级关系发生了巨大的变化。改新的意义,也必须从当时社会生产力和生产关系的冲突上来分析,才能得到正确的结论。

日本古代因氏族残余势力的束缚,社会曾表现长期的停滞,但五六世纪时,由于屯仓田庄的普遍设置,耕地面积日益扩大,水田灌溉和农具制造也见进步,冶铁等先进技术的输入促进各种新的产业发生,世袭分工的手工业者——"品部"在大陆移来的归化工人指导下,技术水平有了显著的提高。②考古学上出现了"古坟文化"的全盛期,近畿地方"古坟"出土的各种遗物说明当时生产力的发达,③随着商业的繁盛,各地镇市设置了"市司"的官职,④为管理对外贸易,在港津设"津史",征收"船赋"。⑤这样,经济最发达的大和地方发展为封建的大土地所有形态。

六七世纪大和国家在皇室部民的贡赋和诸国公民租税榨取的基础上,中央权力扩大,与此同时,阶级矛盾也日益尖锐起来。当时社会上贫富不均,农民受尽压榨,7世纪圣德太子颁布的宪法十七条中已有"国司国造,勿敛百姓"的话。从宪法第五条"……顷治讼者得利为常,见贿听谳,便有财之讼,如石投水,乏者之讼,如水投石,是以贫民则不知所由……"几句话中,更可以看出统治阶级贿赂公行,逼得人民走投无路。⑥这种情势到大化改新前夕,发展得更剧烈,大化元年(645年)诏书中指出土地公民被兼并的情形:"其臣连等伴造国各置己民,恣情驱使,又割国县山海林野池田,以为己财,争战不已,或者兼并数万顷田,或者全无容针少地,进调赋时,其臣连伴造等先自收敛,然后分进,修治宫殿,筑造园陵,各率己民,随事而作……方今百姓犹乏,而有势者分割水陆,以为私地,卖与百姓,年索其价,从今以后,不得卖地,勿妄作主,兼并劣弱。"⑦

这些词句,虽然很被汉文所润饰,难免有点夸张,但和圣德太子宪法中所

---

① 马克思:《政治经济学批判》(中译本),人民出版社,1955年,第111页。
②《日本书纪》,应神纪,雄略纪。
③ 原田大六:《日本古坟文化》,三一书房,1954年。
④《古事记》,雄略段;《日本书纪》,齐明纪五年条。
⑤《日本书纪》,钦明纪十五年条。
⑥《日本书纪》,推古纪十二年条。
⑦《日本书纪》,孝德纪大化元年条。

说的情形大体接近，可见当时土地私有风气的严重。在这种情势下，社会上暴露出各方面的矛盾。

首先是失去了政治和经济地位的公民，开始和部曲奴婢一道，进行反对贵族阶级剥削压迫的斗争。

其次，各地国造和地方上的中央卑姓贵族努力维持没落的家长氏族制度，加强对部曲的剥削，由于他们扩大兼并土地，奴役人民，不仅侵害皇室的经济利益，并且因农民大批的破产流亡，动摇了皇室的统治，皇室和中央官僚贵族及新兴封建地主为了制止地方豪族掠夺土地人民，为了镇压农民的反抗，必须建立统一的封建集权国家，他们凭借国家的部民体制与公民的生产，逐渐加强了本身的权力，开始不断征服地方贵族。

最后，在统治阶级内部最后代表旧的宗法制度利益的和代表新的封建地主利益的几个大贵族间发生了争夺霸权的斗争。

所有这些斗争反映了一个根本矛盾，这就是因私有制发达与国家权力的扩张，狭隘的氏族残余的部曲制已成为新的生产力的桎梏和统一的封建国家的障碍，为了解决这些矛盾，发生了"大化改新"这一改革运动。

大化改新是在这样的社会经济基础上并经过半世纪的酝酿才发生的，日本史上称这一准备时期为"推古朝的改革期"（593—628年）。这时新旧贵族的斗争达到顶点，代表保守势力的物部氏是世袭的军事贵族，他支持着日本氏族社会的意识形态——神道教；代表新的生产方式的苏我氏掌管朝廷的财政和贡物，支配着外国的"归化人"（有新技术和新的封建文化的大陆移民），对中国文物制度有理解。当时佛教从大陆初传日本，两派的冲突便在崇佛和排佛的问题上发端，经过长期的斗争，胜利归于崇佛的苏我氏。苏我氏拥立了和自己有血缘关系的两个皇族作统治者，这就是推古天皇（女）和圣德太子。圣德太子摄政时期，根据儒教与佛教的精神进行了一系列的改革，两次派"遣隋使"到中国。整个推古改革运动的中心内容是移植中国封建文化，结果加强了中央集权，进一步消灭氏族制度的残余，为大化改新准备了前提条件。

大化改新的动因，无疑是基于日本古代社会内部矛盾的发展，但对于外部的因素不加估计，则改新运动和改新前后日本社会的特质都不可能为我们所完全了解。当时国际情势，大陆上隋朝结束了长期的分裂，中国又成了统一的封建强国。朝鲜自新罗粉碎了日本侵朝的根据地任那日本府后，高句丽又强大起来，几乎要统一三国对立之局。这些不能不引起日本统治阶级的警惕。

在意识形态上,儒家尊王大一统思想和已经成为中国封建主义宗教的佛教思想,都给日本以极大的影响。在这样的内在和外在的条件下,日本皇室和官僚贵族为建立一个坚强的统一国家的斗争,便集中表现为大化改新这一运动。

大化改新标志了日本古代社会的结束,长期被大贵族占有的政权落到皇室手里了,参加改革工作的都是从隋唐学成归国的知识分子(不少是中国移民的后裔)。他们站在新兴封建统治阶级立场,开始按照隋唐封建集权国家的形式,改革日本的政治,为新的社会服务的新的上层建筑在改新政权建立以前就已逐步形成。推古王朝的十七条宪法中已鲜明的表现了封建主义国家所要求的法权、道德、宗教和政治经济思想,这些新思想新观点在大化改新的过程中,起着积极的作用。新政权成立,天皇召群臣宣誓的盟词是:

> 天覆地载,帝道唯一,而末代浇薄,君臣失序……自今以后,臣无二朝……

这和40年前宪法十七条中"君则天之,臣则地之,天覆地载,四时顺行,万气得通","国靡二君,民无两主,率土兆民,以王为主,所任官司,皆是王臣"的语句有什么差别呢? 这种儒家的尊王大一统主义和天道观念,显然成为大化改新的指导思想。

大化二年(646年)宣布的"改新之诏"包括三个基本内容:(一)废止一切对土地人民的私有,皇室的屯仓和部民,豪族的田庄与部曲,一概成为"公地公民",国家对官吏给予"食封";(二)废除族长贵族的政治制度,树立中央集权的官僚政治体制;(三)在土地人民国有的原则下,实施"班田收授法",废除旧时赋税徭役,施行新税法"租庸调制"。这些政策形式上是隋唐中国制度的移植,实质上是为日本古代社会发展的结果所规定的。

大化改新的结果,日本古代社会的阶级关系发生了重大变化,旧的族长贵族的统治崩溃了,部曲民脱离了豪族的支配。从农村公社关系中游离出来的"公民"——氏人同部曲民一道变成了班田农民,班田法与租庸调制的实施,虽只是以皇室代替族长贵族对农民进行剥削,但由此抑制土地兼并,瓦解农民的公社关系,使大部农民扩大生产成为可能,这在解决生产力与生产关系的矛盾上说,是有进步意义的。另一方面,由于班田法的实施,天皇成为最高的封建领主,官僚贵族们又用各种形式取得了自己的土地,法令把农民紧紧缚在土地上,使他们成为农奴,这却说明了日本古代社会已从家长氏族制过渡到封建制了,这种过渡的特点是,由于日本氏族社会胎内奴隶制度没有发展条件而变为半家长——半封建的部民制社会(封建前期社会),这一社会在它的内部矛盾发展到顶点时遇到隋唐高度经济文化的刺激,便促成了自上而下的大化改新,促成了日本封建制度的形成。由此看出,大化改新这一政治改革运动对于实现日本古代社会经济改造已成熟的任务所具有的重大意义。

五、改新后的阶级关系和班田农民的性格

大化改新后日本历史进入中世的奈良平安两朝时代,根据改新的性质及其社会情况的分析,这一时期应该是封建社会,但日本的史学界包括一部分进步学者大部主张这一时期是奴隶社会,奈良更是奴隶经济的全盛时期,[①]理由是这时奴隶的数量较以前更庞大发展,地域更广泛,[②]许多学者认为必须到普遍分封土地的镰仓幕府建立时(1192年)才进入封建社会。[③]

为了解决这一时期的社会性质问题,必须对当时社会阶级关系进行比较具体的分析。

根据改新后的法令,这时期社会上存在着以下四种身份。

一是贵族(贵姓、卑姓)即前期氏上贵族的后身。其中五位以上的"贵姓"贵族被赐给职田、位田等庞大的土地和封户,他们多半是权门势家,五位以下的"卑姓"贵族则因没有"荫位"(因父祖之功而受赐的官位),子孙不能常保留在统治阶级里。[④]

二是平民(公民、公户、庶人、白丁)即前期的公民和被解放的部民,占人口的最多数,政治上没有权力,耕种国有地,同时担负租庸调等苛重的赋役,奈良末期逐渐沦为庄园农奴。[⑤]

---

① 竹越与三郎编:《日本经济史》(第一卷),日本经济史编纂会,第112页;本庄荣治郎:《日本社会史》,改造社,1936年,第86页;佐野学:《唯物史观日本史》;伊豆公夫:《日本史入门》,《日本历史讲话》(中译本),五十年代出版社,1951年。

② 渡部义通等:《日本历史教程》(第2册),第438页。

③ 伊豆公夫:《日本史入门》,第46页;野吕荣太郎:《日本资本主义发展史》(中译本),生活·读书·新知三联书店,1955年,第29~30页。

④ 喜田贞吉:《华族之袭爵及荫位制度》,《民族与历史》(第2卷2号)。

⑤ 泷川政次郎:《法制史上所见日本农民生活(律令时代 下)》,同人社书店,1927年,第440页。

三是杂色(品部、杂户)是前期公私部民因职业世袭等关系而没有被解放的。大部分仍保持其世袭的技艺,如酒户、染户、船户、乐户等,以户为单位,属于官府及私人所有,但不得买卖,这种身份的人在法律上属于良民(唐令杂户属于贱民),可与良民通婚,但杂色在人口中所占比例极小,全国仅四千余户,奈良时代中叶后就逐渐停废,一部分成为农奴,因为生活所迫,在旧社会里仍不易完全解放。①

四是奴婢(五色贱民)大部为前期奴隶身份的世袭,及因与主家有密切的隶属关系而未被解放的部民,一部分是犯罪奴隶和债务奴隶,分陵户(皇陵守护),官户(官衙杂役),公奴婢(官田耕作及杂役)等三种官贱,家人(私人奴仆)私奴(纯私有奴隶)等两种"私贱"。他们是社会上最下层的阶级,据大宝养老等律令,奴隶同蓄产,公许买卖,交换,赠与,典押,奴婢不得与良民通婚,所生子女与家畜同样,归母体所有者所有。法令虽规定杀奴婢者答一百,但主人杀奴仍少处刑,奴婢逃亡极多,平安中期,奴婢在法律上被废止,并许与良民通婚,但事实上在封建社会中,这种身份的人是不可能消灭的。②

以上这些阶级在当时社会上相互的关系怎样,应该从大化改新的政策和奈良平安朝的社会经济发展情况上来说明。

大化新政中,第一件大事是变前代的私地私民为公地公民,把氏族联盟的大小诸国变成中央集权国家的国、郡、里的地方行政区划,旧族长贵族的世袭贵族称号(臣、连、国造、伴造等)也被废除,按照新的法律,官吏任用,由世官世职变为选贤举能。大宝、养老律的选叙令都规定:"凡应选者皆审状迹,铨拟之日,先尽德行,德行同,取才用高者,才用同,取劳效多者。"③这应该是把贵族政治的物质基础和特权根据全推翻了,但事实上新政权代表封建地主国家的利益,新的官僚贵族原来就是旧日氏姓贵族中长成的。因此,氏姓的大小尊卑仍成为任官与铨叙位阶的标准,官吏有职封、位封、职田位田、季禄等庞大的经济特权及荫位出身的政治特权,结果改新后统治阶层仍限于地主贵族阶级,他们役使着奴婢和职田、位田中的农民,坐食封户的年贡(相当于地租),仗势不纳租税。以后贵族们作为庄园的新垦地,更获得不输(免租)不入(免检断)的特

---

① 泷川政次郎:《日本社会史》,第97~111页。

② 泷川政次郎:《奴隶经济史》。

③ 《令义解》(卷4),《选叙令》,《国史大系》本,第125页。

权,于是贵族阶级的私有地日益扩大,促进了奈良末期(8世纪末)庄园经济的兴起。

大化新政的第二件大事是班田收授法和租庸调制的实施。班田收授法无疑是北魏和隋唐均田制的模仿(为适应当时日本社会条件而有小部分的改变),均田制的实质是地主国家的统治者为制止豪强兼并土地,保证朝廷对直接生产者剥削的一种政策。班田收授法的实施,使当时日本王室将豪族私有的农村公社土地一举集中到国家手中,班给公民,在此基础上向公民征收租庸调的国税,公民形式上不隶属于封建领主,而是国有地的农民。这样的班田农民是不是就能认为是自由民呢? 在这里,答复是否定的。理由是国家班田的目的,只是为了榨取农民的剩余劳动,以国税的形式从农民身上得到劳动地租和生产物地租,因此,国家与农民的关系,事实上就是地主对农民的剥削关系,"在东方,封建的土地国家所有制具有很大的意义"。①历史证明,这种关系在亚洲各国是很普遍的。关于这一点,马克思指出:

> 假设相对出现的不是私有土地的地主;却像在亚细亚一样,是那种对于他们是地主同时又是主权者的国家,地租和课税就会合并在一起……在这里,国家是最高的地主,在这里主权就是在全国范围内集中的土地所有权。②

由此可知改新后日本社会只能是封建的土地国家所有制。

再从以下两方面来测定一下农民的自由程度。

一是地租形态。根据"养老律令"田令及赋役令,农民负担的租庸调中,租率约当收获量的3%,似乎不重,但农民所受口分田全部收获还不够一家生活资料的3/5,所以农民都得佃租公田,职田,或寄托权门寺社,租种垦田,才能勉强维持生活。③庸调比租更重,庸本身是徭役,正丁一人每年须服役十日,输庸代役则需布二丈六尺,加上同额的调布及其他附加税等,每一正丁负担的庸调额

---

① 苏联科学院经济研究所:《政治经济学教科书》(俄文版),国家政治书籍出版社,1954年,第45页。

②《资本论》(卷3),人民出版社,1953年,第1032页。

③ 泷川政次郎:《法制史上所见日本农民的生活(律令时代 上)》,同人社书店,1927年,第111页。

相当租的三倍,此外还有国家继续需要徭役而有留役(一年最长30日)及地方临时的杂徭(最长60日)。[1]当时农民贫困没有种子,国家便以"出举"的名义春季贷给官稻,秋季收取30%~50%的利子。这样重的剥削,使农民无法偿清,而以上农民的负担中,最显著的还是徭役劳动,所占比重特大(一年最多时达到100日)。

马克思说:"地租的最简单的形态,是劳动地租,在这场合,直接生产者以每周的一部份用实际上或法律上属于他所有的劳动工具(犁、家畜等等)用在实际上属于他的土地上面,并以每周的别几日在地主的土地上无代价的为地主劳动。"[2]可见当时原始的劳动地租占着支配地位,生产物地租还是次要的。

二是身体的自由。封建制度的主要特征是"封建主占有生产资料和不完全占有生产工作者",[3]这就是农民被束缚在地主的土地上。因为封建主不占有农民,就不能保持对农民的剥削,奈良平安时代农民因分地既少,赋役又重,不断逃亡,政府为"检括浮浪",除厉行"户籍"(检查户口身份等)"计账"(登记诸国户口及纳税数)外,还实施"五保"(五家相保)的制度、防止保内户逃出和保外户的逃入,户令规定同保有追缉逃亡之责,逃亡期间须代输租调,"养老律"的考课令有查出账籍上漏列人民使逃户复归本贯者,列为地方官之功绩的条文。此外僧尼、关市等令都有严防农民离地的禁令。[4]可见改新后农民几乎是紧缚在土地上的。

从以上两点说明大化改新不但没有造成自由的农民,反之,改新后的公民(班田农民)在封建国家的统治下,日趋于农奴化,到奈良末期,大批农民隐漏户籍,脱离公田,流浪诸国,纷纷投身庄园,所谓"浪人"(指没有户籍的农民)成为当时社会一大问题。[5]作为自由民的公民阶级,这样不顾"自由"丧失,而甘心去当农奴,只是因为他们所丧失的"自由"并不值得那样珍惜罢了。

六、奈良平安时代是不是奴隶制社会?

大化改新后,奴婢阶级的身份被法律固定下来,奴隶的数量也较前增加

[1]《令义解》(卷3),《赋役令》,《国史大系》本,第118页。
[2]《资本论》(卷3),人民出版社,1953年,第1036页。
[3]《联共党史简明教程》(中译本),第157页。
[4]泷川政次郎:《法制史上所见日本农民生活(律令时代 上)》,同人社书店,1927年,第72页。
[5]三浦周行:《国史上的社会问题》,创元社,1938年,第187页。

了,奴隶的地位更悲惨了,这是史实所说明了的,但仅仅这些现象,能不能证明奈良平安时代就是奴隶制社会呢? 为了解决这一问题,试就以下几方面来考察。

首先是班田农民和奴隶的性质问题。主张奴隶制的学说当中,最普遍的就是认为奈良平安时代的班田农民课役繁重,身体不自由,实质上是奴隶。① 一个人的阶级实质,应该由他在当时生产关系中所处的地位来决定。斯大林指出奴隶制社会的定义是:"在奴隶制度下,生产关系的基础是奴隶主占有生产资料和占有生产工作者,这生产工作者便是奴隶主所能当作牲畜来买卖屠杀的奴隶。"② 上面已指出,改新后国家对农民的关系是土地所有者对农民的剥削关系,这时的农民显然有自己的生产资料,法律上有其人格,虽然受着经济外的强制,虽然有人身的不自由,但这却正是封建农民具有的特点,是与奴隶根本区别的所在。马克思说:

> 那种为名义上的地主而做的剩余劳动,只有经济以外的强制来榨出,而不问它是采取怎样的形态,它(封建经济——引者)和奴隶经济或殖民地奴隶经济是从这一点来区别:奴隶是用别人所有的生产条件来劳动,不是独立的,所以这里必须有人身的依赖关系,有人身的不自由(不管其程度如何),有人身当作附属物而固定在土地上的制度,有严格意义上的隶属制度。③

这说明改新后的农民(班田农民)和奴隶有本质上的不同,不能用"课役繁重","身体不自由"一类现象否定它封建农民的实质,自然,到他们加入庄园经济后,便成为典型的农奴了。

其次是奴隶的生产问题,奴隶的用途可分为生产的与不生产的两方面。生产方面主要自然是农业劳动,但当时农业生产的主要担当者是一般农民,奴隶最多只起着助手的作用,并且这种生产也只限于供寺社贵族的消费。奴隶有用于工业和渔捞方面的,但在社会上作用也不大。奴隶在非生产方面的用

---

① 渡部义通等:《日本历史教程》(第2册),第423~440页;伊豆公夫:《日本历史》,1953年,第30~38页。

②《联共党史简明教程》(中译本),第156页。

③《资本论》(卷3),人民出版社,1953年,第1032页。

途最多,主要在家庭杂务上,其次用在享乐方面,也有作主人的从卒出征的。女奴有任产婆、按摩及针灸的。①在封建社会里,奴隶生产力不会比农民高,作为奢侈奴隶也没有什么出路,所以到了平安时代就失去其社会意义。据《政事要略》说:延喜格(901年制定的法律)停止奴婢,可知10世纪初作为上层建筑的法律,也否定了奴隶制度的存在。

第三是奴隶的数量问题。当时奴婢究竟有多少是无法考察的。如以正仓院所藏奈良时代公民的户籍记账为基础来作估计,则总计5435人中,奴婢仅307人,这样推定当然不会准确,因为占有最多的寺社贵族方面的奴婢没有计算在内。如将后者加入,则奴婢约占当时人口的1/10,数量仍极有限,其分布也以经济发达的畿内地方人数较多;边远地方都很少。②有人认为单从人数多寡并不能说明社会性质,例如农民较工人多的国家,仍不失其为资本主义社会,但问题是资本主义社会工人虽少,却是整个社会生产起着决定作用的力量,当时社会生产的主要担当者既为农民,奴婢只是为一种非生产的没落的阶级残留着,怎样能构成一种基本的所有制呢?

一个社会的性质应该由当时处于主导地位的生产关系(即基本的所有制)来决定。改新后封建土地所有制普及全国,王室和贵族向班田农民(庄园经济兴起后是农奴)征收地租,这种关系自然就是封建的生产关系,奴隶制在前代既没有得到发展,改新后正走向消灭,反之,封建制度却迅速发展和巩固起来。以法律上的奴隶身份制度作为同时代的社会经济形态,当然是表面的、片面的看法。这正和隋唐法律上有关于奴隶和部曲的规定,但不能因此认定隋唐就是奴隶社会一样。因为阶级社会中,统治的生产关系旁边,总是存在着残余的生产关系,事实上,"在东方各国,封建关系在长时期内一直和奴隶制关系相结合,中、印、日等国家都是这样",③"在社会经济形态之内,经济多样性地消灭和生产关系单纯性地达到,只有在社会主义条件之下才有可能",④为了解决这一问题,必须从封建社会生产诸关系的矛盾上加以分析,区别其主要矛盾和次要矛盾,以规定其社会的基本经济形态,这才是正确的方法。

---

① 泷川政次郎:《奈良朝时代的奴隶制度问题》,《史学杂志》(41编),第741页。

② 泷川政次郎:《奈良朝时代的奴隶制度问题》,《史学杂志》(41编),第741页。

③ 苏联科学院经济研究所:《政治经济学教科书》(俄文版),国家政治书籍出版社,1954年,第45页。

④ T.拉苏莫夫斯基:《社会经济形态》(中译本),新中国书局,1949年,第9页。

七、结论

以上将大化改新前后日本社会性质问题中四个主要方面作了一些分析。现在试提出自己对这一问题的初步看法。

第一,大化改新以前日本社会既非单纯的氏族社会,也不是奴隶社会,而是一种过渡性的社会。日本的氏族制度在记录所知最早的时期已开始瓦解,氏族中出现了非血族的部民和奴隶。氏族已分为许多家族,过着农村公社的生活,但奴隶制度没有得到发展,部民的公社关系在贡纳制下被保存下来。五六世纪时,随着私有制的发展和大和国家的统一运动,一部分部民和公民(氏人)的公社关系被打破,成为束缚在皇室和家族私有地上的农民,封建的剥削关系日益发展,但大部分的公民和经济落后地方的部民仍停留在农村公社的关系上,负担着国家和地方政权(国造)的贡纳及课役,这样的社会经济结构,即公社制和奴隶制同时存在,封建关系也在发展,最后封建阶级取得胜利,社会的基本人口——"农民还没有变成农奴"。这正是斯大林指出的"封建制度前期"的特征。①

第二,部民的阶级性质在论证大化改新前日本的社会性质上是一个带有关键性的问题,因为部民在当时社会人口中比重不算小,在皇室和豪族的私有经济中也都占着一定重要的地位。就部民制的实质看,它不是一种奴隶制,因为它用自己的生产条件参加劳动,它不被买卖杀戮,除了对主人氏族的贡赋外,它保留着自己的经济,但这样的部民不论他在原来自己"部"的公社关系中,抑或脱离自己公社被编入皇室豪族新的私有地中,它总是被束缚在土地上的,总是有人身的依赖关系的,因此不能不是一种封建农民。部民在数量上和生产关系上虽居有重要的地位,但在日本原始公社制向私有制发展时,因国内的种种障碍,终于不能发展为奴隶制。国外则"奴隶制在中世纪时无论在欧洲或亚洲都已不存在了"。②反之,中国高度发展的封建制从各方面不断刺激着日本的社会,终于使日本古代社会越过了奴隶制而走向封建制度。

第三,大化改新本身是一种政治变革,它是在这样的经济基础上发生的:

---

① 斯大林、日丹诺夫、基洛夫:《对于苏联历史教科书提纲的一些意见》,《马恩列斯思想方法论》,第340页。

② 吉谢列夫:《苏联的历史科学与历史教学》,《吉谢列夫讲演集》,第10~11页。

一方面是地方豪族的狭隘的氏族残余的部曲制,兼并土地,剥削部曲和氏人,加强分裂的倾向;另一方面是皇室和中央官僚贵族的国家封建土地所有制,他们凭借皇室部民的贡纳与公民的赋役,要求建立中央集权的封建国家,由于部曲制狭隘的公社关系性质,阻碍五六世纪以来农业和手工业的向前发展,阻碍国家封建土地所有制和中央集权政治的确立,因而在这一基础上发生了大化改新运动。"推古朝改革"为改新运动准备了物质的和精神的条件,隋唐封建制度文化的输入,在运动的酝酿和发展中起了积极的作用。改新运动自上而下地摧毁了氏族残余的势力,"解放"了部民,实现了中央集权的政治,确立和巩固了国家的封建制度。马克思指出:"无论哪一个社会形态,当它所给以充分发展余地的那一切生产力还没有开展以前,是决不会灭亡的;而新的更高的生产关系,当它所藉以存在的那些物质条件还没有在旧社会胞胎里成熟以前是决不会出现的。"①从奈良平安时代灿烂的封建文化中也可以看出改新在解决生产关系与生产力的矛盾上所具有的进步意义。

第四,奈良时代日本社会是一种初期的封建制度,在这一制度下,皇室通过班田收授法和租庸调制,以最高土地所有者的身份,向农民征收劳动地租和生产物地租。农民在这时还没有变成农奴,生产力有迅速的发展。但奈良末期随着封建经济的发达,地方国司残酷剥削农民,由功田、位田和垦田等形成的大土地私有制开始在全国发展起来。加以班田制因本身的缺点逐渐不能施行,农民依靠班田本来不足维持生活,国家却日益加紧对农民的剥削,因此逼使农民脱离土地,逃入庄园。平安时代庄园经济发达,国家为保证税收,便用法令将农民紧紧缚在土地上,逃到庄园里的农民也失去了自由。自由农民的变为农奴,正是斯大林用以和"封建前期"区别的封建制度的标志。②而这一过程在日本也同样是充满了残酷的斗争的。③由此可知,农奴制度下的奈良平安时代是不能认为奴隶社会的。不具体分析当时的社会经济,不深入事情的本质,只单纯认定"从原始共产制社会产生的最初的阶级社会,必定是奴隶社会。没有奴隶社会的奴隶解放斗争,不能产生农奴制社会"这一公式,从而提出奈

---

① 马克思:《政治经济学批判序言》(中译本),人民出版社,第3页。

② 斯大林、日丹诺夫、基洛夫:《对于苏联历史教科书提纲底一些意见》,《马恩列斯思想方法论》,第340页。

③ 泷川政次郎:《日本社会史》,第90~91页。

良平安时代必然是奴隶社会的这种结论,①自然是不能解决这一问题的。

本文原刊载于《南开大学学报》(人文科学版)1955年创刊号。

作者简介：

吴廷璆(1910—2003年),祖籍浙江绍兴,新中国亚洲史及日本史学科开拓者之一。1929—1932年在北京大学史学系学习,1933—1936年在日本京都帝国大学史学科学习。1936—1948年历任山东大学国文系讲师、四川大学历史系教授、武汉大学历史系教授。1949—1985年任南开大学历史系教授,先后担任历史系主任、校总务长、历史研究所所长等职。是第六、七届全国政协常委、中国日本史学会首任会长、《历史教学》首任总编。主编百万字的《日本史》(1994年),其著作被编为《日本史通论》(2019年)、《吴廷璆文集》(2019年)等出版。

---

① 伊豆公夫:《日本历史》,1953年,第35页。

半欧洲半亚细亚型的日本晚期封建社会

王家骅

关于日本封建社会是欧洲型,还是亚细亚型的问题,向有争论。据笔者所见,大致有以下三种见解:

一是日本封建社会的发生、发展和结构颇似西欧封建社会,应属欧洲型。[①]持此说的学者引用马克思在《资本论》第一卷中所说的"日本有纯粹封建性的土地占有组织和发达的小农经济,同我们大部分充满资产阶级偏见的一切历史著作相比,它为欧洲的中世纪提供了一幅更真实得多的图画",[②]因而认为马克思也是此说的倡导者。[③]

二是日本封建社会是"亚细亚生产方式形态"的。[④]

三是日本封建社会是"特殊日本型"。[⑤]但持此说者并未详尽说明与欧洲型和亚细亚型有何关联。

在这里需提及的是,所谓欧洲型与亚细亚型并非单纯而严密的地理概念,而是历史类型学用语。马克思曾说:"相同的经济基础——按主要条件来说相同——可以由于无数不同的经验的事实,自然条件,种族关系,各种从外部发生作用的历史影响等等,而在现象上显示出无穷无尽的变异和程度的差别。"[⑥]这就是说各个国家或民族的封建制社会,一方面有共同的质的规定性,另一方面也会有各自的特点。然而,总会有一些国家或民族的封建制社会,同样由于"自然条件""种族关系""历史影响"等原因表现出更多的相似之处,从而可以把它们看做一种类型。因而历史类型学的分析既可能,又有必要。例如,马克思等经典作家在研究前资本主义生产方式时,就十分注意亚洲区别于西欧各

---

① 德国的马克斯·韦伯、比利时的冈绍夫、法国的布洛赫、美国的赖肖尔等持此说。

②《马克思恩格斯全集》(第23卷),人民出版社,1972年,第785页。

③ 意大利的梅洛蒂、日本的藤田五郎等持此说。

④ 日本的羽仁五郎等持此说。另,威特福戈尔认为日本是"次边缘的亚细亚社会"。

⑤ 日本的的藤野保和胁田修等持此说。

⑥《马克思恩格斯全集》(第25卷),人民出版社,1974年,第892页。

国的特点,诸如"国家就是最高的地主""地租和赋税就会合为一体""亚细亚的基本形式"的村社制度,"亚细亚"的"城市和乡村无差别的统一"和"东方专制制度"等。在这里,马克思所说的"亚细亚""亚细亚形式"和"东方",既非指一切亚洲国家,又不排除亚洲以外的国家,而是指具有上述特点的国家或民族,例如除印度、中国、美索不达米亚、波斯、阿拉伯、土耳其等亚洲国家外,还包括埃及和阿拉伯人统治时期的西班牙,①认为这是一种类型。俄国是不包括在西欧各国所代表的欧洲型范围之内的。马克思说,俄国"也是一个具有半亚洲式的社会条件、风俗、传统和机构的国家"。②列宁也曾说,俄国中世纪的土地关系和土地制度"部分是封建式的,部分是亚洲式的"。③列宁在这里说的"封建式",实际就是欧洲式。这就是说经典作家认为还存在半欧洲半亚细亚型的封建国家。这样的国家"部分是封建式的,部分是亚洲式的",即兼具欧洲型与亚细亚型的封建社会的某些特征,俄国即其一例。本文试图通过对史学界一致认为属于封建社会的日本德川时代(1603—1867年)的经济、政治结构的分析,以说明它是半欧洲半亚细亚型的又一例。

一

德川时代的日本是否存在马克思所说的"纯粹封建性的土地占有组织"?要弄清这一问题,首先要明确它究系何物。

如所周知,经典作家所说"封建""封建的""封建性的",有广义、狭义之分。广义是就人类社会经济形态之一的封建社会而言,狭义仅指封建社会中由分封授受实现的分配地权的法权形式。这里所说"封建性的"显然是后者而不是前者。因为马克思的上述论断是在谈及"在欧洲一切国家中,封建生产的特点是土地分给尽可能多的臣属"④时,作为注释而提出的。

那么,什么是"纯粹"封建性的土地占有组织呢?一些学者据德国史学家贝罗的《德国中世纪农业史》的研究,认为这是指12世纪后在西欧出现的"由古典庄园制土地所有解体中产生的纯粹庄园领主制"。⑤然而,这种说法似不妥

①《马克思恩格斯全集》(第23卷),人民出版社,1972年,第562页。
②《马克思恩格斯全集》(第9卷),人民出版社,1961年,第25页。
③《列宁全集》(第13卷),人民出版社,1963年,第255页。
④《马克思恩格斯全集》(第23卷),人民出版社,1972年,第785页。
⑤藤田五郎:《近世农政史论》,御茶之水书房,1977年,第179页。

当。从历史事实看,12世纪后,由于封建生产方式基本矛盾的发展,尤其是货币经济发展的影响,正如上述学者也承认的那样,"实物地租已正式确立,并向货币地租发展",随之封建性土地占有组织的基本原则在西欧各地都在趋于瓦解。①这时的土地占有组织,本质虽无变化,却很难说"纯粹"的了。从马克思的原意看,是说日本"纯粹封建性的土地占有组织","为欧洲的中世纪提供了一幅更真实得多的图画",而不是让它仅仅相当于欧洲中世纪的某一个阶段。因而,或可这样理解"纯粹"的含义:一是它要反映整个中世纪欧洲型封建社会的经济关系;二是它应表现为最纯化的形式。恩格斯曾说欧洲"整个封建经济的基本关系"是"分封采邑以取得一定的人身服役和贡赋"。②根据这一论断和我们的理解,似可认为在查理·马特(715—741年任法兰克王国宫相)改革以后在西欧普遍出现的采邑制或封建制,就是这种封建性土地占有组织,并非仅指12世纪后的所谓"纯粹庄园领主制"。

德川时代的日本确实存在过上述意义的"纯粹封建性的土地占有组织",并表现出欧洲型的一些特征。

首先,从地权取得的基本形式看,亚细亚封建社会(如印度)的土地制度是以国家的最高所有权制约与支配亚细亚农村公社的所有权,国家同时作为最高所有者与主权者为特征的。权力是土地占有的根据。取得国家主权即可获得全国范围内集中的土地所有权。中国是亚细亚封建社会的变态,较早出现土地私有,买卖是地权转移的主要形式。欧洲型封建社会则有所不同,正如恩格斯所说,是通过"分封采邑"而形成土地占有的等级结构。在这方面,德川时代的日本与欧洲型相仿佛。第一代将军德川家康在17世纪初经关原之战、大阪冬战、大阪夏战打败敌手后成了全国的统治者。德川家康及其继承者不断扩大自己的领地,到18世纪初已达680万石,③约占全国土地的1/4左右。一度反对德川家康的领主们,关原之战后已无力与他对抗,不得不表示归顺。但德川家康当时也不可能直接统治全国,于是或多或少承认他们对领地的领有权。他们就是外样大名,约80余家(数目因时代而异,常有增减)。德川将军为控制外样大名,又把他们的亲族(称亲藩大名)和关原之战前的臣属(称谱代大名)

---

① 藤田五郎:《近世农政史论》,御茶之水书房,1977年,第179页。

② 恩格斯:《德国农民战争》,人民出版社,1962年,第166页。

③ 丰臣秀吉测地后便以土地的产量"石数"表示土地的多少。

分封到全国各地。大名的领地以后称藩。各藩陪臣则从大名那里得到领地和禄米。这种土地授受关系与严格的世袭等级制相结合,便形成一种封闭的固定的土地占有等级结构,它显然具有欧洲型的封建制的特征。

其次,在这种土地占有等级结构中,日本也和西欧一样,迭相臣属的各级封建领主,谁都不拥有完全的、无限制的所有权。他们的所有权不同于亚细亚君主的最高所有权和中国地主制的私有权之处,一是有条件的,二是互相限制的。

所谓有条件的,是说下级领主(封臣)要对上级领主(封主)承担各种义务,不履行义务,封主可收回封土,因而封臣得到的领地不是"真正的馈赠",不是完全意义的私有地产。作为义务,首先要与封主结为个人间的主从关系,封臣要对封主宣誓忠诚。在西欧,采邑或封地是"封主死亡,归还封主;受封者死亡,也归还封主"。①即封主与封臣的土地授受是个人关系,因而他们之间的主从关系也是个人关系。这样,在封臣死后,其继承人须再次举行臣服礼并交纳继承金;有些地方封主死后也让封臣纳税,以示重新确立土地授受与主从关系,尽管实际上这种关系已逐渐变为世袭。在日本也有类似的制度。1616年德川家康死后,翌年4月,二代将军德川秀忠下令:"择吉日授予诸大名领知朱印状(领地证明书)。"②5月26日,向各大名下达了"领知朱印状"。从此,凡将军更替时,都举行类似仪式。大名和陪臣间也有相仿佛的呈递誓文重新确立主从关系的制度。所不同的是,在西欧封建社会晚期,封臣的臣服渐成虚构,臣服礼亦罕见举行。而在日本,大名的领地实际虽已世袭,但反映个人主从关系的制度却一直延续下来。此外,为封主提供人身服役和贡赋,也是封臣的义务。在日本,这主要指军役、"普请"和"参觐交代"等。发生战争时,大名和陪臣应为自己的封主提供军役。1605年、1616年、1633年和1649年,幕府多次发布军役令,具体规定直属家臣和大名的军役负担,其负担之多寡依领地大小而异。普请是指为幕府主持兴建的工程提供力役和资财。最早的普请役是扩建江户城。以后又修建过二条城、伏见城、骏府城、名古屋城等。17世纪末以后,幕府兴办的水利工程增多,其用费与力役也由各藩负担。最重要的义务是参觐交代。它最初起源于人质制度。有些大名表示臣服,将自己的子女或母亲

① 《马克思恩格斯全集》(第19卷),人民出版社,1976年,第551页。
② 朝尾直弘:《锁国》,小学馆,1977年,第115页。

送往江户作为"证人"。1635年的《武家诸法度》将其制度化:诸大名的妻与子女常住江户,大名本人则一年在江户,一年在本藩。各藩陪臣也要向大名提供军役和贡赋。忽视上述义务,便会失去领地或禄米。1617年,萨摩藩主岛津家久曾下令威吓陪臣说:"自今以后,未纳贡物者,不分大小,均收回其知行(领地)。"①在西欧封建社会晚期,封臣的服务仅余姿态,而在日本迄幕末止,幕府仍让大名与陪臣承担各种义务。

所谓互相限制,则是说封主和封臣的土地所有权都是不完全和不自由的。就封臣来说,日本的大名和少数陪臣可以占有并自由使用领地,并且不完全占有附属于土地的直接劳动者。作为其经济实现,可以向这些直接劳动者收取实物年贡和征用力役。然而,他们不能像中国的地主那样,自由分割、转让、出卖土地。恩格斯说:"完全的、自由的土地所有权,不仅意味着毫无阻碍和毫无限制地占有土地的可能性,而且也意味着把它出让的可能性。"②因此,日本的封臣的土地所有权是不完全、不自由的。日本的大名或陪臣大多实行长子继承制,以防领地分割。在出现继承权问题时,无上级领主认可,其继承权便不能成立。无继承人时,上级领主可收回领地。当然并非绝无买卖或抵押,即使出现类似情况也须取得上级领主许可,这表明领地的最高支配权在上级领主手中,封臣的不完全所有权是从属性的。藤堂藩主在1677年发布的布告中说:"我等乃临时之国主,土地为公仪(即幕府)之物。"③该藩主所说,并非逢迎将军的谀辞,而是将军对大名领地最高支配权的真实写照。但是,将军归根到底仅是最高领主,他的最高支配权也是有限制的,并不等同于亚细亚式的最高地主,不能说是土地国有,因为将军毕竟不能直接统治大名的领地,而且不能在全国范围内统一征收地租与赋税合一的年贡,而这才是亚细亚式最高地主的经济实现。将军的最高支配权以及大名、陪臣的附属所有权结合在一起,便表现了封建主阶级对土地的集体所有与对这种所有的分割。这也是西欧封地制的一个特征。

总之,在中世纪晚期的西欧,"当所有各地采邑的关系因赐给的、剥夺的、重新恢复的、因过时而终止的、加以改变或以任何其他方法加以限制的权利与

---

① 佐佐木润之介:《大名和百姓》,中央公论社,1974年,第136页。

②《马克思恩格斯全集》(第21卷),人民出版社,1965年,第190页。

③ 古岛敏雄编:《日本经济史大系4》,东京大学出版会,1965年,第49页。

义务而形成一团乱麻的时候",①德川时代的幕藩领主制却以纯化的形式,"为欧洲的中世纪提供了一幅更真实得多的图画"。因而马克思说"日本有纯粹封建性的土地占有组织"是确切无误的。但这并不意味德川时代的日本土地占有制度必定为欧洲型的。因为马克思的这一论断仅是针对日本的封建土地占有组织与西欧相似之处而言,它尚有许多与欧洲型歧异之处。这恰恰表现了它的亚细亚特征。

一、在西欧各国,各等级的封建主都有领地,至少也有一座庄园,他们大都在领地生活(仅德国存在无土地的骑士);而在德川时代的日本,除将军和大名外,一般武士基本不直接占有领地,且须在将军和大名所在的城下町生活。据18世纪统计,将军的直属武士旗本和御家人共25544人,其中仅有2482人是"地方取"(即名义上拥有"知行地"——领地,占11%),其余的则领取禄米或现金作俸禄,没有领地。②各藩陪臣的情况,因藩而异。仅九州、东北地方少数边境大藩,如萨摩、肥前、肥后、仙台等,陪臣有领地。据《土芥寇雠记》所载,1690年,243个藩中,有201个藩实行俸禄制,陪臣无领地,约占83%,其余42个藩,陪臣有领地,只占17%。③进而言之,即使获得领地的旗本和少数陪臣,也不像西欧的地方领主那样住在庄园,并拥有领地的行政权、司法权、关税权等。德川幕府继承丰臣秀吉的兵农分离政策,规定拥有领地的旗本须住在江户,各藩陪臣也应集中于各藩城下町。这样,他们对领地的权利就只剩下年贡征收权了。17世纪中期,各藩又推行改革,实行平均免(即全藩统一的年贡率),年贡率决定权也为藩政府掌握,因而他们对领地几乎不再拥有直接权利,所收年贡不过变相俸禄而已。这样,将军和大名在各自领地范围内,实际既拥有集中的土地所有权,又拥有主权,颇似亚细亚封建国家的专制君主。他们"既作为土地所有者,同时又作为主权者而同直接生产者对立"。④他们直接向领地内生产者征收地租和赋税合一的年贡,乃是这种地位的经济表现。关于这种实物年贡和由此表现的将军与大名统治权的亚细亚性质,马克思在《资本论》中有明确论述,但这一论述却往往被忽视,以至把马克思也说成是日本封建社会欧洲型的倡导者,导致日本封建社会欧洲型的误解。马克思说:"在亚洲,地租的

---

① 恩格斯:《德国农民战争》,人民出版社,1962年,第166页。
② 荒居英次编:《日本近世史研究入门》,小宫山出版社,1974年,第44页。
③ 佐佐木润之介:《大名和百姓》,中央公论社,1974年,第325页。
④《马克思恩格斯全集》(第25卷),人民出版社,1974年,第891页。

实物形式(它同时又是国税的主要因素)是建立在象自然关系那样一成不变地再生产出来的生产关系的基础上的,这种支付形式反过来又维护着这种古老的生产形式。这种支付形式是土耳其帝国自身得以维持的秘密之一。如果欧洲强加于日本的对外贸易使日本把实物地租改为货币地租,日本的模范的农业就会崩溃。这种农业的狭隘的经济存在条件也就会消失。"① 显然,马克思是把德川时代的实物年贡归入实物地租与赋税合一的亚细亚型范畴的,把日本的农业也看成是亚洲的"古老的生产形式"。

二、在日本,封主与封臣由土地授受而结成的主从关系中,封主居优势地位。在西欧,领主与附庸间的关系,既是统治与从属的关系,又是契约的关系。任何一方如违背有关规定,对方都可以反对,甚至解除主从关系。就连最高领主国王,也包括在这种相互制约的契约中。日本则不然,封臣的权利与义务都由上级领主规定,不拘封臣的意见如何。历代将军颁布的《武家诸法度》和《诸士法度》以及许多藩法都是上级领主的单方面规定。封臣不能像西欧那样,自动解除对领主的从属关系,更无权反抗。这就是日本全国通行的奉公构制度。所谓奉公构,即原来的主家有权禁止自己的臣属与其他主家结成主从关系。1632年幕府公布的《诸士法度》规定,"不得接纳放弃奉公者",1635年的《武家诸法度》又规定,"不得接纳有碍本主者"。②

最能反映日本的封主优势地位的是封主可以任意寻找借口,以触犯幕藩法令、无嗣子、继承纠纷等理由对臣属进行改易和转封,甚至完全剥夺封臣的领地。而在欧洲,"和封地一样,采邑也是只有在特定的条件下才能收回的",③随意剥夺领地实属罕见。据日本史学家统计,在1602—1650年,仅以无嗣子为理由而被将军改易或减封的大名即有58家,被没收的领地高达4298150石。④在整个德川时代,改易、转封之类的事件是不断发生的。

综上所述,德川时代的日本既具有类似西欧的,以分封、赏赐为地权分配基本形式的土地占有等级结构,而在这一"纯粹封建性的土地占有组织"中,上级领主的支配权又强大到几乎与亚细亚的最高地主并驾齐驱的地步,因而我们可以认为日本的封建土地占有制度是半欧洲、半亚细亚型的。

---

① 《马克思恩格斯全集》(第23卷),人民出版社,1972年,第161页。
② 尾藤正英:《元禄时代》,小学馆,1975年,第47~48页。
③ 《马克思恩格斯全集》(第19卷),人民出版社,1976年,第551页。
④ 尾藤正英:《元禄时代》,小学馆,1975年,第75页。

二

仅谈日本土地占有结构的半欧洲、半亚细亚性质还不充分。因为它只反映封建统治阶级的内部关系,我们还应在"生产条件的所有者同直接生产者的直接关系"中去寻找"最深的秘密"。①这就需要探讨马克思所说日本有"发达的小农经济"的真正含义。

"小农"是就农业的小规模经营而言,马克思曾形象地以"一小块土地,一个农民和一个家庭"来描绘这种小农状态。在西欧的中世纪,出现"发达的小农经济",应该是实物地租成为榨取农业生产者无酬剩余劳动的主要形式以后的事。在劳役地租形态下,领主赤裸裸地直接剥夺农奴经营自己经济的大部分时间,用来为他们耕种直营地"公田",由此常常造成对农奴经济的中断和扰乱,以致影响农奴经济的发展。这时的小农经济尚不能说"发达"。但从12世纪起,由于生产过程的个体性质与封建所有制之间的矛盾(主要表现为农奴的阶级斗争)的发展,领主逐渐放弃公田经营,将其出租收取实物地租。这虽只是地租形态的改变,但由此引起的其他变化,却有重大意义。这些变化主要是:领主与农奴人身依附的封建纽带松弛,租佃契约规定的是物的关系而不是人的关系,领主不完全占有直接生产者的最根本封建关系在悄然消逝;既是原始公社遗存,又是领主剥削农奴基层单位的马尔克公社的影响也在削弱。12—13世纪起敞开地制度逐渐废弃就是明证;农奴可自行支配全部劳动时间,剥削量与范围相对固定,伴随生产提高而剥削率下降,这些都有利于农业生产率的提高,并促进了农民的分化。正是在上述变化的基础上,迅速出现货币地租形态(如在14世纪后半期的英国),并迎来封建制的崩溃。这就是西欧的"发达的小农经济"的形成过程及其基本的经济与阶级内容。

17世纪中期,在日本也普遍出现了独立经营一町土地上下,以单婚家庭劳动为主体的小农。②但是,他们耕种的数量不等的土地并非私有地。他们自己作为"土地的附属物",要根据地权的转移而改变主人,与主人之间还存在着作为农奴特征的"人身的依附关系"。③他们对土地的权利不过是世袭耕

① 《马克思恩格斯全集》(第25卷),人民出版社,1974年,第891~892页。
② 一町相当于14.87市亩。
③ 《马克思恩格斯全集》(第25卷),人民出版社,1974年,第891页。

作权,不能随意分割、转让与买卖,其实质仍是为领主耕种的份地。1750年松江藩向农民颁布的法令中明确地说:"国中全部土地皆属公物,非下可私之者。"①因此,他们要向领主交纳实物年贡并提供夫役。不过,夫役已非农业性质,且有数量限制,如作战的阵夫和水利工程及交通运输的劳役等。从日本小农份地耕作权并非私有权和以实物为主的地租形态看,确与西欧的"发达的小农经济"有相似之处。马克思或许就是根据以上两点才论及日本有"发达的小农经济"的。

然而,就此论定日本的"发达的小农经济"为欧洲型,却似乎失之唐突。因为它没有像西欧那样,由于地租形态的演进迅速发生前述的一系列变化,到最后它也未能发展到以货币地租为主,未能形成资本主义的大农业,以致导致封建制的瓦解。造成这种差异的主要原因是,它形成的前提、领主的经济剥削与超经济强制的形式和强度,均有别于西欧,而这些都表现了日本小农经济的亚细亚性质。

日本"发达的小农经济"的普遍形成,与其说像西欧那样是经济发展和社会矛盾发展的自然结局,莫如说主要是幕藩领主运用亚细亚式的国家权力扶植与保护小农政策的早产儿。从14世纪开始,日本即出现小农独立化进程,但相当数量的小农仍被束缚于称作地侍的地方小领主或称作名主的家长制大家族。16世纪末,情况发生变化。丰臣秀吉多次实行全国性的检地和一地一作人制度,承认土地直接耕作者的耕作权,将其登录于检地帐上,同时让他们承担向领主上交年贡的义务。1581年,秀吉任命的检地负责人浅野长政发布命令:"大人百姓(村庄统治者)不得役使下作百姓(普通小农)与取得作合(地租)。"1593年,秀吉又下令,"农民父子和亲属,每户不得居住两个家族,应分别立户"。②这些措施和兵农分离政策,加速了小农独立化的进程,使单婚小家庭脱离了家长制大家族和地方领主。德川时代幕藩领主继承丰臣秀吉上述政策,形成了幕藩领主的直接剥削小农的体制。这些独立小农就是登录在检地账上的本百姓的基本成分。它们是在独立的经济力量不太成熟的情况下,由丰臣秀吉和德川幕藩领主上述政策的催产而普遍出现的。

然而,丰臣秀吉和德川幕藩领主扶植小农,绝非意欲扮演救世主,其宗旨

---

① 儿玉幸多:《近世农民生活史》,吉川弘文馆,1958年,第28页。

② 儿玉幸多:《近世农民生活史》,吉川弘文馆,1958年,第22页。

完全在于通过直接控制小农,取消中间剥削,以便最大限度榨取他们的无酬剩余劳动,即"使百姓无所余,无不足","对百姓可以让其不死不活地进行征收"。为实现这一宗旨,他们非但没有像西欧的领主那样放松超经济强制,反而更加依赖它,其形式与强度均表现了亚细亚的特色。到了实物地租阶段,西欧的超经济强制已不是领主"直接的强制,是法律的规定",[1]而在亚洲则依然表现为:一是"所有臣民对这个国家都有的臣属关系",[2]也就是动用国家权力实行超经济强制并直接干预经济;二是农村公社作为国家权力压迫剥削农民的基层单位长期存在。

第一,西欧的封建国家并不担负重要的政治与经济职能(除晚期的君主专制时期外);而亚细亚国家权力本来就是因担负某些生产管理职能而产生的,在以后又作为最高地主高居于社会之上,以粗暴地干预经济为特色;在日本则主要表现为幕藩领主像亚细亚专制君主那样限制小农的土地、人身自由,并直接干预他们的生产和生活。幕藩领主屡屡发布命令,禁止农民逃亡他乡或出外作长工或日工,一经发现,必予严惩。1643年,幕府下令禁止土地买卖,如有违者,买卖双方与证人均治罪,迄幕末止,原则上始终不承认土地自由买卖。幕府还于1673年下令严格限制农民分割土地。对农民生产以至衣食住行的限制更臻巨细无遗程度,为东西各国所罕见。1649年,有名的《庆安御触书》(《对各国乡村的告示》)规定农民要"早起割草,白天耕田,晚上编绳织草袋","应珍惜粮食,专吃杂粮"。[3]有的藩不仅规定作物品种、耕作日程,甚至规定下田时间。农民的住房内不得铺木板与草席,仅允许以稻草敷地,席地而卧。农民及其妻子只准穿棉布与麻布。有的藩规定,婚礼时也只能吃一菜一汤。凡此种种,若非发动亚细亚式专制国家权力,超经济强制之酷烈何至于此。

第二,在封建社会中依旧保留农村公社这一历史现象,并非亚洲所仅见,在西欧,"马尔克制度,直到中世纪末,依然是日耳曼民族几乎全部生活的基础"。[4]当然,这种马克尔公社已非原生状态,而是它的"次生的、再次生的等等类型",其血脉脐带与土地公有制已很微弱,但它仍有两重性,既是原始公社的遗迹,又是领主剥削压迫农奴的基层组织。与之不同的是,亚细亚农村公社的

---

① 《马克思恩格斯全集》(第25卷),人民出版社,1974年,第895页。

② 《马克思恩格斯全集》(第25卷),人民出版社,1974年,第891页。

③ 儿玉幸多:《近世农民生活史》,吉川弘文馆,1958年,第168~169页。

④ 《马克思恩格斯全集》(第19卷),人民出版社,1976年,第539页。

不同形式的血脉脐带与原始公有制长期牢固存在,并具有"较为专制"的特征。造成这一差别的原因主要在于东方的劳动者"单个人的力量太小",[①]即小农的独立的经济力量的发展不充分。德川时代的小农依然束缚于亚细亚农村公社性质的村里共同体中,其根源也在于此。

水田耕作是日本农业的中心。在当时生产力水平比较低下的情况下,小农的生产严重依赖公共水利工程和山林的肥料资源。当时的村里共同体依然程度不同地保留了亚细亚农村公社的生产职能与公有地的遗迹。如疏浚水路、规定放水日期与数量等,都由全村成员承担;向农民提供牲畜饲料、敷草、绿肥和烧柴的山林,大多为入会地(村庄共有地),割取草木的时间、用具、运输方法也由村庄规定,所采柴草不准出卖;[②]在河流下游低洼地区或某些后进地区(如萨摩藩)还存在割替制度或门割制,定期重新分配耕地。[③]但是,它最主要的职能还是作为幕藩领主权力的基层单位,以实现超经济强制和榨取无酬剩余劳动。如征收年贡便实行所谓村请制,即以村为单位规定全村年贡额,村吏再按耕地产量之高低摊派给各农户,村内如有不纳年贡者,领主即责问村吏。在村内,还把五六户农民组成五人组,组内成员有互相监督与连坐义务。德川时代晚期,有的五人组规约竟规定义务153项之多。其中最主要的是,组内若有未上交年贡者应由同组其他成员代纳,组内成员逃亡或犯罪,全组成员负连坐义务。[④]以上这些都说明德川时代村落共同体的亚细亚农村公社性质及其两重性。当然它们也不是农村公社的原生形态,而是它的次生或再次生形态。

总之,我们在考察德川时代农业"生产条件的所有者同直接生产者的直接关系"中,可以发现,日本的小农既有类似于身份不自由的西欧农奴的阶级地位,又直接臣属"拟似的"亚细亚专制君主——幕藩领主,并被束缚于亚细亚村社式的村落共同体中,因而既不同于西欧的庄园农奴和以后租佃契约下的农奴,又不同于作为亚细亚村社成员的农民和人身较为自由的中国国家编户制下的小农,也许称之为国家农奴,庶几可以表现日本小农的半欧洲、半亚细亚

---

① 《马克思恩格斯全集》(第19卷),人民出版社,1976年,第434页。

② 古岛敏雄编:《日本经济史大系3》,东京大学出版会,1965年,第45~46页。

③ 《古岛敏雄著作集》(第3卷),东京大学出版会,1975年,第198页。远山茂树编:《日本史研究入门》,东京大学出版会,1962年,第387页。

④ 羽仁五郎:《明治维新史研究》,岩波书店,1978年,第161~162页。

性质吧?

三

在世界各国的封建史上,城市的特征和作用是极其多样的,而它们对各国历史,尤其是资本主义的形成史又有举足轻重的影响。因而我们有必要对日本封建社会晚期的城市进行一番考察。

西欧中世纪中期以后的城市,大都是工商业中心,而且是自由的自治城市(当然并非完全如此,德、葡就有不少非自由城市,即使是自由城市,其自由与自治的程度亦不同)。它们的兴起是西欧封建社会离心势力产生的起点。西欧资本主义萌芽与资产阶级最早是在这些城市中产生的。意大利北部、荷兰、英国等地,这些城市自治运动最高涨的地方都是西欧资本主义发展的主要中心。

亚细亚城市却大都是政治统治的大小中心,或如马克思所说是"帝王的军营","经济结构的赘疣","国家元首及其总督拿他们的收入(剩余产品)与劳动交换、作为劳动基金而支出的地方",或者是"对外贸易特别有利的地点"。[1]在这里没有城市自治运动,因而"亚洲的历史是城乡浑然一体的历史"。[2]在这样的城市里,资本主义萌芽的滋生与发展十分艰难。

日本在15、16世纪战国大名混战的"战国时代"也曾出现过欧洲型的城市自治运动。但不幸的是,这一势头逐渐被织田信长、丰臣秀吉所镇压。到德川幕府时期则完全控制了城市。这极大地影响了日本未来的命运。

在奈良、平安时代,奈良和京都都是具有鲜明亚细亚色彩的政治城市。除此之外,再无什么重要城市可资记述。在镰仓时代,城市的发展也极为缓慢。到了战国时代,城镇才大量增加,达500~600个。[3]这些城镇可分四种类型:京都、奈良等旧有政治城市,新兴的国内外中转贸易城市,为数众多的地方市镇,战国大名领主控制下的城下町(大名城池周围的市镇)。在前三种城镇中,都不同程度地发生了要求脱离领主权力的自治运动,并建立了不同形式的自治和自卫组织,从而在战国的动乱中保卫了自己。最典型的自治城市是堺。

---

① 马克思:《政治经济学批判大纲》(第3分册),人民出版社,1963年,第93页。
② 马克思:《政治经济学批判大纲》(第3分册),人民出版社,1963年,第99页。
③ 原田伴彦:《日本封建制下的城市与社会》,三一书房,1960年,第14页。

1419年,堺市实行地下请(集体承包领主年贡),开始走向自治。[1]1431年,又改为交纳与农村不同的依房屋正面宽度为准的宅地税。15世纪70年代,建立了自治性市政组织会合众,由10人组成,以后增为36人。堺市拥有民事裁判权、免除"德政"权等。市区周围有护城河,并雇用闲散武士组成军队,在战乱中维持堺的秩序与和平。当时在日本的葡萄牙传教士便把堺看成威尼斯那样的自由城市。堺等自治城市虽较西欧的规模小、力量弱,但终究形成了一批欧洲型的城市。

若照此势头发展下去,资本主义生产方式的形成与发展,绝非遥远。日本的历史将是另一番风貌。然而,随着战乱的逐渐结束,拟似的亚细亚专制权力又以新的统一者的面目恢复了力量。它不容许自治城市这一叛逆性力量长期存在。首先,堺在织田信长的武力胁迫下,于1570年同意交纳2万贯军费,并保证解除武装,逐渐丧失自治。尼崎、平野、坚田、坂本等也屈服于织田信长,遭到堺同样的命运。此后的丰臣秀吉和德川幕府都十分注意对商业和对外贸易城市的控制,京都、大阪、长崎成了他们的直辖领地。在战国时代形成的城市大都衰落,仅有160余座城镇虽延续下来,但或被吸收为大名的城下町,或受幕府与大名严格控制,日本再无自治城市的踪影。[2]

织田信长、丰臣秀吉摧毁自治城市无疑是为了维护封建的经济基础,然而他们所以采取这样的政策并获得成功,并非仅仅出于权力意志或单单因为武力强大。我们还要从当时日本的经济结构中去寻找原因。

西欧的自治城市运动的兴起与发展,不只是利用了封建领主割据所造成的力量真空,也是农牧业混合生产结构带来的较发达的社会分工的必然结果,即是以手工业的发展和国内外贸易的必要性为依据的。当时日本的城市自治运动却缺乏西欧国家那样坚实的基础。日本是以粮食生产为主、小农业与家庭手工业牢固结合的国家,基本上还是一个封闭的经济体系。它不像西欧各国的农牧业混合经济那样迫切需要手工业与农业的分工、城乡分工和国内外贸易。15—17世纪初的日本,商品经济虽有一定程度的发展,却主要与统治阶级的消费联系在一起,商品的收益也仅停留在流通领域,尚未与农民的生产、社会分工和阶级分化的发展发生密切联系。例如,当时的主要进口品是统治

---

① 丰田武:《堺》,东京至文堂,1978年,第169页。
② 原田伴彦:《日本封建制下的城市与社会》,三一书房,1960年,第14页。

阶级需要的生丝与丝织品,主要出口品是白银,而不是农业与手工业产品。而且贸易额极为有限。17世纪初,生丝年输入额若超过40万斤,就会供给过剩,造成丝价下跌。①堺等自治城市便是以这种程度的商品经济发展作为背景而存在的。日本的城市既无地利之便,无以成为国际中转贸易中心,又无坚实的产业作基础,其力量之弱小,不能与威尼斯、佛罗伦萨相比美便不难设想。

到了德川时代,由于实行参觐交代制度和兵农分离政策,将军、大名、武士均脱离农业与农村,聚居于城市,因而商品经济有了新发展,城镇也不断增加,后达到2600余座。②德川时代的城镇有三种来源:战国时代城市的延续、大名新建的城下町、新兴的农村商业城镇。第三类城镇数量多,但规模小。一、二流城市多属一、二类,如幕府所在地江户和直辖城市大阪、京都、长崎、堺,以及各藩所在地城下町等,都在幕府与大名直接控制下,是亚细亚型的非自由城市。江户在18世纪初已有100万人左右,可能是当时世界上人口最多的城市,但它仅是全国的政治统治中心和巨大的消费城市,没有任何值得一提的产业部门。德川时代的日本城市的外形与西欧亦不同,除将军与大名居住的城堡外,城市没有城池。这也说明市民无力对抗封建权力,因而也无防卫自己的必要。总之,到18世纪初期,商品经济与城市确实发展了,但是这并未导致资本主义萌芽顺利地形成与发展。马克思说:"现代生产方式,在它的最初时期,即工场手工业时期,只是在现代生产方式的各种条件在中世纪内已经形成的地方,才得到了发展。"③欧洲型自由城市乃是最适宜现代生产方式形成的地方,即"市民社会是全部历史的真正发源地和舞台"。④在亚洲(如日本),国家权力阻止了"市民社会"这一自主领域的形成。如德川时代的城市市民不但没有自治权,所从事的手工业与商业也在封建权力的严密控制下。德川时代初期,幕府和大名通过御用商人统治城下町的手工业者与商人。18世纪初期,幕府与各藩又鼓励特权大商人组成株仲间(行会),借以控制生产与流通。幕府曾在1721年规定,包括各种布匹、家具乃至糖果在内的一切商品生产和书籍出版"不准出新花样",让行会成员互相监督。各藩还实行藩营专卖制,垄断生产与

---

① 岩生成一:《朱印船和日本町》,至文堂,1964年,第70页。

② 原田伴彦:《日本封建制下的城市与社会》,三一书房,1960年,第16页。

③《马克思恩格斯全集》(第25卷),人民出版社,2001年,第372页。

④《马克思恩格斯选集》(第1卷),人民出版社,1995年,第88页。

销售。据统计,全国有50个藩对34种产品实行专卖。①封建权力对城市的严密控制阻碍了资本主义萌芽的产生。历史的机遇竟是如此不凑巧,15、16世纪,日本的城市自治运动因缺乏全国性商品经济发展做后盾而中途夭折。到了17世纪末以后,商品经济发展,却又缺乏适宜资本主义萌芽滋生与发展的起源地和舞台了。以致在18世纪前期或中期逐渐产生的日本资本主义萌芽,大都出现于封建权力控制较弱的农村或小城镇,而在一二流城市中,至今尚未有材料证明曾形成过资本主义性质的企业。这一现象绝非偶然,它有力地证明日本的资本主义生产较西欧产生迟、发展慢、力量分散,资产者尚未形成阶级,远较西欧资产阶级软弱,都与德川时代城市的亚细亚特征有关。仅从这一点来看,说德川时代日本封建社会为欧洲型就是不科学的。

不过,由于德川时代统治阶级的几乎所有成员(除少数乡士外)都在城市生活,因而日本封建主阶级对城市货币经济的依赖显然较其他亚细亚国家的封建主更强一些,以致随着商品经济的发展,到了18世纪以后,在某些港口城市和农村手工业城镇,欧洲型的城市自治体又有复苏的趋势。②

四

如前所述,德川幕藩体制既是土地占有结构,又是榨取直接生产者无酬剩余劳动的组织。同时,它也是国家政治权力的构成形式。因而,德川时代的日本国家权力机构,无疑也具有半欧洲、半亚细亚的特征。

西欧封建国家的权力机构以王权衰微,权力分散为特征。每个封建领主就是自己那块领地的统治者,既拥有立法权、行政权、税收权,又有自己的军队;在他之上没有专制君主,王权的范围并不超出自己的领地。到了中世纪晚期的专制君主时期,才出现强大王权和中央集权政治。在东方专制国家中,则一直存在着在政治、经济、军事、宗教等一切方面拥有绝对权力的专制君主。他依靠强大的官僚机构和军队,实行中央集权统治。在德川时代的日本,中央集权势力与地方分权势力,彼此对立,互相依赖,处于均衡状态,实行中央权力统一控制下的地方割据统治。

---

① 井上清:《日本现代史》(第1卷"明治维新"),吕明译,生活·读书·新知三联书店,1956年,第78~79页。

② 原田伴彦:《日本封建制下的城市与社会》,三一书房,1960年,第275~279页。

德川将军是全国的最高统治者,代表中央集权势力。他通过幕府这一官僚机构,直接统属直属领地(称天领),并控制全国。幕府政治的重点之一是如何控制作为离心势力的外样大名。这些外样大名或源自旧族大名,或曾为织田信长与丰臣秀吉的属下,在被迫臣服德川氏后,仍不失其敌意。他们大都领地广大,地处偏远,颇难控制。其中最危险的是南九州的萨满藩,有领地77万石。其藩主岛津氏,自镰仓时代起即控制该地区。他如长州藩、土佐藩、肥前藩等也威胁甚大。为此,德川幕府竭精殚虑,采取种种手段加以控制:没收、消减、转封外样大名领地,在外样大名领地间巧妙配置谱代大名以为监督、挟持;实行类似人质制度的参觐交代;厉行锁国,剥夺大名对外贸易权与外交权等。由此看来,德川将军对全国的控制权,显然大于西欧贵族民主制时期的封建王权。不过,它与等级君主制和专制君主制时期逐渐强大的西欧封建王权也有区别。等级君主制是封建王权与城市市民等级代表参加的等级代表会议并存的政权,西欧晚期封建社会的专制君主制(日译绝对王权)则是建立于资产阶级与封建贵族势力均衡之上的权力。德川时代将军的封建权力并不存在上述阶级基础,不存在强大的市民等级或资产阶级,因而它的强大权力更类似于亚细亚的专制君主,但又有重大的差异。

首先,德川将军对各藩领地并不拥有直接的行政权力。各藩政府是大名统治领地的下属机构,不是幕府的地方行政单位。藩政府成员由大名任免,并与大名有个人主从关系。将军必须通过各大名领主来实现对全国的控制。这种控制主要表现为各藩在原则上要采取与幕府政策、法令同向同步的政策。例如,1635年公布的《宽永武家诸法度》最后一条规定"万事如江户之法度,于国国所所,应遵行之"。[①]有些藩法也规定"应固守公仪(即幕府)颁布之法度,不可违背"。[②]但各藩有变通执行的权利,各藩大名在领地内有制定与执行政策的相对独立性,尤其是外样大名。例如,对于维护幕藩领主土地所有制至关重要的《永远禁止土地买卖法令》,是幕府于1643年公布的,但有些藩却并非立即遵照执行。福冈藩(外样大名,52万石)直至1740年还未禁止土地买卖,1746年又规定可将土地转卖或抵押给本藩他村,但不准转卖、抵押给外藩。[③]

---

①《日本史料集》,平凡社,1963年,第321页。
② 藤野保:《幕藩体制史的研究》,吉川弘文馆,1962年,第536页。
③ 儿玉幸多:《近世农民生活史》,吉川弘文馆,1958年,第153~155页。

　　其次,德川将军不具有亚细亚专制君主那种神人同格的身份。在亚细亚封建社会中,政治生活与专制君主都被神化了。专制君主往往以高级祭司、上帝之子、人与神的联络人等身份出现,甚至自称上帝。而西欧的封建君主,却是人的君王,未达到过神人同格的地位。但在日本,具有神格的是天皇,而不是德川将军。天皇才是众神之神的天照大神的子孙,尽管天皇已毫无实权。1615 年 7 月,德川家康公布《禁中并公家诸法度》(《有关朝廷和朝臣的各种法令》)规定"天子以才艺和学问为第一",使天皇完全脱离了政治,①其领地也仅相当于最小的大名。不过天皇仍保留传统的神的权威。德川家康的征夷大将军的称号形式上也是由天皇赐给的。直至德川家康死后,天皇才赐予他东照大权现的神号。以后在日光和其他各地建造东照神宫,又有不少幕藩体制的卫道者极力鼓吹东照宫信仰,遵奉家康为日本国土的保护神。②由此现世的德川将军,才似乎拥有半人半神的身份。从这个侧面,我们也可窥见德川国家权力机构的半亚细亚性质。

　　德川时代的地方分权势力是指各藩大名,特别是外样大名。大名通过由陪臣组成的藩政府统治全藩,相对独立地拥有立法权、司法权、行政权、税收权等,还有自己的军队。藩与藩之间也相互隔绝,在藩界要地设关卡,粮食等重要物质不得转运他藩,也不准自由到外藩旅行,与外藩人结婚更受严格控制。③藩似乎是国中之国。大名不是亚细亚国家的地方官僚,而与西欧封建领主相仿佛。但大名的领主权受到强大的幕府的监督与限制,却有别于西欧领主。幕府设大目付一职,专司监督大名的动向。另外,还经常向各藩派遣临时监察使。幕府依据他们的报告,干预藩政,并借机寻隙削减大名领地。④幕府对各藩内部纠纷还拥有最后仲裁权。这些又反映了幕府对各藩行政权与司法权的干预和优势地位。

　　拟似的亚细亚专制君主幕府将军和享用相对独立性的各藩大名,既相对立,又相依存,表现了德川时代政治结构的半欧洲半亚细亚性质。这种均衡状态维持了二百余年,直到明治维新前,既无幕府与大名的战争,也无大名间的私战。到幕末,萨、长西南诸藩逐渐强大时,均衡才被打破,幕藩体制也就难以

---

①《日本史料集》,平凡社,1963 年,第 319 页。

② 石田一良:《思想史Ⅱ》,山川出版社,1976 年,第 167 页。

③ 伊东多三郎:《日本封建制度史》,吉川弘文馆,1955 年,第 264 页。

④ 儿玉幸多:《大名》,小学馆,1977 年,第 182~184 页。

存身了。

本文原刊载于《世界历史》1982 年第 6 期。

作者简介：

王家骅（1941—2000 年），著名日本思想文化史学者、儒学研究家。1968 年毕业于南开大学历史系。曾任南开大学历史研究所日本史研究室教授、博士生导师，北京大学比较文学与比较文化研究所兼职教授、中国社会科学院东方文化研究中心特约研究员，中国日本史学会思想史、文化史专业委员会会长，国际日本文化研究中心（日本）外国人研究员。著有《日中儒学の比較》（日本六興出版，1988 年）、《儒家思想与日本文化》（浙江人民出版社，1990 年）、《儒家思想与日本的现代化》（浙江人民出版社，1995 年）《日本の近代化と儒学》（日本農山漁村文化協会，1998 年）、《中日儒学：传统与现代》（人民出版社，2014 年）等。

九一八事变与币原外交

俞辛焞

本文主要探讨九一八事变与币原外交的关系。所谓币原外交,首先可以认为是反映币原喜重郎外相个人外交思想的行为,但是由于在九一八事变中,他执行的是若槻内阁的对外政策,所以也可以认为币原外交是包含着币原外相个人外交思想的若槻内阁的外交。

外交与军事,就像盾的两面和车的两个轮一样,是一个国家推行对外政策的两种手段。在战前、战时、战后,日本是如何调整这两种手段,使它们相辅相成,以实现战争目的的,是日本外交史研究中的重要课题。中国的日本外交史研究几乎都强调军事与外交的一致性,很少承认两者的矛盾和对立。本文认为,九一八事变与中日甲午战争、日俄战争、第一次世界大战、太平洋战争有所不同,它是以特殊形式爆发的战争。例如,这次战争不像太平洋战争那样,是在开战前通过四相、五相会议乃至御前会议,对外交、军事、财政等各方面进行充分的调整,并决定了一致的政策、路线之后发动的,而是在陆军中央部分将校的怂恿下,由关东军掌握主动权而挑起的战争。因此,从战争爆发开始,关东军、陆军中央、外务省之间便产生了分歧和矛盾,这是以往战争中从未出现过的特异现象,也是华盛顿会议以来日本对外政策中二重外交的一种表现。但是,在九一八事变的发展过程中,这种分歧和矛盾逐渐趋向统一,并最终在建立傀儡政权问题上,完全达成一致。

本节拟将币原外交与日本关东军和陆军中央在九一八事变前后从分歧到统一的过程,划分为四个时期,以分析币原外交在九一八事变中所起的作用,并阐述最终又与军方统一的币原外交的本质。

一、事变爆发后的对策

外务省具有双重性:对内,是与其他各省并列的一个省;对外,则是代表日本政府的一个机构。所以其在九一八事变中起着对内和对外的双重作用。

具体而言,在事变初期,外务省对内牵制了关东军试图一举占领的军事计划。

日本驻奉天总领事林久治郎对突然爆发的事变是这样处理的。林"从事变突然爆发开始,便随时向东京报告事态的发展……以求防止事态的扩大"。①林在事变爆发的第二天给币原外相发了30多封电报,还报告了9月14日抚顺守备队长们袭击奉天机场的计划,他"认为这次的事件完全是军部有计划的行动"。②

同时,林对关东军参谋板垣说,"此时最为重要的是尽量不将事件扩大,应通过外交机构处理事件",并向币原外相建议,"希望政府也采取紧急制止军事行动的适当措施"。③

但是,关东军迅速占领了奉天、新民屯、营口、海城、凤凰城、洮南、郑家屯等地,并于21日占领了吉林,妄图一举占领整个中国东北,使之变为日本的殖民地。

19日,内阁就此事召开会议。若槻首相在会上说:"这次事变果真是中国士兵破坏铁路,并攻击防守铁路的士兵引起的吗? 真的是正当防卫吗? 如果不是,而是日本军队的阴谋行动,我国将如何面对世界? 我非常遗憾发生这样不幸的事。"④币原外相朗读了从林总领事那里得到的各种情报,"这些情报多数是对陆军极其不利的"。⑤陆军大臣南次郎听了外相朗读电报的语气,"意气稍挫,当时内阁会议上的气氛使他丧失了提议有必要派朝鲜兵增援的勇气"。⑥内阁会议根据首相、外相的意见,决定了"不使现今事态扩大"⑦的方针。币原外相在26日的内阁会议上说:"现在关东军把多数兵力部署在吉林,这将给外交谈判带来极大的困难。如果陆军不肯从吉林撤退,我将辞职",⑧坚持不扩大方针。内阁的不扩大方针暂时阻止了关东军在东北北部和朝鲜军第十九师团对图们江北岸的军事行动。板垣参谋也认为"在现今的形势之下,不可能

---

① 林久治郎:《满洲事变与奉天总领事》,原书房,1978年,第118页。
② 日本外务省编:《日本外交文书·满洲事变》(第1卷第1册),外务省,1978年,第6页。
③ 日本外务省编:《日本外交文书·满洲事变》(第1卷第1册),外务省,1978年,第5页。
④ 原田熊雄口述:《西园寺公与政局》(第2卷),岩波书店,1950年,第62页。
⑤ 稻叶正夫等编:《走向太平洋战争之路》(别卷),朝日新闻社,1963年,第114页。
⑥ 稻叶正夫等编:《走向太平洋战争之路》(别卷),朝日新闻社,1963年,第114~115页。
⑦ 稻叶正夫等编:《走向太平洋战争之路》(别卷),朝日新闻社,1963年,第115页。
⑧ 稻叶正夫等编:《走向太平洋战争之路》(别卷),朝日新闻社,1963年,第129页。

实现一举占领方案"，①转向了以建立傀儡政权为中心的政治策略。

关东军对政府和外务省的不扩大方针"极为不满"，②当出兵哈尔滨的军事行动被制止时，便叫嚣道："政府的真正意图何在？陆军大臣为何不敢下定决心与政府正面冲突……幕僚们暗地里愤慨、叹息，陆军司令官也沉痛不已。"③这是关东军和政府、外务省之间所谓扩大与不扩大的对立表现。这种对立是华盛顿体制确立以来，外务省以对英美协调为主的协调外交与军部志在和英美对抗的亚洲门罗主义政策④在九一八事变中对立表面化的产物。

但是，这种对立不是根本性的对立。关东军企图一举占领中国东北，以扩大日本的殖民地权益。外务省虽然反对一举占领中国东北，但是也希望以关东军事变初期的军事胜利为基础，解决自"二十一条"要求以来的各种利益争端，以扩大日本的权益。因此，在22日的内阁会议上，当南次郎陆相主张维持关东军现状，及进一步攫取在东北的利益时，币原外相表示，"陆相的意见对外交交涉极为有利"，⑤参谋本部也认为，"维持现今态势将为两国解决主要问题创造良好的环境因素，即现今的态势将成为促进外务省官员交涉成功的强大动力"，⑥因此决定"军方无须强烈反对内阁会议所确定的事宜"。⑦当时，外务省和军部中央一致通过不扩大方针，于9月24日发表了所谓不扩大事态的第一次政府声明。这个声明是由军部起草，经外务省修改的，它是外务省、政府和军部相互调整、妥协的产物，也是外务省和军部合拍的第一步。

所谓不扩大并非绝对的，在不扩大中也存在扩大的因素。九一八事变爆发后，军部主张一并解决，并认为"万一政府不同意军部的这一方案，那么政府因此而倒台也毫不在乎"⑧。但是在21日的内阁会议上，"全体阁僚还是一致同意一并解决"。⑨在有关增派朝鲜军的问题上，若槻首相在21日的内阁会议上表示赞成，22日的内阁会议决定"全体阁僚承认既已出兵的事实"，并"支付其

① 《现代史资料(7)·满洲事变》，三铃书房，1980年，第195页。
② 《现代史资料(7)·满洲事变》，三铃书房，1980年，第190页。
③ 《现代史资料(7)·满洲事变》，三铃书房，1980年，第191页。
④ 参照江口圭一：《一九三〇年代论》，江口圭一编：《体系日本现代史》(第1卷)。
⑤ 稻叶正夫等编：《走向太平洋战争之路》(别卷)，朝日新闻社，1963年，第124页。
⑥ 稻叶正夫等编：《走向太平洋战争之路》(别卷)，朝日新闻社，1963年，第116页。
⑦ 稻叶正夫等编：《走向太平洋战争之路》(别卷)，朝日新闻社，1963年，第115页。
⑧ 稻叶正夫等编：《走向太平洋战争之路》(别卷)，朝日新闻社，1963年，第117页。
⑨ 稻叶正夫等编：《走向太平洋战争之路》(别卷)，朝日新闻社，1963年，第119页。

所必要的经费",①若槻首相向天皇奏请"政府考虑支付派遣朝鲜军的经费",②对此,天皇予以裁可。这些事实表明,内阁逐渐开始同意军部的行动,在所谓不扩大事态的方针下,开始采取扩大的行动。如上所述,外务省虽然对内一时牵制了关东军的军事行动,但是对外却是配合关东军的侵略行动,为事变创造有利的国际舆论和国际环境,以期关东军的行动能得到国际保障。

林奉天总领事虽然对内欲牵制关东军的军事行动,但是他向币原外相表明,对外将采取与关东军合作的态度,在回答外国人有关事变的质问时,"将按陆军方面的说明给以回答",③"在其他对外关系和治安维持方面,他将全力与军方合作"。④

外务省为给关东军的军事行动创造有利的国际舆论和国际环境,还做了如下的工作:

第一,外务省歪曲事变爆发的原因,使国际舆论对关东军有利。在事变爆发初期,最大的问题是事变由哪方以及出于什么目的挑起的。这是决定战争性质和世界舆论导向的重大问题。币原外相通过林奉天总领事的电报已得知这次事变是关东军的阴谋,但是仍在给日本驻国联代表芳泽理事的信函中指示:"这一事件是由于中国军队破坏满铁铁路,我国铁路守备部队采取必要的自卫措施而引起的两国军队的冲突。"⑤芳泽理事按照币原外相的指示,在22日的理事会上发言道:"事件的起因是中国军队破坏我国在奉天附近的铁路,我国少数守备部队不得已拿起武器来对付这种破坏行为。我军为了防止事态的扩大,且保护满铁铁路及居住在该地区的日本人的生命财产,不得不占领几个城市的要害地点",⑥为关东军的侵略性军事行为辩解。23日,币原外相又对国联议长勒鲁强词狡辩:"只在吉林和奉天城内驻扎少量部队,或在几个地方驻有若干士兵,这无论如何也不算是军事占领。"⑦他对英国和美国也做了同样的辩解,以欺骗国际舆论。

此外,外务省为了掩盖关东军挑起事变的事实,以刺激日本人的感情为

---

① 稻叶正夫等编:《走向太平洋战争之路》(别卷),朝日新闻社,1963年,第123页。

② 若槻礼次郎:《古风庵回忆录》,读卖新闻社,1950年,第377页。

③ 日本外务省编:《日本外交文书·满洲事变》(第1卷第1册),外务省,1978年,第7页。

④ 日本外务省编:《日本外交文书·满洲事变》(第1卷第3册),外务省,1978年,第10页。

⑤ 日本外务省编:《日本外交文书·满洲事变》(第1卷第1册),外务省,1978年,第156页。

⑥ 日本外务省编:《日本外交文书·满洲事变》(第1卷第3册),外务省,1978年,第164页。

⑦ 日本外务省编:《日本外交文书·满洲事变》(第1卷第3册),外务省,1978年,第184页。

由,始终反对国联派遣观察员调查事件的真相。

第二,外务省以努力排除国联和第三国的干涉为最大的外交任务。因为日本是二流的帝国主义国家,有过惨痛的历史"教训",在英美等一流列强的直接干涉之下,眼睁睁地看着凭军事胜利争夺到的猎物从自己的手中"溜走",例如甲午战争后归还辽东半岛,第一次世界大战后归还山东半岛等。所以,外务省企图通过外交手段来确保关东军的军事胜利猎物。9月19日,在日内瓦召开的国联理事会上,日本外务省竭尽全力使九一八事变免于受理。芳泽理事向币原外相报告说:"我方目前正在尽力使理事会不受理此事",①驻华公使重光葵也向币原外相建议:"无论如何都应避免由国联等第三者来处理东北问题。"②币原外相对此深有同感,他说:"我认为,现在把这个问题作为国联大会或理事会的问题,将对日中两国的舆论产生新的刺激,反而造成事件纠纷",③主张尽量避免国联的干涉。但是,中国南京政府采取以夷制夷的政策,向国联申诉了事变。22日,国联理事会开始审议九一八事变。

第三,外务省在应对国联时,利用了所谓不扩大的方针。这个方针是币原外交在事变初期使用过的有效的外交手段。所谓不扩大方针,对内虽然起到了牵制关东军一举占领中国东北军事计划的作用,但是对外则用于企图缓和日本与列强之间的尖锐矛盾,排除干涉,为关东军的行动创造有利的国际环境。日本政府公布了不扩大方针之后,"英国代表认为,根据日本方面的回答,事态已经缓和,根据《盟约》第十一条,理事会已经完成确保和平的任务";④美国国务卿史汀生评价币原外相说:"由报纸及其他情报得悉,币原男爵对此次事件深表痛心,并正在努力处理时局,实堪同情……我确信在若槻首相的带领下,由币原男爵负责外交的现任内阁,将环顾世界大势,并鉴于日本自身的利益,能迅速撤销占领,解决这一事件",⑤公然回避对日本的劝诫。此外,由于24日的政府声明,"美国的舆论有所缓和……国务院对日本持良好态度"。⑥这样一来,日本在国际上暂时获得了有利的地位。

① 日本外务省编:《日本外交文书·满洲事变》(第1卷第3册),外务省,1978年,第155页。
② 日本外务省编:《日本外交文书·满洲事变》(第1卷第2册),外务省,1978年,第317页。
③ 日本外务省编:《日本外交文书·满洲事变》(第1卷第3册),外务省,1978年,第157页。
④ 日本外务省编:《日本外交文书·满洲事变》(第1卷第3册),外务省,1978年,第188页。
⑤ 日本外务省编:《日本外交文书·满洲事变》(第1卷第3册),外务省,1978年,第6~7页。
⑥ 日本外务省编:《日本外交文书·满洲事变》(第1卷第3册),外务省,1978年,第13页。

所谓不扩大方针虽然一时缓和了日本与列强之间的矛盾,但不可能完全消除它们之间的矛盾。列强依然警惕关东军的军事占领,要求其早日撤兵。中国和一些小国打算在国联大会上争论事变问题。对此,芳泽理事向日本国内呈报了"以预期确保居留民的生命财产安全为绝对条件,限期全部撤兵"①的意见。这主要是芳泽担心日本"与世界全部舆论为敌,将陷入孤立无援之境,并导致和友邦断绝经济往来"②的缘故。但是,28日币原外相对芳泽的意见表示反对,"限期撤兵之类的方案……违背日本的荣誉和威严,不能予以承认",③在撤兵问题上采取了强硬的态度。德拉蒙德为了早日结束理事会会议,希望日方发表"明确表示不作保障性占领"④的声明。

为了排除国联的干涉,币原外相不得不按照德拉蒙德的要求,于9月30日,发表了如下声明:"有如帝国政府历次声明那样,在确保我国铁路安全及(在中国东北)帝国臣民的生命财产安全的情况下,我军坚持执行将全部部队撤回属地之内的方针。有关现今部分帝国军队驻在属地外的状况和今后的争议交涉属于不同的问题,特此声明。"⑤这个声明在撤兵问题上,附加了两个先决条件,必须确保铁路安全和居留民的生命财产安全,如果不能确保这两个条件,便不撤兵。国联理事会在接受了这个声明,采纳了九项决议之后闭会。决议案要求,不区分侵略国与被侵略国,采取不使两国之间事态恶化的措施,"并谅解日本代表的声明,日本政府将在有效确保其臣民的生命安全和财产安全的情况下,将日本军队撤回铁路附属地内,业已开始撤退的军队继续加快撤兵速度,在最短的时间内实现上述意图"。⑥这是迎合币原外相声明的决议。正如芳泽所说,这个决议"基本上承认了对我方有利的条件"。⑦这就是外务省所谓不扩大政策所得的猎物,币原外相在九一八事变中,完成了获取国际保障的最初任务。

日本在事变初期的外交政策中,最值得注意的是对美外交。美国虽然不是国联成员国,但是它在第一次世界大战后取代英国成为列强之首,建立了以

---

① 日本外务省编:《日本外交文书·满洲事变》(第1卷第3册),外务省,1978年,第193页。
② 日本外务省编:《日本外交文书·满洲事变》(第1卷第3册),外务省,1978年,第194页。
③ 日本外务省编:《日本外交文书·满洲事变》(第1卷第3册),外务省,1978年,第196页。
④ 日本外务省编:《日本外交文书·满洲事变》(第1卷第3册),外务省,1978年,第202页。
⑤ 日本外务省编:《日本外交文书·满洲事变》(第1卷第3册),外务省,1978年,第204~205页。
⑥ 日本外务省编:《日本外交文书·满洲事变》(第1卷第3册),外务省,1978年,第208页。
⑦ 日本外务省编:《日本外交文书·满洲事变》(第1卷第3册),外务省,1978年,第209页。

《九国公约》为中心的华盛顿体制,牵制了日本对中国的侵略。它还是《巴黎公约》的缔约国,其以军事和经济实力为后盾,对国联和国际形势有很大的影响力。所以,日本外务省格外注意美国对事变的态度,试图阻止美国根据《九国公约》和《巴黎公约》对事变进行干涉。

外务省还试图牵制美国与国联的协调,切断美国和国联之间的关系。例如,在派遣调查团到中国东北的问题上,国联希望美国也对日本提出同样的要求。外务省担心美国与国联协调一致,25日出渊大使访问美国国务院,极力陈述日本的反对理由。结果,美国副国务卿卡斯尔表示:“派遣调查委员不会收到任何实际的效果,只会刺激国家舆论,我非常理解日本对这一问题的心态”,①不赞成国联派遣调查委员。但是,外务省却欢迎美国向东北南部派遣外交官,并予以方便。这表明外务省利用美国和国联之间的不一致性,来牵制美国与国联的协调。

那么,币原外交是如何对待南京政府的呢?

第一,试图通过与南京政府的直接交涉,排除国联的干涉,和南京政府一并解决问题。19日,宋子文代表南京政府向日本公使重光葵提出了关于组建中日委员会的方案。21日,币原外相指示:“可以转达政府对宋之提案的意向,帝国政府对宋的意见深有同感。”②重光葵对宋的提案抱有很大的希望,“认为现在开始的有关这一重大问题的国际斗争与日本方面能否有效地利用这次与宋的会见有着密切的关系”。③但是,22日,宋子文说:“在日军撤兵之前组建委员会,在现今的气氛之下很难实现”,④撤回了设置委员会的提案。虽然日本因此失去了与南京政府直接交涉的可能性,但是外务省却把排除国联和第三国的干涉作为主要的外交手段,始终主张直接谈判。

第二,外务省为了镇压中国人民的抗日运动和抵制日货运动,向南京政府施加压力。10月13日,重光葵对孔祥熙说:“严重取缔排日运动乃当务之急,并劝说如不取缔排日运动,日本政府将不再忍耐。”⑤南京政府屈服于重光葵的要求,不仅不抵抗日本的侵略,反而镇压人民的抗日运动。

---

① 日本外务省编:《日本外交文书·满洲事变》(第1卷第3册),外务省,1978年,第13页。
② 日本外务省编:《日本外交文书·满洲事变》(第1卷第2册),外务省,1978年,第305页。
③ 重光葵:《外交回忆录》,每日新闻社,1978年,第94页。
④ 日本外务省编:《日本外交文书·满洲事变》(第1卷第2册),外务省,1978年,第308页。
⑤ 日本外务省编:《日本外交文书·满洲事变》(第1卷第2册),外务省,1978年,第343页。

第三,日本政府的所谓不扩大方针对南京政府的不抵抗主义造成了相当的影响。19日,重光葵公使向南京政府外交部亚洲司徐司长转达这一方针时,徐说道:"日本政府决意防止事态的扩大,乃不幸中之幸事。"①南京政府的齐世荣在东京会见币原外相之后,对币原外交很感兴趣,并抱有一定的幻想,他说:"我充分了解币原外相冷静而公正的意见,并将报告民国政府的重要部门,如果按照币原男爵的意见行事,则没有很大的困难。"②这一幻想对南京政府的不抵抗主义确实造成了一定的影响。

第四,外务省和军部共同利用中国军阀内部的矛盾,进行阴谋活动,起到了从背后牵制张学良和南京政府的作用。9月30日军部为了一扫张学良的势力,在《对中国本部的政策方案》中决定:"利用反蒋势力和北洋军阀";"支持广东政府,策划瓦解南京政府";"上述两种方针政策的目的在于利用中国全国上下的政治混乱,减轻政变的严重性,并且在政权建立前后,由于列强对我国的友好支持,中国北方和中部政权与俄国相互之间很难占据优势地位,因此可缓解对新政权的抵抗态度,从而较易善意引导对我国的一般态度"。③外务省还联络南京、广东、北洋军阀中的亲日势力,探查其内部动向,利用他们的协助达成上述目的。币原外相在枢密院的证词中承认了这一事实。

由于对南京政府实施了上述外交政策,币原外交在中国国内为关东军的军事行动创造了有利的形势,并对南京政府镇压九一八事变引起的中国人民抗日运动浪潮起了很大的作用。这种作用是关东军的武力无法达到的。如上所述,币原外交的对内牵制和对外保障似乎是一种矛盾现象,但实际上是完全统一的一种外交政策的两个方面。币原外交牵制关东军一举占领计划的目的,是想通过外交活动来获取国际保障。币原外相担心关东军一举占领中国东北会激化日本与列强及苏联之间的矛盾,并因此招致经济和军事制裁。在确认这种担心消失后,这种矛盾便没有了,双方的政策达到完全一致。所以对内牵制和对外保障是事变初期币原外交的特殊表象之一。

---

① 日本外务省编:《日本外交文书·满洲事变》(第1卷第2册),外务省,1978年,第395页。
② 日本外务省编:《日本外交文书·满洲事变》(第1卷第2册),外务省,1978年,第343页。
③ 稻叶正夫等编:《走向太平洋战争之路》(别卷),朝日新闻社,1963年,第131页。

二、日本在国联的外交活动

币原外交的第二个时期是轰炸锦州及10月13日至24日理事会讨论美国观察员是否出席理事会和关东军撤兵问题的时期,也是日本从所谓不扩大转向不撤兵的时期。

10月8日,关东军轰炸锦州。这是对张学良的东北政府及其军队的轰炸,但也是由于关东军对币原外交不满,所以在这次行动中轰炸了与列强利益有着直接关系的北宁线,从而激化了欧美列强与日本的矛盾,使币原外交在国联的信誉一落千丈。石原莞尔在轰炸锦州之后评价其作用说:"这样一来,日本政府在国联的信用就完全告吹了。"①当时,南次郎陆相也对币原外交不满,曾对币原说:"日本退出国联不是更好吗?"②

关东军轰炸锦州的意图之一是针对币原外交的,但是币原外交却为其行动采取辩护的立场。若槻首相说:"日军轰炸锦州,恶化了国联的气氛,对日本非常不利。在14日国联会议举行之前,对这一事实必须进行相应的解释说明。"③币原外相解释说,轰炸锦州是由于中国军队"向我方侦察机开炮,为了防止发生其他事故,我军不得不进行正当防卫",并警告国联,"如果国联听信中国方面的宣传而表现出压制我方的态度,日本则不得不作出重大决定"。④币原为了掩盖轰炸锦州的真相,还反对国联调查锦州事件,他说:"如若只是调查锦州事件,不仅违反我方试图根本解决问题的宗旨,反而使中国方面有机可乘,使事态更加恶化。"⑤为了阻止国联根据《国联盟约》《巴黎公约》《九国公约》强行采纳有关轰炸锦州的决议或宣言,他采取了强硬的态度。

经过锦州的北宁线与英国资本有关。所以英国对轰炸锦州格外关心。10月10日,英国大使反驳币原外相的辩解:"我认为侦察机和轰炸机的性质不同,它是以轰炸为最初目的而行动的",同时提醒币原外相:"该铁路与英国资本有关,英国政府也感到有某种利害关系。"⑥币原外相辩解说:"我很清楚京奉线与

---

① 山口重次:《满洲国》,行政通信社,1975年,第115页。
② 原田熊雄口述:《西园寺公与政局》(第2卷),岩波书店,1950年,第84页。
③ 原田熊雄口述:《西园寺公与政局》(第2卷),岩波书店,1950年,第91页。
④ 日本外务省编:《日本外交文书·满洲事变》(第1卷第3册),外务省,1978年,第296页。
⑤ 日本外务省编:《日本外交文书·满洲事变》(第1卷第3册),外务省,1978年,第261页。
⑥ 日本外务省编:《日本外交文书·满洲事变》(第1卷第3册),外务省,1978年,第252~253页。

英国方面有着利害关系,并接到我方飞机妥善注意不会破坏铁路的报告,本大臣却未闻有阁下所说的破坏铁路和工厂之事。"①

轰炸锦州对美国也是一个很大的打击。美国政界对日本产生了极大反感。美国政府一改以往对国联的态度,决定和国联合作,12日向日本政府提出了抗议轰炸锦州的备忘录。外务省警惕美国的这一动向,采取了阻止美国与国联合作的对策。而美国也不想直接干涉。10月13日美国各家报纸报道:"美国政府认为此次事件可以通过日中两国间的直接交涉解决,因而对两国没有施加任何压力的意图,当然也没有直接干涉之意。"②

由于币原外相和外务省驻外机关的辩解,国联和美国没有对轰炸锦州采取什么特别措施,只是在中国代表的要求下,预定在10月14日召开的理事会提前在13日召开了。

这次理事会的议题焦点是美国观察员出席理事会和日军撤军问题。

轰炸锦州激化了日本与列强之间的矛盾,美国采取与国联合作的态度,国联也希望美国观察员出席理事会并采取共同行动。日本驻国联事务局长泽田"担心国联和美国同心合力,出现共同对付日本的形势",③14日他警告国联秘书长德拉蒙德:"如果邀请美国参加理事会,将视为国联和美国共同对日本施加压力,这将益发刺激国家舆论,且使之陷入僵局,导致难以解决时局的危险。"④在15日下午召开的不公开理事会上,讨论美国观察员出席理事会的问题,日本理事"着重指出法律上的疑点,并强烈反对",⑤但表决时,仅有日本反对,因此决定邀请美国观察员参加。币原外相不顾理事会已经作出的决定,17日指示驻美大使出渊向美国国务卿建议不要主动派遣观察员。但是,美国拒绝了这一意见;16日观察员吉伯特已经出席了理事会。

美国观察员出席理事会后,外务省表面欢迎,却努力阻挠美国在国联采取强硬的态度。同时,币原威胁国联说:"如果国联将来在其他问题上也像这次一样,以压迫的态度对待我方,那么不仅是这个问题,很难保证不发生诸如决

---

① 日本外务省编:《日本外交文书·满洲事变》(第1卷第3册),外务省,1978年,第253页。
② 日本外务省编:《日本外交文书·满洲事变》(第1卷第3册),外务省,1978年,第33页。
③ 日本外务省编:《日本外交文书·满洲事变》(第1卷第3册),外务省,1978年,第284页。
④ 日本外务省编:《日本外交文书·满洲事变》(第1卷第3册),外务省,1978年,第288页。
⑤ 日本外务省编:《日本外交文书·满洲事变》(第1卷第3册),外务省,1978年,第300页。

定帝国如何对待整个国联关系的事情。"①

美国观察员出席理事会是美国和国联合作的第一步,但并不表明美国已经完全和国联站在统一战线上。17 日,在中日两国理事缺席的理事会上,美国观察员提议根据《巴黎公约》向中日两国提出终止战斗的警告。理事会根据这一提议起草了警告案。这一方案没有区别侵略和被侵略的界限,只是要求中日两国停止军事行动。这是一种不平等要求。10 月 22 日,日本政府针对这一方案进行狡辩:"9 月 18 日夜间以来所采取的军事行动完全是针对中国军队及匪兵的非法攻击,基于我军自卫和保护南满铁路及帝国臣民生命财产之必要,我帝国政府完全没有为了解决与中国的各种悬案而诉诸战争的考虑",中国人民的抗日运动"不能认为是符合《巴黎公约》第二条的明文规定或其精神的",诬陷作为被侵略者的中国人民的抗日运动违反了《巴黎条约》的第二条。②19日,币原外相对英国大使也说道:"应该明白,中国所进行的'抵制日货'等其他各种反抗运动不能视为和平手段,现在中国正利用这种非常手段来努力达到自己的目的,上述通告是希望《巴黎条约》第二条能够阻止中国的行动。"③由于日本政府和外务省的上述反驳,《巴黎公约》第二条没能发挥任何效果。

理事会的第二个焦点是撤兵问题。泽田向币原外相报告说:"现今国联最重视的问题是实行撤兵,在即将召开的理事会上,我方有必要极力陈述在目前的形势下,绝对不能撤兵的理由"。为此,日方提出了"尊重条约论"。泽田认为,在 9 月的理事会上提出的如果确保生命财产便撤兵的说法,"在中国方面看来,便是因为我方未能完全撤兵,所以不能完全保护生命财产,其结果将争论不休",④而"这次我方出兵,在于保护此地日人的生命财产,同时也是使中国尊重我方条约上的权利,除此并无他意。即将保护生命财产论及构成事变真正原因的尊重条约论作为我方辩论的论据,可在一般舆论方面加强我方的立场"。⑤他向币原外相提议:采纳南京政府撤回的宋子文方案,即组建日中共同委员会,由该委员会商讨各种悬案,"使理事会在该委员会的任务完成之前,延

① 日本外务省编:《日本外交文书·满洲事变》(第 1 卷第 3 册),外务省,1978 年,第 335 页。
② 日本外务省编:《日本外交文书·满洲事变》(第 1 卷第 3 册),外务省,1978 年,第 386~387 页。
③ 日本外务省编:《日本外交文书·满洲事变》(第 1 卷第 3 册),外务省,1978 年,第 348 页。
④ 日本外务省编:《日本外交文书·满洲事变》(第 1 卷第 3 册),外务省,1978 年,第 230 页。
⑤ 日本外务省编:《日本外交文书·满洲事变》(第 1 卷第 3 册),外务省,1978 年,第 230 页。

期讨论本事件"。①这个"条约尊重论"利用列强都有迫使中国方面尊重侵略条约的帝国主义共同点，认为即使日本不撤兵，列强也能谅解，以此获取列强的同情和支持。

币原外相赞成泽田的意见，9日连续向泽田发出了题为"关于中国方面妨碍大正四年协约之商租权的状况""关于中国方面对铁路的妨碍行为"等四份电报，指示如何对付国联和中国的撤兵要求。

基于这个方针，日本政府在10月9日确定了通过日中直接交涉应缔结的五项协定大纲。这一大纲的一、二、三项只是形式，第四项的内容是："中国政府约定对在东北诸省内任何地方居住、旅行及从事商业、工业、农业和其他和平业务的日本臣民，在其活动不危害公共秩序及安宁的情况下，予以适当而有效的保护"；②第五项的内容是："为了增进日本国政府及中国政府在两国铁道系统的相互关系中的友好合作，并防止破坏性的竞争，以及为了实施日本国及中国之间有关东北各省铁路现行条约的规定，在南满铁道株式会社与东北各省的有关官厅之间，应不再迟疑地缔结必要的协定。"③这些内容反映了日本政府以关东军的军事行动为背景，试想一举解决的侵略意图。而且是以中国方面不能承诺的事项作为撤兵条件的。对此，泽田也承认，"根据本使的经验判断，鉴于蒋介石政府的不稳定地位以及学生团体等强硬的中国舆论，难以想象南京政府能够就此事件进行直接谈判，即使答应直接谈判，其结局也难以期待其全部承诺我方之五项大纲"。④日本政府明明知道中国方面不能接受，反而提出这种五项协定大纲，明显是企图将其作为不撤兵的借口。币原于9月30日就曾说过"帝国之部分军队在附属地之外的现状，与今后的争议交涉是属不同的问题"，⑤但现在却把直接交涉作为撤兵的先决条件，将撤兵这个另外的问题与交涉联系起来了。这是币原外交为了不撤兵而制造出来的对策。这表明日本政府9月30日的声明不过是为了博取国际好感的一种手段。

泽田向国联议长白里安和秘书长德拉蒙德私下透露了日方的协定大纲，以期得到国联的支持。白里安表示："国际最关心的事情是撤兵未了，中国方

① 日本外务省编：《日本外交文书·满洲事变》（第1卷第3册），外务省，1978年，第227页。
② 日本外务省编：《日本外交文书·满洲事变》（第1卷第2册），外务省，1978年，第335~336页。
③ 日本外务省编：《日本外交文书·满洲事变》（第1卷第2册），外务省，1978年，第335~336页。
④ 日本外务省编：《日本外交文书·满洲事变》（第1卷第3册），外务省，1978年，第372~373页。
⑤ 日本外务省编：《日本外交文书·满洲事变》（第1卷第3册），外务省，1978年，第205页。

面在撤兵未了的情况下,是不能承诺某种基础上的直接谈判的,这是最为困难的问题。"国联办公厅主任莱杰也说:"第四及第五项是实质问题,撤兵之前不能进行谈判。"①英国外交大臣西蒙也表示反对,他说:"所谓确保铁路之事,我是第一次听说。"②泽田辩解说:"本使以往所声明的,不过是抽象的原则,如果对日本人生命财产的安全作出具体的说明,那么财产当中最为重要的部分便是铁路。"③与此同时,币原也对国联和英国的异议进行了强硬的辩驳。

在日本与国联就撤兵问题处于全然对立的情况下,国联方面主动与日本妥协,采取了让步的态度。19日,白里安对泽田试探说:"如果日中就前四项达成协议后日方就立即撤兵的话,那么世界舆论则将称赞日本公正而稳健的态度。在实施四个条款方面,是否需要国联的援助?"④这时,泽田也感到有和国联妥协的必要,便向币原提出:"在某种程度上缓和作为撤兵之前提条件而实施协定大纲的方针,此时是绝对必要的。"⑤其理由是:"最近当地的对日气氛明显恶化,特别是在美国参加会议问题上,因为我方采取的态度过分强硬,所以行政院内部加强了反对我方的团结,有使我方事实上处于孤立无援之虞。"⑥币原也担心出现不利的国际环境,于是将第五项的内容作了部分修改,将其改为中国政府有义务执行现存两国条约中有关东北铁路的规定。这种修改只是简化了第五项的内容,并没有实质上的变化。币原强调:缔结五项协定大纲,是"任何压力也不能改变,任何环境也难以动摇的"。⑦

德拉蒙德为了解决日本与国联之间的僵局,于20日向日本代表杉村阳太郎出示了三种解决方案。第一种方案是,将日方的大纲方案纳入9月30日行政院会议的决议范围之内,行政院劝告中日两国立即就撤兵及安全保障问题开始直接谈判,行政院暂时休会3周,在确认直接谈判的结果后复会。第二种方案的内容是,日方在行政院会议上就大纲问题发表有必要实现协定原则的声明,而中国方面正式承诺,尔后行政院会议暂时延期3周。第三种方案是,在前两个方案都不能接受的情况下,由两个当事国之外的其他理事国提出全体

① 日本外务省编:《日本外交文书·满洲事变》(第1卷第3册),外务省,1978年,第290~291页。
② 日本外务省编:《日本外交文书·满洲事变》(第1卷第3册),外务省,1978年,第314页。
③ 日本外务省编:《日本外交文书·满洲事变》(第1卷第3册),外务省,1978年,第314页。
④ 日本外务省编:《日本外交文书·满洲事变》(第1卷第3册),外务省,1978年,第349页。
⑤ 日本外务省编:《日本外交文书·满洲事变》(第1卷第3册),外务省,1978年,第350页。
⑥ 日本外务省编:《日本外交文书·满洲事变》(第1卷第3册),外务省,1978年,第349页。
⑦ 马场明:《日本外交史·满洲事变》(第18卷),鹿岛研究所出版会,1973年,第215页。

赞成的原始方案,然后征求当事国的意见。①第一、第二两种方案接近日本的
主张,是撤兵与谈判并行的妥协性方案。德拉蒙德私下表示,第一方案充分容
纳了以往日本的所有主张,希望日本接受这一方案。泽田向币原外相报告说,
"我个人认为",第一方案"最符合日本的要求"。②驻英大使松平、驻德大使小
幡、驻比利时大使佐藤也建议币原外相接受第一方案。币原外相打算接受他
们的建议,以推进既定方针。22日,他向泽田发出训示电报:采纳第一方案的
宗旨。③但是第一方案将撤兵时间限制在3周内,因此币原外相在第一方案的
后面添加了修改条件:一旦理事会延期,日本政府将随时向国联通报直接谈判
的经过。④这个条件是企图排除国联对撤兵问题的干涉,使日本掌握直接谈判
的主导权。

但是22日国联五人委员会在德拉蒙德的第三方案,即日本认为最坏的方
案之上,提出了7项决议案。决议案的第一项着重针对日本代表的有关声明:
日本政府在确保日本人的生命安全及其财产安全的情况下,将其军队尽量迅
速继续撤退至铁路附属地内,⑤规定日军早日撤退。第六项规定:在完成撤兵
的同时,建议日中两国政府就两国间的一切悬案,特别是由最近事件产生的一
些问题和由铁路状况引起纠纷的相关问题,开始直接谈判。⑥即规定首先日本
要撤兵,然后进行直接谈判。这表明国联由德拉蒙德第一、第二方案中直接谈
判和撤兵并行的提案转变为首先要求撤兵的方针。

这一决议草案对日本非常不利。日本代表反对在22日下午的公开理事会
上讨论这个草案,并在要求会议延期的同时,起草了针对此决议案的修正案。
修正案要求国联"再次谅察日本代表于10月13日所作的声明:通过实现日中
两政府间的先决性协定,即保证日本人的生命及其财产安全的根本原则,使人
心稳定及事态缓和的同时,日本将依然驻在铁路附属地外若干地方的军队撤
退至附属地内,希望国联以实现此协定为目的,建议日中两国政府立即进行协
商"。⑦外务省坚持以直接谈判作为撤兵的先决条件,并且添加了:在缔结协定

① 日本外务省编:《日本外交文书·满洲事变》(第1卷第3册),外务省,1978年,第358页。
② 日本外务省编:《日本外交文书·满洲事变》(第1卷第3册),外务省,1978年,第359页。
③ 日本外务省编:《日本外交文书·满洲事变》(第1卷第3册),外务省,1978年,第383页。
④ 日本外务省编:《日本外交文书·满洲事变》(第1卷第3册),外务省,1978年,第383页。
⑤ 日本外务省编:《日本外交文书·满洲事变》(第1卷第3册),外务省,1978年,第390页。
⑥ 日本外务省编:《日本外交文书·满洲事变》(第1卷第3册),外务省,1978年,第390~391页。
⑦ 日本外务省编:《日本外交文书·满洲事变》(第1卷第3册),外务省,1978年,第399页。

后如果人心不稳定、事态不缓和,则不撤兵等新条件。[1]

其次修正案提出"任何时候都不允许理事会召开会议进行新一轮的审查",[2]企图延期重新召开理事会的时间。这是因为理事会决议草案规定了关东军要在11月16日之前完成撤兵的缘故。

币原外相赞成日本代表的修正案。他反对理事会决议案,因为该方案以完成撤兵为日中直接谈判的前提条件。[3]他希望采用德拉蒙德第一方案或日本代表的修正案。

日本代表在23日的理事会上提出了日本方面的修正案。中国理事反对日本的修正案,表示接受理事会的决议案。

24日下午第十六次理事会对决议案进行记名投票。芳泽理事反对说:"这件事关系到日本的死活,不能接受这种不满足日本方面要求的原始方案。"[4]理事会的决议案需要全体理事赞成才能成立,因为日本的反对而成为废案。在这次理事会上,由于日本代表强硬的外交政策,中国和国联试图通过决议使关东军撤兵的努力失败了,日本外务省则通过外交成功保障了关东军的军事占领。

那么,国联方面为什么不以德拉蒙德的第一方案,而是以第三方案为基础起草决议案呢?这是日本和列强之间矛盾激化的必然现象。当时《伦敦泰晤士报》报道说,根据来自东京的电报,第五项意味着履行1915年的日中条约。币原也说:"该条约是依照两个当事国的自由意志"而批准的。[5]这意味着币原承认大纲第五项包含"二十一条"中有关中国东北的内容。与日本争夺中国的列强没有理由容忍日本的这种庞大的野心和欲望。因此,列强反对大纲,要求日本早日撤兵。

其次,在这个时期,关东军在政治和军事上双管齐下,向齐齐哈尔等北方城市推进,并派飞机轰炸了黑龙江的中国军队。这是日本向列强表示它要进一步扩大事态。所以,国联想利用日本认为最不利的第三方案来牵制日本的军事行动。

理事会结束后,日本政府于10月26日发表了第二次政府声明。这个声明

---

① 日本外务省编:《日本外交文书·满洲事变》(第1卷第3册),外务省,1978年,第399页。
② 日本外务省编:《日本外交文书·满洲事变》(第1卷第3册),外务省,1978年,第400页。
③ 日本外务省编:《日本外交文书·满洲事变》(第1卷第3册),外务省,1978年,第410页。
④ 日本外务省编:《日本外交文书·满洲事变》(第1卷第3册),外务省,1978年,第415页。
⑤ 日本外务省编:《日本外交文书·满洲事变》(第1卷第3册),外务省,1978年,第410页。

毫无撤兵之意,声称"此时帝国政府如果单纯依赖中国政府的保障,将军队全部撤回满铁属地内,事态将更加恶化,并使帝国臣民的安全暴露于危险之中",①公然表示坚持在附属地外进行军事占领。这个声明是不撤兵声明,意味着币原外交已由不扩大进入不撤兵阶段。

三、入侵齐齐哈尔时的外交策略

币原外交的第三个时期是关东军北进嫩江和齐齐哈尔时期。这个时期是币原外交从不扩大转向扩大,从不赞成转向赞成建立傀儡政权的重要时期。

关东军在不扩大方针的牵制下,利用地方军阀和亲日分子,采取以政治阴谋为中心的手段来扩大占领区域,开始建立地方伪政权组织。关东军向洮南地区的军阀张海鹏提供武器和资金,帮助其成立边境保安军,用以作为进攻东北北部的走卒。从10月15日开始,张海鹏军队沿洮昂线北进,试图打倒齐齐哈尔的万福麟、马占山政权,建立亲日的傀儡政权。

币原和关东军有着同样的想法,他认为:"鉴于马占山占据齐齐哈尔之情况,我方可以让张海鹏北上,以适应南满方面之大势。"②但是,币原考虑到对苏联和国联的影响,又认为应避免采取军事行动,企图通过所谓和平的手段来达到此目的。币原指示奉天、哈尔滨两地的总领事:"鉴于同苏联的关系,不宜在张军北上之际,与马军发生冲突,扰乱中东铁路沿线,而应使马军不加抵抗便撤出齐齐哈尔为要。若使我方部分军队与张军同时北进,我方则要负扩大事态之责,并有恰好落入中国圈套之虞。故而无须让张军与我军同时北进,而应加强该军的实力,使马军感到抵抗是无意义的。同时采取收买马占山等其他方法加以怀柔,在和平的情况下接收其政权。这在各种关系上都是最为适宜的。"③对此指示,哈尔滨总领事大桥向币原报告说:"让马占山效仿奉天一例,组织治安维持会是最适当的方法和策略。"④其理由分析是:"(一)按照军方的最初计划,现今正处于张军不可能夺取江省的状态";(二)"日本方面如果坚持现行计划,我方有可能退出国联,这样一来,唯有加强与苏、美一战,由我军歼灭江省军或解除其武装之后再建立张政府。不然的话,只有像吉林那样,将日

---

① 日本外务省编:《日本外交年表及主要文书》(下卷),原书房,1972年,第186页。
② 日本外务省编:《日本外交文书·满洲事变》(第1卷第1册),外务省,1978年,第459页。
③ 日本外务省编:《日本外交文书·满洲事变》(第1卷第1册),外务省,1978年,第459页。
④ 日本外务省编:《日本外交文书·满洲事变》(第1卷第1册),外务省,1978年,第471页。

军驻扎在当地以拥护张政府。"①大桥总领事是想仿效奉天,在黑龙江省也成立治安维持会,任命马占山为会长,以建立伪政权。为此,大桥从10月中旬开始与哈尔滨特务机关的宫崎少佐共同进行了收买马占山的阴谋活动。11月4日,币原外相和军部洽谈后,向大桥总领事和林奉天总领事传达,将为此提供300万日元的活动经费。币原指示说:"此乃机密之事,最好完全由军方实施,贵官应经常与军方保持联络,若贵官参与此事反而更好,可向军方提出此要求,尔后参与实施。"②

大桥总领事为使这一阴谋活动获得成功,向币原外相提出了以下意见:"(一)修理桥梁与本事件有关,应尽快进行;(二)派往江桥的军队应为小股部队,并避免与江省方面发生冲突,且在洮南郑家屯方面集结大部队,在对江省方面显示我军威力的同时,暗示我方的意图。"③关东军和陆军中央向嫩江方面派遣小股部队与上述意见有关。这个事实表明,外务省和关东军、陆军中央在北进问题上的意见是一致的。但是,外务省想尽可能避免使用武力来达到北进的目的。

上述事实说明,币原外交主张用"和平"的手段来推动北进,意味着其外交政策从所谓不扩大转向"和平"地扩大,赞成用"和平"的手段在东北北部建立傀儡政权。这一"和平"地扩大和"和平"地建立傀儡政权的方针,处于币原外交转向军事扩大和武力建立傀儡政权的过渡时期,时间非常短暂。

11月4日,关东军向嫩江方面派遣部队,与马军交战。那么,外务省对嫩江事件采取了什么外交措施呢?

中国理事施肇基向国联秘书长申诉:"日方派遣军队,表面上是为了掩护修理桥梁,实际上是通过支持张军来引发马、张之间的冲突,从而实现日军北上的目的。"④12日,德拉蒙德向币原外相发出了关于东北北部战局的警告电报。但是币原公然为出兵嫩江辩解:"我军此次出兵嫩江……目的全然在于援助洮昂铁路局的桥梁修理人员,但是中国军队不讲信义加以攻击,我军不得已进行了反击。"⑤13日,币原外相反而向白里安议长提出要求:"由于中国军队在

① 日本外务省编:《日本外交文书·满洲事变》(第1卷第1册),外务省,1978年,第471页。
② 日本外务省编:《日本外交文书·满洲事变》(第1卷第1册),外务省,1978年,第474页。
③ 日本外务省编:《日本外交文书·满洲事变》(第1卷第1册),外务省,1978年,第473页。
④ 日本外务省编:《日本外交文书·满洲事变》(第1卷第3册),外务省,1978年,第481页。
⑤ 日本外务省编:《日本外交文书·满洲事变》(第1卷第3册),外务省,1978年,第490页。

齐齐哈尔、昂昂溪及其以南地区集结了大于我军十余倍的兵力,对我军的威胁迫在眉睫,请议长对此予以深切注意",①并狡辩说,保护国土的中国军队威胁了日本军队。

德拉蒙德针对关东军进攻东北北部的事件要求国联委员"视察东北"。对此,币原外相表示:"我方尽可能给予方便。"②这表明日方在事变初期反对国联派遣观察员的方针起了变化。这时,币原外相认为国联委员的视察对日本有利。这种改变与林奉天总领事于10月29日向币原外相所做的报告有关。其报告说:"许多来当地视察实情的外国人了解到,在东北现今情况下,不可能急速撤退日本军队。如此时我方改变以往的方针,主动让国联派遣调查员,不仅有利于国联了解东北的实情,而且有助于国联处理已经陷入僵局的事变问题,并加以妥善诱导。再者,本庄司令官也认为让国联调查员了解当地的实情是有利的。"③外务省对国联采取这样的策略是为了给关东军进攻嫩江制造有利的国际环境,通过这一外交措施来缓和在关东军北进过程中日本与国联之间日益激化的矛盾。

出渊大使对美国国务卿和副国务卿辩解说:"是马占山的军队破坏了铁桥",④出兵嫩江是为了修理铁桥。但是美国认为关东军出兵嫩江是侵占齐齐哈尔的前奏,对日本怀有戒心。11月16日美国国务卿史汀生警告出渊:日军是否最终要把马占山驱逐出齐齐哈尔,将东北北部置于日本的势力之下?出渊为关东军入侵齐齐哈尔制造借口说:"日本的方针绝不是出兵北方,但在目前的情况下,要在修理桥梁的同时立即撤兵是困难的。而且这两天,在尚未修理完毕的情况下,马军屡次进攻,实在不胜忧虑。"⑤美国或许相信了这一说法,在嫩江事件上,没对日本采取什么特别的措施。

那么,币原外交又是如何对待南京政府的呢? 11月11日,南京政府外交部长向重光葵公使递交了关于嫩江问题的备忘录,抗议关东军进攻嫩江。

备忘录披露了嫩江问题的事实,暴露了关东军侵略东北北部的企图。这一抗议对于支持关东军和其军事行动的日本政府,不得不说是一个打击。对

---

① 日本外务省编:《日本外交文书·满洲事变》(第1卷第3册),外务省,1978年,第532页。
② 日本外务省编:《日本外交文书·满洲事变》(第1卷第3册),外务省,1978年,第532页。
③ 日本外务省编:《日本外交文书·满洲事变》(第1卷第3册),外务省,1978年,第427～428页。
④ 日本外务省编:《日本外交文书·满洲事变》(第1卷第3册),外务省,1978年,第77页。
⑤ 日本外务省编:《日本外交文书·满洲事变》(第1卷第3册),外务省,1978年,第100页。

此抗议,币原外相歪曲事实,试图使关东军在齐齐哈尔的新一轮的军事行动合法化。他说,马占山军队"违反规定,对我方派遣至嫩江掩护修理桥梁的小股部队进行攻击。被我军暂时击退后,继续在齐齐哈尔、昂昂溪及其以南地区集结大于我军十余倍的兵力,连续对我军进行挑衅"。①11月16日,重光葵公使也向南京政府外交部长递交了反驳书,威胁南京政府,为关东军的军事行动辩护说:"此次日中两国军队的冲突是由中国军队不守信用引起,责任完全在于中国方面",②"万一江省军队依赖人多势众,对我军进行挑衅,惹起与我军之间的冲突,那么由此产生的一切后果,均由贵国政府承担"。③21日、23日,重光葵公使又连续两次向南京政府递交抗议书。这充分表明外务省在外交上是支持关东军北进的。

嫩江事件之后,关东军准备进攻齐齐哈尔。币原又是如何对待这一事件的呢?哈尔滨总领事大桥主张一举占领齐齐哈尔。大桥向币原外相报告说,此时由素质低劣的张海鹏军单独占领齐齐哈尔,恐怕是不可能的。即使占领了,若没有关东军在当地支持,维持其地位也是困难的,另外"现今也绝对不可能用收买等其他方法来怀柔马占山了"。因此"要实施政府征服东北北部的方针,此时只有一举攻打齐齐哈尔,彻底击败江省军及其友军之后,让合适的我方傀儡占据齐齐哈尔"。④在事变初期主张不扩大方针的林奉天总领事也提出了支持关东军出兵齐齐哈尔的意见。他说:"现今事态实质上已经不在五项大纲可以处理的范围之内,除了维护既得权益之外,应进而征服东北北部";"我军仍极力避免进攻齐齐哈尔,实际上不可能尽早实现上述方针";"我认为出兵齐齐哈尔是由当地情况所决定的,是不得已而实施的方针和策略"。⑤

关东军在准备出兵齐齐哈尔的同时,又通过张景惠,开展阴谋活动,以便让马军撤兵,使马占山下台,把政权交给张海鹏。哈尔滨总领事大桥和关东军一起负责这一阴谋活动。币原外相支持大桥并指示:"我非常重视贵官为贵地政权和平交接所做的努力,此时应与军方密切联系,以尽力达到目的。但此事件有极其微妙的关系,因而日后不要留下可视为我方干涉内政的文书,应尽可

① 日本外务省编:《日本外交文书·满洲事变》(第1卷第2册),外务省,1978年,第296页。
② 日本外务省编:《日本外交文书·满洲事变》(第1卷第2册),外务省,1978年,第395页。
③ 日本外务省编:《日本外交文书·满洲事变》(第1卷第2册),外务省,1978年,第395页。
④ 日本外务省编:《日本外交文书·满洲事变》(第1卷第1册),外务省,1978年,第502页。
⑤ 日本外务省编:《日本外交文书·满洲事变》(第1卷第1册),外务省,1978年,第523页。

能用口头方式进行。"①

当时,在内阁中,陆相南次郎主张:"必须通过中东线进攻齐齐哈尔,否则作为军事战略是不完整的。"②若槻首相却不赞成陆军出兵,他说:"如果陆军越过中东线进攻齐齐哈尔,那么我将不负责任。"③币原外相曾主张"和平"北进,也不完全赞成使用武力。但是,首相、陆相、外相商谈后,最后达成了妥协:"如果不得已越过中东线进攻齐齐哈尔,一旦使敌军屈服,便立即撤回军事据点,不再占领齐齐哈尔。"④这表明币原外交追随关东军的扩大方针,开始从所谓"和平"扩大转向军事扩大方针。此外,由于军事扩大的目的是用武力在东北北部建立傀儡政权,所以这也意味着币原外交从"和平"转向用武力建立傀儡政权。

19日,关东军占领了齐齐哈尔。其目的是建立傀儡政权。但是,币原外相为了掩盖关东军的这一目的,向国联表示:"我军决无从政治上考虑占领该地的意思,在解除了马占山的军事威胁后,将迅速撤兵,请予以充分谅解。所以希望理事会相信我方诚意,暂且静观事态的发展",⑤企图阻止国联对占领齐齐哈尔进行干涉。

关东军占领齐齐哈尔后,打算在达到建立傀儡政权,确立日本的统治体制的目的之后,撤出部分主力军,以缓和国际舆论。但是这一计划没有顺利实施,日方没有迅速撤兵。币原改变了"迅速撤兵"的意见。为了协助关东军不撤兵和建立傀儡政权,23日,他向泽田传达说:"通报撤兵的大致日期不仅困难,而且此时轻易作出通报,将来却不能实行时,其结果反而对我方不利。"⑥

日军入侵齐齐哈尔时,最担心的是与苏联的关系。因为侵占齐齐哈尔要越过中东线,所以有与苏联发生直接冲突的可能性。当时,哈尔滨总领事大桥认为:"此时无论日本采取什么行动,彼方都没有勇气与我方正面为敌",⑦因此主张侵占齐齐哈尔。在占领齐齐哈尔的第二天,日本驻苏大使广田为了稳住苏联,拜访了苏联人民外交委员李维诺夫。他说:"日本军队今后将为尊重中

---

① 日本外务省编:《日本外交文书·满洲事变》(第1卷第1册),外务省,1978年,第519、543页。
② 原田熊雄口述:《西园寺公与政局》(第2卷),岩波书店,1950年,第133~134页。
③ 原田熊雄口述:《西园寺公与政局》(第2卷),岩波书店,1950年,第133~134页。
④ 原田熊雄口述:《西园寺公与政局》(第2卷),岩波书店,1950年,第134~135页。
⑤ 日本外务省编:《日本外交文书·满洲事变》(第1卷第3册),外务省,1978年,第610页。
⑥ 日本外务省编:《日本外交文书·满洲事变》(第1卷第3册),外务省,1978年,第642页。
⑦ 日本外务省编:《日本外交文书·满洲事变》(第1卷第1册),外务省,1978年,第502页。

东铁路的利益而行动","日本政府在我军不得已进行战斗时也将考虑苏联的利益,让苏联政府也满意我军的行动。同时在这种事态下,两国维持良好的关系乃是两国之幸事",①以期缓和与苏联的关系,获取占领齐齐哈尔的保障。

对美国,日本又采取了什么措施呢?哈尔滨总领事大桥说:"此时无论日本采取什么行动,不用说美国,就是国联也只不过在言语上非难,而不至于通过经济封锁或行使武力来妨碍",并推测:"即使特意把矛头指向苏联,不管是目前最担心五年计划的美国,还是保守党一统天下的英国,都会同情我方,而决不会表现出妨碍的态度。"②事实与大桥分析预测的一样。但是欲与日本争夺中国东北的美国不赞成将东北全部置于日本的统治之下。19日美国国务卿史汀生向出渊大使表示其担忧说:"看到日军进攻齐齐哈尔,我不禁感到非常失望。鉴于奉天、吉林的现状,如果齐齐哈尔也陷入同样的事态,东北必将在事实上置于日本的势力之下,这将给美国舆论以重大的刺激。"③因为美国舆论对国联的影响很大,因此币原通过出渊大使向史汀生传达说:"为缓和事态,我方明确表示了日本军队从嫩江地方撤兵的日期,但马占山拒不接受我方提议,反而在18日早晨整军备战,突然发动攻势,使我军不得不在兵力寡少的情况下应战。在此,我帝国表示,如果我军击败了马军,并追击其进入齐齐哈尔,解除了马军的军事威胁后,将迅速撤退至洮南以南或郑家屯以东地区","希望美国政府相信我帝国政府的诚意,我军近日将从齐齐哈尔方面撤退,请静观事态发展"。④这是在歪曲事实,部分关东军依然占据着齐齐哈尔。但是币原外相的对美政策却取得了相当的效果。史汀生国务卿对出渊大使说:"昨日贵大使所说的从齐齐哈尔方面迅速撤兵的方针,我已立即转达给道威斯,他将转告施公使,这对说服该公使有相当的效果。今后我将继续以适当的方法采取使中国方面取缔对日敌对行为的方针。"⑤

关东军侵占齐齐哈尔是事变初期以来最大的一次军事行动,但由于外务省上述外交政策和列强各自不同的情况,列强没有采取特别的制裁措施,默认了关东军对齐齐哈尔的占领。

---

① 日本外务省编:《日本外交文书·满洲事变》(第1卷第3册),外务省,1978年,第618~619页。
② 日本外务省编:《日本外交文书·满洲事变》(第1卷第1册),外务省,1978年,第503页。
③ 日本外务省编:《日本外交文书·满洲事变》(第1卷第3册),外务省,1978年,第102页。
④ 日本外务省编:《日本外交文书·满洲事变》(第1卷第3册),外务省,1978年,第104页。
⑤ 日本外务省编:《日本外交文书·满洲事变》(第1卷第3册),外务省,1978年,第109页。

如上所述,币原外相的外交政策,在11月16日国联再次举行理事会和日军占领嫩江、齐齐哈尔前后,进入了一个新阶段。这一变化在11月12日发出的《传达有关政府处理满洲事变的方针》和15日的《关于再次举行理事会的对策》的训令中有明确的表述。币原在训令中说:"张学良因其排日态度,不能得到我方的支持。现在他已在东三省丧失其实力,因此不再代表最初的东三省政权","今后出现什么政权是东三省内部的问题,应主要由东三省的民众来决定,我方只有根据今后形势而变化",[1] "应谋求充实中国地方治安维持机关的内部实力,待其实际势力波及腹地时,我方将逐渐自发地追随,集结在属地内"。[2] "政府目前正在充实地方治安维持会的警察力量,使其负责维持治安,以开辟实施撤兵的途径","在现在事态之下,最好索性免去交涉,由我方自主地决定撤兵",这就是日本所谓的方针政策。[3]

综合分析这一训令内容及币原外相对入侵齐齐哈尔的态度,可以看出这个时期的币原外交有以下四个方面的变化:

一是从不扩大到和平扩大再到军事扩大,不断转变。对出兵嫩江、齐齐哈尔,币原外交虽然附加了各种各样的条件,但最后还是赞成出兵。

二是否定张学良政权。币原外相本想,如果与南京政府谈判不成,便和张学良政权交涉,以一并解决。否定张学良政权也就等于否定外交谈判,并且意味着要在中国东北建立新的傀儡政权,取代已经被否定了的张学良政权。

三是在建立新政权的问题上,币原外相否定了自己在事变初期反对建立傀儡政权的立场,赞成关东军以治安维持会的名义组建地方傀儡政权。这是承认伪满洲国的第一步,不能不说是币原外交的转变。

四是在有关撤兵问题上,添加了充实和确保治安维持会的新条件。这是不撤兵的借口。币原外相在这里所说的建立治安维持会,即建立傀儡政权,是九一八事变的最终目的。如果这个政权成立了,中国东北将成为日本的殖民地,"满铁附属地"也将不复存在,也不会再有什么关东军的撤兵问题。所以币原外相主张重新召开的理事会没有必要讨论撤兵问题,完全拥护关东军的军事占领和拒不撤兵。

---

[1] 日本外务省编:《日本外交文书·满洲事变》(第1卷第3册),外务省,1978年,第559页。
[2] 日本外务省编:《日本外交文书·满洲事变》(第1卷第3册),外务省,1978年,第519页。
[3] 日本外务省编:《日本外交文书·满洲事变》(第1卷第3册),外务省,1978年,第560页。

币原外相的对外政策为什么会发生这样的变化呢？前面也提到,币原外相企图以事变初期的军事"胜利"为背景,扩大、维护日本在中国东北的权益,因此与国联、列强进行协调,以达到扩大、维护权益的目的。币原认为,如果日本与国联、列强的关系恶化,列强、国联以实力干涉事变时,日本将不可能达到这一目的。但是事变发生以来,国联和列强却避免太多干涉,在某种意义上说,对日本持良好态度。所以,币原外相在11月16日相关文件中分析说:"可以认为美国政府非常谅解日本多年来的努力及在条约上所拥有的权益。但是在《巴黎公约》及《九国公约》的关系上,却警惕日本过分的行动,并煞费苦心避免破坏与日本的关系","英国政府在尊重条约权益方面,对我方的主张并无异议。但它极其热心保持国联的威信,因而希望日本方面满足中国在某种程度上所作的保障后,将军队撤回附属地内。最近国内舆论非常反感英国,英国对此深为忧虑,并努力进行各种陈述辩解","法国政府的态度大致与英国方面一样"。①从这些分析可以看出,列强虽然对事变抱有戒心,但对日本采取了相当友好的态度。所以币原对列强比较放心,认为只要在不扩大方针的基础上,维持与列强的协调关系,则无须担心。因而,币原在这个时期追随关东军,赞成和主张进攻齐齐哈尔、建立傀儡政权以及不撤兵等。这一事实表明,币原外交在事变过程中,随着军事行动的扩大和列强态度的变化而转变。

对于币原外交的这种转变及其影响,有田八郎公使坦率地说:"关于撤兵,当初声称在确保生命财产安全时毫不迟疑地撤兵,中期则主张不缔结有关基本条款协定便不撤兵,最近又声称等待中国方面地方自治机关的实力影响到各地时再撤兵……终究使外部难以谅解,结果使世界认为日本所说的保护生命财产云云,不过是为了解决悬案,保障占领及建立对自己合适的政权的借口而已,而且愈解释愈加深其疑虑的倾向。"②然而,这不是疑虑而是事实。

币原外交转变的原因,除了这个时期的国际形势之外,还有俄国十月革命以后日本国内权力结构的改变、国内舆论的影响等。但是根本原因在于币原外交的本质。客观形势是通过事物内部的因素而发挥其影响力的。币原外交企图以事变初期的军事"胜利"为背景,扩大日本在中国东北的权益。但是扩大权益中不包括参与建立傀儡政权。其原因是考虑到与列强之间的协调关

---

① 日本外务省编:《日本外交文书·满洲事变》(第1卷第3册),外务省,1978年,第565~566页。

② 日本外务省编:《日本外交文书·满洲事变》(第1卷第1册),外务省,1978年,第529页。

系。币原外交的这一根本因素,即扩大中国东北权益的因素受到当时客观形势的制约,通过所谓不扩大方针表现出来,但是当这一客观形势发生变化及对应这个客观形势的力量关系发生变化时,不扩大方针的制约因素消失了,不扩大方针也必然向扩大方向转变。

四、对锦州的侵占

币原外交的第四个时期是侵占锦州时期。侵占锦州的政治目的比军事意义更为重要。关东军占领奉天之后,张学良政权迁移到锦州。张学良政权的存在是建立伪满洲国的最大障碍。所以关东军要侵占锦州,就必须驱逐这个政权,为建立伪满洲国制造条件。否定张学良政权的币原外交,在这个时期也认为"锦州政府已经有名无实,唯有撤兵",[①]从否定到驱逐这个政权,与关东军连成一体,开展积极的外交活动。

关东军占领齐齐哈尔后,将矛头指向辽西,为侵占锦州做准备。在国联,中国理事施肇基于11月21日向秘书长德拉蒙德通报日军出兵锦州方面的情况,并希望采取对策。对此,币原外相于23日向国联传达说:"此时不会出现出兵锦州方面之事。"[②]但是,24日他却以张学良的2万军队在锦州方面集结,威胁日军为借口,为关东军侵占锦州辩解。他说:"上述形势使我方军队在感到重大威胁的同时,难以抑制强烈的同仇敌忾之情是理所当然的","对于对方的挑衅态度,不可能拱手坐视"。[③]

同时,币原还企图通过外交交涉,使张学良军队从辽西撤兵,以期不流血占领锦州。他向泽田发出训令说:"应提醒白里安等注意中国军队在锦州方面的活动,在适当的时机警告中国方面不要向辽西地区集结兵力。"[④]25日,泽田按照币原外相的训令,提醒白里安:在锦州方面,"中国的挑衅行为有引起重大事态的危险……希望使其兵力不要向辽西地区集结"。[⑤]26日,泽田根据币原24日的电报宗旨起草了备忘录,交给白里安,再次提醒白里安:"日军即使不'主动'采取行动,在中国军队进行挑衅的情况下,将不得不予以应战,致

---

① 日本外务省编:《日本外交文书·满洲事变》(第1卷第3册),外务省,1978年,第727页。
② 日本外务省编:《日本外交文书·满洲事变》(第1卷第3册),外务省,1978年,第643页。
③ 日本外务省编:《日本外交文书·满洲事变》(第1卷第3册),外务省,1978年,第656页。
④ 日本外务省编:《日本外交文书·满洲事变》(第1卷第3册),外务省,1978年,第656页。
⑤ 日本外务省编:《日本外交文书·满洲事变》(第1卷第3册),外务省,1978年,第665页。

使两军有发生冲突的危险。就此希望议长采取适当措施使中国军队撤出该地区。"①

国联对日本侵占锦州并没有采取积极的对策,而是希望通过两国同时撤兵来解决锦州问题。白里安向泽田询问:"在中国撤兵的同时,日军是否可以撤回到附属地内?"②泽田拒绝说:"我方撤退是困难的。"③这明确表明外务省是支持关东军侵占锦州的。

但是,正出兵锦州方面的关东军,却在陆军中央的命令下于17日开始撤兵。这是由于南京政府提出了锦州地区中立案。外务省在锦州中立地带问题上,与关东军、陆军中央是完全一致的,外务省试图与国联和南京政府开展积极的外交活动,通过外交谈判占据锦州地区。外交谈判的内容几乎是同样的,为了更加明确外务省的作用,拟分别论述其与南京政府和国联的谈判。

南京政府不仅没有抵抗关东军的行动,而且于11月24日向驻南京的英、美、法三国公使提出了所谓中立案:"日本方面如果没有异议的话,则将锦州至山海关地区划作中立地带,日中两国军队都不应进入该地,且将现今滞留在锦州附近的中国军队全部撤回关内。由当事国让上述三国出具保障。"④27日法国驻日大使将此方案转告币原外相。币原外相认为这个提案,是日本不流血占领锦州地区的绝好机会,立即表示赞成,并于29日向南京政府转达了这一意思。但是30日,南京政府希望中立军队进驻中立地带,中立国派遣观察员,同双方保持联络并处理一切问题。对此,重光葵公使反对说:"日本对让第三者介入之部分内容不能表示赞成。"⑤顾维钧强调:"民国方面提案的重点在于日本政府对三国政府作出保障这一条件",⑥反驳了重光葵的意见。重光葵威胁中国方面,强硬要求中国军队从辽西撤退。他说:"日本军队的撤退是在时日紧迫之际,估计民国方面也撤兵,并按照贵方提案承认的意思来进行的。如果这一计划失败很难想象会引起我国舆论和军部的何种行动,而日本军部将有完全被欺之感。"⑦在事变初期,关东军成立了以袁金铠为委员长的辽宁地方治

---

① 日本外务省编:《日本外交文书·满洲事变》(第1卷第3册),外务省,1978年,第673页。
② 日本外务省编:《日本外交文书·满洲事变》(第1卷第3册),外务省,1978年,第673页。
③ 日本外务省编:《日本外交文书·满洲事变》(第1卷第3册),外务省,1978年,第673页。
④ 日本外务省编:《日本外交文书·满洲事变》(第1卷第2册),外务省,1978年,第435页。
⑤ 日本外务省编:《日本外交文书·满洲事变》(第1卷第2册),外务省,1978年,第447页。
⑥ 日本外务省编:《日本外交文书·满洲事变》(第1卷第2册),外务省,1978年,第458页。
⑦ 日本外务省编:《日本外交文书·满洲事变》(第1卷第2册),外务省,1978年,第459页。

安维持会。在张学良军队撤兵后,袁等又企图在锦州建立傀儡政权,并在此基础上建立伪满洲国。如果第三国介入的话,即使张学良军队撤退,也不可能建立锦州傀儡政权,而且还有使第三国势力向该地区渗透的可能性,所以日本始终对此强硬反对。

26日,中国理事施肇基向国联秘书长提出了以下方案:"中国政府请求理事会立即采取必要的措施,在现今中日两军驻地之间设立中立地带,在理事会的权利下,由英、法、意等其他中立国派遣军队占领该地区。如能达成上述请求,中国准备按理事会的希望将兵力撤回关内。"①同一天下午,理事会决定派遣观察员,并向日本传达具体内容。币原对此表示拒绝:国联的提案"有使第三者监视我军行动之虞,因此我方终究难以承认"。②之后,币原于12月3日又对国联说,"关于在锦州地方设置撤兵地带问题,我方有在日中之间直接协商的意向,希望理事会方面静观协商的进展情况",③依然反对国联和第三者介入。

与国联交涉的另一焦点是撤兵地带的范围。币原向泽田传达说:"我大体考虑为锦州山海关地区。"④而理事会方面却想以辽河作为东部界限。泽田等日本驻国联理事代表认为将锦州至山海关作为撤兵区"会给人以过分之感,只要我国持有如此庞大计划,就绝对不可能说服并怂恿中国方面进行日中直接谈判",⑤他们反对币原的意见,提议以大凌河为东部界限。币原立即表示反对:"我方的意向是将小凌河定为东部界限",⑥并训示,"最为重要的是努力促进日中直接交涉"。⑦泽田向币原询问,锦州在小凌河以东,该市是否在上述撤兵地区之外?币原说:"小凌河贯穿锦州市,该市街道的三分之二在河之左岸,其余三分之一在河之右岸,这三分之一当然是所说的撤兵地区(即日中两军的缓冲地带)",⑧明确说出占据锦州的目的。国联的日本代表也不得不承认:"其

① 日本外务省编:《日本外交文书·满洲事变》(第1卷第3册),外务省,1978年,第668页。
② 日本外务省编:《日本外交文书·满洲事变》(第1卷第3册),外务省,1978年,第679页。
③ 日本外务省编:《日本外交文书·满洲事变》(第1卷第3册),外务省,1978年,第726页。
④ 日本外务省编:《日本外交文书·满洲事变》(第1卷第3册),外务省,1978年,第740页。
⑤ 日本外务省编:《日本外交文书·满洲事变》(第1卷第3册),外务省,1978年,第740页。
⑥ 日本外务省编:《日本外交文书·满洲事变》(第1卷第3册),外务省,1978年,第750页。
⑦ 日本外务省编:《日本外交文书·满洲事变》(第1卷第3册),外务省,1978年,第751页。
⑧ 日本外务省编:《日本外交文书·满洲事变》(第1卷第3册),外务省,1978年,第755页。

结果还是证实了日本最后将进军锦州这一预料之中的疑问。"①

国联欲与日本妥协,将大凌河定为东部界限,但币原依然坚持以小凌河为界,谈判陷入了僵局。

由于与南京政府和国联的谈判没有进展,币原外相认为应促进与张学良的对话。12月3日,他向驻北平的矢野参事官发出训令:"让张学良彻底了解,此时避免在锦州地区的日中军队冲突,乃是维护其自身利益的最重大的、最紧迫的任务,我方无意使此事成为锦州地区的永久事态。因此张学良是可以作为地方性问题来决断的。"②矢野按照训令向张学良传达了此意,但是张学良认为,"日本方面有某种隐藏的目的",③没有答应。币原外相又委托原东北参议汤尔和去说服张学良,在汤的怂恿下,张学良决定"自动撤兵至山海关"。④

币原外相在和张学良谈判中立地区问题时,与军部进行了充分的协商。军部的方针是,如果这次交涉失败,便派遣新的师团或旅团增强关东军的力量,用武力将张学良军队驱逐到山海关以西。

币原外相和国联的日本代表在交涉中立地区问题的同时,为了给关东军出兵锦州方面制造借口,还力图在理事会的决议及议长宣言中加入"讨伐匪贼权"的内容。然而,12月10日的决议案的第二项却规定:"理事会同意两个当事国约定采取一切必要措施避免事态更加恶化,并控制一切主动引起战斗或丧失生命的行为。"⑤这一规定试图牵制关东军侵占锦州,是对日本不利的决议。日本代表曾努力删除和修改这项内容,但是这个决议对中国方面也有同样的效力,可以牵制中国方面,因此决议案原封不动,并在议长宣言中对此项内容添加了保留条件。保留条件为:"若谅解不妨碍日本军队为直接保护日本臣民的生命财产,对东北各地猖獗至极的匪贼及不法分子采取必要的行动这一宗旨,将以日本政府的名义,承诺此项内容。"即保留了关东军出兵锦州方面的权利,以议长宣言的形式使其侵略行为合理化,为占领锦州制造国际条件。

若槻内阁于12月11日总辞职,币原外相也辞去职务。13日,犬养内阁成立,犬养兼任了一段时期的外相。犬养内阁在九一八事变问题上,无论对内还

---

① 日本外务省编:《日本外交文书·满洲事变》(第1卷第3册),外务省,1978年,第762页。
② 马场明:《日本外交史·满洲事变》(第18卷),鹿岛研究所出版会,1973年,第286、287页。
③ 马场明:《日本外交史·满洲事变》(第18卷),鹿岛研究所出版会,1973年,第287页。
④ 马场明:《日本外交史·满洲事变》(第18卷),鹿岛研究所出版会,1973年,第289页。
⑤ 日本外务省编:《日本外交年表及主要文书》(下卷),原书房,1972年,第192页。

是对外,都积极应付,与陆军中央和关东军保持一致。

28日,关东军以"讨伐匪贼"为借口,进攻锦州。虽然进攻锦州是在犬养外相时期进行的,但是其外交态度却是在币原外相时期决定的。在此基础上,犬养外相于12月27日发表第三次政府声明,公然支持关东军侵占锦州。通过币原外相时期的交涉,张学良军队撤兵关内。关东军于第二年的1月3日不流血便占领了锦州,将张学良政权逐出锦州,在辽西地区建立了傀儡政权,为建立伪满洲国制造了条件。

通过上述四个时期可以看出,币原外交与关东军、陆军中央从对立和矛盾逐渐走向统一,在锦州问题上基本达到一致。这个过程可以总结为:在战线扩大问题上,从不扩大转向和平扩大,再转向军事扩大;在撤兵问题上,则连续添加确保生命财产安全、缔结五项大纲协定、缓和事态、成立治安维持会等中国方面绝对不能接受的条件;在傀儡政权问题上,从反对参与转向为之辩护,再转向赞成成立治安维持会,最后转向驱逐张学良政权。

这种转变的原因在于币原外交的内在本质。币原外相从加藤内阁时期开始,一直追求扩大日本帝国主义在中国东北的殖民地权益。这就是币原外交的本质,这一本质与关东军、陆军中央的要求是完全一致的。在九一八事变初期,是将这种权益扩大到建立傀儡政权,还是通过一举占领的军事行动来解决呢?在这些问题上,他们曾存在分歧。但是这种分歧是达成目的的手段及程度上的差异,并不是侵略与非侵略的根本性差别。因此,虽然币原外相和关东军、陆军中央在内部发生矛盾,但是对外却是始终一致的,向国联和第三国歪曲事变爆发的事实真相,为关东军的军事、政治行动辩解,全力排除国联和第三国的干涉,为关东军制造有利的国际舆论和国际环境。这种一致性是币原外交转变的内在原因,也是外务省和军部最终达成完全一致的基础条件。

币原外交的转变还与客观条件的变化有关。事变初期,币原外交与关东军、陆军中央的对立是由于对客观形势的认识和对策的不同而产生的。在处理事变的问题上,对英、美、苏,关东军欲采取对抗态势,而币原外交则想采取协调态势。列强和苏联虽然试图干涉和牵制事变问题,但对日本是妥协的,没有采取经济制裁和军事干涉手段。因此,对币原外交来说,制约协调外交本质的客观形势发生了变化,而这一变化成了币原外交转变的客观原因。

币原外交和关东军、陆军中央的统一,不仅有币原外交被军方统一的一面,也有军方逐渐了解币原外交,注意军事行动和外交的调整,而被币原外交统一的一面。例如,在嫩江、齐齐哈尔问题上的妥协,在锦州的暂时撤兵和中立地带问题上,军部、关东军和外务省一边调整,一边推进军事行动。这也是军方和外务省对中国东北有着共同一致的目的的缘故。

九一八事变中的日本外交,与其他事物一样,有其形成和发展的过程。在事变前后的三年间,日本有三届内阁和三任外相更替。如将这三届内阁加以比较,后面的内阁比前届内阁更积极地处理事变问题。第三届斋藤内阁的内田外相为了达到事变的最终目的,让国际承认伪满洲国,不惜退出国联,被世界各国孤立。内田外相这种强硬的政策虽然也有"五一五"事件的影响,但也是对币原外相、芳泽外相外交政策的继承和发展。可以说币原外交为其后的芳泽、内田外交奠定了基础。

本文原刊载于《日本史研究》(日本)1983年第9期。

作者简介:

俞辛焞(1932—2022年),吉林人,朝鲜族,南开大学历史研究所日本史研究室教授、博士生导师,法学博士(日本早稻田大学)。1958年毕业于南开大学历史系。先后担任南开大学历史研究所日本史研究室主任、南开大学日本研究中心主任。曾任中国日本史学会副会长、中国史学会理事。长期从事中日关系史、日本外交史研究。主要著作有《九一八事变时期中日外交史研究》《辛亥革命时期的中日外交史研究》《孙中山与日本关系研究》等。著述多次获得教育部和天津市人文社科优秀成果奖。

日本知识阶层在吸收外来文化中的作用及心态

武安隆

日本以长于吸收外来文化著称于世,以至于有学者发出了"在世界历史上,很难在什么地方找到另一个自主的民族,如此成功地有计划地汲取外国文明"[1]的慨叹。这种"成功地有计划地"吸收外来文化的活动,一方面和政府的主动组织与主持分不开,[2]另一方面则和知识阶层的积极参与有着密切的关联。本文试图对日本知识阶层在吸收外来文化过程中的作用及心态做一探讨。

一

大体上说,日本知识阶层对于外来文化起着了解学习、介绍传播和改造运用的作用。

从世界史范围来看,日本是较早地形成留学制度和习惯的国家。据文献记载,日本最早向中国派出留学生(僧)是在公元608年(推古天皇十六年,隋大业三年)。此年,圣德太子遣小野妹子使隋,同时派出留学生(僧)高向玄理、南渊请安、旻等8人赴隋学习。[3]有隋一代,日本向中国派遣的留学生(僧),在史籍上留下姓名的共13人。[4]至于唐代,日本派出的留学生(僧)更多,史籍留名的留学生26人,学问僧90人。[5]隋唐时代的日本留学生(僧)学习年限较长,有多至三四十年的,对中国文化有深切的了解。入宋以后,来华者多为僧人,而且不再由政府正式派遣,但受着日本佛教界留学习惯的无形支配,仍然一代接一代地来华学习,学习的内容也不限于佛教,而是包括儒学等在内的广泛的中

---

① 鲁思·本尼迪克特:《菊与刀——日本文化的类型》,吕万和、熊达云、王智新译,商务印书馆,1990年,第41页。
② 参阅武安隆:《日本吸收外来文化的历史观察》,《南开学报》1987年第4期。
③《日本书纪》,推古天皇十六年九月条。
④ 木宫泰彦:《日中文化交流史》,胡锡年译,商务印书馆,1980年,第58~59页。
⑤ 参阅武安隆:《遣唐使》,黑龙江人民出版社,1985年,第87、111页。

国文化,故从本质上讲,留学僧也是留学生。两宋时代,留名史册的留学僧共131人,[①]超过了唐代。元代中日两国间虽然发生了战争,但并未影响留学僧的来华,已知的入元僧为222人,[②]创各代日本留学僧最高记录。明代来华日本留学僧也很可观,已知者为114人;[③]值得注意的是,其中有大批禅僧是以政府使者身份来华的。直到清代,因满族入主中原,而日本知识界不以他们为中国文化的正统代表,所以少有来华留学者。幕府末年,在和西方国家通交之后,日本又立即向这些文化发展高于自己的国家派出了留学生。[④]据不完全统计,幕末由幕府和各藩派出的留学生为148人。[⑤]明治以后,其规模更加扩大,自明治元年(1868年)至明治七年(1874年)计派出留学生585人。[⑥]如上所见,自第一次派出留学生的608年至今,已有将近1400余年的历史,这样源远流长的留学制度和传统在其他国家的历史上是不多见的。

日本留学生深入他国社会之内,在所在国文化氛围中了解学习该国文化,不少人几乎达到了"无差别境界"。如某些五山禅僧写的汉诗被评为"不带和臭"(日本味),使中国学者也赞赏有加。

日本留学生(僧)在中国留学期间,无不广泛搜购典籍,复制文物,然后车载船装地运回国内,如玄昉回国时,带回经论1076部共5048卷,其数量差不多等于整个《开元大藏经》。又如园载,因归国时带书奇多,以致引发好友著名诗人陆龟蒙的慨叹,特写《闻元载上人挟儒书及释典归日本国更作一绝以送》诗,形容为"九流三教一时倾,万轴光凌渤澥声",诗作述事不无夸张,但也足见其所携典籍数量之庞大及内容之繁富。再如空海在长安青龙寺学习时,不仅请宫廷画师李真为之临摹佛像,作祖师影,还雇了二十多位经生为之抄写密教经典。平安时代的留唐学僧,有所谓"入唐八家",即除上述的空海外,尚有最澄、

---

① 木宫泰彦:《日中文化交流史》,胡锡年译,商务印书馆,1980年,第255~258、306~334、422~460、588~604页。

② 木宫泰彦:《日中文化交流史》,胡锡年译,商务印书馆,1980年,第255~258、306~334、422~460、588~604页。

③ 木宫泰彦:《日中文化交流史》,胡锡年译,商务印书馆,1980年,第255~258、306~334、422~460、588~604页。

④ 万延元年(1860年)幕府派出幕臣小出千之助赴法学习,似乎是向近代西方国家派出的最早留学生。

⑤ 石附实:《近代日本海外留学史》,ミネルウ書房,1972年,第301~309、310~339页。

⑥ 石附实:《近代日本海外留学史》,ミネルウ書房,1972年,第301~309、310~339页。

常晓、园行,园仁、惠运、园珍、宗睿,均以带回大批典籍文物而闻名史册。总之,这些人除带回自己"满腹经纶"的"软件"外,还进行大规模的搬运中国文化"硬件"的工作。因此,某些在中国已失传的典籍今天尚可在日本找到,其中部分功绩就归属于他们。

留学生学习和掌握了外国文化之后,回国后便以不同的方式进行介绍传播。如大化改新的中心人物中大兄和中臣镰足便曾受教于留学隋唐归来的南渊请安,而近代以后的归国留学生充任各级学校教员者不可胜数,有的还自创学塾,讲授与传播西方文化,著名者如新井常之进(谦和社)、木村熊二(小诸义塾)、津田梅子(英学塾)、中江笃介(法兰西学舍)、马场辰猪(明治义塾)等。至于历代留学僧更是把他们得自异域的全部知识和体验传给弟子们。

留学生之外的知识阶层中,也有不少人虽未出国门一步,但却终生坐读外国书籍,研究外国学问并加以传播。如江户时代的兰学家杉田玄白、前野良泽、大槻玄泽、桂川甫周、宇田川玄随、小石元瑞、桥本宗吉、志筑忠雄、吉雄俊藏,以及幕末的伊东玄朴,绪方洪庵等都是这样的西方文化研究家和传播者,他们弟子如云,影响深远。而这样的现象在同时代的中国历史上却是几乎见不到的。

近代以来,日本的知识分子(本文中所说的"知识分子",泛指有见识的"读书人",未必都是学术上定义的严格意义上的知识分子)更通过办报、教学、讲演、著述、翻译等不同方式广为传播外来文化,并以可能的方式推动对外来文化的吸收和日本化。在这方面最为典型的代表人物是福泽谕吉(1835—1901年)。他出身于九州中津藩的武士家庭,20岁时离家前往长崎学习荷兰语,21岁转入大阪绪方洪庵主持的"适适斋"继续学习兰学,25岁改学英语,此后至33岁两次赴美,一次赴欧。总之,20岁至33岁是他了解学习西方近代文化的时期。此后,他创办庆应义塾,结"明六社",创《时事新报》,前后写出《西洋旅行指南》《西洋衣食住》《训蒙穷理图解》《万国一览》《世界国尽》《西洋事情》《劝学篇》《文明论概略》等著作计57种100册。他终生致力于介绍、传播、移植西方近代文化,并为由此途径实现日本的近代化而奋斗。正如他自己所说,我们从事西洋学的人的"目的只有一个,就是介绍西洋的实际情况,促使日本国民有所变通,早日进入文明开化的大门"。[1]他还把日本文化与西方文化详加比较,

①《福泽谕吉自传》,马斌译,商务印书馆,1980年,第288页。

探究日本不如西方之处,指出学习西方的正确途径与方法等。

在吸收外来文化过程中,执政者往往起用对外国事物有较深了解的知识分子作为自己的顾问和智囊,这在日本历史上是屡见不鲜的。如大化改新时代的僧旻、高向玄理被委任为"国博士",成为改新的思想指导者;而平安时代的汉诗文大家菅原道真居于朝廷外交要冲;至于室町时代则多以汉学修养高深的禅僧充任幕府的政治和外交顾问乃至政府使节,如绝海中津、坚中圭密,明室梵亮、龙室道渊、恕中中誓、东洋允澎、天马清启、竺芳妙茂等都是。江户时代也继承了这一传统,硕儒藤原惺窝、林罗山都充当过德川家康的政治顾问。

知识阶层对于输入的外来文化并非简单传播和搬用,而是依据日本的"风土"加以改造,如他们把以"孝"为本的中国儒学伦理观改为以"忠"为本的日本伦理观,把西方的"自然权利"概念通变为日本人易于理解和接受的"天赋人权",如此等等。显然,如果没有这样一番改造运用,外来文化便不能在日本生根并产生影响。

外来文化的吸收,对于知识分子来说,除了要有相当的文化水准和相应的专业知识外,还需要有对本民族的使命感和献身精神。知识分子具有较强的时代意识,他们往往以特有的敏感,在世界潮流中估量本民族所处的地位,进而做出反应和积极的努力,以探索民族的进路。例如,中国在鸦片战争中的失败,在日本引起了极大的反响,日本著名汉学者、当时日本最高学府昌平黉舍长斋藤竹堂感慨万端地写诗道:"海外之州迹渺茫,忽闻西虏势腾骧。蛾眉解作三军帅,[1]鸟嘴利于千段枪。铁舰胶沙推不动,绒旗委地暗无光。休言胜败属秦越,自古筹边戒履霜。"[2]可以看出,他对西方国家来势之凶猛,武器之精良留有很深的印象,他立即告诫日本人,勿谓胜败于己无关,严重的民族危亡之秋即将到来。他写了《鸦片始末》《续鸦片始末》等书;其他学者则为之写序作跋,共同呐喊。诗人山田芳谷也写了诗章,呼吁国人清醒应变。此外,盐谷宕阴等也告诫说:"西海之烟氛,又庸知不其为东海之霜也哉!"[3]中国人魏源写的《海国图志》在此时的日本也成了热门书。尽管伯理舰队1853年前来叩关时,

---

① 当时日本误传着英国公主作为英军主帅参加鸦片战争的消息,所谓"蛾眉解作三军帅"当指此事。有关这一传说详见王晓秋:《近代中日启示录》,北京出版社,1987年,第15页。

② 东京大学史学会编:《明治维新史研究》,富山房,1929年,第439页。

③ 盐谷宕阴:《宕阴存稿》(卷4),山城屋政吉,1870年。

日本人仍显得手忙脚乱,但应当看到,由于一批知识分子在鸦片战争后做了十年左右的唤醒工作,日本民族对西方资本主义入侵的心理准备要比中国充分得多,这庶几也是后来两国结局不同的原因之一。又如,著名兰学者佐久间象山在《安政条约》签订之后,力主开国,他认为当今世界科学技术大开,各国势力大伸,这是一种"天运",即不可抗拒的客观规律,日本也奈何不了。日本应当与外国以礼相交,并学习它们的长处,尤其是西方的科技,使日本成为世界大国。这在当时是很卓越的见解。在他应召前往京都准备出山时,更以"天下治乱系于一身"自命。但是,他的活动遭到攘夷派的憎恶。他外出乘马,必用洋式马鞍、马鞭、马靴,更为攘夷派所忌恨,他对此不加理会,活动如常,终于被刺身亡。此外,像横井小楠、森有礼等也都因力主引进外来先进文化而死于攘夷派或顽固守旧分子的刀下。①

　　至于在大规模移植外国先进文化,进行革命性变革和建设时,更需要一大批受过先进文化熏陶的知识分子担当重任。如明治年间,一代留学生在各个不同的领域进行了创造性的移植西方文化的活动,成绩卓著,其著名者如:政治和法制方面的伊藤博文、井上毅,经济方面的涩泽荣一,陆军方面的桂太郎,海军方面的山本权兵卫,民权运动方面的中江兆民、马场辰猪,舆论和教育方面的福泽谕吉、中村正直,美术方面的黑田清辉,文学方面的森鸥外、夏目漱石,自然科学方面的伊藤圭介,菊池大麓,哲学方面的西周,等等。这些人物不尽相同,也各有其阶级局限性或历史局限性,但以历史主义的眼光来看,他们无疑在吸收近代西方文化推动日本近代化过程中,做出过很大的努力和贡献。即使存在着为数众多的本国知识分子,但由于在质和量上的不足,便出现了大规模聘任外国知识分子——西方专家帮助移植先进文化的现象。这种现象最好不过地说明了,知识分子在吸收外来文化方面不可或缺的作用。

---

　　① 佐久间象山于1864年7月11日被熊本藩士河上彦斋等暗杀于京都。行刺当日,凶手以"皇国忠义士"之名张贴揭帖于三条桥上,列举的首要"罪名"就是"提倡西洋学,主张开港贸易"。横井小楠于1869年1月5日被十津川乡士集团暗杀于京都,刺客留下的"斩奸状"和被捕后的口供,都直言不讳地说,"横井平四郎博学多才,然热衷于西洋学说,甚而有意弘扬耶稣教,令人痛恨之至"。森有礼也几乎是以同样理由,于1889年2月11日(明治宪法发布之日)在动身参加宪法发布仪式时被西野文太郎杀于官邸。

二

对外来文化的大规模吸收,由于是在不同文化的撞击中进行的,并常伴随着政治的经济的和社会的变革,所以在日本的知识阶层内部每每有着极其不同的反响。明治年间,在吸收西方近代文化时,这一点表现得尤其突出。

某些西方文化排斥论者认为,西方的穷理之学只不过是一种"分析术",而拿出显微镜是看不见父子君臣之道的。即使西方的兵法也是学不得的,因为那样做的结果,似得权宜之便,却有伤于"大本"。为了防洋贼,就去学洋术,那岂不等于为了和狗斗就去学狗咬吗?[①]还有人(如佐田昌介)提出了"洋灯亡国论",认为洋货的输入会导致日本亡国,并坚持佛教的"须弥山世界观",反对西方科学思想的移植和传播。总之,凡西方事物,从"形而上"到"形而下",都应坚决排斥之。与此相反,某些主张"全盘西化"的论者认为,日本事物"幼稚卑陋",不足以自存。日本文字应该废除,代之以拉丁文(这方面的代表人物首推南部义筹)。日本人种不论在肉体上还是智力上都劣于西洋人种,很难与之竞争,所以,日本男人应明了自然淘汰和适者生存的法则,与自己的日本妻子离婚,而跟具有更优秀的肉体和智力的西洋女子结婚,[②]云云。连人种都要"西化",其他自不必说了。

当然,这些都是极端的例子,不能代表知识分子的主流。如前所述,在先进外来文化的移植中,知识分子是主动而积极的参与者,同时,由于他们处于外来文化与传统文化交汇的涡流中,因而,他们的心态也常常是飘摇无定和十分复杂的。概而言之,一方面,他们希望通过对外来先进文化的吸收,使本民族赶上时代潮流,飞速进步。另一方面,又忧虑对外来文化的吸收会造成种种弊端,尤其是有可能导致日本传统文化特色的丧失。所以不少知识分子经常不断地修改自己的态度。这种心态在大规模吸收西方文化的明治时代,表现得最为突出。福泽谕吉就是一个典型的例子。众所周知,福泽谕吉在明治初年曾如醉如痴地追求西方文化,但在1877年(明治十年)却告诫日本人要有"抵抗精神"。他说:"察日本近年之情况,被文明的虚伪之说所欺骗,抵抗精神渐

---

① 大桥讷庵:《辟邪小言》,至文堂,1938年。
② 高桥义雄:《日本人种改良论》,石川半次郎版,1884年。

趋衰颓,忧国之士不可不讲求防救之术。"①翌年,他对西方文化做了更明确的表态,称:"吾人看法与(西洋文化)醉心论者全然不同,吾人对于我国不是一个新的西洋国家不唯不为之愤嫉,反为试图做西洋国家的想法而深感忧虑。"②好像他自己从来就不曾醉心西方文化,也不曾想使日本做一个西方国家似的。接着他又说:"既已有固有之文明,何故又欲加以抛弃?以固有之智力而行固有之事,兼采西洋事物以为我固有之物。且弃之者要使其极少,采之者要使其极多。"③这段话虽不长,但含义却很丰富,至少有以下三点值得注意:对传统文化不能抛弃;应兼采西方文化使之丰富传统文化;对传统文化应尽量少抛弃,对西方文化应尽量多吸收,即实行"少弃多采"主义。笔者认为,福泽谕吉在这里提出的文化上的"少弃多采"主义,实际上就是自古以来日本处理传统文化与外来文化关系的一贯做法,唯其如此,才有今日日本文化之兼容并蓄的特色。

此外,像加藤弘之、西村茂树等人也都有着由鼓吹外来思想而回归传统思想的经历。在他们之后,明治和大正时代的知识分子,如被称为近代文豪的夏目漱石和森鸥外等人,其思想也多有曲折和惶惑。

夏目漱石汉学修养极深,34~36岁(1900—1903年)时前往英国留学二年,专攻英国文学。在留学生活时期,曾深深陷入不同文化的矛盾冲突中而不得安宁。他一生都在体味、描绘和批评日本人在外来文化和传统文化撞击中的感受和表现。作为一个有时代感的知识分子,他承认近代西方文化的先进性,认为"西洋的开化动如行云流水","似花开绽蕾"般的自然,是一种"内发的"文明开化。④因而他反对文化上的"国粹保存主义",指出,"在东西交往的今天,国粹保存主义想把过去的东西原封不动地加以复活是不可能的。因为这种主义只不过是喧嚣一时而并无实效,虽进行反抗,终被时代的大趋势所压倒。这就是一般的形势"。⑤同时,他对于日本文化在与西方文化相交时的态势也有深刻的见解,指出,"当财力、脑力、体力和道德力非常悬殊的民族在鼻尖对鼻尖地相遇时,低的一方就会顷刻丧失自己的过去"。⑥但是,夏目漱石又是一个

① 福泽谕吉:《丁丑公论》。
② 福泽谕吉:《通俗国权论》,顾宁译,辽宁人民出版社,2015年。
③ 福泽谕吉:《通俗国权论》,顾宁译,辽宁人民出版社,2015年。
④《夏目漱石全集》(第10卷),第66页(编者注:此书版本众多,已不可知引用何版本,下同)。
⑤《夏目漱石全集》(第10卷),第260、30页。
⑥《夏目漱石全集》(第10卷),第260、30页。

个性很强的"感情型"人物,尽管看清了"大趋势"却又十分不甘于在西方文化的浪潮冲击下随波逐流,成为西方文化的简单模仿者。他强调日本人的"自我本位",宣称绝不做"英国人的奴婢",反对成为"日本人的身子配西洋人的脑袋的怪物"。他在一系列作品中表达了对模仿文明的反感和不安。①如他在《现代日本的开化》中不无挪揄地说:"受到这种(外发的)开化的影响的国民必然会有某种空虚感,也必然抱有某种不满及不安之念。有些人似乎以为这种开化是内发的并沾沾自喜,实为不妥。这颇为时髦,但并不得体,既虚伪,又轻薄,就像小孩吸烟一样,连烟味为何物尚且不知,就装出一付大得其味无穷之妙的样子。……日本人真是怪可怜巴巴的民族。"②夏目漱石辛辣嘲讽日本人的轻薄肤浅和"打肿脸充胖子"式的文明开化,归根结底是他有两怕:一怕丧失"自己的过去",二怕丧失"日本人的特性"。为此,他烦恼不安的灵魂,一生未得稍息。那么,他为这个因急于文明开化而患病的日本开了什么良方呢?如他自己所说,"我无良策,只能说点冠冕堂皇的话,就是在尽可能不得神经衰弱的情况下来进行内发性的变化。如此而已,岂有他哉!"③他所说的"内发性的变化",指的是在可以承受的范围内,在保持本民族特色的情况下,求得一些实质性的进步和变革。

与夏目漱石同时代的森鸥外于1884年(明治十七年)前往德国留学,专攻医学,他在途中写的《航西日记》中,记述了他能有机会亲自接触和摄取西欧文明的"欲毋喜不可得也"④的心情。但在获得四年留学体验回国之后,他却自称为"留洋归来的保守主义者",认为"长期存在的东西自有其存在的理由",因之,他反对完全以西欧为模式来改变日本的风习、制度和机构。当然,他也绝不是一个真正的保守主义者,而是积极主张知识分子应具有调和日、西文化的能力,并把这类知识分子看作是理想的学者和希望之所在。如1911年(明治四十四年)他在悼念田口卯吉的文章《鼎轩先生》中写道:"我把近世的学者分为一只脚的学者和两只脚的学者。新的日本是东洋文化和西洋文化汇合之处,因之,既有立足于东洋文化之学者,也有立足于西洋文化的学者;二者都是一只脚着地。不过,虽然是单足独立,但也有像大树那样根深蒂固,脚下有力,推

① 参阅严安生:《夏目漱石对日本近代文明的批评》,《外国文学》1986年第9期。
② 《夏目漱石全集》(第10卷),第69~70页。
③ 《夏目漱石全集》(第10卷),第69~70页。
④ 《森鸥外全集》(第35卷),第76页。

也推不倒的人。这样的人，无论是东洋学家——国学家和汉学家，还是西洋学家，都是有用之材。不过，这种一只脚的学者意见偏颇。因为偏颇，所以他们的意见一旦付诸实践就要出毛病。……现在许多学术上的纠葛和冲突就是这两种因素之争。所以，时代特别需要两只脚的学者，即需要那些一只脚立足于东洋文化，而另一只脚立足于西洋文化的人。……这样的人是现代所必需的调和性因素，然而这样的人又最为难得。"①森鸥外所推崇的就是像逝者鼎轩先生这样的学者，他还希望能出现踏着田口卯吉足迹前进的"两只脚的学者"。由此，森鸥外认为，在外来文化与传统文化的接合点上活动的学者，应是对两种文化都有深刻的了解，意见不失偏颇，并善于调和和处理二者关系的学者，只有他们才是时代所需要的最理想的学者。

青年时代的森鸥外对醉心西方文化的现象批评较多，这可能和当时适逢"洋风"衰颓、"和风"旺盛的时代背景有关。晚年的森鸥外对西方文化表现出更宽广的胸怀。如他在1914年（大正三年）写的《〈人生记〉序》中说："吾人已入于世界潮流之中，但不应任自漂流。往者不可追。作为新人，吾人迎来了新的时代，即应站在新的立足点上，宣传新的使命。吾人永远不能墨守偏狭的、顽固的、僵死的习惯和道德，不能逆世界活的潮流而动。吾人也必须了解原来所不了解的事物。"②他又说："欲觉醒于新道德、新政治、新宗教、新文学，并欲奋起而创造者，首应使自己深刻化，使自己之内涵更加丰富。没有包涵和宽容便没有创造。吾人势必要抛弃旧道德，而接受富有生气之新道德。从此一意义上讲，今日之急务在于，更多地撷取西洋文明之成果以资进行伟大的精神上之刷新。此急务之艰巨，实数倍于明治初年。欲使自己伟大，便须不吝容纳他人之伟大。我等待着一个包容了世界上一切民族之优点的新的民族的出现。"③

要使自己伟大，就要容纳他人之伟大，要使日本成为吸收世界上一切民族优秀之点的新的民族，这就是立足于东西两洋文化的森鸥外所提出的希望和追求。

虽然调和东西方文化是明治时期一代知识分子的追求，但这种调和又殊非易事。1894年（明治二十七年）自杀的青年诗人和评论家北村透谷，在其死

---

① 《森鸥外全集》（第26卷），第422页。
② 《森鸥外全集》（第38卷），第275页。
③ 《森鸥外全集》（第38卷），第275~276页。

的前一年,曾就日本文化界的现状和他的苦闷在《国民与思想》中写过如下文字:"或曰我恪守英国思想,或曰我传播美国思想,我而何,我而何,各欲依据其所学之思想而指导国民。但若有谁稍提禅道,即被骂为'固陋';稍论元禄文学,即被称做'苟且之复古倾向'。呜呼,不幸的今日之国民呀!非洋上舶来之思想,即应信其不值一顾吗? 他们如此被卷入模仿之漩涡欲到何时? 今日之思想界,期待明达之士久矣,何不奋然而起,在此民族之上建树起不愧为立足于19世纪之世界的创造性力量。复古,不可期;消化,亦不可期。谁能把犹如珍珠似的西洋思想调和到强韧的东洋情趣之上? 出来吧,你诗人呀! 出来吧,你真正的国民的大思想家呀! 外来的力量和过去的力量,眼下已见得够多了,而缺少的是创造性的力量。"①行文之中,表明这位青年文学家在两种文化(即所谓"外来的力量"和"过去的力量")的冲突面前,呼吁和寻觅"创造性力量"的出现,也即摸索出对东西方文化进行综合创新的正确途径。而在这种摸索中,既表现出了他的使命感,又表现出了一种无能为力的失落感和苦闷。

陆羯南对于西方文化也存在着极其矛盾的心理,他一方面称赞"泰西文明的善美",尤其是西方的理学、经济和实业使人艳羡,但另一方面又害怕对西方文化的囫囵吞枣式的吸收可能给日本带来危险,其一是,日本民族将丧失自己的个性,地图上的"日本"将成为仅具空名之岛屿;其二是,资本主义经济的采用将导致君民抗争和劳资对立,破坏国民内部的统一,无力对抗西方列强的侵略。②

此后,谷崎润一郎也抱有同样的疑虑,他曾说过,"在感情上我喜欢东方主义,东方人无限留恋东方主义是很自然的事,但如果不想方设法加以保存并维护其独特的文化,那么东方最终将会在精神上成为西方的殖民地。然而如何使今日之诸多方面的社会组织与我们的旧传统调和起来,这正是我的一个疑问"。③

总之,上述事实说明,在"洋风"与"和风"的两种文化的撞击中,不仅整个民族,就是每个知识分子自身也处于飘摇不定、无所适从的心态之中。他们一方面具有试图通过吸收外来先进文化进行变革,从而赶上世界进步潮流的强

---

① 转引自鹿野政直:《日本近代化的思想》,讲谈社学术文库,1986年,第112~113页。
② 陆羯南:《国民的观念》,参阅石田一良编:《日本文化史概论》,吉川弘文馆,1968年,第472~473页。
③ 谷崎润一郎:《饶舌录》。

烈冲动,另一方面又害怕大规模的吸收外来文化会导致民族文化的"无国籍"化和"精神故土"的丧失,即充满着对传统崩溃的恐惧心理和骚动不安。不过,他们也都在探索着适宜的做法并提出了一些颇有启发性的见解,如福泽谕吉的"少弃多采"主义,夏目漱石的"在不得神精衰弱的情况下进行内发性的变化"的主张,森鸥外的"立足于东西两洋文化"论,以及北村透谷"建树(能够融合传统与外来文化的)创造性力量"的呼吁等,都是发人深省的。由此不难看出,具有使命感的知识界在世界进步的大潮面前,一直在进行着严肃的思考,而思考的中心始终围绕着如何以适宜的方式使传统文化与外来文化实现"对接"与融合,寻求一条既引进外来先进文化而又不丧失自身文化特色的"两全"性的进路。

本文原刊载于《历史研究》1993年第3期。

作者简介:

武安隆,1937年生于河南省邓州市。1962年毕业于南开大学历史学系。曾任南开大学历史研究所及日本研究中心教授。曾作为客员研究员于日本早稻田大学从事学术研究和学术交流。主要研究领域为日本文化史和中日文化交流史。主要著作有《遣唐使》(黑龙江人民出版社,1986年)、《中国人の日本研究史》(合著,日本六兴出版,1989年)、《文化的抉择与发展——日本吸收外来文化史说》(天津人民出版社,1993年)、《严修东游日记》(合作点注,1995年)等。

九一八事变后日本的对华外交及战略意图
——兼论南京国民政府的对策

熊沛彪

九一八事变后,日本政府和军部制定了"实现日本指导下的日(伪)满华三国提携互助",即在东亚确立以日本为霸主的国际秩序的战略目标,[①]日本外交的任务因此已不仅是维护和扩大在华权益及控制局部地区,其主旨已转为拉拢和压迫中国服从日本的"指导"。围绕这一主旨,日本外务省和军部展开了新一轮对华外交。本文拟运用原始档案史料,就九一八事变后日本的对华战略问题,结合国民政府的对外政策,探讨这一时期日本的对华外交及其战略意图。

一、日本外务省与军部的策略性分歧

1933年5月《塘沽协定》订立后,为策划、制定确立东亚国际新秩序的战略目标,日本外务省与军部就实现该战略目标的方式发生了策略性分歧。

军部鉴于以往经验,着重于从局部着手,强调先制华北,以便逐一推进。海军方面即主张:"对华北(指冀察)政权,要相当积极地援助之,以使其迅速安定华北方面的事态,履行停战协定,根绝抗日排货及其他反日运动,消除党部势力,并使华北风潮转向亲日;对山东山西方面的实权者也要以此方针加以指导,使其与华北合作,逐步在事实上脱离中央政权的政令,并恢复与华北和日(伪)满的依存关系;要使以上形势向华中华南扩展。"[②]陆军方面亦提出,"要适应中国的分立倾向,培养亲日分子,并促使其组织化"。[③]就此,关东军明确地解释说:"华北分离的实质,就在于使国民党政权沦为长江一带的地方政权或

---

① 熊沛彪:《日本东亚政战略的变迁》,《早稻田大学法研论集》(总第75集),早稻田大学印行,1995年。

②《海军对华时局处理方针》(1933年9月25日),《现代史资料8·日中战争1》,美铃书房,1976年,第9页。

③《帝国国策》(1933年9月22日),《现代史资料8·日中战争1》,美铃书房,1976年,第12页。

陷入趋于崩溃的命运,以利于促进日(伪)满对全中国的提携。"①这表明,日本军部企图在侵占东北后,再制华北,以利于逐步迫使中国屈从日本,实现对华总战略。

日本外务省则主张华北自治应缓慢进行,强调对华政策主要须从全盘着手,全面推进,认为只有首先使南京国民政府服从日本,才能确立由日本"指导"的东亚国际新秩序,因此着重于以国民政府为对象交涉对华"全盘问题",并提出以"经济提携"为突破口,逐步推进,以利于最终实现"日本指导下"的"日(伪)满华全面提携",即实现变中国为其附属国的目标。1934年2月26日,其亚洲局提出《关于日中经济提携方案》,强调:"目前推动政治工作相当困难,与此相反,经济问题,就其性质而言,比较容易协商,而且利害一致之事项必将有提携之机会。以此类问题为中心实行日中合作,不会招致外国干预,也不会因政府的态度而引起反政府政客的攻击。如此逐步增加日中合作事业,使日中经济关系彼我错综结合,难以相互分离,日中关系当然会随之出现新事态,所谓日中提携将必然地、也是自然地形成。"②该文件中所谓"经济提携"的具体内容是:第一,援助华北、华中地区的棉花栽培业,"为军队及三菱会社等提供便宜";第二,日清汽船与招商局之间实行提携或签订合同,以使日中间贸易畅达;第三,援助中国的纺织业,使其"成为日本纺织业的附庸",从而"抑制中国纺织业技术之进步,加强日本纺织业在华地位";第四,在金融业领域中,使"邦人银行(在上海等地)居于父银行之地位",以影响指导中国银行,并通过合作,加强对华"共同事业的投资"。③该文件经广田外相阅后,即定为这一时期日本外务省对华"经济提携"的基本方针。这个文件使我们看到,日本对华"经济提携"的实质是要先从经济上逐步使中国变为其附庸,以此为基础,再进一步实现对华"全面提携",即实现对中国的控制,确立日本"指导下"的东亚国际秩序。

日本军部与外务省的上述策略表明,两者在对华扩张的方式及偏重点方面存在某些分歧,前者强调主要以武力为手段,先从局部着手,逐步控制华北,以后再进一步迫使中国屈从日本;后者则主张主要采用外交手段,从对华全盘

---

① 日本外务省编:《日本外交年表及主要文书1840—1945》(下),原书房,1972年,第321页。
② 《关于日中经济提携方案》,日本外务省档案,《松本忠雄文书》,A·1109,日本外交史料馆藏。
③ 《关于日中经济提携方案》,日本外务省档案,《松本忠雄文书》,A·1109,日本外交史料馆藏。

着手,拉拢和压迫中国国民政府由亲英美转向亲日,并接受日本的"指导",一举将中国变为日本的附属国。当时,关东军正忙于经营伪满洲国及与北平政务整理委员会交涉《塘沽协定》的落实,尚无暇动手;外务省也未认可军部将扩张重点置于华北的要求,推出了对华"经济提携"的外交方针,日本政府亦尚未表示支持军部的上述主张,军部只得暂取静观态度,以等待有利时机。

日本外务省经过一阵策划,于1934年2、3月间接连由派驻南京的总领事须磨弥吉郎与南京国民政府接触,要求在经济方面两国实施"提携"。南京国民政府此时正忙于与欧美的经济合作计划,对日本深含战略意义的"经济提携"要求十分警惕,事实上没有给予任何实质性的回复。日本外务省见英美等正以援华为手段,极力扩大在华权益,以此维护和加强在远东的主导地位,而中国方面则回避与日本交涉,因此感到必须向各国表明决意"指导"实现东亚新秩序的态度。3月中旬,外相广田弘毅接连电训指示驻美、英大使、驻华公使和驻华各地领事:"日本的权威和实力是维持东亚和平的唯一基础,因此,有关中国的国际问题,当然要以日本为主",要使各国认识到,"将日本排除在外的(对华)国际合作,将是徒劳","唯一的方法是以日本的权威和实力为背景,方可在华实行有效的国际合作"。[1]4月17日,外务省情报部长天羽英二将以上电训内容公开发表,英美等国对此反应强烈,国民政府亦发表两次声明,谴责日本企图独霸中国的野心,宣布"不承认日本在远东之任何特殊地位"[2],对日本"经济提携"的要求则采取了迂回侧击的策略,避开其含有战略意义的要求。日本的对华外交因此陷于停滞状态。

在这种情况下,日本军部认为"经济提携"的方式难以奏效,强烈主张推行武力外交。1934年7月15日,关东军参谋喜多诚一大佐向天羽英二提出一份意见书,内称:当今世界,集团经济抬头,独裁流行,"日本不应独自超然于此种大势范围之圈外","无论其喜好与否,都要使中国与日本共同归于一个集团经济范围之内";"两国提携一旦实现,全部问题将最终获得解决","但中国及中国人拒绝接受日本的主张",对此"不能听之任之";"日本是东亚的指导者,这是不可否认之事实……所谓指导,从字义上看,是指示和引导之意";但以往

---

① 广田外相发给驻美、英、中等国大使、公使、领事的训电,日本外务省档案,缩微胶卷,WT79,IMT593,第21页。

②《蒋总统秘录》(第9册),台湾日报社译印,1985年,第171页。

"无论如何指导中国,均无济于事。文墨口舌之空举到底不能奏效","东洋人之东洋的主张,高唱几万回也终归是空念佛"。因此,他主张,"除有效之那个(武力——笔者注)之外,别无他途"。①与此同时,日本驻华各地武官分别于11月12日和16日在青岛、上海召开秘密会议,提出不能再静观,"要实施打倒国民政府,扩大亲日区域的国策",具体办法是尽快推进华北独立运动。②日本外务省很快获悉这一会议的内容,随即向参谋本部提出异议,称:"军部无视外交机构,自行下手之类需深加考虑。"③

鉴于在侵华手段和方式方面存在意见分歧,日本陆、海、外三省会合紧急协商,于12月7日制定了《关于对华政策之文件》。该文件首先提出:"帝国方针是要使中国追随以帝国为中心的日满华三国提携互助,以此确保东亚和平","然而,鉴于中国的现状,迅速实现此目的至为困难",因此,"首先要在中国建立强固的经济上的地位,这不但是我国对华政策的根本内容,另一方面,又是我方势力得以控制中国,并使中国不得不谋求向我方靠近的有力手段";"我方希望南京政权的政令不能达及于华北地区,但要在此际造成这种形势,我方如无行使巨大实力之决意,则实属困难。目前,要逐步在华北造成南京政府之政令与华北地方的现实事态相乖离之形势,以此为目标,逐渐实现"。何为"相乖离之形势"? 该文件说得很清楚,即"使华北政权成为有力之政权,并(对我方)表示诚意,我方亦以好意临之,以致力于解决悬案及维持、伸张我方权益。至少要在事实上查禁党部的活动,且使华北政权下的官职换上便于实施我方政策之人物……造成无论何人成为华北政权之首脑,皆不能无视日满华在华北的特殊关系之状况"。④这个文件表明,日本外务省与军方经过内部协调,双方就侵华方式和近期目标做了妥协和分工。军方赞同以"经济提携"为近期对华外交总目标;外务省则承认军方在华北推行武力外交,只是要求逐步推进,以免影响对国民政府的交涉。至此,对华方针具体化,外务省和军部分头行动,以各自的方式推行对华外交。

①《喜多诚一大佐致天羽英二情报部长书》,日本外务省档案,缩微胶卷,S680,第440~450页。
②《日驻华公使馆若杉一等书记官致广田外相电》,第430号,12月13日到。日本外务省档案,《松本忠雄文书》,A·1109,日本外交史料馆藏。
③《日驻华公使馆若杉一等书记官致广田外相电》,第430号,12月13日到。日本外务省档案,《松本忠雄文书》,A·1109,日本外交史料馆藏。
④《现代史资料8·日中战争1》,美铃书房,1976年,第22~24页。

二、日本的"二重外交"与国民政府的对策

面对日本不断提出深含战略意义的"经济提携"要求,南京国民政府十分警戒,自1934年以来一直回避与日本就此作正式交涉。制定改革币制的方针后,国民政府决定极力争取英美的援助,同时为对应日本"经济提携"的要求,也在争取日本提供贷款。1935年1月31日,孔祥熙与须磨总领事在南京会谈。孔指出:"中国目前的问题是货币问题。为克服此种困难,须得到外国资本的援助,现正与英美协商。此时,日本若在列国中率先提供巨款,将促进两国关系之好转。"①孔在日本反复提议"日中经济提携"时,避重就轻,提出借款,以整顿货币,统一全国金融。这一方面在外交上回应了日本"经济提携"的要求,同时又避开了日本的实质性要求,以防止日本资本对中国经济领域直接渗透,攫取支配地位;另一方面又可在即将推行的"币制改革"中减少来自日本的阻力。2月26日,财政部总务司长许建屏往访须磨总领事时,提出由日本提供2~3亿元长期低息贷款。3月6日,孔祥熙向须磨透露,美英两国正在考虑向中国贷款,以帮助中国整顿币制,发展生产。4月17日,孔进一步要求须磨回答"日本政府是否有贷款之意"。②面对国民政府的借款攻势,日本政府感到,这与之业已确定的"经济提携"的方针南辕北辙,而且中国若是实现币制统一,则将有碍于日本的既定战略。于是须磨对孔祥熙说:"先决问题是从大局角度使日中两国关系的亲善具体化,至于借款之类,属商业范畴,必须尽量就其基础加以研究。"③这实际上是拒绝了孔的要求。

国民政府见日本回避商议为币制改革提供贷款,于是转变策略,转而从工业贷款方面回应日本的"经济提携"要求。6月25日,孔祥熙对须磨说:"鄙人已提出三次借款要求,未见何等回复,为有一个两国经济合作的端绪,希望日方

---

①《最近中国关系诸问题摘要》(下卷),1935年12月日本外务省东亚局制定,日本外务省档案,缩微胶卷,R·SP66,第194页。

②《最近中国关系诸问题摘要》(下卷),1935年12月日本外务省东亚局制定,日本外务省档案,缩微胶卷,R·SP66,第194~195页。

③《最近中国关系诸问题摘要》(下卷),1935年12月日本外务省东亚局制定,日本外务省档案,缩微胶卷,R·SP66,第196页。

向中国纺织业提供3000万~5000万元贷款。"①孔不厌其烦地向日本提出借款要求,用意在于若得到借款,则可自主地缓解财政困难,发展生产;若遭拒绝,则进一步广泛寻求美英援助,使日本难以依据"天羽声明",借口受到排斥而蛮加干涉。这有利于在外交上争取主动。7月19日,孔访须磨,要求给予回复。须磨非正面地回答说:"最近,我国国内对中国提高关税多表反对。有鉴于此,在考虑日中纺织合作方案时,中国方面应首先采取缔结互惠税率协定之类的办法,从大局出发,调整两国贸易关系。"②国民政府这一时期忙于"安内",对外政策的一个主旨是暂不使中日关系进一步恶化,因此,委婉地提出愿意派遣经济视察团访日。10月9日至20日,以盐业银行总经理吴鼎昌为团长的一行34人赴日视察,"除形式上成立了日华贸易协会之外,无何等具体结果"。③日本外务省的"经济提携"外交事实上处于停滞状态。

另一方面,驻华日军得知陆、海、外三省已制订了以上对华北的新方针后,即蓄意制造借口,蛮横推行武力外交。1935年1月至6月,日军先后制造河北事件及张北、察东事件,随即向冀察当局提出一系列无理要求。日本陆军中央立即予以支持,指示驻华日军与冀察当局就地交涉,驻华各地武官予以协助。④为胁迫中国方面屈从日军的要求,关东军调兵遣将,摆出动武的架势,日本在华北的驻屯军则出动装甲车、飞机、小炮和机关枪队示威。中国方面被迫与日军签订了"何梅协定"和"秦土协定"。这两个协定规定:国民党党部、"排日机构"撤出冀察;中央军撤出冀察,29军撤出昌平、延庆、大村堡至长城一线以东及从独石口至张家口一线以北地区;允许日军在察哈尔设置飞机场和无线电通信设施;察哈尔省聘请日本人为军事或政治顾问;不阻止日本在内蒙古对德王工作;等等。⑤这些规定严重地损害了中国在冀察地区的主权,使冀察部分地区在政治上、军事上均失去控制,这有利于日军进而加以控制。

---

①《最近中国关系诸问题摘要》(下卷),1935年12月日本外务省东亚局制定,日本外务省档案,缩微胶卷,R·SP66,第197页。

②《最近中国关系诸问题摘要》(下卷),1935年12月日本外务省东亚局制定,日本外务省档案,缩微胶卷,R·SP66,第196~197页。

③《最近中国关系诸问题摘要》(下卷),1935年12月日本外务省东亚局制定,日本外务省档案,缩微胶卷,R·SP66,第204页。

④《现代史资料8·日中战争1》,美铃书房,1976年,第65~67页。

⑤日本外务省编:《日本外交年表及主要文书1840—1945》(下),原书房,1972年,第294~295页。

日本以"经济提携"为近期目的的"协和外交"和首先以冀察为对象的武力外交交替推行,两者均是围绕其东亚战略展开的。中国的领土、主权面临严重威胁。对此,国民政府采取了什么战略对策?"天羽声明"发表的同月,蒋介石对庐山军官训练团发表讲话时认为,中日问题"是整个东亚的问题,也就是所谓太平洋的问题。日本人所争的是整个太平洋的霸权,这就不是日本和中国两个国家的问题,而是日本和世界的问题"。日本"极力威胁、侵略我们中国,但他军事上的真正目标,不是在我们中国。为什么呢?因为以他现在的武力,要想侵占全中国,早已不成问题,但是他虽把全中国占领了,如果太平洋问题没有解决,全中国是占领不了的,所以他早已认定,非要把与太平洋有关系的几个强有力的国家统统征服之后,才能达到独吞中国,独霸东亚的目的。所以他现在陆军的目标是苏联,海军的目标是英美"。[1]根据日本的东亚战略来看,蒋的这种判断大致是正确的,其中流露出来的对大国的依赖思想是弱国通常都具有的。蒋对日本继续以武力侵华也有所估计。他指出:日本为准备将来发动对苏战争,"一定要先占领我们内蒙(古)和华北各地,然后他在战争中,才可居于稳固而有利的地位",因此,"日本随时会来进占我们河北、绥远、察哈尔及至山东、山西这些地方"。[2]基于以上认识,蒋决定对内着手建设国防,对外联合苏联,加强与英美的经济合作。

早在1934年7月,蒋介石派清华大学教授蒋廷黻访苏,"测探中苏两国合作的可能性"。[3]日军大力推行"武力外交",不断蚕食中国的领土主权时,国民政府更是谋求联苏抗日。1935年7月初,中方明确向苏方提出过可否缔结互助协定,即秘密军事协定的问题。[4]在对欧美国家方面,国民政府主要是致力于寻求经济援助,如签订商业、铁路等各种贷款协定,争取英美对"币制改革"的支持,从德国购买武器等。这些活动的主要目的是:第一,加强统一体制,增强国力,促进国防建设;第二,向英美等国提供一定权益,以利用美英来牵制日本独霸中国的侵略政策。这些活动是蒋及国民政府准备抗日的对外战略措施,

---

① 秦孝仪主编:《中华民国重要史料初编——对日抗战时期》(绪编三),"中国国民党中央委员会党史委员会",1981年,第107~109页。

② 秦孝仪主编:《中华民国重要史料初编——对日抗战时期》(绪编三),"中国国民党中央委员会党史委员会",1981年,第128~129页。

③《蒋廷黻回忆录》,台北传记文学出版社,1979年,第153页。

④ 参见王真:《抗战初期中苏在苏联参战问题上的分歧》,《历史研究》1994年第6期。

其中不乏一些不切实际的空想,但其战略意义不宜低估。

在对日战略方面,蒋及国民政府采取了拖延时日,等待国际形势变化,寻找有利时机的方针。蒋指出:"中国在他正面,美国在他后面,苏俄在他侧面,我们哪一个都知道,军事并不是专打正面,仅仅打正面不够,非将后面侧面一齐准备妥当,备置完全,徒打正面是不能作战的。"蒋还说,中国的军事、经济、教育、政治这些与日本作战的条件还远未成熟,也不能立即与日本开战。[①]蒋认为,中国的最好机会是日本与苏或美英矛盾激化至开战之时。[②]基于这种认识,南京国民政府的对日政策就只能是"一面交涉,一面抵抗",以拖延时日,等待国内外有利时机的到来。因此,日本的"协和外交"得到蒋及国民政府的一些响应。1935年1月,蒋介石约见日驻华公使馆武官铃木美通时说,"无论如何,中日两国有提携之必要,愿中日两国以互相之精神努力进行"。[③]2月27日,蒋、汪联名向全国发布严禁排日令。张北、察东事件及河北事件时,蒋及国民政府不仅不反对与日军妥协,而且在同年5月又同意将中日双方公使馆升为大使馆,互派大使。然而,日本并没有因国民政府的这种响应而满意。日军方认为,蒋介石所希望完成的任务有二项:"统一中国和对日报复",而现在中国的状态是"一方面有共军;另一方面军阀中使南京政府不快者为数不少,因此暂不愿恶化日中关系,以在此期间实现国内的统一。南京政府停止排日、排日货以及排日教育不过是表面上的",实际上则"在借款问题、航线开设问题上明显接近英美",在解决悬案的问题上,南京政府也"表里不一"。[④]日军方认为"蒋介石的新政策是欺骗政策",[⑤]必须促其反省。日外务省则在策划"广田三原则",计划向中国进一步提出侵略要求。

日本"武力外交"与"协和外交"齐头并进,在策略上获得一次又一次的进展,但在战略步骤方面,两者又出现了某种矛盾。"武力"外交的主旨是先制冀察,后收华北五省分治之果,以利于进一步侵华及尽快完成对苏战备。"协和外

---

① 秦孝仪主编:《中华民国重要史料初编——对日抗战时期》(绪编三),"中国国民党中央委员会党史委员会",1981年,第109~112页。

② 秦孝仪主编:《中华民国重要史料初编——对日抗战时期》(绪编三),"中国国民党中央委员会党史委员会",1981年,第108页。

③《外交周报》(第3卷第6期),第9页。

④ 日本国际政治学会编:《走向太平洋战争的道路3·日中战争上》,朝日新闻社,1962年,第72~73页。

⑤ 日本防卫厅战史室编:《战史丛书·大本营陆军部》(1),朝云新闻社,1976年,第362页。

交"的主旨则是企图诱使中国改变亲美英政策,转向亲日,从而一举解决两国间的"全盘问题",实现"日本指导下的日(伪)满华三国提携"。后者要求前者为后盾,作辅助,但前者的不断推进,引起中国的高度警戒,不利于后者的实施。因此外务省感到必须牵制军方的行动,以免危害其对华外交。

"何梅协定"成立第三天,日驻华大使馆一等书记官电报外务省:这次军方的行动"是以树立华北五省自治政权为目标,此为第一阶段之工作";"我国政府正在以蒋介石及汪兆铭派首脑作为对象致力于日中提携",军方的行动"与我对华政策正相反",若听之任之,"终将难以予期实施满意之政策"。①在此前一天,国民政府发布《敦睦邦交令》,日本外务省乘机通过驻华大使有吉明于6月28日发表声明,言称"事态好转","为期待日中两国国交之圆满,不能仅着眼于地方,要在全中国肃清排日风潮"。②这一方面表明,日本外务省欲通过外交手段来逐步实现政策目标,同时也表明其不赞同军方在华北这一局部地区的过分行动,不承认军方的武力外交能实现对华外交的全盘目标,并谋求夺回外交主导权。是时,日本陆军中央也有人出于战略考虑,"希望就华北事件与外务省协调"。③如参谋本部指示关东军,"依据《梅津——何应钦协定》,已确定了日本与中国在华北相互间的势力范围及缓冲地带……关东军不要再向南推进"。④然而,驻华日军在陆军中央的强硬派支持下,仍在寻找机会,以进一步推动华北分治。7月12日,大藏大臣藤井真信往访元老西园寺公望时表示,"以往,对华关系大体由外务省负责,军部为后盾,此为原则……近来,军部非常强硬,外务大臣简直处于被牵着走的状态",外务省的对华外交正在展开之时,"军方又来插手,由驻华军队制造什么事端,简直不象话"。⑤这就一语中的,说明日本的"武力外交"至少已取得与"协和外交"平行或以上的地位,出现了军部与外务省竞相推进对华外交的局面,这在英国首席经济顾问李滋·罗斯访华前后表现得十分突出。

---

① 木户日记研究会编:《木户幸一关系文书》,东京大学出版会,1966年,第251~252页。
②《现代史资料8·日中战争1》,美铃书房,1976年,第71页。
③ 天羽英二:《天羽英二日记·资料集》(第3卷),天羽英二资料刊行会,1990年,第56页。
④ 日本近代史料研究会编:《片仓衷氏谈话速记录》(上),日本近代史料研究会,1983年,第378页。
⑤ 原田熊雄述:《西园寺公与政局》(第4卷),岩波书店,1951年,第290页。

三、币制改革与华北自治

英国为维护在华权益和地位,策划实施援华措施。1935年9月21日,英国首席经济顾问李滋·罗斯抵上海。与国民政府协商后,英国宣布贷款给中国1000万英镑,以支持中国实行"币制改革"。11月3日,国民政府正式宣布实行"币制改革"。这一改革意味着国民政府将加强对华北的权威和统一管理,英美也将加强在华势力,而日本的东亚政策则将遭到牵制和削弱。因此,日本军部和政府均表示反对并极力破坏。

李滋·罗斯抵中国之前,曾于9月6日至19日访问日本,就英国援华问题征求日本的意见。日本外务省为与李滋·罗斯交涉提出三点原则性意见:

(一)日本是东亚唯一的"安定力量",对华援助"要以此事实为基础。即以日本为中心履行此责任"。日本尊重英国在东亚的正当权益,"但要以上述原则为第一前提,并使之彻底"。(二)"英方若表示不能容许日本拥有超过英国的优越地位时,我方要依据第(一)项的宗旨,彻底不能容忍英方的此种态度"。若英方承认第(一)项的宗旨,我方则对英方维持其权益之愿望,"在日英协调时给予好意之考虑"。为防止各国对日本施以新的束缚,日本反对就远东、太平洋问题召开国际会议。(三)"中国几乎所有的经济问题都与政治问题有密切关系……因此,必须彻底从政治立场加以考虑"。①

这就确定了要使英国服从日本战略的方针。而英国方面自日本于1935年1月起不断在中国华北挑起事端以来,不时指责日本无视华盛顿会议所定有关条约,指出日本的东亚政策"是以在亚洲大陆称霸为目标",损害了英美等在远东的地位和利益。②因此,英国朝野出现了与美联合对日的呼声。在对华政策上,英国认为,"日本正在强行要求中国只与自己合作,此举将极大地损害英美的利益。关系各国若不公开支持中国,远东的民主主义及世界通商原

---

① 《最近中国关系诸问题摘要》(下卷),1935年12月日本外务省东亚局制定,日本外务省档案,缩微胶卷,R·SP66,第259~261页。

② 日本外务省档案,缩微胶卷,R·SP66,《日英外交关系杂纂》,1927年3月—1937年11月,第113~116页。

则将不可避免地后退"。①基于这种认识,英国决定积极援助国民政府的"币制改革"。9月9日,广田外相与李滋·罗斯会谈,李提出由英国出面促使国民政府承认伪满洲国,以换取日本支持英国对华贷款改革币制。对此,广田说:"贷款,结果将由南京政府浪费。"②言外之意是反对英国实施这种贷款。次日,李与重光葵外务次官会谈时再次追问日方意见。重光回答说:"俟阁下在中国调查结束并制订方案后,再作充分研究。"③在李滋·罗斯访日的10天时间里,日本俨然是一副"东亚指导者"的姿态,而李却并未按日本的希望承认其在东亚享有"指导者"或"中心"的地位,也未乞求日本保护英国在华利益,因此日本一时无隙可乘,只得对李的提议暂时不置可否。

日本军方正在等待进一步推动华北自治的机会,获悉英国的援华计划后更是急不可耐。1935年9月24日,日本新任中国驻屯军司令官多田骏少将就华北问题在记者招待会上发表讲话,即"多田声明",其内容有:一是日(伪)满华共存的基础——华北的所谓明朗化,要依靠华北民众的力量,逐步实现,为将阻碍其实现的国民党及蒋政权势力逐出华北,行使威力亦为不得已。二是基于这一根本主张,我(日)军对华北的态度是:将抗日分子彻底驱逐出华北;华北经济圈独立;华北五省军事协作,防止赤化。三是为此,必须改立华北政治机构;当前,要对组成华北五省联合自治体加以指导。④

这是日本第一次公开提出要在政治、经济、军事上全面实现华北分治。在此之前的7、8月间,日本陆、海、外三省连续召开会议,制订新的对华政策。8月中旬,三省提出的对华北政策为:"使中国停止相关政策,同时,至少在与(伪)满接境地域之华北及察哈尔地方使之事实上与(伪)满洲国之间实行经济的及文化的融通提携……(其他)方面的赤化势力威胁为日(伪)满华共同的威胁,鉴此,至少要在察哈尔及其他……方面实行日华间基于排除此威胁之合作。"⑤这就规定控制华北分两方面进行,一是以经济、文化"提携"的手段实现

① 日本外务省档案,缩微胶卷,R·SP66,《日英外交关系杂纂》,1927年3月—1937年11月,第113~116页。

②《最近中国关系诸问题摘要》(下卷),1935年12月日本外务省东亚局制定,日本外务省档案,缩微胶卷,R·SP66,第263~266页。

③《最近中国关系诸问题摘要》(下卷),1935年12月日本外务省东亚局制定,日本外务省档案,缩微胶卷,R·SP66,第263~266页。

④ 秦郁彦:《日中战争史》,河出书房,1961年,第56~57页。

⑤《现代史资料8·日中战争1》,美铃书房,1976年,第107页。

范围广泛的势力圈;一是以"合作"的手段对特定地域实行全面控制。该文件强调此为对华北至少要实现的目标,换言之,最终目标是要全面控制华北。多田获悉政府对华北的新政策,即以声明的形式表明此任务由"武力外交"担负。10月中旬,沈阳特务机关长土肥原带着"建立所希望的亲日亲(伪)满政权"①的任务来到天津,策动华北自治。11月上旬,土肥原在北平向宋哲元提出"华北高度自治方案",内容有十条如下:成立"华北共同防赤委员会";领域为华北五省二市;首领宋哲元,总顾问土肥原;由最高委员会主持军事;财政截用中央在各该省市的关税、盐税和统税;开发华北矿业、棉业,使之与日(伪)满结成一体;另定五省通用货币,与日元发生联系;扑灭三民主义与共产主义,代以东洋主义;保留南京政府的宗主权;亲日反共。②土肥原限宋于11月中旬内接受,并宣布自治。与此同时,关东军增派第一混成旅团赶至山海关附近集中,命令旅顺口、青岛的海军巡洋舰、驱逐舰驶入天津大沽口,向宋哲元施加压力。

日本政府则看到,"协和外交"推行两年,虽得到国民政府的响应,但并无实质性进展,国民政府与英美的关系却大有不断密切的动向,这是日本的东亚战略所难以容忍的,于是认为,必须将其纳入"确立日(伪)满华之间根本关系的轨道"。③10月4日,日本外、陆、海三相决定了《关于对华政策外陆海三相间之谅解》,主要内容有三条:"中国彻底取缔排日言论,并放弃依赖欧美之政策,同时采取对日亲善政策,并确实实行该政策,就具体问题与帝国提携;最终要使中国正式承认(伪)满洲国,但当前要使其事实上默认(伪)满洲国的独立,放弃反对政策,并至少在与之接壤之华北方面与(伪)满洲国之间进行经济的及文化的融通提携;鉴于其他方面的赤化势力威胁为日(伪)满华共同的威胁,为排除此威胁,要使中国方面在其他地区协力于我方所希望的诸设施。"④这就是"广田三原则",其核心内容是要求中国由亲英美转向亲日,成为日本的附庸,并以共同防共的名义,驱使中国为其霸业服务。在此,"协和外交"的主旨由"经济提携"转为"全面提携"。10月7日,广田约见中国驻日大使蒋作宾,提出以上三原则。蒋介石获悉"广田三原则"的内容后立即表示:"形式似较减轻,而其内容则为'退出国联、承认伪满与联盟对俄'之变相,亦即实施此内容之第

---

① 《土肥原秘录》,中华书局,1980年,第39页。
② 《中华民国史资料丛稿·大事记》(第21辑),中华书局,1981年,第169页。
③ 日本外务省编:《日本外交年表及主要文书1840—1945》(下),原书房,1972年,第303页。
④ 日本外务省编:《日本外交年表及主要文书1840—1945》(下),原书房,1972年,第303页。

一步也。故其意义深重,不得不郑重考虑。"①基于这种认识,国民政府虽不拒绝与日本交涉,但也不接受其要求。

驻华日军的华北分治与政府的"广田三原则"在内容上并无冲突,在实现方式上却存在差异。前者要求迅速实现对华局部目标,后者则计划逐步实现包括华北自治在内的对华全盘目标。日本政府及一些军政要员看到,局部目标推进过快反而将影响全盘目标的实现,因此反对驻华日军的过激行动。林铣十郎陆相于11月10日指示驻华日军:"华北自治对国际国内影响重大,要依据政府、舆论一致统制国策来加以指导,切忌采取促进发出自治宣言等急躁措施,慎重处理事态。同时,关于自治的程度……不要抱过大希望,期逐步完成自治,努力防止事态扩大。"②陆军大将宇垣一成眼见东亚战略将受到不利影响,指责驻华日军为"只见华北不看世界者"。③他甚至提出:"此际有必要收拾在华北无统制,只凭爱国感情盲动之辈。"④冈田首相获悉关东军司令官南次郎向广田外相提出分离华北诸省的强硬意见后,感到震惊。⑤西园寺元老对回东京汇报工作的若杉驻华参事官说:"日本的军人只知扬威,挑起各种事端,华北事件即是其一,令人头痛。总是这样下去,如何收拾?"⑥荒木、真崎两陆军大将认为北进战略已受到不利影响,对驻华日军在"华北的作法,报以极度冷笑"。⑦日本政府出于战略的全盘考虑,不愿看到"武力外交"过分到阻碍其主导的"广田三原则"的推行。11月18日,日本政府召开外、陆、海三相会议,决定对华北要取"轻度自治"的内容,"以渐进方式工作"。⑧

日军大肆推动华北自治,对蒋政权的基础造成严重威胁,英美在华北的利权也面临丧失的威胁。因此,国民党内英美派要求抵制日本侵略的呼声逐步高涨,蒋介石也采取了较以往为强硬的立场。11月19日,蒋在国民党五全大会上提出外交方针,"以不侵犯主权为限度,谋各友邦之政治协调;以互惠平等为原则,谋各友邦之经济合作;否则即当听命党国,下最后之决心",强调"和平有

---

① 《蒋总统秘录》(第10册),台湾日报社译印,1985年,第55页。
② 日本外务省编:《日本外交年表及主要文书1840—1945》(下),原书房,1972年,第314页。
③ 《宇垣一成日记》(2),1935年12月1日条,美铃书房,1970年,第1035页。
④ 《宇垣一成日记》(2),1935年12月6日条,美铃书房,1970年,第1036页。
⑤ 天羽英二:《天羽英二日记·资料集》(第3卷),第97页。
⑥ 原田熊雄述:《西园寺公与政局》(第4卷),岩波书店,1951年,第377页。
⑦ 原田熊雄述:《西园寺公与政局》(第4卷),岩波书店,1951年,第385页。
⑧ 秦郁彦:《日中战争史》,河出书房,1961年,第64页。

和平之限度,牺牲有牺牲之决心"。①基于这一方针,蒋一面电令宋哲元等地方将领不要与日军交涉,一面调集部分军队开往京沪、陇海等线。11月20日,蒋会见日驻华大使有吉明时,明确表示:"中国对反国家主权完整,阻碍行政统一等自治制度,无论如何不能容许。"②宋哲元也不甘心作日本的傀儡,极力回避与日军交涉。日军见"高度自治"计划没有得到政府及陆军中央的充分支持,蒋及国民政府也采取了比以往强硬的态度,不能不"认识到失败",于是转而"促使中国实施适当的自治"。③结果先在冀东扶植汉奸殷汝耕成立傀儡政权"冀东防共自治委员会",接着又迫使国民政府同意成立了"冀察政务整理委员会"这个半自治政权。

四、华北自治的战略意图

日本军方为什么如此急欲向华北扩张,企图控制华北地区? 在研究中不难发现,控制华北是日本东亚战略所要求实现的一个重要目标。日本东亚战略的一个重要内容是要建立一个在对苏、美、英战争中取胜的总体战体制,而保证在战时能"自给自足"的经济圈又是总体战体制确立的关键。日本侵占东北后,即着手实施战略开发,同时又认为,伪满洲国的资源还不足以满足未来大战的需要,因此,计划进一步向华北扩张,"助长帝国发展对华经济,使战时我国国际资源易于补充,同时扶植和增强帝国在华北的经济势力并促成日、满、华北经济圈"。④日本政府推出"广田三原则",要求华北与日(伪)满实行经济提携,其语言十分隐讳。但不久,日本政府在《第二次处理华北要纲》中做了明白的说明:华北经济开发的目的,主要在于"国防上必需的军需资源(如铁、煤、盐等)的开发,以及与此有关的交通、电力等的设备方面"。⑤何梅、秦土二协定订立后,日本中国驻屯军、关东军等于1935年7月连续制订、通过几个"华北开发方案"和决定;8月,日本政府批准成立兴中公司,均决定大规模开发华北资源。正当此时,李滋·罗斯来华与国民政府协商币制改革问题。日本认

---

① 《革命文献》(第76辑上),"中国国民党中央委员党史委员会",1979年,第250~251页。
② 日本外务省编:《日本外交年表及主要文书1840—1945》(下),原书房,1972年,第310页。
③ 原田熊雄述:《西园寺公与政局》(第4卷),岩波书店,1951年,第385页。
④ 中国驻屯军司令部:《华北重要资源调查之方针及要领》(1934年10月),近代日本研究会编:《东亚与日本》,山川出版社,1980年,第161~162页。
⑤ 日本外务省编:《日本外交年表及主要文书1840—1945》(下),原书房,1972年,第348页。

为,币制改革将实现中国经济的统一,国民政府从而会加强对华北的控制,英美的在华地位也会得到加强,对日本的东亚战略不利。据中国驻日大使馆报告,日本"朝野上下之间,莫不出以猜疑忿嫉之态度,或以为与英国有借款之密约,或以为对彼为不利之准备"。①因此,日本外务省立即做出反应,表示"始终持反对的态度"。②应该说,华北自治是日本总体战体制所要求的,而币制改革则对日本的这一企图明显不利,因此,日本军方决定加速推动华北自治。日本东亚战略的另一个重要内容是要求设法使中国由亲英美转向亲日。只有这样,日本才能利用中国的人力、物力及国土,在有利时机逐一在东亚及西南太平洋地区击败苏、英、美等劲敌,称霸东亚。日本政府综合外务省和军部的意见认为,使中国转向亲日可从两方面进行,一是中央政府直接转向亲日,一是地方政权先转向亲日,然后再影响全中国转而一致亲日。日本政府制订《第二次处理华北要纲》更是明确鼓吹:华北自治是"实现日(伪)满华三国提携互助的基础"。③这就是说,实现华北自治,不但可控制华北,更重要的是可进一步促使其他地区逐步转向亲日,最后,国民政府不能不依附日本。不过,日本政府不赞成日军强行以武力手段实行自治,以避免过分刺激美英并将国民政府完全逼上对立面,而主张扶植地方实力人物"自行"实施自治。1936年1月,日本政府制定第一次《处理华北要纲》,并于13日由陆相指示中国驻屯军司令官:"处理华北的主要任务是以华北民众为中心,援助其完成自治。"④控制华北还是日本北进的需要。日本认为苏联是其称霸东亚的"严重威胁",因而十分重视对苏战备。日本估计,对苏开战时,苏、中两国可能联合作战,前后夹击伪满洲国。⑤这样,日军将腹背受敌,极为不利。因此,日本陆军早在1933年10月制订《帝国国策》时便强调,"对第三国开战时,至少要在开战初期的一定期间,使(中国)保持中立……在华北方面设定一缓冲地域"。⑥这样,既可不使后方受敌,又可获得军需补给,还可获得可用于军事迂回的广阔战略地域。1935、

---

①《国民政府行政院档案(2)》,3173,彭明等编:《中国现代史资料选辑》(第4册),中国人民大学出版社,1989年,第181~182页。

②日本外务省编:《日本外交年表及主要文书1840—1945》(下),原书房,1972年,第3~8页。

③日本外务省编:《日本外交年表及主要文书1840—1945》(下),原书房,1972年,第37页。

④日本外务省编:《日本外交年表及主要文书1840—1945》(下),原书房,1972年,第322页。

⑤日本防卫厅战史室编:《战史丛书·大本营陆军部》(1),朝云新闻社,1976年,第373~374页。

⑥《现代史资料8·日中战争1》,美铃书房,1976年,第12页。

1936年,中国东北与苏联交界纷争规模较以往扩大,且"累次引起武力冲突"。①日本陆军在制订1933年对苏作战计划时,感到对西正面和北正面不安,设想在大兴安岭以西吸引苏军主力,并予以击溃。②察、绥对此计划的军事战略意义就不言而喻。"广田三原则"中就提出,至少察哈尔等与"外蒙"接壤地区要与日本合作。日军策动华北高度自治没有达到目的,但仍强调要继续推进华北五省的自治。1936年3月17日,日本陆军省军务课与外务省东亚局第一课上村伸一课长协商对华政策时,军务课方面主张,"预定于1941年完成对苏战备,因此,外交上的准备要在这6年之内完成";具体内容是要设法"完成华北五省自治",以保证在对苏开战时后方的安全。③同时,驻华日军也未停止在局部地区的动作。1936年5月12日,日方扶植德王组成伪蒙古军政府,其目的就含有逐步奠定有利的对苏战略态势的企图。日本"武力外交"所发动的华北自治运动给国民政府以极大冲击,中国当局对日态度由此逐步转向强硬。"广田三原则"从而无隙可乘,也归于失败。1935年11月20日,蒋介石在与有吉明会谈时即表示:"如华北发生事故,三原则中一、二两项,自皆无由商谈及实行。"④12月20日,外交部长张群与有吉明会谈时,进一步提出:"日方在华北一切行动务须停止,否则,不良影响之所及,一切问题将无从解决。"⑤到1936年3月,张群明确向日方提出,交涉要从东北问题谈起,至少"先行设法消灭妨碍冀察内蒙行政完整之状态"。⑥这就实际上否定了"广田三原则"。

五、"协和外交"的顶点

华北自治失败,"广田三原则"为中国所拒绝,使日本的东亚战略处于停滞状态,加上对苏战略处于不利地位,日本谋划转换方式,尽快解决"中日悬案",以一举奠定称霸东亚的基础。所谓"中日悬案",分为两个方面:一是两国间

① 日本防卫厅战史室编:《战史丛书·大本营陆军部》(1),朝云新闻社,1976年,第357页。
② 日本防卫厅战史室编:《战史丛书·大本营陆军部》(1),朝云新闻社,1976年,第355页。
③《关于对华政策与军方有关官员会谈之文件(一)》,日本外务省档案,缩微胶卷,R·P64,第1729~1731页。
④《中日外交史料丛编》(五),1964年,第474页。
⑤ 中国第二历史档案馆:《有关张群出任南京国民政府外交部长期间中日交涉的一组史料》,《民国档案》1988年第2期。
⑥ 秦孝仪主编:《中华民国重要史料初编——对日抗战时期》(绪编三),"中国国民党中央委员会党史委员会",1981年,第669页。

"全盘问题",另一是"华北问题"。谋求解决"中日悬案"是日本东亚战略的主要内容之一,也是其北进及南进的前提和条件。首先在"华北问题"上,日本看到,军方在华北强行推进武力外交,已引起中国人民的反日爱国浪潮,国民政府的对日态度转向强硬,英美等国也表示不满,因此一面由陆军中央指示在华日军缓进,一面由政府决定《处理华北要纲》,规定了要在华北实现的目标及为实现此目标应遵循的原则,同时在具体推进的方式上,决定由外务省负责策划。1936年1月8日,广田外相主持外务省对华政策会议,与会者认为,对华外交的重点要置于解决"全盘问题"。关于华北问题,"要给予其忠告,并逐步进行内面工作"。①次日,该省东亚局即依据会议精神制订了《对华外交试案》,提出"我方在华北的内面工作要参酌世界形势及华中华南的动向等,分轻重缓急,逐步推进。与此并行,与南京方面交涉(全盘问题)反而对我有利"。②这就是说,为迫使国民政府接受日本"指导下的全盘提携",日外务省感到必须利用军方在华北有控制的行动,以向国民政府施加压力。这是日本外务省对华北政策的一个方面。日外务省对华北政策的另一个方面是企图以貌似温和的方法促使华北自治。1936年5月,日驻南京总领事须磨弥吉郎提议,处理华北事项,要选择中国易于接受的方式,形式上不提自治,而取"特别政治会议",使华北五省"成为胜于自治的特殊行政地区"。③这一建议立即为外务省采纳。6月,日外务省东亚局制订了《关于设置五省特政会之日华合意案》,规定:第一条,在天津设置华北五省特别政治会议;第二条,"为排除共产主义,五省特政会与日本方面共同防御一切共产主义的行为。关于共同军事行动,要统一指挥、协同圆满,为此,日华军务当局相互间要就必要的事项另定协定";第三条,"关于币制、税、路政等金融、财政、产业、交通等一切,要赋与特别权限,设立特别设施";第四条,"为日(伪满)华提携,要就必须的诸般措施,特别是经济上、文化上的融通进行联络"。④同时,东亚局还制订了一个《关于设置五省特政会之日华合意附属备忘录》,共有两条:一是"日本方面与五省特政会就共产主义

　①《对华方针协议事项》,日本外务省档案,缩微胶卷,R·P61,《帝国对华外交政策关系一件》(第2卷),第449~454页。

　②《对华外交试案》,《帝国对华外交政策关系一件》(第2卷),第472~473页。

　③ 须磨弥吉郎:《五省特政会由来记》,《帝国对华外交政策关系一件》(第2卷),第515~516页。

　④ 须磨弥吉郎:《五省特政会由来记》,《帝国对华外交政策关系一件》(第2卷),第543~545页。

运动相互交换一切情报,并就防共行动及防共所需兵器及军需品等保持联
络";二是"对与共产主义运动相关联之第三国的一切行动,日华两国共同加以
排除、予以防卫"。①这两个文件的主旨是从政治、军事、经济及文化上控制华
北五省,而且还含有诱使中国与日本合作共同对苏,即为日本的北进战略服务
的企图。外务省在解释备忘录时即指出:"此类似于攻守同盟。"②在制订这两
个文件之前,外务省就须磨的建议及具体方案征求陆海军中央的意见,得到广
泛认可。这时,军部正在增兵华北,外务省担心以上方案会由于当地日军不断
推行武力外交而无法实现,因此提出"无论如何,有必要先作为军部的事务方
案加以实施"。③为将以上方案作为陆军省方案最终确定下来,外务省训令驻
华外交人员与各地武官协议,谋求由武官正式向陆军省提出。驻华各武官对
方案的内容表示无异议,但对以此形式能否推行,即国民政府及华北地方政权
是否接受、关东军和中国驻屯军是否会受此约束表示怀疑。因此,喜多诚一武
官等表示:"在责任上,现在难以确言赞成与否。"④由于无一武官愿意提出此
案,在程序上难以形成陆军省方案,加上日本增兵华北后,日本中国驻屯军接
连挑起两次丰台事件,迫使中国军队撤出丰台,日军的"武力外交"着着奏效,
外务省方案所规定的交涉方式事实上难以被驻华日军接受,因此,外务省只得
等待时机,以寻求另外的方式。8月11日,日本政府制定《第二次处理华北要
纲》,决定华北自治的步骤为:先使冀察二省自治,但自治政府的范围最终为华
北五省。"在该地域,建设巩固的防共亲日满地带,并取得国防资源及扩充交通
设施。以此,一备苏联入侵,一为实现日满华三国提携互助奠定基础"。⑤在冀
察二省,日军控制地区累有增加,日本政府认为这较其他三省易于实现亲日的
自治。而日军的"武力外交"主要指向冀察二省,这又表明,日本政府已决定实
现这一目标的任务主要由军方担负。

同时,日本在"广田三原则"交涉毫无进展的情况下,转换外交手法,试图
一举解决中日间"全盘性的根本问题"。这是日本谋求解决"中日悬案"计划中

① 须磨弥吉郎:《五省特政会由来记》,《帝国对华外交政策关系一件》(第2卷),第546页。
② 须磨弥吉郎:《五省特政会由来记》,《帝国对华外交政策关系一件》(第2卷),第525~
526页。
③ 须磨弥吉郎:《五省特政会由来记》,《帝国对华外交政策关系一件》(第2卷),第534页。
④《帝国对华外交政策关系一件》(第2卷),第541页。
⑤ 日本外务省编:《日本外交年表及主要文书1840—1945》(下),原书房,1972年,第347~
348页。

更为重要的一个方面。

对日本的"广田三原则"要求,国民政府当然不予接受。在日军推动华北自治的高潮期间,驻日本代理大使受国民政府之命,于1935年11月至12月间数次向日外务省官员表示:"为打开中日关系,希望着手交涉。为此,提议在南京举行相当规模的中日会议。"①日外务省揣摩国民政府此举的用意时认为:第一,以全盘交涉为借口,阻止我对华北之要求,并抑制我方在华北推进分治工作;第二,利用召开大规模交涉会议,迁延广田三原则问题;第三,或会在交涉中在某种程度上同意实行广田三原则,以此为代价,要求我方在废除不平等条约、华北问题上让步,并使会议废除或改订华北停战协定,②因此提出,"对此要予以警戒"。③另一方面,日本这一时期因广田三原则难以推行,正焦虑于如何拉拢、压迫国民政府与之"全面提携",而国民政府的提议则在客观上为其提供了一个新的机会。因此,由外务次官重光葵于1936年1月初出面会见中国代理大使,表示"原则上同意由帝国驻华大使与南京政府外交部长之间依据一般的外交手段进行交涉"。④这即是张群——川樾会谈(交涉)的起始。在此,日本为避免造成不利的国际影响,回避了国民政府举行中日间大型交涉会议的要求。不久日本发生二二六事件,内阁改组,有田八郎刚被任命为驻华大使,接着即被召回东京就任外相,加上新内阁忙于策划其对内外政策等,推迟了中日间正式交涉的时间。至8月11日,即制定《第二次处理华北要纲》的同时,又制定了《对中国实施的策略》,决定了中日间就解决"全盘性根本问题"展开交涉时的对华要求事项,⑤即

(一)签订防共军事协定;(二)签订日中军事同盟;(三)促进日中悬案的解决:1.聘用日本人为最高政治顾问,2.聘用日本人为军事顾问,3.开始建立日中航空联系;(四)促进日中经济合作。

这个文件明确规定要通过缔结外交协定及盟约等,使中国迅速成为日本

---

①《帝国对华外交政策关系一件》(第2卷),第458~459页。
②《帝国对华外交政策关系一件》(第2卷),第468~469页。
③《帝国对华外交政策关系一件》(第2卷),第470页。
④《帝国对华外交政策关系一件》(第2卷),第461~462页。
⑤《现代史资料8·日中战争1》,美铃书房,1976年,第367页。

的附属国,以一举实现其东亚战略中最重要的目标。

日本政府在同一天抛出《第二次处理华北要纲》和《对中国实施的策略》,表明其对华最低目标是指向华北,尤其首先是指向冀察二省;最高目标则指向整个中国,图谋逐步加以控制。这两个文件将"广田三原则"全面具体化,表现了日本面对国际孤立,战略处境每况愈下,急欲解决对华"悬案",并在东亚确立"新秩序",以利于未来争霸战的意图。

蒋介石及国民政府估计,日本在"广田三原则"遭拒绝后,不会放弃其无理要求。因此,蒋于7月13日在国民党五届二中全会上确定了对日交涉的原则:"对于外交所抱的最低限度就是保持领土主权的完整,任何国家要来侵害我们的领土主权,我们绝对不能容忍。我们绝对不订立任何侵害我们领土主权的协定,并绝对不容忍任何侵害我们领土主权的事实",否则,"就是我们最后牺牲的时候"。①

此后,在张群——川樾会谈中,日方寻找多种借口,着重提出了解决两国间"全盘问题"的上述要求。中方对其无理要求耐心周旋,即不接受其侵略要求,也不与之决裂。及至11月,绥远事件发生后,中方乘势中断了交涉。对此,须磨驻南京总领事于11月18日会见高宗武时威胁说:"绥远的实状与此次交涉之牵联关系绝对不能成立,若中国方面以此为借口使交涉决裂,有引起日中全面冲突之惧。虑及此点,应迅速重开交涉。"②国民政府则针锋相对,于12月7日由外交部公布了中日交涉的经过,并声明:"中日两国必须以平等互惠与互相尊重领土主权完整之原则为基础,始可为真正之调整。"③至此,"协和外交"企图诱使、胁迫中国全面服从其东亚战略的活动归于失败。日本陆相寺内寿一闻交涉失败,于12月8日接受记者采访时公开威胁说:中国的态度"将招致重大后果"。④不几日,西安事变发生,日本决定暂取静观态度,中日关系出现了暂时的宁静。

综观日本的"协和外交"和"武力外交",应该说,前者旨在拉拢、压迫国民

---

① 张其钧主编:《先总统蒋公全集》(第1卷),文化大学出版部,1984年,第1052页。

② 日本外务省档案,缩微胶卷,R·P60,《日中外交关系杂纂》(1936年10月—1936年12月),第87~88页。

③ 秦孝仪主编:《中华民国重要史料初编——对日抗战时期》(绪编三),"中国国民党中央委员会党史委员会",1981年,第689~690页。

④《广田内阁重要政治问题日志》,日本外务省档案,缩微胶卷,美军没收资料,MJ38,Feet59,第119页。

政府由亲英美转向亲日,以逐步实现变中国为日本附属国的战略目标;后者则旨在首先针对华北实施局部扩张,实现这一目标后再伺机实施对华全盘目标。两者都是围绕其在东亚实现所谓国际新秩序的战略目标展开的,但其展开的方式有所不同。两者相互配合,但又不时发生矛盾。后者的强行推进,不断打乱前者的部署,造成外交的混乱。这是这一时期日本对华外交无法打开僵局的自身原因。同时,日本的"协和外交"和"武力外交"给中国以巨大威胁,也给英美等国在远东的地位和权益以严重威胁。因此,它必然要遭到中国的抵制和英美的牵制,其失败也就是注定的了。

本文原刊载于《历史研究》1998年第4期。

作者简介:

熊沛彪,1956年11月生,湖南长沙人。1988年考入南开大学,先后攻读日本史硕士、博士学位,就读博士生期间赴日本早稻田大学学习2年。1997年获南开大学历史学博士学位后留校,历任历史研究所、日本研究中心讲师、副教授,2002年2月调往湖南大学外国语学院任教授,2008年1月调入武汉大学历史学院任教授。研究方向为中日关系史和日本外交史。单独、合作出版《近现代日本霸权战略》等11部,另有学术论文40余篇发表于《历史研究》、《世界历史》、《军事史学》(日)、《中日文化论丛》(中国台湾)等刊物。

试论日本自民党政权

王振锁

20世纪是人类社会急剧变化的时代。20世纪的日本尤其发生了翻天覆地的变化。20世纪前半叶,日本完成了资本主义工业化,随后发动对外侵略战争;20世纪后半叶,完成了经济复兴和经济大国的任务,并开始向着政治大国的目标迈进。

从经济上讲,战后日本吸取战前的教训,致力于发展经济,应该说基本上是成功的;在政治体制方面,日本作为亚洲唯一发达资本主义国家,也有其不同于欧美国家的特点。自民党政权的"一党优位体制"和"政官财一体化"是其中两个最突出的特点,本文拟就围绕自民党政权的这两个特点作一概括、简要地论述。

一、一党优位体制

回顾战后日本政治,自民党政权维持之长久,是一个显著特点。自从1955年保守党合并为自由民主党(略称"自民党")以来,自民党单独政权持续长达38年之久。此间,自民党历任总裁一直处于内阁首相地位。在资本主义国家,曾出现过诸如瑞典社会民主工人党(社民党)、意大利基督教民主党、西德基督教民主社会同盟和以色列工党等长期政权,但还都不能与日本自民党政权同日而语。所以,1955年以后的日本政治体制,可以说是少见的自民党一党优位体制。

战后日本的多数政党,追根溯源,大都发端于战前。从19世纪80年代初成立"自由党"以来,到1940年取消政党,确立法西斯体制的60年间,日本保守政党大体可以理出两条沿革脉络:

自由党(1881年)→立宪自由党(1890年)→宪政党(1898年)→立宪政友会(1900—1940年);

立宪改进党(1882年)→进步党(1896年)→宪政本党(1898年)→立宪国民党(1910年)→立宪同志会(1913年)→宪政会(1916年)→立宪民政党(1927—

1940年）。

1940年以后，日本在发动对外侵略战争的同时，对内逐步建立起法西斯统治体制。一切政党被取缔，先后建立起大政翼赞会、翼赞议员联盟、翼赞政治会和大日本政治会等，这一法西斯独裁体制一直维持到日本战败。

1945年8月日本投降后，美国占领当局迅速取缔了147个法西斯军国主义团体，推行了一系列政治改革，主要有：新宪法的制定，思想、言论、结社自由，妇女参政权，"家"制度的解体，地方自治，教育改革，劳动改革等。这些改革都与政治制度民主化密切相关，从而为政党的恢复、重建和产生以及现代政党制度的形成提供了有利的前提条件。在很短时间内，代表各阶级、各阶层或集团利益的政党应运而生。20世纪40年代末至20世纪50年代初，包括"一人一党"在内，成立了360多个政党，可谓"乱党林立"时代。其中主要的保守政党有日本自由党、日本进步党和日本协同党；主要的"革新政党"有日本社会党和日本共产党。

日本政党经过多次分化组合和大约10年的调整、摸索之后，大多逐步合并、统一。源于战前立宪政友会的日本自由党几经分化组合后形成"自由党"，源于战前立宪改进党的日本进步党几经改名后最后定名为"日本民主党"，日本协同党则经过分化组合后分流加入日本社会党和日本民主党。到1955年末，分裂长达4年之久的社会党正式宣告统一。在社会党这一举动的促使下，自由党和日本民主党正式合并为自由民主党（自民党）。

自民党在《建党宣言》中称："排除以暴力和破坏、革命和独裁为政治手段的一切势力和思想，把个人自由和人格尊严作为社会秩序的基本条件。"在《党的性质》中规定，自民党是"国民政党、和平政党、真正的民主政党、议会政党、进步政党、谋求实现福利国家的政党"。[1]

自民党的建立，标志着战后日本第一次多党化局面基本结束和新的政治格局——"五五年体制"的形成。"五五年体制"一般是指由自民党和社会党构成的"准两大政党制"。所谓"准"，就不是真正的两大政党制，而是在势力对比上由一个自民党和二分之一个社会党构成的"一又二分之一大政党制"，[2]本质上其实是自民党的"一党优位体制"。

---

① 正村公宏：《战后史》（下卷），筑摩书房，1985年，第28页。
② 村上泰亮：《新中间大众时代》，中央公论社，1984年，第160页。

在资本主义国家,长时期在得票和议席方面超过其他政党,占据优势地位的大党称作"优越政党",特定政党在单独或联合政权中,作为核心执政党长期执掌权柄的体制叫作"一党优位体制"。①因此,1955年以后日本的政治体制是典型的"一党优位体制"。

所谓政党,"就是以获取政治权力为目的而组成的自发性团体,是提出纲领和政策之后开展持续活动的政治集团"。②政党在获取权力这一点上,有别于其他政治、社会团体,在自主、自发地组成这一点上有别于行政组织,而在为实现其长期目标而持续开展活动这一点上又有别于临时性竞选团体。成立政党的目的之一是在议会中占据席位,只有占据席位之后,政党才能达到开展政治活动和获取政治权力的目的。

20世纪60年代以后,日本进入经济高速增长时代,保革双方在政治和意识形态方面的对峙,随着国内外形势的变化而逐渐变化,"准两大政党制"的形态也有所褪色。20世纪60年代可以说是自民党长期政权的黄金时代,作为自民党保守主流派的池田勇人和佐藤荣作执政长达12年之久,20世纪60年代末,日本成为仅次于美国的世界第二经济大国。这一时期,日本具备以下四个特点:1.日本在全民范围内开始摆脱贫困,2.日本的国际地位显著提高,3.日本在历史上首次实现了自由竞争经济,4.经济价值超过了政治和社会、文化价值。③

20世纪60年代,日本在野党出现多党化现象,先后成立"民主社会党"(民社党)、公明党,日本共产党也有了较大发展。由于在野党的分散化,加之随着经济的高速增长和国民的"高学历化",国民中普遍滋长了"中流意识"和"受益者意识",出现了庞大的"新中间大众"阶层,从而自民党政权更加稳固,将自己置于"天下第一党"的地位,而以社会党为首的各在野党只能在反安保和护宪等斗争中发挥一定的制约作用。

20世纪60年代中期以后,日本国内政治由"一党优位下的多党制"取代了"一又二分一政党制",自民党政府通过加强日美安保体制和依靠日益雄厚的经济基础,将各种大小利益集团置于自己的控制之下,这是得以维持其政权的

---

① 佐藤诚三郎、松崎哲久:《自民党政权》,中央公论社,1986年,第9页。
② 五十岚仁:《现代政治概说》,法律文化社,1993年,第335页。
③ 富永健一:《日本的现代化与社会变动》,讲坛社学术文库,1990年,第228页。

重要原因。

但是,这并不意味着自民党政权坚如磐石,事实上,自20世纪60年代以后,自民党的得票率不但没有上升,反而有所下降。这是因为:第一,原来自民党的"票田"在农村,随着经济高速增长,农村人口大批流入城市,同时,农村地区也迅速呈现工业化和城市化倾向,农村这一"面目全非"的变化,动摇了自民党的根基;第二,经济高速增长带来的严重公害引起生活环境恶化以及通货膨胀,招致下层劳动人民的广泛不满;第三,第一大在野党社会党的支持率虽然呈下降趋势,但由于多党化现象的出现,社会党失去的选民,并没有去支持自民党,他们或者转而支持其他在野党,或者成为"不支持任何政党"的选民;第四,20世纪60年代中期以后,自民党内连续出现的"金权政治"丑闻,也是自民党支持率下降的重要原因之一。

进入20世纪70年代,自民党陷入危机状态。这包括两方面的含义:第一,从内部来说,由于派阀抗争的激化而引起的"党内分裂";第二,从外部来说,由于议席数减少而形成的执政党和在野党的"伯仲"局面。

1972年,执政长达7年多的佐藤内阁开始出现"末期症状"。这主要表现为:日元升值后的物价上升,污染环境的公害问题,在中日复交问题上的无能为力,等等。佐藤内阁在支持率急剧下降的情况下于1972年6月表明辞意,自民党内围绕下届总裁人选问题展开激烈角逐。当时争夺总裁位置的有三木武夫、田中角荣、大平正芳、福田赳夫和中曾根康弘5人,即所谓"三角大福中"之争。其中福田和田中实力最大。1972年6月,自民党临时大会经过两轮投票表决,最后结果,田中以绝对优势当选为自民党总裁,并于7月7日组成田中内阁。

但是,田中角荣由于国内政策的失误和受"金权政治"的影响而很快身败名裂,内阁支持率由成立时的62%下降到16.7%,1974年末被迫辞职。田中内阁辞职后,自民党内派系斗争加剧,面临分裂的危险。为避免党内公开分裂,由椎名悦三郎副总裁"裁定"三木武夫为继任总裁。"廉洁的三木"决心对自民党的"金权政治"做"大手术",但是势单力薄的三木招致众怒,引来"全党共讨之"的"倒三木"运动,最后由福田赳夫取而代之。

从三木内阁成立到1980年7月铃木(善幸)内阁成立的5年半时间里,是自民党派阀之争最为频繁的一个时期,使自民党处在一种"要分裂又没有分裂,未分裂又可能分裂"的境地。① 此间,著名的派阀之争事件,除"倒三木"之外还有,1978 年总裁预选之争,1979 年总裁选举之后的"40 天抗争",1980 年通过"内阁不信任案"导致众议院解散等。

执政党与在野党的"伯仲",是自民党陷入危机的另一个原因。1974 年参议院选举结果,加进保守系无所属议员后,才比在野党多出 7 议席。1976 年12 月的众议院选举,只获得 249 议席,追认 12 人为自民党议员才勉强过半数(过半数为 256 议席)。造成这一局面的原因之一是在选举之前从自民党中分裂出一个"新自由俱乐部",拉走 18 名议员加入在野党阵营(1986 年新自由俱乐部宣布解散,回归自民党)。在 1979 年的众议院选举中,自民党也只得了248 议席,选举后拉进 11 名保守系无所属议员入党,才保住简单多数的地位。及至 1980 年 6 月的众参两院同时选举,自民党才以 284 席的稳定多数,结束了"伯仲"局面。②

20 世纪 80 年代以后,自民党总算从派阀之争和"扯皮"中摆脱出来,转移到通过"理智的利益分配"建立的派阀联合政治上来。中曾根内阁时期,可以说是自民党政权的第二个黄金时代。中曾根提出了有名的"战后政治总决算"的主张。所谓"战后政治总决算",一是在国内推行行政和财政等改革;二是向战后"禁区"挑战,即改变日本的"纯经济大国形象",增加防卫经费,修改宪法,实现在国际政治舞台上占有一席之地的"国际国家"的战略目标。中曾根的这些主张,不仅代表了上层统治阶级的利益,同时也迎合了日本国民中"大国意识"不断增长的倾向。因此,中曾根内阁的支持率一直比较高。

据日本广播协会 1983 年的舆论调查,认为"日本是一流国家"的人,由 1973年的 41% 上升到 1983 年的 57%;认为"日本民族比其他民族优秀"的人,由 1973年的 60% 上升到 1983 年的 71% 。96% 的人认为"生活在日本比生活在其他国家好"。日本国民的这种大国意识和优越感,使主张做政治大国的中曾根内阁一直维持了 50%~60% 的高支持率,这在战后历届内阁中是绝无仅有的。

在 1986 年的众参两院同时选举中,自民党在众议院的 512 个议席中获得300 个议席,加上追认的 4 席,达 304 席,是自民党建党以来的最高议席数。中曾根对这一胜利喜不自禁,称其为"八六年体制"。他认为,这次大选的胜利,

---

① 伊藤昌哉:《自民党战国史》,王泰平等译,世界知识出版社,1984 年,第 351 页。
② 米原谦等:《日本政治再探讨》,法律文化社,1994 年,第 26 页。

说明"战后政治总决算"路线得到了国民的广泛支持和理解。"八六年体制"业已取代了"五五年体制"。这二者的区别在于,"五五年体制"在成立当初设想是保守与革新的政权交替,而"八六年体制"可以说是从一开始就设想自民党作为优越政党长久统治下去。①

自民党1986年的胜利固然有一定的偶然因素,但从结构上讲可以看作是20世纪80年代以后日本社会"总保守化"的一个佐证。日本国民90%以上具有"中流意识",他们希望通过维持政治和社会现状,来保护已经达到的生活水平和既得权益(生活保守主义)。②自民党派阀之争也处于暂时休战状态,在中曾根政权的5年时间里,一方面维持着"田中、中曾根派核心体制",一方面存在着元老派和革新派的潜在对立,呈现为复杂的"举党态势",即所谓"总主流派体制"。

但是,好景不长,在1987年的地方统一选举中自民党因打算引进消费税而失败。1988年以后,自民党政权再次陷入"金权"丑闻的旋涡,先是竹下登内阁因"利库路特案件"而引咎辞职,1989年7月的参议院选举,自民党又遭空前大败,出现执政党和在野党逆转的局面,随后"超短命首相"宇野宗佑因"桃色新闻"和参议院选举失败而下台,海部俊树内阁取而代之。加之昭和天皇去世,平成天皇即位,可以说日本的"平成"之年不平静,是一个多事之秋。

进入20世纪90年代,日本"金权政治"再掀波澜,1992年1月,原北海道开发厅长官阿部文男因非法接受巨额政治资金而被捕。随后,"佐川事件"和"金丸案件"接连曝光,③尤其是自民党元老金丸信的被捕,给自民党以前所未有的冲击,也加剧了党内派阀斗争,预示着自民党单独政权的末日即将来临。

1992年5月,原自民党副干事长、熊本县知事细川护熙率先脱离自民党,成立日本新党,自任党首。12月18日,自民党竹下派正式分裂为羽田(孜)派和小渊(惠三)派。面对这一严重局面,自民党内派系斗争加剧。1993年5、6月间,自民党内成立的"实现政治改革年轻议员会"发起了"即使与在野党妥协也应在国会实现政治改革"的签名运动,自民党381名众参两院国会议员中,有219人

---

① 米原谦等:《日本政治再探讨》,法律文化社,1994年,第32页。
② 大学教育社编:《现代政治学事典》,智能出版社,1991年,第943页。
③ 佐川事件:东京佐川快递公司总经理渡边广康向政治要人的行贿事件;金丸案件:自民党副总裁金丸信非法接受"政治捐款"和偷税漏税的案件。

签了名。①1993年6月17日,日本共产党以外的各在野党联合提出对宫泽喜一内阁的不信任案,翌日,众议院以255票对220票通过了内阁不信任案。造成这一始料未及的结果,是因为羽田派的34名议员也伙同在野党一起投了赞成票,加之另有18名自民党众议员弃权和11名自民党众议员宣布退党。所以,"6·18政变"不仅意味着宫泽政权的寿终正寝,而且是自1955年形成"一党优位体制"以来从未出现过的严重局面。

内阁不信任案被通过之后,从自民党中先后分裂出"先驱新党"和"新生党"。1993年7月众议院大选之后,日本政坛格局基本上形成自民党、3个新党(日本新党、新生党和先驱新党)和社会党的"三足鼎立",实质上意味着"五五年体制"的瓦解。但是由于社会党在这次众议院大选中由原来的137席降至70席,而自民党加上3个新党的议席数达326席,这就意味着日本"总保守"势力大增,日本政治呈现"总保守化"倾向。

1993年7月22日,宫泽首相为承担自民党分裂和大选失败的责任而引咎辞职,资深政治家宫泽喜一在等待多年而仅执政1年9个月之后,就为长达38年的自民党单独政权划上一个并不圆满的句号,这不能不说是宫泽的一个"悲剧"。

宫泽内阁辞职后,各政党便为建立联合政权而展紧锣密鼓的活动。1993年8月6日,社会党党首土井多贺子被选为众议院议长。8月9日,以细川护熙为首相的七党一派联合内阁成立,这是38年来日本出现的第一个联合政权,也是执政38年之久的自民党第一次充当在野党的角色。它意味着"五五年体制"的终结。从此,日本政局进入错综复杂、变化莫测的多党化时代。不久,自民党又重新加入联合政权的行列,成为执政党的一员。1996年以后,自民党总裁又重新回到内阁首相的宝座,1996年11月以后,再次出现自民党单独政权。目前仍为日本第一大党。虽然自民党已今非昔比,但从目前的状况来看,日本尚没有一个政党能取代自民党,仍然可以说是自民党的"一党优位体制"。

二、政官财一体化

在日本,政界和官界是两个不同的概念。政界主要是指政党和国会活动领域,即从事政治活动的集团。官界是指以高级行政官僚为核心的官僚集团

---

① 田中浩:《战后日本政治史》,讲坛社,1996年,第364页。

（政府·内阁）。

政、官、财一体化，是战后日本政治体制的一个显著特点。据《读卖新闻》1985年舆论调查，在对日本政治产生影响力的因素中，认为政党和财界最具影响力的人，分别占被调查人数的30.7%和39.6%，认为内阁和官僚组织最具影响力的人，分别占被调查人数的26.6%和24.4%，认为国会最具影响力的人，占被调查人数的22.8%。[①]也就是说，认为财界最具影响力的人最多，占第1位，而宪法中规定为"国权最高机关"的国会只占第5位，财界、政党和内阁是主宰日本政治的主要力量。如果把内阁视为官僚组织的话，那么，在政治学上就可以表述为，日本政治的统治结构便是"政官财一体化"。

"政官财一体化"又被称作是"铁三角"关系。所谓"三角"，是指由以下三种关系构成的相互利益供求结构：在政和官之间，政治家作为内阁官厅的代言人展开活动，作为回报，在利益分配时得到内阁官厅的特殊关照；在官和财之间，行政部门利用行政权力维护财界的利益，向产业界提供补助金或低利贷款，财界或接受"下凡"官员来企业任职，或赞助官方难以负担的资金；在财界和政治家之间，政治家保护财界的权益，财界则向政治家提供政治资金和选票。[②]

"政官财一体化"的统治结构，大体可以归纳为以下几个方面。

第一，政界、官界、财界的首脑人物，基本上属于同质集团。形成这一局面的主要原因是，战后几十年来，自民党一直处于执政党的地位，这一优越的政治地位，使它有可能网络一批优秀人才；同样，自民党政权下的官僚集团和企业集团，在根本利益上都是一致的，在人事关系上自然也保持着密切的关系。财界团体作为压力团体，为了实现自己的利益要求，主要通过政治捐款和选票对决策过程施加影响。但是，要使金钱流入最有效益的去处，还必须靠密切的人际关系来疏通。在财界看来，良好的人际关系不仅能发挥金钱的正常效益，而且还会使金钱的价值得到增殖，即使提供资金不带有特定目的，其"积累效应"也会使自己的利益随时随地得到实现。这便是财界肯为政界慷慨解囊的原因所在。

在日本，个人联系是财界影响政治过程的最大优势，也是政、官、财一体化

---

① 米原谦等：《日本政治再探讨》，法律文化社，1994年，第4页。

② 田中直毅：《日本政治的构想》，日本经济新闻社，1994年，第93、94页。

的重要联系渠道。但与美国等西方国家不同的是,出身地区和宗教信仰并不是形成同质集团的主要社会基础,父母的职业和社会地位虽然起一定作用,但也不是决定的因素。在日本,至关重要的因素是"同窗关系",同一学校的学生生涯使相互之间的关系密切化,这种关系在走上社会后就成为相互影响的重要力量。

据统计,在395名自民党国会议员中,出身东京大学的有206名,占议员总数的52%,在银行、商社和大公司任职251名总经理、董事长中,有109名毕业于东京大学,占被调查人数的43.5% 。又据对内阁8个省厅的调查,在251名处长以上(包括次官和局长)的高级官僚中,东京大学出身者占83.6%(1977年)。①

财界头面人物与政治家的个人联系是显而易见的。日本历届内阁首相都有财界头面人物参加的"私人团体"。如佐藤荣作的"长荣会"、池田勇人的"末广会"、田中角荣的"维新会"、福田赳夫的"一火会"和"清谈会"、三木武夫的"庸山会"和"三睦会"、大平正芳的"十二日会"和"贺屋会"以及铃木善幸的"春幸会"和"十一日会"。这些"私人团体"大多是由首相在企业界的至朋好友组成的,他们很容易左右首相的言行。

第二,官僚的从政和"下凡"。

日本的官僚制度及现行公务员制度,在职务升迁和退休等方面都有严格的规定。政府官员和职员人数,由专门法律明确限定,不得任意超过。例如内阁的各省厅,一般只设大臣或长官一人,政务次官和事务次官各一人。政务次官和大臣同进退,调换频繁,因此,事务次官是官僚阶层的最高职衔。在这个金字塔型的官僚体制下,能升入这一最高阶层的人是极少数。而且,依照惯例,在同一年进入某省厅的人中,一旦其中一人晋升为事务次官,其他人则全部退休,据说这是为了便于领导。因为昨天还是同一级别,今天突然成了自己的领导,这样容易出现矛盾和摩擦。

日本官僚的晋升速度,正常情况是,24岁被录用,28岁左右任股长(科长),42岁左右升处长,50岁左右当局长。但是,由于晋升名额限制,一般在当处长前后不少人便提前退休,另谋出路。日本官僚的出路有两条,一是从政当国会议员,二是"下凡"到民间企业、银行或公社、公团就职。日本官僚退休一般在55岁至60岁之间,晋升无望的高级公务员有的在四十一二岁时就开始退职,所

---

① 升味准之辅:《现代政治》(下卷),东京大学出版会,1987年,第413页。

以都要重新就职。换句话说,官员退职,也就是第二次择业就职的开始。

官僚从政是第二次就职的重要途径之一。据统计,自民党的国会议员中,20%以上是官僚出身。1989年,自民党297名议员,67人出身于中央官僚(占22%),96人(占32%)出身于地方议员(包括知事、市长等少数地方自治体首长),而官僚出身的议员,又约有半数左右能胜任内阁大臣一级的重要职位。①1976年1月改组的内阁中,19名阁僚中的9名是官僚出身。战后曾任内阁首相的佐藤荣作、岸信介、池田勇人、福田赳夫、大平正芳、中曾根康弘等人,当议员和大臣以前,都曾在内阁任过要职。

官僚从政的主要原因是,日本官僚制的顶峰是中央省厅的事务次官,这对有政治野心的人来说是不满足的。要想当大臣乃至首相,必须辞官从政,首先竞选国会议员,因为只有具备国会议员身份才有资格当内阁大臣。这是其一。其二,官僚出马竞选有有利条件,因为在中央省厅任职多年,有一定的地位和权力,一旦出马竞选,原来任职的官僚机构会利用其权力全力以赴动员本系统的人为其拉选票。

在日本,如在选举中取胜,必须有地盘、金钱和地位。这三个条件在日语中称作"三盘"。官僚本身有地盘和地位,加上自民党和财界给予金钱上的支持,所以当选的可能性最大。当然,官僚出身的政治家,在经验、能力和掌握情况等方面,都比"党人政治家"或其他行业出身的人高出一筹,这也是官僚从政的有利因素。

在日本,所谓官僚从政,实际是官僚退职后加入自民党,然后进入党政权力中枢。其理由是显而易见的,官僚和自民党本来就属于同质集团。辞官从政的目的,无非是想登上一个新的台阶,而这,只有加入执政的自民党才能做到。1970年的众议员中,300名自民党议员,有76名是官僚出身,而90名社会党议员和32名民社党议员中,称得上是官僚出身者,分别只有4人和3人。参议员的情况亦如此,自民党137名议员中,官僚出身者48人,占1/3,而74名社会党议员中,只有2人是官僚出身。在1958—1976年间,中央官僚(处长以上)出身的议员,占众议院总议席的12%~15%,其中90%属于自民党,参议院的情况也大体如此。②这一情况清楚地说明自民党与官僚的"一体化"关系,既表明

---

① 内田健三:《战后日本的保守政治》,岩波书店,1989年,第161页。

② 升味准之辅:《现代政治》(下卷),东京大学出版会,1987年,第327页。

自民党的"官僚化",也意味着官僚制在机构的延长线上包容了自民党,在自民党内确立了官僚派优于"党人派"的地位。

"下凡"是高级官僚重新就职的重要途径,也是"官""财"一体化的主要体现形态之一。《国家公务员法》规定,"国家公务员离职后二年内,不得在其离职前五年内一直有密切关系的盈利企业内任职"。这一规定虽然意在限制官僚离职后仍利用旧关系到企业去谋私利,但实际上并非全面禁止官僚到盈利企业去就职。每年仍有大批高级官僚"下凡"到企业、银行等单位。例如,1975年,中央各省厅"下凡"到企业界的人就有176人,其中仅大藏省就47人。①甚至防卫厅的军官集团也大批"下凡"到军工产业部门。

高级官僚的另一个"下凡"渠道,是到公社、公团等特殊法人那里任职。日本的"公社",系指专卖、电信电话和国有铁路的国营公司和地方、民间、财团投资的公用事业公司。公团,即政府经营的特种公用事业组织,如住宅公团、道路公团等。据1969年总理府调查,在公社、公团等特殊法人任总裁、副总裁、理事长、总经理、董事等高级职务的721人中,有363人原来是高级官僚,占53%。这些人不但拥有很大的实权,而且待遇优厚。职务变化时还可以得到一笔退职金,为此,有些人经常变换单位和职务,世人戏称其为"公团候鸟"。

第三,政官财一体化在立法过程中的体现。

如前所述,官僚集团在立法过程中起着主导作用。但作为立法程序,众参两院分别设有与内阁各省厅对口的常设委员会,众议院有18个,参议院有16个,负责审查有关的议案,另外,还设有特别委员会,以审议特殊案件或不属常设委员会管辖范围的特定案件。

自民党的政务调查会内,也设有与国会常任委员会相类似的、与内阁有关省厅对口的"部会",例如与文部省对口的文教部会,与厚生省对口的社会部会等。这些部会与内阁有关省厅保持密切关系,参与立法的审议。一般来说,自民党与中央省厅的立场是一致的。但由于自民党受派阀利害的影响,在决策形成和实施过程中往往出现分歧甚至相互对抗的局面,而官僚集团相对稳定,熟悉业务,较能掌握政策的一贯性。所以即使党派斗争激化、政局动荡不安,甚至出现"政治空白"的形势下,只要官僚集团照章办事,保证国家行政机器的正常运转,社会就不至于出现混乱状态。日本就是由这些标榜着"中立"色彩

---

① 国民政治年鉴编辑委员会编:《国民政治年鉴》,1977年,第345页。

的官僚集团来稳固资产阶级政权的。

另外,在立法过程中,财界作为操纵政局的幕后人,其作用也是不可低估的。如前所述,财界的政策研究机构与政府有关官厅之间的对话和财界派代表参加政府的各种政策咨询机构是财界对决策过程施加影响的主要渠道。例如"经团联"和"产研"设立的许多"常设委员会"和调查部,与政府有关省厅和自民党政务调查会的专门部会联系密切,通常是通过省厅的局长或处长应邀到这些政策研究机构参加恳谈会,对政府的立案加以说明,以取得财界的认可和支持。另外,财界首脑还可以自由出入政府,与政府官员进行例行的和经常的讨论。当然,财界派代表参加政府的各种审议会也是直接参与决策过程的重要手段。

尤其应该指出的是,财界与政界、官界的一体化关系还有更深一层的含义。据统计,在日本的立法中,有80%以上是经济领域的。这些法令大多出自高级官僚之手,财界需要通过这些高级官僚实现自己的利益要求,而官僚们一方面在制定政策时,需要得到掌握丰富信息资料的财界的协助,另一方面在政策实施过程中,更需要财界的密切配合。特别是当官僚们升迁无望,需要另谋职业时,财界可以为他们提供报酬丰厚的工作岗位。对财界来说,他为政治家提供资金和选票,为"下凡"官僚提供工作岗位,其目的都是希望二者能为满足财界的要求出力。所以政、官、财一体化的真正原因是三者之间的利益交换。通过相互利用,达到各自的目的,这便是政、官、财一体化的实质。

三、结 论

综上所述,可以得出如下几点结论:

纵观自民党长期政权的历史,大体经历了"形成""成长""危机""再建"四个时期。几十年来,自民党政权虽然历经一波三折,有时甚至到"山穷水尽疑无路"的地步,但是,"一党优位体制"的地位基本上还是保住了,究其原因,"政官财一体化"是其中一个重要因素。由于政官财三位一体的结果,自民党在人的资源、利益诱导和政治资金(权钱交易)、获取信息的手段等方面都占有很大优势。

另外,形成自民党长期政权的几个因素还有:第一,派阀的作用。对自民党来说,派阀可以说功过参半,派阀抗争固然形成了自民党的"内耗",甚至导致分裂,但派阀之争带来的"内部活力"也为自民党长期政权做出了贡献,通过党内派阀的对立与协调,或形成"拟似政权交替",或起到"政权钟摆效应",党内不同派阀之间的政权交替取代了两大政党之间的轮流执政,在自民党的历史上不乏此类实例。第二,随着日本国民"中流意识"的增长,"求稳怕乱"的思想越来越占主导地位,大多数国民虽然对自民党不满,但也不愿承担"改朝换代"带来的风险和不安。第三,在野党势力的相对薄弱。自"五五年体制"形成以来,在野党不断分化组合,即使是第一大在野党社会党,也始终不具备与自民党分庭抗礼的实力,造成这一局面,既有在野党自身的原因,也有自民党政策灵活性的因素。例如,作为保守政权的自民党,在社会保障、农业补助和中小企业援助等方面,采纳了一些革新政党提出的政策。这样一来,自民党达到一箭双雕的目的:既缓和了与在野党的关系,又淡化了在野党的存在,拒在野党于政权大门之外。

本文原刊载于《世界历史》2000年第2期。

作者简介:

王振锁,1941年生于河北省深州市(原深县),1966年毕业于北京大学东语系。南开大学日本研究院教授,博士生导师,曾任南开大学历史研究所日本史研究室主任,南开大学日本研究中心秘书长,中国日本史学会常务理事,中华日本学会理事。日本立命馆大学、立教大学、早稻田大学客座研究员。主要研究方向:日本近现代政治史,战后日本史,日本农业政策等。主要著作:《日本战后五十年》(世界知识出版社)、《战后日本政党政治》(人民出版社)、《日本现代政治史论》(江苏人民出版社)、《自民党的兴衰》(天津人民出版社)、《日本农业现代化的途径》(天津社科院出版社)。合著:《日本史》(南开大学出版社)、《日本近现代政治史》(世界知识出版社)、《近代以来日本的中国观》(江苏人民出版社)、《日本政治民主化进程研究》(上海三联书店)等。发表论文数十篇,主编和译著多部。

战后日本的行政改革与首相权限的强化

王 蕾

自1952年重获主权至今,日本进行过三次大规模的行政改革,分别发生在20世纪60年代、80年代和90年代至21世纪初。前两次改革分别以第一和第二次临时行政调查会为先导,发生在池田内阁和中曾根内阁时期,第三次改革则主要在桥本内阁展开。综观历次改革,尽管中心与重点各有不同,但每一次都不免涉及强化内阁或首相权限的问题。尤其20世纪80年代以来的两次改革,更以强化首相权限及其支持机制,为改革核心。同时,改革的结果也使得战后日本的行政体制呈现出首相领导权与首相官邸日益强化的总体趋势。本文欲梳理战后日本历次行政改革中强化首相权限的相关情况,并结合战前和战后日本政治体制的特点,来谈一谈对这个问题的理解。

一、"第一临调"与强化首相权限问题的提出

战后日本政府将"行政改革"提上议事日程是从1962年池田(勇人)内阁时期设置第一次临时行政调查会(简称"第一临调",1962年2月—1964年9月)开始的。针对日本经济进入高速增长后产生的行政问题,以及新的行政管理需要,"第一临调"的答申报告提出了多项改革建议,包括:强化内阁的机能、改革中央省厅、改革共管事务、分配行政事务、整顿行政许可事务、撤并行政机构、改革公司公团等、改革首都行政、区域广泛的行政改革、青少年行政改革、消费者行政改革、科学技术行政改革、预算·会计改革、确保行政程序公正、公务员改革等。① 尽管"第一临调"的建议中没有直接提到强化首相权限,但是,却将"强化内阁机能"问题作为第一项改革建议提出,同时,还将"加强必要的综合

---

① 增岛俊之:《日本行政改革的理论与实践》,熊达云等译,天津社会科学院出版社,2005年,第7~10页。

调整及其功能",当作是行政改革六大重点之首。①在日本的行政体制中,由于宪法规定首相为内阁之首,有组阁和任免阁僚的权力;中央行政以省厅制展开,并以内阁协调。因此,强化内阁机能和加强综合调整机能,均与首相权限强化有密切的关联。

"第一临调"的报告中还提出了"强化内阁机能"的具体措施,包括设置专门的内阁府,在内阁设立预算局以确立内阁在预算编制中的主导权以及设置总务厅等,并建议内阁府由内阁官房、法制局、经济企划厅、科学技术厅与新设的总务厅与综合开发厅构成,"通过内阁府有效推进综合调整,以保持行政的统一性"。同时,在"改革中央省厅"的建议项中还提出,应排除立法部门(国会)的制约,广泛承认行政部门对内部组织的编成自主。

"第一临调"推动了战后日本首次大规模的行政改革,其答申报告所提出的各项建议,也成为此后历次行政改革的指导方针,被誉为"行政改革的圣经"。②尽管在这一轮的改革报告中有关强化内阁权限和综合调整机能的建议并未实施,但是,对相关问题的强调,却显示出日本政府对强化内阁与首相权能问题的强烈关心,以及对这个问题全面整体的考虑。

二、"中曾根行革"与首相支持机制的强化

尽管"第一临调"在20世纪60年代就提出了强化内阁权限的行政改革建议,但是,直到20世纪80年代的中曾根(康弘)内阁,才将强化首相权限的举措正式纳入行政改革之中。

20世纪80年代中曾根内阁行政改革的前奏是1981年铃木(善幸)内阁设立的第二次临时行政调查会(简称"第二临调")。由于设立"第二临调"的建议是由时任行政管理厅长官的中曾根康弘提出,具体工作也由其直接领导,因此,在其1982年11月出任首相后,"第二临调"的各项政策建议,也成为"中曾根行革"的直接指导方针。

与"第一临调"相比,"第二临调"的特点是将"应对变化"和"确保综合性"作为行政改革的基本目标。在强化首相权限的相关问题上,"第二临调"继承

---

① "第一临调"报告建议改革的重点为:加强必要的综合调整及其功能;彻底实现行政的民主化;抑制行政的过渡膨胀与消除行政事务偏重中央的现象;推进行政过程中的合理化和提高其效能;根据新的行政需要制定政策;提高公务员的热情。

② 阿部齐等:《概说 现代日本的政治》,东京大学出版会,1997年,第93页。

了"第一临调"报告所提出的强化内阁机能和加强综合调整机能的课题,除提出强化内阁综合管理和综合企划功能的综合性建议外,还提出了充实内阁与首相辅佐机制的具体措施。"第二临调"建议在总理府设置综合管理厅(暂定名称),一元化管理行政机关的人事·组织·定员;充实各省层面综合调整功能,以便同内阁层面的综合调整相互补充,综合调整的方法包括通过预算调整、计划调整、人事组织调整等。①在"第二临调"《有关行政改革第三次答申》(1982年7月)中还专门提出,为保持行政的整合性、系统性,有必要强化内阁与首相的领导,并为此充实辅佐·助言机能;充实具体辅佐机构的具体方策,包括改革官房副长官与总理大臣秘书官定员固定的现行制度,使其灵活机动,并广求人才,推进处理机制的灵活性。同时,为谋求兼跨数省厅政策课题的迅速处理,"第二临调"还建议设置无任所大臣,活用关系阁僚会议等。②

以"第二临调"报告为基础,中曾根内阁展开了新一轮的行政改革。③在强化首相和内阁权限问题上,"中曾行革"主要从以下方面展开。

(一)提高内阁对行政组织内部编成自主权

对是否应当广泛承认行政部门对内部组织编成自主的问题,日本在1948年制定《国家行政组织法》时便有很大争议。分歧主要是应确定哪一级国家行政组织的设置为法律事项,哪一级为政令事项。考虑到民主监管,当时决定省厅内官房、局与部的设置、改废及其所掌事务的范围,都必须由各省厅设置法即由法律规定,换言之,各省厅变更官房、局、部的设置时,必须修改设置法,并将设置法改正案送交国会审议。对此,20世纪60年代"第一临调"以行政部门

---

① "第二临调"在铃木内阁时期提出过三份答申报告,主要内容是不增税下健全政府财政以及行政合理化,许认可制度的整理、"三公社"民营化,国土厅、北海道开发厅、冲绳开发厅合并,调整直接税与间接税比例等。中曾根内阁成立后,"第二临调"又于1983年2月和3月提出两份答申报告,内容是建议设置行政改革委员会,和减少政府开支、对政府补助金、特殊法人及各省厅地方下属机构进行整顿等。由于1973年第一次石油危机以后,为了解决通货膨胀与失业问题,政府发行大量赤字公债,使政府陷入财政危机,因此,"第二临调"的建议有浓厚的应对政府财政危机的色彩。

② 山口二郎:《行政学丛书·6·内阁制度》,东京大学出版会,2007年,第160页。

③ 在中曾根在任的5年期间(1982年11月—1987年11月),一方面以英国撒切尔夫人的"小政府"理论为指导理念,进行了"三公社"(指日本国有铁道、日本电信电话公社和日本专门公社)的民营化改革;另一方面,则在内阁官房长官后藤田正晴的支持下,着手强化内阁权能和首相支持机制,充实官邸。

的反对为由,在答申报告中建议应承认行政部门对行政组织编成更大的自主权,将省厅内官房与局等内部部局的设置改由政令规定。此后,从佐藤(荣作)内阁到田中(角荣)内阁,政府在1971、1972、1973连续三年均向国会提出相关议案,但均未能进入实质审议便因在野党反对成为废案。在野党反对的理由是,该项改正会"侵害立法权,削弱(立法)对行政的民主监督机能"。①

中曾根内阁基于1982年7月的"第二临调"第三次答申的建议,②于1983年11月再次向国会提出包含了上述内容的国家行政组织法改正案。此次,在内阁与执政党的强力运作下,该法案于同年12月在国会获得通过而生效,使战后长期有关行政组织编成争议的悬案画上了休止符。根据改正后的《国家行政组织法》,过去作为法律事项的官房·局·部等的新设与改废,变为政令事项,省厅等行政组织对自身内部组织编成的自主扩大了。③以此为契机,以运输、邮政二省为首,包括农水、厚生、文部、外务、建设、劳动等省在内的中央各省都对其内部组织进行了重新整编。

(二)设立总务厅

1984年7月,中曾根内阁根据"第二临调"第三次答申有关设置"综合管理厅"的建议,以及1983年7月自民党行财政调查会会长桥本龙太郎关于设置总务厅建议的"桥本试案",撤销了行政管理厅,将其原有机构与总理府本府的人事局、恩给局、统计局等机构合并,组成了总务厅。新的总务厅除继承了行政管理厅监督各行政机关业务工作的基本职能外,④还通过每年度接受各省厅提出的机构·定员改正要求,让下属的行政管理局审查,对行政机构进行管理统

---

① 西尾胜、村松岐夫:《讲座行政学·4·政策与管理》,有斐阁,1995年,第10~12页。

② 临时行政调查会《有关行政改革第三次答申》2章5"行政组织的自律机能的强化(1)基本的考虑"。

③ 此次《国家行政组织法》修改后,官房·局·部的编成成为政令事项,但省厅自身的权限及所掌事务仍然是法律事项,且防卫厅内辅佐长官的内部组织及所掌事务也是法律事项。同时,为了抑制行政机构的膨胀,还将府·省·大臣厅的官房与局设置的法定最高限度数规定为128个(即法律改正当时的总数),作为总量抑制的手段,并且内部组织的改废也必须向国会报告。

④ 行政管理厅设立于1948年7月1日,权限包括:研究、制定一般行政的基本制度;综合调整各行政机关的机构、人员定员及建立必要的管理制度;审查和决定是否新设或撤销某一行政机关,并决定是否增减某一行政机关的工作人员;研究有关统计和统计制度的完善并促使提高工作效率;监督各行政机关业务,并对接受某些国家机关委托事务的公共团体业务实施情况进行监督等(《行政管理厅设置法》(1948年7月1日))。

制。由于总务厅的机构·定员的审查,与政府每年度的财政预算编成联动,并与大藏省的预算编成同期进行,其设立在一定程度上实现了对行政机构组织·定员·人事的一元化管理的目标,强化了内阁和首相对行政机构的综合管理。

(三)设立安全保障会议

1985年7月,临时行政改革推进审议会①向内阁提出了"综合调整机能的充实方策"的建议,包括:为应对经济摩擦等跨各省厅的对外问题,应谋求强化内阁官房机能;为应对紧急事态的发生,应当改组国防会议设置安全保障会议。据此,1986年1月,中曾根内阁向第104届国会提案上程了《安全保障会议设置法》。

相对于原有的国防会议,②安全保障会议在以下三方面有了重要的变化:一是作为内阁总理大臣应该咨询的事项,在"国防相关重要事项"之外,加上了"与重大紧急事态应对相关的重要事项";二是内阁官房长官与国家公安委员会委员长成为会议的正式议员;③三是事务局自总理府移到内阁官房等。④1986年7月1日,安全保障会议正式设立。该机制的设立,强化了军备的管理动员同国家内政、外交事务的关联,也强化了内阁对国家安全保障政策的决策与综合管理机制。

---

① "第二临调"在1983年3月解散后,作为其后续机构,从1983年7月至1993年10月,日本政府又设置了三次、每次为3年期的临时行政改革推进审议会(简称"行革审")。

② 国防会议设置于1954年日本创建自卫队之时。当时是根据《防卫厅设置法》,作为内阁就与国防相关重要事项的审议机关。《防卫厅设置法》规定,内阁总理大臣必须就:国防的基本方针;防卫计划的大纲;防卫计划关联产业等的调整计划的大纲;防卫出动的可否;其他内阁总理大臣认为必要的与国防相关的重要事项等,向国防会议咨询。国防会议的议长为内阁总理大臣,议员包括副总理、外务大臣、大藏大臣、防卫厅长官、以及经济企划厅长官等国家要员。根据1956年通过的"国防会议的构成等相关法律",1957年又设置了作为总理府的附属机关的国防会议事务局。国防会议建立后所做出的重要决定包括"国防的基本方针"(1957年)以及各次防卫力整备计划、"防卫计划的大纲"、"中期防卫力整备计划"等(防卫计划自1958年开始,大约5年制定一次)。

③ 安全保障会议以内阁总理大臣为议长,由外务大臣、大藏大臣、内阁官房长官、国家公安委员会委员长、防卫厅长官、经济企划厅长官等构成,必要时相关大臣、自卫队统合幕僚会议议长亦将出席。

④ 国防会议时期,在议长认为必要时,可以在国防会议的通常会议之外随时召开国防会议成员的座谈会,讨论有关国防问题。同时,国防会议在讨论议案时,如果认为必要可以召开有关各省的事务次官、官房副长官、国防会议事务局长组成的干事会,以调整各省厅的意见,协助国防会议成员展开工作。安全保障会议延续了这些惯例。

(四)改革内阁官房体制

在谋求安全保障会议设置法成立的同时,作为强化首相权限的直接举措,中曾根内阁通过改正内阁官房组织令(政令),对内阁官房体制和内阁危机管理体制进行了改革。

此前,日本的内阁官房是由内阁审议室、内阁调查室、内阁广报室以及内阁参事官室等四室构成。[①]除负责整理阁议事项和其他内阁庶务的参事官室之外,核心是负责就与阁议相关重要事项及行政各部门统一保持进行综合调整的审议室,负责收集调查重要情报的调查室和负责统一政府各部广报宣传的广报室等三室,因此,一般称之为"三室体制"。1986年7月,在内阁官房长官后藤田正晴的支持下,中曾根将内阁审议室分成了内政、外政和安全保障审议室等三室,并将其原有的综合调整功能分割开来,与内政相关事项划归内政,与对外关系相关事项划归外政,与国家安全保障相关事项则由安全保障审议室分管,[②]将原有的"三室体制"改革为"五室体制"。为使各室能够直接就各自政策课题支持首相决策,各室均配备局长级室长,并大幅充实、强化了人员配置。同时,为强化内阁对情报的综合管理,还将内阁调查室改名为内阁情报调查室,并以情报调查室为中心,建立了汇集外务省、警察厅、防卫厅等各部门情报收集机关的"联合情报会议"(日语为"合同情报会议")机制。各省在这一时期的内部改革也与此联动、呼应。如外务省就将情报部门独立出来,设立了专门的情报调查局。

改革内阁官房体制的目的,是通过强化内阁的支持机制,强化内阁和内阁总理大臣的综合调整、综合管理以及决策能力。为此,中曾根还提高了首相秘书官的地位。过去各省厅(外务、大藏、通产、防卫)送至官邸的,都是课长级的秘书官,为了让官邸对各省厅的指挥监督更为有效,中曾根决定选用各省即将成为局长、且可能成为事务次官的官僚来担任首相秘书官。此外,中曾根还想引入"内阁参与制",在首相周边安置有识者与智者充当"参与",以充实官邸,发挥智囊建议作用,但这一设想未能实现。[③]

---

① 内阁审议室、参事官室、调查室设立于1957年岸(信介)内阁时期,广报室设立于1973年的田中(角荣)内阁时期。

② 安全保障室的前身是原国防会议事务局。

③ 信田智人:《官邸外交——政治领导权的方向》(以下称《官邸外交》),朝日新闻社,2004年,第132~133页。

总体上，中曾根内阁从提高内阁对行政组织编成的自主，强化内阁对行政机构及内政、外交、安全事务的综合管理，以及强化内阁和首相支持机制等方面入手，强化了内阁权限，也在制度上整备了首相发挥行政综合调整机能的基础。不过，尽管"中曾根行革"在强化首相和内阁权限上迈出了一大步，但是，在作为改革者的中曾根康弘心目中，内阁和首相都应更加强有力，并期待实现"总统型首相"。为此，中曾根甚至提倡"首相公选"，以使首相的权力基础直接诉诸主权者国民。当时，新藤宗幸曾将"中曾根行革"建立的首相辅佐机制，称之为"首相的官僚制"，并预言内阁统制会朝向高度集权方向转变。①

三、"桥本行革"、新世纪中央省厅重编与首相领导权的强化

20世纪90年代的"桥本行革"将"中曾根行革"展开的强化首相权能的改革又大大推进了一步。

正如20世纪60年代、80年代的改革分别起始于"第一临调"和"第二临调"，20世纪90年代的改革也以第二次桥本龙太郎内阁于1996年11月设立的行政改革会议（简称"行革会议"）为先导。②1997年12月，"行革会议"最终报告提出，为构筑日本在21世纪的国家形态，行政改革应包括强化内阁机能、重编中央省厅以及缩减行政机能与行政的透明等内容，即：为确立政治的领导权，实现战略性、综合性，强化内阁机能；为在战略上着眼于未来，实现新省厅的编成与省厅数的减半；以对邮政三事业的改革与独立行政法人的创设作为行政减量和提高行政效率改革的支柱。③基于此报告，1998年桥本内阁迅速决定了以推进向面向21世纪国家新体制转变的"行政改革计划"，着手展开了大规模

---

① 新藤宗幸：《行政改革与现代政治》，岩波书店，1986年，第103~104页。

② 行政改革会议（1996年11月—1997年12月）由桥本龙太郎首相自任会长，成员包括：总务厅长官武藤嘉文、首相辅佐官水野清、经团联会长丰田章一郎、日本劳动组合联合会长芦田甚之助、东京大学名誉教授有马朗人、上智大学教授猪口邦子等财界学界的有识者。由于行政改革的对象包括省厅官僚制本身，因此会议排除了所谓官僚和官僚出身者的参与。"行革会议"在1997年9月提出中间报告，12月提出最终报告。

③ 中央省厅改革研究会编集：《中央省厅再编》，行政出版社，2001年，第390~392页。

行政改革。①

在"桥本行革"所展开的上述三方面改革中,吸引眼球的最大亮点是号称"省厅减半"的中央省厅重编。重编的重点在于:将总理府、冲绳开发厅和经济企划厅重组为内阁府;将大藏省改为财务省,并将其原有的金融行政业务改由作为内阁府外局的金融厅接管;将运输省、国土厅、北海道开发厅和建设省合并为国土交通省;将总务厅、自治省和邮政省合并,升格为总务省;将通产省与厚生省有关环保的业务与环境厅合并,升格为环境省;将文部省和科学技术厅合并为文部科技省等。

重编后,日本中央行政机构从1府22省厅变成了1府12省厅,府省厅的官房·局数从127个减少到96个,课·室数从1166个减少到995个。②战后自1960年将自治厅升格改组成为自治省后,日本政府在省级行政组织上就没有发生过变化,"桥本行革"对行政机构进行如此彻底的改造,是战后以来头一次。

尽管如此,此次改革在确立政治的领导权,强化内阁机能,强化首相权限等方面的力度,更为巨大,不仅一举建立了自"第一临调"就提出的内阁府,同时也从多方面大大强化了首相及其支持机制的权限,重塑了以内阁,尤其是首相为核心的政府统制机制。

桥本行革有关强化首相领导权及其支持机制改革的具体作为主要在以下方面。

---

① 1998年6月,国会通过了内阁提出的《中央省厅等改革基本法》,该法规定在2001年1月开始实施新的中央省厅体制的框架。此后,桥本内阁将内阁法部分改正法、内阁府设置法、国家行政组织法部分改正法、新省设置法(10部)、邮政事业厅设置法、独立行政法人通则法等17部法律作为一个法律向国会提出,1997年7月,作为一揽子法的《中央省厅等改革关联法》成立。其后,1999年12月又通过一揽子的省厅改革施行关联法。伴随着府省厅的整顿重编,对包括省厅改革关系法施行法、独立行政法人的个别法在内,到2000年7月为止,政府总共对大约1300个法律进行了规定的整备。2001年1月6日,重编后的新中央行政机制正式开始运行(新藤宗幸:《讲义现代日本的行政》,东京大学出版会,2001年,第181~182页)。此外,由于经济政策的失败,导致自民党在1998年底的参议院选举中失败,桥本内阁引咎辞职。1999年1月继任的小渊(惠三)内阁以及其后的森(喜朗)内阁都继续了桥本改革的方针,至2001年1月,完成了对中央省厅体制大规模重编。由于这次改革是以桥本时期的改革为先导,其基本方针也在桥本时期确立,所以,在本文中将这一系列改革都通称为"桥本行革"。

② 府省厅内组织机构的减少,是采取增设分掌职和总括整理职的方式来解决的。各府省厅相应增设了16个局长级的分掌职,课长级的分掌职·总括整理职也从231个增加到318个。参阅冈田彰"省厅再编及其要点",收录于日本行政学会编《年报行政研究·41·桥本行革的检证》(2006年,第33页)。

第一,明确了首相在阁议的发议权。将过去《内阁法》第4条第2项的"阁议,由内阁总理大臣主宰之",改为:"阁议,由内阁总理大臣主宰之。在此场合,内阁总理大臣能够就内阁的重要政策相关基本方针及其他案件发议"。在这里所说的"内阁的重要政策相关基本方针",根据内阁的正式见解,是指有关对外政策与安全保障政策的基本方针、行政与财政运营的基本方针、经济总体运营及预算编成的基本方针,以及行政机关的组织与人事的基本方针等。换言之,首相可以在国家最高决策的阁议上提议讨论上述国家重要政策,并发挥在相关决策中的"主宰"的作用。

第二,明确了内阁官房的政策立案权能。对《内阁法》第12条规定的内阁官房的权限进行了扩大修改,将原有的对"有关内阁的重要政策"有"企划与综合调整"权限,改为具有"企划、立案与综合调整"权限,明确了内阁官房的立案机能;[1]同时还进一步明确,内阁官房"企划、立案与综合调整"的对象,不仅是"有关阁议的重要事项",还包括扩大的"有关内阁重要政策的基本方针"以及"为了行政各部施策统一所必要者"。强化后的内阁官房成为辅助内阁和首相的政策企划、立案机关,并负责国政的综合调整,具有对国政的最高、最终调整权限,同时,还执掌安全保障、经济等基本政策,负责危机管理与广报宣传管理等。[2]

第三,将总理府改革为内阁府,并以强化对首相的政策支持为核心,重建其内部体制。新内阁府的构成包括经济财政咨问会议、综合科学技术会议、中央防灾会议和男女共同参划会议等四大会议机制,并设立若干特命担当大臣,如经济财政担当大臣、金融担当大臣、冲绳及北方担当大臣等,以扩大首相对财政预算、国家经济财政运营、科学技术政策等重要行政问题的直接参与。新

---

① "立案"在官僚用语中的意思是"制定法律案"。信田智人:《官邸外交》,朝日新闻社,2004年,第35页。

② 行政改革会议在最终报告中将内阁官房定位为"就国政上的重要事项,不分领域、层次,作为内阁最高且最终的调整场所",同时还规定,"内阁官房,应该由内阁总理大臣直接选择(政治任用)的工作人员展开基本运营。为此,应确立从行政内外登录优秀人才的规则。此外,即便就从各省厅派来的官员,也要消除对派出机构固定化与各省定例人事的依存。……与此相应,灵活管理内阁官房的定数,根据必要,按照内阁总理大臣的自由裁量来任用相当数量的内阁审议官"(新藤宗幸《讲义现代日本的行政》,第195页)。在2000年5月30日的阁议决定《政策调整体制运用指针》中,对内阁官房权限最终明确做了规定,称内阁官房具有展开"战略的和主导的"政策的权限,并将内阁官房定义为在内阁之下"最高且最终"的综合调整机关,明文规定内阁官房在政策调整上位于各省厅之上位(信田智人《官邸外交》,第35~36页)。

建内阁府作为扩大首相直接参与政策决定的辅佐机制,目标是成为直接支持内阁和首相行政与政策决定的智囊机构,成为延伸与扩大的内阁官房。

第四,进一步充实首相的高参班子。继1998年内阁官房改革设立危机管理监(1名,副长官级)、增设1名政务副长官之后,又在2001年省厅重编中增设了内阁官房副长官辅(3名)、内阁广报官(1名)、内阁情报官(1名),并将首相辅佐官的定员数从3名增加到5名,将过去定员为5名的首相秘书官,改为定员人数可以根据必要而增加。同时,还通过设立经济财政咨问会议等四大会议机制,扩大了首相对民间专门人才的直接启用。

第五,扩大了首相和内阁官房的人事任命权。首相人事任命权的扩大,首先体现在对特命担当大臣及副大臣、大臣政务官的任命上,首相人事权限因政治任命职大增而得以扩大。其次,首相、内阁官房、内阁府直接任用民间人才的制度得以建立和明确。如内阁府四大重要政策会议机制中都确立了民间议员的比例。此外,还新建了人事检讨会议,强化了官邸对各省高级官僚人事的掌控。人事检讨会议由内阁官房长官与3名副长官组成,对各省厅的人事,增加了局级以上职位的任命需要有人事检讨会议和阁议同意的规定,改变了过去首相和官邸无法参与各省组织内部编成的旧例。

第六,导入副大臣和大臣政务官制度。过去,作为政治任命职的政务次官是为强化内阁对各省厅的政治领导而设,与事务次官职位平行,但是,由于对权限的规定不明确,政务次官在实际行政运营中不参与政策制定,只是起到在各种会议中代大臣致辞的作用,被讽刺为"盲肠"。此次改革废除了政务次官,导入副大臣和大臣政务官制,不仅在各府省厅增设了22名副大臣和26名大臣政务官,共增设48个政治任命职;还在《国家行政组织法》中明确规定了副大臣和大臣政务官的权限:副大臣受大臣之命企划政策、处理政务,并在大臣不在时代行职务;大臣政务官负责大臣参与特定政策的企划和政务的处理;副大臣的职位在事务次官之上。同时,此次改革还特别废除了行政官僚作为"政府委员"的国会答辩制,以提高大臣对所辖业务的实际管理能力。为实现"政治主导"而导入副大臣、大臣政务官制度,体现出强化以首相统率之下的"政治"家对"行政"机构领导,通过大臣与副大臣、大臣政务官联手,指挥监督官僚组织体制的新的行政机制特征。

不唯如此,"桥本行革"中其他方面的改革也是对强化首相领导权的相应支持。例如,在中央省厅重组过程中内阁府、总务省的组建和对大藏省权限的削减。这三个机构的变化均与首相领导权的强化直接相关。内阁府的组建自不用说。就大藏省改革为财务省而言,过去,大藏省主管国家财政和金融,并实际掌握着国家预算的编制权限。改革后的财务省不仅失去了对金融行政的监管权,而且国家预算编成方针和经济财政基本政策的决定,都成为首相"主宰"之下内阁府经济财政咨询会议的检讨项目。而合并总务厅、自治省和邮政省,建立权力巨大的总务省,其目标显然也与强化对国家中枢管理机能的目标一致。①

总的来说,在强化首相权限方面,"桥本行革"通过建立内阁府、重组中央省厅,充实强化内阁官房,扩大首相与官邸的权限,引入副大臣和大臣政务官制度等各项改革措施,大大强化了首相及其支持机制的权限,强化了首相对综合性与战略性政策的判断决策能力及其灵活性,以及首相和以首相为代表的"政治"对行政各部门的指挥与控制。

四、战后行政的调适与首相权限的强化

那么,应当如何来认识战后日本在行政改革中首相权限强化以及"桥本行革"建立的新体制的意义呢? 这里我想从三个方面来说明。

(一)战后行政体制的调适与"最大动员"

首先应当指出的是,为发挥最高决策机构(者)指挥监督与综合管理作用而强化其权能,是出于行政管理本身的需要,任何国家在行政改革中皆会重视之,并将其作为提高行政效率的有效方法。但这并不是唯一的方法,并非所有的国家都会寻求这样的方法。日本之所以在战后行政改革中屡屡将这个问题提出,并在改革中一步步强化,我以为,更应当从历史、政治文化及其行政特点中去寻求答案。

这里需要关注的是,日本在战前和战后政治制度的变化。二战前日本是帝国,政治制度建立在天皇主权并总揽一切大权的所谓"国体"根本的基础之上,二战后日本政治制度则以国民主权和三权分立为基本原则,制度基础发生了根本性转变。由于政治制度转变是通过美国占领军对日本的民主化非军事化改造方式完成的,即短期内由外力强制完成,因而,新制度与日本传统统治

---

① 新藤宗幸:《讲义现代日本的行政》,东京大学出版会,2001年,第187页。

理念与方式、政治文化以及时代需求等的调适,是日本政府在行政中必须面对的重要问题。同时还须看到,由于二战后美军没有在摧毁旧政权的基础上重建日本的新制度,因而,在新制度的运转出现问题时,战前延续而来的日本政府会很自然地从传统的行政经验中去寻求良方。

村松岐夫在其《日本的行政》中曾经指出,自近代以来,日本就具有追求行政的能率与效率,以求实现最大动员的基本特点。①为了实现最大动员,战前日本所采取的是借助最高权力者的权威与权力,在行政部门间展开综合协调的方法。具体来看,明治维新后日本建立了以天皇制为核心、天皇总揽一切大权的制度。尽管这一制度下日本国家的政治和军事部门在有关权力的协调上存在问题,表现出军政背离的二元构造,但是,国家行政却在"天皇总揽一切大权"的根本原则上得到统一。该制度极为有效地实现了对行政资源的最大动员,并在近代以来日本的"海外雄飞"过程中发挥了积极作用。

战后日本中央政府行政采取的是省厅制管理方式,即由各省厅负责国家行政某一方面的行政事务,而由内阁进行协调。内阁通过"阁议"运营,决定国家政策事项。阁议运营有三项原则,即合议制原则、首相主宰原则和所辖原则。合议制原则即集体负责制,源于《日本国宪法》第66条内阁对国会负"连带责任",在实际运营中,则采取所谓"满员一致"即任何事案均须得到全体阁僚一致同意的方式。在合议制原则下,"首相主宰"和"省厅所辖"是对立统一的关系:一方面,由于行政事务的专门性,各省厅对所辖的行政事务拥有事实上的决定权;另一方面,首相通过对各省大臣的任命以及在阁议上的"主宰"对省厅行政进行控制。"阁议三原则"作为惯例一直运营至今。

由于有战前的历史经验,日本政府在面临通过行政综合调整实现最大动员时,自然会寻求通过最高权力机构的调节,来实现对行政资源的有效统一管理与分配,实现最大动员。不过,就战后体制而言,虽然《日本国宪法》明确规定首相为"内阁之长",赋予了首相组织、统领内阁,指挥监督行政机构的广泛权限,使其与战前首相受枢密院的牵制,仅为"阁僚中的首班",无法发挥行政决断权的状况有根本不同,但是,由于在行政实际运营中采取分业管理的省厅

---

① 村松岐夫在《日本的行政——活动型官僚制的变貌》(中央公论社,1998年)第一章中以"最大动员体制"为题,提出上述观点,并在全书中从多个角度阐述了日本的行政体制是最大动员体制的基本特点。

制,各省厅对所管范围内的行政事务拥有决定权;而且,作为国家最高决策机关的"阁议"又以"阁议三原则"的惯例运营,"首相主宰"要受"省厅所辖"原则的牵制,全体一致的表决方式会令有歧义的事案搁置,首相往往难以发挥"主宰"的作用,尤其在省厅之间有利害冲突以及就重大问题产生矛盾分歧时。再加上平衡派阀的政治考虑和首相的个人政治能力等主客观因素,首相"主宰"往往因人因时而有很大差异。

因此,现实的需要加之历史的经验,使得强化"首相主宰",强化内阁对行政整体的综合调整机能,成为战后行政改革中为提高行政效率,实现行政资源最大动员的首要考虑。

(二)目标的既定性与改革的连续性

从上文的梳理中可以看到,日本政府强化首相权限的改革呈现出目标既定性与改革连续性的特点。改革并非一蹴而就,而在摸索中推进,经历了长达半个世纪的漫长过程。

强化首相权限及其支持机制的问题,早在20世纪60年代开始行政改革的"第一临调"时期便提出来了,此后该问题便成为历次行政改革的既定重要内容。

日本政府强化首相权能改革的真正开始,是20世纪80年代的"中曾根行革"。当时,通过扩大行政机构对内部组织编成的自主和设立总务厅,强化了首相对行政组织与定员的综合管理能力;通过建立内阁官房的"五室体制",强化了首相对行政部门和政策的综合管理调整能力。

但是,就建立一种以首相发挥行政综合调整机能和核心领导作用为基础的制度机制而言,许多问题在"中曾根行革"中都没有得到实际解决。例如,尽管设立了总务厅,强化了内阁对行政机构组织与定员的管理,但由于预算编制权很大程度上还由大藏省掌控,内阁干预的余地很小;尽管建立了安全保障会议,充实了作为事务局的内阁官房安全保障室,但很多人对这样的体制能否有效确保国家安全,仍有存疑;而且,尽管改革了内阁官房体制,充实了首相和内阁的辅佐机制和综合调整能力,但首相在内阁官房的支持下能否发挥对行政部门和政策的统率作用,仍然在很大程度上取决于首相个人的政治手腕和能力。后一点,从中曾根(康弘)和海部(俊树)、村山(富市)内阁作为的比较中可以看到。同时,该机制还被认为缺乏灵活性,且不足以应对行政事务日益扩充的要求。诸如这样的问题,在1993年的"政治大爆炸"中都被提出来,自然也都成为被称为"改革时代"的行政改革需要面对的重要课题。

20世纪90年代后期展开的"桥本行革"集大成地实现了自"第一临调"以来日本政府在历次行革审议中提出的有关强化首相权限的各项提议。首先,一举建立了内阁府,将首相的支持体制从内阁官房扩大到了内阁府;其次,通过内阁官房权限的强化、对内阁府和内阁官房组织体系的改造以及对旧省厅的改革重编,使首相得以在内阁官房和内阁府的支持下,行使对重要政策的决策权、对行政的综合调整权以及对预算编成的掌控权,首相对行政的指挥命令权也由此得以强化;最后,还通过大规模的政治任命、官邸人员的充实以及人事检讨会议机制的创设,提高了首相的人事任命权。

在"行革会议"进行有关首相对行政各部指挥监督权问题的讨论时,有人还曾提出应修改《内阁法》第6条"内阁总理大臣,根据在阁议上所决定的方针,指挥监督行政各部",去掉此条文中"在阁议上……"的限定部分,以使得首相对行政各部的指挥监督权一般性地法制化。这项提议虽然未能实施,但实际上,通过明确规定首相的阁议发议权,强化内阁官房权限,将内阁官房定义为内阁之下"最高且最终"的综合调整机关等相关措施,改革已经实现了扩大首相对行政各部指挥监督权的既定目标。

纵观战后日本行政改革的历史,可以看到,强化首相权限的目标是分步骤实现的。在"第一临调"所建议的16项改革事项中,设置总务厅、内部部局的编成权转归政令、行政程序法的制定等提议,在20世纪80年代的"中曾根行革"实现;而设置内阁府、确立内阁在编制预算中的主导权、规划部门与实施部门相分离、合理分配国家与地方公共团体事务、废除一般公务员的政府委员制等提议,则直到20世纪90年代的"桥本行革"中才得以完成。

对于日本政府在相关改革上表现出的这种步步推进的谨慎态度,除了日本人自身的行事风格外,还可以从两方面理解。一来,体制建立后需要有一个行政调适的过程,问题的发现和解决都需要有一定的时间周期;二来,战后政治体制包含了盟国对日本民主化非军事化制度改造的要求,强化首相权限有走向集权主义的可能,过快大规模实施很容易引起人们对日本复辟旧制度的想象空间。因而,直到20世纪80年代日本才在宣布要对"战后政治总决算"的前提下开始进行相关改革。在20世纪80年代和20世纪90年代日本诉诸变革的重要理由分别是:作为经济大国的日本应努力成为"国际国家"和冷战体制崩溃后日本要承担更多的国际责任。

(三)日本会走向何方

总体上,尽管"桥本行革"没有变更省厅的组织、权能等仍然由设置法规定,即通过立法部门(国会)的参与·承认而确立省厅存在的基本原则,没有将对行政组织的组织编成权付诸首相,但是,日本政府的最高决策体制和权力重心都发生了重要改变。表现在:一、通过内阁府的建立和内阁官房的强化,将首相官邸变成了名副其实的超越各省厅、具有横向综合政策调整与行政机能的司令部,使过去日本中央省厅的"自下而上"的政策决定机制,尤其在重大政策决策上呈现出强力的"自上而下"的新面貌;二、内阁制度运营的"阁议三原则"中长期以来"所辖原则"与"首相主宰原则"在"合议制原则"下相互制衡的惯例,一边倒地呈现出"首相主宰"全面占据上风,凌驾于"所辖原则"之上的新面貌。

这样的转换,无论如改革者所说,是顺应时代所要求的行政需要也好,还是从历史的连续性来看,是战后以来日本保守政治家们的不变追求也好,都意味着在此后的21世纪里,日本的行政方式与20世纪后半期相比,将会有巨大的改观。如果说在二战后的那半个世纪里,日本行政的特色是重视省厅、重视官僚制在行政中发挥的作用的话,①那么,对政官关系的各种检讨、对官僚制铺天盖地的批判,以及各种制度疲劳、制度缺陷的论调,都昭示着在今后的日本政治决策中,"政治主导""首相主导""官邸主导"将成为新的时代风景线。

新体制在小泉(纯一郎)内阁时期得到了历练。2001年入主霞关的小泉首相在其当政的6年期间,开始运用以首相为议长的内阁府经济财政咨问会议来编制每年度的财政预算并决定国家经济财政基本政策,一改长期以来由大藏省编制政府财政预算的惯例。这一做法在安倍(晋三)、福田(康夫)、麻生(太郎)内阁都得以延续。小泉内阁还在首相官邸的主导下,强力开展了被视为改革禁区的邮政民营化改革,并利用美国的"9·11"恐怖袭击事件之机,迅速推进了在国内外均视为敏感问题的有事关联诸法案的通过。作为首相,小泉表现出了战后日本少有的强有力个人形象。尽管不乏个人能力与魅力的因素,但不能不指出,非主流中小派阀出身的小泉,其内阁之所以格外强有力,有首相权力强化的制度变更的前提条件作支撑。

---

① 这种观点以查默斯·约翰逊考察日本行政体制的著作《通产省与日本的奇迹》为代表。

"桥本行革"强化首相权限的改革可以说是在对整个日本行政体制全面反省、改造的基础上展开的。桥本时代开启的,也不单纯是行政改革,还包括了财政构造、经济构造、社会保障、教育以及地方分权等相关领域的改革(即所谓"六大改革"),涉及国家政治经济社会的方方面面。改革的目标,是为了创建21世纪日本的国家形态("この国のかたち")。日本学者将这次改革与明治维新、战后占领时期的改革相提并论,称之为"第三次改革",由此可见日本政府进行改革的勇气决心和改革所展开的力度。

正因为"桥本行革"以创建21世纪日本的国家形态为目标,其所建立的具有上述特征的新世纪日本国家行政体制,对于日本今后的国家发展走向,意义相当重大。当我们将战前和战后的日本行政史作为一个连续的过程,并在战后的行政改革历程中梳理出强化首相权限的基本脉络时,对于20世纪90年代以来日本国内舆论称"桥本行革"是向腐朽官僚制开战的几乎一边倒的宣传颂扬之辞,就不能不慎重对待。因为强化首相权限虽然可以实现行政的综合管理和资源的有效配置,提高行政的能率与效率,但却会产生权力过度集中的弊害,为民主的发展带来负面影响。日本历史上不乏这种先例,并曾给日本国家和亚洲邻国带来深重灾难。

当然,战后的政治体制已与战前有了根本的不同,不能简单地将战后日本一步步强化首相权限,归结为与战前相同的国家主义情愫。不过,新藤宗幸在《讲义现代日本的行政》结论中的一段话,却是值得玩味和深思。他说:"战后日本的行政体制,针对政策的争点并不是在以精英式应对和民主式应对的竞争为基轴的舞台上建立起来的,而是以精英式应对为基础建立的。而且,在战后近代化过程中,这样的精英是将'对国家的忠勤'和'使命的完成'作为行为规范的。由他们所划定的政策制定和政策执行的圆圈,仅仅只是将战前以来的制度规范包裹上了民主的外衣而已。"[1]尽管这样的结论可能有失偏颇,但是,在改革中把握相应的"度",使国家保持良性发展,避免重蹈历史覆辙,可能是日本政府在一味强化首相权限的行政改革中应该更加重视的问题。

本文原收录于宋志勇、郑蔚编:《全球化时代东亚的制度变革》,天津人民出版社,2011年。

---

[1] 新藤宗幸:《讲义现代日本的行政》,东京大学出版会,2001年,第214~215页。

作者简介:

王蕾,1969年生,四川成都人。北京大学毕业,师从北京大学宋成有教授学习日本史、东北亚史。2005年博士毕业后至南开大学日本研究院工作,任副教授。主要从事日本政治外交、东亚国际关系、世界当代史的研究和教学工作。著有《旧金山媾和与中国》(2009年)、《日本外交体制》(2016年)等书,发表过《日本防卫体制改革评析》《东亚共同体与日本外交》《目标零核电:福岛核事故后日本核能政策解析》等多篇论文。2012年调离南开日本研究院,现为四川大学历史文化学院教师。

试论当代日本的教育国际化

臧佩红

国际化（internationalization），原义是指"某种活动或过程扩展为国际规模"。所谓教育国际化，既是指伴随着全球化进程的发展，在教育领域萌生的一种面向世界的教育理念，更是一种各国教育资源和要素在国际间优化配置，以培养国际型人才的教育实践活动。在全球化深入发展、信息化高度发达、知识经济日益勃兴的21世纪，教育国际化业已成为世界发展的重要潮流，日本走在了这一潮流的前列。

一、教育国际化的历程及其背景

战后，日本的国际化教育政策大致经历了"雏形化""国策化""战略化"三个阶段。其出台是日本应对国际社会"人力资本"论与"教育开发"的需要，也是随着知识经济时代的到来，日本寻求对外发展，参与国际竞争，提高国家软实力的重要途径。

（一）教育国际化的"雏形化"（20世纪60年代至80年代中期）

早在1963年，日本政府为了应对经济的高速增长，制定了教育改革报告《经济发展中人的能力开发的课题与对策》，将"国际交流"列为"发展人的能力"的四大内容之一："伴随着今后国际交流的活跃，有必要从国际视野培养、利用人的能力。"[1] 1970年，日本内阁批准《新经济社会发展计划》，将"国际化教育"列为"教育与提高人的能力"的主要措施之一。[2] 1972年，日本经济调查协议会的教育改革建议书《新产业社会中人的发展——从长期观点看教育的状态》指出："在教育领域，国际化已成为极为重要的课题"，建议应"打破整齐划

---

[1] 経済審議会：《経済発展における人の能力開発の課題と対策》，大蔵省印刷局，1963年，日本図書センター2000年復刻，第8頁。

[2] 宮原誠一等：《資料日本現代教育史3》（1960—1973），三省堂，1974年，第31頁。

一教育,应对国际化。"① 1974年,中央教育审议会专门就"教育、学术、文化的国际交流"问题向文部大臣提交报告,制定了"国际化时代的根本政策"。②

该时期,日本政府开始重视教育国际化,有应对经济急速对外发展的内在动因,但更重要的背景是国际社会"人力资本论""教育开发"的兴起。20世纪50年代末60年代初,美国芝加哥大学教授西奥多·舒尔茨等提出了"人力资本"的理论,认为教育可以创造知识、技能方面的人力资本,"在过去30年间,教育作为经济发展的源泉,其作用远远超过被视为实际价值的建筑物、设施、库存物资等物力资本"。③

在该理论指导下,1960年,联合国教科文组织首次明确提出:教育是文化及社会发展的推动力,同时也是经济开发的一个重要因素。④ 1961年9月,世界银行决定通过国际开发协会向教育开发提供贷款,亚洲地区成为国际教育开发的主要对象之一。日本政府积极参与了国际社会的"教育开发"热潮,如争取到了教科文组织1962年、1963年教育会议的承办权,1974年参加"亚洲地区教育开发计划"等。该时期,国际化在国内教育政策中地位的凸显,正是日本政府适应国际教育开发之举。

(二)教育国际化的"国策化"(20世纪80年代末至90年代末)

1987年,日本直属内阁的教育审议机构"临时教育审议会"(简称"临教审")的最终报告确立了教育改革与发展的三大基本理念:"个性原则""向终身学习体系过渡""适应变化(国际化、信息化)"。该报告指出:"今后,为了将我国建设成创新型的、有活力的社会……当前教育面临的最重要课题,便是国际化与信息化。"进而关于国际化,"不仅在制度层面,重要的是包括关系者在内的日本教育应全面开放。为此,必须通过教育的所有机会,不断培养对不同事物的兴趣与宽容态度,灵活应对今后不断变化的国际关系,建立一个具有不断

---

① 经济审议会:《経済発展における人的能力開発の課題と対策》,大蔵省印刷局,1963年,第19、21页。

②《戦後日本教育史料集成》編集委員会:《戦後日本教育史料集成》(第10卷),三一出版,1983年,第245页。

③ T. W. シュルツ著,清水義弘訳:《教育の経済価値》,日本経済新聞社,1964年,第107页。

④ ユネスコ編,木田宏訳:《教育計画——その経済社会との関係—》,第一法規出版株式会社,1966年,第9页。

自我更新能力的教育体制"。①

上述报告成为日本内阁会议《教育改革推进大纲》(1987年)的蓝本,文部省则"根据临时教育审议会咨询报告及《教育改革推进大纲》,具体落实各项教育改革措施"。②可见,1987年"临教审"的最终报告,确立了日本的教育发展国策,国际化是其重要组成部分。

教育国际化被列为基本国策,是由于日本政府预见到了"新国际化"时代的到来。上述"临教审"报告中指出:"现在日本经济的繁荣,有赖于与世界各国密切的经济交流,同时也带来了人员交流的日益活跃。随着人员交流的扩大,便会产生所谓的文化摩擦,当这种摩擦成为国际社会的常态时,便要求一种新的生存方式将其转变为使日本社会产生活力的能量","今天的日本,要求继'物''钱''信息'之后,实现'人'的国际化"。③日本政府如此预见,是因为看到国际教育服务贸易已悄然兴起。1982年,美国坦普尔大学在日本建立第一所分校,1986年以后,日美贸易扩大发展委员会开始积极推动美国大学在日本建立分校。④基于这一趋势,日本政府提出:"这一新的国际化,在认识、对策上均不同于以往赶超时代的国际化,必须在教育、研究、文化、体育及科技等领域推进相互交往,实现均衡的国际交流。此外,重要的是在上述领域做出国际贡献。"甚至强调:"迎接国际化时代,以国际化的视点推行教育改革,是关乎我国存立与发展的重要问题。"⑤

(三)教育国际化的"战略化"(21世纪以来)

2000年12月,直属内阁的"教育改革国民会议"向首相提交了新世纪的"教育振兴基本计划",其中四项内容之一是:"从教育应对全球化的视点……将在教育的所有领域推进国际交流。"⑥2005年9月,文部科学省下设的"国际战略

---

① 文部省:《教育改革に関する答申—臨時教育審議会第一次～第四次(最終)答申—》,大蔵省印刷局,1988年,第280、281页。

② 文部省:《我が国の文教施策》(1988年度),第167页。

③ 文部省:《教育改革に関する答申—臨時教育審議会第一次～第四次(最終)答申—》,大蔵省印刷局,1988年,第129、234页。

④ "临教审"提出最终报告的1987年有3所,至1990年共有36所。塚原修一:《高等教育市場の国際化》,玉川大学出版部,2008年,第190页。

⑤ 文部省:《教育改革に関する答申—臨時教育審議会第一次～第四次(最終)答申—》,大蔵省印刷局,1988年,第273、15页。

⑥ 教育改革国民会議:《教育改革国民会議報告》,2000年12月22日。

研究会"提交《文部科学省的国际战略》,其中指出:"将各部局分别管辖、个别决定的国际业务政策措施,统一为国际战略……作为今后开展国际业务的方针",①国际化被提升到"国际战略"的高度。

2006年12月,新修改的《教育基本法》中增加的五项"教育目标"之一为:"培养为国际社会的和平与发展做贡献的态度。"②国际化首次正式写入"教育宪法",被赋予了前所未有的法律地位。2010年6月,日本制定了新国家发展战略《新增长战略——"活力日本"复兴方案》,其中第三项"亚洲经济战略"专列"人"的交流倍增,包括"完善国内体制,扩大接收外国留学生,便于研究者及专业性海外人才就业。……促进与亚洲及世界的大学、科技、文化、体育、青少年等的交流与合作,加强培养活跃的国际型人才"。③教育国际化进一步被纳入日本国家的总体发展战略。

教育国际化成为国家战略,主要根源于知识社会的到来。日本政府认为:"21世纪被称为知识社会,必须将教育投资作为国家战略加以认真考虑。"④根据经济发展与合作组织的定义,"知识成为财富的直接源泉的经济是知识经济,支撑知识经济、并由知识经济所支撑的社会,便是知识社会"。⑤在知识社会中,教育成为知识生产与普及的最主要领域之一,成为经济发展的新增长点。继而,面对国际教育服务业的新一轮竞争,日本政府提出21世纪是"世界性知识大竞争的时代",⑥要求"在国际社会中,在发展与充实经济实力等硬实力的同时,关键是要考虑增强科技、学术研究、艺术文化、文化财产、生活文化及生活方式等日本文化之魅力的软实力。……教育及科技、学术、文化、体育应称为我国软实力的源泉";"'知识的国际化',是支撑我国可持续发展的创新源泉"。⑦教育国际化成为增强国家"软实力"、实现可持续发展的重要途径,具有重要的战略意义。

---

① 文部科学省における国際戦略検討会:《文部科学省における国際戦略(提言)》,2005年9月。

②《教育基本法》,2006年12月改正。

③ 閣議決定:《新成長戦略—〈元気な日本〉復活のシナリオ—》,2010年6月18日。

④ 教育改革国民会議:《教育改革国民会議報告》,2000年12月22日。

⑤ 塚原修一:《高等教育市場の国際化》,玉川大学出版部,2008年,第8页。

⑥ 文部科学省国际战略研究会在《文部科学省的国际战略(建议)》(2005年9月)中使用了这一概念。

⑦ 文部科学省における国際戦略検討会:《文部科学省における国際戦略(提言)》,2005年9月;文部科学省:《文部科学白書》(2010年度),第337页。

国际化由20世纪60年代在教育领域占有一席之地,到80年代成为基本国策,再到21世纪上升为国家战略,其地位不断提升。这一历程并非偶然,而是在知识经济化、全球化、信息化的快速发展之下,日本振兴经济、增强国力的必由之路。

二、教育国际化的内容体系

日本教育国际化内容丰富,是"通过教育的所有机会"予以推行的。笔者根据日本政府历年教育白皮书中的相关内容,将其国际化归纳为三个方面:针对日本人的国际化、针对外国人的国际化、教育的国际合作与开发。

(一)针对日本人的国际化

日本政府主要通过海外日本人子女教育、国内的国际理解教育、鼓励出国留学等途径,以培养日本人的"国际素养"。

随着赴海外就职的日本人不断增多,随行的义务教育阶段的子女人数倍增,1984年为36223人,2009年增至61488人。[1] 为此,日本开设了日本人学校、补习学校、私立海外教育设施三类教育机构。1984年有日本人学校76所、补习学校102所,[2] 2009年日本人学校增至88所、补习学校204所、私立海外教育设施9所。[3]

日本国内广泛推行了国际理解教育。在初等、中等教育领域,1989年、1998年两次课程改革,都将"推进国际理解""培养日本人立足国际社会的素质"确定为四大基本方针之一。[4] 具体而言,1989年的中小学社会课要加深理解"世界与日本的关系",国语课要"加深国际理解、培养国际协调精神";初中与高中要重视外语课,道德课及特别活动要"培养日本人的世界意识",世界史成为高中必修课。[5] 1998年外语课成为初中及高中必修课,小学则利用"综合

---

① 文部省:《我が国の文教施策》(1988年度),第506頁;文部科学省:《文部科学白書》(2009年度),第313頁。

② 文部省:《我が国の文教施策》(1988年度),第506頁。

③ 文部科学省:《文部科学白書》(2009年度),第314頁。

④ 文部省:《我が国の文教施策》(1989年度),第70頁;《我が国の文教施策》(1998年度),第236頁。

⑤ 文部省:《我が国の文教施策》(1991年度),第498頁。

学习时间"讲授英语会话等。① 2008年的课程改革规定小学外语课增加70学时,初中外语课增加105学时。② 在高等教育领域,增设了国际关系、国际政治、国际经济、国际文化等专业或院系,大学中冠以"国际"之名的学科1988年有38个,1998年达112个;1988年全国大学开设外语课程约50种,1997年增至70余种。③

日本政府还鼓励各级学生出国留学、研修及研究。高中主要包括"高中生留学"(3个月以上)、"海外学习旅行"(3个月以下)、"修学旅行"3类。在政府支持下,高中生留学人数逐年增加,1988年上述3类留学生人数分别为1229人、692人、51127人,2008年增至3190人、27025人、179573人。④ 日本政府还鼓励大学生出国留学。1998年,留学海外的大学生约6.4万人(为10年前的2倍),2004年增至8.3万人。⑤从2009年度起,日本政府实施了"留学生交流支援制度(长期派遣)",支持学生赴国外大学攻读研究生学位。

(二)针对外国人的国际化

针对外国人的教育国际化,主要包括对外日语教育与考试、接收留学生教育两大方面。

随着日本国际影响力的不断提高,学习日语的外国人逐年增加。日本国内的日语学习者,由1987年的4.3万人,增至2009年末的219万人。⑥ 日本以外的日语学习者,由1984年的58万人,增至2009年的365万人。⑦日本从1984年开始实施"日本语能力考试",考生由最初的15个国家及地区约7000人,增至2009年的58个国家及地区约77万人。⑧ 此外,日本从2002年起实施"日本

---

① 文部省:《我が国の文教施策》(1998年度),第236~237頁。

② 文部科学省:《文部科学白書》(2007年度),第31頁。

③ 文部省:《我が国の文教施策》(1988年度),第455~456頁;《我が国の文教施策》(1999年度),第435~437頁。

④ 文部省:《我が国の文教施策》(1989年度),第460頁;文部科学省:《文部科学白書》(2009年度),第312頁。

⑤ 文部省:《我が国の文教施策》(1989年度),第478頁;《我が国の文教施策》(1999年度),第444頁;文部科学省:《文部科学白書》(2007年度),第317頁。

⑥ 文部省:《我が国の文教施策》(1988年度),第425頁;文化庁,http://www.bunka.go.jp/kokugo_nihongo/jittaichousa/h22/gaiyou.html.

⑦ 文部省:《我が国の文教施策》(1988年度),第427頁;国際交流基金\http://www.jpf.go.jp/j/japanese/survey/result/dl/survey_2009/2009-01.pdf.

⑧ 国際交流基金,http://www.jlpt.jp/about/purpose.html.

留学考试",2010年"日本留学考试"在日本国内15个城市、日本以外17个城市举办,考生共计46691人。①

日本政府重点加强了接收留学生政策。1984年,日本政府制定了《面向21世纪的留学生政策》,计划在21世纪初招收十万留学生(该计划2003年完成)。近年来,日本政府将留学生政策视为实现"知识的国际贡献""加强国际竞争力"的重要手段,②于2007年"作为国家战略,制定并推进了包括教育、外交及产业政策在内的留学生政策"。③ 2008年,文部科学省与其他省厅(外务省、法务省、厚生劳动省、经济产业省、国土交通省)联合制定了"留学生30万人计划",计划到2020年接收留学生30万。在政府大力推动下,外国留学生人数逐年增加,1980年6572人、2003年109508人、2010年达141774人。④

日本还加强了接收小留学生政策。文部科学省从2003年起实施了"外国青少年接收倍增计划",计划到2010年接收外国中小学生的人数由每年四万增至八万。⑤ 2010年5月,就读于日本公立小学、初中、高中的外国学生达74214人。⑥

(三)教育的国际合作与开发

教育的国际合作与开发主要包括参与国际组织的教育事业、对发展中国家的教育开发两大内容。

日本从1988年参加联合国教科文组织的"亚太地区教育开发计划""亚太地区全面普及教育事业计划",20世纪90年代参与"艾滋病教育事业""女性识字教育""环境教育""IT教育"等合作项目。日本还积极参加经合组织教育研究与改革中心的"提高教育质量""成人继续教育培训"等研究课题,实施"学生学习程度调查"(PISA)等事业,也参与了亚太经合组织人才培养领域的相关活动。

日本的国际教育开发始于20世纪60年代,进入21世纪后则愈益加强。2000年,日本首相咨询机构"对外经济合作审议会"提交报告《推进"重视人的

---

① 文部科学省:《文部科学白书》(2010年度),第341页。
② 文部科学省:《文部科学白书》(2009年度),第316页。
③ 文部科学省:《文部科学白书》(2007年度),第306页。
④ 文部省:《我が国の文教施策》(1988年度),第508页;文部科学省:《文部科学白书》(2003年度),第374页;《文部科学白书》(2007年度),第315页;《文部科学白书》(2010年度),第337页。
⑤ 文部科学省:《文部科学白书》(2007年度),第309页。
⑥ 文部科学省:《文部科学白书》(2010年度),第346页。

经济合作"》,将教育、人才培养等"以人为中心的开发"确立为21世纪的经济合作方式。2002年日本政府在八国首脑会议上宣布要"加强对低收入国家教育领域的开发",计划五年内提供政府开发援助2500亿日元。①

21世纪初,日本的对外教育开发表现出两大新特点:一是重视对发展中国家初等、中等教育的开发。日本政府指出:"国际社会的开发援助观念逐渐发生了变化。……正日益重视以基础教育为主的合作。"②2002年,日本政府将"加强对基础教育领域的开发"列为对外教育开发的政策内容之一。二是加强国内的教育开发体制。2001年文部科学省设立"国际教育合作恳谈会","反复研究了将日本的知识资源全面有效地用于国际开发合作的方法","呼吁为了实现日本国际教育合作的质的转变,有必要从根本上完善国内体制"。③据此,文部科学省建立了教育开发的两大国内体制:一是从2002年开始建立国际教育合作"据点体制"。以广岛大学与筑波大学为中心,联络大学、非政府组织、企业,有组织、系统地全面利用日本的资源,开发发展中国家的初等中等教育。④二是从2003年开始设立"国际开发合作支援中心",旨在促进大学间、大学与技术顾问、国外大学、非政府组织间的合作,使各界有组织地参与国际教育开发。

上述三方面内容中,针对日本人的国际化可谓"内部国际化",针对外国人的国际化可谓"外部国际化",教育合作与开发的国际化可谓"开发国际化"。三者既有各自独立的内容,又相互联系,互相促进,共同构成了日本国际化教育体系的全貌。

三、教育国际化的问题及启示

20世纪60年代以来,日本始终及时把握并引领了全球教育的国际化浪潮,其教育国际化水平位居世界前列。然而,日本的教育国际化亦存在一些问题。

(一)针对日本人的教育国际化具有两面性

日本政府通过学校教育的各个阶段,以各种形式培养了具有国际素养的

---

① 文部科学省:《文部科学白书》(2004年度),第348页。
② 文部科学省:《文部科学白书》(2001年度),第279页。
③ 文部科学省:《文部科学白书》(2002年度),第328页;《文部科学白书》(2004年度),第390页。
④ 文部科学省:《文部科学白书》(2003年度),第390页。

日本人,为日本经济的全球化发展提供了丰富的人力资源,也为应对新时代的国际竞争做好了准备。

然而,针对日本人的教育国际化内容本身却具有两面性。日本政府曾明确提出:"必须深刻认识到,一个好的国际人就是一个好的日本人,必须确立培养爱国心的教育、使学生切实具备日本文化个性的教育以及加深理解外国文化与传统的教育。"[①] 修改后的《教育基本法》亦规定教育目标之一为:"尊重传统与文化,热爱养育我们的国家与乡土,培养为国际社会的和平与发展做贡献的态度。"[②]也就是说,针对日本人的国际化,一方面强调"国际视野""理解外国",具有外向性、开放性的一面;同时又强调"爱国心""传统",具有内向性、保守性的一面。这两个侧面统一于日本的国际化教育政策之中。弘扬本民族传统与特性,本身无可厚非,问题在于日本所谓的"爱国心"存在很大问题。众所周知的"历史教科书事件"即是一个典型例证。20世纪80年代及21世纪初,日本政府两次公然批准美化对外侵略的历史教科书。[③]此举表面上看是通过教育来加强国民所谓的"爱国心",但实则误国愚民,不利于培养国民真正的历史认识和国际意识,直接影响了日本与周边国家正常的国际交流。事实证明,过分强调"爱国"与"传统",甚至不惜为此牺牲真理与正义,必将阻碍日本人、日本教育真正的国际化。

(二)针对外国人的教育国际化有待加强

在知识经济迅速发展的今天,教育服务成为重要的新兴产业。日本政府大力推行针对外国人的语言教育、留学教育等,促进了本国教育服务业的发展,有利于推动知识经济的振兴。

但是,日本针对外国人的国际化教育与欧美国家尚有一定差距。就对外语言教育而言,2009年,托福考试(TOEFL)在全球165个国家及地区设有4500个考场,报考总人数累计达2500万人,而日语能力考试仅在53个国家和地区的173个城市设有考场,报考总人数累计674万人;2009年,留学美国的研究生入学考试(GRE)考试在160多个国家和地区设有700个考场、考生63.3万人,而

---

① 文部省:《教育改革に関する答申—临时教育審議会第一次～第四次(最终)答申—》,大藏省印刷局,1988年,第15~16页。

②《教育基本法》,2006年12月改正。

③ 参见臧佩红:《战后日本的历史教科书问题》,《日本学刊》2005年第5期。

日本留学考试仅在日本国内 15 个城市、日本以外 16 个城市举办,考生共计 44396 人。[①] 日本对外语言教育及考试的规模,与欧美国家不可同日而语。另就接收外国留学生的规模及水平而言,2008 年度各国高等教育机构的外国留学生人数及比例,日本 132720 人、占 3.8%,美国 671616 人、占 6.1%,英国 415585 人、占 27.0%。[②]无论在留学生人数上,还是在高等教育机构中所占比例,日本均落后于英美两国。日本政府也一直致力于缩小这一差距。然而,一个国家的对外吸引力是全方位的,日本只有继续提高科技水平及综合国力,不断扩大国家的整体开放程度,才能切实提高针对外国人的国际化教育水平。

(三)教育的国际合作与开发面临新课题

50 余年来,在"人力资本论"的指导下,在知识经济发展的大潮中,日本积极参与了国际教育合作与开发。这既有利于促进本国经济的发展,也有助于欠发达国家的国民获得受教育的机会,符合世界教育发展的大趋势。

然而,日本对外教育开发的重点是初等、中等教育,属于培养国民基本素质的义务教育范畴,开发过度则将有损被开发国家的教育自主权,甚至削弱被开发国家人民的民族性及其传统文化,有文化侵害之虞。[③]因此,在教育开发的过程中,如何平衡发达国家与欠发达国家之间在政治、经济、文化等方面的利益,是日本乃至世界各国所面临的新课题。

日本教育的国际化虽面临上述问题,但总体而言,在纵向的发展历程方面,其地位经历了不断提升的过程;在横向的内容方面,建立起了日臻完备的国内体系。日本教育的国际化发展已经达到一定的高度与维度,体现着当今世界教育发展的潮流与水平。

(四)日本教育国际化对我国的启示

我国教育正在加速适应国际化的步伐,并取得了一定成就,但在国内体

[①] http://www.thea.cn/xtoefl_zx_52300-1.htm;http://www.takethegre.com/cn/;http://kaoshi.china.com/america/learning/337527-1.htm;http://www.jlpt.jp/statistics/archive.html;文部科学省:《文部科学白书》(2009 年度),第 317 页。

[②] 英国高等教育机构在校生人数(153.9 万人)少于美国(1095.7 万人),故其留学生人数虽少于美国,所占比例却高于美国。参见文部科学省:《文部科学白书》(2010 年度),第 316 页。

[③] 在 1973 年联合国教科文组织主办的"亚洲地区文化政策会议"上,亚洲各国强烈主张:"必须确保发展中国家的文化独特性。"参见外务省:《我が外交の近况》(第 18 号),大藏省印刷局,1974 年,第 202 页。

制、对外教育开发等方面尚落后于日本。日本教育国际化的经验,可以为我国提供如下启示:

1. 从日本教育国际化的历程中,去理解教育国际化的必然性。因而,应将教育国际化提高到国家战略的高度,各级政府及教育部门通过政策指导、经费支持、扩大宣传等方式,切实加以推行。

2. 从日本教育国际化的内容体系中,充分认识教育国际化的广泛性。一方面在各级教育机构加强国际理解教育,鼓励各级学生出国留学等,以提高我国的"内部国际化"水平;另一方面着力实现对外教育服务的升级,在继续推广对外汉语教育的同时,通过扩大开设英语授课的留学生课程等,提升国内高等教育机构的对外教育服务能力。此外,也要积极拓展各种途径,将我国的教育资源用于世界教育的发展。

3. 从日本教育国际化的问题中,清醒意识到教育国际化的复杂性。既要客观认识与发达国家的差距,奋起直追,又要注意保持"国际化"与"民族化"的适当平衡,处理好两者之间的对立统一关系。

总之,研究日本的教育国际化,总结吸取其经验教训,将有助于更好地推进我国教育国际化的发展。

本文原刊载于《日本学刊》2012年第1期,得到了南开大学亚洲研究中心资助项目(AS0811)的资助。

作者简介:

臧佩红,南开大学日本研究院副教授,历史学博士。1999年南开大学历史研究所硕士毕业并留校任教,曾先后赴日本立教大学、国学院大学、法政大学等留学及合作研究。研究方向为日本近现代史、日本近现代教育史、中外教育比较。主要成果有专著《日本近现代教育史》(世界知识出版社,2010年,获第六届"孙平化日本学学术奖励基金"专著二等奖)、《日本近现代教育政策研究》(江苏人民出版社,2019年);在《日本学刊》《南开学报》《中国教育报》等中外学术杂志及报纸上发表学术论文30余篇。

日本"扭曲神道"与极端民族主义

赵德宇

神道起源于日本先民原始自然信仰,是一种民族宗教。不过,自从神道出现以来,就不间断地吸收外来宗教和思想文化,并不断变换民族信仰与外来文化的组合。宏观而言,至日本战败为止,神道经历了原发的"土著神道"、与外来宗教以及文化交融而变得思想丰富的"融合神道"、剥离所有外来文化之后被扭曲的狭隘的极端民族主义神道三大历史阶段。第三阶段极端民族主义的"扭曲神道",即是本文所论述的主题。

本文使用的"扭曲神道",是指具有极端民族主义共同特征的日本近世出现的复古神道和近代以后形成的国家神道,它们迥异于之前的传统神道。如所周知,神道源于日本古代自然崇拜,其后虽然天皇家族为证明其统治日本的合理性而编制出神皇一系的神话传说故事,但鲜有抵制外来文化的诉求。相反,传统神道不断吸纳佛教、儒家思想等外来文化,丰富了神道文化精神的内涵,形成了神道融汇外来思想的传统。而扭曲神道是对上述传统神道精神的激烈反拨。扭曲神道以复古神道为开端,[①]把传统神道中的外来思想文化作为"异己的他者"进行了非理性、全方位的攻击和排斥,并试图以此建构以神国史观为内核的日本民族的文化认同,使传统融合神道被彻底扭曲而陷入恶性排外、唯我独尊的文化民族主义的思想泥沼。扭曲神道发展到国家神道阶段,不仅承袭了神国史观等复古神道的诸多思想观念,而且将其具象为以忠君爱国和天皇崇拜为核心理念、要求全体日本臣民无条件遵从的国家意识形态,并将其运用于不断发动对外侵略战争的暴力民族主义的行动。简而言之,如果说复古神道尚属于民间学者对内宣扬的文化思想意识,那么国家神道还体现了国家对外扩张的政治意志。

近些年来,国内有关日本神道的研究颇有升温之势,与本文论题相关的著

---

① 在江户时代并非复古神道理论的一统天下,诸多融合神道理论仍然同时存在。

述也不在少数。①诸多论著从各自不同的角度或多或少地触及本文论题中的某些局部问题,对笔者多有启发,并成为本文写作的重要参考。另一方面,这些论著尚没有把复古神道和国家神道作为一个相对独立的整体放在极端民族主义的框架中进行系统研究。日本学界也基本处于这种状态。有鉴于此,笔者以为以"扭曲神道"这一概念为依托来探求从复古神道到国家神道的异常生长机理,或可开拓新的研究路径及研究课题。

与复古神道和国家神道相对应,本文还将近世以来的日本极端民族主义分解为文化民族主义和暴力民族主义。学界对这些概念众说纷纭,褒贬各异,笔者无意参与这种理论性探讨和论争,而是旨在通过这些概念更清晰、深刻地认识扭曲神道由复古神道异化为国家神道的性质的异同和内在逻辑。为避免陷入概念论争,在此仅对本文语境下所使用的文化民族主义和暴力民族主义的含义稍加说明。

大而言之,所谓文化民族主义是指反映在文化领域的民族主义,即"注重的不是民族主义的政治、经济侧面,而是民族主义的文化侧面"。②中国学者概括指出了文化民族主义的若干特性:"把文化民族主义等同于极端复古主义……这种观点认为文化民族主义基本属于一种自我封闭的民族意识……它是一种在其他国家的压力下做出的被迫反映式的民族主义。"③日本学者也给出了相近的界定:"所谓文化民族主义是指民族的文化自我认同意识缺乏、不稳定,在受到威胁时,通过文化自我认同意识的创造、维持、强化,争取民族共同体的再生活动。"④上述界定中的复古主义、自我封闭的民族意识、文化自我认同意识等诸多因素,基本反映了本文所使用的文化民族主义的内涵。此外,上述界定都提及了外部压力对形成文化民族主义的刺激作用,诸如"在其他国家的压力下""受到威胁时",这里的压力显然是指政治、军事压力。但是,在复

①诸如张大柘:《当代神道教》(东方出版社,1999年)、牛建科:《复古神道哲学思想研究》(齐鲁书社,2005年)、王金林:《日本神道研究》(上海辞书出版社,2007年)等;代表性的相关论文,如李秀石《从神道国教化到靖国神社》(《世界历史》1998年第6期)、牛建科《试论国家神道之思想理论渊源》【《山东大学学报》(哲学社会科学版)2002年第6期】、王海燕《日本侵华战争中的国家神道》(《抗日战争研究》2009年第1期)等。

②铃木贞美:《日本的文化民族主义》,魏大海译,武汉大学出版社,2008年,第19页。

③王春风:《文化民族主义研究综述》,《贵州民族研究》2008年第4期。有关文化民族主义的研究状况也可参见该文。

④吉野耕作:《文化民族主义的社会学》,刘克申译,商务印书馆,2004年,第11~12页。

古神道形成之初,外来的压力和威胁似乎还没有那么严重,至少在日本国学家们的著述中鲜有反映,因而如果要谈论复古神道与外部因素关系的话,可以表述为:通过对外来文化的"超越"来建立日本民族文化的认同。

关于暴力民族主义一词,是仅在本文语境中使用的与文化民族主义相对应的用语,顾名思义即暴力与民族主义的结合,可以理解为民族主义的暴力化。简而言之,如果说文化民族主义是依靠"极端复古主义"式的对外来文化的"超越"来试图实现日本民族文化认同的民间文化思想的话,那么暴力民族主义就是通过宣扬神国思想来建立日本军国主义武力霸权的国家政治;如果说文化民族主义是为应对外部强势文化压力而被动抵抗的思想意识,那么,暴力民族主义则是为建立军事帝国而主动对外施加暴力的精神支撑及其行动。

本文旨在对扭曲神道做一番梳理分析,厘清其由文化民族主义的复古神道思想为开端,经"暴力民族主义文本"阶段,最终恶性膨胀为以国家神道为引导的暴力民族主义行动的演化过程,并对战后国家神道意识的复活做扼要的解说。这条历史线索不仅有助于破解近代以来"日本帝国"自我膨胀、与邻为敌、发动对外侵略战争的精神基因,也有助于我们认清战后日本右翼人群的思想根源。

一、复古神道的起始:文化民族主义的生成

文化民族主义是世界各国历史上的普遍现象,但是如果走向极端,即在寻求民族文化认同的同时排斥别国文化甚至与别国为敌,就会异化为一个国家的精神毒瘤。复古神道即是此类典型的历史标本。

复古神道也称"纯神道、古道神道、国学神道、神道复古派"[1]等,是江户时代一些日本著名国学家为对抗中华文化及所有外来文化而创造的一种宣扬日本神皇一体、优于世界万国的神道理论。因而,作为复古神道理论的第一步,就是要颠覆自古以来长期吸纳外来文化而形成的传统融合神道理论及思考路径。宣扬复古神道的日本国学家们为剔除长期沉淀于神道理论深层的所有外来文化,对《古事记》和《日本书纪·神代卷》(先后成书于公元712年和720年,合称"记纪神话")等遵照皇室意志编写的日本古代神话传说做出了随心所欲的演绎。在这个演绎过程中,为确立复古神道核心内容的神国日本的绝对性,

---

① 國學院大學日本文化研究所編:《神道事典》,弘文堂,2007年,第442~443页。

一些日本国学家对影响神道颇深的中国文化进行了重点诋毁和排斥。为此，国学家们索性把神话当作史实，臆造出以神皇一脉相承的神国、皇国史观为依托的日本国至高无上的复古神道理论。这个理论不仅要矮化以中国思想为主的外来文化，而且还要论证由举世无双的神国日本来统治全世界的"原理"。

复古神道由江户时代兴起的国学派生而来。国学本来是一场文学复古主义运动，国学先驱契冲（1640—1701年）认为，神儒佛三教可以融合于和歌之中、"记纪神话"也都是文学作品。但其后继者荷田春满（1668—1736年）、贺茂真渊（1697—1769年）、本居宣长（1730—1801年）、平田笃胤（1776—1843年）等国学大家们，则逐步把国学引向发掘日本民族精神的哲学意义上的论说，"记纪神话"也被他们奉为日本精神之源的"学术经典"。他们为建立日本民族的文化认同，就必须树立日本精神，以消除"外来文化的污染"。由此，曾作为日本文明启蒙助力的中国思想文化首当其冲，成为国学家们主攻的"不能忘记的他者"，这些国学家也异化为复古神道学家。

荷田春满将《日本书纪·神代卷》作为复古神道的原典置于至尊地位，在他看来，"神代卷"记录着原汁原味的日本风情与大和精神，所谓"本朝之道，简化于神代上下卷者也"。[①] 因而，荷田春满面对江户时代儒佛思想在日本知识界居于主流地位的状况忧心忡忡："今也洙泗之学（孔学）随处而起，瞿昙之教（佛教）逐日而盛……神皇之教陵夷，一年甚于一年。国家之学废坠，存十一于千百……复古之学谁云问？"他认为，正是上述现状导致神道被儒佛所污染而面目全非："今之谈神道者是皆阴阳五行家之说，世之讲咏歌者大率圆钝四教仪之解，非唐宋诸儒之糟粕则胎金两部之余沥，非凿空钻穴之妄说则无证不稽之私言。曰秘、曰诀，古贤之真传何有，或蕴、或奥，今人之伪造是多。"在荷田看来，当时的融合神道理论已经完全被儒佛吞噬，背离了日本"古圣贤之真传"，而且多为伪说，因而造成了日本原始"土著神道"的衰败。为此，荷田立志排儒佛之教以复归日本古道："臣自少无寝无食以排击异端为念，以学以思不兴复古道无止。"[②] 荷田春满还预设了复古神道"学说"的结论，即"日本乃神裔所存之国，胜于万国，教亦胜于万国也"。[③] 可见，荷田春满最早发现了通过诋毁中

---

① 荷田春满：《日本书纪神代卷简记》，《荷田全集》（第6卷），名著普及会，1990年，第90页。
② 荷田春满：《创学校启》，《日本思想大系》（39），岩波书店，1972年，第333~335页。
③ 荷田春满：《日本书纪神代卷简记》，《荷田全集》（第6卷），名著普及会，1990年，第63页。

国文化而抬升日本精神的"彼消此长之法",因而成为兴古道而排儒佛的鼻祖,也为其后继者定下了思想基调。

荷田春满的弟子贺茂真渊,遵循乃师预设的思想路径而"言复古之学",并将"神皇之道"作为其学问的重点。贺茂为论证"神皇之道"的至高无上而著书立说,其著述涉及建国神话、古文献、语言、和歌、文章等诸多领域。他把"日本古语"问题作为其论证古道的切入点,将纯洁"日本古语"作为排除"汉意"的首要条件。他认为,汉字的传入阻碍了日本文化精神发达的进程,是导致日本人忘却自身原乡文化的根源所在:"古时虽用唐字,但只用其表音",其后又"使用表意汉字"使日文"犹如汉字之奴",继而日本受汉字影响而又成"其国之奴"。① 在贺茂看来,用汉字书写的日本记事也势必会因浸染"汉意"而逐渐成为中国文化的奴婢。

基于上述认识,贺茂真渊甚至认为以汉字成书的日本第一部正史《日本书纪》全书充斥着"汉意",因而要予以否定,并认为只有《古事记》《万叶集》等少数文献才是"纯粹皇朝之文",②也即原汁原味的日本古书古义。此论与主张以《日本书纪》为国学原典的荷田春满相比,变得更加"纯净"。贺茂真渊发现《万叶集》才是日本古语的源点,所谓:"以古歌……可推知古代之世事……可推想神代之神事。"③他解释说:通过《万叶集》之和歌可知"大和国营造宫殿之际,皇威显于外,宽和成于内……民也一心尊皇",而后"唐风盛行,民不尊上,而显奸猾之心"。④尤其是"中古以后……贵文而贱武,于是吾皇神之道衰微,人心不直矣"。⑤为此,贺茂要恢复"唐风盛行"以前日本传统的统治秩序,即"遵循在天神祖之道,天皇以庄严雄壮为表,臣下专于武勇正直"。⑥此即贺茂真渊设计的神皇一统治理日本的"古道",也即日本精神的根基。

依据日本"古道",贺茂真渊剑指儒家思想:"儒教有所谓道……说在唐国以此理治世,皆属虚言。"观贺茂之论可见,其对于中国文明的态度是不加区分

① 贺茂真渊:《国意考》,《日本思想大系》(39),岩波書店,1972年,第380~381页。
② 贺茂真渊:《邇飛麻那微》,《日本思想大系》(39),岩波書店,1972年,第367页。
③ 贺茂真渊:《国意考》,《日本思想大系》(39),岩波書店,1972年,第381页。
④ 贺茂真渊:《邇飛麻那微》,《日本思想大系》(39),岩波書店,1972年,第358、359页。
⑤ 贺茂真渊:《贺茂翁家集》,《贺茂真渊全集》(第21卷),続群書類従完成会,1982年,第64页。
⑥ 贺茂真渊:《万葉集大考》,《校本贺茂真渊全集思想篇》(上),弘文堂書房,1942年,第148~149页。

的全面否定。其逻辑是:因为日本神皇之道是儒佛之说传来之前就已经自然
生成的理想世界,而"人为虚伪之儒佛"的传入,淹没了"日本古道"。为此,贺
茂极力宣扬"神皇之道"的神圣性,并以此作为清除儒佛等"汉意"的有效工具,
只有清除"汉意",才能复归"日本古道"。不难看出,贺茂在反复自他(日本和
中国)评判的文脉中,试图将原本已然融于神道之中的"汉意"人为切除,并做
出了"贵日本古道而贱外来儒佛"的硬性文化选择。这种文化对立的评判,已
经隐含着厚此薄彼的文化民族主义的意愿。

可以说,荷田春满和贺茂真渊是复古神道的奠基者,他们完成了复古神道
的文化民族主义的立意和"文化布局"。

二、复古神道的归结:极端文化民族主义

本居宣长被认为是复古神道的集大成者,他不仅延续老师贺茂真渊等前
辈的思考路径,还展开了大规模"追根寻源的考证研究",力图将复古神道思想
作为一种"强迫观念",占据日本民族文化认同的核心地位。然而,作为日本神
道之无与伦比的"原典"依据,也即文献学上的考证对象,他仍然毫无新意地选
择了《古事记》,并将其所记神话传说当作事实来加以演绎:"世上所有事物,皆
由产巢日神(包括高御产巢日神和神产巢日神——笔者注)之灵而生成。皇祖
神伊邪那岐、伊邪那美乃由此创始,世间一切事物,皆从此二神而开始。"而天
皇的绝对统治则是由开辟天地的"祖神所定……因天照大神(伊耶那岐命洗左
眼时所生——笔者注)之命,无论天皇之善恶,均无伺机从旁篡夺皇位者"。①
故而,所谓神道乃是"天照大神之道,天皇统治天下之道,且广及四海万国",②
此即"我国神妙之道,较外国所有之道远为纯正高贵之凭证"。③

本居宣长的"溯源考证"已然荒唐,而其要证明的结论更是充满臆测。他
首先用"道"和"教"将国学家的神道思想与中国的儒家思想截然分断,并认为
所谓日本的"道"是自然生成之日本神道,包括"不依德,而惟依血统"④的天皇
家天下制度都是至善之道,而中国的儒家思想则是人为的说教。本居对两者
做出了褒贬分明的价值判断:"神道无教典,乃真道之证也……以教为宗旨者,

① 本居宣长:《直毘霊》,《増補本居宣长全集》(第1卷),吉川弘文館,1926年,第61、59頁。
② 本居宣长:《うひ山ぶみ》,《増補本居宣长全集》(第9卷),吉川弘文館,1927年,第480頁。
③ 本居宣长:《直毘霊》,《増補本居宣长全集》(第1卷)吉川弘文館,1926年,第60頁。
④ 本居宣长:《くずばな》,《増補本居宣长全集》(第5卷),吉川弘文館,1926年,第487頁。

人造之小道也。"① 简而言之,在本居宣长看来,虚无缥缈的"日本之道"是自然形成的朴实大道,而中国古圣先贤之"教"则是违背自然的人为小道,并认为:"(中国的)圣人之道本为治国而作,反成乱国之根。"②

其实本居宣长所说的"自然生成的日本之道"除神话传说之外无凭无据,是名副其实的""人造之道"。正是这凭空想象的"道",在本居宣长那里,成了日本至高无上的依据,所谓:"高天原(日本众神所在的天上的世界——笔者注)者,万国所同戴之高天原。天照大神者,乃治天之神,宇宙间无与伦比……四海万国无不蒙其德光所照,无论何国,亦不能一日片时脱离大神庇荫而可自存者。"③ 可见,在本居看来,无论在空间上还是时间上,日本都是永恒的世界主人。

对本居宣长来说,击败贯通日本历史的中国"圣人之教",是炮制"日本之道"的必要前提。为此,本居必须强行截断中国思想的渗透,把融合神道变为忠实于日本传统的"纯洁"的复古神道。本居不容置疑地宣称:"今之神道家皆以儒道来理解吾邦神道,故而大失神道之旨,愚不可及。"本居批判融合神道的力度之大,甚至殃及日本第一部正史《日本书纪》:"日本书纪文章多造作,且悉汉文书写,故多失古语之意。"④ 可怜《日本书纪》仅仅因为用汉文写成,而遭此不白之冤。本居之所以对作为正史的《日本书纪》弃之不用,反将《古事记》作为论证"日本之道"的"正史",是因为担心《日本书纪》神代卷以外的记载会成为其所论"日本之道"的反证。这种"弃正史而信神话"的"考证研究"和唯我独尊的排外思考路径,凸显出复古神道思想极端文化民族主义的虚幻自恋情结。

如果说本居宣长侧重于论"道",那么自称本居宣长弟子的平田笃胤的复古神道理论重心,则在于"完善"日本祖神创生宇宙的理论,以确立日本祖神之哲学意义上的世界本体地位和日本优于万国的神国——皇国史观。其实平田的所谓宇宙生成论不过是通过对"记纪神话"的随意加工而来,其目标在于论证神国史观的绝对性。《古事记》中并没有言及创世神话中最初出现的"造化三神"之间的相互关系和各自的功能,而平田却解释说:"天之御中主神寂然无为而主宰万物……高皇产灵神、神皇产灵神分天之御中主神之神德而生天地万

① 本居宣長:《答問録》,《增補本居宣長全集》(第6卷),吉川弘文館,1926年,第122頁。
② 本居宣長:《直毘霊》,《增補本居宣長全集》(第1卷),吉川弘文館,1926年,第54~55頁。
③ 本居宣長:《玉くしげ》,《本居宣長全集》(第8卷),筑摩書房,1972年,第5頁。
④ 本居宣長:《蕣庵随筆》,《本居宣長全集》(第13卷),筑摩書房,1971年,第601、605頁。

物并主宰之"，①从而使"造化三神"获得了哲学本体的地位。

平田笃胤还解释说：天之御中主神乃是"阴阳混沌之神体……生皇产灵神之男女二柱神，以二柱神之产灵生成大虚空中难以言状之物，由此分成天日与大地，此乃天地初分之时。"②平田以如此轻而易举地思辨就杜撰出宇宙初生，天地始分的过程。那么，在这个天地衍生过程中，日本被置于怎样的位置呢？据平田的说法，日本处于天地始分前联结"天地间的蒂之处"。③按照平田的说法：天地生成后，最初的国家便是三柱神之嫡系后裔伊邪那岐、伊邪那美二柱神所造之日本，所以日本"位于万国之东头"的太阳初升之地，由于日本是"神所生之国，与万国乃天壤之别……确实为神国"，并称此为"宇宙之公论"。④此等荒诞无稽的日本神国论，就是平田笃胤论证无与伦比之万世一系皇国史观的原始依据。

平田在确立了日本的神国地位之后，接下来便是建立神皇一脉相承的天皇万世一系统治日本的皇国史观。他在论证日本"确实为神国"之后，又从神皇交接节点的天孙下凡，一直讲到19世纪初期："自皇孙迩迩艺命（天照大神之孙——笔者注），至今文化年间（1804—1817年）之天皇，共一百二十代之皇统延绵不断，自世界之初至今，乃如一世……历代天皇乃统治八隅之大君，统治八隅即统治全世界。"⑤由此，平田描绘出神皇一脉、万世一系、国祚无穷的神国——皇国史观。如此悠长的历史推衍，只不过是为了得出事先预设的结论：因为"我天皇是天照大神之后裔"，所以是"现人神"。⑥不仅如此，还因为"皇国即天地之根源，所有事物均较万国为优"，所以"日本之天子实为统治四海万国之真天子"，"世界万国都要服从皇国是不言而喻的"。⑦这就是平田笃胤创造的"日本统治世界的原理"。

要使日本优于万国之论站稳脚跟，平田还必须搬掉一块"绊脚石"，那就是要推翻一个自古以来的历史常识，即日本是通过不断摄取中国文化的养分而

① 平田笃胤：《本教外篇》，石田一良编集：《神道思想集》，筑摩书房，1970年，第302页。
② 平田笃胤：《玉襷》，《新修平田笃胤全集》（第6卷），名著出版，1977年，第147页。
③ 平田笃胤：《霊能真柱》，《日本思想大系》(50)，岩波书店，1973年，第34页。
④ 平田笃胤：《古道大意》，《新修平田笃胤全集》（第8卷），名著出版，1976年，第29页。
⑤ 平田笃胤：《悟道辨》，《新修平田笃胤全集》（第10卷），名著出版，1977年，第562页。
⑥ 平田笃胤：《玉襷》，《新修平田笃胤全集》（第6卷），名著出版，1977年，第4、543页。
⑦ 平田笃胤：《古道大意》，《新修平田笃胤全集》（第8卷），名著出版，1976年，第47、48、82页。

逐渐演进为文明社会的。为此,平田又开始编造天方夜谭的故事了。其方法可谓简单易行,即把中国上古传说记事一律收归日本所有,于是中国人的祖先都被变为"记纪神话"中的日本神了。平田笃胤言之凿凿地说:"汉土盘古之后有三皇五帝。三皇者,天皇即天皇大帝或天皇上帝,即日本神典之伊邪那岐命;地皇即伊邪那美命;人皇即速须佐之男命(天照大神之弟——笔者注)。又以伏羲氏为东王父,当神典之大国主命(与高天原相对的地上之国苇原国的主神——笔者注);女娲氏为西王母,当须势理毗卖命(大国主命之妻——笔者注)。"而"盘古氏实即皇产灵大神,燧人氏实即大国主命大神"。[1]平田的这些故事虽然荒唐,但可以从根本上颠倒中日两国文明发生的顺序,如果连中国人的祖先都是日本的神,那么日本文明怎么会来自中国呢?

由上述可见,平田笃胤之论将复古神道理论进一步神秘化、随意化、"体系化",如果说本居宣长的话语还"有据可考"的话,那么平田笃胤的说法就是随心所欲地编造了,从而使复古神道变得完全无视学术和理性,走向文化民族主义的极端。

上述历代日本国学巨头们的复古神道理论虽然各有侧重,但他们的思想路径是一致的,那就是站在日本文化民族主义的立场,以日本民族之伟大和中国文化之不堪为论题,反复两相比对,从而编制出以"大日本而小中国"为主题、以日本优于万国为结论的极端文化民族主义的复古神道体系。及至明治政府建立,复古神道理论终于被天皇制国家全盘继承,幻化为统治整个日本民族精神的国家神道。

三、在复古神道与国家神道之间:暴力民族主义的文本

在从文化民族主义的复古神道转向暴力民族主义的国家神道的过程中,有一个引人注目的桥段,即"暴力民族主义的文本"阶段。这个"文本"的目标已不仅仅是志在"超越外来文化"的民族文化认同,而是附加了颇为具体的对外武力征服的具体方案。之所以把这个"文本"看作一个历史桥段,是因为它与复古神道思想相比增加了对外实施暴力的欲求,而与国家神道相比还停留在民间学者的文论阶段。另一方面还必须看到,近代以后,国家神道统驭下的日本军国主义国家不折不扣地贯彻实施了这个文本。

---

① 平田笃胤:《悟道辨》,《新修平田笃胤全集》(第10卷),名著出版,1977年,第563页。

这个暴力民族主义文本的作者,就是江户时代后期百科全书式的学者佐藤信渊(1769—1850年)。尽管前述日本国学家们对日中两国文化进行了非理性的褒贬,但毕竟还停留在日本优于万国的精神层面的民族自恋,而佐藤信渊不但堂而皇之地用西洋近代科学思想诠释其荒谬的神国史观,而且还赋予神道对外武力征服的功能,越过了学者本应严守的底线。然而,在关于扭曲神道的研究中,"佐藤文本"作为承上启下的重要环节,迄今为止一直是个盲点。为此,有必要考察佐藤信渊由文化民族主义导出暴力民族主义的"佐藤文本"体系。

佐藤信渊曾随平田笃胤学习国学和神道,并兼通以近代西洋科学技术为主要内容的兰学,而最终把复古神道作为其学问根基。可见,佐藤的学问体系集科学和迷信于一身,这也使其思想显得颇为诡异。佐藤用他所掌握的科学天文学理论,在《天柱记》中论证了他的神国史观和日本中心主义:"近来读皇国神代诸纪,始知旋转天地发育万物而为造化之首者,皆系于我皇祖产灵神搅回之神机矣……于是乎,就天地之运动而推自然之定理,发见皇祖天神溶造天地之规则,有一大纲四定例,为盘古不易之天纪也。一大纲者,乃太初产灵大神搅回之一元气,赖此运动之妙机,重浊早脱行走至远之城,轻清迟分止于至近之郭。四定例者:一曰运动,二曰旋回,三曰迟速,四曰形体。此一大纲四定例者,乃产灵大神天地溶造之规则、天文历数之基础、万物化育之本原也。"①

上述宏论不乏近代早期天体物理学之理论,但是其所述之"天纪"的主要依据却只不过是"太初产灵大神搅回一元气"。②此说不过是以日本天神的宇宙神创论替代了基督教的上帝创世说。在西洋,近代科学天文学是击败了基督教的神创论才得以健康发展的,而佐藤却又将西洋近代科学天文学抛回到遥远的"神代"。他对于复古神道理论的"创新",不过是为强迫人们信奉神国观念的真实性而绑架西洋近代科学而已。"大地之成就最初,天孙之天降以来,皇祚连绵无穷,与天地共悠久,实万国之基本……外国皆为皇国形成之后,渐渐潮泡凝结而成土地,因之其国开辟晚,自不待论。"③至此,佐藤信渊的日本优越论跃然纸上,与其前辈国学家们的"宏论"并无二致,所不同的是佐藤的前辈

---

① 佐藤信渊:《天柱記》,《日本思想大系》(45),岩波书店,1977年,第364~365页。

② 伊耶那岐和伊耶那美二神用天矛搅动海水,然后由矛滴下之海水形成岛屿,以此象征创生世界。参见安万侣:《古事记》,周作人译,中国对外翻译出版社,2001年,第4页。

③ 佐藤信渊:《天柱記》,《日本思想大系》(45),岩波书店,1977年,第366页。

们把日本传统神话直白地说成事实,而佐藤则是用西洋近代科学理论将神话论证为事实。

接下来,佐藤信渊便开始仿照平田笃胤,为贬低中国的历史地位而改编中国古代神话传说:"中国之说曰,太古之初,有称盘古氏之神造此天地,日月即盘古之双眼。此应为对我伊奘诺(即伊耶那岐——笔者注)大神禊祓之时双目生日神(天照大神——笔者注)、月神之古说之讹传。有称女娲氏之女神为世界之王,有称共工氏之神与其相争,战不能胜而自以头触撞不周山而死……此乃天照大神与须佐男神事之讹传。"①佐藤还不容置疑地提出,世界上所有具有悠久文明史国家的创世神话都不足取,总之:"天地开辟之说,任何国皆荒唐,唯皇国之古传有实证为据。故而,予祖述于此,以为穷理学之根基……其他人世之经济、日用之要务,皆会朗然自明其理。"②可见,佐藤之论颇有日本是世界和人类本体的意味,只要理解这个本体论,则所有日常经世致用之学就会"豁然开朗"了。

佐藤信渊之论,对其前辈之说肆意生发,以至于把日本祖神创生论看作"穷理学之根基",使其上升到自然科学和哲学本体的高度。看来,佐藤似乎意识到其前辈们"论证"的神国史观缺乏说服力,所以征用自然科学的话语来强化日本神国史观和神国日本天下独尊之谎言的"真实性"。按照佐藤的逻辑,既然神国日本处于至高无上的绝对优越地位,那么由日本统治全世界也是"自明之理"了。随着这条"思考路径"的进一步延伸,终于生成了由神国、皇国之日本武力侵夺中国东北、征服中国、统治世界的"宏大战略"。

佐藤信渊所著《混同秘策》开篇即云:"皇大御国(日本国——笔者注)乃最初形成大地之国,世界万国之根本……全世界悉应为郡县,万国之君长皆应为臣仆。"该"宏大战略"首先剑指中国东北:"经略他邦之法,应始于弱而易取之地。而今世界万国之中,皇国易攻之地",莫过于中国东北,"虽不知何时可得,但终为皇国所有,定而无疑",若是能夺得东北,中国全国就会"由此而衰败",继而朝鲜、中国可图。佐藤还具体制定出以中国东北为基地吞食全中国的策略。佐藤甚至还提出了利用反清复明意识统治中国的险恶谋略。③

---

① 《古事记》载,须佐男为天照大神之弟,曾与天照大神相争,斗败而下凡界。

② 佐藤信渊:《天柱记》,《日本思想大系》(45),岩波书店,1977年,第366~367、383页。

③ 佐藤信渊:《混同秘策》,《日本思想大系》(45),岩波书店,1977年,第426、430~431、472、435~436页。

在佐藤信渊看来,征服中国和世界简直就是易如反掌:"只要调度得法,不过五、七年,必可使其土崩瓦解……"如能征服中国,"诸如西域、暹罗、印度及侏离鴃舌衣冠诡异之徒,岂能不慕德畏威稽首匍匐以为臣仆乎? 故而,由皇国混同世界万国并非难事"。①

佐藤信渊的"抱负"可谓表露无遗,虽然深恨生不逢时,但他坚信其身后必有"混同世界"野心的后来者,并对"后来者"寄予厚望:"窃有囊括六合之意,怎奈家贫年老。于是笔录此书,题名混同秘策,聊记垂暮之郁愤,固封以留与子孙。嗟乎,后来之英主,有志于鞭挞宇内者,先熟读此编,思过半者矣。"② 后来的"子孙英主"们没有辜负佐藤信渊的期盼,有百年后的《田中奏折》为证。《田中奏折》的对外侵略扩张步骤与"佐藤文本"如此雷同,似乎在向人们证明扭曲神道的历史延续性。

"佐藤文本"为近代日本提供了以神国—皇国史观为"理论依据"和精神依托发动对外侵略战争的完整战略方案,国家神道的出现已经是"万事俱备",只待天皇重新登上历史舞台了。

四、国家神道:暴力民族主义的实施

国家神道直接承袭了复古神道和"佐藤文本"的衣钵,但又具有新特征。一般认为,国家神道是"从明治维新到第二次世界大战战败为止,作为国家意识形态基础的宗教,事实上的日本国教"。战后占领军制定的"神道指令"中指出了国家神道的强制性:"本指令中意味之国家神道用语,乃是指依据日本政府的法令,区别于宗派神道或教派神道的神道之一派……非宗教的国家祭祀的神道之一派。"③ 有中国学者认为国家神道体制"是一种兼具政治与宗教双重性的国教制度,亦是君权与神权、政权与教权合二而一的政治制度"。④ 我们可以从以上各家的解释中窥见国家神道的实质,即国家神道与其说是一种宗教,莫如说是一种由国家法令强制推行的国家政治意识形态。

国家神道与近代天皇制国家的对外侵略扩张宣传和行动形影相随,对日本臣民实行精神愚民统治,从而把为天皇制国家献身变为日本臣民的自觉,并

---

① 佐藤信渊:《混同秘策》,《日本思想大系》(45),岩波书店,1977年,第427~428页。
② 佐藤信渊:《混同秘策》,《日本思想大系》(45),岩波书店,1977年,第436页。
③ 國學院大學日本文化研究所編:《神道事典》,弘文堂,2007年,第129、137页。
④ 张大柘:《宗教体制与日本的近现代化》,宗教文化出版社,2006年,第1页。

最终将数以百万计的臣民推入无休止的战争深渊。可以说,近代以来表现为歇斯底里地对外侵略扩张的日本暴力民族主义是依赖国家神道这一精神兴奋剂来实现的,因而有必要厘清国家神道的历史及其蛊惑民众的精神统制机理。

1853年美国舰队叩关,日本社会陷入剧烈的政治动荡,被武家政权压抑而赋闲约6个半世纪的天皇再次被推上政治舞台。经"大政奉还"和"王政复古"而建立的明治政府,于明治元年迅速发布了一系列树立天皇权威的政令。

明治元年(1868年)3月13日宣告重建古代天皇制的祭政一致统治体制,恢复与太政官相并列的神祇官制度:"此番据神武("记纪神话"所记传说中的第一代天皇——笔者注)创业之基王政复古,诸事一新,恢复祭政一致之制度。首要乃于再兴、组建神祇官,以逐次复兴诸祭典。此旨布告五畿七道,复归往古……普天下之诸神社神主、祢宜、祝、神部等,此后皆附属于神祇官。"① 毋庸赘言,此布告的主旨在于复古,它是在宣示"王政"要掌控全国所有神社乃至民间神道信仰。3月14日,睦仁天皇率群臣祭告天地,宣示以"大振皇基"为最终目标的《五条誓文》。3月15日,太政官发布《五榜告示》,其中规定"严禁天主教"。3月17日,神祇事务局公布"神佛分离令":"此番全国之大小神社需废止神佛混淆之现状,别当、社僧之辈,须还俗而为神主、社人,以侍奉神道。"② 由此,由国家政令强制实现了几代复古神道学家们孜孜以求的"纯洁神道"的夙愿。

同年10月,睦仁天皇参拜冰川神社,诏书曰:"崇神祇,重祭祀,乃皇国之大典,政教之基本。然自中世以降,政道渐衰,祀典不举,遂致纲纪之不振,朕深慨之。今方更始之秋……亲临视政,将先兴祀典,张纲纪,以复祭政一致之道。"③ 这道诏书乃告慰中世以来饱受压抑的历代天皇,可谓明确复辟天皇制统治的宣言书。

明治政府为切实树立天皇的权威,还在全国范围内发动了以国家权力推行的"大教宣布"运动,旨在恢复幕府统治以来被淡忘的天皇正统地位,其宣传主题不过是确立天皇万世一系的神格,灌输神皇一体的皇国思想。1870年1月发布的"大教宣布"诏书中宣称:"朕恭维天神天祖,立极垂统,列皇相承,继之

---

① 歴史学研究会编:《日本史史料》(4),岩波書店,1997年,第81页。

② 内阁官报局编:《法令全書》(第3册),内阁官报局,1887年,第108页。别当:建在神宫神社中的佛教寺院;社僧:别当中的僧人。

③ 村上重良:《国家神道》,聂长振译,商务印书馆,1990年,第79页。

续之。祭政一致,亿兆同心……然中世以降,时有污隆,道有显晦。兹者天运循环,百度维新,宜明治教,以宣扬为神之大道也。"① 同年3月专门设立了管辖全部神社和佛教各宗派以及民间宗教的教部省,并于翌年制定了《三条教则》:"应体现敬神爱国之旨、明天理人道、奉戴皇上遵守朝旨。"② 1872年太政官公告将神话传说中的神武天皇即位的日子1月29日(1873年改为2月11日)定为"纪元节",由此进一步强化了天皇绝对权威在日本臣民心中的位置。

通过上述法令和"大教"教化运动等步骤,将被重塑的天皇权威逐步植入了日本人的精神信仰生活,可以说无论从思想上还是制度上,国家神道已经初步形成。其后,"大教"虽然在自由民权运动的社会政治氛围中有所淡化,但是1889年颁布的《大日本帝国宪法》最终确认了作为国家神道核心的天皇至高无上的地位。其第一章第1条和第2条明确载明:"大日本帝国乃由万世一系之天皇统治之","天皇神圣不可侵犯"。这部近代公布的宪法虽然不得不提到"信教自由",但第二章第28条又规定:"限于日本臣民在不妨碍安宁秩序以及不违背作为臣民义务之情况下,有信教之自由"。第31条规定:"本章所列条规在战时或国家事变的场合,不得妨碍天皇大权之施行。"③ 上述条文实际上是赋予了天皇可以随时取消信教自由的权力,为国家神道的一统天下提供了宪法级别的保障。此后所有宗教相继受到限制,包括民间神道信仰最终都成为国家神道的"翼赞宗教"。

确立天皇的绝对权威之后,1890年又颁布《教育敕语》强制推行以忠君爱国(忠于天皇、热爱皇国)的思想理念,并以此作为规范全体日本臣民的行为准则:"朕唯我皇祖皇宗肇国宏远,树德深厚。我臣民克忠克孝,亿兆一心,世济厥美。此乃我国体之精华,而教育之渊源亦实在于此。尔臣民……一旦有缓急,则应义勇奉公,扶翼天壤无穷之皇运……斯道实我皇祖皇宗之遗训,子孙臣民俱应遵守。"④

《教育敕语》是公认的日本近代"教育宪法",其中所称"国体之精华"就是以皇祖皇宗为肇始的神国、皇国观念,因为天皇是神的后代,所以全体臣民不但要克己尊皇,还"应义勇奉公"(御用学者井上哲次郎明确将此解释为"为国

---

① 内阁官报局编:《法令全书》(第5册),内阁官报局,1887年,第1页。
② 石田一良:《日本文化史—日本の心と形》,東海大学出版会,1994年,第255页。
③ 东京法律研究会编:《改正帝国法律全书》,井上一书堂,1907年,第6~9页。
④ 大久保利谦编:《近代史史料》,吉川弘文館,1965年,第425页。

捐躯")。这种愚民教育是从小学开始的,在校师生每天课前都要一起诵读《教育敕语》,并齐唱颂扬天皇千秋万代的《君之代》,教室还必须悬挂天皇和皇后像。近代以来天皇制国家之所以能随心所欲地把日本臣民投入战场,就在于日本的学校教育把学生培养成毫无独立人格、唯皇命是从、甘愿"义勇奉公"的"机器人"。如果说国家神道有教典的话,那么要求臣民灭己奉公的《教育敕语》就是最可怕的教典。

其实,国家神道并没有超出江户时代复古神道的新鲜理论,因而也只有不断重复子虚乌有的"国体精华",以将其注入日本臣民的血液之中,变成臣民的"自觉"。除此之外,就是建立举行国家神道活动的象征性的实体设施。早在1869年,东京就建立了招魂社,"祭奠自幕府末期以来死于内战的'官军',也就是明治新政府军3588名阵亡者"。① 招魂社于1879年更名为靖国神社,之后凡是为天皇国家而死者都被祭奉在这里,靖国神社遂成为日本军国主义国家的祭坛。1906年又规定军人出征和归来时必须参拜靖国神社,靖国神社成为激发"大和魂"的魔域和蛊惑对外侵略战争的暴力民族主义的心脏。

1931年日本武力吞噬中国东北之后,国家神道更是恶性膨胀,肆意鼓吹神国必须武力统治世界的"大和梦",并不断将其变为战争暴力行动。有如日本学者所言:"旨在征服世界的圣战正当化占据了国家神道教义的中心……随着大日本帝国开始侵略亚洲大陆,就发展成了所谓日本拥有征服、统治其他民族、其他国家的神圣使命这种可怕的教义。"② 1940年是所谓神武天皇即位2600年,日本政府借机将天皇崇拜推至顶峰,以支持"圣战"。神祇院曾诠释了发动征服世界之"圣战"的原始根据:"大日本帝国乃我皇祖天照大神肇造之国……历代天皇均常与皇祖为一体,身为现世神而治理圣世……施于中外而不悖者,唯神之大道也。"③ 而作为"施于中外而不悖"的历史依据,竟然是莫须有的神武天皇诏书中所说的"兼六合以开都,掩八纮而为宇"。于是"八纮一宇"成为神国日本的"神圣抱负",即不仅要建立"大东亚共荣圈",更要由天皇代表神国日本来统治全世界。在军国主义国家政权的恶性炒作之下,日本臣民也将此变为一种自觉,忍受着战争带来的生活困苦和妻离子散的精神剧

---

① 高桥哲哉:《靖国问题》,黄东兰译,生活·读书·新知三联书店,2007年,第126页。
② 村上重良:《国家神道》,聂长振译,商务印书馆,1990年,第167页。
③ 神祇院编:《神社本義》,印刷局,1944年,第1~3页。

痛,前线士兵在这些痛苦之上,还要展现他们对敌的"勇敢"和惨绝人寰的杀戮。他们认为这是在建立皇国伟业中实现了自身的"价值"。这种末日景象足以证明日本臣民在精神和肉体上,完全成为国家神道驱使下的精神奴隶和战争暴力的机器。

至此,在国家神道的引导下,大日本帝国几乎完整地实现了复古神道和"佐藤文本"的目标设计,然而故事的结局却是"神国日本"一败涂地。这大概是复古神道学家们不曾想到的结局。

国家神道无疑是一次逆历史文化发展方向的反动,就连一贯倡导思想自由的美国人也明确地提出:"把国家神道看做是必须根绝的敌人。"[①] 1945年12月,盟军总部(GHQ)发出"神道指令",废除国家神道,实行彻底的政教分离。1946年元旦,裕仁天皇颁发诏书称:"朕与尔等国民之间的纽带,始终依互相之信赖及敬爱联结,并非单凭神话和传说而产生。亦非基于以天皇为现世神,且将日本民族视为优越于其它民族之民族,进而具有可以统治世界命运之架空观念。"[②] 此即宣布日本天皇走下神坛的"人间宣言",凭空杜撰的国家神道思想不攻自破。1946年2月2日,神祇院被正式撤销。1947年5月3日实施的《日本国宪法》第二十条第三款明确规定政教分离——"国家及其机关均不得进行宗教教育及其他任何宗教活动",统治日本80年的国家神道体制寿终正寝。

五、战后国家神道意识的复活及"扭曲神道"的史鉴

以上,对日本扭曲神道的历史三部曲,即文化民族主义、暴力民族主义的文本、暴力民族主义的行动做了扼要的梳理分析。然而论题至此还不能结束,因为虽然作为制度层面的国家神道体制已不复存在,但其魂魄犹存,所以必须予以充分的重视。

战后以来,日本各界人士对那场战争进行了痛定思痛的反省,作为战前国家神道核心观念的忠君爱国等"日本式爱国心"已为日本社会所不齿,加之《日本国宪法》第九条做出放弃战争的保证,日本与各受害国人民达成了一定的和解。然而,国家神道意识从来就没有被彻底肃清。就在战后初期的1946年因

---

① ロバート・バーロウ(Robert Ballou):《神国日本への挑戦——アメリカ占領下の日本再教育と天皇制》,生江久訳译,三交社,1990年,第5页。
②《官報号外》,1946年1月1日,大蔵省印刷局。

日本共产党组织的游行队伍中打出了"维护国体天皇终日饱食,人民却饥饿而亡"标语,日本统治当局居然判处当事人"不敬罪",而该罪名是战前《大日本帝国宪法》中第74条的规定,换言之"不敬罪"被认为是以法律的形式强制日本臣民信奉国家神道。之后,因为包括"不允许日本检察官以'不敬罪'起诉被告"的"麦克阿瑟声明"的坚决态度而废除了维护国家神道的"不敬罪"。虽然该事件的结局是废除了"不敬罪",然而事件本身却提示人们,战后日本当局并没有对国家神道意识进行主动的反省,这无疑是一个不祥之兆。战后"象征天皇制"的保留,更给日本国民一种天皇无罪的错觉,无意中为国家神道的复活留下了空间,"留下了一个注定要恶性膨胀的'癌肿'"。① 随着战争创伤的逐渐愈合,日本国民似乎已经遗忘了当年的战争伤痛,于是国家神道意识的阴影重现江湖。篇幅所限,在此仅举出若干象征性的事件,以示关注。

早在20世纪50年代就有人试图重新将靖国神社与日本国家捆绑到一起,到60年代右翼分子终于忍耐不住挑起了靖国神社恢复国营化的事端。1962年曾被远东军事法庭判处无期徒刑的甲级战犯贺屋兴宣出任"日本遗族会"会长,抛出一份旨在恢复靖国神社国营化的文件《靖国神社国家护持纲要》,并要求国会通过。该文件明显违背战后宪法"政教分离"的原则,自然遭到日本各界的强烈反对。然而,自民党却支持了这一违宪的无理要求,自民党内的"遗族议员协议会"甚至还成立了"关于靖国神社国家护持小委员会",并提出"尊重靖国神社的历史和本质不变"的提案,虽然至今没有实现,但多年来这股势力一直没有停止过活动。② 据统计,"从1952年第13届国会至1975年第76届临时国会,自民党共在18次国会上提出靖国神社法案,有关议案达49件,极力促动恢复靖国神社与国家的直辖关系"。③ 鉴于遗族会和自民党上述执着的政治活动,以及众所周知的甲级战犯合祀靖国神社和多届总理大臣参拜靖国神社的事实,加之下述佐藤内阁强行通过"建国纪念日"的实例,人们不得不担心有朝一日靖国神社会重新彻底恢复战前作为国家神道心脏的"历史本质"。

可以说,1967年"建国纪念日"的规定是具有国家神道死灰复燃象征性质

---

① 孙政:《战后日本新国家主义研究》,人民出版社,2005年,第95页。有关该事件的详情参见该书第90~94页。

② 参见王希亮:《战后日本政界战争观研究》,社会科学文献出版社,2005年,第106~118页。

③ 李秀石:《从神道国教化到靖国神社——论日本近现代史的祭祀政治》,《世界历史》1998年第6期。

的事件。1873年为"记纪神话"中的神武天皇即位而设定的"纪元节"（2月11日）是作为国家神道最核心内容的皇国史观的象征性节日，因而日本战败后被明令取消。然而自20世纪50年代开始就有诸多右翼团体结成"纪元节奉祝会"，要求恢复"纪元节"。虽然这一要求遭到日本社会的普遍反对，但右翼团体并不甘心，经多年四处活动，终于在1967年由佐藤荣作内阁强行通过，将2月11日定为"建国纪念日"，恢复了曾作为国家神道象征性节日的"纪元节"。由此，不难看出试图复活国家神道思想的政治势力已经不容忽视。

进入21世纪，留恋战前大日本帝国的"爱国者"势力有增无减，他们不但拒绝反省战争罪行，甚而重温战前的皇国之梦。扶桑社出版的《新历史教科书》作为新世纪"爱国者"的先导，已经表露出重建战前神国史观的意向。该书先是做出诱导："在中国和日本，都没有记载大和朝廷始于何时何地的当时的记录。但是《古事记》和《日本书纪》留下了如下的传承……"①之后便堂而皇之地大谈"记纪神话"中天照大神及神武天皇统一日本成为第一代天皇的故事。人们不会忘记，二战前日本的历史教科书甚或日本学术界都是以所谓的神武天皇统一日本的公元前660年为日本皇国历史开端的，法西斯主义理论家大川周明更是将其著书直接名曰《日本二千六百年史》。由此可以窥见，《新历史教科书》作者以神话传说入史的"曲折叙述"，是要告诉日本国民大和朝廷起源于天照大神和神武天皇，这不能不令人联想起战前充斥神国史观的日本历史教科书。

近来更有一批右翼政要公开效仿当年颠倒历史的复古神道学家们，肆意否认日本曾经犯下的诸多反人类的战争罪行。他们把为侵略战争而战死的日本战犯看作是日本的民族英雄，参拜战前国家神道心脏的靖国神社是他们否认侵略战争的"标准动作"。很明显他们已经下定决心，宁可与反对参拜靖国神社的包括美国在内的国际舆论为敌，也要召回战前日本臣民的"爱国心"。更有甚者，2013年4月28日在日本主权恢复日纪念仪式上，日本内阁首相及与会者齐声高呼久违近70年的"天皇陛下万岁"的口号，就连在场的明仁天皇也颇显惊愕。人们不得不发问，这是否是在引导当代日本民众重温国家神道精神统治下的"大日本帝国的辉煌"。这股社会逆流无异于在试演国家神道的历

---

① 西尾幹二ほか:《新しい歴史教科書》(市販本)，扶桑社，2001年，第36页。该书出版当时就遭到学者们的批判，但批判大多聚焦于该书的近现代部分，而忽略了该处的表述。

史悲剧,不得不令人回忆起日本战败初期美国学者的警示:"在1945年的时点上,即使军国主义日本能够被征服,但支撑它的神道(此处指国家神道)依然是没有被征服之敌。"① 看来,该论断至今依然有效。

行文至此,需对"扭曲神道"再做几点提示,或可为史鉴。

(一)扭曲神道完全背离了传统神道文化精神

正如有日本学者指出:"有一种对被说成是日本民族精神之类的观念,赋予'神道'之名的倾向,其实完全是'神道'一词的滥用。"② 具体而言,复古神道背叛了积极摄取外来思想文化的融合神道的开放精神,从而变得与邻为敌;而国家神道与通过敬拜"八百万神"以祈福免灾求得身心健康的平和的民间神道信仰背道而驰,成为禁锢民众精神生活实行愚民政策的工具、蛊惑对外发动侵略战争的精神毒素。据此,需要人们把扭曲神道与日本传统神道区分开来。

(二)扭曲神道是对学术的亵渎

历史上,复古神道者们的诉说似乎在不断加强学术语境,诸如本居宣长的"索引考证"之法和佐藤信渊的"运动定例"之说等,但是由于他们的思想植根于极端民族主义的扭曲神道,因而注定了他们的结论总是与科学的理论逆向而行。幕末维新时期思想家佐久间象山对本居宣长所著《古事记传》所作的评价,有助于我们理解日本国学家们的复古神道理论:"此书大意,怪妄迂谬,固无足论。予尝谓,孟子所云,诐淫邪遁,蔽陷离穷,宣长实兼之矣。然于名物训诂,引征该备,虽稍失之炫博,而本本原原,具有根据,亦非他人所及。"③ 简而言之,日本国学家们对古代日本名物的训诂考据无人可比,但所论"大意"则皆不足取。正是复古神道的"大意"阻断了他们正常的学术思维,不但抵消了"名物训诂"的成果,而且亵渎了学术,使他们的"学问"最终被后人异化为对外武装侵略的精神工具。可见,本应受社会尊重的精英学者与极端民族主义的苟合,将会给人类造成更加恐怖的灾难。它告诫知识界须臾不可忘记这一惨痛的历史教训。

---

① ロバート・バーロウ(Robert Ballou):《神国日本への挑戦——アメリカ占領下の日本再教育と天皇制》,生江久訳译,三交社,1990年,第5页。

② 津田左右吉:《日本的神道》,邓红译,商务印书馆,2011年,第7页。

③ 佐久間象山:《跋古事記伝》,《日本思想大系》(55),岩波書店,1971年,第422页。

（三）扭曲神道积累了反动的精神能量

扭曲神道从近世的复古神道到近代的国家神道一脉相承，不断聚积唯我独尊和敌视别国的"精神能量"。国家神道就是复古神道的国家意识形态化和基于"佐藤文本"的暴力民族主义的行动化，不仅具有复古神道的编造性和欺骗性，而且还凸显出其奴役性和残酷性等诸多邪恶特性。日本臣民被剥夺了自然人性，被模造成天皇制军国主义国家的精神奴隶和战争工具。历史告诫人类，放任极端文化民族主义恶性膨胀会造成多么可怕的结局。这也正是笔者关注战后国家神道动向的原因。

（四）国家神道的反近代性

国家神道虽然形成于近代，但却没能与近代思想与时俱进，反而与历史进步渐行渐远，并决定了日本天皇专制国家政治反近代的封建性。可以说，诸如神国思想、国权思想、大和魂、法西斯主义、爱国心（热爱皇国）等极端民族主义的"日本精神"，都离不开国家神道的支撑。国家神道反历史、反人类的反动性，注定了"大日本帝国"非但不可能实现其"大东亚共荣圈"和"八纮一宇"的迷梦，反而因疯狂的侵略战争而丧失了明治以来的现代化成果。笔者之所以提出这个问题，是因为生活在21世纪今天的日本右翼群体和右翼政要们也正在逆历史潮流而动，使人们感到战前国家神道统制下的日本似隐约可见。上述右翼势力不仅试图召回国家神道精神而与邻为敌，更不遗余力地要修改和平宪法，推行军备扩张政策。这一切必须引起人们高度警觉，警惕国家神道统治时代日本帝国实施对外暴力扩张的历史悲剧的重演。虽然有战前的前车之鉴，而且尚不能断定今天的日本是否会回到战前，但为杜绝历史灾难的重演，不但日本国民不应忘却那段惨痛的历史记忆，整个人类都应牢记那场空前的历史浩劫。

至此，笔者以日本学者的真情劝诫来结束本文的议论："对于错误的思想应当探明其错误的根源……为什么会犯这样的错误？只有进行这种深入的探究，才能真正地以史为鉴。"[1]

---

[1] 铃木贞美：《日本的文化民族主义》，魏大海译，武汉大学出版社，2008年，译序第5页。

本文原刊载于《日本学刊》2014年第4期,得到了教育部人文社会科学重点研究基地重大项目"东亚三国早期西学演化路经研究"（12JJD770024）的资助。

作者简介：

赵德宇,1954年生于天津市。南开大学历史学博士。1990年入职南开大学,从事日本文化史、日本近世史的教学和科研工作,任日本研究院研究员、博士生导师,2021年退休。出版著作:《西学东渐与中日两国的对应》（世界知识出版社,2001年）、《日本近世与近代文化史论》（江苏人民出版社,2019年）等。中国日本史学会思想文化史分会会长,多次赴日本早稻田大学、东京大学等多所大学从事研究、演讲、学术交流活动。

战后日本农产品市场开放的历史考察

温 娟

2014年4月3日,美国贸易代表迈克尔·佛罗曼在下院财政收入听证会上表示,将在环太平洋伙伴关系协定(TPP)①谈判中强烈要求日本开放农产品市场,指出日本能否向其他加盟国提供一揽子市场准入机会已经成为目前谈判的焦点问题。然而,自2013年3月安倍政权决定加入环太平洋伙伴关系协定,并于同年7月首次出现在环太平洋伙伴关系协定第17届扩大谈判②会议上至今,日本政府基本坚持2013年参议院选举时自民党公约的立场,即坚守"五种重要农产品——米·大小麦·肉类·乳制品·糖类"的高进口关税。由此可见,日本在环太平洋伙伴关系协定扩大谈判中的关键问题之一是能否守住上述五种重要农产品的进口关税,无疑这也是日本农产品市场能否完全打开的关键问题。

二战后日本农产品市场不断受到国际贸易自由化浪潮的冲击,农产品进口总额从1966年的约1.2兆日元增加至2011年的约5.6兆日元,与此同时,日本的农产品自给率亦从1966年的68%减少至2011年的39%,③在发达国家中居最低水平。原日本农林水产省农林水产审议官盐饱二郎在《农产品贸易自由化进展》一文中,对日本战后的贸易谈判作了如下评价:"过去50年我国经历了各种各样的贸易谈判,其间面对来自农产品出口国的扩大农产品市场准入

---

① 其前身是2005年6月,在新加坡、文莱、智利、新西兰间签订的经贸协定,全文为"环太平洋战略经济伙伴关系协定",即Trans-Pacific Strategic Economic Partnership Agreement, TPSEP。2008年2月美国首次表示希望参加该协定,同年9月美国总统奥巴马将该意向通报国会,2009年11月美国正式声明并成为第一个加入扩大谈判的成员。之后澳大利亚、越南、秘鲁、马来西亚、加拿大、墨西哥、日本等国家先后加入。目前该协定的加盟国由原来的4国增加至包括日本在内的12个国家,全称为环太平洋伙伴关系协定,即Trans-Pacific Partnership, TPP。

② TPP协定第20章最终规定第1条中明确指出:"在未达成其它共识的基础上,本协定将增加与投资、金融等相关的章节;为此将在本协定生效最少两年之后,开始相关扩大谈判。"引自Trans-Pacific Strategic Economic Partnership Agreement。

③ 此处指供热综合自给率。农产品进口额及自给率引自日本农林水产省:《平成18年度食料·農業·農村白書統計表》《平成24年度食料·農業·農村白書》,同省官方网站,白皮书数据库,http://www.maff.go.jp/j/wpaper/index.html.

要求,我方一贯处于被动的防守态势;这已成为我国贸易谈判的特点之一。而我国基本立场的理念支柱——虽然随着时代的变化其表现有所变化——则在于必须考虑农业所持有的多面性机能……而以这一理念为依据的谈判有着显著的局限性"。[①]由此可见,日本政府在考量农产品市场开放问题之时,其基本观点来源于农业保护理念,而这种以保护农业为基础的贸易谈判已经步入瓶颈。换言之,日本政府以设置农产品进口关税为主要手段的农业保护政策[②]已经面临极大的困境,这也是目前日本在环太平洋伙伴关系协定扩大谈判中面临的最大问题。然而,日本政府之所以面临如此困境,与战后日本农产品市场开放的整个过程中政府所持有的态度和采取的措施有着密切关系。农产品市场开放不仅与政府的农业保护政策之间有着极为密切的关系,同时也影响着政府经济贸易政策的实施、甚至整个亚洲经贸环境的变化。

目前我国学界对战后日本农产品市场开放的研究并不充分。在现有的研究成果中,余群芝对日本农产品市场开放的利弊得失做了总结,指出农产品市场开放将给日本消费者带来实惠、缓解贸易收支的失衡、推动农地集中、减少农户兼业经营方式;[③]袁晓莉指出日本农业与国际化趋势之间存在尖锐的矛盾,并指出为缓解该矛盾《食品·农业·农村基本法》得以出台。[④]然而,包括以上两篇论文在内的多数研究,从贸易自由化及农业保护的角度出发对日本农产品市场开放进行概念性分析,缺少对其过程进行系统性梳理及实证考察。[⑤]事实上,农产品市场开放并未给日本农业带来农地集中或农户兼业经营方式

---

① 原文《農産物貿易自由化の進展》,引自日本农林水产省:《平成22年度食料·農業·農村白書》,《年次報告 50年の回顧》,同省官方网站,白皮书数据库,http://www.maff.go.jp/j/wpaper/index.html.

② 在贸易自由化浪潮的冲击下,欧美等发达国家农业保护政策的核心已经从市场价格支持转向直接补助金方式。上述两种政策的根本区别在于,前者主要靠农产品的进出口关税措施体现,属于消费者负担型保护措施;而后者则由政府财政支出对农业生产者给予直接收入补贴,属于纳税者负担型保护措施。由于后者的实施以废除或削减关税为基础,因此在扩大贸易自由化意义上被认为具有一定的"合理性"。值得注意的是,日本的农业保护政策在很大程度上仍然依赖于农产品进口关税的设置。

③ 余群芝、王知桂:《日本逐步开放农产品市场的影响》,《现代日本经济》1995年第4期。

④ 袁晓莉、蔡苏文、任燕:《国际化框架下的日本农业问题及政策对我国的启示》,《河北农业大学学报》(农林教育版)2003年第4期。

⑤ 唐春清:《经济合作:打开日本农产品市场的钥匙》,《国际市场》1997年第10期;孙柏:《农业保护——日本实现贸易自由化的"绊脚石"》,《日本问题研究》2006年第2期等。

减少的结果,而《食品·农业·农村基本法》出台至今,日本农业中存在的诸多问题仍未得到任何缓解。本文以战后日本农产品市场开放的整个过程为考察对象,并在系统考察的基础上,分析、论证战后日本农产品市场开放与日本农业现状之间的相互关系,进而探讨战后日本农业政策的症结所在。

一、战后日本农产品市场开放的前史

1. 以粮食援助为契机的农产品"市场开放"

关于战后日本进出口贸易状况,政府终战联络中央事务局总务科第一科①的《终战事务情报 第四号》②中,有如下记载:

(前略——笔者)四 关于必需品进口事宜

政府曾数次向盟军司令部申请进口必需品,同司令部答复如下:

一、十月九日(1945,昭和20年——笔者)附 最高司令部艾伦大佐发《关于必需品进口事宜》,③

二、十月十日附 同右《申请进口之际的情报提交事宜》,

三、十月十一日附 同右《生丝生产事宜》,

《关于必需品进口事宜》(十月九日)

一、日本政府已多次申请进口维持国民生活必需品事宜。

二、在不具备左记条件的情况下,本司令部不予受理。

1、仅限于维持最低国民生活必需品的进口,

2、为保证支付进口物资货款,设置以提供(本司令部允许的)出口物资为保障的支付体系,(中略—笔者)

(3)为将进口物资限制于必要的最小额度,必需实施以最大限度利用国内该物资之措施。该措施虽包括左记物资,但不局限于此:

原油、粮食、燃料、肥料、盐的最大生产措施……

上述史料表明,首先,当时驻日盟军总司令部掌握了日本的国际贸易权,

---

① 原文《終戦連絡中央事務局総務課第一課》。
② 原文《終戦事務情報 第四号》,日本外务省官方网站,http://gaikokiroku.mofa.go.jp/djvu/A0053/index.djvu?djvuopts&page=12.
③ 原文《必需物資の輸入に関スル件》。

进出口贸易均需在驻日盟军总司令部的批准下进行;其次,日本国内原油、粮食、肥料、盐等生活必需品的供应处于困难状态,为此日本政府急于得到上述物资的进口批准;第三,驻日盟军总司令部的批准条件是,仅允许进口"维持国民生活最低限度"的生活必需品,同时日本政府必须设置确保进口物资支付能力的相应措施以及进口物资的国内生产措施。

根据《关于必需品进口事宜》的规定,驻日盟军总司令部于1945年(昭和20年)12月24日,首次批准日本政府关于粮食、盐等生活必需品的进口申请。1946至1951年粮食、肥料、油料、盐等生活必需品被允许进口日本,对此日本政府在《昭和24年度通商白书》①中作了如下说明:

> ……防止饥饿与疾病、以维持生活最低限度为目的的必需物资,诸如粮食、肥料、所有医药品、
>
> 绝大多数油料、石油的三成(渔船用重油及农水产用)、盐的七成(食用)、即所谓"以生存为目的的进口"在进口总额中所占的比例是,二十一年末77.7%、二十二年80.6%、二十三年68.9%,战后进口累计总额的75%属于该类物资……而且重要的是,几乎所有该类进口物资均由美国占领地救济资金(GARIOA)②支付。也就是说,以国民生存为目的的必需物资的进口,是由美国纳税者的善意援助负担的,而绝不是我们自身的力量、即以出口为代价的进口,这一点必须明确。

该通商白书再次证明,战后初期日本国内"生存必需品"、如粮食等主要农产品不得不依靠进口来保证需求;另外,农产品的进口基本依靠美国政府的对日援助。事实上1946年至1951年间,美国的对日援助——政府占领地救济基

---

①《1949年度通商白皮书》,日本经济产业省官方网站,白皮书数据库,http://www.meti.go.jp/report/whitepaper/index.html.

② Government Appropriation for Relief in Occupied Areas:政府占领地救济资金,简称GARIOA援助。从美军费中支出,是美国政府为防止德国、日本、朝鲜等占领地区发生饥饿、疾病等问题而建立的援助政策。该项对日援助实施于1946年至1949年间,主要用于提供粮食、肥料、医药品等生活必需品。

金援助与占领地经济复兴基金援助[①]——高达18亿美元,[②]其主要用于农产品进口援助之上。由此可见,战后日本农产品市场开放起步于美国政府的对日粮食援助。

另一方面,战后美国以出口农产品方式展开的对日援助,除初期的政府占领地救济基金与占领地经济复兴基金之外,还包括以美国《共同安全法》为依据的军事援助(MSA)[③]及PL480[④]两项援助。日美MSA四协定[⑤]之一的《日美农产品购买协定》中明确指出:自1954年3月8日该协定缔结日起,"至1954年6月30日美合众国现会计年度迄,努力实现5000万美元的交易"。并且随着1954年7月PL480法的成立,MSA援助主要以PL480援助的形式实施。至此可以看出,战后美国的对日援助,主要通过农产品出口贸易体现。其原因可归纳如下:一是战后日本国内经济颓废、农产品生产骤减,整个社会及国民处于极度饥饿状态;二是在美国农产品生产过剩、库存增加的同时,国际市场支付手段单一致使美元流通量陷入极为紧缺的状态。

对此必须注意到:首先,由于农产品生产过剩,美国政府早在终战初期就开始为农产品出口贸易做出了一系列的努力;其次,毋庸置疑,日本农产品市场开放的前史中,包含了美国政府出口本国农产品之意向——尽管该意向以援助的形式体现。

---

① Economic Rehabilitation in Occupied Areas:占领地经济复兴资金,简称EROA援助。和GARIOA同样从美军费中支出,目的在于支援占领地经济复兴。1949年至1951年间实施,该项对日援助主要用于棉花、羊毛等纤维原料的进口。如上所示,GARIOA和EROA两种援助的主要内容为粮食等生活必需品,鉴于其具有在美国国内市场兑换货币的可能性,因此其具有资金援助的性质。

②参照大藏省财政史室编纂:《昭和财政史—终战から講和まで3 アメリカの对日占领政策》,東洋经济新報社,1976年。另外,对日媾和后美国提出该援助属于贷款援助而并非赠与援助,要求日本还贷。根据同史料的记载,1962年日本政府曾向美国政府还款4.9亿。

③ Mutual Security Act:以美国《共同安全法》为依据的军事援助。由于朝鲜战争的暴发,东西冷战局势确立。1951年为了增强西方阵营国家的防卫能力,美国制定了《共同安全法》,决定对友好国进行军事援助,其中包括粮食援助。以下简称MSA援助。

④ 1954年7月,美合众国立公法第480号、即《农产品贸易促进援助法》成立,通过剩余农产品的援助出口并在现地兑换货币的方式,达到被援助国军备强化的目的。该法起到了MSA援助法的作用。

⑤包括《日美相互防卫援助协定》《日美农产物购入协定》《日美经济的措置协定》《日美投资保证协定》四个协定。

2.战后经济恢复期的日本农业及其农业政策

如上所述,战后日本国家及国民均处于极度饥饿的状态中。其主要原因在于:第一、原殖民地地区的粮食进口中断;第二、农业生产基础及生产力极度下降。因此重整农业,无疑成为战后日本政府的首要任务之一。

日本农林水产省《昭和36年度农业白书》,①就战后农业重建问题明确指出,1955年的日本,不仅迎来日本经济发展的新时期,"农业也面临全新的局面,农业生产水平已经超出战前水平的30%,生产率也在不断提高"。这表明至1955年迄,日本经济及农业已经完全摆脱战后的窘迫局面,开始步入高度发展阶段。并且同白书还指出,促使农业尽快达到复苏的农业政策(以下简称"农政"),是在"农村的民主化及确保粮食生产的基本原则下展开"的。

众所周知,战后日本农政的具体内容不仅包括以农地改革为起点的一系列农村民主化改革,诸如农业协同组合、农业灾害补偿等制度的实施,同时还包括土地的开拓及改良、耕种条件的改善等增产奖励以及粮食管理统制等确保粮食生产与供给的措施。这完全表明,战后初期的日本农政正如以上农业白书所示,其重点在于推行"农村民主化及确保粮食"生产与供应。在此不得不指出的是,战后初期的日本农政无论可能与否,并未能在确保粮食生产与供应的同时对今后农产品贸易市场竞争做出正确的判断,当然也未能实施任何确保今后农产品市场份额及提高本国农产品竞争能力的有效措施。

与此同时,《昭和30年度通商白书》②"第五章 通商政策"部分,对美国处理剩余农产品的问题做了如下记载:

> 我国根据以共同安全法为基础的诸协定(即MSA协定,54年5月1日生效)中的农产品购买协定,54年从美国剩余农产品中购买小麦5000千吨、大麦100千吨,总计5千万美元。为此,解除了我国因53年国内减产出现追加粮食需要而可能带来的一定程度的外币负担;与此同时,该金额的20%积累金、即36亿日元,作为对我国的赠予用于防卫产业的发展。

关于55年美国会计年度(54年7月—55年6月)的对美剩余农产品交

---

① 1961年度农业白皮书,该白皮书是日本战后第一本农业白皮书,引自日本农林水产省官方网站,白皮书数据库,http://www.maff.go.jp/j/wpaper/index.html.

② 1955年度通商白皮书,日本经济产业省官方网站,白皮书数据库,http://www.meti.go.jp/report/whitepaper/index.html.

易,54年秋开始交涉至今,就交易品种及交易金额已在两国间基本达成共识(交易品种包括棉花、米、小麦、烟、大麦共85百万美元,现物赠予包括小麦、脱脂奶粉、棉花共15百万美元,两者共计1亿美元),虽然目前关于返现积累金中的70%、即214亿日元的对日借款条件的交涉进展困难,但已呈现出将在不远的将来达成共识的可能性。

同样从该史料中可以看出,日本政府在关于美剩余农产品对日援助问题的对美交涉中,其注意力完全集中于返现积累金的对日借款条件之上;其中看不到日本政府对美国农产品援助将可能带给日本农业、特别是日本农产品贸易市场的影响给予任何警戒及对应。除此之外,日美间的《第2次农产品购买协定》亦于1956年2月正式成立。[①]

二、农产品贸易自由化的开始

1.加盟关贸协定与农产品贸易自由化

1955年日本加盟关贸协定(GATT),得到在国际贸易市场上展开竞争的机会,同时日本政府也认识到将面临贸易自由化的冲击,指出虽然"终于如愿正式加入GATT……但在享受各国关税减让等恩惠的同时,今后更加有必要在国际视野下对经济活动进行规制";[②]并对贸易自由化做了如下解释:"由于各国要面对各种各样特殊的局势,当然其发展进度及程度上也会存在缓急不同的差异。毋庸置疑,我国也应该在自主判断下根据现实状况慎重制定策略……"[③]那么,日后在面对农产品贸易自由化问题之时,日本政府是如何"在自主判断下根据现实状况慎重制定策略"的,当然成为应该给予关注的问题点。

20世纪50年代末,美国为了扩大出口要求废除先进国家的进口限制及对美元的差别待遇。1959年10月在日本东京召开的第15届关贸协定全体会议,接受美国的要求,就世界贸易自由化及汇兑自由化问题达成共识。1960年1

---

① 原文《第二次农产物购入协定》,参照日本通商产业省《昭和31年度通商白书》(即1956年度通商白皮书)《第3章 通商政策》,日本经济产业省官方网站,白皮书数据库,http://www.meti.go.jp/report/whitepaper/index.html.

② 日本通商产业省:《昭和31年度通商白书》,日本经济产业省官方网站,白皮书数据库,http://www.meti.go.jp/report/whitepaper/index.html.

③ 日本通商产业省:《昭和31年度通商白书》,日本经济产业省官方网站,白皮书数据库,http://www.meti.go.jp/report/whitepaper/index.html.

月,日本政府召开"促进贸易及汇兑自由化内阁会议",决定"逐渐扩大自由化措施,制定了35年(1960年——笔者注)6月将40%的自由化率提高至80%的《贸易汇兑自由化计划大纲》"。①1960年10月再次制定《促进贸易汇兑自由化计划》,明确指出至1962年10月迄,将自由化率提高至90%。

上述贸易自由化的开始,使日本的农产品进口从占领期的"援助进口"转向正常的贸易进口,农产品的贸易自由化开始步入正轨。《昭和37年度农业白皮书》(1962年度),②对日本农产品贸易自由化进展做了如下描述:"农林水产品的自由化逐渐展开,其进口自由化率从34年末的33%,提高至35年中的47%,进入36年后自由化率再度提高至同年10月的60%。"③此后日本农产品贸易自由化进展迅速,至1964年末实施进口限制的品种减少至73种,其自由化率达到93%。

然而,随着20世纪50年代末始于美国的农产品贸易自由化的展开,1960年日本国内特定农产品剩余现象也开始凸现。政府库存大麦、裸麦的数量超过年市场需求量,不仅如此"大、裸麦的农村自由价格(全国平均),最近不仅低于政府收购价格,甚至也低于政府批发价格",④市场明显出现饱和状态。除此之外,马铃薯的政府库存与前年相比增加45%,国内大米增产造成进口大米消费大幅减少,今后可能出现生产与需求逆转的局面。由此可见,在农产品贸易自由化开始的同时,日本农产品市场开始出现特定农产品饱和的征兆。

如上所述,1959年至1964年迄的农产品贸易自由化、即农产品进口自由化,使日本的该自由化率达到93%。同时,日本农产品市场中特定农产品开始呈现饱和状态。为此,日本政府采取了相应措施,其主要内容为诸如改订《关税定率法》、制定《紧急关税制度》及《关税配额制度》等一系列关税改革措施,试图通过对特定品种的关税进行调整、固定等措施,减少进口农产品对国内农产品市场产生的影响。然而,日本政府这种以关税作为防线的对应措施所面临的,将是再一次的贸易自由化浪潮、即"关税减让谈判"的冲击。

---

① 日本农林水产省:《昭和36年度农业白书》,同省官方网站,白皮书数据库,http://www.maff.go.jp/j/wpaper/index.html.

② 日本农林水产省官方网站,白皮书数据库,http://www.maff.go.jp/j/wpaper/index.html.

③ 当时关税及贸易总协定(GATT)所推行的贸易自由化率,主要聚焦于废除或减少实施进口限制商品的数量之上。因此,此处的自由化率是指进口自由的商品在总进口商品中所占的比例。

④ 日本内阁经济企划厅:《昭和36年年次经济报告》(即1961年年度经济报告),日本内阁府官方网站,http://www5.cao.go.jp/keizai3/keizaiwp/wp-je61/wp-je61-020701.html.

2.肯尼迪—乌拉圭回合与农产品贸易自由化的进展

农产品贸易自由化率达到90%以上的日本,首先面临的是关贸协定的肯尼迪回合①上的关税减让谈判。在该回合中日本同意平均降低35%关税,并且主动降低了大豆、动物油、咖啡豆、蔬菜及水产品罐头的关税。当时的日本通商产业省对肯尼迪回合做了如下的评价:

> 60年代GATT的最大成果是肯尼迪回合(以下简称KR)上关于关税一揽子减让谈判的成功。KR谈判的特色是,①为了减少之前品种分类及国别分类方式(通过将两国谈判扩展为多边谈判方式,使两国间就相互关心的品种进行相互减让方式,转变为其他加盟国亦得以自动均沾的方式)中关税减让的缺陷,采取一揽子关税减让的方式;②不仅矿工业产品,农产品及原料产品亦成为谈判的对象;③发达国家不再对发展中国家要求互惠对等,开始努力减轻发展中国家的贸易障碍;④谈判涉及非关税壁垒问题,制定了国际反倾销规则及《化学品补充协定》;⑤农产品部门关税减让之外,缔结了谷物商品协定(国际谷物协定)……②

通产省对农产品的关税减让与其他产品同样被纳入谈判表示赞赏,同时对一揽子关税减让给与高度评价。然而,农水省则认为"42年(1967年——笔者注)的肯尼迪回合,虽然在关税减让问题上达成共识,但如果限制进口数量品种的关税壁垒得不到缓和,贸易扩大效果则甚微,世界各国将会把注意力转向进口数量限制问题之上……今后,在农产品贸易自由化问题上,要有计划地推行包括国境保护措施在内的各种对策来协调国内农业生产,同时有必要以积极的态度面对秩序性世界贸易的扩大"。③可见农水省对一揽子关税减让的

---

① 肯尼迪回合是1964年5月在日内瓦召开的关贸协定第6轮贸易谈判,该回合由美国总统约翰·肯尼迪根据美国《贸易拓展法》倡议召开,故又称肯尼迪回合。肯尼迪回合历时3年,其最大成果是加盟国间就关税减让问题达成了共识,提出根据加盟国的现有关税水平降低关税,以缩减各国间关税水平的差距。具体表现为自1968年起五年间,加盟国平均关税降低35%,其中关税水平相对较高的美国降低37%。

② 日本通商产业省:《昭和45年度通商白书》,日本经济产业省官方网站,白皮书数据库,http://www.meti.go.jp/report/whitepaper/index.html.

③ 日本农林水产省:《昭和45年度农业白书》,同省官方网站,白皮书数据库,http://www.maff.go.jp/j/wpaper/index.html.

效果表示怀疑,就农产品贸易自由化问题指出"国境保护措施"及"国内农业生产调整"的重要性,对该回合的评价表现了与通产省不同的见解。此处,农水省面对农产品贸易自由化所表现的态度,是之后日本政府在农业保护问题上过度依赖于"国境保护措施"及"国内生产调整措施"的具体体现。

日本的农业保护率之高闻名世界,但事实上应该承认该评价存在一定的误解。以经济合作与发展组织(OECD,以下简称"经合组织")所使用的农业保护指标、即PSE[1]为标准,日本的农业保护率的确很高。据该经合组织公布的《2010年主要国家农业保护指标》[2]中的数据可知,至2010年迄的20年中,日本农业保护率一直居首。然而,PSE是指所有政府补贴——包括直接、间接甚至进口措施[3]在内——在农业生产者农业收入中所占的比例,而该指标被认为对农产品进口国不利。为此,1993年12月缔结的《乌拉圭回合农业协议》中,重新制定了农业保护指标,即AMS,[4]该指标仅将扭曲贸易的国内支持作为削减对象。而据日本大臣官房国际部发表的《WTO农业谈判的主要论点》[5]中公布的数字得知,日本该种扭曲贸易的国内支持与欧美相比处于较低水平。由此表明乌拉圭回合后,对农产品进口国农业保护率的评价体系有所调整。关于日本加入关贸协定之后的农产品进口自由化,农水省1993年度农业白皮书[6]中有如下记载:

> 1962年限制进口数量的农林水产品曾经达到103种(……大米、小麦等国家贸易品种除外),该数量不断减少;至1988年废除牛肉、柑橘等品种的限制进口数量措施,并逐渐实施自由进口;其结果至1992年4月迄,限制进口数量的品种减少至12种。[7]并且,本次农业协议的达成及实施,

---

① PSE=国内价格与国际价格之间的差额×生产量+所有国内支持/生产者农业收入。

② 具体数字参照经济合作发展组织官方网站,http://www.oecd-ilibrary.org.

③ 例如,包括由于关税措施的设置,造成生产者收入相应增加部分的金额。

④ AMS=指导价格与国际价格之间的差额×生产量+扭曲贸易的国内支持/生产者农业收入。

⑤ 原文《WTO農業交渉の主な論点》,具体数字参照日本农林水产省官方网站,http://www.maff.go.jp/j/kokusai/kousyo/wto/index.html.

⑥ 日本农林水产省:《平成5年度农业白皮书》,同省官方网站,白皮书数据库,http://www.maff.go.jp/j/wpaper/index.html.

⑦ 12种进口限制品种包括"乳制品2种,牛肉调制品,水果调制品,菠萝罐头,非柑橘果汁,番茄调制品,淀粉类,葡萄糖类,杂豆类,落花生,其他调制品"。

不仅使得除大米以外的、迄今为止实施进口数量限制措施的诸如乳制品、淀粉等所有农产品开始实施关税化,与此同时削减一般关税率措施亦同时开始。

也就是说除国际协定中认定为"国家贸易品种"的大米、小麦等品种可以实施进口限制的品种外,1992年4月迄日本实施进口限制的农产品仅剩12个品种。并且由于乌拉圭回合农业协定的成立,除大米以外的进口限制品均开始实施关税化措施之外,其进口关税率也将开始成为削减对象。可以说上述12个品种的关税措施,已经成为日本农产品市场的最后防线,其对日本农业的意义之大亦不言则明。

3. 农业基本法下的日本农业政策

上述期间的日本农业政策,原则上以1961年成立的《农业基本法》(以下简称"农基法")为纲领,根据不同时期出现的不同问题进行具体内容的调整;其主要内容可归纳为表1。该表证明,自1961年农基法成立开始至1999年《食品·农业·农村基本法》(以下简称"新农基法")成立,虽然农政内容几经调整,但其始终以减少农业与他产业生产率、农业生产者与他产业生产者收入间的差距为基本纲领。具体体现为希望通过扩大农业生产规模达到提高农业生产率及农业生产者收入之目的。其间,20世纪70年代的综合农政,针对国内大米市场的饱和状态实施大米生产调整政策、即"减段政策",[1]希望通过调整大米生产量保证大米市场价格稳定,从而保证农业生产者收入水平。事实上该政策的实施给日本农业带来了农地荒废及农产品自给率不断下降的新问题。为此,20世纪80年代农政开始把提高农产品自给率列入政策目标,然而其政策内容仍然是以扩大农业规模为主要手段。然而,由于农地价格提高及农地法的制约,农地的流动及集中利用产生困难,致使政策并未达到预期效果。

---

[1] 大米生产调整政策:由于大米消费量的减少及生产技术提高带来的收获量提高,大米市场出现过剩现象。1971年削减大米种植面积的"减段"政策开始实施;至1988年水田的大约30%、总计82万公顷左右停止种植大米。由于农民的反对,自20世纪90年代初开始停止扩大大米的减段面积,但该政策持续至今。2013年11月安倍内阁声明,将于2018年终止该政策的实施。

表1　农基法农政的方针调整及主要政策目标

时期	政策名称·目的	政策主要内容·效果
20世纪60年代	农基法农政。以缩短农业生产率及农业生产者收入与他产业生产率及他产业生产者收入间的差距为目标;解决农产品增产带来的市场饱和问题	培育自立经营农户、大力推广农业机械化程度、实施选择性扩大生产;农业机械的大量投入提高了农业生产生产效率,进而增加了农民的收入;但由于机械投资农民的负担相对增加,兼业问题产生
20世纪70年代	综合农政。在缩短农业与他产业差距的同时,为了对应大米生产过剩及农民兼业问题,70年代农政出现相应调整	培育核心农户、实施大米的减段政策;兼业问题未能得到良好解决的同时,由于减段政策的实施,农地荒废现象增加、农产品自给率下降
20世纪80年代	80年代农政;在缩短农业与他产业差距的同时以提高农产品自给率为主要目标	继续培育核心农户的同时兼业农户亦成为培育对象。但是,由于农地价格的增长,农地的流动及农户的规模扩大困难,兼业农户成为主要农业经营体
20世纪90年代	新农政。1992年政府发表.《新食品·农业·农村政策的方向》;乌拉圭回合农业协定成立。农政方向调整为加强农产品国际竞争力,扩大农业经营规模	推行土地利用型农业经营方针,希望通过促进农地的流动扩大农业经营体,达到提高农产品国际竞争力的目的。但是由于大米生产调整政策的存在,农产品生产自由受到一定的约束,农地法的制约使得农地的流动受到限制
21世纪	新农基法农政。1999年7月《食品·农业·农村基本法》颁布,新农基法下的农政开始起步	新农基法农政的方针:以国民生活安定提高及国民经济健全发展为目标。具体内容:扩大农业经营规模、提高农产品自给率、扩大农产品出口市场

資料来源:日本农林水产省:《昭和36年度農業白書》(1961年度)至《平成12年度食料·農業·農村白書》(2000年度)。

纵观农基法成立后40年间日本农政的主要内容发现,其并未将提高本国农产品在国内乃至国际市场上的竞争力作为政策的主要焦点之一。不仅如此,其扩大农业规模、提高农业生产率及农业生产者收入、进而缩小农业与他产业差距的政策,亦由于政策内部存在的非整合性而受到挫折。不得不指出的是,在农产品市场不断开放的背景下,直至1999年新农基法成立为止的日本农政,对该问题的态度及对应方法始终处于被动或消极状态中。

三、世界贸易组织(WTO)农业谈判

1.多哈回合农业谈判中的农产品市场开放问题

目前正在进行的世界贸易组织多哈回合农业谈判主要围绕三方面进行：市场准入、国内支持、出口竞争。迄今为止的谈判过程可见表2。该表中可以看到，谈判进行得非常艰难。仅框架谈判便消耗了3年以上的时间，之后由于发达国家与发展中国家间的对立致使谈判两次决裂，而至今历时14年之久的谈判，即使是在基本方针问题上也未能达成共识。在此有必要对基本方针谈判的具体内容给予关注。

表2　多哈回合农业谈判现状

时间	具体内容
2000年3月	农业谈判开始,同年12月日本提交《日本提案》
2000年12月	多哈部长会议,策划多哈回和的具体谈判框架
2003年9月	坎昆部长会议,发达国家与发展中国家对立
2004年7月	框架协议达成
2005年12月	香港部长会议,就废除出口补贴问题进行谈判。2006年7月至2007年1月谈判中断
2007年7月	《议长案》提示
2008年7月	部长会议,发达国家与发展中国家对立
2008年12月	《再改定议长案》提示
2009年11月	第七次部长会议
2011年12月	第八次部长会议
2012年开始	就基本方针进行谈判→减让表案提出(预计)→就减让表谈判(预计)→最终达成共识

1. 2001年多哈回合开始前的2000年3月,农业谈判开始,同年日本政府提交《日本提案》。
2. 2004年7月农业谈判就"谈判框架"达成共识,谈判的基本理念成立。之后就《基本方针》(关税的削减方式、具体数字等)开始谈判。2007年7月提出《再改定议长案》,目前谈判仍未达成共识。

资料来源:日本大臣官房国际部:《农业误判的主要论点》。

日本大臣官房国际部在《WTO农业谈判的主要论点》[①]中,就基本方针谈判

[①] 原文《WTO農業交涉の主な論点》,日本大臣官房国际部发表,日本农林水产省官方网站,http://www.maff.go.jp/j/kokusai/kousyo/wto/pdf/121201_wto2.pdf.

的主要内容作了如下说明：该谈判目的在于"制定所有加盟国均能达成共识的相关制度，决定适用于所有国家、所有贸易品种共通制度的关税削减率及其具体数字。其主要包括关税削减比率，重要品种占所有品种的数量比率，重要品种的关税削减率占一般品种关税削减率的比率，配额关税占国内消费量的比率等具体数字。"如上所示，世界贸易组织农业谈判内容包括市场准入、国内支持、出口竞争三个部门，而其主要目的在于制定所有加盟国均能达成共识的关税削减率及其具体数字。换言之，事实上导致谈判进入困境的关键是市场准入部门关于具体数字的谈判。由此可见，农产品市场开放问题成为世界贸易组织农业谈判的瓶颈，而日本在其中的态度则直接关系着其农产品市场开放的进程甚至日本农业的未来。

日本政府在多哈回合农业谈判上，与其他农产品纯进口国或地区组成G10集团，①以保证"多样性农业的共存"②为理念，主张"建立能够保持出口国与进口国相协调的贸易规则"。在市场准入问题谈判上，日本方面的立场可见表3，其中可以看到经历将近九年的时间和两次决裂后终于出台的《改订部长案》中，明确规定了重要品种的基本数量及其与配额关税的联动性，同时明确规定一般品种关税过高之时将追加重要品种配额关税的幅度。关于是否新设配额关税问题，该部长案采取了暧昧的态度。而日本方面的态度则与该部长案之间存在一定的差别：首先，日本希望在确保本国重要品种数量的同时，在配额关税扩大幅度的实施上采取柔软性对策；其次，日本坚决反对关税上限的设置；最后，日本在新设配额关税问题上采取积极的态度，目的在于以此为条件增加重要品种的数量。

---

① 目前G10的成员国有日本、瑞士、挪威、韩国、中国台湾、冰岛、以色列、列支敦士登、毛里求斯等九个国家和地区。葡萄牙因加入EU而退出G10。

② 2000年12月日本政府提交的《WTO农业误判日本提案》中明确指出："农业是各国社会的基础，农业向社会提供各种各样有益机能，在各国自然条件及历史背景存在差异的条件下，必须确保农业的多样性及其共存。为此 必须相互认同克服生产条件差异的必要性，这是非常重要的。"由此可见，日本政府提倡的"多样性农业的共存"是指不同自然条件、历史背景乃至不同生产规模与方式下的各国农业的共存，其理论基础在于不仅农业是社会的基础，同时其本身具有各种各样有益机能、即农业的多面性机能。

表3　多哈回合农业谈判中日本政府关于市场准入问题的立场

项目		2008年《改订部长案》	日本立场
重要品种	基本数量	所有品种的4%（有条件、有补偿2%追加）。	确保足够的重要品种的数量；被指定为重要品种后，在配额关税的扩大幅度的对应问题上确保具有柔软性。
	对应	原则上配额关税扩大幅度是国内消费量的4%。	—
	数量"＋2%"的补偿	配额关税扩大幅度的4%之外，该界限的配额关税扩大幅度追加0.5%。	—
	削减后如超100%的补偿	该界限的配额关税扩大幅度追加0.5%。	—
关税上限		不设定。	阻止关税上限的设置
一般品种如存在超100%品种的补偿		所有重要品种的配额关税扩大幅度追加0.5%；该界限的关税削减实施缩短两年；该界限的关税削减追加10%。	—
新设配额关税		可能/不可能的两种观点并记。	为了能够被指定为重要品种，现在未设置配额关税的品种亦可新设配额关税。
日本立场：确保重要品种足够的数量及柔软的对应；阻止上限关税的设置；主张新设配额关税使其成为最重要谈判项目。			

资料来源：日本大臣官房国际部：《WTO农业误判的主要论点》。

以上论述表明，虽然多哈回合的农业谈判进入僵局，但在已经达成共识的基本框架中，明确规定承认"重要品种"的存在；而该"重要品种"成为日本政府在包括世界贸易组织以外的贸易谈判中，始终坚守的农产品贸易谈判底线。从日本政府在环太平洋伙伴关系协定谈判中的表现亦可以看出，至少目前为止该"重要品种"被定位为保护日本农产品市场乃至日本农业的最后防线。

2.新农基法下的农产品市场扩展政策

事实上，日本农业在农基法改订之前已经面临着极大的困境。农水省在《食品·农业·农村基本法梗概》①中明确指出："旧农业基本法在昭和36年，根据当时社会经济动向及其预测，为明确我国农业的发展方向而制定。但是，在我

---

① 原文《食料·農業·農村基本法のあらまし》，日本农林水产省：《食料·農業·農村基本法関连情报》，同省官方网站，http://www.maff.go.jp/j/kanbo/kihyo02/newblaw/index.html。

国社会经济的急速成长、国际化进展显著等变化中,我国食品、农业、农村的状况亦发生了巨大变化……出现了使国民深感不安的现象。"该文件对上述"不安现象"作了几点说明:其一,食品自给率的降低;其二,农业生产者减少及老龄化;其三,农地面积减少;其四,农村活力丧失。

显而易见,农基法的改订与缓解上述"不安现象"有着不可分割的关系,可以看到新农基法的目标已经从"通过缩短农业与他产业生产率、农业生产者与他产业生产者收入之间的差距,达到促进农业发展、提高农业生产者地位",转化到"通过提高农产品自给率,达到维持农业的多面性机能、保障国民生活的安全与安心"的层面。审视新农基法农政的具体政策要点(见表4)发现,可称之为"新政策"之处有以下4点:制订了将食品自给率提高至50%的目标;开始推行"户别所得补贴制度";扩大国产原料利用及改善国民早餐习惯;促进农产品出口贸易。并且以上4点均与农产品市场扩展相关。

表4　最新《食品·农业·农村基本计划》的政策要点

问题点	2010年3月基本计划
食品自给率降低	食品自给率提高至50%:导入户别所得补贴制度、依赖进口原料生产的食品改用国产原料、提高大米的消费量、改善国民早餐习惯、促进农产品出口贸易。
农业生产者减少及老龄化	培养和确保有意务农及多样化的农业生产者:导入户别所得补贴制度、培育和确保有竞争能力的农业经营体、应地应作、缓和农业新参者获取农地的相关规制。
农地面积减少	制定确保优良农地的有效利用之政策:严格农地转用规制、减少弃耕地、扩大耕种面积、提高耕地利用率。
国际贸易谈判	鉴于进口国食品供给的重要性,在国际谈判中应持以下的态度:坚持"多种农业的共存"理念,最大限度地反映进口国的立场;以确立各国农业均能相互发展的规则为目标。在东亚EPA·FTA谈判中,不做损害国内农业、农村振兴之事。

资料来源:日本农林水产省:《平成22年度食品·农业·农村基本计划》。

然而,1999年新农基法成立至今已经15年,日本农业面临的问题是否得到缓解,是检验新农基法农政效果的最好方法。从农水省《平成25年度食品·农业·农村白书》①对日本农业现状的归纳中得知,日本农业、农村仍然面临着生

---

① 即2013年度农业白皮书,日本农林水产省官方网站,白皮书数据库,http://www.maff.go.jp/j/wpaper/index.html.

产者老龄化以及弃耕地不断扩大的状况，食品自给率亦未见明显上升。不仅如此，以提高农产品自给率、扩展农产品市场为主要政策目标之一的新农基法农政下，2013 年农产品进口额约为 6.14 兆日元，与前年度相比处于增长态势。除此之外，从日本主要农产品进口全貌来看，其对个别国家的依赖度极高（见表 5），玉米、小麦、大豆进口量的 88.9%、95.7%、96.5% 依赖于进口量前三位的国家，其中对美国的依赖度均在 50% 左右。因此可以说，新农基法农政下农产品市场扩展政策的效果不仅不尽人意；其进口结构在食品安全保障意义上亦存在一定的风险性。

表5　日本主要农产品进口国别比例（平成25年，2013年）

国别	所有农产品	玉米	小麦	大豆
进口总额（亿日元）	6兆1365	4637	2222	1838
美国（%）	23.1	47.9	51.5	58.1
澳洲（%）	6.9	—	16.8	—
加拿大（%）	6.7	—	27.4	16.9
巴西（%）	6.4	28.0	—	21.5
中国（%）	12.1	—	—	—
泰国（%）	6.4	—	—	—
阿根廷（%）	—	13.0	—	—
其他（%）	38.4	11.1	4.3	3.5

资料来源：日本农林水产省：《平成25年度食品·农业·农村白书》。

　　毫无疑问，农业向国民提供生活保障基础及"各种有益机能"，保证其作为产业而持续性发展的必要条件之一，是确保农产品销售市场的份额。而日本农业面临诸多问题的最大原因，无非在于因为农业生产成本过高[①]，使其销售过度依赖国内市场；而农产品贸易自由化使日本农产品在国内市场上的份额不断减少。因此，农产品市场扩展政策的成败关系着日本农业的发展。然而，表4所示局限于"户别所得补贴制度"与改善国民早餐状态等内容的日本农产品市场扩展政策，仍然缺少积极因素。调整扩大农业生产、经营规模与农地转让规制之间的关系，充分发挥密集型农业的特征、提高日本农产品品牌威信等

---

　　① 日本农产品高生产成本的原因很多，其中最主要的原因有以下方面：传统密集型农业，零星农业的生产及经营方式，农地自身条件使扩大农业规模产生一定困难，农地制度的限制造成农地集中困难等。

具有积极性、具体性政策的实施,成为今后日本农产品市场扩展及日本农业持续性发展的关键。

四、结论

本文通过以上论述,具体考察了战后日本农产品市场开放的各个不同阶段,同时分析了各阶段中日本农业政策的主要内容及要点,并试图通过以上考察与分析,探讨战后日本农业政策与农产品市场开放及农业之间的相互关系乃至战后日本农业政策中存在的症结,具体内容可概括如下:

首先,战后日本农产品市场开放经历了三个阶段:战后初期(1945—1955年),以美国的粮食援助为契机的"市场开放";关贸协定时代(1955—1995年),以减少农产品进口限制品种数量及削减进口关税为焦点的市场开放;世界贸易组织时代(1995年至今),以削减或废除进口关税及扩大重要品种配额关税份额为焦点的市场开放。其整个过程虽然是世界经贸环境变化及全球化进程的具体体现,但其中仍可以看到以下三个特点:

第一,在日本战后农产品市场开放整个过程之中,始终能够看到农产品出口大国美国的存在,日本农产品市场始终受到美国农产品进口的巨大压力。该现象当然与日美同盟的政治框架有着不可分割的关系,同时很大部分受到单纯追求经济发展利益观念的影响。

第二,虽然日本农业保护度甚高,但其农产品市场开放速度并不缓慢。在关贸协定减少进口限制品种数量的谈判中,1959年为33%的农产品贸易自由化率,仅用了5年时间便提高至1964年的93%,该年度进口限制品种为73种。此后进口限制品种数量不断减少,1992年4月仅剩余12种。不仅如此,在乌拉圭回合的谈判中,日本同意废除大米以外11个品种的进口限制措施,开始实施关税制度,并且削减关税率亦成为之后世界贸易组织谈判中的焦点。

第三,农产品市场开放已经成为今后国际贸易环境的发展趋势,目前日本在世界贸易组织乃至环太平洋伙伴关系协定谈判中所采取的态度,是希望规避该发展趋势对日本农产品市场的最后渗透,进而达到保护日本农业作为产业能够持续性发展、存在的条件。然而,毫无疑问在其农产品市场已经基本打开的状态下,即使守住五类重要农产品的高关税措施,其农业所面临的问题仍难以得到缓解。

其次,战后日本农业政策中缺少关于保护或提高本国农产品国内乃至国外市场份额的相关政策、措施,在农产品市场问题上日本农政所体现的态度极为消极,导致日本农产品自给率不断下降、农业所面临的问题日趋严重。其具体问题可归纳为以下两点:

第一,战后初期来自美国的"援助进口"及日美安保条约的存在,使得日本无法抵抗美国农产品对其农产品市场的侵蚀,同时这也是日本农政对该问题采取消极态度的重要原因之一。战后初期,由于日本国内粮食供求失衡、国民面临极度的饥饿,此时美国的粮食援助无疑成为日本政府解决国民生存问题的唯一保障。1955年虽然日本农业生产恢复并超出战前水准,但是MAS援助及PL480援助,使美国剩余农产品仍不断涌入日本市场,以致1960年日本国内开始出现特定农产品剩余及其市场饱和状态。之后美国农产品通过正常贸易途径持续进入日本农产品市场,现在不仅居日本进口农产品总量之首,而且主要农产品进口总量中美国均占有50%左右的份额,而这种农产品进口结构使其在粮食安全保障问题上的风险加大。

第二,战后日本农基法农政的主要目标是提高农业生产率及农民收入,其主要方法是实施"农业构造改革"、推广大规模农业。① 在整个过程中可以看到,不仅农政的范围完全没有囊括农产品市场问题,即使在农产品市场出现饱和状态之时,其对策也仅停留在"选择性扩大生产"、或"生产调整"等消极层面之上。并且,新农基法农政虽然将农产品市场扩展作为政策要点提出,但在新政策中仍然缺少具体、积极的内容。

战后日本在很短的时间内,实现了经济复苏及高度经济发展,成为世界屈指的经济大国。但是与此同时,农业却面临农业生产者减少及老龄化、弃耕地增加、农村萧条、农产品自给率降低等问题的困扰,情况非常严峻。而在农业不断凋零的背后,可以看到农产品市场不断被进口农产品占领的现实,以及农业政策在该问题上的缺陷。如何在农产品市场开放的大环境中,提高本国农产品市场竞争力及保证本国农产品市场份额,应该成为今后日本农业政策的关键问题,同时该问题或许也可以为我国农业政策的制定提供一些借鉴。

---

① 日本的"农业构造改革"政策并不成功,其原因非常复杂;其中该政策中存在的"非整合性"应该是最为关键的问题之一。关于该问题将在后续论文中作具体考察、论证。

本文原刊载于《南开学报》(哲学社会科学版)2005年第1期,得到了国家社会科学基金一般项目(13BSS019)和教育部人文社会科学研究规划项目（08JA770024)的资助。

作者简介:

温娟,2003年毕业于日本神户学院大学人间文化研究科,获人间文化学博士学位。2004年7月归国,就职于南开大学日本研究院,任副教授,研究方向为日本近现代经济史、日本近现代史。曾于2012年10月至2013年4月任日本早稻田大学客座研究员。主要论著:《越前七郡における地価修正運動》(日本農業史学会《農業史研究》第36号,2002年)、《地租改正事業における中央政府と地方政府—越前七郡を中心として》(日本社会経済史学会《社会経済史学第68卷第3号》,2002年)、《明治初期地租関連事業推進過程に関する基礎的研究》(日本せせらぎ出版,2004年)、《日本近现代农业政策研究》(江苏人民出版社,2019年)、《明治初期政府的权力机制及其近代化政策的实施——以地租改正事业的推行为主线》(《现代化研究》2009年第5辑)、《解析日本明治初期农业补助政策》(《南开学报》2010年第2期)、《战后日本农产品市场开放的历史考察》(《南开学报》2015年第1期)等。

东京审判与"帕尔神话"

宋志勇

　　战后在东京举行的远东国际军事审判(简称东京审判),对策划和实施对外侵略战争的日本甲级战犯进行了长达两年半的公开审判。东京审判具有重大的政治意义和历史意义,这是国际公认的。它同时还具有重大的法律意义,在运用国际法特别是国际刑法处理战争犯罪的理论和实践上做出了重大贡献。这主要表现在明确了"破坏和平罪"和"反人道罪"的罪名和概念,实现了追究国家领导人个人的战争责任。东京审判和在欧洲同时进行的纽伦堡审判中形成的一些国际刑法原则对当今战争犯罪的处置及国际刑事法的发展仍具有重要的指导意义。

　　在东京审判的进行过程中,围绕诸多法律问题,检察方和辩护方在法庭展开了激烈的辩论,法官也在证据采用及被告定罪的法律适用上经受了重大考验。为了保证审判的公正、客观,法庭不仅给被告及其辩护人以充分的辩护权利,而且对法庭法官的观点和投票行动不加约束和限制,不搞"统一口径"和"统一步调",尊重法官的个人权利。法庭自始至终都是遵照法庭宪章在民主程序下运行的,法庭议决采取少数服从多数的方式,如果法官的个人意见没有被法庭采纳,可以提交个人意见书。东京审判的判决结果并不仅仅是国际社会都熟知的由法庭庭长宣读的长达1213页的判决书,同时还公布了5名法官的个人意见书。虽然个人意见书不具有判决书那样的法律地位,却是审判的重要参考文件。在个人意见书中影响最大的是印度法官帕尔的巨篇个人意见书,[①]他认为远东国际军事法庭管辖权不当,进而提出全体被告无罪。帕尔的个人意见书被日本右翼奉为东京审判的"经典"之作,影响巨大,形成了经久不衰的"帕尔神话",至今都被日本右翼用作否定东京审判和侵略战争历史的"武

---

　　① 其他提出个人意见书的是澳大利亚法官长韦伯(Sir William Webb)、法国法官柏奈尔(Henri Bernard)、荷兰法官洛林(B.V.A.Roling)、菲律宾法官哈那尼拉 (Delfin Haranilla)。这些个人意见书的重点各有不同,如韦伯强调昭和天皇负有战争责任,洛林主张广田弘毅无罪或有罪也不至于判死刑等。

器"。这部否定东京审判的"巨著"与东京审判及战后日本政治右倾化的关系,值得认真解析。

一、东京审判与国际法

1946年5月至1948年11月进行的东京审判是战后反法西斯盟国继欧洲纽伦堡审判追究纳粹德国的侵略战争罪行之后,在亚洲进行的国际军事大审判,以追究日本的侵略战争罪行。东京审判源于以下国际背景和国际法文件:

日本侵华战争及太平洋战争期间,犯下了"南京大屠杀""巴丹死亡行军"等一系列大屠杀或残暴虐待俘虏的战争罪行。为了惩治日本的侵略战争犯罪,防止历史悲剧重演,国际社会强烈要求严厉审判日本侵略战争犯罪。反法西斯盟国也深感惩治战争犯罪的必要,经过协商,先后达成了如下国际协议。

1943年12月,中、英、美三国政府发表《开罗宣言》,宣布三大盟国将密切合作,"为制止并惩罚日本的侵略而战"。

1945年7月,中、英、美三国政府发表《波茨坦公告》,敦促日本立即无条件投降,并明确表示:"我们无意奴役日本民族或消灭其国家,但对于战犯,包括虐待我们俘虏的人在内,将处以严厉之法律制裁。"

1945年8月15日,日本政府在天皇的同意下接受《波茨坦公告》,向盟国投降。9月2日,日本代表在密苏里战列舰上签署了投降书。投降书明确规定:日本须"忠实履行《波茨坦公告》中的条款",这当然包括惩治战争罪犯的要求。

上述国际法文件奠定了战后审判日本战争犯罪的基础。1946年1月19日,驻日盟军最高统帅麦克阿瑟宣布,根据盟国惩治战犯的一系列共同宣言、《波茨坦公告》中惩办战犯的条款及《日本投降书》,设立远东国际军事法庭审判日本战争罪犯。同时还公布了《远东国际军事法庭宪章》,由美、英、中、苏、法、澳、新、荷、加、菲、印度等11个国家的法官和检察官组成了远东国际军事法庭,他们代表了占世界人口2/3以上的人民,具有广泛的代表性。

围绕国际法的适用问题,法庭自始至终处于激烈的争论中。其中最核心的问题是法庭的管辖权问题,这也是贯穿审判始终的最大法律问题。远东国际军事法庭不是常设法庭,而是一个特设法庭,它的管辖权的直接来源是《远东国际军事法庭宪章》。而《远东国际军事法庭宪章》主要参照纽伦堡审判中适用的《国际军事法庭宪章》制定,两者的主旨及管辖权的规定可以说是一脉相承。作为东京审判必须遵守的"大法",《远东国际军事法庭宪章》第五条对法庭的管辖权即受理的被告身份、罪行种类及范围作出了如下规定:

本法庭有权审判及惩罚被控以个人身份或团体成员身份犯有各种罪行包括破坏和平之远东战争罪犯下列行为,或其中任何一项,均构成犯罪行为,本法庭有管辖之权,犯罪者个人并应单独负其责任:

(甲)破坏和平罪指策划、准备、发动或执行一种经宣战或不经宣战的战争,或违反国际法、条约、协定或保证之战争,或参与上述任何罪行之共同计划或阴谋。

(乙)普通战争罪指违反战争法规或战争惯例之犯罪行为。

(丙)违反人道罪指战争发生前或战争进行中对任何和平人口(此处是指集体——编者注)之杀害、灭种、奴役、强迫迁徙、以及其他不人道之行为,或基于政治上或种族上之理由而进行旨在实现或有关本法庭管辖范围内任何罪行的迫害行为,不管这种行为是否违反行为地国家的国内法。

凡参与规划或实行旨在完成上述罪行之共同计划或阴谋之领导者、组织者、教唆者与共谋者、对于任何人为实现此种计划而做出之一切行为、均应负责。①

根据上述规定,远东国际法庭对破坏和平罪、一般战争罪和反人道罪具有管辖权。

1946年5月3日,远东国际军事法庭开庭。13日,法庭刚刚宣读完检察方的起诉书,被告辩护人代表清濑一郎就对法庭的管辖权提出异议,认为东京审判违法。其主要理由是:

一是法庭无权对"破坏和平罪"和"反人道罪"行使管辖权,而且侵略战争本身并不能构成犯罪。《非战公约》虽然规定废弃以战争为国家政策的工具,但并没有把违反条约扩大到战争犯罪的高度,也没有将发动战争确定为犯罪行为。

二是战争是国家行为,个人不应在国际法上承担责任。

---

① 梅汝璈:《远东国际军事法庭》,法律出版社,2005年,第279页,附录一。

三是法庭宪章的规定是"事后法"（Ex post facto），是违法的。只有《波茨坦公告》发布时国际法所公认的一般战争犯罪，才可以成为被起诉的罪名。①

清濑一郎对法庭的管辖权提出的上述异议是要全面否定远东国际军事审判的合法性和权威性，是日本辩护团向法庭提出的最大挑战。如果法庭不击退辩护方的这一挑战，审判就无法进行。如按照辩护方的要求，只依既成的一般战争罪对那些普通战争罪犯进行审判，那些从事策划、发动和实施对外侵略战争的最高统治集团的责任者就会逃脱正义的审判。这与东京审判专门惩治甲级战犯的初衷和目的完全背道而驰。

清濑一郎为代表的辩护方对法庭管辖权的攻击是站不住脚的，远东国际法庭的管辖权是合法的，也是正当的。它表现在以下几个方面：

第一，远东国际法庭的设立是合法的。从狭义上讲，远东国际军事法庭是驻日盟军最高统帅麦克阿瑟根据盟国的授权命令设立的，而设立国际军事法庭审判日本战犯源于《波茨坦公告》及《日本投降书》等日本承认的国际协议。广义上讲，德、日法西斯发动大规模的对外侵略战争，犯下了累累罪行，是典型的国际性犯罪，通过国际审判予以法律的制裁是理所当然的。

第二，法庭的管辖权是有充分国际法根据的。远东国际法庭管辖权的直接来源是《远东国际军事法庭宪章》，而该宪章是根据1928年签订的废弃以战争解决国家间相互关系的《非战公约》（日本是签约国）等一系列侵略战争违法化的国际法文献和国际协议，以及1945年8月签订的关于惩治战争犯罪的《伦敦协议》等国际法文件制订的。法庭宪章在管辖权问题上既尊重传统国际法，又根据现实情况发展了国际法。因此，法庭的管辖权是正当、合法的。

第三，明确设立"破坏和平罪"和"反人道罪"是国际法特别是国际刑法发展的需要。实际上，只要适用传统战争法，以"一般战争罪"也能够严厉处罚日本的战争罪犯。但是，第二次世界大战是人类历史上规模最大、最为残酷的战争，给人类社会带来了空前的灾难。东京审判的目的已不仅仅是惩罚战犯，而且负有更重大的政治使命，即通过审判，揭露日本统治者策划、发动和实施对外侵略战争的罪行，让全世界牢记历史的经验教训，珍视世界和平，防止历史悲剧重演。在此意义上，仅仅处罚中下级的普通战犯无法达到这一目的，只有通过总结惩治战争犯罪的国际习惯，将虽有此规定意义但定义尚不明确的"破

---

①《極東國際軍事裁判速記錄》（第1卷4号），雄松堂，1968年，第11~12頁。

坏和平罪"(即侵略战争罪)和"反人道罪"明确下来,以此处罚策划、发动和实施侵略战争,造成人类历史悲剧的国家级主犯,才有可能达到惩罚和警示战争罪犯、重建世界和平的目的。因此,"破坏和平罪"和"反人道罪"的设置适应了人类历史发展对国际法的要求,是完全成立的。它不仅是对传统国际法的继承,更是对国际法的发展,并不违反罪刑法定主义的原则和精神。

检察方对辩护方的动议进行了驳斥,强调了审判的正当性和合法性。法庭庭长韦伯肯定了法庭宪章的效力和基于它而来的法庭管辖权,宣布驳回辩护方对法庭管辖权的异议,并在其后援引纽伦堡审判判决书作为其驳回的理由。纽伦堡国际军事法庭判决书对纽伦堡法庭宪章及管辖权提出了如下见解:法庭宪章并非战胜国方面武断行使权力,而是宪章颁布制订时现行国际法的表现,1928年缔结的《非战公约》的签字国或参加国,"无条件地斥责将来以战争作为政策的工具,并明白地废弃了战争。在这个条约签字以后,任何国家凭借战争作为国家政策的工具,就是违反这个条约";"庄严地废弃以战争作为国家政策的工具,其中必然包括承认战争在国际法上是非法的原则";凡是从事和策划、实施战争者,"都应该被视为从事犯罪行为"。对于"法无规定者不为罪"的原则,纽伦堡判决书认为其并不是对主权的限制,而是一般的正义原则。而且被告都是知法犯罪,如不对其处罚有失公平。关于被告个人承担国际法责任问题,纽伦堡判决书则认为"保护国家代表者的国际法原则,是不能适用于那些在国际法上被视为非法行为的犯罪者的"。①

东京审判及纽伦堡审判上述关于法庭管辖权的见解既尊重了传统的国际法,又表明了发展国际法的正当性,有力地驳斥了辩护方对法庭管辖权的无理指责,在战争法及国际刑法的发展史上具有重要的划时代意义。

二、《帕尔意见书》

东京审判期间,法庭的所有重大决定都是通过法官会议以少数服从多数的形式决定的。由于法律体系不同和对法律的理解不同,法庭逐渐形成了多数派和少数派,法庭的最终判决书主要反映了多数派的意见。根据主导审判的英美法系的习惯,不同意或对判决书的个别内容有不同意见的法官可以提出个人意见书(Judgment)。1948年11月4日法庭公布判决书的同时,还公布了

---

①《远东国际军事法庭判决书》,张效林译,群众出版社,1986年,第13~14页。

五名法官的个人意见书。这些个人意见书主要是对法庭的某些个别判决有异议,但印度法官帕尔提出的个人意见书却全面否定东京审判,成为一颗重磅炸弹,在日本及国际社会引起了强烈反响,成为东京审判的一大插曲。帕尔的个人意见书洋洋1235页(英文),比法庭的判决书还长,后被日本"尊称"为《帕尔判决书》。

帕尔及其个人意见书,经过日本社会特别是右翼的渲染和大肆宣传,大为变调,帕尔俨然成为东京审判中的英雄,是远东国际法庭中唯一"公正"和主持"正义"的法官,是日本国家和民族的"恩人"。一本由日本右翼分子拼凑的《帕尔博士的日本无罪论》从1963年第一次出版至1986年,竟再版了27次。原出版社绝版后,很快又有新的出版社接过版权继续出版,至今延绵不断。①日本的一些社会名流也对帕尔的意见书大加颂扬,称之为"永载历史的'真理之书'"。②东京审判结束后,甲级战争嫌疑犯岸信介等人热情邀请帕尔多次访日,并隆重接待。1967年帕尔去世后,日本不少人仍年年不忘其对日本的"恩典"。1997年,日本右翼势力在京都灵山护国神社为帕尔立碑纪念。2005年,靖国神社也破例在其神社内为帕尔建立了纪念碑。不仅民间如此,日本政府也对帕尔厚爱有加,1966年10月,裕仁天皇向帕尔授予了勋一等瑞宝章。帕尔1967年去世时,日本首相佐藤荣作发唁电表示哀悼。2007年,日本首相安倍晋三访问印度时,特意安排访问帕尔的后代。可以说,日本给予帕尔一个外国人在日本能够获得的最高荣誉,创造了一个跨世纪的"帕尔神话"。

那么,帕尔究竟是个什么人物呢?帕尔(Radhabinod Pal,1886—1967年),印度数学家、法学家,1886年1月出生于孟加拉省农村,后考入加尔各答大学学习数学,毕业后在一所学校担任数学教师。后来受其母亲影响转攻法学,担任过加尔各答大学法学教授,擅长法哲学、私法(后来还担任了该校副校长)。帕尔确是一名很有成就的法学家,但并不像日本右翼分子吹捧的那样,在参加东京审判之前就已经是著名的国际法专家,他是在被任命为东京审判的法官之

---

① 田中正明:《パール博士の日本無罪論》,慧文社,1963年;同书(文庫本),小学館,2001年。
② 東京裁判研究会:《共同研究パール判決书》,東京裁判刊行会,1966年,序1頁。

后才开始专攻国际法的。①而且,帕尔出任东京审判法官并非印度政府的首选,而是充满了偶然性。②

1946年1月19日远东国际军事法庭宪章颁布时,9个参加日本投降签字仪式的国家派出了法官代表,印度并没有在其列。后来印度政府通过宗主国英国提出,印度参与了反法西斯联盟,而且印度人民和战俘曾遭受过日本军队的虐待,因此要求参与东京审判。1946年4月3日,经远东委员会讨论,同意印度与菲律宾一起加入审判。③这样,东京审判的参加国增加到了11个(麦克阿瑟为此在4月26日修改了法庭宪章)。

而等1946年5月17日帕尔受印度政府派遣,作为远东国际军事法庭的法官匆匆来到东京时,东京审判已经开始了半个月,法庭开庭之初关于管辖权的最激烈的控辩之争已经过去。帕尔参加了一段时间的法庭审判后,发现东京审判的理念与他的法的理念存在很大差距,他和其他法官很不"合群"。于是,他在仅仅与他的同事们合作了两个月之后,就开始独往独来,经常缺席法庭审判,自己在居住的帝国饭店关起门来研究审判材料,撰写起个人意见书来。等法庭审判结束,宣读法庭判决书时,他的洋洋百万言的个人意见书也提交给了法庭,并由法庭公开散发。

帕尔的个人意见书共由七部分组成,主要内容有:预备性法律问题;什么是侵略战争;证据及手续规则;全面的共同策划;法庭的管辖权范围;严格意义上的战争犯罪;劝告。帕尔的意见书冗长、杂乱、重复、令人费解。概括起来,其主要观点有:

第一,作为法庭管辖权的"侵略战争罪"和"反人道罪"属于"事后法",违背了"法不溯及以往"的原则;

---

① 根据日本专家的考证研究,帕尔是在被任命为东京审判的法官后才开始专攻国际法的。帕尔唯一一部关于国际法的论著《国际关系中的犯罪》在东京审判结束7年以后的1955年才出版。参见中里成章:《パル判事——インド・ナショナリズムと東京裁判》,岩波書店,2011年,第67~68頁。

② 中里成章:《パル判事——インド・ナショナリズムと東京裁判》,岩波書店,2011年,第90~99頁。

③ 中島岳志:《パール判事——東京裁判批判と絶対平和主義》,白水社,2007年,第63~66頁。

第二,战争是国家行为,个人不应承担责任(个人处于"国际法的圈外");[1]

第三,国际法对"侵略"尚无明确定义,也就谈不到犯罪;

第四,检察方起诉被告"共同策划",没有事实根据;

第五,东京审判只审判战败者日本,而不审判战胜国的犯罪行为,是战胜国对战败国的报复,是不公平的,是政治审判。

基于以上判断,帕尔认为所有被告"无罪"。帕尔的上述观点与被告及其辩护人的观点几乎一脉相承,成为否定东京审判判决的主要理论。

帕尔作为反法西斯同盟国成员的代表,为什么会与其他法官持截然相反的观点,对东京审判的判决作出全面否定的结论呢? 分析起来大致有以下五种原因:

第一,激烈的反西方殖民主义和狭隘的民族主义思想的影响。帕尔一方面攻击东京审判是战胜国的政治审判,另一方面又在意见书中以强烈的反西方殖民主义的政治感情来攻击东京审判,"具有明显的政治性"。[2]

帕尔之所以激烈攻击东京审判,与第二次世界大战期间及结束后印度的政治环境有很大的关系。长期以来,印度遭受英帝国主义的压迫,印度人民对西方的殖民统治深恶痛绝,不断发动民族独立运动。反对、摆脱英国的殖民统治是第二次世界大战期间印度人民追求的最大目标。太平洋战争爆发后,印度作为英国殖民地参加了对日本的战争。但是,为了实现民族独立,印度最大的政党国大党在对外政策上分裂为两派。一派以甘地为首,主张在同盟国的范围内实现民族独立;一派以苏巴斯·钱德拉·鲍斯为首,以"英国的敌人就是我们的朋友"[3]的态度,投靠盟国的敌人日本,在缅甸日本占领区成立了所谓的自由印度政府,组织印度国民军,成为日本在东南亚侵略扩张的帮凶。

印度的这种苦难经历和复杂的政治背景对帕尔的法的思想和对日本侵略的认识产生了很大影响。这可以在他的意见书的字里行间盈溢出来,[4]他

---

① パール:《パール判決書》,東京裁判研究会:《共同研究パール判決書》,東京裁判刊行会,1966年,第234页。

② 日暮吉延:《東京裁判の国際関係》,木鐸社,2002年,第442页。

③ 林承节:《苏巴斯·钱德拉·鲍斯与日本》,《南亚研究》1996年第1期。

④ パール:《パール判決書》,東京裁判研究会:《共同研究パール判決書》,東京裁判刊行会,1966年,第181页。

认为,东京审判是以美英为首的西方帝国主义集团导演的"闹剧",英美殖民主义者自己干了侵略殖民地国家的勾当,却审判另一个与之"抗衡"的亚洲国家,这是不能接受的。帕尔的法的理念就是从这种政治倾向和意识形态出发的,它直接影响了其对东京审判的判断和结论。

第二次世界大战的性质是多元的,它既有帝国主义国家之间争夺领土和势力范围的一面,又有民主主义对法西斯主义战争的一面,还有帝国主义侵略亚洲弱小国家的一面。而日本对中国等亚洲国家发动的战争是地地道道的侵略战争,这是不争的历史事实。但是,帕尔却无视这一事实,强词夺理,为日本的侵略战争辩护。个中缘由除了他拘泥于传统国际法的某些学说外,狭隘的民族主义也是造成他无视历史事实的重要原因之一。他把日本看作是印度反抗西方殖民主义的"战友",实际上是与前述国大党的鲍斯持相同的观点,即"英国的敌人就是我们的朋友"。为了保护"朋友",他不顾历史事实,无视日本对亚洲的侵略,把第二次世界大战视作英美老牌殖民主义者与"为解放亚洲而战"的日本之间的战争。他的价值趋向实际上是"印度中心论",符合印度利益的就是正确的,就支持;不符合印度利益的就是错误的,就反对。民族主义和印度中心论成为帕尔判断国际关系和犯罪与否的重要标准。

第二,仇视共产主义的意识形态观念妨碍了他对事实的客观认识。这对于一个法官来说是一个致命的缺陷,直接影响到了他判断的公正性。帕尔极端仇视共产主义,认为1917年俄国十月革命成功以后,"共产主义成为世界的噩梦是众所周知的事实"。他虽然在意见书中强调"不能带着先入观进入工作",[①]自己却带着明显的先入观和有色眼镜看待世界的历史。

帕尔对中国的情况了解并不多,却在其意见书中专门设条目评论中国问题,特别是中国的共产主义运动。他大肆攻击共产主义在中国的传播,称其"与外国的侵略相匹敌"。他甚至以此为理由,为日本及其他帝国主义的侵华行径辩护。在他看来,共产主义比帝国主义、殖民主义更危险。他在猛烈攻击西方帝国主义对亚洲的殖民统治的同时,却对西方以及日本以排除共产主义为借口干涉、侵略中国的主权表示理解,暗示在中国拥有殖民权益的帝国主义国家,有权为了保护其权益进入中国,"与发展的共产主义进行战斗"。

---

① パール:《パール判決書》,東京裁判研究会:《共同研究パール判決書》,東京裁判刊行会,1966年,第266、619頁。

他还强调共产主义"无论是在过去还是在今天都仍然是威胁,它对列国的外交政策带来了极为重大的影响"。[①]在其意见书中,所有日本对中国的侵略行动几乎都被冠以阻止共产主义的名义。在此问题上,帕尔首要的批判对象从西方殖民主义让位给了共产主义。

第三,帕尔对日本侵略的最大受害国中国抱有明显偏见。他一方面猛烈批判欧美殖民主义的历史,另一方面对于1915年日本强迫中国接受"二十一条"却予以支持,甚至认为"当时的国家间的契约,即使是以武力强迫缔结的,也应视作自由同意的"。东京审判期间,日本策划发动"九一八事变"侵略中国东北的历史真相首次大白于天下,法庭内外哗然。即便如此,帕尔仍然强调中国的责任,为日本的侵略辩解。[②]

1936年春,广田内阁提出了分裂中国华北并进行经济控制的侵略政策。对此,帕尔的反应是当时世界到处都在发展经济圈,把日本在华北建立日本支配下的经济圈"作为日本的侵略和犯罪进行指责,几乎是不可能的。在自己国家的支配区域内开发供给源,对日本来说实为最重要的"。[③]在他看来,一个国家强行在另一个主权国家领土内建立本国主导的经济圈即进行经济侵略竟是可以理解的,我们很难想象这是一个通晓法律的大法官的逻辑,也难以理解帕尔为何对英国在印度的殖民侵略痛加斥责,而对日本在中国的侵略却宽厚待之。

众所周知,中国国共两党携手建立抗日民族统一战线的根本也是唯一的背景是日本对中国的全面侵略,而卢沟桥事变也是日本对中国侵略政策的必然结果。而帕尔却因果颠倒,认为"诱发1937年7月日本对华战争的,正是国共合作",[④]以此为日本的侵略行径辩护,犹如被告日本的辩护人。

第四,对日本法西斯独裁体制视而不见。进入20世纪30年代以后,日本统治者通过《治安维持法》《总动员法》等一系列法西斯主义法令,残酷镇压共

---

① パール:《パール判決书》,東京裁判研究会:《共同研究パール判决书》,東京裁判刊行会,1966年,第266、413頁。

② パール:《パール判決书》,東京裁判研究会:《共同研究パール判决书》,東京裁判刊行会,1966年,第340、374頁。

③ パール:《パール判決书》,東京裁判研究会:《共同研究パール判决书》,東京裁判刊行会,1966年,第414頁。

④ パール:《パール判決书》,東京裁判研究会:《共同研究パール判决书》,東京裁判刊行会,1966年,第612頁。

产主义、社会主义、自由主义以及一切反战团体和人士,逐渐形成了法西斯专制体制,使整个日本社会陷入了白色恐怖之中,这是不争的事实,起诉书和法庭审理都很清楚地表明了这一点。但是,帕尔却置历史事实于不顾,在其意见书中大谈"日本没有独裁者,不管是特定的个人,还是由个人组成的团体,都不曾出现过超越抑制一切民主性的独裁者。政府的决定,没有一个可以称得上是独裁者或独裁团体作出的决定"。[①]

第五,对东京审判的目的缺乏正确的认识。东京审判的目的是要以法的形式伸张正义,惩罚邪恶,捍卫世界和平。但是,这位法官先生却认为,东京审判仅仅是胜者的审判,"只能是为了满足复仇的愿望,作出履行法律手续的样子而已"。[②]这是对东京审判的恶意歪曲。对东京审判如此缺乏理解的人竟然能够充任负有如此庄严历史使命的法官职责,使我们不得不质疑远东国际军事法庭法官的选任程序是否存在问题。[③]同时,它也从另一个侧面反映了东京审判并非简单的"复仇"剧,而是具有广泛的包容性,像帕尔这样的人都能够坐到法官席上,其充满偏见和奇谈怪论的个人意见书也能够公开散发。

《帕尔意见书》在国际社会特别是在日本社会造成了严重后果,极大地损坏了国际社会惩治战争犯罪的努力,给东京审判带来了负面影响,成为日本否定侵略战争历史和责任的重要理论依据之一。

当然,我们还应该指出,《帕尔意见书》并非完全是政治作品。除了体现其政治倾向外,帕尔主要还是按照他对传统国际法的理解,严守"罪刑法定原则",认为没有成文的国际法的规定,特别是没有被告们"共同策划"的证据,被告个人是无罪的。但帕尔并没有认定日本在起诉期间的所有行为和举动都是正确的或正当的,也无法完全否认日本犯下的残暴罪行。他在为被告辩护的同时也谈到,从法律上讲,大概不能把日本在特定时期采取的政策和行动"正当化"。他也认为"日本的当政者、外交官及政治家们,大概他们错了,而且可能是他们自己亲自犯下了错误"。对于以"南京大屠杀"为代表的日本在战争

---

① パール:《パール判決書》,東京裁判研究会:《共同研究パール判決書》,東京裁判刊行会,1966年,第624頁。

② パール:《パール判決書》,東京裁判研究会:《共同研究パール判決書》,東京裁判刊行会,1966年,第166頁。

③ 帕尔意见书发表后,印度政府的态度是,帕尔的观点与政府没有关系。参见中里成章:《パル判事——インド・ナショナリズムと東京裁判》,岩波書店,2011年,第158頁。

中的暴行,"不管其证据如何不能让人满足,但不可否认,这其中的大部分的鬼畜般的罪行是实际发生了"。①

本来,《帕尔意见书》纯属一名法官的个人法律意见书,是一家之言,与其他十名法官的意见大相径庭,根本不具有代表性。但是,日本右翼分子却别有用心地猛烈攻击东京审判的判决书,对帕尔意见书却夸大渲染,把他提出的被告个人无罪的结论引申为"日本无罪论",并将其作为日本无罪的挡箭牌。在日本右翼分子的推动下,《帕尔意见书》被推崇为东京审判"唯一正确"的判决书、政见书,成为否定日本侵略战争的性质、为东京审判的被告鸣冤叫屈的理论武器。

当然,学术界对《帕尔意见书》的评价分歧较大,称赞者有之,批评者有之,褒贬参半者亦有之。其实,就连推崇帕尔的一些日本法学家也认为违反非战条约的武力活动是不法行为的解释"一般比较容易接受",而认为帕尔关于即使违反非战条约也不能算不法行为的观点"太过头"。此外,对于帕尔对国家行使自卫权的任意解释,日本的法学家们也认为,在国际社会中自卫权是否行使正当,应该由国际社会或国际法庭判断,而"不能完全听任国家的自由"。②荷兰法官罗林是东京审判期间唯一与帕尔交往多一些的同事,他评价《帕尔意见书》时说,在看待过去历史的时候,帕尔的意见是可以理解的,但面向未来的时候,帕尔的意见就"不适当了",因为他忽视了东京审判追求人类和平这一"重要的一面"。③

《帕尔意见书》注重成文法,推崇罪刑法定主义,这是可以理解的。其中的一些观点,特别是对近代殖民主义的批判,也是令人赞许的。但是,即使从纯粹的国际法角度讲,《帕尔意见书》体现的法的理念落后于时代,也已为历史所证明。帕尔坚持罪刑法定原则,却忘记了法的更高的、终极价值——正义、公正。另一方面,《帕尔意见书》中表现出的帕尔本人错误的政治观点和意识形态观念,影响了他对历史和东京审判的正确认识,导致了他的错误结论。《帕尔意见书》虽然也有一些合理的成分,但总的说来,其基本观点和政治影响是与

---

① パール:《パール判決書》,東京裁判研究会:《共同研究パール判決書》,東京裁判刊行会,1966年,第621、673頁。

② 岡田良一:《パール判決の意義》,東京裁判研究会:《共同研究パール判決書》,東京裁判刊行会,1966年,第9~10頁。

③ 細谷千博等編:《東京裁判を問う》,講談社学術文庫,1989年,第272頁。

时代背道而驰的。

三、以发展的观点看东京审判

从世界法律发展的历史看,法的观念是与时俱进、发展变化的。近代国际法源于17世纪欧洲近代主权国家的建立和近代国际秩序的形成,到今天已经经历了近400年的时间。国际法适应时代的发展而变化,符合人类发展的规律,"国际法不是在任何时代内容都一成不变的"。[①]我们在探讨东京审判与法律的关系时,也应该以发展的眼光来考察。

东京审判作为一次重大的国际法实践活动有两大特点。一是适用了传统的国际法,二是根据时代和国际法的发展和需要,完善并创设新的国际法规范。东京审判的否定论者指责东京审判违反国际法,其依据仅仅是拘泥于成文的国际法,对东京审判在国际法发展上的贡献极少提及甚至只字不提。其实,东京审判在国际法实践上的意义不仅是如何适用了传统的国际法,更重要的是在尊重传统国际法的基础上发展了国际法。从国际法的渊源看,国际法除了来自国际条约外,还来自国际习惯法。而东京审判(包括此前进行的纽伦堡审判)正是将国际社会普遍认可的一些关于和平、人道的成文法和不成文的国际习惯法加以总结、归纳,发展、明确为破坏和平罪、违反人道罪而已。

"法"是人类发展和智慧的结晶,它是为了调整、约束人类社会各种关系而创造出来的"人为"的产物,其终极目标应该是体现公正,保护人的平等、自由、发展权和生命安全等基本的人权。如果人创造了"法"反而作茧自缚,不能保护自己,听任德日法西斯在地球上进行灭绝人寰的大屠杀,那"法"还有什么存在的价值?维护正义是法的最高目标和核心价值,是法的根本精神之所在。如果法不能体现这一目的,就是落伍的,就应该修改完善。我们并不否认罪刑法定原则,它至今仍然是法的一个重要原则。但是,法律没有十全十美的,由于世界的发展变化日新月异,法律经常以滞后的状态存在。适用罪刑法定原则时也应考虑到特殊的情况,使该原则既具有确定性又有灵活性。如第二次世界大战就是非常特殊的情况。战争犯罪是一种最严重的犯罪,事关人类的

---

① 大沼保昭:《東京裁判—法と政治の狭間》,細谷千博等编:《東京裁判を問う》,講談社学術文庫,1989年,第53頁。

生存,国际法也应有应对和处理的办法,使所有的战争罪犯受到惩处,而不能束手无策。国际法应该是惩治战争犯罪的武器,而不应成为战争罪犯逃避惩处的挡箭牌。对待第二次世界大战中发生的空前规模的战争犯罪,仅仅靠当时的成文法是不够的,所以,战后两大国际审判实际采用的是自然法①优于实在法,实体正义优于程序正义的做法。如果不是这样,"法"就成了战争罪犯逃避惩罚的护身符,也就变成了"恶法",丧失了存在的价值。

南斯拉夫国际法庭法官多谷千香子教授认为,"东京审判与纽伦堡审判的最大功绩,就是对其后国际法发展的贡献"。②东京审判是遵循、发展了国际法还是违背了国际法,这不仅要从审判当时来看,更要从其后国际法的发展来看。第二次世界大战后70年间国际法发展的历史可以证明,东京审判、纽伦堡审判所确立的侵略战争罪和反人道罪概念得到了确认并取得了进一步的发展。特别是2002年生效的《国际刑事法院规约》明确规定了对上述两项罪行的管辖,更进一步证明了两大审判创设的侵略战争罪和反人道罪概念绝不是胜者为了对败者进行肆意报复而胡乱树立,而是在充分遵循传统国际法的基础上对国际法的发展。两大国际审判确立的国际法原则对战争法特别是对国际刑法的确立与发展做出了重大贡献,这是不争的历史事实。公平和正义是法律永恒的追求目标,为达到这一目标,人类就必须依照社会发展变化,制定相应的法律、法规。

法律问题是可以探讨争论的,但战后一些日本人过度地强调纯粹的法律技术问题,用罪刑法定原则全盘否定东京审判,已经不是单纯探讨法律问题,而是将其作为达到政治目的——通过否定东京审判否定日本侵略战争历史的手段。

政治与法律的关系也是评价东京审判的一个重大理论问题。长期以来,

---

① 早在古希腊时代,柏拉图和亚里士多德就提出了"正义""理性"的理念。亚里士多德认为自然法是自然存在的秩序,是一种基于人类善良本性的道德规范,是理性和正义的体现。他认为"良法"是合乎正义的法律,"恶法"是违背正义的法律。古罗马的思想家西塞罗也认为,自然法是与国家和社会的正义相联系的,是一种至高无上的法则。"法是正义和非正义事物之间的界限,是自然与一切最原始的和最古老的事物之间达成的一种契约,它们与自然的标准相符,并构成了对邪恶予以惩罚,对善良予以捍卫和保护的那些人类法"。参见西赛罗:《法律篇》,西方法律思想史编写组编:《西方法律思想史资料选编》,北京:北京大学出版社,1983年,第78页。也就是说,自然法是衡量实在法好与坏、正义与非正义的最高标准和规范。

② 多谷千香子:《戦争犯罪と法》,岩波书店,2006年,第6页。

法学界及国际社会围绕东京审判中法律与政治的关系问题进行了半个多世纪的争论。不少日本及其他国家的学者认为东京审判政治色彩太浓,影响了审判的公正性。如有人认为法庭的组成上没有中立国参加,也不追究美国向日本投掷原子弹的责任,因而是"胜者对败者的审判",无公正可言;也有人认为美国主导审判,政治优先,既不起诉最大战争责任者天皇,也不起诉战争的重要推动者财阀,还将大批战犯不加审判予以释放,严重影响了审判公正性。可谓众说纷纭,莫衷一是。

那么,应该怎样看待东京审判中法律与政治的关系呢?首先,法律和政治是密不可分的。从长远来说,法律是政治的要求和体现。国内法如此,国际法也是如此。虽然法律一旦形成,就具有了一定的独立性和稳定性,但要求其与政治彻底割裂是不可能的。它只能是相对独立于政治,而不可能绝对独立于政治,这是人类社会发展规律所决定的。法律不是万能的,在法律与政治之间追求一种最合理或最接近合理的平衡才是处理两者关系的最佳选择。国际政治特别是冷战的确对东京审判产生了一定的影响,而不追究天皇的战争责任,更是政治影响审判最明显的例证之一。在免究天皇战争责任这一点上,东京审判确有悖于公正和公平之处,但不追究天皇责任的主要原因是为了有利于对日占领和实施民主主义改革,有一定的政治合理性。它实际上是政治与法律的妥协和调整,东京审判是在最大程度上寻求一种法律与政治的平衡。总的来说,政治因素对东京审判产生的影响,正面的要大于负面的。而东京审判的意义也就不仅具有重大法律意义,更具有重大的政治意义——它告诫世界上所有的掌权者,阴谋发动和实施侵略战争定会受到严厉的法律制裁。

东京审判既是对日本侵略战争罪行的法律清算,也是政治上的清算。它绝不是一些日本人主张的单纯的"报复"。虽然审判存在一些不足,包括法律技术上和政治上的不足,但这都不足以损害东京审判的深远意义。不同的法律体系下拥有不同文化背景和价值观的法官们,通过国际大审判体现了法律的最高理念和价值——公平、正义。东京审判是文明的审判、正义的审判,东京审判的精神和历史功绩是不可否定的。

本文原刊载于《四川大学学报》(哲学社会科学版)2016年第6期,得到了国家社会科学基金重大项目"新编日本史"(13&ED106)的资助。

作者简介:

宋志勇,1962年生,山东临朐人,历史学博士。南开大学日本研究院教授,博士生导师,教育部国别和区域研究基地南开大学日本研究中心主任。主要从事日本外交史和中日关系史研究。著述有《日本近现代对华关系史》《20世纪东亚国际关系的演变》《论东京审判》等。

日本室町时期的德政一揆及其影响

王玉玲

　　"一揆"，由平安时代末期的农民斗争发展而来，泛指为实现某种共同目的而采取一致行动的反抗行为。而"土一揆"则特指由被统治阶层百姓发起的一揆运动。日本中世时期是土一揆的高发期，依据诉求、目的的不同可以分为"庄家一揆"与"德政一揆"。①庄家一揆多以减免赋税为目的，而德政一揆则多以要求颁布德政令为诉求。与庄园内部经济斗争性质的庄家一揆相比，室町幕府统治时期频繁爆发的德政一揆既是反高利贷剥削的经济斗争，也是反幕府统治的政治斗争，被称为民众斗争的最高形态。因此，德政一揆问题在日本民众斗争史乃至日本史的研究中始终是十分重要的课题。日本学界对德政一揆的研究史最早可以追溯到20世纪40年代，铃木良一、稻垣泰彦、笠松宏至、胜俣镇夫、峰岸纯夫等人都曾对德政一揆进行研究。②与此相比，国内学界则几乎没有专门以德政一揆为对象的研究，个别早期考察日本农民运动的研究成果主要集中于日本江户时期或明治维新前夕，多将农民一揆简单地理解为农民起义或暴动。③在国内外已有的相关研究成果中，学者们关注较多的是德

---

①庄家一揆也称总庄一揆。此外，在地领主反对守护支配的"国人一揆"（亦称"国一揆"）通常也被视为土一揆的一种，本文不作详细论述。

②关于德政一揆的研究，可参见铃木良一：《日本中世的农民问题》，高桐书院，1948年；稻垣泰彦：《关于土一揆》，《历史学研究》305号，1965年；笠松宏至：《德政令》，岩波书店，1983年；胜俣镇夫：《一揆》，岩波书店，1985年；峰岸纯夫：《中世社会的一揆与宗教》，东京大学出版社，2008年等。

③国内关于日本农民运动的研究，可参见周一良：《日本明治维新前后的农民运动》，《北京大学学报》（人文科学）1956年第3期；伊文成：《略谈明治维新前夕日本人民的斗争》，《东北师大学报》1986年第1期；沈仁安：《德川时代后期的民众运动》，《北大史学》1998年等。

政一揆的斗争性质,即德政一揆是否是纯粹意义上的农民斗争,①关于德政一揆对室町幕府统治秩序的影响在近年的德政一揆研究中却鲜有人问津。通常认为,"应仁之乱"是导致室町幕府衰亡的主要原因,②但是民众广泛参与的德政一揆在动摇室町幕府统治过程中发挥的历史作用却没有受到足够的重视。为此,本文以室町时期的德政一揆为研究线索,通过考察德政一揆的发展进程,分析其爆发的历史原因,进而揭示德政一揆对室町幕府统治的影响。

一、德政一揆的含义和特点

日本历史上最初的德政一揆爆发于室町时期正长元年(1428年),"天下土民蜂起,号德政,破却捣毁酒屋、土仓、寺院等,恣取杂物,悉破借据文书",③即是史料中关于正长德政一揆的描述。所谓"酒屋""土仓"(亦称"土藏")以及"寺院"即是当时主要的高利贷经营者。可见,最初的德政一揆就是民众为取消其与高利贷经营者之间的借贷关系而采取暴力打砸、抢夺的集体行为,其人员构成、斗争对象、手段以及诉求都具有鲜明的特点。

(一)德政与一揆

所谓德政一揆,实际上包涵两个概念,即"德政"与"一揆"。德政,亦称仁政、善政,在中世以前泛指国家在天灾、地异等异常现象发生时,政府为赈恤百姓实施的减租、缓刑、施仁布德的措施。进入中世时期后,德政的形式被继承下来,但内涵发生了显著变化,应民众的强烈要求取消借贷关系成为德政的主要内容。对中世以后德政内涵的变化产生决定性影响的,是永仁五年(1297年)镰仓幕府颁布的"德政令"。该德政令由3条法令构成,核心内容在于取消

---

① 稻垣泰彦的《关于土一揆》(《历史学研究》305号,1965年)、黑川直则的《关于德政一揆的评价》(《日本史研究》88号,1967年)、北爪真佐夫的《中世后期的国家与人民——以德政一揆为中心》(《历史学研究》339号,1968年)、《把握德政一揆的一个视角》(《月刊历史》25号,1971年)、永原庆二的《嘉吉德政一揆的性格》(《一桥论丛》64编5号,1970年)等都曾讨论过德政一揆的斗争性质问题。

② "应仁之乱"是应仁元年(1467年)至文明九年(1477年)年间日本发生的一次大规模内乱。关于应仁之乱与室町幕府的研究,可参见铃木良一:《应仁之乱》,岩波书店,1973年;佐藤进一:《日本的历史》第9卷《南北朝动乱》,中央公论社,1965年;稻垣泰彦:《应仁·文明之乱》,家永三郎等编:《岩波讲座 日本历史 中世》(第3卷),岩波书店,1963年等。

③ 辻善之助编:《大乘院寺社杂事记》(第12卷),三教书院,1936年,第317页。

与幕府御家人①领地有关的买卖及借贷关系,使御家人无偿取回已经典当或出卖的领地。②以现代的法治观念来看,这样的德政令显然是无法成立的,但在当时却存在法理上的合理性,亦符合镰仓幕府的统治需要。就法理而言,日本中世时期的买卖形式允许卖方主张其对出卖物品的所有权。"本钱返"与"年纪沽却"③是中世时期普遍存在的买卖形式,二者的共通之处在于只在一定期限内转让使用权,而非所有权的永久性转移。④因此,即便在买卖或质押关系存续期间,"本主"即卖方也始终保有对物品的所有权。而就镰仓幕府的统治需要而言,御家人的贫困问题亟待解决。镰仓时期商品、货币经济快速发展,众多御家人为获取生活资金而出卖、典当领地,结果却因失去土地而陷入经济困境。镰仓幕府为了解决日益严重的御家人贫困问题,便通过颁布德政令的形式将御家人的债务一笔勾销。可见,永仁德政令正是幕府意图恢复御家人领地,解决御家人贫困问题的应急之策。尽管永仁德政令颁布后御家人愈加贫困的问题并未从根本上得到解决,但作为首个由幕府颁布的德政令,永仁德政令却使解除债务关系成为定式化的德政,并为后世开创了合法解除债务关系、买卖关系的先河。

一揆,语出《孟子》:"先圣后圣,其揆一也。"朱熹《集注》云:"揆,度也。其揆一者,言度之而其道无不同也。"由此引申出一揆在思想、方法、行动上保持一致的含义,与日语"一味""与同""同心"等意思相近。从词性来看,一揆既是动词也是名词,既指为实现共同目的而采取一致行动的行为,也有为实现共同目的而采取一致行动的集团之意。因此,可以说日语一揆与汉语中的暴动或起义在词义上有一定的共通之处。但从一揆的参与者、组织方式来看,又不能将一揆简单地理解为暴动或起义。其原因在于,首先,一揆参与者的社会身份往往具有一定的限定性。具体来说,即一揆的参与主体基本上都是具有相同社会身份的人,前文提及的庄家一揆即是因参与主体为庄园百姓而得名。其

---

① 镰仓时期的御家人特指与幕府将军结成主从关系的武士。

② 永仁德政令的具体条文最初发现于《东寺百合文书》中,后收于佐藤进一等编:《中世法制史料集》第1卷《镰仓幕府法》,岩波书店,2005年,第296页。该法令中关于典当、买卖土地的第2条规定:禁止典当和买卖御家人领地;已买卖的土地,需归还御家人。买方为御家人,且买卖时间超过20年,则不适用该法令;若买方为非御家人,则不论年限一律适用该法令。

③ "本钱返"指允许卖方在一定期限内以原出卖价格赎买的买卖形式;"年纪沽却"指出卖物品在超过买卖期限后自动归还本主的买卖形式。

④ 永原庆二:《大系日本历史》第6卷《内乱与民众的世纪》,小学馆,1996年,第305页。

次,一揆的组织方式往往遵循一定流程与规则。当一揆发起时,持有共同目标的人会集聚一堂并商议具体的行动方案。然后,依据商议结果撰写"起请文",[1]写明行动宗旨以及参与者服从决议的誓约,在所有参与者署名后,将起请文焚化并溶于神前供水之中,由所有参与者共饮,即举行所谓"一味神水"仪式。[2]在神前起誓后,一揆成员便有义务齐心协力、相互帮助且禁止脱离一揆,否则不仅要受到一揆集团的惩处,还会遭受神灵的责罚。当目的达成、诉求得到满足后,一揆便会自行解散。可见,一揆是有目的性、组织纪律性的集体行为,而并非纯粹意义上的暴动或起义。

(二)德政一揆的人员构成

长禄三年(1459年)九月爆发德政一揆之际,山城国东寺领久世庄[3]向领主东寺提交了一份誓不参与德政一揆的起请文。该起请文由起誓内容("前书")、违誓神罚("神文")与庄民署名三部分内容组成。首先,作为起请文的主旨内容,久世庄保证该庄不参与且不支援德政一揆;庄内无德政一揆的主谋("张本人")或同谋("同心者");但凡发现主谋或同谋,"虽为亲属兄弟",亦绝不隐瞒、随即上报。然后,在罗列"梵天、帝释、四大天王、伊势天照皇太神、八幡大菩萨、贺茂下上、松尾七社、平野、稻荷五所明神、春日大明神"等众多佛、神名号后,立誓"若有一事不实者","有势无势大小神祇冥罚,各可蒙受"。最后,是久世庄所有庄民的署名,由"侍分"与"地下分"两部分组成。其中,侍分即本庄地方武士的署名,合计32人;地下分即本庄农民的署名,合计140人。[4]

这份起请文虽然没有记录与德政一揆直接相关的内容,但却为了解德政一揆的组织形态提供了一些线索。首先,该起请文由久世庄以庄为单位提出,可见庄园是德政一揆发起的基本单位。不过,需要指出的是,这一时期的庄园有别于庄园公领制[5]下的庄园,多为中世后期普遍存在于近畿地区的自治村

---

[1] 日本古代用于向神佛起誓的一种文书。通常使用神社、寺院发行并印有"牛王宝印"字样的护符制成。

[2] 峰岸纯夫:《中世社会的一揆与宗教》,东京大学出版社,2008年,第54页。

[3] 久世庄是地处京都近郊桂川西岸"西冈"的庄园,分为上、下两庄。室町时期由足利尊氏捐赠给东寺,直至太阁检地,一直为东寺领。

[4] 东京大学史料编纂所编:《大日本古文书》家别第十《东寺文书》之六,东京大学出版会,1959年,第363~371页。

[5] 庄园公领制是日本学者网野善彦提出用于概括日本中世土地支配结构的概念,具体指贵族、寺社、武士、豪族等对私有庄园及国衙领进行重层支配的制度。

落——"总村"。①所谓总村,亦称"总庄""总乡",最早出现于镰仓时期,主要由近畿地区各个庄园内部的村落发展而来,通常由若干村落组成。除久世庄外,贺茂六乡、西冈十一乡、鸟羽十三庄、山科七乡、伏见九乡等都是当时京都周边具有代表性的总村,同时也都是频繁参与德政一揆的主体单位。其次,从在起请文上联署的久世庄庄民构成来看,德政一揆的参与者既有地方武士,也有普通农民。并且,在地方武士与农民之间,显然存在着不同的分工。在该起请文中提及的张本人及同心者,即是德政一揆中的领导者与普通的参与者。如在文明十七年(1485年)发生的德政一揆中,"京都大名(赞岐守护细川政之)被官、诸侍"便被指为一揆的领导者,故有学者指出,"地方武士往往在德政一揆中充当领导者'大将'的角色"。②尽管地方武士在人数上远远少于农民,但武士的加入必然在很大程度上增强一揆的战斗力与影响力。

可见,德政一揆的参与主体并不单一,而这也正是日本学界一度热议德政一揆斗争性质的原因所在。地方武士与农民之所以共同发起德政一揆,其主要原因在于二者共同的社会身份与一致的利益诉求。日本中世社会存在着十分复杂的身份制度,其最大的特点即在于单一个体所属身份的多重性。以地方武士为例,就其与大名间的主从关系而言,其社会身份为武士;但若将视角放置于庄园与村落内,地方武士则同百姓一样,也是承担向领主纳税义务的土地耕种者,同时也是区别于流动人口的村落"住人"。因此,尽管农民与地方武士之间存在阶层以及财富上的差距,但作为庄园土地的耕种者以及村落的常住居民,二者的百姓身份却是相同的。同样,在村落生活中,农民与地方武士的利害关系也有一致之处。总村的自治主要体现在"地下请""总有财产"及"自检断"三个方面,即以总村为单位,由总村成员共同承担对领主的赋税负担、共同支配共有财产并自行行使裁判权。③换言之,农民与地方武士作为总村的成员共同享受、承担着总村的权利与义务。当总村出现高利贷负债时,债务就成为农民与地方武士的共同负担。进而,当高利贷的经济压力变本加厉、失去土地成为现实危机时,要求解除借贷关系、收回土地便自然成为农民与地方武士以总村为单位共同发动一揆的基本动机。

---

① "总"在日本史料中写作"惣",本文统一为简体汉字。
② 久留岛典子:《一揆的世界与法》,山川出版社,2014年,第20页。
③ 钱静怡:《日本战国时期村落与大名权力关系考论》,《世界历史》2015年第4期。

（三）德政一揆的斗争形态

德政一揆作为日本中世时期民众斗争的重要方式以暴力著称，以土仓等高利贷经营者为对象的打、砸、抢行为始终被视为德政一揆的基本斗争手段。不过，纵观15世纪以后近百年内爆发的数十次德政一揆可以发现，其斗争形态各不相同，既有暴力性、破坏性极强的，也有秩序井然的。①事实上，无论是破坏性还是有序性都只是对德政一揆局部、片面的描述。综合考量历次德政一揆的整体特征，笔者认为可以依据斗争对象、斗争手段等将德政一揆划分为初级、典型与极端三种形态。

首先，通过与高利贷经营者进行交涉而实现"和平"取消借贷关系的一揆，可以称为初级形态的德政一揆。尽管对高利贷业者打砸、放火的行为是德政一揆实施的典型手段，但暴力并非德政一揆实现其诉求的唯一途径。例如嘉吉元年（1441年）九月七日，德政一揆民众蜂拥至京都净莲华院，要求高利贷经营者尊悟房交出借贷文书，否则就放火烧寺。迫于一揆民众的武装压力，尊悟房最终妥协并交出了借贷文书。②据同时期公家日记《康富记》记载，类似这种一揆民众通过与高利贷经营者交涉、甚至威胁恐吓的方式强行取消借贷关系的情况并非个案，"近日洛中土藏皆以如此者也"。③当然，如果德政一揆民众与高利贷经营者的交涉失败，那么打砸、放火等暴力行为必然随之而来。龙禅坊、河崎松藏等土仓就是因为拒绝了德政一揆的要求而被付之一炬。④显然，德政一揆的主要诉求在于取消与高利贷经营者之间的债务关系，聚众起事、恐吓、打砸等行为并非目的，而是实现诉求的手段。在这个意义上，可以说初级形态的德政一揆更倾向于针对高利贷的武装化"抗议维权"运动，其特点一是与特定对象进行武力威慑及交涉；二是具有高利贷资本内部经济斗争的局限性；三是不具有反权力政治斗争的性质，社会影响力也比较有限。

其次，民众以武力反抗幕府镇压、向幕府要求德政令的一揆可以说是典型的德政一揆。源于高利贷借贷双方矛盾的德政一揆，尽管只是经济斗争性质

---

① 与以往研究注重德政一揆的暴力性、破坏力不同，日本学者胁田晴子强调了德政一揆的秩序性（《室町时代》，中央公论社，1985年，第96页）。

② 东京大学史料编纂所编：《大日本古记录　建内记》（第4卷），岩波书店，1987年，第69页。

③《增补史料大成》刊行会：《增补史料大成》第40卷《康富记四·亲长卿记别记》，临川书店，1992年，第91页。

④ 东京大学史料编纂所编：《大日本古记录　建内记》（第4卷），岩波书店，1987年，第71页。

的民众斗争形式,但动辄数千人的一揆民众蜂拥至京都,对京都的土仓、酒屋进行砸、抢的行为必然引起幕府的重视。加之幕府实质上就是高利贷资本的保护者,德政一揆很快就遭到了幕府的镇压,并演进为一揆民众反对幕府统治的政治斗争。嘉吉元年(1441年)八月末,始自近江的德政一揆迅速扩大至京都。九月三日,坂本、三井寺、鸟羽、竹田、伏见、嵯峨、仁和寺、贺茂边的各总村分别从东、南、北侧向京都进发。而此时的京都几乎处于无防备状态,幕府多数大名武装皆出征在外,负责守卫京都的京极氏军队试图在清水坂进行阻击,但终归寡不敌众。结果,鸟羽、吉祥院方面的总村二三千一揆民众聚集九条东寺,宇治北部的五个总村千余人汇聚西八条,丹波口千余人占据今宫西,西冈二三千人攻占官厅、神祇官、北野、太秦寺等地。并且,在出云路口、河崎、将军塚、清水、六波罗、阿弥陀峰、东福寺、今爱宕、戒光寺等地也形成了德政一揆的阵地,几乎形成了一揆民众包围京都的态势。[①]占领了京都各佛寺、神社的一揆民众,一边不断侵扰京都的高利贷经营者,一边与幕府交涉,要求幕府颁布德政令,否则就烧毁所有佛寺、神社。可见,嘉吉德政一揆中民众采用的核心手段是占领寺、社,并利用幕府对各寺、社的崇信和保护与幕府进行交涉。这种做法与11世纪以来频繁出现的寺社"强诉"[②]如出一辙。寺社发起强诉的原因多种多样,但在手段上总存在一些相似之处,如大批武装的寺院众徒与神社神人奉"神舆""神木"等神宝入京对施政者施加压力。在神祇"出动"的宗教压力及众徒、神人的武装压力下,寺社的要求不论是否合乎理、法,无论是朝廷还是幕府,通常只能妥协接受。显然,嘉吉德政一揆与寺社强诉都在武力的基础上利用了宗教对于政权的影响力。而且这种手段无论在德政一揆中还是在寺社强诉中都是屡试不爽。这种形态的德政一揆在嘉吉元年后频繁出现,可以说是德政一揆最典型的形态。与初级形态的德政一揆相比,这种形态的德政一揆不再局限于高利贷借贷双方的经济冲突,而从局部的经济斗争上升为与权力抗争的政治斗争。

最后,除背负债务的农民、地方武士之外,在京的下级武士以及恶党[③]、强盗等诸多社会阶层共同参与、具有暴动性质的一揆可以说是德政一揆的极端

---

① 东京大学史料编纂所编:《大日本古记录 建内记》(第4卷),岩波书店,1987年,第67页;黑板胜美编:《新订增补国史大系》第36卷《后鉴》(第3篇),吉川弘文馆,1999年,第18页。

② 亦称"嗷诉",即以强硬态度提起的诉讼。

③ 中世时期反抗庄园领主及幕府支配的人或集团被称为"恶党"。

形态。如宽正元年（1460年）九月，山城国再次爆发德政一揆。据《大乘院寺社杂事记》记载："土一揆乱入京中，土藏之外，乱入家宅，强取杂物，肆意放火，烧毁三十余町。"涌入京都的德政一揆民众不仅攻击土仓，夺取物资，而且对普通民居也进行抢夺、放火。混乱中，理应镇压一揆的大名武装也加入一揆之中，同德政一揆民众一样对高利贷经营者进行抢夺、打砸、放火；[1]文正元年（1466年）九月爆发德政一揆期间，"山名（宗全）方势并朝仓（孝景）被官势等，乱入处处土仓、酒屋，抢夺杂物，肆意放火"，大名麾下的杂兵对土仓、酒屋打砸、放火的乱状再次上演。[2]此外，为躲避饥荒而流入京都的难民"牢笼人"也常常趁乱加入德政一揆抢掠的队伍。[3]可见，在经历正长、嘉吉德政一揆后，德政一揆不仅没有因幕府的镇压而日渐式微，反而聚合了更多、更广泛的参与者，愈发走向无序、暴力的极端。在这种形态的德政一揆中，破除债务关系不再是参与德政一揆的基本动机，在地方武士、农民之外，以恶党为代表的反权力群体、以饥民为代表的社会弱势群体纷纷加入德政一揆的队伍中。不仅初期德政一揆的有序性被彻底打破，而且暴力性、破坏力也变本加厉。将这些人对土仓等高利贷经营者的抢夺行为理解为社会底层群体"趁火打劫"、对社会财富进行洗劫或也不为过。由此，引发了社会对于德政一揆的普遍反感，德政一揆的参与者甚至被斥为"德政之贼""德政之盗"。[4]至此，关于德政一揆的性质无法再以经济斗争或政治斗争进行简单划分，极端形态的德政一揆已经演进为性质复杂的社会暴动。

由上可知，最初的德政一揆是以地方武士、农民为代表的广大高利贷债务者，以总村为单位在繁重的经济压力下发起、意在取消与高利贷经营者间的债务关系，且伴有武装暴力的经济斗争行为。这种形态的德政一揆在遭到了高利贷经营者的抵制及幕府的武力镇压后，进一步升级为以幕府为对象的政治斗争，而取消借贷关系也在德政令出台的情况下成为受幕府保护的合法行为。即便如此，德政一揆仍然没有缓和的趋势，反而在政治混乱、高利贷盛行、灾害频发的背景下迅速演进为社会民众广泛参与、且长期破坏社会秩序

---

① 辻善之助编：《大乘院寺社杂事记》（第3卷），三教书院，1933年，第207页。
② 辻善之助编：《大乘院寺社杂事记》（第4卷），三教书院，1933年，第98页。
③ 东京大学史料编纂所编：《大日本古记录 建内记》（第9卷），岩波书店，1982年，第22页。
④ 东京大学史料编纂所编：《大日本古记录 碧山日录》（上卷），岩波书店，2013年，第220页。

的德政暴动。

二、德政一揆爆发的深层动因

室町时期是足利氏掌握武家政权的时代,因幕府将军的宅邸位于京都室町而得名。与镰仓时期相比,室町时期是日本经济快速发展、由实物经济向货币经济转型的历史时期。在农业技术进步、土地生产力提高的背景下,商品的生产、流通与消费不断扩大。京都作为同时期的政治、经济、文化中心,商业高度发达且高利贷极度盛行。然而,在以幕府为代表的都市领主阶层享受这种经济繁荣时,却将高利贷的经济压力转嫁给了支撑领主经济的广大百姓阶层。结果,要求解除高利贷借贷关系的德政一揆率先在15世纪中期的近畿地区爆发。从正长元年(1428年)到16世纪中期织田信长建立政权的百余年时间内,[①]在以京都为核心的山城、大和、近江等近畿地区共发生德政一揆40余次,对京畿地区的社会秩序、经济秩序都造成了严重破坏。可以说,正是室町时期高利贷的盛行、幕府对京都高利贷的掌控以及灾荒肆虐等各种经济、政治、自然因素共同推动了德政一揆的爆发与发展。

(一)高利贷的盛行

日本古代的高利贷最早出现在货币开始流通的平安末期,被称为"借上"。后来用于储存抵押、典当物品的仓库土仓以及制酒、贩酒商酒屋成为主要的高利贷经营者,故土仓、酒屋逐渐成为高利贷的代名词。进入13世纪后期,在商品经济不断发展的背景下,货币作为交易手段的重要性日益凸显。尤其是在大都市京都,货币甚至成为都市居民的生活必需品。为满足都市领主的货币需求,以货币代替实物的"代钱纳"[②]成为缴纳赋税的主流方式。在这样由实物经济向货币经济转型的大背景下,无论是以公家、武士为代表的庄园利益的收取者,还是以农民为代表的庄园利益的创造者,都出现了巨大的货币需求,而高利贷也自然变成了为社会各阶层提供资金供给的重要行业。加之,高利贷经营者通常依附于延历寺等权门寺社,受到权门势力的保护,京都的高利贷行

---

① 通常认为,15世纪中叶以后的1个世纪是德政一揆集中爆发的时期,在16世纪中期织田信长建立政权后德政一揆逐步退出历史舞台。可参见田中克行:《村的半济与战乱·德政一揆》,《史学杂志》102编6号,1993年。

② "代钱纳"指将稻米等实物在当地的市场卖给商人或运到周边的港口贩卖、商品化后,再以现金的方式上交京都领主。

业在镰仓末期就已经实现了快速发展,并形成了相当规模。进入室町时期以后,在室町幕府"兴行无尽钱、土仓"经济政策的支持下,直至15世纪中期,京都的土仓数量始终维持在300家左右。

高利贷行业的快速发展对京都以及周边地区的社会经济都产生了重要影响,京都内外上至贵族、武士,下至普通百姓、工商业者,不论"老少男女贵贱都鄙",或多或少都背负一定的高利贷,借贷关系成为存在于城市居民与土仓间普遍且日常的社会关系。[①]不仅如此,15世纪以后还出现了高利贷行业以土地为中心对庄园经济进行侵蚀的情况。总村保障自治的基本前提在于保证赋税的缴纳,因为一旦出现"年贡未进"的情况时,不仅总村的自治难以维系,而且总村内土地也将面临流失的危险。如备中国东福寺领上原乡内的"友吉名"[②]即是在拖欠赋税的背景下,被领主作为"引田"交由他人耕种。[③]于是,以土地或"领家职""地头职""名主职"等与土地的收税权、收益权密切相关的"职"[④]为抵押,通过支付高额利息向土仓借贷便成为各总村筹措资金、保障赋税缴纳的常用手段。不过,高利贷业者的获益手段远不止收取利息,例如当利息部分无法按时偿还时,高利贷业者通常会把尚未偿还的利息算入本金部分,继续收取高额利息,使偿清债务基本失去可能,这就意味着质押的土地及与土地相关的各种权益最终流入高利贷业者手中。[⑤]这种权益的转移从根本上破坏了庄园的收益体系,而最先遭受借贷危机冲击的必然是处于收益链末端的土地耕种者。换言之,高利贷的盛行构成了德政一揆爆发的经济背景。

(二)幕府对京都高利贷的掌控

1333年,原镰仓幕府御家人足利高氏(后称尊氏)推翻镰仓幕府,创立了室町幕府。在新政权成立之初,幕府内部曾出现关于幕府选址的争议,即一派主张继续以"吉土"镰仓为幕府所在地,一派主张以京都为幕府所在地。最终,依

---

① 胁田晴子:《日本中世都市论》,东京大学出版会,1981年,第315页。在该书中,作者指出同时期京中内外的农民、工商业者多负有1贯~5贯的小额债务。

② "名"也称"负名",是庄园、公领内土地的基本构成单位及赋税单位。"友吉名"即是上原乡内的一块名田。

③ 峰岸纯夫:《中世社会的一揆与宗教》,东京大学出版社,2008年,第95页。

④ 与律令官制下的官职不同,中世时期"职"的获得既意味着特定职掌、职权的掌握,也意味着相应收益权的取得。

⑤ 胁田晴子:《室町时代》,中央公论社,1985年,第85页。

据"纵虽为他所,不改近代覆车之辙者,倾危可有何疑乎"①的思想,决定将新幕府设在京都。这个决策不仅决定了武家政权的"迁都",也改变了武家政权的统治重心。在确定京都为幕府所在地后,室町幕府一边以京都为大本营与南朝势力对抗,一边着手重建几乎毁于建武政权末期战乱的京都。在延元元年(1336年)室町幕府颁布的《建武式目》17条"政道事"中,第3~6条的4条法令皆与京都的市内法有关。其中,第3~5条以恢复社会治安、保障市民生活为宗旨,严禁抢劫、盗窃、杀人等"狼藉"行为,禁止强制征用民宅,规定归还京中被强占的空地;第6条以活跃京都经济为目的,鼓励发展高利贷行业。根据第6条法令内容的叙述,由于繁重的课税以及在战乱中遭遇的抢夺,14世纪初京都的高利贷行业"已令断绝"。结果导致"贵贱急用忽令阙如,贫乏活计弥失治术",为此幕府下令振兴高利贷行业,并以此为"诸人安堵之基"。②于是,不仅京都的社会治安得以快速恢复,而且在高利贷行业复兴的条件下,京都经济也再次得以繁荣。

与此同时,幕府还通过掌握课税权的方式逐步加强了对京都高利贷行业的统治。14世纪初,也就是室町幕府成立以前,京都高利贷的税收权理论上由朝廷检非违使厅掌控,而事实上正和四年时(1315年)京都内外的335家土仓中,仅有55家向检非违使厅纳税,其余280家土仓皆为"山门风气",即由比叡山延历寺控制并收取赋税。③进入室町幕府时期以后,因受建武政权末期战乱打击而一度凋零的京都高利贷行业迅速得以恢复,及至应永三十三年(1426年)时酒屋增至342家,其中有约300家兼营土仓,加上专门经营高利贷的土仓,高利贷经营者的数量大有增加,几乎达到历史峰值。④随着室町幕府对京都市政权的接管,室町幕府逐步介入检非违使厅与比叡山延历寺对京都高利贷行业的税收权。明德四年(1393年),室町幕府颁布法令彻底否定了延历寺、日吉神社等权门寺社对"山门风气"高利贷业者课税权的独占。⑤这条法令的落实,对幕府而言,意味着幕府完全掌控了对京都高利贷业者的税收权;而对

① 佐藤进一等编:《中世法制史料集》第2卷《室町幕府法》,岩波书店,2005年,第3页。
② 佐藤进一等编:《中世法制史料集》第2卷《室町幕府法》,岩波书店,2005年,第4~5页。
③ 佐藤进一:《日本的历史》第9卷《南北朝动乱》,中央公论社,1965年,第436页。
④ 小野晃次:《日本产业发达史的研究》,法政大学出版会,1981年,第115页。
⑤ 室町幕府追加法第148条。佐藤进一等编:《中世法制史料集》第2卷《室町幕府法》,岩波书店,2005年,第60页。

高利贷业者而言,则意味着幕府成为高利贷行业新的庇护者。正是室町幕府对京都高利贷资本的掌控,使得室町幕府成为德政一揆主要的斗争对象。

(三)灾荒的肆虐

15世纪的日本处于气候学上的小冰期,整体上呈现冷凉、多雨的气候特征。[1]与14世纪相比,该时期发生的洪涝、干旱以及饥荒等灾害都大幅增长。[2]尤其是饥荒,在15世纪的百年间发生了60余次,其中还包括应永饥荒(1420—1422年)、正长饥荒(1428年)、嘉吉饥荒(1443年)与宽正饥荒(1460—1461年)等持续时间长、波及地域广的严重饥荒。对于背负高利贷债务的总村而言,频发的自然灾害直接影响农业生产,并使总村陷入了无法偿还高利贷债务的经济困境。从德政一揆的发生时间来看,一年中的后半即8—12月,特别是9月是德政一揆的高发期。同时,旧历9月也是以水稻为代表的农作物的收获期,当季收成的好与坏既关系到对领主赋税的缴纳,也关系到农民自身的生计。在靠天吃饭的当时,雨水气候条件是影响农业收成至关重要的因素。而在正长(1428年)、嘉吉(1441年)、享德(1453年)、长禄(1457年)、宽正(1462年)、文明(1480年)年间发生大规模德政一揆前,京都无一例外都遭遇了或涝或旱或荒的自然灾害。可见,在自然灾害的影响下,各总村的农业收成乃至基本运营都遭遇了困境,偿还高利贷债务自然无从谈起,失去土地或相关权益的危机亦随之而来。灾荒成为激发德政一揆的潜在自然因素。

与此同时,尽管南北朝的分裂格局已经基本结束,但各地仍不断出现各种势力间的武装冲突,尤其是京都周边的近畿地区时常成为各种战乱的交战地。在灾害与战火的双重压力下,大批农民或沦为灾荒饥民或沦为战争难民,纷纷涌向财富聚集的京都。以宽正元年(1460年)爆发的宽正大饥荒为例,各地的严重干旱是引发此次饥荒的直接原因。为求果腹,大量地方百姓流入京都,以乞食为生。时至宽正二年(1461年)年初,京都内饥民已达"数千万",100贯的重金用于施粥仅维持了6日便消耗殆尽。[3]到了三月,每天饿死的人不计其数,

---

① 山本武夫:《气候讲述的日本历史》,社会株式会社,1982年,第221页。
② 王玉玲:《日本中世前期的灾害及其应对》,《南开学报》2016年第6期。
③ 藤木久志:《走进饥饿与战争的战国》,朝日新闻出版,2001年,第52页。"贯""文"为日本中世时期的货币单位,1贯等于1000文。

饿死饥民的尸体甚至堵塞了鸭川河道,仅在五条河原就埋葬1200余具尸体。[1]在饥荒肆虐的同时,幕府管领家畠山氏与斯波氏领内的河内、纪伊、越中、越前等地接连发生家族内部争斗。受战火波及的越前国河口庄,不仅粟、稗等农作物被悉数强行收割,而且屋舍、农田也多被损毁,庄民生活无以为继,9268人饿死,757人离村逃荒。[2]这些或为灾荒或为战乱而逃离家园、涌入京都的难民,在一揆民众发动暴动,攻击京中高利贷业者及富商时,往往趁乱化身强盗、恶党,成为德政一揆的"生力军",进一步加剧了京都的一揆危机。

总而言之,进入室町时期后,京都成为室町幕府的施政中心。在室町幕府的支持与保护下,高利贷行业在大都市京都实现了快速发展。京都内外社会各阶层对高利贷的依赖程度不断加深的同时,高利贷资本对京都社会经济的侵蚀也愈加深入。于是,当高利贷与自然灾害造成的经济危机、生存危机同时发生时,社会上普遍存在的高利贷借贷双方的经济矛盾便以德政一揆的方式爆发。失去土地的庄园农民及地方武士与高利贷经营者间的武力冲突率先成为德政一揆爆发的最初形态,而高利贷行业高度发达的京都也自然成为德政一揆的高发地。

三、德政一揆对幕府的影响

德政一揆最大的斗争成果无疑是迫使幕府颁布德政令,使背负高利贷的一揆民众得以取消与土仓等高利贷经营者间的借贷关系。在德政一揆频繁爆发的近一个世纪间,室町幕府颁布的德政法令多达87条。不同时期的德政令内容有所差异,但历次颁布的德政令基本上都以最初的嘉吉德政令为基础,即在保护寺院、神社的债权,"永代卖"[3]及土仓对绝押物品所有权的前提下,要求将以本钱返、年纪沽却方式买卖、抵押的土地及在绝押期限内的抵押物品返还

---

[1] 东京大学史料编纂所编:《大日本古记录 碧山日录》(上卷),岩波书店,2013年,第160页。

[2] 辻善之助编:《大乘院寺社杂事记》(第2卷),三教书院,1933年,第482页;《大乘院寺社杂事记》(第3卷),三教书院,1933年,第11页。

[3] 与一定期限内转让使用权的"本钱返""年纪沽却"相对,"永代卖"指所有权、使用权永久转移的买卖形式。

原主。①德政令的颁布暂时解除了德政一揆对高利贷业者及幕府造成的威胁，但德政令的实施却对中世社会的经济秩序造成了严重破坏，对土仓等高利贷经营者以及以土仓税收为重要财源的幕府也造成了重创。而且，在德政一揆的冲击下，幕府权威乃至权力都受到了严重影响。

(一)幕府财政来源的丧失

室町幕府成立之初就确立了"土仓依存型"财政政策，这种幕府财政对土仓的依存关系集中体现为以土仓经营税为幕府的主要财政收入来源。②起初，幕府对土仓等高利贷经营者的课税主要以临时课税为主，即幕府或朝廷举行重要祭祀或礼仪活动时临时向高利贷经营者征收赋税。如应安四年(1371年)时，幕府曾借后元融天皇即位之机，临时对京中内外土仓以每个抵押物品30贯、酒屋以每壶酒200文的标准征收赋税。③后来，在这种临时课税的基础上，明德四年(1393年)幕府进一步出台法令，在否定延历寺、日吉神社等权门寺社对土仓的税收权的同时，规定以抵押物品及酒壶数量为准对京都内外所有土仓、酒屋经营者征收赋税，每年以6000贯为限，以确保幕府政所④的年度支出。⑤由此可见，15世纪时京都高利贷资本对幕府的财政贡献是何等可观。

正是因此，正长元年(1428年)以来频繁爆发的德政一揆不仅对土仓、酒屋的高利贷经营造成重创，而且还严重影响了幕府的课税收入。尤其是幕府德政令的颁布，几乎直接导致土仓、酒屋等税源的中断。为此，幕府在享德德政一揆(1454年)后发布"分一德政"，规定只有在债务方向幕府缴纳借款总额的1/10后，才可以取消与债权方之间的借贷关系。⑥这种做法一定程度上填补了因德政一揆造成的税收空缺。据统计，文明十二年(1480年)时这样的临时收入达2000余贯。但进入16世纪以后，来自分一德政的收入同样锐减，文正五

---

① 佐藤进一等编：《中世法制史料集》第2卷《室町幕府法》，岩波书店，2005年，第80页。嘉吉元年闰九月十日，幕府首先颁布由8条，即不包括保护寺、社债权内容的德政令，但因遭到了寺社势力的强烈反对，而在其后增加2条法令，是为由10条法令组成的嘉吉德政令。此后，幕府历次颁布的德政令均以此为准。

② 樱井英治：《日本中世的经济构造》，岩波书店，1996年，第343页。

③ 东京大学史料编纂所：《大日本史料》(第6编之34)，东京大学出版会，1984年，第318页。

④ 政所即幕府主管财政事务的机构。

⑤ 佐藤进一等编：《中世法制史料集》第2卷《室町幕府法》，岩波书店，2005年，第60页。

⑥ 佐藤进一等编：《中世法制史料集》第2卷《室町幕府法》，岩波书店，2005年，第84页。

年（1508年）时减至400贯，天文十五年（1546年）时仅有250余贯。①显然，与高利贷资本快速发展、幕府税收稳定的14世纪末期相比，15世纪中期德政一揆爆发以后，不仅高利贷资本的经济收益严重受损，而且幕府的相关税收也随之骤减。与此同时，由于土仓、酒屋等还承担着向幕府提供融资的义务，因此德政一揆还直接影响了高利贷资本对幕府的资金供给。在人皆借贷的室町时期，相对高利贷资本而言，幕府既是管理者也是利用者。长享三年（1489年）幕府拟举办大型佛教法事，需要500贯资金，但幕府可供支出的现金仅有170贯，于是，不得不向下京的酒屋、土仓借不足的300余贯。而且，与市井间普遍存在的月利8分、10分的高利率相比，幕府的借贷利息通常较低，天文十一年（1542年）时幕府融资的利率仅为3分。②在这个意义上，可以说幕府是高利贷资本发展最大的受益者。同样，在德政一揆砸、抢土仓、酒屋，高利贷资本受损时，幕府也是最大的间接受害者。不仅来自高利贷的课税收益锐减，而且幕府的融资，乃至与此密切相关的对外贸易也都受到直接影响。总而言之，德政一揆打破了幕府财政与土仓、酒屋等高利贷资本的依存关系，直接导致幕府失去了稳定的财政来源。

（二）幕府权威的衰落

日本中世武家政权的特点之一在于权力与权威的分离。通常来说，权力是权威的主要基础，权力的大小、规模即决定了权威的高低。而室町幕府尽管在南北朝统一后确立了一元化的统治权，成为国家政权实际的掌握者，但由于室町幕府将地方的支配权交由守护大名掌控，因此室町幕府的权力实际上非常有限。尤其是六代将军足利义教（1429—1441年）死后，曾经盛极一时的室町幕府开始走向衰落，幕府权力亦随之日趋衰退。在"守护在京制"③得以维持的前提下，虽然幕府作为政权掌握者的权威保持了相对的稳定性与影响力，但自15世纪中叶开始频繁爆发并愈演愈烈的德政一揆却最终动摇了幕府的权威。

---

① 丰田武：《座与土仓》，家永三郎等编：《岩波讲座 日本历史 中世》（第2卷），岩波书店，1963年，第181页。

② 丰田武：《座与土仓》，家永三郎等编：《岩波讲座 日本历史 中世》（第2卷），岩波书店，1963年，第181页。

③ 1392年，日本南北朝实现统一后，幕府将军足利义满要求各国守护驻京、参与幕政。贞治三年（1364年）至贞治六年（1367年）期间，山名时氏、大内弘世、赤松则祐、土岐赖美、斯波义将、细川赖之等重要的守护大名先后入京，"守护在京制"基本成立。

　　首先,幕府应德政一揆要求颁布的德政令在内容上的反复直接导致了幕府法令权威的动摇。在室町幕府颁布的德政法令中,最具代表性的无疑是分一德政。从享德三年(1454年)至天文十五年(1546年),幕府共颁布分一德政九次,但其内容却不断变更,毫无法令的稳定性可言。享德三年(1454年)首次颁布的分一德政规定,债务方向幕府缴纳借钱的1/10可以获得幕府对取消债务关系的认可。但在该分一德政仅实行一年后,幕府就修正其内容,规定只要债权方向幕府缴纳借钱的1/5即可获得幕府对于债权的保护。进入永正年间(1504—1521年)以后,幕府再次将分一德政的上缴额度恢复至1/10,并规定无论债务方还是债权方都有向幕府提出申请的权利,幕府优先认可较早提出申请者的相关权益。大永六年(1526年)后,又进一步规定债务、债权双方共同向幕府缴纳借钱的1/10才可以取消借贷关系。可见,幕府在应对德政一揆、解决高利贷借贷双方矛盾时所采取的态度、对策并没有贯彻始终的一致性。表面上,幕府以统治者的身份调解高利贷借贷双方矛盾,或维护借方利益或维护贷方利益,而事实上幕府却是通过分一德政向高利贷借贷双方收取钱款、从中获利,并试图以此解决幕府财政困难。尽管分一德政的收入在一定程度上填补了幕府的财政空缺,但幕府作为当权者的法制权威却因德政法令的不稳定性而严重受损。

　　也正是因此,即便幕府严厉禁止,德政一揆民众对土仓、酒屋的打砸、抢夺行为始终是层出不穷。尽管德政一揆并非以推翻幕府为目的的反权力斗争,但在幕府权力介入、干预的情况下德政一揆仍继续发酵,并且在没有得到幕府认可的条件下私自毁坏借据、取回抵押物品的"私德政"行为大量发生的事实却意味着一揆民众对幕府权威的无视甚至否定。嘉吉元年(1441年)以后,幕府多次颁布德政令、德政禁制令,一方面通过分一德政使取消借贷关系的行为合法化、缓解借贷双方矛盾,一方面严禁借贷双方参与德政一揆。但与京中依靠高利贷维持日常生活的公家、武士相比,京都周边的农民枉顾幕府法令规定,肆意抢夺、烧毁土仓的情况仍普遍存在。幕府对这种一揆行为自然是严令禁止,在宽正德政一揆(1462年)期间,曾对山科乡、伏见乡的村民进行没收土地、住宅,甚至斩首的严惩。[1]尽管如此,德政一揆仍然是屡禁不止。显然,幕

---

[1] 丰田武、饭仓晴武校订:《史料纂集　山科家礼记》(第1卷),续群书类从完成会,1967年,第126页。

府为应对德政一揆而采取的措施,无论是应一揆民众要求颁布德政令,还是进行武力镇压,都没能从根本上解决实际问题。相反,幕府的权威却在德政一揆日趋壮大的过程中逐步被削弱。

(三)幕府权力结构的瓦解

室町幕府虽然是脱胎于镰仓幕府的武家政权,但却形成了区别于镰仓幕府的"幕府—守护体制"。①所谓幕府—守护体制,简单来说,就是将军通过令守护驻京的方式对守护权力进行约束、强化中央集权的同时,利用守护实现地方统治的政治体制。在幕府—守护体制的框架下,室町幕府以其一元化的统治权力构建了一个相对封闭的权力结构。具体来说,即以公卿贵族、权门寺社以及守护为代表的领主阶层为根本的统治基础形成相对封闭的中央权力,通过领主阶层对土地及耕种土地的广大被统治阶层进行间接统治。这种封闭的权力结构将地方武士、农民等广大被统治阶层排除于权力体系的核心构造之外,阻断了被统治者直接与国家权力接触的途径,在一定程度上保障了武家政权的相对稳定。

就室町幕府的京都统治而言,这种权力构造的相对封闭性在幕府对京都周边土地及耕种土地农民的统治方面表现得尤为明显。室町幕府选址京都后,便开始逐步接管京都的市政权,在南北朝实现统一后,进一步确立了凌驾于公家、寺家之上的一元化统治权力,但京都周边的私有土地以及耕种这些土地的农民仍处在寺社、公家等京都传统统治阶层的掌控之下。例如参与嘉吉德政一揆的贺茂六乡、伏见九乡、山科七乡、鸟羽十三乡等总村即分别为贺茂别雷神社、伏见宫家、山科家、西园寺家领有的庄园。这些总村的土地以及总村内的农民、武士与幕府之间并不存在直接的统治与被统治关系,幕府对各总村征收赋税、下达指令皆需通过各总村的领主。前文提及的久世庄起请文,实际上就是东寺应幕府要求而令该庄撰写的。由此可见,幕府与构成德政一揆主力的总村内农民、武士间并不存在直接的经济或政治矛盾。但京都作为德政一揆集中攻击的对象,对幕府而言却具有重大的政治意义。换言之,发生在

---

① 田沼睦:《室町幕府·守护·国人》,昭尾直弘等编:《岩波讲座 日本历史 中世》(第3卷),岩波书店,1980年,第12页。过去关于室町幕府统治体制的研究,多认为室町幕府是以守护领国制为基础的守护大名联合政权。近年,日本学界出现了重视将军权力集权性的"幕府—守护体制"论,得到学界的普遍认可。

京都的高利贷借贷双方的经济斗争对幕府构成了直接的政治威胁。而当幕府出兵镇压德政一揆，一揆民众通过占领寺社、封锁交通、武力打砸等方式与幕府对抗、向幕府要求德政令时，这种潜在的政治威胁便直接演进为民众反幕府权力的政治斗争。

结果，不仅京都的社会秩序遭到严重破坏，而且幕府的权力也受到了挑战。在德政一揆中，农民、地方武士等与国家权力绝缘的广大被统治者史无前例地成为直接威胁幕府统治的反抗者。而室町幕府应一揆民众要求颁布德政令的举动，也变相承认了农民、地方武士相对幕府的被统治地位。或可以将这种转变理解为幕府统治权力、对象的扩大，但不容忽视的是这种转变事实上只是幕府被迫且临时的政策选择。可以说，庄园农民、地方武士与幕府的直接交涉、对立意味着领主阶层失去了缓冲幕府与被统治者间矛盾冲突的政治功能，也意味着封闭性权力构造功能一定程度上的丧失。加之京都特殊的地理位置及政治意义，结果导致幕府不得不随时面对被统治阶层与之对抗的威胁。这对室町时期封闭且稳定的武家政权构造而言无疑是一种颠覆。在守护大名从内部瓦解幕府权力构造以前，以农民、地方武士为代表的被统治阶层已经从外部打破了幕府权力构造的封闭性，直接动摇了幕府的统治根基。

总而言之，室町幕府迫于德政一揆压力颁布的德政令，不仅导致了自身财政的动摇，而且极大程度地损害了幕府的权威，打破了武家政权的权力构造，使幕府权力史无前例地遭受到了来自被统治阶层的直接威胁。同时，在一揆民众与幕府交涉、抗争的过程中，以农民、地方武士为代表的广大被统治阶层相对国家权力的地位与作用也发生了历史性转变。

结　语

中世时期的日本，高利贷借贷双方的经济矛盾成为普遍的社会矛盾。在战乱与饥荒的催化下，最终爆发了中世日本特有的民众斗争——德政一揆。由于室町幕府控制了京都高利贷资本的税收权，因此德政一揆迅速由针对高利贷资本的经济斗争升级为针对幕府的反权力行为。在具体的斗争过程中，一揆民众使用暴力手段对土仓等高利贷经营者进行攻击的同时，利用宗教对幕府的影响力，成功迫使幕府颁布德政令，获得了取消买卖、借贷关系的合法依据。但德政令并不能消除社会对高利贷资本的需求，也不能消除高利贷的经济影响力，于是，由借贷矛盾引发的德政一揆此消彼长，而且暴力倾向日趋加剧,经济秩序、社会秩序陷入了长期的混乱之中。

应仁元年(1467年),应仁之乱在京都爆发。在经历11年的大规模混战后,不仅京都化为一片废墟,而且由于地方武士势力的崛起以及地方秩序的混乱,在京的守护大名们纷纷被迫返回自己的领国维护秩序。结果,以守护为核心构建的室町武家政权从内部开始解体,室町幕府从全国性政权跌落为畿内地区的区域性政权。①这正是应仁之乱被视为幕府衰亡伊始的直接原因。然而,德政一揆的破坏力同样也是不容忽视的重要原因。德政一揆的长期反复,导致了幕府财政动摇、权威衰落、权力结构瓦解,同时,也反映了幕府、守护统治力的衰退以及以地方武士为代表的地方势力的抬头。而为地方武士成长提供机会的,正是15世纪以后频繁爆发的德政一揆。在德政一揆中,地方武士势力不仅实现了与农民势力的结合,而且突破庄园的局限性,逐步获得了地域性的发展与壮大,直接威胁了守护大名的领国统治,最终在应仁之乱后迫使各守护大名归国维护秩序,造成了幕府—守护体制的瓦解。换言之,虽然幕府丧失对守护大名直接统治的结果出现于应仁之乱后,但德政一揆却早已为室町幕府的内部解体埋下了肇因。

本文原刊载于《世界历史》2018年第4期,得到了天津市社会科学基金项目(TJSL16-001Q)、国家社会科学基金重大项目(13&ZD106)的资助。

作者简介:

王玉玲,1984年生,吉林通化人,历史学博士。兼任中国日本史学会、中华日本学会理事。2013年至今,历任南开大学日本研究院助理研究员、副研究员,主要专业方向为日本中世历史、文化。在国内外学术刊物上发表《日本室町时期的德政一揆及其影响》(《世界历史》2018第4期)、《日本中世神国思想的历史演变》[《四川大学学报》(哲学社会科学版)2019年第4期]等十余篇论文,翻译《承久之乱:"武者之世"的真正到来》(江苏人民出版社,2022年)等著作。承担、参加天津社科项目"自然灾害与日本古代的社会秩序"、国家重大项目"新编日本史"等多项课题。

---

① 永原庆二:《日本的历史》第10卷《下克上的时代》,中央公论社,1965年,第323页。

"远东太平洋洛迦诺构想":九一八事变期芦田均外交对案分析

徐思伟

作为14年抗战开端与导火线的九一八事变,学界虽获诸多共识、定论,成果汗牛充栋、不可胜记,然而,研究空间、学术创新余地弥多。在日本国内,前职业外交官冈崎久彦即惜以"错失千载难逢的机会"论称:"昭和八年(1933)五月,塘沽停战协定签订,将长城以南设为非武装区,日本对'满洲'的统治暂且稳定下来。在协议中署名的日方代表是关东军参谋副长冈村宁次,他在后来悔恨叹道:'我们若是就此停手,不再积极对外扩张就好了。不,真该那么做才对。'回顾其后的昭和史,每当出现'早知道就在满洲打住'之类的懊悔之词,说话者引用的必定是这份停战协议。至于国际间,双方交涉的时机也臻成熟。美国总统罗斯福做出期许远东和平的声明,北京的英国公使亦提议愿为停战斡旋。"①然而,问题是,日本如何既能控制中国东北不再军事扩大化侵华,又能不退出国联,继续维持、发展对外关系从而实现利益最大化呢?芦田构想即与此有莫大干系,即便塘沽协定出台前后,亦与芦田影响有着某种重大关联。

主持出版芦田1944年9月29日后之日记的进藤荣一认为,"芦田的外交批判,只是针对被军部拖拽的黩武主义外交跋扈行为和霞关外交不存在而已,绝非伴随对日本侵略大陆本身批判的产物。对此,一定要予其以合乎身份的注意。例如,对于'满洲'问题,与其说他承认1932年3月(伪)'满洲国'独立,莫如说他极力主张进行外交努力以使列强亦予承认。或者,他对军备扩张问题,与其说一边批判政府军备扩张政策,一边主张军备'质量上增强',莫如说针对'大陆军国'苏联、'大海军国'英美可谓'全方位'军扩政策——总之就是国防第一主义的愚蠢性提出批判,并继续说明同英美协调的必要性。""在此意义上,其国际政治观,可以说是在'欧洲近代'延长线上,看准了外交是以欧美列强'势力均衡'游戏为基轴,是主张与西欧协调的现实主义外交论,是近似于欧洲近代殖民主义的外交论。在此点上,虽与曾经同为《报知新闻》评论员之清

---

① 冈崎久彦:《日本外交史话》,章泽仪译,玉山社,2009年,第187~188页。

泽洌近似,但也有微妙不同。此外,他虽与依靠《东洋经济新报》继续迫切主张'小日本主义'之反时代的另一新闻工作者石桥湛山相似,但也显示出明确差别;他也表现出由国际管理之另一外交官出身的政治家币原喜重郎有着明显差别。然而,无论差别如何,无论其外交观蕴藏何等'近代主义'限度,坚持主张国际协调外交,作为肃军主义议会政治家芦田的历史地位,也决不会因此发生什么变化吧。"①而未及擘肌分理,阐明为使伪满洲国获得承认之芦田构想由来、影响及至失败的内在原因,更遑论芦田战前、战时日记编者,远较进藤之论大步倒退,参与整理该期日记的矢岛光诸文,②亦过誉芦田对美欧国际协调观一面,而失究、避忌其片面协调论对日本扩大战争进程、侵害中国国家主权和领土完整,乃至诱促美欧对日绥靖恶性循环等之不良影响。

我国学界,或谓"1933年3月27日,日本退出国联。从军事上看,这一举动意味着日本摆脱了一切国际组织与条约协议的束缚,迈上了肆无忌惮的侵略与战争之路。但是从外交上看,这一举动并不意味着它的胜利。它不是以往'战果'的继续,而是恰恰相反,它是日本外交上的一次彻底失败"。并从日本真实意图并非要退出国联、日本对国际形势判断严重失误、日本在最后阶段所作外交努力均未收到预期效果三方面阐释。③然而,在尽管并不赞同退出国联但结果却事与愿违的芦田看来,退出国联亦非绝大致命问题,算不上是日本外交一次彻底失败。至于全面侵华战争爆发后之日本外交论,亦不乏与此"完全失败论"相雷同的观点。④那么,九一八事变期芦田对维护并扩大日本侵华权益又有何高论呢?他又是究至何时方断定外交必将完败遂转而探究收拾战后残局的呢? 与此相关,茅海建认为,"鸦片战争则不然。它是中国历史的转折,提出了中国必须近代化的历史使命。中国的现代化一日未完成,鸦片战争的意义就一分不会减。生活在这一尚未现代化区域中的人们,体会现实,探索问题,免不了联系到那次灾难性的战争。屈辱、仇恨、自卑、希望……种种情绪交织,民族感情油然而生。这与已经完成同一使命的国度,比如日本,是大不相同的"。该书末章开篇大谈"鸦片战争中国必败论":"我在研究鸦片战争史时,

---

① 进藤栄一、下河边元春编纂:《芦田均日记》(第1卷),岩波书店,1986年,第33~34页。
② 矢嶋光:《芦田均の国际政治観(1)满州事変前後における连続性を中心に》,《阪大法学》2010年第2期。
③ 武寅:《从退出国联看日本外交的失败》,《世界历史》1992年第4期。
④ 王建朗:《失败的外交记录——抗战初期的日本外交综论》,《近代史研究》1992年第1期。

很快便得出结论：清朝迎战必败,应当尽早与英国缔结一项对其相对有利的和约。"①殊不知日本政治现代化迄今亦远未真正达标,且其岛国地势与中国在对抗外来侵略胜负结局上尤不堪比拟,立论不仅远逊179年前鸦片战初先辈林则徐等诱敌至纵深地带聚而歼之之历史定论,甚至亦不如五百旗头真正是幕末抗击列强侵略才为明治进一步开国外交提供坚实基础之论来的高明。茅著版权页夸示"1995年4月北京第1版、2005年7月北京第2版、2014年12月北京第18次印刷",足见其论大有市场。此外,一战后确立的世界秩序凡尔赛-华盛顿体系习称有失准确,仅就西方而言,还应补全为凡尔赛-洛迦诺体系,凡尔赛体系旨重惩罚战败国,洛迦诺体系改谋健全发展,尽管仍未免除大国合作牺牲小国权益陋习。拙文即拟将芦田构想置于该坐标系中,揭示其伴随战事进展之变化、影响。

一、远东洛迦诺公约构想提出之时代背景

1930年11月,日本爆发昭和经济危机。11月14日,首相滨口雄幸遇刺重伤,15日,币原外相临时代理首相。1930年11月17日至1931年3月16日,芦田再次取得代办资格,代替永井松三大使而任驻比利时临时代理大使。其间,政友会议员松冈洋右发表议会演说,攻击币原外交是软弱外交,呼吁中国是日本生命线。4月13日,滨口内阁总辞职。14日,经元老西园寺公望奏荐,民政党总裁若槻礼次郎再次组阁,币原留任外相。16至9月1日,芦田再代佐藤尚武大使而任驻比临时代理大使。

九一八事变爆发后,忙于反共内战及新军阀混战的南京政府,对日不抵抗、不直接谈判,事变翌日即命驻国联代表施肇基向国联理事会申诉、寄望其干预。21日,施肇基要求国联采取行动。30日,英法等控制的国联理事会通过了不扩大事态的决议。日本则加紧侵占东北全境,策划成立伪满洲国以造成既成事实,同时为延宕问题解决,逃避国际舆论谴责,又主动提出在不干涉当地日本军事行动前提下由国联派团实地调查。中国代表要求调查团过问日军自东北撤退问题,遭到否决后亦投票赞同派团。10月8日,日军轰炸锦州,美、英、法、意、西对日抗议。24日,国联要求11月16日大会前日军撤至"满铁"附属地内,日本陷入国际孤立。11月3日,芦田又代佐藤尚武大使而任驻比临时

---

① 茅海建：《天朝的崩溃:鸦片战争再研究》,读书·生活·新知三联书店,2005年,第1、557页。

代理大使。6日,美国驻日大使福勃斯就稳健派失势致电国务卿史汀生称:"严重的危险在于日本国内的军事武力分子已经获得对政府的控制,并且赶走了中间调和派分子。"①8日,芦田致电币原外相"向比利时外相的说明"称:"关于贵电总第1250号(71号文):7日造访外务大臣,以开场白形式道明详情见备忘录、随后当送上之意,并遵贵电第134号致国联电意作了说明。该大臣称:会就备忘录进行详细认真地研究,不过,如你所知,作为像比利时这样的国情,安全保障第一在于增强国联的威信,迄今为止,根据这一信念做出了种种努力;因而,我很早以前就一贯主张,国联的任务在于促进事件圆满解决,而不应采取像对一方施加压力那样的方法;所以,作为比利时,除希望迅速解决日中两国问题外,再无其他特别具体意见。又,也准备于9日同副外长面谈时再作详细说明以予处理。""望密转驻欧各大使及驻国联、美国处。"②

芦电电文中所引币原第134号电,是指致驻国联事务局长泽田廉三的。芦田此电,暗示了他已然有别于其后22日奉命代替驻比大使佐藤尚武而任驻国联代表之一的吉田茂,以及10至11月遵从社会民众党书记长赤松克磨指示,与小池四郎、岛中雄三同为该党事变调查委员、前赴中国东北考察并提报告称"日本在确保自身权益同时,不可不使其企业经营由'满铁'改为社会主义管理体制"的片山哲,③甚或纠缠于美加及日内瓦国联辩论场的昔日师友——国联事务局次长兼国际文化关系事务总主任新渡户稻造、国际劳工事务局常驻代表前田多门、国联事务局次长兼政治部长杉村阳太郎,乃至外相币原、首相若槻等政府首脑层等等,而有了对事变不同的思考与对策。

12月1日,芦田日记称:"这个问题上,陛下的话似能控制住(举兵)进入(中国)。这正是要一鼓作气之时吧。"④表明事变初期,芦田尽管尚存疑虑,但仍指望仰赖君主能够解决。10日,国联理事会决议派遣临时调查团前往中国东北,事后再向国联报告。调查团由英、法、美、德、意5国代表组成,团长是英人维克多·李顿。11日,第二次若槻内阁总辞职,币原外交破产。鉴于过激派误致外交险归败局,元老西园寺及重臣等稳健派集团重组阵线。12日,政友会总裁犬

---

①《美国外交文件·日本(1931—1941)》,张玮瑛、张友云、杜继东译,中国社会科学出版社,1998年,第22页。

② 日本外务省:《日本外交文书·满州事变》(第1卷第3册),外务省发行,1978年,第485~486页。

③ 伊藤隆:《昭和期的政治(续)》,山川出版社,1993年,第393页。

④ 福永文夫、下河边元春:《芦田均日记(1905—1945)》(第3卷),柏书房,2012年,第501页。

养毅受命组阁,13日,内阁成立,犬养兼任外相,三子犬养健为秘书官,鸠山一郎任文相。

此刻,芦田内心不免纠结,他担心的已不再是辞职与否问题,而是回国后站在议会讲坛上,即将直面的,正是自己即将隶属的执政党政友会政权,且是长己13岁、又为犬养首相令坦的芳泽,那么,回国后究竟还能存在多大外交斗争回旋余地,议会演说价值和意义又将打多少折扣,却都难以卜知。毕竟,国际上关于这位前辈已有定评:"币原外交失脚之后,继而起者为驻法大使芳泽谦吉。芳泽为日本外交官中有名的'中国通',同时又是'欧洲通'。他的外交经验,非常丰富。以之当此难局,在日本说起来,未尝不是人选恰当。"①然而,与第一高等学校时起直至东大法学科时代即素以法国法学为专业的芦田相比,究竟不可同日而语,其甫任外相而就事变所做的多种举措,尽管拖延承认伪满洲国,但终令稍后回国的芦田深感失望。后来历史证明,英国文学专业生芳泽,青年求学时代错过了关键的外交官成长必需的国际法及外交学专业课程,最终与内政出身的犬养一同,翁婿二人皆未能给出令国民满意的完美答卷,未能学会怎样才能在对外关系中组成阵营形成群体优势,占据上风,追求并实现利益最大化等之成为出色外交家的诀要。16日,芦田拜望即将履新的驻法大使芳泽。

18日,芦田致犬养外相第71号电称:"关于(驻)国联(代表)致大臣电报第483号一末段:'佐尔夫'作为驻日本大使赴任之际,小官正于法国奉职,当时,面会政务局长'拉罗什'时,(他问,)日本为何予以同意(接受)像'佐尔夫'这样的泛德派之人?而流露出不满之意,法国外交部对于作为旧帝政派残党之此人抱有反感。(小官)的思考是,假如变成像那时(的情形)一样,中国的反对姑且不论,法国方面的反对也是潜在着。上述事情谨请参考。""转电(驻)国联、德(处),密致(驻)英、美、意(处)。"②芦田此电,表明其对德非接近、对华关系非持续恶化等外交立场,同时,也折射出对连同日本在内的帝政体制潜在不满等政治倾向。

26日,犬养内阁下令攻击锦州,28日,大举攻锦。其间,苏联主动对日接近。时任奉天总领事森岛守人后来回忆称:"昭和6年12月,利托维诺夫人民

---

① 高宗武:《最近日本之总观察》,《外交评论》(南京)1932年第1期。
② 金成民:《战时日本外务省涉华密档补编(一)》(第9册),线装书局,2014年,第135~136页。

教育委员,曾非正式的向抵达莫斯科的芳泽大使,提出过缔结日苏互不侵犯条约的提案。后来,因为芳泽就任外相后,连续发生了'上海事件'、李顿调查团来东北以及因'五一五事件'犬养内阁辞职等一系列问题,上述提案未被日本政府正式采纳,但在日本承认(伪)'满洲国'之后,又重新被提到议事日程上来。"①森岛此论,对芳泽应对事变不力、失策辩护与宽宥,不过,驻苏大使广田弘毅并不积极,他不久从莫斯科回国后亦复如此,而"主张在各项悬案获得解决的基础之上,再转入缔结互不侵犯条约的谈判",平沼骐一郎国本社等亦极力反对日苏接近。②日本并未迅速推进此事,相反的,却是觊欲乘势劫掠中东铁路,进而,将苏联在中国东北等之权益、势力、影响芟夷净尽。

1932年1月3日,锦州陷落,日军继向山海关进击。7日,美国国务卿史汀生照会中日政府,表示不能允许任何事实上的情势的合法性和坚决维护九国公约的决心,国际上遂通称之为"不承认主义"。11日下午,芦田致犬养外相密电第4号"关于比利时政府就美国政府对日通告的反应"称:"关于驻美大使致大臣电报第13号(1—8—136号文):11日面会(比)副外长,询问比利时将就美国的要求采取何种措施,答称,美国备忘录的内容,已接到电报,但政府尚未决定态度,当视英法态度而定,但从国情相似关系上,正专门与荷兰政府商议。副外长还称,作为全属个人意见,美国政府在备忘录末尾明示,该政府无意承认旨在违反国联盟约及非战公约义务的协定或事态,这极为有趣。他附称,比利时或许作为国联一员,也可能对日送达相同意旨的书面文件,但此点他完全不清楚。""秘致驻欧美各大使。"③

14日,芳泽出任外相,当天,佐藤尚武续任驻比利时大使,芦田辞任驻比临时代理大使职务。18日,芦田终因不满军部专行及政府政策愤而请辞外交官职务。28日午夜,日军以护侨为由发动事变进攻上海,第19路军奋起抵抗,日军伤亡逾万,三易司令,四度增兵,总兵力增至9万人。2月4日,芦田辞职照准而匆匆回国抵京,此时距第18届国会大选投票期只有20天。5日,日军攻陷哈尔滨,至此东北全境沦陷。8日,犬养首相致函上原勇作元帅,认为中国东北若

---

① 森岛守人:《阴谋·暗杀·军刀:一个外交官的回忆》,赵连泰译,黑龙江人民出版社,1980年,第103页。

② 森岛守人:《阴谋·暗杀·军刀:一个外交官的回忆》,赵连泰译,黑龙江人民出版社,1980年,第104、105页。

③ 日本外务省:《日本外交文书·满州事变》(第2卷第2册),外务省发行,1980年,第2~3页。

向独立国发展必与九国公约正面冲突，主张尽快制止军部扩大派，平息事变，以便事实上达到目的而形式上停留于政权分立。9日，"血盟团事件"突发，大臣井上准之助等遇害。10日，芦田辞去外务省官职。16日，国联理事会声明支持史汀生"不承认主义"，要求日本履行九国公约应尽义务。20日，芦田初战告捷，继承父亲政治遗产，在政友会支持下，由京都府第3区提名为候选人膺选众议员，进入政界，并以政友会外交通著称，初系床次竹二郎部下，后改投鸠山一郎。3月1日，《国际法外交杂志》刊行芦田论文《三国干涉前后之情形》。当天，伪满洲国成立。2日，淞沪陷落，3日，经英、美、法、意等调停而停火，"一·二八事变"结束。11日，国联通过了中国东北问题决议，南京政府亦声明否认伪满洲国。14日，李顿调查团抵华。15日，犬养再度致函上原，重申前意。18日，芦田成为众议员。4月20日，李顿调查团进入东北。其间，尽管中国强烈要求，列强亦欲遏制日本，而势将东北问题由国联理事会转至国联全体大会，但因犬养内阁秘密通报美欧大国称，上海事件如何处理姑且不论，但若对此问题，国联也要动用第十五条提陈全体大会，作出日本不能接受的决议，日本就要退出国联，结果，竟如其所愿，未被提至5月份国联大会讨论，而是留待李顿调查团提交报告再予处理。5月1日，芦田发文称："虽然中国东北发生的事被称为是与日清、日俄两战相比程度亦不为低之国难，但至于外交准备，却几乎完全没有。与陆奥宗光、小村寿太郎以精细周到的外交准备建立国策相比，令人感到何等冷冷清清啊！""所谓……打成一片的经济组织，去对抗美英经济共同体，此乃心虚胆怯得够贫弱寒碜的了。"认为决不能忽视作为原料供给地和市场的中国。①5日，蒋政府与日本签署丧权辱国的《淞沪停战协定》，当月，即转而准备对中央苏区发动第四次"围剿"。14日，美国驻日大使约瑟夫·格鲁赴日履新。15日，"五一五事件"发生，犬养首相遇刺身死，政党政治濒临尾声。20日，政友会临时大会推戴铃木喜三郎继任总裁。26日，前朝鲜总督、海军大将斋藤实组阁并兼任外相，在军部压力下，建立首藏陆海外五相会议制度，扩大军部发言权，即时承认伪满洲国等论甚嚣尘上。

6月1日，日本第62届临时国会开幕。4日，斋藤实在议会宣称，（伪）"满洲国"事实存在不可否认，且利于该地治安、繁荣及确保东洋和平。6日，中国国民党中央政治会议决议对苏复交，并商订中苏互不侵犯条约。为防备日本破

---

① 蘆田均：《日本外交の功罪》，《中央公論》1932年第5期。

坏,谈判在国联所在地瑞士日内瓦,由双方出席国际裁军会议的代表颜惠庆、外交人民委员李维诺夫极其秘密进行。7日,芦田任众议院选举法修正法律委员,14日,众议院"通过民政党政友会两派请求,立即承认(伪)'满洲国'之联合提案。内田任外相之空气益浓,内田今日访陆相荒木及拓相永井,闻对各种问题,已有具体决定云。""国会定明日行闭幕礼","内田已非正式表示,愿就外相,但彼要求首相,俟6月20日'南满'路股东大会闭幕后,再行正式宣布云"。①15日,芦田新刊《近代世界外交问题解说》称:"不能放弃或甩卖日本付出偌大程度牺牲而确立起的'满蒙'权益,这在谁眼中也都是明白不过的。可以确信,倘若我国以不从正面违反九国公约、非战公约形式策划日(伪)'满'拥抱,欧美必不能对此大吃干醋,而像从戏台下抛出座垫大喝倒彩。我们不可忘记,不固执于体面论,舍名取实,则是此际的要谛。"②而据新任中国外交部要员的高宗武观察称:"日本外交家及学者对于东北事件的意见,可分为东北放弃论;联盟委任统治论;东北占领论。放弃论此刻不但没有实行的可能性,就是连意见也不敢公然发表。占领论是军部的主张,在目前的国际形势是不易办到的。只有委任统治论,是外交家和一部分学者所赞同的。我在东京的时候,学者中提倡此说最烈的人,是帝国大学外交史教授神川彦松博士,万一此说具体化,日本近水楼台,在国联保护之下,可以任所欲为。对于中国的不利,有甚于占领论。可是此说最有诱惑国际的可能性,我们所应注意者,也就在这一点。"③高文末记"5月30日于南京"撰就,而芦著序言末尾署为"1932年6月 芦田均",显然,芦田撰刊此著时,应是对上述三种事变对策逐一考虑、鉴别并不予赞同的。反对军部及亚洲门罗主义之占领论自不待言,他更不甘心像石桥湛山那样拱手放弃战利品,相反的,则是怎么才能实现权益最大保障化。至于何以不赞同神川等论,原因是,该方式本是一战后战胜国处置战败国领土方式,基本完成调查且正拟撰报告的李顿调查团,自然不宜以此作为解决一战胜利国中国的领土方式的。3个月又半后李顿报告公布,也证明神川等自视高明之论根本行不通,甚至即便老前辈、职业外交家币原,亦未能提出新鲜论调,而只能照样接受稍后国联所提国际共管论。尽管事变持续9个月后,芦田仍未能

---

① 中央社东京14日路透电:《日议会通过承认叛逆组织/内田访荒木永井长谈》,《中央日报》(南京)1932年6月15日。

② 芦田均:《近代世界外交问题解说》,时报通讯社,1932年,第369页。

③ 高宗武:《最近日本之总观察》,《外交评论》(南京)1932年第1期。

给出具体对策,究竟如何作答,还要等待李顿报告国际共管论出炉1个月后,他才拿出与其最为接近、契合,却又迥异其趣,而更有别于放弃、占领、委任等论之一己方案来。

7月6日,曾在第二次西园寺内阁、高桥是清内阁、加藤友三郎内阁连任6年外相的内田康哉,出任斋藤内阁外相。尽管在日内瓦,日本代表原驻法大使长冈春一、驻英大使松平恒雄、驻比大使佐藤尚武、驻意大使吉田茂,决定建议政府,在李顿调查团提交报告前切勿承认(伪)"满洲国",但12日,斋藤内阁却决定尽快承认。

21日,元老西园寺公望的政治秘书原田熊雄,来御殿场报告与陆军大将宇垣一成会谈事项后并说:"原供职于外务省的芦田均博士的新著《近代世界外交问题解说》,时报社出版,已经收到。"西园寺答称:"这部书,合乎常识,而且,没有任何虚饰地写到了最近发生的外交事件,这一点,与众不同,非常难得,对我们也是极为合适的书籍。烦向芦田君问候并致谢意。"[1]"西园寺公望侯爵气宇开阔,见识宏远,而且聪明无比。但是因为过分聪明,对于一切事情,动辄能够立即看透它的结局,所以没有一件事情,足以引起他的好奇心理。也就是说,无论日本发生怎样的事情,在他看来,都是根本不足为奇的。换句话说,这位侯爵是没有好奇心理的。这就是他所以冷冷淡淡,毫不热心,而且使见过他的面、听过他话的人,内心的热情也都为之冷却的缘故"[2]。然而,"芦田"则是"江户时期官人之姓。奉仕于西园寺家诸大夫。据《地下家传》称,姓氏是源。先祖贞经,在1668年(宽文八年),叙任从六位下缝殿助。贞经之后,延续下来的是常珍—珍胜—珍贤—珍敬—珍位—珍爱。"[3]芦田均祖上就是信州佐久郡芦田村走出的豪族,后因被武田氏追撵而迁移至江州安土,在织田氏灭亡后再次辗转至丹波,定居于六人部村,统理60多部落的大庄屋发展延续到明治维新时期;而西园寺公望年轻时又留学法国,这些,都令他对曾奉职驻法使馆的芦田有了多重亲近感,芦田的学术成就、强烈的历史感、时代感、现实感、使命感,也更为其欣赏。西园寺最为担心的就是政权经常会落到不善于运用者手里,对心理素质较弱的近卫文磨尤不放心,但又对具备成功品质的谁放心呢?这

① 原田熊雄述:《西园寺公と政局》(第2卷),岩波书店,1950年,第331页。

② 中江兆民:《一年有半 续一年有半》,吴藻溪译,商务印书馆,1979年,第17、54页。

③ 京都市姓氏大辞典编委会:《角川日本姓氏历史人物大辞典·第26卷·京都市姓氏历史人物大辞典》,角川书店,1997年,第93页。

里面包括芦田吗？尚属政友会总务长森恪系的芦田，深刻意识到若无决策层支持，仅凭个人努力，归国夙愿究难实现。芦田由此结识西园寺，但他并不以此为满足，担心和政府公开宣布的政策相矛盾，而对自己真实意图不理解甚或误解。果不其然，尽管芦著旋被纳入国民时局认识选荐书之列，且甫及一周，天皇召见芦田，听取关于巴格达铁路国有化问题的讲解，然而，天皇并无意就事变全局问题征求芦田个人意见。事后不久，芦田日记自嘲地写道："果然，政府在对苏谈购中东路问题。"芦田遂暗自酝酿，择机于众院预算大会，就国事阽危、当局乏策而公开质疑。

8月8日，斋藤内阁决定任命陆军大将武藤信义为驻伪满特命全权大使、关东军司令、关东长官，以缔结与伪满条约形式正式承认之。25日，第63届帝国议会上，森恪向内田外相提出质疑，内田遂在议会发表有名的"焦土演说"："对于(伪)'满洲国'问题，应有举国一致决心，即使国家化为焦土，也要贯彻这一主张，决不让步。"30日，众议院预算大会上，芦田发表首次外交质疑和批判性演说，与李顿调查团正在草拟报告几乎同步，针对昔日驻俄时代的大使内田外相，说明日本的政策在国联得不到充分支持，以致在国际社会孤立的危险。

9月4日，李顿调查团完成报告。当月中旬，日本政府便已探知报告所载作为解决事变方案之不承认(伪)"满洲国"独立、在中国主权下享有广泛自治权之特殊区域等概貌，遂于15日断然承认伪满洲国。30日，李顿报告致达中日及国联各国。当月，芦田应邀担任《报知新闻》客座评论员。10月2日，李顿报告于日内瓦、南京、东京同时公布，宣称日本侵占中国东北领土非法，承认(伪)"满洲国"是日本制造的傀儡政权，但却为日本侵略辩护，认为日本在东北有特殊重大利害，为其"开发"付出了"高昂代价"，中国抵制日货运动是"中日冲突的重要原因"，苏联"共产主义的传播"是造成此次事变的最重要因素，建议在东北，既不维持(伪)"满洲国"现状，亦不恢复至事变前的状态，而是中日均撤出武装，成立在中国名义主权下的自治政府，实行国际共管。南京政府认为，对报告作出必要修正后可予接受。斋藤实从国家长远前途考虑，认为退出国联对日并无益处，只要日本的主张能够实现，还是留在国联为好，因为加入国联还涉及更大的国际问题，而不能同其内阁命运、个人生命这种小事混同起来，11日，遂任命前"满铁"总裁、一·二八事变期活跃一时的诡辩家松冈洋右为出席国联理事会、全会代表，而未启用此前出席国联例会的常规代表，意在国联会议上最终说服列强让步。12日，元老西园寺对原田熊雄说："昨天，松冈出发前特来致意,但自己因感冒未能相见。此后,他通过中川(小十郎)代言称:'一如此前在御殿场(向元老)所言,希望一定(与国联意向一致、)完成(使命)归来。与荒木陆军大臣会谈后,看来(自己)这一决心更增强多了。'"①21日,阁议正式确定参加最后阶段国联会议应取方针,强调要巧为周旋,不急于做敌对性表态,要给国联保住面子,留有余地,不论国联提出什么对日不利提案,都要尽一切努力使其改变主意,同时,请求国联不要在李顿报告公布后立行审议,至少要给其6周时间准备意见。然而,芦田及外务省要员吉田茂等人,多对松冈职权任命充满疑虑。"那么,若说松冈与吉田(茂)之间谈了什么,从《原田日记》(第2卷第365~366页)即可见一斑。此即,原田意味深长地述称:'吉田的意见是,松冈应带某位老人(同行),但松冈反对。'可是此后,原田却听西园寺讲了与松冈前意完全相反的话。西园寺说:'松冈称,只要有像牧野伯爵(那么)好的人就行。'"②牧野伸显,是明治三杰之首大久保利通的次子,吉田茂的岳丈,且与西园寺公望同为出席巴黎和会的全权代表。显然,松冈根本就无意于带领哪位老人,因为,原敬长逝,日本举国之内,已再无堪与元老西园寺并驾齐驱的人物。"西园寺并向西行西伯利亚铁路途中的松冈致电,'祝一路平安、(大获)成功。'10月31日,《松冈日记》(似为向吉泽(清次郎)书记官口授)记述称:'车中接奉西园寺公电报,(甚为)感激。'""松冈与西园寺在御殿场的谈话极为重要。此即,对于松冈所禀决心'一定(与国联意向一致、)完成(使命)归来',西园寺肯定而确切地允诺、约定称:'无论发生何事,政府也不做像退出国联那样的事。'(日本外交史14,鹿岛出版会刊)因此,松冈接到西园寺的激励电报,更加强化了(自己)能够成功交涉的信念。"③

其间,30日,高宗武撰文称:"所以日俄的冲突绝难幸免,尤其自伪国成立以来,在事实上就是日本的领土延长到东北北部,那国境相接的日俄两国今后的冲突,正方兴而未艾。最近日俄缔结不相侵犯条约的谣传,甚嚣尘上,但以作者的观察,在事实上决不可能,即使日俄两国,耽于目前的利益,图苟安之局,而订此种条约,然在事实上也决不会发生任何效力,世界上视为国际宪法的国联规约,日本也把他撕同废纸,何况其他呢?我想聪明老练的苏俄外交

---

① 原田熊雄述:《西園寺公と政局》(第2卷),岩波书店,1950年,第331页。

② 松冈洋右传记刊行会:《松冈洋右:其人与生涯》,讲谈社,1974年,第22页。

③ 松冈洋右传记刊行会:《松冈洋右:其人与生涯》,讲谈社,1974年,第426~427页。

家、政治家决不会落日本人的圈套吧。"①而一味强调日苏冲突历史及现实一面,轻视二者因日方侵占东北并扶立傀儡强势前提下,极有可能共同牺牲中国权益的另一面。

二、远东洛迦诺公约构想的主旨内容及历史成因

1932年11月15日,芦田发表10月下旬撰就的四节长文《远东洛迦诺之提倡》,第三节次段末句拈出主旨:"今我所称远东洛迦诺者,乃缔结日、(伪)'满'、俄、中间相当长期之互不侵犯条约,据此即可期望远东和平与安定。"文末两段,强调发展对苏美关系的紧迫性。②

芦田独辟蹊径,出此创意,有其多种原因。

其一,与生俱来的富有理性、知性、理想、远见等资质禀赋。1887年11月15日,芦田出生于京都府下丹波天田郡中六人部村,天资聪慧,悟性、记忆力特别强,先后毕业于大内小学、崇广高小、柏原中学,1907年7月第一高等学校(以下简称"一高")毕业,9月直升素称政治家、外交家摇篮的东京帝大,仍喜爱参加新文学运动及社团活动,以训练迥异于常人的理解力、反应力、决断力、实行力。横山正幸后来回忆称:"在对面山冈嘤鸣堂召开的一高辩论部例会上,众辩士总是竞相堆砌华丽辞藻,或宣倡高远理想,或谈论动人情趣,引起满场青年学生共鸣与鼓掌喝彩,受到欢迎。如此某一春晚,一位身着新制服的东大法科年轻前辈,俯视四周一伙弊衣破帽的未开化者,举止潇洒地出现在讲台上。他口齿实在流利,辩才无碍、条理清晰地阐明现实社会事实与现象,避开空洞理论,不用豪言壮语,而使有名的起哄者被封杀,满场倾听、吃惊或感动得暗不能言。总之,这去今整50年前的讲话,虽然演讲题目、内容都很遗憾忘却了,但仍记得,我就是这样初识芦田先生的,所获第一印象就是,尽管还模糊不清,但'总觉得,此人好像不久就要成为伟大人物啊!'"③1959年6月20日,芦田病逝。西尾末广追悼称:"优秀人物身故,令人殊感痛惜。芦田君是凡事皆进行合理主义地思考及处理之人。头脑出众,亦具国际感觉,作为政治家,可以说是statesman(国务活动家)而非politician(政客)。""我认为,芦田君乃决心运用其

---

① 高宗武:《日俄关系之历史的研究》,《外交评论》(上海)1932年第6期。
② 芦田均:《远东洛迦诺之提倡》,《外交时报》1932年第4期。
③ 横山正幸:《缅怀50年间的知遇之情》,《东京来信》1959年第121期。

掌握的真正的外交手段而进行顽强交涉。""芦田君虽身怀卓越才能，但结果却郁郁不得志而终，可以说，原因就在于品格高洁之人并不适合于日本的政治环境；总之，他就是那种只要生逢其时，就会做出更大成就的才略兼备之人。"椎名悦三郎称："芦田君的确是一位以卓越见识和坚定信念彰显于政界的特异人物。"①木村义雄称："他是无论做什么事都秉持自己信念与理想的人。而且是坚持自己力量这一精神的人。这种力量还没有全部拿出来就故去了，令人不胜惋惜。"石山贤吉称："我与芦田先生在1941年，因其辞去《日本时报》社长职务，在敝公司办公楼暂设事务所而熟识起来。深深感到芦田先生伟大，未来到底会怎样？正在我等不知如何是好之时，芦田先生十分明确地教导说：'不过领土变成日清战争以前的状态而已，此外，没有什么大不了的。决没有什么可悲观的。'真不知道这给人们以多么大的鼓舞啊！"②22日，《朝日新闻》评论称："芦田先生虽与币原、吉田先生等同为外交界出身，但进入政界较早。在担任驻比代理大使期，'九一八事变'爆发，极为忧虑日本的外交被军部掌握、祖国变成世界的孤儿，于是决心转入政界。1932年2月，辞去官职，在回国的船上拍发电报，作为提名候选人参加众议院大选，而后膺选，传为佳话。""芦田先生是脑筋好、看得远的人。一开始就断言德苏之战苏联必胜，也明确预言二战轴心必败。""芦田先生是西欧型合理主义者。对于自己的识见抱有强烈自信，认为不用功的老式政治家不足以相谈而不予理睬。这种坚强个性与高超才智，也使人感到此人过于冷漠，没有浓厚人情味。""其舌辩条理明晰，语言表达典雅精密，没有人能够从正面战胜他。是想作为老练圆熟的国会政治家再度大显身手的人。"③

其二，芦田构想是明治外交传统指导下形成的一种外交观。芦田战前社会经历，主要分为长达20年驻外使馆及外务省勤务和近14年政党政治活动两个阶段，对日本近代内政外交的发展变化有了全面认识和切身体会。1882年，启蒙思想家加藤弘之倡导社会达尔文主义。1885年3月16日，福泽谕吉亦倡脱亚论。1890年3月，山县首相认为日英在共抗俄国扩张上利益一致，早期大陆政策随之形成。1894年，中日甲午战争爆发当年，由陆奥宗光、原敬主持，外

---

① 西尾末广：《品格高洁》，《朝日新闻(东京)晨报》1959年6月21日。

② 石山贤吉：《所幸外交史完成》，《朝日新闻(东京)晨报》1959年6月21日。

③《天声人语》，《朝日新闻(东京)晨报》1959年6月22日。

务省开考外交官、领事官。日军侵占旅顺口翌日11月2日,修改后的日美通商航海条约签字,连同日英通商航海条约改订,日本初以对等地位转入西方阵营。1902年1月30日,日英同盟条约签署生效。1904年2月8日,日本挑起对俄战争。芦田后来撰文《我的学生时代》称:"由于想成为外交官,是早自丹波中学时的一贯心愿,所以,决心就学当时志愿者还并不怎么多的法兰西法科。……日俄战争大获全胜的日本,看起来恰像满潮时扬帆前进之船,一年又一年朝着世界一等国目标航行。作为这艘船只的舵手,新日本外交因而发挥了令人瞩目的极大作用。这种骄傲、自豪之心隐秘于胸也是不应怀疑的。""中学时代,作为因三国干涉致使旅顺、大连痛被夺回而义愤填膺的一代青年,深受乘战捷余威而高扬的《东亚霸业》这一'一高'时大多寮歌讴歌的思想影响,而呈现出勃勃干劲,强化了投身外交界的信念。"①1904年春,芦田于柏原中学毕业,9月9日就读一高,与鹤见祐辅、青木得三、前田多门一起,被称为校长新渡户稻造门下四大金刚。芦田的大乘起信论等禅学,与其文学爱好、对人生无限憧憬相重叠,造就了其不是成为硬派国家主义者而是文学青年性质的人本主义气质。"一高"时代,他向《新思潮》投稿,参加新文学运动,并在辩论部接受训练,其步入外交界、政界后的手腕和最大武器,就是在如此波澜壮阔的环境中培养而成。1905年9月5日,日俄签订和约,日本夺获北纬50度以南的库页岛,对朝鲜享有完全支配权,并从俄国手中割取旅大租借权、长春至旅顺间铁路及其沿线附属权利。1907年7月,芦田一高毕业,9月直升东京帝大,仍喜欢参加新文学运动、社团活动,并被涩泽荣一选为子男的家庭教师。1911年9月,芦田通过了外交官及领事官考试,在明治终了之年1912年7月7日,东大毕业,8月2日,供职于外务省。身受明治时代洗礼的芦田,接受并继承了通过对英美协调为主侵略亚洲之明治外交传统这一日本近代外交传统,对于社会达尔文主义、对西方改约外交、脱亚入欧、大陆政策及职业外交官考试制度等,分别奠定明治外交传统形成基础之哲学社会学、条约、思想、政策及组织基础有了切身体会。1914年4月24日,芦田奉派驻俄使馆,大使即是提出彻底修复因日俄战争而恶化的两国关系直至缔结日俄和约的本野一郎。当时,法国评论家某氏,认为日本的发展过于惊奇意外,曾向本野大使质疑称:"过去的日本,从未有一度出现于世界史上,今因在日俄战争中的大捷,忽然以可惊异的姿态,出

---

① 進藤栄一、下河边元春:《芦田均日记》(第1卷),岩波书店,1986年,第20页。

现于吾人眼前,恰像在星斗纵横的苍空中,突然出现了一颗曳着光辉长尾的彗星。但是,仓促出现的事物,也会在仓促间消逝,正好像彗星般出现的日本,亦必将像彗星般溘然消逝的!"①初入外交舞台、时为本野下属的芦田,是否获悉此事,并因此而为帝国能否持久强盛隐感不安,值得探究。7月28日,一战爆发。1915年,大隈内阁提出独霸中国的对华21条要求。其趁火打劫的参战外交及独霸中国的目标,不仅引起中国的警惕,也为美英等国疑忌,大隈内阁逐渐陷入与世界为敌的被动局面。1916年8月21日,美国劝告日本尊重中国主权独立及在华机会均等。10月9日,寺内正毅内阁成立,本野升任外相。1917年11月,美日在华盛顿签署《关于中国问题换文》,美国承认日本在华特殊利益,日本承认美国门户开放、机会均等原则,矛盾暂趋缓和,但哈定政府从主宰远东霸权出发,开始视日本为第一假想敌,决定对其战后总清算,利用日本自由主义力量抑制日本。1921年8月13日,美国邀请日本参加华盛顿会议,讨论裁军及远东问题。原敬首相决心将合作重心由英国转向美国,遂组成以海相加藤友三郎为首席代表、驻美大使币原喜重郎等为成员的赴会代表团。11月4日,刚刚送别赴美代表团的原敬,旋即在东京车站被19岁扳道工中冈艮一刺杀。12日,华盛顿会议召开。1922年2月6日,美、英、法、意、日、荷、比、葡与中国签署《关于中国事件应适用各原则及政策之条约》,通称九国公约,华盛顿体制全面形成,日本旋即确立以美国为第一假想敌之国防政策。

其三,政治世家出身对其内政外交观形成影响极大。其父京都府议员鹿之助,作为自由民权运动家,积极追随并协助以日本的卢梭闻名、创建国会期成有志公会并于1881年改组而成日本第一个政党自由党的板垣退助,而直接影响到芦田均自由民主思想的形成。1889年2月11日,大日本帝国宪法颁布,确立了君主立宪式近代天皇制及军事统帅权独立地位,规定天皇绝对权威与神圣性,以及陆海军大臣武官制、元老政治体制等等。1898年6月,大隈重信与板垣退助合组成立日本第一个政党内阁隈板内阁。板垣在政治上与伊藤博文合作,1900年合组政友会,伊藤任总裁,原敬、西园寺公望是主创委员。柏原中学时代,芦田亦深受校长大江矶吉熏陶,而富有革新特质。大江的教育有"尊重自由、平等、宽容精神,培育丰富的人性",对于大江,芦田当认为是"了不起的人物"。芦田隶属大江设立的英语辩论部,担任大江创设的为培养学生自主

---

① 东亚同文会:《对华回忆录》,胡锡年译,商务印书馆,1959年,第1~2页。

性、自立心的学友会杂志编辑。在芦田眼中,力求树立自由、学术校风的大江的形象耀眼夺目,而震撼其10多岁多思善感的心灵。大江被称为是岛崎藤村《破戒》的原型,芦田似曾见过藤村,二人可能谈起大江。①1904年3月1日,芦田鹿之助当选第一期众议院议员,转入政友会,直至1908年5月为止,同年因丹波银行经营失败,遂整顿公职引退乡里。"当时在芦田均的乡里,极力促使其继承父亲根据地、出马竞选众议员的活动迅速展开。例如,《雄辩》杂志1924年6月号所载白马非马生《外务省精英芦田均》一文,就涉及这一活动内容。若将此事加在一起来看,芦田可能至少从此时起,便开始就转为政治家一事进行了相当认真的思考。"②芦田对九一八事变局势的看法,一开始,就深得政坛乡前辈、一战前后曾为陆军大将寺内正毅首相心腹、参与对华秘密活动的西原龟三等的激赏与支持。1931年最后一天,西原日记即称外交已堕入深渊,遂策动寺内正毅之子寺内寿一等军界大员,而为谋立朝鲜总督宇垣一成稳健派内阁多方奔走,芦田出于以毒攻毒铲除军人干政目的,亦积极发展与西原等的联系。

其四,芦田国际法及外交学专业知识、职业外交官训练资历颇丰,谙熟国际政治原理及外交斗争手段、方法、策略,长于外交直感、外交史感、外交史识,无不助其善于分析事变期与各利害攸关国等之关系。芦田倾心研究历史尤其是外交史、国际关系史,1910年帝大第三年,与小其2岁的同窗叶理绥交友。③叶氏出身圣彼得堡富商家庭,能够流利使用8种语言,母语是俄语,1912年,成为最早留学东京帝大并取得正式学位的西洋生,且在毕业典礼与芦田同获明治天皇接见。他在东京交往的其他名人颇多,还有夏目漱石、犬养毅。④本来,"将外交从政治史中分出,作专史研究,以法国为最。法人图比都所著之《欧洲外交史》,可说是此种大著述之创举。现在法国学府中,已将外交史列成专科研究(如巴黎大学及巴黎政治学校,均有外交史讲座)。日本之有外交史专门著述,及在大学中设外交史讲座,殆即沿法国之例。其余诸国大都以外交史并在政治史中叙述"。⑤芦田结识叶氏,既有成为优秀外交官之需,也是追求学

---

① 《前首相芦田均外孙讲演》,《丹波新闻》2012年7月15日。
② 進藤栄一、下河边元春:《芦田均日记》(第1卷),岩波书店,1986年,第24页。
③ 仓田保雄:《叶理绥的生涯:日本学之鼻祖》,中央公论社,1977年,第46页。
④ 陈怀宇:《在西方发现陈寅恪:中国近代人文学的东方学与西学背景》,北京师范大学出版社,2013年,第117~119页。
⑤ 周鲠生:《近代欧洲外交史》,武汉大学出版社,2007年,第1~2页。

问、学术的一生乐趣使然，开拓了国际视野，遂由法国法学科、法语之外熟习俄语、俄国学，成为掌握5种语言的多语言学者，成长为著名的"俄国通""欧洲通""中东通"，乃至主政后的外交决策，都打下了坚实基础。芦田学识丰瞻，论著与其头脑一样冷静严谨，逻辑性强，极具说服力，1924年，即出版《欧洲列强》《俄罗斯印象记》《巴黎和会后的欧洲外交》《列强的政治与战争》4部专著，外交问题专家、外交史名家芦田之名广为人知，并赢得皇室、政党、财界等普遍赞誉。1925年1至2月，芦田在东京帝大开设国际政治特别讲座共计8次，3月2日、16日、23日，又于赤坂东宫皇太子御所，向9个月后即位为昭和天皇的皇太子、摄政裕仁及太子妃，进讲"世界大战爆发前的十天""革命俄国的国民生活""世界大战后的英美德法关系"。芦田驻土期间撰成《君府海峡通航制度史论》，并向东京帝大提出申请，1929年4月荣获法学博士学位。后来，芦田回忆称："我同（前首相）若槻先生间，虽为反对党但关系却较亲密。从我这方面而言，学生时代就知道了身为日法协会会长的若槻先生。1932年，我从欧洲回国，由政友会提名为候选人当选众议员进入政界之际，即拜会了曾说'听听芦田君欧洲之论'的若槻先生。"[1]芦田并撰文批判陆军省1932年7月出版的小册子。他在发表构想之前，即曾连续撰刊数篇反制、批判李顿报告的专文，如1932年11月1日，《政友》第387号刊行文章等，为侵略狡辩。这也正是何以同为外交官且成功竞选众议员之法学博士鹿岛守之助等人，皆无甚新意，只有芦田一人提此构想的根本原因。由此，一旦现实需要，芦田便即行向外务省指出币原、芳泽、内田外交之误，而应迅速摆脱眼前纠葛，谋求议和对策。此外，芦田辞职回国前夕，便已做过诸多精心准备，初步构思事变对策。回国伊始，头脑中挥之不去的即是，既然置身议会，反对军部，那么，倘若外务省旧识及他人问计，新议员芦田新手法为何，或被政敌议会质疑、辩难，自己又将作何回答？是否回答、回答哪些是另外一回事，但芦田必须有此心理及思想准备。芦田亦非面对李顿调查团如何拟撰报告、内容怎样，而临事急就，而是早在李顿报告出炉之前，就已深入思考如何应对，是带着初步解决方案辞职回国，其后伴随侵华事态不断扩大而又叠加调整，并初步做到了在外交交涉技巧上，设计应对并绕过国联，而为及早进行善后议和布局谋篇了。

其五，芦田了解日本国力、实力，以及在国联的地位与特殊作用，坚信可与

---

① 若槻礼次郎：《古風庵回顧録》，読売新聞社，1950年，第101頁。

列强共享在华权益,共同压制中国诉求。芦田国际政治斗争经验丰富,作为随员,相继于1919年1月18日出席巴黎和会,1921年9月5日出席日内瓦第二届国联大会,1922年4月出席热那亚经济财政会议,6月7日,升任专门委员出席国联海牙大会。1929年,世界经济危机波及全球,列强无暇东顾,给日本发动并操作事变以有利时机。由此,芦田认为,列强及中国实力不足为虑,日本有足够多讨价还价的谈判筹码。芦田甚竟于《中央公论》1937年1月号公开发文称,1933年3月24日,"日本诚然在国联吃过十三对一的惨败,但此败绩,说起来只是'道德的失败'(moral defeat),因为当时谁都没有可以抑制日本的实力"。[①]在芦田看来,日本自国联成立一直都是五大常任理事国之一,既可利用这一地位,与英法及国联外的美苏共同牺牲中国权益,又可利用苏联对英法及美国大力施压,冲破李顿报告及中国建立的反日统一战线。而且,纵使日军撤回事变前驻地,也因日军态势强势,实际影响力存在及傀儡代理者,终能确保实现在中国东北权益最大化。故而,芦田得出只要不自乱方寸,自失阵脚,而严整有序,从容不迫,就没有哪个国家能够真正正面阻止且击败日本之论。事实上,作为国联最高行政机构之国联理事会,原定由大会选举美、英、法、意、日5个常任理事和4个非常任理事国共9国组成,但因美国拒绝加盟,仅存8国。德、苏后于1927、1934年先后加盟,获选为常任理事国。而事变期,美欧列强在国联即多不愿开罪日本,国联先后召开18次理事会会议,1次国联大会,通过了4项决议案,但对日本均无约束力。芦田虽不赞同国联国际共管方案,但反对将退出国联作为向国联及大国施压的最后一张王牌,而是主张继续合作,并采行与国联方案最接近、对日最有利的远东洛迦诺构想。他从占领中国东北这一战利品太过丰盛,列强也赶来分一杯羹的认识出发,尤可与利害攸关国建立善后正常关系,根本无须做出退出国联等不智之举。

其六,俄国革命及一战后,美欧对抗苏联之国际两大对立阵营初步形成,国际政治格局、国际环境、东亚形势对日大为有利。芦田鉴于双方对峙愈演愈烈,亟欲谋求借助苏联威胁,而对欧美大肆要挟。尽管在国联之内,中小国家的代表日益强烈地谴责日本侵略,但把持国联的美、英、法等国对日本侵占东北的行径姑息怂恿,力图唆使日本把矛头指向苏联。与此同时,芦田亦欲效法苏联对德外交反制美欧对苏压力等之故技,而谋利用苏联,反制、分化、瓦解国

---

① 芦田均:《危机在欧洲抑远东乎》,平子译,《文化建设》(上海)1937年第5期。

联、列强及中国的对日压力。《苏俄和德国互相放弃战争损失赔偿要求、恢复外交和经济关系协定》被通称为拉巴洛条约,便是在芦田与会的热那亚会议期间的1922年4月16日,由苏俄外交人民委员齐切林与德国外长拉特瑙在热那亚近郊的拉巴洛签署,1923年1月31日,在柏林互换批准书。其间,1922年11月5日,与苏俄结盟的其他苏维埃共和国与德国签约,使条约对它们有效。而均成为苏俄冲破热那亚会议上列强力图建立的反苏统一战线,同资本主义大国建立正常关系的突破口,并开创了不同社会制度大国和平共处的先例。苏俄与德国在一战后签订这一首个平等条约,一定程度上使其摆脱外交孤立,并获得扩大贸易的机会。芦田甚至推测,针对九一八事变,苏联不会完全赞同美英等的立场,必将为全力应对西线德国威胁,而与日本秘密达成协议,共同牺牲中国权益。事实上,苏联在相当程度上就是这么做的。此外,芦田又亟欲利用因中苏中东路事件、防俄战役,而与中国刚刚爆发战事、邦交关系中断、且又是中国邻国和事变利害相关国的苏联,大做文章,加速中苏对峙、交恶、冲突乃至战争。"发生在1929年的中东路事件,是南京国民政府实现名义统一中国后,所遭遇到的第一起重大外交事件,成为中苏历史上规模最大的一次武装冲突。"[1]事件以1929年5月27日,张学良主政的东北当局搜查苏联驻哈尔滨领事馆及强行接管中东铁路为开端,7月13日,苏联就此向南京政府发出以3日为期之最后通牒,誓言保护其在中国东北特权和中东路利益。18日,苏联发表声明与中国政府断绝外交关系,同时调集8万军队集结边境,8月中旬大举向中国边境发动武装侵略。12月22日,中苏签订《伯力协定书》,规定恢复1929年7月10日前之中东铁路状态,恢复苏方人员一切职务,东北允许苏领事馆及国营贸易机关在正式会议前恢复,中苏正式会议于3个月内召开,等等。中东路事件历时半年有余,最后以中方军事、外交双重失利告终。

其七,中国内战方殷。自幼熟读汉学典籍,通晓中国地理、历史、文化及国情的芦田,又有赴华及参与列强对土耳其问题处理等之亲身体会,亟欲纵横捭阖,联合列强共同牺牲中国权益。1930年1月24日,芦田出席在神田一桥学士会馆召开的国际法学会春季大会。晚宴后,在会议室,总务主任山田三良向与会者介绍了回国百忙之中列席本会的芦田,并请其发表讲演。注重一战后委任统治等问题研究的芦田遂就"土耳其的政治现状与A式委任统治的未来"作

---

① 郭俊胜:《中东路与中东路事件》,辽宁人民出版社,2010年,第246页。

了阐述。这表明,职业外交官、法学博士芦田外交史研究之学术水准与地位,业已获得日本国际法及外交学界最高权威机构国际法学会的一致承认与尊重,并由此置身国际法及外交学界主流行列。①其间,币原外相致函滨口首相,请派芦田赴华考察。2月23日,阎锡山与冯玉祥、李宗仁等45名反蒋派将领联名发表有关国民党党统问题的通电,否定蒋介石的合法性。3月3日,阎锡山向南京中央党部、国民政府及蒋本人发电辞任陆海空军副司令。6日,芦田作为外交官启程赴华。4月1日,阎锡山与冯、李分别通电就任中华民国陆海空军总司令、副总司令,张学良同时被拥举为副总司令,但未宣布就职。3日,芦田结束赴华考察回国。5日,南京政府下令免去阎锡山本兼各职并予缉拿。23日,冯玉祥以副总司令名义在洛阳发布向蒋军作战命令。5月1日,蒋介石发表讨伐阎冯誓师词,11日,下达总攻击令,中原大战爆发。9月18日,张学良发表和平通电吁请各方即日罢兵静候中央措置,随即举兵12万分三路入关,东北防务顿显空虚。1931年7月1日,蒋介石调集30万人兵力,对中央革命根据地发动第三次"围剿"。红一方面军歼敌3万余而予粉碎。此后,芦田又于1940年4月27日,作为政治家考察中国、菲律宾等地,并先后于1930年5月、1940年7月,以钢板油印方式,刊行两个小册子。其间,1935年4月18日,已任南京政府军事委员会委员的阎锡山,即就上月6日芦田出席外交问题座谈会所谈记称:"'努力机会只有十年。'日本新进国际法学家、现任众议院议员芦田均在东洋经济新报社召开之中日亲善时贤座谈会席上,发表意见云:日本今日之国力(包含经济、武力及其他),尚不足并吞中国四百余州。日本之国力既不足并吞中国四百余州,自应于消化方面发展,乃为当然之趋势。又以不能消化之体力,而并吞无由消化之大物,实为不利之政策。今后十年、二十年之中,若日本仍能以今日破竹之势向前进展,则实力即强;在实力未充以前,日本急应隐忍以待时机。"②懂得怎样与美欧谈判才能使其对日有利的芦田,正是谋乘中国内战之机,乘虚而入,亟欲把中国东北地区主权与权益事实上做空。

其八,芦田以成为世界级外交家、政治家为毕生追求。评论家茶本繁正称:"芦田均决心走入政界的动机,是在比利时任代理大使时产生的。那时正

---

① 《杂事》,《国际法外交杂志》1930年第3期。
② 山西省地方志办公室、山西省政协文史资料委员会:《阎锡山日记》,社会科学文献出版社,2011年,第330~331页。

当'九一八事变'爆发,欧洲各国对日本侵略东北表示反对,而日本政府对驻外使馆的指示却朝令夕改,矛盾百出,芦田均为此大伤脑筋。有一天,比利时外相鲍尔·伊曼拍着他的肩膀说:'我不是以外相的身份,是想以朋友的身份说句话。我看得出你的苦衷。日本政府的态度实在令人难以理解。如果日本政府做出比现在更有损于国际联盟威信的行动,恐怕不单是比利时,全欧洲以及全世界的国家,都将不得不重新考虑对策。'对此,后来阿部真之助(评论家)所著《芦田均论》一书有如下一段记述:'芦田均听了这一段话,幡然醒悟,认为再不能这样下去。于是坚决辞职,回到本国置身于国会,唤起正确的舆论,一定要阻止日本发展成为全世界的敌人。'"①1932年6月1日、7月1日,芦田在《文艺春秋》第10卷第6~7期,连续发表《伟人之回忆》一文,对普恩加莱、普恩加莱的政敌且素有"老虎"之称的外相克列孟梭、白里安以及施特莱斯曼等人的历史作用,对比评论。其中,尤其推崇施特莱斯曼。施氏1878年5月10日生于柏林,1918年12月主持成立德意志人民党,1923年8月13日起任魏玛共和国大联合政府总理兼外长,宣布结束鲁尔区消极抵抗,公布实施稳定币制、制止通货膨胀法令,指令镇压卡普暴动,并先后取缔萨克森和图林根建立的左派联合政府,使魏玛共和国出现了相对稳定时期。1923年11月起,任历届内阁外交部长,巧妙利用苏联同美、英、法等国的矛盾,在东、西方之间使用均势外交策略,签订"道威斯计划"和《洛迦诺公约》,同法国确定法军全部撤出莱茵区的最终日期,又与苏联签订了贸易协定(1925年)和柏林条约(1926年),1926年9月10日,主持德国加入国际联盟,摆脱战后外交孤立处境,初步恢复了德国的强国地位,同年10月12日获诺贝尔和平奖,1929年10月3日51岁卒于柏林。后来未过几年,芦田又撰文回忆称,他虽与克里孟梭缘悭一面,但最佩服克里孟梭的弹性与爆发力,等等。芦田作为日本超能力、通才博识型国家领袖级人物的潜质,于此可见一斑。日本国际政治学会理事长神川彦松撰写的芦田悼词称:"财团法人日本国际政治学会顾问芦田均博士猝然离世,实属意外之不幸,我等为之惊愕不已。博士近来埋首撰写大著《第二次世界大战外交史》,已近脱稿,祈望尽早问世,然竟讣音突来,我等茫然自失。博士为我国外交史学界耆宿,著有数种专著,其中,诸如《由国际法及国际政治看黑海及君府海峡地位》

---

① 日本现代评论社编:《昭和宰相列传》,孙雷门、申泽福译,天津人民出版社,1985年,第213~214页。

《最近世界外交史》《第二次世界大战前史》之类力作，即便专门领域的学者亦不得不瞠乎其后。""诚然，博士是外交家、政治家，同时，也是学者，也是评论家。在欧美，如普恩加莱、像丘吉尔那样，以经世家身份兼具学者、文笔家之人辈出，然而在我国，像这样的人却极为罕见。"①

其九，外交实践上已有刚刚发生、可作参照、借鉴和套用的莱茵问题解决方案。芦田虑及历史上同样存在类似问题，且有国际先例可循。欧洲中世纪千余年，但有一问题始终未得解决，此即莱茵问题，后经一战后巴黎和会凡尔赛和约规定莱茵非武装区，以及洛迦诺会议通过的洛迦诺公约，等等，方得初步解决，也为芦田应对事变危局提供了事实上、实践上之参考方案。芦田名著《巴黎和会后的欧洲外交》已有论述。具体情形是，继凡尔赛和约就莱茵非武装区已作规定之后，作为讨论一战后欧洲安全保障问题的国际洛迦诺会议，1925年10月5日—16日在瑞士洛迦诺举行，10月16日总称为洛迦诺公约的8个文件草签。此会对凡尔赛体系作了较大调整，协约国在政治上承认德国为平等国家，协约国尤其是法国与德国的关系有所改善，欧洲国际关系进入相对稳定时期。同年12月1日在伦敦正式签字，1926年9月14日生效。公约包括：洛迦诺会议最后议定书，德、比、法、英、意相互保证条约又称莱茵保安公约，德国同比、法、波、捷4国分别签订的仲裁条约，以及法国同波、捷两国分别签订的相互保证条约，是洛迦诺公约的最主要的、也是最核心的文件，与公约其他文件同时草签、签署、生效。它规定：德、法、比互相保证不破坏凡尔赛和约；德、比之间和德、法之间保持边界现状，互不侵犯，遵守凡尔赛和约关于莱茵非武装区的规定；承认道威斯计划；通过外交途径或和平方法解决一切分歧问题；英意两国充当公约的保证国，承担援助被侵略国的义务等。公约对德、波之间和德、捷之间的边界不予保证，从而打击了法国在中欧的军事同盟体系，实际上是鼓励德国向东扩张。1926年9月，德国加入国际联盟，取得行政院常任理事国的席位，但保留履行国联盟约第16条的行动自由。1926年2月10日，德外长施特莱斯曼向国际联盟正式提出加入申请。第七届国联大会于同年9月8日一致通过批准德加入国联。1929年，海牙会议即审议杨格计划并讨论协约国从莱茵区撤军问题，8月31日，海牙议定书签署。故此，洛迦诺精神，即指和解与缓和气氛，该公约在一战后受到热烈欢迎，被认为是战争与和平时代的真

---

① 神川彦松：《芦田均逝世悼词》，《国际政治》1959年第2期。

正分界线。①

其十,芦田站在世界文明兴衰高度研判日本社会文明进程及内外问题。1927年6月27日,田中内阁在外务省召开东方会议,会后发表企图肢解中国的政策纲领。1928年6月4日,皇姑屯事件发生。7月7日,南京政府宣布修改不平等条约。24日,吉田茂出任外务次官。25日,美国承认中国关税自主权。其间,英国外交部认为,外交界显要人物、外务次官吉田,与驻华公使芳泽谦吉、驻土大使小幡酉吉一样,都是亲军部派,外务省内稳健派势力再次后退。吉田与首相兼外相田中、内阁书记官长鸠山一郎等推行对华强硬外交,与中国统一大势及国际环境根本背离。若宫启文评论称:芦田"原本是公认的自由主义者。原先作为外交官,芦田属于主张对中国采取稳健的'不干涉政策'的币原喜重郎外相所率领的集团"。"吉田比芦田早6年进外务省,是他的前辈,但不知为什么他们俩总是处不好关系。""芦田对吉田为什么在担任奉天总领事时热衷于扩张日本在东北的势力,未能成为军部跋扈的'防波堤'很不理解,一直对他进行严厉批判。""正如芦田所批评的,吉田在担任驻奉天总领事之际,或者在外务省次官任内,都对日本侵略中国发挥了推动作用。"吉田"和同期进入外务省的广田弘毅等人一起,都持有与陆军出身的田中义一相类似的观点。张作霖在吉田离开奉天就任外务省次官之前被炸死,这一事态后来演变成九一八事变。张作霖遇刺即便与吉田没有直接关系,但也是吉田强硬路线的必然结果。芦田严厉批判吉田就是出于以上原因"。②1928年10月11日,芦田暂代小幡酉吉大使而任驻土临时代理大使,其间,初识后来成为现代史学界泰斗的汤因比。芦田后来回忆称:"想起去今二十五年前,我于君士坦丁堡任代理大使之际,经英国大使馆友人介绍,招待汤因比教授午餐,聆听其关于纪元前美索不达米亚古事及回教文化研究成果之部分内容。因为,汤因比教授是自20世纪20年代初,作为伦敦外交问题协会出版的国际政治年鉴的监修者而知名的学者,所以,我很高兴能够得此机会,聆听其亲切谈话。不过,却没有想到,他日汤因比博士发表令世界瞠目的大著述,而成为耸动学界的硕学鸿儒。"③汤氏1927年起编著12卷本哲学历史学论集《历史研究》,力求描述人类历史发展

① 杰夫·贝里奇、艾伦·詹姆斯:《外交辞典》,高飞译,北京大学出版社,2008年,第178页。
② 若宫启文:《和解与民族主义》,吴寄南译,上海译文出版社,2008年,第72、73、74、78页。
③ 芦田均:《汤因比博士的伟业》,《东京来信》1954年第65期。

并找出其规律。"汤因比曾多次强调,他不是决定论者。然而他承认存在着一定的规律性。""规律性指的是文明对其道路上常遇见的'召唤'所作的'回答'的'跳动'。这些'召唤'——他们产生于该文明发展的自然条件,抑或有其社会根源或精神根源(归根到底,汤因比把它看成为宗教根源)——对汤因比来说,只是体现那些'召唤'的各种形式(即超人类的和超自然的宇宙对人类的召唤)与宇宙寻求统一才是(根据汤因比的观点)人类的发展,也就是人类的历史。根据汤因比的意见,如果'召唤'调节着文明的运动,那么人类的意志仍然可以决定运动,因为人类的意志在选择'回答'时是自由的。但是,'回答'总的来说不是由人类作出的,而是由每一种文明中那些'有创造性的少数'作出的,这些少数引导着怠惰的多数,但前者却依靠后者的支持,并以后者的优秀代表来充实自己。被引导者与引导者的脱离就会导致后者丧失'有创造性的少数'的地位,而且由于少数本身的地位提不出正确的'召唤',而把后者推向'统治者的少数'。结果,文明陷于危机与消沉的状态,'统治者少数'就企图借助于暴力和战争来克服危机与消沉。在这样条件下,就会出现建立包罗万象的、力图成为世界性国家的倾向。"[1]汤氏之论,正与九一八事变前后日本对内独裁、对外穷兵黩武之道暗自契合,芦田深有感触,受汤氏影响,对日本国情、国策倍觉不安。

三、太平洋洛迦诺公约构想之提出

1932年12月1日,《中央公论》《改造》分别刊行芦田与清泽洌相约同一论题的论文,内容竟无重复之处,相互佩服对方"材料的丰富和才笔(芦田均《十二月的论坛》四,刊登报刊不明,1932年12月4日)"。[2]8日,国联大会审议李顿报告,松冈按照政府意见所示理由,纵横诡辩。其间,在中苏正式签约恢复邦交前,李维诺夫曾返回莫斯科一次请示机宜。12日,颜惠庆和李维诺夫互换照会,向世界宣布即日起中苏正式恢复正常外交关系。15日,国联19人委员会通过了以李顿报告解决原则及条件为基础的解决方案,设置美苏参加之协调委员会,日本表示碍难接受。27日,芦田任众议院预算委员。其间,高宗武仍乐

---

[1] 苏联百科全书出版社学术委员会、苏联科学院历史学部:《世界历史百科全书·人物卷》,黑龙江大学等合译,商务印书馆,1992年,第1228页。

[2] 北冈伸一:《清泽洌传:外交评论之命运》,刘崇稜译,商务印书馆,2005年,第130~131页。

观地写道:"作者在本志第6期上,根据历史的研究,推论日俄两国的互不侵犯条约不能成立。在作者执笔之时正是日俄缔结互不侵犯条约盛传之时,最近证之事实,果不出我们的推测。于此可见以过去的历史,作推论将来各种变化的根据,实在十分确当。所以作者在今日推论日美的关系之前,仍旧根据他们的历史,来作推论的张本。"①然而,对于芦田构想的后续反应,高宗武及南京政府皆未给予应有重视,未及做好充分应变准备。

1933年元旦,芦田出任英文《日本时报》社长。该报名为私营,但经常反映外务省观点。芦田远东洛迦诺构想发展为太平洋洛迦诺构想,也是其间奔走于该半官方报社,助力国际舆论宣传,到直接出任社长的创意产物。1月2日,"据半官消息,苏俄所提缔结不侵犯条约之议,今已为日本切实拒绝,日本驻俄大使业将此情转达俄外部"。②3日,日军攻陷山海关,并大举进攻关内,热河首当其冲。5日,史汀生国务卿备忘录载称:"日本大使(出渊胜次)前来说,他很遗憾又发生了一场战事。他说他未得到政府的训令,只是从收到的情报来看,山海关发生的事件是地区性事件,是由中国人袭击日本人引起的。""他现在完全可以向我保证,他们在华北没有领土野心。"③6日,"驻日俄大使托诺耶诺斯基,今日承俄外部命往访内田外长,谓俄政府同意日军用中东路运兵,并促日外部承认继任大使。闻俄大使定2月17日由东京启程返国"。④

1月23日,第64届国会众议院全体会议上,芦田代表政友会提出外交质疑:"前天,外务大臣发表的演说,系始终一贯乐观论。无论从客观事实之认识,抑或从中国东北现状,从我国对俄关系,从国联气氛来看,都只能是与当下实情不相符合的乐观的观察。"然而,政府却均未曾出示任何具体方针,"荒木陆军大臣常常讲,日本并非通过(伪)'满洲国'独立谋求一纸半钱的利益。""政府的施策,果真是在照此方针进行吗?倘若我们毫无忌惮地说话,那么,我们对(伪)'满洲国'之策,无论在外国,抑或当地,都正招致诸多批判。""这全然没有根本性政治。没有政治就没有政策。""现今(伪)'满洲国'各部要职,仍悉由军部出身者占据,将来尚不可知,至少时至今日,全部委于军事专家之手。""问

① 高宗武:《日美关系之过去与现在》,《外交评论》(上海)1933年第1期。
② 国民社2日莫斯科电:《日本拒绝与俄缔不侵犯约》,《申报》1933年1月7日。
③《美国外交文件·日本(1931—1941)》,张玮瑛、张友云、杜继东译,中国社会科学出版社,1998年,第36~37页。
④ 华联社6日东京电:《驻日俄大使访内田/传俄允日用东路运兵》,《申报》1933年1月7日。

题的关键在于实效。根本的解决策,在于(伪)'满洲'自身。惟有漂亮地培育,日本才能被高度评价。""'日本并不持有任何对大陆之领土野心'——历代内阁如此声明,以(伪)'满洲'独立为基调,维持东洋和平,成为既定方针。""然而,尽管如此……现仍有不安的云行,太平洋上,挥之不去的阴影亦在浮动。据我所见,对于承认(伪)'满洲国',俄国在主义上并非存有异意。""关于俄国提签互不侵犯条约,本议员是有意见的,不过,既然政府业已决定对其态度,暂且不谈此一问题。然而,有一点必须明白,将俄国与日本的关系,像现在这样任其状态不安下去,就会有俄国与中国牵手,建立反日阵线的危险。既然拒绝俄国提签互不侵犯条约,希望政府高度准备,承担防此影响之责任。""关于对美关系,外相也只字未提。然而,现在的日美关系,状态并非令人满意,政府应予充分认识。""现在的日美关系,正构筑在错误认识与无理由亢奋之上。倘不打破这一状态,日美之间必将重启军备竞赛。希望海军大臣也好好考虑。太平洋军备竞赛,是滑向世界战争的第一步。政府是考虑对此形势等闲旁观吗?为让美国信任日本,必须使我国政策更为公正、明了地为其谅解。这是日美关系的根本问题。""给外国以日本外交仍为军部牵引这种印象,此乃我们立宪政治之耻辱。""问题在于政治家的政治勇气。""必须树立以国家百年大计为基础的国策,并实现国民外交。"①对此,《申报》评述道:"外相内田答称,日俄美三国间之局势,无惶虑之理由,日本对外政策,始终与军事当局合作,惟从未许陆军指挥办理对外事件云。陆相荒木亦答称,军事当局努力会同各方面拟解决东北问题,陆军当局在此事件上,从未有专断行为云。"②《国闻周报》报道称:"政友民政两党,鼓掌喝彩,据传言,芦田质问案的措辞,较各日报记载者尤为激昂慷慨,日报记载,已大加斧削",芦田质问称,"政府对于国际联盟,过于消极,只是拘泥末节,在决议案字句上推敲,说许多空议论,耗费光阴。政府认为(东北)问题适用盟约第十五条第四项的时候,万难承认劝告,断然予以拒绝,是正当的办法,请问政府有无在彼时退出联盟的决心,或是任其自然,政府方针如何?""芦田质问后,民政党议员掌声如雷,内田答辩极为简单,关于军部干涉外交一事,未作答复,仅言日本是否退出联盟现尚未定,中国东北问题,仍望中日

---

① 宫野澄:《最后的自由主义者芦田均》,文艺春秋,1987年,第76~84页。

② 路透社东京23日电:《所谓近代国家之日本外交/政府仰军阀鼻息/政友会议员昨在众院质问》,《申报》1933年1月24日。

直接交涉。荒木答辩更为浮泛，只说自己奉职三十年，关于外交问题，将与外务省熟商决定，或者也有做得过火的地方，那是另一问题云，惹得全场哄笑。"①

芦田批判政府九一八事变政策的议会演说引起国际反响，并通过电传到了日内瓦，致使日本驻国联代表松冈左右为难。松冈认为政府意向不能立达谅解，为此，他电责政友会总裁铃木道："东京来电电文简略，尚欠明确，但据其报道，阁下讲我国政府之外交可谓听写于军部，以及主张政府在日内瓦不必要持强硬态度之事是否属实？上述观点，我不能轻易相信。"铃木立即回电否定该报道内容，但这种言论，在此时议会上如芦田、松本忠雄等的发言中也已看到，桦山爱辅频繁出入英美驻日大使馆等乐观情报传播，也大大刺激了松冈。②结果，此届议会上，芦田被要求作出解释和说明。《中央日报》报道25日情形称："此间闻23日政友会领袖芦田均，在国会中质问外相内田事，令日内瓦间国联当局为之惊愕，日本政府当局，对此颇不满意，今日国会开会时，要求芦田均撤回23日彼所质问各节，芦田拒绝撤回23日所言，但谓外界误会彼之言论，彼深觉抱歉，虽彼表示拥护日本政府对于国联之政策，彼谓东三省问题，实为日本之生死关头，现任内阁应竭力谋一解决办法，但据彼个人意见，内田外相未能尽力。彼认为内田外相缺少主动能力，以外相地位，内田应领导全国规划外交方针打破目前僵局，彼深望内田立即于此种事业上下工夫，芦田均所最反对者，即现任内阁不坚决反对国联引用盟约第十五条，彼谓犬养毅内阁曾力争此点，而现任内阁竟放弃不问云。"③26日，内田第17号加急电报、编字第246号，迅速发致驻国联代表，题即"关于芦田均众议院议员就（其）外交质询演说之申明"："芦田国会议员关于23日外交质询演说，于25日议院所作申明之一部分如下：'本议员所述宗旨，乃基于政友会对国际联盟之既定方针，政府对国联的主张，（本议员）当然予以支持，然而，倘若国联的行动违反我国重大利害，则不应断然退出之。'""已转电……"望转报除土外之在欧各大使。"④芦田因其演说，而被右翼诟骂为诽谤国策的非国民，甚至被定性为间谍，而受到来自宪兵和特高警察的严密监视，军部亦将其视为危险人物、肃军主义者而载于黑名

①《二周间国内外大事述评》，《国闻周报》（上海）1933年第5期。

② 松冈洋右传记刊行会：《松冈洋右：其人与生涯》，讲谈社，1974年，第490~491页。

③ 中央社东京25日路透电：《日议员芦田之质问国联当局为之惊愕/芦田均昨更正原词》，《中央日报》（南京）1933年1月26日。

④ 日本外务省：《日本外交文书·满洲事变》（第3卷），外务省发行，1981年，第320页。

单,然而,芦田毫不介意。以此演说为契机,芦田迅速成为稳健派中坚乃至核心力量之一。他后来回忆称:"由于政友会被评论为是当时军部在(伪)'满洲'的后台,所以,我的肃军质疑便遭致政友会除名骚动。与此相反,(前首相)若槻先生却为'本人虽受军部压迫,但反对党中也有肃军思想人士存在'而甚感高兴,结果,此后便与我接近熟稔起来。"①此外,格鲁大使也开始关注芦田,芦田对美关系由此掀开新的一页。

2月1日,《经济往来》刊行芦田论文《国际形势稳定的曙光》。9日,国联19国委员会认为,日本新修改方案并未说清究竟主张维持(伪)"满洲国"抑或承认中国对该地主权,要求日本作答。19日,星期日,芦田日记称:"往访首相西园寺侯爵。"②那么,芦田为何赶赴元老住地兴津趋前访晤?二人到底谈了什么、经过详情、讨论结果如何?据其间报道称:"外务省定本晚(17日)发表国联建议草案之日本译文。""预定今日(18日)下午续开之日内阁紧急阁议,闻已延期号(20日)午前10时,在斋藤首相会见元老西园寺公后,对国联态度,当有正式决定云;又讯:斋藤首相,于今夜7时30分赴兴津前,下午3时50分与内田外相在斋藤首相官邸经过1小时之协议,详细听取内田外相对国联经过、及应取态度之说明云。"③显然,值此重大历史关头,元老所作意见、决定至关重要,密切关注日本及国际动向的芦田,其访晤元老之时间点选择及意义自不待言:他对内阁及元老等的事变对策是充满疑虑并深感不安的。芦田深望元老西园寺能够听取己见,即无论国联通过任何不利于日本国家权益的决定,日本都不要退出国联,并采行芦田构想。芦田并未时常过访元老,日记亦未记载对此拜会有何准备,原田熊雄所述《西园寺公与政局》亦未提及此事。此时此刻,芦田必定为国家命运忧心忡忡并感慨万端:无怪乎近代第二代国家领导人伊藤博文并未真正将公卿出身的西园寺视为接班人,而是寄望并交托于小西园寺7岁的平民出身的原敬,视原敬为第三代领导人,看来,伊藤毕竟深具知人之明——尽管西园寺出身贵族清华世家,家世仅次于近卫文麿五摄家的九清华家,按昔日爵位法规可享封为大将或大臣官阶特权,且1903年7月继伊藤后出任政友会总裁,1906年首次组阁,又组明治时代最后一届内阁,20世纪初与桂太郎交

① 若槻礼次郎:《古风庵回顾录》,读卖新闻社,1950年,第101页。
② 福永文夫、下河边元春:《芦田均日记(1905—1945)》(第3卷),柏书房,2012年,第584页。
③ 中央社东京17日路透电,本社18日上海专电,华联巧(18日)东京电:《日阁决定方针/斋藤访西园寺》,《中央日报》(南京)1933年2月19日。

替组阁。作为辅弼明治、大正、昭和的三朝元老,其至昭和时代的唯一元老,长期问政,然而,关键时刻,终究不堪重负。芦田日记对西园寺之上述称谓,亦非偶然甚或笔误,沿称"首相"系出于习惯性尊重,后冠以"侯爵"乃因其首相期尚为侯爵。然而,对于相继于1884年7月、1912年12月、1920年9月晋封侯爵、元老、公爵的西园寺,芦田为何不径直冠以"公爵""元老"之称呢? 对访晤建言失败及贵族政治陋习而深感失望、遗憾、不满、愤懑、蔑视之情,溢于言表。1933年2月中旬,国联大会报告概要传来时,日本反国联情绪迅速高涨,西园寺公望判断"退出联盟是不可避免的",对于吉田茂等人所提召开重臣会议阻止日本退出国联这一意见,他表示:"形势已经是这样了,归根结底还是要退出的,在这种情况下,这样的重臣会议还是不召开为好。"①

20日,芦田日记称:"据说上午阁议决定退出国联,要到来的事情终于到来了。实际是险恶的气氛,日本要走向何方? 可悲的民众哟,你们就毫无所知地硬被拖着走吗?""预算委员会上露面。撰写《日本时报》编者按:'退出国联'。参加经济情报社座谈会。8时,于美国大使馆晚餐。逢遇住友的小仓先生谈了《日本时报》之事。11时半返回。决定退出国联,心情反倒平静下来。"②22日,芦田发表时报编者按,第三段称:"根本性问题和原则上,日本与国联之间并无不同。日内瓦、东京也均秉持维持远东和平这一共同目的。"末段第六段最后作结道:"就像内田伯爵反复言及的那样,日本的基本政策在于,与中国、苏联、美国这些邻国一起确立和平政策。"③23日,日伪军分3路进攻热河。24日,国联大会判定日本违反九国公约、非战公约,日本以42对1票惨败,松冈当场退出会场。3月4日,日军占领承德,热河全境沦陷。4日起,日伪军向古北口及其以东长城要隘和滦东等地进犯,旋即对北平形成三面包围态势。其间,中苏复交后,国民政府派颜惠庆任驻苏大使,苏联政府派鲍格莫洛夫任驻华大使。5日,颜惠庆抵达莫斯科递呈国书。6日,芦田发表19段长文,题下3行文字标示:"于东京召开基于五项基本原则之世界大会的呼声。"第15~17段即称:"A.应建立为确立中国中央政府之国际援助的框架。""B.在包括苏联、中国、(伪)'满洲国'、日本、美国之于太平洋问题有利害关系的各国之间缔结仲裁裁判条

---

① 续方贞子:《满洲事变:政策的形成过程》,李佩译,社会科学文献出版社,2015年,第230页。
② 福永文夫、下河边元春:《芦田均日记(1905—1945)》(第3卷),柏書房,2012年,第584页。
③ 芦田均:《日本退出国联》,《日本时报》1933年2月22日。

约。""C.以最近在日内瓦会议上日本所提海军裁军提案为议题,而在东京召开国际会议。为此,外交准备极为必要,展开为使日本国民觉醒的运动亦很重要。"力求根本扭转外交局面,并使热烈支持退出国联的舆论归于冷静。[1]27日,拒绝接受不承认伪满洲国等之李顿报告及国联决议的日本,终于正式向国联发出退出通告,放弃与列强总体协调,转而采取中立主义并进而趋向亚洲门罗主义,尽管并不等同于放弃对美英单向协调,但在国际上进一步孤立。

4月1日,《经济往来》刊行芦田论文,北平《晨报》、上海《日本评论》等先后易题转引。后者并在文前特加按语云:"本文为日本政友会议员芦田均氏所作,原名《孤立外交之转换》。芦田氏为新进论客,以精通国际大势,名于世。此次议会中,芦田氏质问其外相内田康哉最为猛烈,益得彼都民众信仰。兹篇所言虽多顾忌,而不敢直言,但对于日本过去未来之外交,已有所批评与指导矣。特摘译原文,亦欲以使国人明了最近日人心理之倾向耳。"芦文继续宣倡并延展远东洛迦诺构想:"日本外交,目前已陷入绝对的孤立状态。""自著者观之,此诚日本之大不幸,为日本将来之国运计,著者宁希望日本早日脱出此种不幸的孤立。盖退出国联,虽非绝大问题,而问题之重大与否,要视今后日本采何种政策以为断也。""依据最近传闻,谓日本政府虽退出国联,但仍与各列强通力合作,努力于和平事业之建设,至对中俄英美,则仍进而恢复亲善关系。此种外交方针,吾人自无不同意之点,唯今日之日本外交,已四方壅塞,苟欲转换,自必有待于谅解基础之建筑,今不定根本政策而漫然乱谈恢复亲善,谓非空论,其谁信之。""日本今日苟不欲转换其孤立外交则已,如欲转换,则其第一步工作,即在与中国谋妥协,与苏俄讲亲善。""亟应表明对于中国本部及苏俄西伯利亚,毫无领土野心。为求中国苏俄之信赖而不疑,更应进而与中国苏俄,竭诚相商,充分谅解,以东北为中心,缔结中日日俄洛加诺条约一类之不侵犯条约及仲裁条约。至于使中国承认中国东北之独立,目下当然困艰,但日本苟痛下决心,与列强予中国以财政上之援助,俾树立强固之中央政府,脱出混乱状态,则中日之妥协,亦非至难之事也。""目下美国之对日反感,似已登峰造极,苟日本能表明所谓大陆政策之界限,并提倡洛加诺式条约之缔结,则所资于两国间之谅解,亦正不少。再则日本与美国之间,及今尚无仲裁条约或调停条约之缔结,故两国解决纷争,尽有行使武力余地。为我国前途计,最近将来,

---

① 芦田均:《日本对外政策转折点》,《日本时报》1933年3月6日。

应即准备与美国缔结上述条约,藉免武力冲突。"①主要矛盾及矛盾的主要方面决定事物的性质,并掌握解决矛盾的钥匙。美苏作为世界大国,且尤其是美国自视事变利害直接攸关国,远较操控国联的英法更具国际政治影响力、决定力。芦文"退出国联"自"非绝大问题"之论,亦是其基于国际关系大国政治主导原理而发。16日,芦田撰文"太平洋洛迦诺",全文5段,第三段起句云:"所有在太平洋利益攸关的国家,皆自然将被邀请参加此一太平洋洛迦诺(公约组织)——包括,当然,除了美国之外,还有法国,英国,尼德兰,以及中国,苏联和(伪)'满洲国'。"②尼德兰是一历史名词,指16世纪前莱茵河、马斯河、斯凯尔特河下游及北海沿岸一带,约当今荷兰、比利时、卢森堡及法国东北部。芦文之意,旨在提倡建立在九国公约缔约国中加上苏联之多国间的组织。当月,芦田任庆应大学法学部外交史兼课讲师。5月1日,《财政经济时报》刊行芦田论文《退出国联后的我国外交》。2日,鲍格莫洛夫谒见国民政府主席林森,呈递国书,中苏邦交完全恢复。31日,中日签署《塘沽停战协定》,长城线以南及中国军撤退线以北以东地区为非武装区,即中国不设防区,并划绥远、察北、冀东为日军自由出入区,事实上承认了日本占有东北及热河的合法性,长城抗战失败,华北门户洞开。日本退出国联与签订塘沽协定,成为九一八事变暂告一段落的主要标志,芦田构想基本受挫幻灭。

四、结论:芦田构想胜算、极限及历史遗留问题

九一八事变去今已90余年,芦田构想是否仍是对日应对、解决事变利益最大化之不可逾越的最佳方案?难道事变期日本确无其他手段,第二次若槻内阁、犬养内阁、斋藤内阁3届首相,及其3任外相币原、芳泽、内田加起来,识见及官方见解均遥不可及芦田一人吗?芦田构想究竟胜算几何?不然,何以14年抗战尚未结束,芦田迅即拥有超人气、芦田时代呼之欲出了呢?他究竟从哪里、又于何时拥有如此巨大人望、资本?

这实际是一博弈论问题:第一,既然要得到中国东北,结果就只能退出国联。第二,若续留国联,结果就得不到中国东北。第三,尽管得不到中国东北,但至少可确保因留在国联下之其他绝大权益。第四,既得不到中国东北,又退

---

① 芦田均:《盲撞误国的焦土外交》,《日本评论》(上海)1933年第2期。

② 社论:《太平洋洛迦诺》,《日本时报》1933年4月16日。

出了国联。第五,既能得到中国东北,又可以也不会退出国联。显然,前三者皆各有得失,但前两种是二者必居其一,得失参半甚竟抵消,最无博弈价值、想象趣味和讨论意义,只有头脑最简单者,才会以此类方式思考和解决问题。第三种毕竟得大于失,是在保住老本、失利同时利益又最大化。第四种模式最划不来,是对日最坏的结果。其实,最坏的应是此后事实上14年抗战继起而一发不可收拾,最终沦为战败国、被占领国,以致不仅未能得到东北,反而不得不将包括东北已获权益在内,延至此前中日甲午战争、日俄战争、一战吞下的所有胜利果实,一并吐出来。这远比第四种更坏的结局,甚至就连素享富有先见之明、远见卓识乃至为数不多的全知全能美誉的芦田本人,在事变期亦未曾想,即使想亦终不会想到的最惨结局。相形之下,只有最后第五种有得无失,无疑是最理想的模式。问题是,怎么操作才得其解,这是摆在其国民面前的一大外交难题,甚至是最大难题,必须具备高超的手腕、高明的策略、高妙的学识、胆识与气魄。芦田构想无疑是当时客观条件下,对日利益最大化之唯一答案,是学生时代屡屡第一名的他,对此难题给出的最好解答。在其看来,既不一味凭赖武力,也不止步于伪满洲国既成事实,而是辅以外交谈判,签订多边条约,同国联及利害攸关国合作,将军事与外交相结合,获得并保障列强最大程度承认、南京政府最大限度让步之侵华权益。

上田美和认为,"芦田以'九一八事变'为契机,以'控制和调整走过了头的外交'为目标,辞去外交官而成为政治家。既然外交实权被从外务省剥离,那就要在议会上把它夺回来,这是他的初衷(前揭 Notes for 1941)。然而,芦田并未达到目的。""芦田认为,国家间民族主义的对立,是可以通过外交之力解决的。""芦田所谓外交的本质是宽容,相信与对立各国通过'交易',是能够满足相互的自律的,然而,实际上却又为何未能实现呢?因为,芦田认为的宽容,对中方而言并不是能够接受的条件。芦田的基本立场,是日本'既然止步于长城线,等待中国完成统一,便不存在互让妥协之外交交涉不能解决的问题。(芦田均:《条约废弃与列强动向》,《中央公论》1935年1月号)然而,把本是中国领土的伪满洲国(长城线以北),作为日本自律、自明之势力圈之提案,中国是不会响应其'交易'的。""欧美派外交官出身的民主主义者芦田的悲剧,在于尽管其希望支持标榜民主主义反法西斯阵营一方,但却必须将法西斯阵营所着眼的日本的辩护,付诸对外行动。芦田外交论作为通奏低音时常流传的,是英美不可分论。他认为,无论如何,必须回避与成为坚如磐石的英美的战争。故此,

'日中之间的宽容与自律'问题，逐渐转移至'怎么才能回避与英美的战争'的问题。芦田的确重视中国民族主义，但既然将(伪)'满洲国'的存在作为自明的东西，就不能提示日中间有效的妥协方策。芦田自由主义之彻底性并非不足，但即使以如此彻底之自由主义，亦不能阻止战争。"上田甚至特别列出1945年8月芦田所撰《建党宣言》"以国家平等、人类共存大义为准绳之外交"，"将军国主义一扫而光"，"民族之和平进发"字句,[①]以申己论，实则大言说论，既未揭橥芦田发表如此理想主义欺人之谈的时代背景，亦未彻底明了何以南京政府长期默认伪满洲国存在的事实，终签淞沪、塘沽、秦土、何梅等之协定，何以中日迟至太平洋战争爆发，方正式宣战等之中国内战背景，及国际政治通行的现实主义基本原则。

　　九一八事变期及其之后，芦田构想在日本国内亦不乏影响，甚至多有回应、呼应，芦田亦未惑于军事作战完胜，而对其构想动摇、怀疑甚或自我限定、否定。1933年5月1日，评论家、外交史家清泽洌深受挚友芦田影响，对宣布退出国联而回国的松冈展开批判，主张重建退出国联后的国际关系，分别改善对美、苏、中的关系，缔结中立条约或互不侵犯条约："今后，日本必须守护、哺育(伪)'满洲国'。""假如，(伪)'满洲国'顺利成长、甚至成为漂亮的国度，那么，国联的不承认决议等等就将完全失去实际意义。"[②]7月11日，芦田在专卖协会局演讲称：在这一基础上，谋求与中国的妥协并不那么困难，与此相应地，日本必须明确确立没有越过伪满洲国，而对任何中国领土怀有野心，将来日本与中国立于经济上对等地位，互通有无地进展下去这一政策。[③]8月1日，清泽发文呼吁，在太平洋方面，努力创造出像洛迦诺条约一样的和平局面，以改善日美等之关系："果然，其后(美国)新总统对东洋政策，表现出意外程度地理解。虽然报纸所传罗斯福—石井菊次郎之会谈内容多大程度上属实尚不明了，但据被视为与石井全权有特别关系的河上清致《报知新闻》特电称：'石井全权出国前，极为担心美政府对满洲之态度，然而，由于总统态度意外地同情，石井全权反倒吃惊。当然，并非是石井与罗斯福总统之间达成何等具体约定，但至少，罗总统无意颠覆(伪)满洲国现状则是明确的。只要美现政府存在下去，史汀

　　[①] 上田美和：《自由主义能够阻止战争吗：芦田均、清泽洌、石桥湛山》，吉川弘文馆，2016年，第75～77页。

　　[②] 清泽洌：《致松冈全权》，《中央公论》1933年第5期。

　　[③] 芦田均：《日本外交的转换》，《专卖协会杂志》1933年第8期。

生不承认主义就会被埋葬。似可认为,罗斯福总统考虑,承认(伪)满洲国问题是需要时间解决的问题,现无必要急于解决。'据传,日美间有必要缔结像仲裁裁判条约乃至和平保障条约之类的说法出来,也是此时的事情。""同样的事也能在日本感受到。最好的例子是6月11日股价飙升。尽管当时对英印通商关系最为恶化,汇率变动也对日不利,但总统与石井子爵的会谈内容一度传来,日美仲裁裁判条约交涉之说一经报纸发表,股市即对此欢呼好感,新东以下,显示出飙升1个月以来的新高值。""也必须就美国将对日反感悉由国联承续之事阐明缘由。煽动世界因中国东北问题反日感情的是美国。美国最先倡导,国联随后跟从,此乃最初的情形。""与在欧洲不停地下工夫(签订)洛迦诺条约、四国条约相比,很明显,太平洋方面,并没有太怎么(进行)这种程度的努力。在太平洋,会有哪怕是一种建设性的具体方案吗?史汀生主义(只)是单纯的否定性政策。倘若乘此时机,像石井子爵那样,以其开启的(协商)为中心,产生出何等方案来,则对两国至为幸甚。"①

1934年元旦,芦田发文强调,成立日、(伪)"满"、苏、中组织,进而包含英美、彻底修复各方关系至为重要。题下两行文字标示:"已到了保持冷静并为争取建立稳固的基础而真诚努力之际。"②而在西方,芦田构想却不乏现实对照甚或互动。法苏为对付德国威胁,准备联合东欧国家缔结地区性多边互助公约,因其建立安全保障的宗旨与洛迦诺公约相同,又称东方洛迦诺、东方公约,1934年10月,法国外长巴尔都在马赛被法西斯雇佣者刺死,公约夭折。而据1930年《伦敦条约》规定,英美日等缔约国须于1935年召集海军国会议另缔新约,以替代该约,进一步限制海军军备,1934年7月,英美遂于伦敦开始预备折冲。10月23日,英美日三国海军裁减预备会谈在伦敦唐宁街10号英国首相官舍开幕。其间,开始摸索并尝试实践早在一两年前芦田就已提出的洛迦诺构想。李执中《日本外交》第15章"太平洋之动荡与军缩"第1节"'远东洛加诺'于伦敦会谈之拟议"写道:"西门外相旋即以缔结太平洋'洛加诺'协定问题,向日本为试探的提议。此项消息传入美国,惹起甚大之注意,(12月)22日纽约《泰晤士报》伦敦特派员专电:'为打开海军预备会谈局面,英、美、日三国政府间,传在进行太平洋洛加诺协定缔结之交涉。……英国国

① 清泽冽:《日美关系怎么办》,《外交时报》1933年第3期。
② 芦田均:《1934年日本外交政策——理性的期盼》,《日本时报》1934年1月1日。

民现已相信打开海军预备会谈目前之停顿状态,舍促进英、美两国之友好关系以外,殆无方策'。"①

1935年2月9日,蜡山政道撰文主张缔结太平洋政治协定:"'九一八事变'引发的国际问题中,首先即是领土问题。由日本支援的(伪)满洲国的成立,与美国指导而由国联通过的不承认原则,是不能通过国际条约上的争论而得以解决的重大政治问题。尽管如此,除使国际间[重新]开始产生新的意愿外,别无他途打破僵局。尤其是,英美两国协商而倾向于承认(伪)满洲国,殊为必要。为此,必须理解,日本主张的行使自卫权并非恣意而为,内在原因即是与正在孕育着的'保全'中国领土同样而应予尊重。"②1937年2月19日,芦田出席"新日本'前夜'谈"座谈会称:"我的观点数年来一点也未变。这就是,不要越过(伪)满洲国国境以武力解决问题。我认为,将武力行使的限度,仅止于(伪)满洲国国境之内,在此以外的土地上,依靠和平方法发展下去,这是与现在日本国力相称的走法,而且也是使摩擦最少、最能取得成效的方法。"③6月17日,神川彦松提倡建立太平洋和平机构,虽较两年前蜡山论点已有放大,但与芦田构想相比而言,反失颟洞、汗漫、不着边际:"太平洋的和平组织,断不容许像日内瓦的国际联盟的组织那样单一。参加太平洋和平机构的分子(Member),必须含有两种属类(Category)。第一属类乃为太平洋地域上的土著民族所构成的国家或民族团体(National Communities)。土著太平洋地域上的国家或民族团体,乃是以太平洋地域为其祖国以太平洋地域为其先天的本据与太平洋地域有着最重大的利害关系的国家或民族团体。第二属类乃是非土著于太平洋地域上的、非以太平洋地域为其本据而是作为殖民地的诸国。这些国家对于太平洋不论如何有重大的利害关系,但是他们本国的本据不在太平洋地域而在别的地方。所以属于第二属类的诸国诸民族的重大的利害,不能说是在太平洋上的。将各国家民族之是否在太平洋上有着生活的本据区别出来,乃为调节太平洋诸国的利害所绝不可缺的步骤。依这种标准来把太平洋诸国诸民族加以分类时,归入第一属类的,亚细亚洲则为日本、(伪)满洲国、中华民国、暹罗国以及菲律宾共和国。在两美洲的则为美国、墨西哥、中美诸国以及太平洋岸的南美诸国。属

---

① 李执中:《日本外交》,商务印书馆,1938年,第356页。

② 蜡山政道:《太平洋政治协定的可能性》,《中央公论》1935年第3期。

③ 石山皆男:《新日本"前夜"谈》,钻石社,1937年,第75~76页。

于第二类的诸国诸民族,在亚细亚洲的则为苏俄联邦所领的东部西伯利亚、法领'印度支那'、兰领印度,在大洋洲的则为英帝国所领的澳洲纽西兰等诸地方以及诸岛屿、法兰西领太平洋诸岛,在美大陆则为加纳大,等等。"①

日本政府不仅没有采纳芦田构想及其响应者的设想,反而不断军事扩大化。7月7日,卢沟桥事变爆发,近卫内阁悍然发动全面侵华战争。14日,芦田日记称:"晚6时,于丸之内常盘(外务省)旧友会(以佐藤尚武氏为正宾)。华北问题提了出来。我也讲了一席悲观论。我认为,此次事件亦将对内政产生极其重大影响。""过去数年来自己等的努力全归崩溃。"②1939年6月22日,鉴于日军封锁天津英租界、英国企图以东方慕尼黑方式对日妥协,南京政府军事委员会参事室主任王世杰建议蒋介石:暗示全国报纸立即公开主张续开九国公约会议,密向英美表示我方拟即提出速开此会要求,以探其意,如得赞同,即正式提此照会。26日,驻英大使郭泰祺向英外相哈利法克斯提出召开续会建议,后者表示应考虑时机是否成熟及能否解决问题。7月17日,哈利法克斯电令英驻华大使卡尔,指示在谈判续开九国公约会议某一阶段邀请美法参加讨论,以便达成远东总协议,并命卡尔向蒋提议由蒋出面与美国大使商讨召开此会,调停中日冲突。20日,蒋介石函请罗斯福出面召开九国公约会议。当天,哈利法克斯声明提议再度召开九国公约会议解决天津租界有关问题。8月29日,蒋介石会见美国大使,敦促召开九国公约续会讨论远东问题。9月1日,德国突袭波兰,3日,英法对德宣战,二战爆发,美国遂不愿承担责任,九国公约国续会终未召开,芦田构想终无实施的可能和余地。1940年1月10日,芦田辞任时报社长。1941年5月1日,《钻石》刊行芦田论文"日美国交调整"。12月7日,太平洋战争爆发,14日,芦田"关于1941年笔记"叹称:"十数年苦心全化泡影。"③1943年7月8日,芦田主持评论界集会慨叹:"我等无论怎么努力也没办法,故而,进入安心之境。"④28日,英国驻华盛顿公使乔治·桑瑟姆,向美国国务院远东政策组负责人乔治·布莱克斯利及休·博顿,就战后对日处置问题陈明见解,"认为日本国内稳健派在战时依然存在,并具体指出外务省出身的芦田均、东

---

① 神川彦松述:《太平洋问题与其解决案》,东亚同文会,1937年,第34~35页。
② 福永文夫、下河边元春:《芦田均日记(1905—1945)》(第4卷),柏书房,2012年,第44页。
③ 福永文夫、下河边元春:《芦田均日记(1905—1945)》(第4卷),柏书房,2012年,第357页。
④ 清泽洌:《暗黑日记》,评论社,1995年,第88~89页。

京帝国大学的高木八尺等即是其例"。①表明美国自拟订战后对日占领政策之时起,即特别注重发挥芦田等亲英美稳健派的作用。1943年秋,芦田终借防空疏散之机,高蹈远引、赴寓镰仓,潜心探究如何收拾战后残局。

综上所述,芦田构想虽极高明,其职业外交官特有的投机、阴险、狡诈大派用场,但较其辞任外交官前夕,反对发动事变,反对扩大化作战,回国后却倒转而与军部、列强合作,谋图军事占领与外交保障相结合,已是大步倒退,自相矛盾,注定其肃军反扩大化作战失败难免。事实上,一切试图瓜分、牺牲弱小国家权益的阴谋,往往终被粉碎,正如洛加诺精神快速枯萎一样。1936年3月7日,洛加诺公约初因德国兵进莱茵非武装区而遭毁废,1939年4月,再被德国宣布废弃,欧洲战争策源地源此形成。可见,1925年8月5日九国公约宣告生效,而洛迦诺会议恰逢召开,二者并非简单的巧合,双双瓦解、崩溃,亦同此理。然而,无论芦田构想言词多么美丽,许诺多么慷慨,只能是欺骗性策略手段,纵使当局纳行,其实质性成效亦极有限,只能为谋取权益延时一年数载而已,而必将为中国民族解放运动摧毁。只不过是,芦田构想及历次事变一再证明,只要中国国内出现大规模内乱、内战、分裂、不统一,就会给日本以可乘之机,浑水摸鱼,趁火打劫,而给中国民族尊严、国家利益造成莫大破坏与伤害。

抗战胜利,南京政府尽管参与同盟国对日占领、制裁、改造,但因失察、失策,虽对鸠山一郎动议整肃,却未能提议整肃芦田,失究其战争责任,反而对其参组片山内阁、自组芦田内阁之两届中道政权大加赞赏,完全没有认清、甄别谁才是中国真正的对手和最危险的敌人。战时中文大报虽对芦田言行多有报道,却未能严加批判,究其深意,战后初期,甚竟对其轻视至极。国民党党报便刊文认为:"片山内阁里的阁僚,多系一些不甚知名之士,片山本人在此次选举以前,便即不为外界所知悉","至于外务大臣芦田均,'曾任日本英文时报的编辑,为此届阁员中唯一无国际背景的"不知名之士"。'与老奸巨猾的币原相比,当不可同日而语"。②甚至评论"芦田外交与其企图"称:"拥有外交官出身及民主党总裁双重资格的芦田,也就因利乘便,在自身取得副首相兼外相地位而外,还替民主党争得重要的内藏两席。然而芦田的外交经验也就贫乏得可怜,

① *National Archive's and Record Service*, Washington, D.C: Record Group 59; SWNCC Paper's 381,转引自五百旗头真:《美国对日占领政策》,中央公论社,1985年,第230、267页。

② 秉直:《日本新阁的剖视》,《中央日报》(南京)1947年6月6日。

在(20世纪)30年代以前不过仅仅做过大使馆书记官参事,此外也只是充过国联代表随员海牙会议专门委员之类,不惟缺少币原吉田之流的老谋深算,甚至连独当一面的外交经验也嫌不够。再从他由政友会而跳到民主党充任总裁一点看来,充分表现出是一个日本型的政客,而绝不是个有抱负的民主斗士"。①以致战时、战后相当长时期,南京政府并未高度警觉芦田其人,战后议和,反而深受芦田之害,屡陷被动,大吃其亏。芦田终得主持修宪,再度出台又一构想,谋撰宪法第九条"为达前项目的"文字,为再军备留有余地,直至全权负责外交、秉政,确立对美英为主片面议和及对美结盟政策,等等。

总之,芦田以其构想,对14年抗战进程,对日本社会发展皆产生深远影响。芦田能动性虽强,国会演说及相关论著惊世骇俗,作为外交家几无困难难得住他,却仍有其自身无法解决的难题,无法抗拒的政治极限。芦田构想未被当局及大众普遍理解,主因之一,在于相较于同期英美等国,社会发展仍属落后,国民政治素质普遍偏低,而一味盲从天皇、军部。事变期日本自认时机绝佳,到头来反却急转直下,丧失主动,滑向深渊,乃至14年抗战终不可免,这与其说是外交出了问题,莫如说内政出了问题,近代天皇制国体、政体发生根本性致命危害。正像宇垣一成日记贬称芦田为政客一样,芦田最终发现,借助军人之手、压制军人干政之路亦行不通,法西斯主义、军国主义、皇国主义泛滥成灾。前引芳泽谦吉外孙绪方贞子一书,尽管赞同丸山真男问责天皇制价值之论,但全书仍以军部干政、国策无责任论作结,回避体制宿疾及天皇战争责任。酒井哲哉所撰该书序言,而谓现代日本很难想象再有军人干政之论,亦失武断,最近日本军方权力过大即引争议。尽管芦田能够不同于其他外交官而辞职回国,看到近代天皇制毕竟未脱君主制窠臼,国家发展亟须解决此一政治课题,兵在整个14年抗战期,一直拥有超凡耐心与自信,迎接战败到来,甚至战后主持外交乃至秉政期,大力推进民主化、现代化改革,内在动机,即源自九一八事变引发的旧宪法致命痼疾之深入思考。然而,无论1945年9月4日,第88届国会开幕仪式上,向众议院递寄《关于政府应采取何种措施以说明导致大东亚战争不利结局之原因及责任质问》书,抑或人生尽头,撰刊二战外交史,意在将其作为毕生"最近世界外交史"系列第5册问世,却都没有公开揭揸天皇制症结及昭和天皇战争责任。《朝日新闻》即报道此著称:"至于结束语,被称为是芦田先

①《社论》,《中央日报》(上海)1947年6月7日。

生借此全部系列著作想要说的话，所做的概括与总结。其中，就外交官的使命搞不好也会促使国家灭亡而写道：'就这样，第二次世界大战落幕了。由于闯进这场大战，结果，彻底破坏了日本人多年积累起来的政治、外交及经济信誉，而使国家走向灭亡。究其原因，是径将国家的政治、外交交与不可以交付的人的手中，致使国政与外交导入错误方向，而且，军阀掌权后擢用的外交家，除极少数例外之外，素质颇为窳劣。这是历史给予我们的教训。'"①皇权与军权势力，是封建残余浓厚的后发国家日本这一根藤上的两颗毒瓜、苦瓜，日本政治民主化、现代化任重而道远。2016年7月13日，平成天皇有意退位。在安倍政权持续赢得议会多数议席、亟欲改宪之关键时刻，象征天皇制历史遗留问题再起波澜。那么，芦田生前是否即怀有日本共和国之梦？ 他又是如何为此社会转型暗自努力奋斗的？ 如此等等，皆值得进一步深入探析。

本文原刊载于《北华大学学报》(社会科学版)2019年第1期。

作者简介：

徐思伟，1966年生，江苏省沛县人，历史学博士，现供职于南开大学历史学院暨世界近现代史研究中心，并受聘为南开大学日本研究院兼职成员，专修日本外交史。2001年，博士论文《吉田茂外交思想研究》由世界知识出版社出版。2012年迄今，于中国日本史学会年会、第二届全国青年史学家论坛、第二届东亚日本研究者大会等学术会议，提呈芦田外交专题论文10篇。

---

① 《芦田先生的〈第二次世界大战外交史〉》，《朝日新闻(东京)晨报》1959年10月13日。

权威重构与明治维新

杨栋梁

19世纪中叶,中国和日本都面临来自西方扩张的威胁和压力,正如"中学为体、西学为用"或"东洋道德、西洋艺术"等当时流行的口号那样,两国都曾有过在晚清中国称作"洋务运动"、在幕末日本称作"幕藩工业"①的治标不治本的尝试。然而,日本发生明治维新以后,两国的发展分道扬镳。中国封建统治依旧,殖民地危机加深;日本破旧立新,成功实现近代国家转型。由此,明治维新占据了世界近代史一页,亦成为迄今为止常议常新的国际性研究课题。②

近代中日两国的发展何以出现如此巨大反差?核心所在是日本发生了明治维新而中国没有。明治维新的重要性"有如英国革命之于英国,法国革命之于法国",而其取得成功的关键,就在于"王政复古"后"获得了一个愿意并能够实施改革的领导集团"。③

---

① 1840年鸦片战争后,为了防止外敌入侵,德川幕府和地方藩国引进西方生产技术,兴办了一批官办矿山、制铁厂、造船厂及兵工厂。

② 明治维新研究成果汗牛充栋,但在研究视角、方法及其重要问题的看法上,中外学界还存在争议。关于明治维新史观,在日本,有战前官方修史机构秉持的"皇国史观"(如6卷本《维新史》等)、为德川幕府鸣不平的"幕府史观"(如《德川庆喜公传》等)、为维新功勋歌功颂德的"藩阀史观"(如《大久保利通传》等)、马克思主义史观(如"讲座派"和"劳农派")等;在欧美,学界的主流是近代化论(如赖肖尔、戈登、比斯利等);在苏联和中国,居主导地位的马克思主义史观强调生产力、生产关系和人民斗争的作用。关于明治维新发生的原因,国际学界普遍认为幕末资本主义经济处在家庭手工业阶段,故"外压"是直接动因,但日本学界力图证明幕末开国前资本主义经济发展已处在制度变迁前的"临界"状态。关于明治维新的领导力量,中外学界基本认同明治维新由封建统治阶级下层的下级武士(亦称"草莽志士")领导,但对"豪农""豪商"、人民群众在明治维新中的作用评价不一。关于明治维新的性质,日本学界的"讲座派"(山田胜太郎、野吕荣太郎、平野义太郎、羽仁五郎、服部之总、井上清、远山茂树、芝原拓自、田中彰、中村哲等)认为,明治维新是封建统治阶级内部政变的"王政复古",是"从纯粹的封建国家向封建主义的最后政治形态绝对王权(君主专制)转变"(服部之总:《明治维新史》,河出书房,1956年,第22页),是封建的改良主义运动;"劳农派"(山川均、猪俣津南雄、土屋乔雄等)则认为,明治维新是一次不彻底的资产阶级革命;赖肖尔等欧美学者多持"革命"说或"近代化"说;苏联和中国学界的主流观点是"明治维新资产阶级革命说"(茹科夫、加尔别林、周一良、吴廷璆、吕万和、伊文成、汤重南、宋成有等)。

③ 威廉·G.比斯利:《明治维新》,张光、汤金旭译,江苏人民出版社,2012年,第1~2页。

对此,我国学者吴廷璆、武安隆曾就明治维新是一场"没有资产阶级的资产阶级革命"做过精辟论述,指出下级武士便是这场革命的替代主体。①日本学者高桥龟吉曾经感叹道:"如此一系列对封建制度的破坏,是当时的武士阶级事前普遍想象不到的。不仅是一般的武士,即使是推进革命的主要势力也大多如此。""昔日的家臣掌握了政府实权后,通过废藩置县剥夺了他们的祖传权力。舍命参加倒幕的大多数武士曾幻想打败幕府后会加官晋爵、荣华富贵,岂料昔日的战友一旦成为新政府首脑,便全部废除武士阶级特权,始则减俸,终则以金禄公债了断。"②

欧美学者也同样注意到日本式近代转型过程与欧洲的不同。美国哈佛大学教授安德鲁·戈登指出:"在欧洲,推翻封建特权之动力来自新兴阶级,特别是城市资产阶级;在日本,明治时代带头攻击旧有秩序的人却是武士,属于原来体制内的精英。"③戈登认为:"若将1868年的政治、经济、社会以至文化各方面情况与十年后的日本比较,其转变是如此令人大吃一惊,完全可以称之为'革命'。"④普林斯顿大学教授詹森也指出,日本的改革意味着发生了"革命",由此建立的"新秩序显然有利于大众",⑤而"有利于大众"的"新秩序",正是新权威得以成立的基本依据。

对于明治维新的历史意义,如果仅仅从"政权""权力"视角进行解析,或许难以真正揭示日本近代转型的深层次动因。政权代表着权力,权力可强制性规范人的行为和社会发展方向,但以政权为载体的权力是否具有权威性,又取决于当权者治国理政是否顺天应人。"天"乃时势,自然发展趋势;"人"乃民心,民之欲求所在。故从根本上说,"政权"或"权力",不过是"权威"的外化形式,必因权威之存而存,亦因权威不在而亡。参鉴政治学的权力、权威论⑥及其建构主义理论分析工具,审视权威重构在明治维新中的作用及其理论意义,或可

---

① 详见吴廷璆、武安隆:《资产阶级革命与明治维新》,中国日本史研究会编:《日本史论文集》,生活·读书·新知三联书店,1982年,第197~221页。

② 高桥龟吉:《日本近代经济形成史》(第2卷),东洋经济新报社,1968年,第22~23页。

③ 安德鲁·戈登:《日本的起起落落——从德川幕府到现代》,李朝津译,广西师范大学出版社,2008年,第74页。

④ 安德鲁·戈登:《日本的起起落落——从德川幕府到现代》,李朝津译,广西师范大学出版社,2008年,第73页。

⑤《世界史研究动态》1985年第1期。

⑥ 参见俞可平:《权力与权威:新的解释》,《中国人民大学学报》2016年第3期。

深入揭示日本实现近代转型的途径和特点。

一、幕府权威的动摇

武家擅权肇始于1192年源赖朝建立镰仓幕府,四百年幕府政治的成败得失,为德川氏的世袭统治提供了丰富资鉴,其中一条重要经验是,为了降低统治成本,从镰仓、室町幕府到织丰政权,武家统治者无人敢冒天下之大不韪废天皇而自立。1598年,一代枭雄丰臣秀吉暴毙,德川家康在随后展开的群雄争霸中胜出,1603年在江户开设幕府,开始以征夷大将军身份统治日本。德川家康之所以成就霸业,也是以保证同盟者乃至归顺者利益的承诺为前提,倘若失信,必然付出沉重代价。历史的传统和现实条件制约,导致德川时代的统治制度呈现出"双重二元政治结构"[1]特征。

二元政治的顶层制度安排,是通过江户幕府与京都的小朝廷、将军与天皇的关系体现的。一方面,天皇是国民精神领袖,是法理上的国家权力之源、最高统治者,表面上掌握着对幕府将军等封官叙位的权力,实际上却不能过问政事。1615年幕府颁布的《禁中并公家诸法度》规定:"天子诸艺能之事,第一御学问也。"[2]另一方面,幕府是掌握实权的中央政府,幕府将军法理上是天皇的臣子,实际却操控天皇及其小朝廷于股掌,朝廷公卿及地方官员任免乃至皇位继承,须经幕府认可。幕府还把将军行辕设在皇宫附近的二条城,平时由"京都所司代"驻守,负责监视朝廷及关西诸侯的举动。天皇受制于将军的境遇,亦可从1627年发生的"紫衣事件"中窥知一斑。[3]在欧洲赴日使者眼里,幕府将军俨然是日本的国王,天皇则似同欧洲的教皇,1857年美国通商谈判代表哈里斯携带的美国代总统皮尔斯信函中,便是把幕府将军称作"日本皇帝陛下"。[4]

顶层之下的制度安排是幕藩制,是一种类似中世纪欧洲的分封制度,欧美

---

① 宋成有:《新编日本近代史》,北京大学出版社,2006年,第1页。

② 维新史料编纂事务局:《维新史》,明治书院,1940年,第77页。《禁中并公家诸法度》共17条,逐条规定了天子的本业,亲王的位阶,朝廷大臣及各级文武官员任免的资格和程序等。

③1613年,幕府为限制朝廷对佛教界施加影响,颁布了《敕许紫衣法度》,但朝廷为获得寺院的财政支持,未与幕府协商便向大德寺、妙心寺等十数位僧人颁赐了紫色袈裟。1627年,三代将军德川家光宣布1613年之后的赐予无效,随后对违抗幕府命令的大德寺高僧泽庵等做出了驱离寺院决定,郁愤但又无奈的后水尾天皇因此让位(参见小学馆《日本大百科丛书》"紫衣事件"条)。

④ 安德森·戈登:《日本的起起落落:从德川幕府到现代》,李朝津译,广西师范大学出版社,2008年,第17页。

学者甚至称其为"权力下放或半下放的统治模式"。①一方面,幕府是中央政府,幕府将军是"征夷大将军",握有管理国家、制定法规、指挥调动全国武装力量等"独裁"权力。幕府统治的依据,不仅在于拥有可动员8万兵力的压倒性规模武装力量,而且在于掌握以江户、京都、大阪等"三都"为中心的庞大直辖领地,按照以"石"为单位的计量标准,幕府直辖地稻米产量占全国的20%以上,经济实力同样具有压倒性。在幕府的高级官员中,有协助将军处理政务的"老中"(或设"大老"一职)和协助老中处理政务的"若年寄"。在直辖领地,将军的家臣"旗本""御家人"代行地方管理权。另一方面,幕藩制下除了幕府直辖领地外,全国还有约260个独立行使地方统治权的藩国。藩国的统治者为世袭藩主,亦称"大名"。根据幕府1615年颁布的《武家诸法度》,②幕府与藩国的关系是:以藩主效忠将军、严守幕府法令、履行隔年参觐义务、承担幕府指派的劳务及出征任务、不与其他藩国结盟等为前提,幕府承认藩国自治,"原则上太阁或将军不能直接介入大名领地内大名与领民的事务",③藩国拥有领内司法、财政、农业、教育等事务的管辖权,没有向中央政府纳税义务,藩主还可拥有家臣团武装,而家臣的效忠对象只是主公即藩主。这种排他性领地领民权,意味着大名"在他自己的藩国内行驶着类似将军的权力",是事实上称霸一方的诸侯,即"每个藩都是一个小幕府";④同时也意味着幕府统治的触角一般只达到藩国一级,对藩国之下的基层社会只是一种间接统治,这就在制度上为"下克上"的社会动荡留下了空间。藩国的规模大小不一,地位亦大相迥异。大名可分为三类,"亲藩"大名为德川氏族人,地位显要者为尾张、纪伊和水户的"御三家",以及田安、一桥和清水的"御三卿"。"谱代"大名为1600年关原决战前跟随德川家康打天下的旧家臣,因功获得封地。"外样"大名是关原决战后降顺德川氏的藩主,他们是幕府的重点防范对象,无缘国家权力中枢,其领地多位于九州、中国、四国及东北的偏远地区。幕藩体制下,幕府对内实行一藩一城、兵农分离,农商分离政策,由此形成了士农工商各安其职,各守其份的等级社会关系;对

---

① 特索·纳吉塔:《当代日本政治的思想基础》,贺雷译,江苏人民出版社,2013年,第17页。

②《武家诸法度》共15条,第一条规定了武家礼义,之后逐条规定了诸侯参觐交替、兵马和城郭规模、维护治安、言论、通婚、出行乘辇、服饰、节俭、殡葬、领内寺院管理等,最后明言"万事应江户之法度"。见维新史料编纂事务局:《维新史》,1940年,第255~257页。

③ 石井宽治:《日本经济史》,东京大学出版会,1993年,第53页。

④ 威廉·G.比斯利:《明治维新》,张光、汤金旭译,江苏人民出版社,2012年,第7页。

外实行"锁国",严禁藩国与外国有任何交往,同时却保留了唯一由幕府直接管辖的长崎贸易港,此举意在阻止地方势力崛起,防止社会思想异化,确保幕府的财源垄断,堪称一石三鸟之策。

然而,当这种"天皇至尊,将军至强"的二元政治和幕藩体制一旦遭遇外来殖民威胁时,延续二百多年的幕藩权威便发生了严重动摇。在对外签约问题上,1853年6月①美国东印度舰队司令佩里叩关后,幕府首席老中阿部正弘征询了朝廷和雄藩大名的意见,于翌年3月签订《日美亲善条约》,打开了锁国之门。1858年初,幕府与美国通商谈判代表哈里斯草签不平等的《日美友好通商条约》,朝野上下非议一片。强藩大名中,水户藩主德川齐昭、佐贺藩主锅岛直正等反对签约,萨摩藩主岛津齐彬等主张签约与否应在朝廷主持下"公议"决定。为了缓解巨大社会压力,幕府老中堀田正睦亲赴京都奏请天皇裁准。在堀田看来,天皇既是抵御社会非议的挡箭牌,也是唯幕府马首是瞻的橡皮图章,因此必然救许"锁国或开国任凭幕府适当处置"。②孰料孝明天皇忌惮引火烧身,拒绝批准条约,幕府颜面无存。在开国和签约问题上,幕府犯下的致命错误是:幕府成立后,内政外交大权独揽,从不允许他人干涉,德川初期的"锁国"便是出自幕府独断,而今遇到对外"开国"和"签约"的难题时,政治上缺乏自信的阿部却打破幕府"一言堂"传统,主动降低身段征求朝廷和大名意见,由此"朝廷和诸侯开始密谋插手政治";③堀田奏请天皇救准条约,大开朝廷干政之门,自我践踏了禁止天皇干政的《禁中及公家诸法度》,不啻自取其辱,自毁权威。

祸不单行,此时将军家定病入膏肓,确定继承人迫在眉睫。家定膝下无子,只能在同族血亲中遴选继承人。当时形成的两派意见是,南纪州派推举血缘最近的12岁纪伊藩主德川庆福,④家定本人及朝廷关白九条尚忠为主要支持者;一桥派力挺口碑称佳、正值英年的一桥家主德川庆喜,庆喜生父水户藩主德川齐彬等多数德川氏族人及萨摩等外样强藩支持者甚众。两派势力除了明争,暗地里都在设法争取天皇支持。

为了打开被动局面,1858年4月,幕府请出彦根藩主井伊直弼担任"位在老

---

① 日本1873年以前实行旧历,本文直接使用未作换算。
② 坂田吉雄:《明治维新史》,未来社,1979年,第101页。
③ 福地源一郎:《幕府衰亡论》,平凡社,1967年,第82页。
④ 德川庆福(1846—1866年),德川幕府第11代将军德川家齐之孙。

中之上,得以政治专断"①的大老。井伊是"专念恢复和扩大幕府权力"②的铁腕政治家,6月19日不待天皇敕准便下令签署《日美友好通商条约》,23日按照将军家定旨意宣布德川家茂(即庆福,同年10月上任)为将军后嗣。此举一出,立即遭到一桥派和朝廷的联合反击,反对派云聚京都,策动天皇向水户等藩发出斥责幕府违敕签约的密诏。对此,井伊采取强硬反击措施,对幕府、诸藩和朝廷中持不同政见者的惩罚措施是:罢免老中太田资始、若年寄本乡泰固、大番头土歧赖等一批幕府高官;勒令水户、一桥、尾张、越前、土佐、佐仓、上田等藩主"禁闭""隐居""谨慎";朝廷中的青莲院尊融亲王、内大臣一条忠香等公卿受到"辞退""出家""谨慎"处分。对尊王攘夷派的下层藩吏、藩士及脱籍浪人的处分更加严厉,水户藩家老安岛带刀切腹,水户藩士茅根伊予介、鹈饲吉左卫门、越前藩士桥本左内、长州藩士吉田松阴等斩首,萨摩藩士日下部裕之进等流放远岛。③安政年间发生的这场大镇压,史称"安政大狱"。

然而,打击面过宽、杀戮过重的井伊高压政治未给幕府带来福音。1860年3月,水户、萨摩藩的18名尊攘派武士在江户幕府的樱田门外偷袭成功,旨在重振幕府权威的井伊直弼壮志未酬,被刺死在前往幕府的乘辇中。

在天皇至尊、将军至强的二元政治下,"朝廷赖武家而愈尊,武家仰朝廷而愈隆",二者相互认可又相互制约,由此实现了政治制度顶层建构的平衡。幕府中央权力与藩国地方权力的相互认可亦各得其所,借此实现了次级建构的平衡。这一兼顾各方权益的制度安排,保证了幕府权威在两个半世纪的统治中未遇到真正意义的挑战。当然,随着商品经济的侵蚀和社会矛盾的积累,幕府统治力趋于弱化也是事实。然而,当其面对1858年对外签署通商条约和将军继嗣问题同时发酵时,幕府的应对不但激起了举国反对浪潮,而且引起了统治集团内部分裂。由此,幕府权威跌落,独裁统治动摇,从而拉开了近代社会转型期国家权力重构的序幕。

二、权威解构的博弈

井伊之死,标志着幕府擅权时代的结束。幕府尚存,但昔日权威不再。一

---

① 小西四郎:《日本全史》(第8卷近代1),东京大学出版会,1962年,第57页。
② 日本历史学研究会编:《明治维新史研究讲座》(第3卷),平凡社,1958年,第84页。
③ 吉田常吉:《安政大狱》,吉川弘文馆,1991年,第329页。

场权威重构、争夺国家最高统治权的历史剧正式上演,登台演出的主角是幕府、朝廷、地方实力派大名以及草莽志士①四种势力。这四种势力的目标都是要掌握国家统治权或统治主导权,除了表面上都宣称"尊王"外,在开国还是攘夷、佐幕还是倒幕上,又存在尖锐的路线分歧,权威重构的博弈波诡云谲。

1860至1864年上演了这出历史剧的上半场,舞台中心是幕府和朝廷,两旁显著位置站立的是萨摩、长州、土佐等强藩藩主,其身后则是草莽志士。剧情的发展是沿着怎样"公武合体"、是否"攘夷"、佐幕还是倒幕等焦点问题展开的。

井伊死后,幕府已不敢在政治上用强。为了收拢人心,幕府再次向朝廷求助,试图通过与皇室联姻加强朝幕关系,在"公武合体"②的新体制下维持统治。1860年,幕府奏请孝明天皇敕准皇妹和宫下嫁给将军家茂,并为取悦孝明天皇,抚平其对"违敕签约"的不满,在老中联署的上奏中表示"无一人愿与外夷交易",③支吾搪塞地表达了不日攘夷的态度。1862年2月,家茂与和宫成婚,由是"公""武"之间连上了一条脆弱的血缘纽带,一度紧张的朝幕关系趋于缓和。孝明天皇同意"公武合体"亦属无奈,毕竟朝幕合作要比皇室大权旁落向前迈进了一步,关键是如何在合作中掌握最高决策权,再沐昔日皇权的荣光。萨、长、土等外样强藩赞同"公武合体",但他们所关心的是如何使"公武合体"成为朝廷、幕府和强藩的联合执政,以便在新体制中占有一席之地。手无实力的天皇和手握实力的大名相互借力,都在打着各自的算盘。

争夺统治权的博弈,第一回合在幕府与朝廷公武合体派(或可称为"体制派")之间展开。1862年6月,朝廷敕使大原重德在萨摩藩主岛津久光率领的千余藩兵护卫下到达江户,传达天皇改革幕政的谕旨。幕府被迫为"安政大狱"受害者平反,处罚了与安政大狱和违敕签约有关的幕府官员,削减了井伊家领地,一桥家主德川庆喜和会津藩主松平庆永被"平反"后,分别出任将军"后见职"(监护人)和幕府政事总裁。此轮博弈,朝廷开向幕府发号施令之端,幕府唯命是从,高下立分;萨摩仰仗天威,风头出尽。

第二回合的博弈,在幕府与朝廷尊王攘夷派(或可称为"激进尊攘派")之间展开。朝廷和幕府关系的改善,加深了朝廷尊王攘夷派的忧虑,如此下去,

---

① "草莽志士",时指有匡世济民之志、地位低微的下级武士及脱籍浪人,与此志同道合的"豪农"和"豪商"亦可归于此类。

② "公"指天皇为首的朝廷,"武"指幕府。"公武合体"意指朝廷与幕府合作联合执政。

③ 坂田吉雄:《明治维新史》,未来社,1979年,第129页。

幕府犹存,王政复古和攘夷的目标难以实现。原本赞同"公武合体"的土佐和长州藩主,对萨摩藩抢占先机甚为不快,在土佐尊攘派首领武市瑞山和长州尊攘派首领久坂玄瑞的分别劝导下,两藩主改变策略,开始与朝廷的尊攘派公卿联手,并迎合孝明天皇心态,力主在天皇主持下攘夷。1862年11月,在土佐藩主山内丰范率领的藩兵护卫下,尊攘派公卿首领三条实美以敕使身份到达江户,宣读了敦促幕府"攘夷"和通告朝廷设置亲兵的诏令。幕府不敢抗旨,承诺1863年5月10日前颁布"攘夷令"。此轮博弈,表面看依然是朝攻幕守,实际上却是公武合体派被压制,尊攘派公卿在地方草莽志士支持下左右了朝廷,在朝廷开设的学习院中,长州藩久坂玄瑞和木户孝允、土佐藩武市瑞山、福冈藩平野国臣、久留米藩水天宫神官真木和泉等草莽志士首领已成为座上宾。尽管如此,此时的尊攘派"实际上还不是为了尊王而攘夷,而是为了攘夷而尊王",[1]是试图利用天皇的权威迫使幕府改变"开国"政策,还不是要推翻幕府。

第三回合的博弈,始于1863年幕府发动"八一八政变"。激进的尊攘派在策动天皇攘夷的同时,迫不及待地在各地发起了攘夷行动。1863年6月,长州藩炮击美国商船和法、荷军舰,随后遭到报复,长藩败北。7月,萨摩藩与英国爆发"萨英战争",萨藩损失惨重。攘夷运动的高涨使局面失控,这是幕府无法容忍的。8月18日,幕府动用驻守京都的会津、萨摩两藩兵力发动政变,一举控制了朝廷,三条实美等尊攘派公卿被撤职,尊攘派草莽志士被逐出京都。于是,孝明天皇立即改变态度,宣称攘夷本非所愿,而是三条实美等公卿"矫枉朕命,轻率颁布攘夷之令"。[2]之后,德川庆喜、松平庆永、山内容堂、岛津久光等出任朝廷"参与",公武合体派击溃尊攘派,夺回了朝廷主导权。

第四回合的博弈,始于1864年6月的京都"池田屋事件"。尊攘派草莽志士在池田屋秘密聚会时,遭到幕府别动队"新选组"[3]袭击,3人被杀,多人被俘,只有木户孝允侥幸逃脱。7月,久坂玄瑞、真木和泉闻讯后,愤而率领以长州藩兵为主力的两千余武装杀向京都"夺玉"(即控制天皇),在皇居哈御门与佐幕军激战,久坂战死,真木等战败后切腹。"禁门之变"后,幕府宣布长州为"朝敌",动员以萨摩为首的20余藩出兵征讨长州("第一次征长")。大兵压境之

---

① 坂田吉雄:《明治维新史》,未来社,1979年,第140页。
② 维新史料编纂事务局:《维新史》,1940年,第681页。
③ "新选组"别名"壬生狼",是幕府支持的专门对付反幕志士的别动队组织,首领近藤勇,成员多为脱籍武士,暗杀是其主要行动方式。

下,长州藩不战而降,随后按幕府要求处死3名家老,毁掉山口新城,引渡了三条实美等5名避难的公卿。①

至此,在权威重构博弈上半场的四个回合较量中,公武合体派压倒了尊攘派。幕府虽未恢复昔日的权威,但在朝幕联合的新体制中依然占据主导;见风使舵的天皇已然公开"干政",但尚未能成为权力核心;与长州藩的惨状相对照,萨摩等强藩则是新体制的受益者。

从1865年起,在人心思变的社会大背景下,权威博弈的历史剧进入下半场。开国后殖民势力的侵入,打乱了本来的社会经济秩序。1855至1859年,日本的金银比价是1∶5,国际市场比价则是1∶15左右,于是外国投机商根据通商条约关于外国货币可与日本货币同种等量交换的规定,先用墨西哥银换取日本银币,再用日本银币换取日本金币,然后到香港等国际市场以日本金币换回墨西哥银,一个交易周期便可获取300%利润,②结果日本金币两年多流失海外10万两。③金融秩序的破坏必然导致物价体系紊乱,1858至1867年10年间,大阪市场主要商品价格上涨率为稻米815%、大豆959%、菜籽油557%、蜡705%、棉线756%,全国物价总水平则上涨了7倍。④物价与民生息息相关,深受其害的民众把不幸归咎于洋夷,同时也指向了引狼入室的幕府。民众认为,幕府的腐败和无能是一切社会乱象之源。1866年,以大阪为中心的关西各地接连发生大规模市民骚乱和农民暴动事件。1867年夏季,要求"改革世道"的"可好了"示威运动蔓延全国。至此,幕府统治的社会基础已经坍塌,"民心已离将军,幕府何足惧",⑤推翻幕府已是人心所向。

下半场第一回合的博弈,始于草莽志士夺回长州藩政权。幕府"第一次征长"后,一直冲在尊王攘夷最前线的长州藩志士终于醒悟,攘夷不现实,藩主不足恃,幕府不倒,日本无望,其运动方针遂由"尊王攘夷"向"尊王倒幕"转变。为了打倒幕府,长州志士除了继续采取"尊王"的策略外,还采取了如下两大具有决定性意义的行动。一是1865年春,高杉晋作、伊藤博文领导的奇兵队、力

① 伊文成、马家俊主编:《明治维新史》,辽宁教育出版社,1987年,第297~298页。
② 桥本寿朗、大杉由香:《近代日本经济史》,岩波书店,2000年,第31页。
③ 石井宽治:《日本经济史》,东京大学出版会,1993年,第99页。
④ 据安藤良雄编《日本近代经济史要览》(东京大学出版会,1981年)第38页1~27表《安政以后主要商品价格》算出。
⑤ 南条范夫:《暴力日本史》,光文社,1971年,第228页。

士队等草莽武装发起长州藩内战,一举夺回长州藩政,建立了第一个反幕武装根据地。二是1866年1月,经土佐藩豪商、脱籍藩士坂本龙马斡旋,向为宿敌的萨摩和长州化干戈为玉帛,长洲藩木户孝允与萨摩藩西乡隆盛共同签署"讨幕密约",建立了第一个草莽志士联合的萨长军事同盟。1866年6月,幕府为消灭长州的反幕割据势力,下令萨摩等30余藩出兵第二次征讨长州,但强藩萨摩按兵不动,长州草莽武装初战告捷,两军对峙中,将军家茂病故,幕府遂以治丧事大为由撤兵,倒幕派实际上获胜。

第二回合的博弈,始于"第二次征长"后的"沉寂",终于1867年末的"王政复古"。1866年底德川庆喜继任将军后,当务之急是处理家茂丧事和处理幕府政务,已无力对倒幕势力采取攻势;同年12月孝明天皇驾崩后,不满15岁的睦仁继位,朝廷中以岩仓具视为首的倒幕派公卿占据了上风;土佐藩主抛出"公武合体"改进版方案,为实现"公议政体"而奔走;倒幕派志士上下串联,紧锣密鼓地准备与幕府武力对决。一场推翻幕府统治的社会风暴即将来临。

1867年6月,成功策动萨长结盟的坂本龙马,又把幕府将军"奉还大政"和"公议政体"为核心内容的"船中八策",[①]口授给土佐藩前藩主山内容堂的心腹后藤象二郎,后藤深以为是。于是,坂本、后藤与西乡隆盛、小松带刀分别代表土佐和萨摩,缔结了旨在敦促幕府和平交权的"萨土盟约"。接着,坂本又促成萨摩、土佐和安艺三藩达成类似约定。经过上述两手准备,山内容堂拟定了自以为对将军"恩义两全"的"奉还大政建议书",派遣后藤于10月3日递交给幕府。10月14日,走投无路的将军庆喜向天皇提出"奉还大政"辞呈。翌日,天皇允奏。

辞官的幕府将军和劝退有功的强藩诸侯,都在等待新一轮权力分配安排,而在草莽志士的策动下,萨、长、艺诸藩的"勤王"武装却在火速开进京都,接管了皇居禁门警备,把天皇这块"玉"牢牢控制在手,发动政变的时机已经成熟。

1867年12月9日,天皇颁布"王政复古大号令",诏告废除幕府,组成有栖川宫炽仁亲王为总裁、公卿和强藩大名为议定、勤王志士为"参与"的"三职"政府。当晚,新政府成员皇族3人、公卿8人、大名5人、勤王派草莽志士15人,在

---

① 主要内容有政权归还朝廷,万机决于公议,启用公卿诸侯等天下有才之人,重新制定典章,扩充海军,建立保卫京都的亲兵,重新制定与外国交际的规约等。参见平尾道雄监修:《坂本龙马全集》,光风社,1980年,第394页。

皇宫小御所召开会议,讨论幕府将军德川庆喜的善后处理问题。在岩仓具视和大久保利通的控制下,会议做出庆喜辞掉一切职务、交出所有直辖领地决定。事实上,大久保和西乡隆盛等倒幕派会前已做好准备,即如其复岩仓具视咨询书所言:"今般赖阁下英明决断,得以建立王政复古基础。大令一发必生混乱,然一旦动起干戈,为二百余年太平旧习所污染之人心,反可天下耳目一新而成平定中原之盛举,当务之急乃以决战死中求生。"①可见,倒幕派已不想给幕府复辟留下任何机会,就是要乘势把庆喜逼上绝路,庆喜俯首听命则已,若兴兵反抗,正可宣布其为朝廷叛逆,举国征讨,根除后患。

在下半场博弈中,倒幕派成功夺取政权主要基于三点原因。一是顺应了民意,而"得民心者得天下";二是"批判的武器当然不能代替武器的批判,物质力量只能用物质力量来摧毁",②拥有联合起来的强大武装实力才是推翻幕府的根本保证;三是按照中国"名不正则言不顺,言不顺则事不成"的古训,采用尊王倒幕策略,取得了"挟天子以令诸侯"的预期效果。

三、新权威的建构

"王政复古"政变后,明治政府的新权威建构经历了权力重置、体制变革和社会基础再造三个阶段,其间既经受了来自体制外的血与火的挑战,也度过了来自体制内的暗流险滩,最后以1889年颁布《大日本帝国宪法》为标志,完成了制度化定型。

第一阶段的任务是铲除佐幕势力,废除幕藩分封体制,实现高度中央集权。

幕府方面接到新政府做出的将军庆喜"辞官纳地"决定后怒不可遏,立即向朝廷提出"讨萨表",要求"清君侧",同时集结万余佐幕军向勤王军(政府军)发起进攻。但是,1868年1月3至4日,佐幕军在大阪、京都交界的鸟羽、伏见决战中溃败,随后政府军大举东下,追剿"朝敌"庆喜和佐幕"叛军"。3月14日,睦仁天皇在京都紫宸殿向神明宣誓,其《五条誓文》为"广兴会议,万机决于公论;上下一心,盛行经纶;官武一途以至于庶民,各遂其志,人心不倦;破旧来之陋

---

① 《明治文化全集》(第2卷),日本评论社,1928年,第8页。
② 马克思:《黑格尔法哲学批判导言》,中共中央马克思恩格斯列宁斯大林著作编译局编:《马克思恩格斯选集》(第1卷),人民出版社,1972年,第9页。

习,基天地之公道;求知识于世界,大振皇基"。①4月11日,德川庆喜接受幕府军事总裁胜海舟劝告,不战而降,交出江户城。7月,改江户为东京。8月,睦仁天皇继位大典在紫宸殿隆重举行。9月8日,根据中国《易经·说卦传》中"圣人南面而听天下,向明而治"一语,改元"明治"。10月,将军府邸改作皇居。1869年3月,明治政府迁至东京办公。5月,幕府海军副总裁榎本武扬率领的最后一支佐幕武装在北海道箱馆五棱郭被歼。至此,佐幕势力灭亡,新政府站稳了脚跟,为进一步实现中央集权奠定了基础。

明治政府接收江户后,陆续在没收的幕府直辖地和佐幕诸藩领地上设置府县,由政府派员管理,戊辰讨幕战争中勤王及保持中立的二百余藩国则维持藩制,藩主一如既往号令一方。当时的情景如木户孝允所言:朝廷无一兵一卒,只能仰赖萨长等强藩,而强藩手握重兵,是乃"尾大不掉之弊"。②对于藩国林立问题的严重性,兵库县知事伊藤博文也看得很透彻,他在1868年底提出的"废藩建议"中指出:"苟欲使我国与海外各国并立,实行文明开化之政治,天性同体之人民,贤愚各得其所,上下均沐圣德,莫如使全国政治归一。欲使政治归一,须铲除如今各藩各自拥兵、互相抗衡之弊端,使其权力悉归朝廷。苟非一切政令法度皆出自朝廷,无敢犯者,则不能使海内人民免于偏颇之法令,服于同一之德化也。且欲抵御外侮,伸张皇威于海外,若兵制各不相同,指挥不一,则决不能实现也。夫天地之间,物力合则强、离则弱乃自然之理。"③伊藤还建议说,对识大体、顾大局、愿意交回领地的诸侯,天朝应以礼待之,使其与公卿同列,进爵位、赐俸禄,成为我国之贵族,亦应效仿各国议事之体制,任其为上院议员。

但是,政府初建,强制收回诸藩、特别是那些勤王有功的强藩权力毕竟不是上策,处理不好会再生动乱。为此,明治政府采取了两步走策略,第一步是让藩主自愿"奉还版籍"。擒贼先擒王,1869年1月,在政府参与木户孝允、大久保利通、大隈重信等人劝诱下,萨摩、长州、土佐、肥前等勤王倒幕中贡献最大的四大强藩藩主联名签署《奉还版籍上奏文》,表示"现奉上版籍,任凭朝廷处置。愿应予者与之,应夺者夺之"。④强藩带头,其余诸藩唯恐落后,纷纷上表

---

① 历史学研究会编:《日本史史料》(4近代),岩波书店,1999年,第82页。
② 大久保利谦等编:《近代史史料》,吉川弘文馆,1965年,第55页。
③ 春亩公追颂会编:《伊藤博文传》(上卷),统正社,1944年,第416~417页。
④ 历史学研究会编:《日本史史料》(4近代),岩波书店,1997年,第86页。

以示忠心。6月,明治政府批准各藩"奉还版籍"申请,同时任命274名藩主为藩知事,继续主持藩政,但规定藩收入的1/10为藩知事家禄,余者为藩财政收入,原家臣的俸禄改由藩财政担负,从而釜底抽薪,事实上割断了旧家主与家臣经济上的授受关系。同日,宣布公卿、大名一律改称"华族",中下级武士等家臣一律改称"士"。由此,一心期待重新获得新政府领地授权的藩主们哑巴吃黄连,但为时已晚。

第二步是"废藩置县"。这一举措意味着彻底剥夺旧领主残存的权力,同时也意味着新政府面临更大风险。明治政府是在各地勤王武装支持下建立并打败幕府的,但"没有军队的新政府远不是稳定的政权",[1]勤王藩兵作为藩主的私人武装,首先是听命于藩主,其次才是跟随藩主效忠朝廷。一旦政府与藩主闹翻,藩兵的向背实难预测,而拥兵4万余众的萨摩藩主岛津氏若与政府翻脸,后果不堪设想。为防不测,"废藩置县"之前,政府由三职制改为太政官制,增补萨摩的西乡和土佐的板垣退助为参议,各要害部门则由大久保、大隈、山县有朋、副岛种臣、大木乔任等草莽志士出身的维新功臣掌控,政府成员中已难觅大名身影。同时"借鸡生蛋",任命西乡隆盛为总督,组建由萨长土三藩选送的近万名"御亲兵"守护京都,此举既解决了政府手中无兵的燃眉之急,亦有稳住强藩之深意。经过周密准备,1871年7月14日,天皇颁布《废藩置县诏书》,诏曰:"朕唯此更新之际,欲内以保安亿兆,外以与各国对峙,宜使名实相副,政令归一。前者朕听纳诸藩奉还版籍之议,新命各知藩事,使之各奉其职。然数百年因袭之久,或有其名而不举其实,将何以得保安亿兆而与各国对峙哉?朕深为之感叹。故今废藩为县,是务必除冗去简,去有名无实之弊,无政令多歧之忧。"[2]废藩置县的主要措施包括:全国一律废除藩制,实行府县制,由政府任命官员管理;藩知事华族身份和待遇不变,但要一律辞掉现职并举家迁往东京居住;各藩财政及其债务由政府接管。至此,全部收回了藩主的领地领民权,实现了"王土王民"的中央集权。

在"奉还版籍""废藩置县"过程中,德川时期其他封建法律法规也被陆续废除。1869至1872年,撤销国内主要道路关卡,取消人口迁徙和职业选择限制,取消秽多、非人等贱民身份,允许未任官职的华族和士族从事农工商业。

---

① 户部良一:《逆说的军队》,中央公论社,1989年,第26页。
② 日本历史学研究会编:《日本史史料》(4 近代),岩波书店,1997年,第90~91页。

与此同时,军事制度改革进展迅速,一方面,"废藩置县"切断了旧藩主与家臣团的主从关系,随着藩主前往东京居住和家臣团的解散,以藩为单位的组织性军事对抗几无可能;另一方面,明治政府把临时征调的御亲兵变为常备近卫军,并以各地的勤王藩兵为基础,设立了东京、大阪、熊本和仙台等维持地方治安的四镇台,初步建立了由政府直接管辖、兵力超过3万的"国军"。[①]接着,为了改变国军的成分,于1872年底发布《征兵令》,《征兵告谕》曰:"我朝上古之制,海内皆为兵员",然武家统治以来,武士"抗颜坐食",以致"朝纲颓驰,兵权遂坠武门之手,国为封建之势,人有兵农之分。降至后世,名分全泯,其弊不可胜言",而今大政维新,列藩奉还版图,"士已非从前之士,民亦非从前之民,均为皇国一般之子民,报国之道本应无别"。[②]翌年实施征兵令后,又增加了名古屋和广岛镇台。这些制度变革,强化了中央集权和政令归一,树立了新政府权威,为全面展开的近代化改革吹响了前奏。

"版籍奉还"和"废藩置县"虽然从政治层面解决了中央集权的体制性障碍,但作为日本社会基础的阶级构成并未发生根本性改变,失去主君的庞大武士集团处于高度游离和动荡状态。对于新权威的来说,其挑战既有来自政府内部的近代派与守旧派、近代派中渐进派与激进派之间的斗争,又有来自失落武士阶层随时可能爆发的骚乱威胁。此间大浪淘沙,明治政府决策层经过政治路线上的打"左"和打"右",厘清了治国理政的方针和路径;经过两次组织上的重新洗牌,"纯化"了寡头政治的组织成分。

第一次政治洗牌是"明治六年政变"(1873年),权力争斗在政府上层的近代派(内治派)与守旧派(征韩派)之间展开。美国学者纳吉塔则认为,这是一次"功利主义"与"理想主义"之争。[③]

废藩置县后,明治政府对"内政如何改革,法律如何确定,政治上采取何种方略,外交上以何为准"[④]等重大问题尚无清晰的路线图。为了求知识于世界,1871年12月23日,派遣以右大臣岩仓具视为特命全权大使的使节团赴欧美考察,参议木户孝允、大藏卿大久保利通、工部大辅伊藤博文、外务少辅山口尚芳作为副使随行。《派遣特命全权大使事由书》强调:"内政外交,其成其

---

① 户部良一:《逆说的军队》,中央公论社,1989年,第23页。
② 大久保利谦等编:《近代史史料》,吉川弘文馆,1965年,第84页。
③ 特索·纳吉塔:《当代日本政治的思想基础》,贺雷译,江苏人民出版社,2013年,第61页。
④ 大久保利谦:《岩仓使节的研究》,宗高书房,1976年,第161~162页。

否,实在此举。"①至1873年9月全员回国,使节团出访历时20个月,耗资100万日元(占明治政府1872年财政总收入的2%以上),访问美、英、法、德、俄、意和奥匈帝国等12个国家,耳闻目睹近代欧洲文明,完成了以欧美为是、向西方看齐的"洗脑"。

当时,明治政府的主要席位为萨、长、土、肥四藩的倒幕功臣所瓜分,这些功臣原本在尊王倒幕上立场高度一致,但对幕府倒台后如何治理国家,思想上却存在严重分歧。守旧派领袖西乡隆盛认为:"察方今国内形势,发生内乱征候已显,故宜谋划远略,将其郁勃气锋移外,扬国威于海外。"②岩仓使节团出访期间,留守政府已接受西乡建议,内定西乡出使朝鲜,若朝鲜不恭,便出兵征韩。岩仓使节团于9月回国后,政府又召开三次会议讨论征韩问题,西乡隆盛、板垣退助、副岛种臣、江藤新平和后藤象二郎等五参议赞成,右大臣岩仓具视和大久保利通、木户孝允、大隈重信、大木乔内等四参议反对,理由是"内治优先"。岩仓认为:"整顿国政,富国文明进步乃燃眉课题。"③大久保提出七条反对征韩理由,认为国家百废待兴、列强觊觎日本之际"今若猝然兴兵,必致百事终止,前功尽弃"。④出访前力主征韩的木户也改变了态度,认为:"内地本也,外属末也。后本先末决非策之得者。仰愿明确内外本末之差,勿误先后、缓急之别,首先宜抚我民,养我力,不怠义务,不失方略,名正而言顺,然后徐图两国(指朝鲜和琉球),虽事在数年之后,谁人嫌迟乎?"⑤从表面看,两派争论的焦点在于对外扩张的条件是否具备和时机是否成熟,但深层意蕴却在于是否保留士族特权及其赖以生存的封建制度,在于要不要深化改革。在双方互不让步的僵持状态下,工于权谋的大久保利通秘密通过宫内省渠道,说服天皇委任右大臣岩仓具视代理病倒的太政大臣三条实美主持政务。岩仓接手政务后,于10月23日上奏反对征韩,翌日天皇奏准,敕书曰"嘉纳汝具视之奏状,汝宜奉承朕之意"。⑥"嘉纳"一语表明,在外征与内治两派势力不分伯仲的两难选择中,明治天皇既不是左右逢源的骑墙态度,也不是勉为其难的选边站队,而是欣悦

---

① 大久保利谦:《岩仓使节的研究》,宗高书房,1976年,第184页。
② 宫内厅:《明治天皇纪》(第三),吉川弘文馆,1969年,第118页。
③ 芝原拓自:《世界史中的明治维新》,岩波书店,1977年,第177页。
④ 小西四郎:《日本全史》(第八卷近代1),东京大学出版会,1962年,第324页。
⑤ 烟山专太郎:《征韩论实相》,早稻田大学出版部,1908年,第214页。
⑥ 宫内厅:《明治天皇纪》(第三),吉川弘文馆,1969年,第150页。

地接受了近代派主张。"圣裁"是不可抗拒的终极裁判,征韩论战遂以岩仓、大久保为首的"内治派"——近代派取胜告终,西乡等五参议愤而辞职。

西乡等"征韩派"下野后,以"日本的俾斯麦"大久保为核心的"内治派"控制了政府,其清晰的治国理政思路是,以铁腕政治破旧立新,强力推行富国强兵、殖产兴业、文明开化三大政策,通过改革引领日本向近代转型。1873至1876年的重大举措是:颁布士族"废刀令",使士族身份与农工商"平等";发行金禄公债,一次性"买断"士族的世袭俸禄,进而挥动政策魔杖,允许一纸无法即时兑现的金禄公债成为银行创业的原始资本;全面推行地税改革,废除领主土地所有制,建立"一地一主"的土地私有制和以货币为完税形式的近代农业税收体系;大力推行"殖产兴业"政策,兴办近代工业,移植资本主义生产方式;推行"邑无不学之户,家无不学之人"的全民义务教育,移风易俗,举国掀起"欧化"之风;建立警察制度,加强中央对地方的控制。这些破除"旧有陋习"的改革表明,内治派是以欧美为师的近代派。

疾风暴雨式的改革,改变了传统的社会权利分配结构,有人欢喜有人忧,而失落感最强的莫过于士族,特别是那些在勤王倒幕中立下汗马功劳的骄兵悍将。英国学者比斯利指出:"大多数武士骚乱发生在萨摩、长洲和肥前等'尊皇主义藩国'的事实告诉我们明治维新运动的某些特征。那些为打倒德川幕府做出贡献的普通武士,绝大多数在这样做的时候,根本没有想要把他们领袖在1873年底采取的政策引入日本。"①士族对政府的不满,起初是以暗杀政府要人的手段泄愤,政府参与横井小楠、广泽真臣和兵部大辅大村益次郎成为明治初年的牺牲品,及至西乡等五参议下野及政府随后废除士族世袭俸禄,更是直接引爆了各地士族的有组织反抗。1874至1876年,接连发生了前司法卿江藤新平率领三千余众占领佐贺县政府的"佐贺之乱"、熊本县士族冲入熊本镇台府杀死镇台司令的"神风连之乱"、前政府参议前原一诚在山口县发动"萩之乱"等。1877年2月,没落士族的精神领袖西乡隆盛在鹿儿岛打出"敬天爱民""新政厚德"和"清君侧"的反旗,响应者四万余众,明治政府倾全国之力征讨叛军,历时半年,终以六千余人战死、近万人负伤的沉重代价平息了叛乱。

西南战争上明治政府的胜出,事实上宣告了新权威的最终确立。在长达十年的权力博弈中,明治政府通过戊辰战争首先清除了佐幕势力,实现了中央

---

① 威廉·G.比斯利:《明治维新》,张光、汤金旭译,江苏人民出版社,2012年,第396页。

政府的权力重置。然后通过"版籍奉还"和"废藩置县"分阶段扫除了幕府体制的封建残余,建立了中央高度集权的政治体制。最后通过内部权力斗争和镇压士族骚乱,从根本上改变了明治政府的社会阶级基础,为推动日本的近代社会转型准备了政治前提。

四、新权威的形塑

第一次政治洗牌不仅清除了明治政府中的守旧势力,而且借助镇压各地武士骚乱清算了封建社会的阶级基础残余,从根本上稳固了明治政府统治权力。此后,日本的权威构建开始从政权争夺转变为制度模式选择,由此迎来了明治政府的第二次政治洗牌"明治十四年政变"(1881年)。围绕制定宪法和召开国会等问题,明治政府内部近代派中的渐进派和激进派之间展开激烈角逐,两派的领军人物分别是伊藤博文和大隈重信。

西南战争后,没落士族已失去有组织武力反抗的能力,但政府内部的权力斗争仍在继续。与西乡等人不同,板垣退助下野后,选择了以和平方式争取国家权力的道路,即以士族知识分子为骨干,动员民众开展自由民权运动,斗争的口号和目标是开设国会、减轻地税和修改条约。1877年西南战争鏖战正酣之际,自由民权运动亦进入高潮,以至发出从"明治第一次变革"进入"明治第二次变革""独裁政体"向"立宪政体"过渡的呼吁。1879年后,面对强大的舆论压力,伊藤博文、山县有朋、黑田清隆、山田显义、井上馨等政府要员先后表态,原则同意开设国会,但又一致认为开设国会和制定宪法须循序渐进,唯独政府参议大隈重信主张采用英国式议院内阁制,他在1881年3月的秘奏中建议:"以宸裁制定宪法","1882年末选举议员,1883年初召开国会"。[①]大隈的激进方案惹恼了大久保死后掌握实权的伊藤博文。同年7月,伊藤致函右大臣岩仓:"熟读大隈建议,实属意外之激进论,然以博文鲁钝之辈,究难追随骥尾","其大主张竟如此背驰,实不胜遗憾惶恐之至。数度思考,舍与阁下协同罢免该官外别无手段"。[②]但是,仅凭此事便让大隈下台未免理由不足,毕竟参议发表意见也是天皇的主张。恰在此时,福泽谕吉控制的《东京横滨每日新闻》爆出政府丑闻:政府参议、开拓使长官黑田清隆,欲将政府投资1490万日元的北

---

① 大久保利谦等编:《近代史史料》,吉川弘文馆,1965年,第161页。
② 大久保利谦等编:《近代史史料》,吉川弘文馆,1965年,第164页。

海道国有资产,以38万余日元、30年无息偿还的条件,出售给萨摩同乡五代友厚经营的关西贸易商会。于是舆论哗然,攻击矛头直指政府。然而,陷于被动的伊藤却由此找到了置大隈于死地的机会,趁着大隈陪同天皇到外地巡幸,伊藤在朝廷重臣中大造舆论,也即政府参议会讨论该问题时只有大隈反对,因此定是大隈故意向他控制的报界泄露了消息。10月11日,天皇返京,伊藤立即递上除大隈外全体参议联署的奏表,要求罢免大隈职务并获天皇裁准。大隈被逐出政府后,农商务卿河野敏镰、统计院干事兼太政官大书记官矢野文雄、统计院少书记官犬养毅、统计院少书记官尾崎行雄、财务检查院一等检查官小野梓等大隈派政府官员亦联袂辞职。

"明治十四年政变"是明治政府的又一次组织清洗,政变后以伊藤博文为首的萨长官僚牢牢控制了政府,将明治以来的藩阀统治亦即政治学意义的寡头政治①推向了极致。明治政府从制度到精神两个层面进行了新权威形塑。

在制度层面的权威形塑上,为了平息自由民权运动,防止大隈下野后与自由民权派合流与政府对抗,驱逐大隈第二天,明治政府即以天皇名义颁布《召开国会敕谕》,宣布"兹以明治二十三年(1890年)为期,集合议员,召开国会",同时警告"若仍有故求躁进、煽动事端、妨碍国家治安者,将处之以国法"。②1882年3月,伊藤博文奉命卸掉政府参议等现职,带领伊东巳代治、西园寺公望等赴欧洲考察宪法16个月,从而"了解了国家组织大要,掌握了巩固皇室基础、大权不致旁落的大诀窍"。③1884年,制宪准备正式启动,伊藤领导了宪法等各项法律的起草工作。在此期间,先后颁布《华族令》,增授维新元勋为华族,授予512名新老华族爵位;成立以维新元勋为成员的天皇最高顾问机构枢密院;将太政官制改为内阁制,加强了萨长官僚对政府的控制。

1889年2月11日,宪法颁布典礼在宫中举行。此日为日本历史传说中神武天皇开国的"纪元节",其特别含义在于"虽然采用了宪法,但以神武天皇即位为国家起源的天皇制国家的国体,并没有丝毫变化"。④

《大日本帝国宪法》俗称"明治宪法",由七章76条组成。"天皇"条款规定:

---

① 参见J.马克·拉姆塞耶等:《寡头政治:帝国日本的制度选择》,邱静译,江苏人民出版社,2017年。

② 大久保利谦等编:《近代史史料》,吉川弘文馆,1965年,第167页。

③ 春亩公追颂会编:《伊藤博文传》(中卷),统正社,1944年,第296页。

④ 远山茂树:《日本近现代史》(第1卷),邹有恒译,商务印书馆,1992年,第84页。

"大日本帝国由万世一系之天皇统治之","天皇神圣不可侵犯","天皇是国家元首,总揽统治权,并依宪法条规行使之",天皇的大权包括法律的裁决、公布和执行,议会的召集、开会、闭会、停会及解散众议院,议会闭会期间发布敕令,决定行政各部门的官制、文武官吏的俸给及任免,统率陆海军、决定陆海军编制及常备兵额,决定宣战、媾和及缔结条约。"臣民的权利和义务"条款规定:国民是天皇统治下的"臣民","在法律范围内",有居住及迁徙、言论、著作、刊行、集会、结社自由。"帝国议会"条款规定:"帝国议会由贵族院、众议院两院构成","贵族院以皇族、华族及敕任议员组成","众议院根据选举法,由公选议员组成",①"所有法律须经帝国议会协赞","两议院各得上奏于天皇"。"国务大臣及枢密顾问"条款规定:"各国务大臣辅弼天皇,负其责任","枢密顾问应天皇之咨询,审议重要国务"。"司法"条款规定:"司法权由法院以天皇名义,依法律行使之"。②

　　明治宪法表面采用君主立宪形式,实质上与英国的君主立宪制相距甚远。这一以国家根本大法形式规定的"国体",③是天皇这一古来政治残渣与近代西方政治制度奇妙嫁接的产物,俗称近代天皇制。这一政治体制中虽然揉进了不少"近代"因素,但"与西方相比具有诸多看似相近实则不同的特征"。④这是因为,近代因素主要是作为辅助传统的工具运用的,在近代与传统的关系中,天皇是政治上的绝对权威,一切权力之源,议会、内阁、司法、军部皆为只对天皇负责的下属"辅弼"机关行使职能,由此形成天皇的"屏障",构成一个国家统治的同心圆,任何"辅弼机关"皆无法摆脱圆心的"磁力作用"而脱轨运行。同时,"辅弼机关"又是架设在国民和天皇之间的一道屏障,无论社会如何变动,天怒人怨只会触碰到"屏障",而不会殃及处于圆心位置的天皇及其皇室。因此,尽管日本近代史上发生过多起"下克上"的兵变,反叛者的口号也都只是

---

　　① 最初的众议院选举法严格限制选民和当选者的年龄及财产资格,当选者须30岁以上,选民须为24岁以上并交纳一定税额的成年男子,妇女没有选举权,当时有参选资格者仅占全国人口总数的1%左右。

　　② 大久保利谦等编:《近代史史料》,吉川弘文馆,1965年,第209页。

　　③ 我国学者庄娜指出:近代日本大量使用的"国体"一词,"不仅仅体现为政治制度,而是渗透到历史、宗教、伦理道德等领域的一整套价值体系"。见庄娜:《日本"国体论"研究——以近代国家建构为视角》,中国社会科学出版社,2016年,第8页。

　　④ 庄娜:《日本"国体论"研究——以近代国家建构为视角》,中国社会科学出版社,2016年,第4页。

"清君侧",而未出现矛头直指天皇的事态。

在精神层面的权威形塑上,明治政府充分利用幕末复古国学和后期水户学的思想资源,竭力向国民灌输近代天皇制的神圣性与合理性。前者通过对《古事记》《日本书纪》有关神话的重释,编造了一部神国日本史,即日本的国家是"普照四海万国天照大神出生之本国",①故为万国之本源,万事优于异国,而日本的天皇"实乃统治四海万国之真天子"。②后者根据儒家朱子学派的"大义名分"论,同样强调"皇统绵绵,君臣之分一定而不变,自太初至今日,天位之尊自若也,此万国所未尝有"。③由是,神国的优越性、皇统的正当性和君臣的有序性,便成为一种价值认同与行动准绳。1882年颁布的《军人敕谕》宣称:"朕乃汝等军人之大元帅,朕赖汝等为股肱,汝等仰朕为头首",故军人要"尽忠节""正礼仪""尚武勇""重信义""行俭朴",军队须成为天皇的军队("皇军")。④1890年颁布的《教育敕语》则把民众称作"朕之忠良臣民"("皇民"),要求"我臣民克忠克孝,亿兆一心","一旦有缓急,则应义勇奉公,以辅佐天壤无穷之皇运"。⑤ 在皇权思想家德富苏峰看来,这种皇民化教育("皇化"),是"宗教之上的宗教,哲学之上的哲学,学问之上的学问",目的是让每个日本人都有"忠君爱国"的"日本魂"。⑥

明治时期的日本,实质上实行了少数维新功勋与天皇结盟的高度集权的寡头政治,以天皇为首的寡头们既相互依赖又相互利用,共同主宰了这个国家,而从制度和精神两个层面建构的近代天皇制,无疑又为这一"国体"的合理性和寡头统治的权威性罩上了一层保护伞。对于有着千年封建统治历史、社会神权意识浓厚、时代呼唤变革的日本来说,大乱需要大治,大治需要强权,在推翻幕府封建统治和推进近代转型过程中形成的寡头政治,把一个内部分崩离析的社会整合为对外"举国一致"的民族国家,不能说不是一种成功。

① 本居宣长:《玉匣》,大野晋、大久保正编集校订:《本居宣长全集》(第8卷),筑摩书房,1972年,第311页。

② 平田笃胤:《每朝拜神词记·玉襷》,平田笃胤全集刊行会编:《新修平田笃胤全集》(第6卷),名著出版,1977年,第543页。

③ 会泽安:《下学迩言》(卷1),日本国立国会图书馆藏,第2页。

④ 历史学研究会编:《日本史史料》(4近代),第191~192页。

⑤ 大久保利谦等编:《近代史史料》,吉川弘文馆,1975年,第425页。

⑥ 德富苏峰:《大正青年与帝国的前途》,神岛二郎编:《德富苏峰集》,筑摩书房,1978年,第284页。

明治时期确立的这一寡头政治体制虽然现实且有效,但还不是近代社会的理想政治形态。这一制度设计给明治日本带来了即期的"成功",却未能避免未来日本的"不幸"。随着社会发展和时代的进步,近代天皇制逐渐暴露出其固有弊端。明治宪法中关于军部归天皇直接统率、不受政府及议会节制等制度设计的缺陷,一时为统揽军政大权且拥有不可挑战权威的"元老"①级寡头政治家的存在所遮掩,但当一代寡头渐次退出政治舞台后,原初的平衡不在,新的权威重构势在必然。历史发展的进程表明,明治末期政党政治的兴起,打破了寡头政治垄断,但政党内阁"所表现出来的执政能力或施政效果未能满足民众的期待",②于是类似幕末的政府犹存但权威不在的局面再次出现,以至军部"挺身而出"后左右了天皇,控制了政府,压倒了议会,吓坏了财阀,建立了军部法西斯寡头统治,领导了倒行逆施的"昭和维新"和以国家命运为赌注的十四年对外侵略战争,结果正如日本学者井上清所指出的那样:"十九世纪末叶,除欧美以外,在东亚的一角,像彗星那样登上历史舞台的唯一近代帝国主义国家大日本帝国,从1895年开始……经历了半个世纪,又像彗星那样消失了。"③

结 语

始于1853年佩里扣关、终于1889年颁布宪法的明治维新,④争夺和维护国家最高权力构成了一条显在的主线,而以"顺天应人"为准绳测度的权威变化,则构成了规定权力重构方向的又一条潜在主线,明治维新研究只有充分把握这两条主线及其二者间的辩证关系,才能发现日本式近代转型的特点和规律。

其一,关于权威重构的社会动因。开国签约和将军继嗣问题的同时发酵,成为压垮德川幕府独裁统治的最后一棵稻草。在开国签约问题上,"时势"与"民心"出现乖离,幕府从中国鸦片战争的"殷鉴"中知时势而开国,但昧于时势的大众却出于本能的民族自卫意识,压倒性地主张"锁国"和"攘夷",结果"理

---

① 1889年起由明治天皇敕许的"元老",共有伊藤博文、黑田清隆、山县有朋、井上馨、松方正义、西乡从道、大山严、西园寺公望、桂太郎9人,多数具有担任首相的经历,享有向天皇推荐首相人选、回答天皇"对重大问题咨询"等"匡扶大政"的特权。

② 周颂伦、张东:《天皇制与近代日本政治》,世界图书出版广东有限公司,2016年,"前言"第3页。

③ 井上清:《日本历史》(下册),天津市历史研究所译校,天津人民出版社,1974年,第915~916页。

④ 关于明治维新的起讫时期,学界尚存分歧,本文采用了学界的主流看法。

性"的幕府陷于孤立,而盲目排外却形成了"多数的暴政",①想不出"夷""民"两全应对之策的幕府由此威信大跌;在将军继嗣问题上,祸起萧墙,德川氏家族内部的分裂,无异于自毁长城;幕府将两大难题交与朝廷和大名"公议",不仅是思想上缺乏自信的表现,也是政治上自我破坏武、公家"法度"的自杀行为。由是,幕府权威走向解构,新一轮权威重构成为必然。

历时性审视新旧权威解构与重构的全过程可以发现,初期的权力之争是在幕府、朝廷和强藩等封建统治阶级上层展开,危机四伏的幕府希冀在"公武合体"的新体制下继续掌握实际统治权;见风使舵的天皇以复辟皇权为行为准则,其麾下的朝廷公卿在推动天皇主政上目标一致,但在攘夷抑或容夷、倒幕抑或存幕的路径选择上不无分歧;打着尊皇敬幕旗号的西南强藩,无非要在新体制下提高地位,分享部分权力;忧国忧民的下级武士,此时还只是跟在各自主公身后。但是,从1865年起,走上前台的下级武士把斗争方针由"尊王攘夷"变为"尊王倒幕",组织领导了由草莽志士、朝廷公卿和西南强藩联手的倒幕同盟,从而迫使幕府将军"奉还大政",一举实现"王政复古"。随后通过戊辰战争消灭幕府,通过"废藩置县"铲除地方封建割据势力,进而在高度集权的寡头政治体制保障下,推行了使日本迈入近代的"维新"。诚然,如此评价下级武士的领导地位,并不意味无视民众在倒幕维新中的作用。幕末席卷全国的市民暴动和农民起义,深刻撼动了幕府统治的基础,但是一个无法改变的事实是,冲在倒幕最前线并建立新政权的毕竟是下级武士及其精英。倒幕中下级武士发挥主导作用的理论意义在于:比之于全民性参与,尽管下级武士主导的统治阶级内部权威重构斗争相当惨烈,但因占社会绝对多数的被统治民众相对处于"看客"位置,故无论时间还是规模,权威重构所带来的破坏和社会震荡还是要轻得多,这就大为减轻了近代转型的社会成本。

其二,关于权威重构的手段和策略。幕府血腥镇压尊攘派、维新政府无情清剿佐幕势力及士族叛乱的史实表明,明治维新中权威的解构与重构,始终与暴力的强制手段相伴。在倒幕和维新的过程中,"尊王"策略的运用,直接影响了明治维新进程。幕府独裁统治动摇后,错综复杂的幕府、朝廷、强藩、下级武士之间的博弈一度呈现均势,最终打破均势是靠"尊王"实现的。与中国"有德

---

① 托克维尔曾在《美国的民主》一书中提出"多数的暴政"概念,意在强调"人民的多数在管理国家方面有权决定一切"也不是绝对的,因为真理有时掌握在少数人手中。

者居之""王侯将相宁有种乎"等传统政治观念不同,日本自大和朝统一以来未发生易姓革命,等级身份制度及其传统观念根深蒂固,以至幕府统治时期天皇虽大权旁落,但精神权威犹在。于是下级武士精英们为使自身行为站在法理和道义的制高点,始终抓住天皇不放,打着天皇旗号发号施令,最大限度地利用天皇权威,从而打破了权力博弈的均势,实现了王政复古并向近代转型的目标。当然,如此评价下级武士的"策略",并不意味天皇只是一块被利用的"玉",事实上,天皇也有自身的愿望、野心和冲动,其与下级武士精英之间并非单纯的利用与被利用关系,而是相互利用、相互借力关系,"利用"和"借力"也是自身毫无实力的天皇所选择的"策略"。并且,正如孝明天皇诏令攘夷和改革幕政、明治天皇裁断征韩论争及罢免大隈的表现那样,天皇的作用他人无可替代,且其行为中明显含有强烈的独立判断色彩。从这一角度看,如果说天皇、部分朝廷公卿和下级武士精英是明治维新的共同胜者,那么世袭天皇显然又是胜者中的最大赢家。

其三,关于权威重构的性质。日本自 7 世纪大化革新进入封建时代,在1867 年底"王政复古"乃至 1871 年"废藩置县"的时点上,除了可以确认权力更替外,尚不能确证制度变迁的发生。但是,从此后推行废除身份制、地税改革、工业化政策、市场化制度、征兵制、义务教育、修改不平等条约、立宪和开设国会等举措看,"维新"性质凸显,而所有这些"革命性"的制度变革无疑都是由武士阶级推动的,是武士阶级自己完成了本阶级的最后"革命"。

与原生形态的欧洲资产阶级革命不同,如果对明治维新的性质做出资产阶级革命的界定,那就势必涉及所谓革命主体的阶级属性问题。明治维新案例所提示的理论意义在于:封建社会晚期,在当事国资本主义经济及其新生资产阶级尚未发展到要"革命"程度、但外部存在资本主义"先进模式"并对当事国形成压力的特定历史环境下,一切"物质的生产"和"精神的生产"都成了"公共的财产"。于是,封建统治阶级中部分"不想灭亡"的思想"异化"份子,有可能接受已经成为"公共的财产"的先进模式,并作为资产阶级革命的替代主体领导变革。从这个意义上说,明治维新正是通过幕末维新过程中的权威解构、权威建构和权威形塑,武士阶级凭借着"拿来"的"公共的财产",逐渐实现了自身向资产阶级的"革命"性蜕变。

本文原刊载于《世界历史》2019年第2期,得到了教育部人文社会科学重点研究基地重大项目"一战后日本的'转向'与对外战略误判研究"(17JJD770010)的资助。

作者简介:

杨栋梁,1954年生于辽宁省。1982年南开大学历史系世界史专业毕业留校任教,1995年任教授。历任日本研究院院长、历史学院院长。现任教育部人文社科重点研究基地南开大学世界近现代史研究中心主任,中国日本史学会会长。主要从事日本近现代史、日本经济史、中日关系史研究和教学。曾在日本东京大学、名古屋大学、爱知大学长期研究和讲学。发表百余篇部学术专著和论文,《近代以来日本的中国观》(6卷本)获得教育部社科优秀成果二等奖,《日本现代化历程研究》(10卷本)和《近代以来日本对华认识及其行动选择研究》获得天津市社科优秀成果一等奖。

日本战后改革中的财产税法及其政策价值

刘　轩

　　自20世纪80年代以来,伴随着日本经济大国地位的确立,日本政府开始积极谋求政治大国、文化大国、军事大国。在学术领域,基于战后高速增长和经济奇迹的根源探寻,一些日本学者开始高度关注战时经济体制,着力发现日本当代经济体制的继承性、连续性和异质性,并有意"淡化"或选择性"遗忘"战后改革的历史事实。这种人为剪裁日本历史发展过程的研究方法,一定程度上误导了日本国民对战后改革、战后70年发展道路的客观认知。

　　如何全面认识日本的战后改革,如何科学评定战后改革的性质及其历史意义,不仅直接关系着如何正确认识战后日本的国家性质和发展道路问题,也关系着如何正确理解当代日本的社会思潮和未来战略走向。本文试图在系统梳理国内外关于日本战后改革的研究动态及存在问题的基础上,通过分析战后初期的财产税法及其对战后改革的影响,重新探讨日本战后改革的性质,以期进一步揭示日本战后改革的历史本源。

一、日本战后改革研究中的论争、反思与疏漏

　　第二次世界大战战败后,在美国占领军主导下,日本政府通过实施财产税法、解散财阀、农地改革、教育改革、劳动立法等措施,推动了具有划时代意义的战后民主改革。战后初期,日本学界对战后改革给予了高度评价,强调日本战后改革是资产阶级民主主义革命。[①]20世纪60年代前后,井上清等马克思主义学者对战后改革基本持肯定态度。20世纪70年代以后,与山田盛太郎等基于"结构论"视角的战后改革研究不同,以大内力为代表的马克思主义经济学家,注重从"机能论"和"发展阶段论"视角开展战后改革研究,强调战前与战后的连续性,主张战后改革是国家垄断资本主义进程中的一场变革。因此,围绕

---

①　山田盛太郎:《農地改革の歴史的意義》(1949年),《山田盛太郎著作集》(第4卷),岩波书店,1984年,第3页。

战前体制和战后体制的连续与断绝问题,日本学界出现了结构论与发展阶段论的论争。[1]

20世纪90年代以后,随着后现代理论和民族国家论的兴起,日本学界出现了一股对战后体制追本溯源的学术反思,并先后提出了战时体制源流说、1940年体制说、总力战体制等论说。冈崎哲二等西方经济学派强调现代日本经济制度的源流在于战时经济的计划性和统制经济模式。[2]野口悠纪雄认为战后日本经济体制源于战时的"1940年体制"。[3]山之内靖主张现代社会制度的出发点不是战后改革,而是动员社会整体进行战争的合理化的总力战体制。[4]上述研究借助后现代理论、现代化理论等时髦词语,过度注重日本经济体制的自我衍生和进化,强调战时体制与战后体制的连续性,有意否定或淡化美国占领时期实行的战后改革。

上述学说的提出,虽然一定程度上迎合了经济大国时代日本社会的自负心理,但却遭到了许多日本经济学家的批判。桥本寿郎认为,"1940年体制无法直通现在",战后改革是"资本主义史上最伟大的实验"。[5]浅井良夫认为:"战后经济改革是伴随着私有产权大规模转移的经济社会变革。通过财阀解体和禁止垄断政策,相当于股份公司资本42%的股票成为强制转让对象。农地改革使全国80%的出租耕地被强制转让。这种大规模的改革在社会经济秩序稳固时是不可能出现的。"[6]森武麿指出,"1990年代出现的总力战论、现代化论和现代经济体制战时源流论等,通过提倡战时和战后的连续性,试图将战后改革的壁垒无限接近于零"。[7]

在国内,对日本战后改革的研究,主要围绕民主宪法、解散财阀、禁止垄断、农地改革、教育改革等问题展开。俞辛焞著《试论日本的战后改革》一文,

① 森武麿:《戦前と戦後の断絶と連続:日本近代史研究の課題》,《一橋論叢》(第127卷6),日本評論社,1938年,第639~654頁。

② 岡崎哲二、奥野正寛編:《現代日本システムの源流》,日本経済新聞出版社,1993年。

③ 野口悠紀雄:《1940年体制:さらば戦時経済》,東洋経済新報社,2010年。

④ 山之内靖:《総力戦体制》,筑摩書房,2015年。

⑤ 橋本寿朗:《1940年体制は現在と直結していない》エコノミスト》1995年5月9日号,第68頁。

⑥ 浅井良夫:《日本の戦後経済改革》,《土地制度史学》(別冊),1999年,第93頁。

⑦ 森武麿:《戦前と戦後の断絶と連続:日本近代史研究の課題》,《一橋論叢》(第127卷6),日本評論社,1938年,第639~654頁。

系统论述了日本战后改革的主要内容、性质和推动力量,强调"战后改革是明治维新的最终的归宿,完成了维新以来日本近代的历史过程,因此它在日本历史上是个划时代的改革,其改革的性质是反封建、反军国主义、反法西斯的资产阶级民主革命"。①田桓强调:"日本战后体制改革的目标,就是要在日本彻底扫清封建残余势力,完成明治维新以后应该完成而未能完成的资产阶级革命任务。""战后体制改革是不亚于明治维新的一次社会大变革。"②针对1990年以来日本学界出现的否定和"淡化"战后改革的研究趋向,杨栋梁强调:"战后日本的经济制度及经济体制变革,意味着经济领域发生了一次革命性的变革。"战时经济体制的某些要素虽然对战后体制产生了重要影响,但"战时源流说"和"1940年体制说"存在明显缺陷。③

与上述战后改革研究的视角不同,吴杰认为,"应该肯定战后改革的积极作用,但是还应该注意其局限性"。"有些论述日本战后经济高速发展的著作对战后改革作了过高的评价。有不少论文纠缠在派系性的学说论辩之中,进展较慢。"④张健基于日本战后改革的不彻底性,认为"日本的战后改革是一场资产阶级民主主义性质的改革。改革不同于革命。改革是在原有生产关系和上层建筑的框架内进行的"。⑤冯玮强调,日本战时经济体制是战后经济体制的原型,二者并没有因为战后改革而割断,是一种"持续"关系,⑥这种观点比较接近1990年以后日本出现的战时体制连续说。

国内外关于日本战后改革的研究,尽管研究视角和研究方法各异,侧重点也不尽相同,但都疏漏了一个影响日本战后改革性质及其进程的重要内容,即1946年实行的财产税法。战后改革初期,以大内兵卫等为首的马克思主义经济学家积极倡导并推动了财产税法的出台。日本一些研究成果虽然涉及了1946年财产税法的相关问题,但多是一些解释性资料,缺乏系统论述。1975年,高石末吉出版《梦幻的财产税:失败的战后混乱收拾政策》,系统研究了

---

① 俞辛焞:《试论日本的战后改革(上)》,《世界历史》1980年第5期。

② 田桓:《日本战后体制改革》,经济科学出版社,1990年,第515页。

③ 杨栋梁:《论日本战后型经济体制的形成——兼评"1940年体制"》,《南开学报》2004年第5期。

④ 吴杰:《关于日本战后改革研究的若干意见》,《日本研究》1985年第4期。

⑤ 张健:《试论日本战后改革的不彻底性》,《日本学刊》2004年第1期。

⑥ 冯玮:《再论战后日本经济体制的特征、问题及改革——对战后日本经济体制的历史学分析》,《北京行政学院学报》2004年第6期。

1946年财产税法出台、实施等历史过程。但是,囿于作者本身的立场和视野,该书并未深入论及财产税政策与战后改革的关系。高石末吉认为:"财产税是日本国民经历的一场噩梦。从结果看,国民从来没有遭受过如此重大的牺牲。"①作者明显是站在有产者的立场上,根本否定1946年财产税法的历史价值。

20世纪70年代以后,日本出版的许多战后改革研究成果,有意无意地回避或淡化了战后改革中的财产税政策问题。1974年东京大学社会科学研究所出版8卷本《战后改革》,对于财产税征收问题,仅仅在研究解散财阀时稍有提及,给人一种无足轻重的感觉。井上一郎在《税大论丛》《经营经理研究》等杂志上连续发表多篇文章,详细披露了财产税法相关的许多珍贵史料,但大多限于历史史料的介绍。林荣夫在《战后日本的租税结构》②中虽然对财产税法及其实施情况有所涉及,但只是简单强调了财产税法实施的不彻底性。广田四哉在《地主解体与财产税》、③《旧资产阶级的没落》④等文章中,虽然探讨了1946年财产税法与农地改革、解散财阀、皇族和华族衰落的关系,并高度评价了财产税政策的历史意义,但上述成果未能对财产税法及其相关政策进行系统分析。

二、1946年财产权税法的政策内涵

财产税作为人类历史上最早出现的税种之一,它主要通过对社会存量财富的直接征税,调整社会财富的占有关系,以充实政府财政收入和解决贫富差距悬殊问题,借此缓和社会矛盾和危机。因此,财产税具有财政收入功能、社会分配功能和经济调解功能。国家财产税体系下的征收对象、征收范围和税率大小等,直接关系着社会的财产分配关系和财产占有关系。进入现代社会以后,由于私人资本快速积累,动产大量出现,社会贫富分化严重,财产税日益成为解决地方财税收入、调节社会财富占有关系和缓和社会矛盾的重要手段。

财产税分为以全部财产为征收对象的一般财产税和以特定财产为征收对象的个别财产税。一般财产税主要包括财产税(临时税)、富裕税、赠与税、遗产税,个别财产税是指固定资产税(房产税)、地价税、汽车税等。据统计,全世

---

① 高石末吉:《夢の財産税:破れた戦後の混乱拾収策》,時潮社,1975年,第1頁。
② 林荣夫:《戦後日本の租税構造》,有斐閣,1985年。
③ 広田四哉:《地主の解体と財産税》,《土地制度史学》(35·1),1992年,第14~32頁。
④ 広田四哉:《旧資産階級の没落》,中村正則等编:《占領と改革》,岩波書店,2005年。

界有130多个国家都课征各种形式的财产税。

本文所研究的财产税,主要是指日本战后改革时期通过颁布"财产税法""战时补偿特别措施法"和"非战争灾害者特别税法"而征收的一次性财产税。此次财产税征收在美国占领军直接授意下,由日本政府通过法定形式进行的。财产税法颁布和实施既是日本战后改革的重要内容之一,又直接影响着战后改革的进程和性质。财产税法、解散财阀、农地改革、劳动改革等共同构成了日本的战后改革。如果说解散财阀是大企业组织形式和管理模式的根本性变革,农地改革是农村土地制度的根本性变革,劳动改革切实保障了工人劳动权利,那么财产税法则是以法律形式,实施了对皇族、贵族、资产阶级、地主阶级的直接财产征收(剥夺),从而在根本改变了日本社会的经济基础和阶级构成。

对于美国占领军来说,战后经济民主化改革的最初目的不在于恢复日本经济,而是要彻底消灭日本潜在的侵略能力。为此,美国占领军试图通过征收财产税、解散财阀、农地改革、劳动改革等措施,试图从根本上改变日本的财产结构、企业组织形式和经济制度体系,进而彻底消除日本未来可能出现的各种威胁。在驻日盟军总司令部(GHQ)向日本政府发出的《关于没收战时得利及国家财政再建备忘录》(SCAPIN337)中,[①]曾经指令日本政府设立战时获利税,暂时停止战时债务补偿,并指示日本政府全面征收严厉的财产税。

与美国占领军的政策目的不同,迫于当时通货膨胀急剧增加和财政危机日益深刻的现实,日本政府试图通过征收财产税,获得1000亿日元以上的特别财政收入,用以冲抵战时债务,挽救濒临破产的国家财政,进而抑制通货膨胀和避免经济形势的进一步恶化。

1946年11月12日,日本第90次帝国会议通过了《财产税法》。依据该财产税法,上至天皇、贵族,财阀地主,下至一般官僚、平民百姓,不分阶层地位,以家庭为单位,全体日本国民皆为纳税对象。纳税财产包括纳税人除生活必需品外的全部动产和不动产,如房屋、土地、现金、证券、艺术品等。财产税的起征点为10万日元,10万日元以下不纳税。由此,广大平民百姓被排除在纳税人之外。对于超过10万日元的财产,税率从25%开始,实行累进税制。在20万日元以内,税率升幅较快。家庭总财产达到17万~20万日元时,税率为50%。

---

① 大藏省财政史室编:《昭和财政史:終戦から講和まで》(17资料),東洋经济新報社,1981年,第517页。

20万日元以上,税基数额差距虽然逐步拉大,但税率继续上升。1000万以上,税率高达90%。

1946年的财产税法主要是对中产阶级以上的富裕阶层进行的一次性财产性征税。当时全日本超过10万日元的家庭为47.6万户,占日本全体国民不足3%,其合计资产达1198.36亿日元,相当于当年全部预算收入。截至1947年末,日本政府共征收财产税411亿日元。由于财产申报、核实及其诉讼等一系列问题的存在,财产税征收一直拖延至1951年,扣除各种减免税额以及计算追征税额后,日本政府共获得财产税收入418.24亿日元,[①]为中产阶级全部财产的34.9%。由于实行累计税率,而且最高税率达90%,因此,遭受最大打击的主要是皇族、华族和大财阀、大豪农等社会上层。

在财产税法颁布之前,作为当时财产税征收的重要组成部分之一,日本政府还颁布了"战时补偿特别措施法"。所谓战时补偿,是指日本对在侵略战争中由政府以命令或契约形式承诺支付的各种债务和费用的补偿,主要包括军需品订货补偿、被征用船只沉没补偿、工厂疏散补偿等。被补偿对象主要是为侵略战争提供后方服务的日本大企业和金融机构,补偿费用总额约为917亿日元。[②]战败初期,日本政府曾经承诺以财产税和个人财产增值税等临时课税为税源,继续支付战时补偿。然而,迫于美国占领军的压力,日本政府最终不得不放弃战时债务补偿。

依据《战时补偿特别措施法》,日本政府虽然承诺负担战争期间由政府担保或需要支付的各项费用、损失和补偿责任,但同时强行征收100%的战时补偿特别财产税,借此事实上完全终止了战时补偿。对于已经补偿的部分,要求接受方在扣除必要的法定份额后,一律按财产税形式,实行100%课税,即归还已经清算的各项战时债务补偿。由此,战争期间由政府担保的各项债务和费用事实上被一笔勾销。根据日本《国税统计年报书》(昭和22—26年度)统计,截至1951年,日本政府共征收战时补偿特别税合计575.37亿日元。[③]

---

① 大藏省财政史室编:《昭和财政史:终戦から講和まで》(17资料),东洋经济新报社,1981年,第284页。

② 大藏省财政史室编:《昭和财政史:终戦から講和まで》(17资料),东洋经济新报社,1981年,第683页。

③ 大藏省财政史室编:《昭和财政史:终戦から講和まで》(19统计),东洋经济新报社,1981年,第280页。

此外,为配合财产税法和战时补偿债务特别税法的实施,平衡战后普通居民或企业之间的财产关系,进一步增加财政收入,作为一次性财产税,1947年日本政府还实施了《非战争灾害者特别税法》,主要对未遭受战争灾害的家庭或个人财产进行一次性征税。借此,日本政府共获得了68.44亿日元的财产税收入。①

三、财产税法对战后改革性质的政策价值

从直接效果看,由于财产税法等相关法律的实施,日本政府获得了约1061.05亿日元的财政收入,一定程度上缓解了日本政府的财政危机,并有利于抑制通货膨胀和恢复经济。然而,财产税法的政策价值绝不仅限于此。事实上,财产税法的实施深刻影响了日本战后改革的进程,并直接决定了战后改革的性质。

1.财产税政策为战后政治民主化铺平了道路

明治维新以后,日本社会逐步确立了天皇制专制主义统治。皇族、华族、士族、财阀、豪农等共同垄断了日本的政治权力和经济命脉。根据驻日盟军总司令部发表的资料,当时皇室财产总额共达37.16亿日元,其中包括不动产26.47亿日元,动产11.01亿日元。②依据1946年财产税法,90%的皇室财产,共计33.4亿日元被无偿没收。对于剩余10%的财产,根据《日本国宪法》第88条规定,全部划归国家所有。依据《财产税法》和《皇室财产国有化法》,天皇的财产最后只剩下其周身用品,即衣服、日产用品、化妆品、书籍及1500万日元的花销,此外还包括宫中三殿、三件神器等。与此同时,根据驻日盟军总司令部发出的"皇族相关备忘录"(SCAPIN1298-A)指令,剥夺皇族成员所享有的诸如年费、宅邸、公职、免税等各项政治经济特权。依据财产税法,14个宫家核定全部课税财产价值为7.4111亿日元,应该缴纳的财产税额为5.5420亿日元,税率达60%~80%。"财产税对于战后财富的再分配具有巨大影响。与战后迅速推动的农地改革同步,财产税课税使战前、战时的资本家和地主的财产转归国家所有,借此大大降低了财产和土地原所有者的经济影响力,使国民财富的分配关

---

① 大藏省财政史室编:《昭和财政史:終戦から講和まで》(19资料),東洋经济新报社,1981年,第290页。

② 大藏省财政史室编:《昭和财政史:終戦から講和まで》(17资料),東洋经济新报社,1981年,第454页。

系发生了重大变化。"①

在明治维新时期,通过版籍奉还和废藩置县等政策,明治政府虽然结束了幕藩体制下的封建统治,但是原来各地藩主和武士阶级所占有的巨额财产并没有因为明治维新而被剥夺,而且随着华族令、士族令的颁布实施,他们重新以华族或士族的身份享有各项政治经济特权。然而,由于1946年财产税法的实施,日本统治阶级的经济基础遭到根本瓦解。依据战后日本宪法和财产税法,在高额累进财产税的沉重打击下,丧失了贵族身份地位的华族、士族最终彻底退出了历史舞台。"由于日本战败和驻日盟军总司令部的占领政策,被强迫'作为阶级死去'的旧统治集团的命运是十分悲惨的"。②事实上,大多数原来的皇族、贵族、士族以及财阀和地主阶级成员,战后都逐渐演变为和平宪法下的普通日本国民。

2.财产税政策为解散财阀创造了前提条件

明治维新以后,日本形成了以垄断财阀为中心的社会经济结构。三井、三菱、住友等家族财阀作为典型的垄断组织,不仅垄断了日本的生产、流通、金融等重要经济领域,并直接参与了日本军国主义的对外侵略活动。据统计,三井、三菱、住友等十大财阀的公司财产占日本所有公司资本总额的35.2%。③美国占领军为了彻底瓦解日本军国主义的经济基础,强令"解散对日本大部分工商业具有支配作用的产业和金融领域的大型组织",④即解散财阀。据此,83家控股公司和56个财阀家族被迫交出所持股票1.6567亿股,价值达75.7100亿日元。⑤对于盟军解散财阀的命令,三井等财阀曾经加以消极抵制。然而,随着财产税法的通过和实施,抵制解散财阀政策已经变得毫无意义,因为即便不再解散财阀,这些财阀的主要财产也自然会以财产税形式被国家征收。反之,如果不是对财阀家族全部财产征收高额财产税,即使强迫解散控股公司、财阀家族退出管理层、上交股票,但将来一旦时机成熟,财阀家族依然可以凭借其雄厚的经济实力来重新聚拢和掌控原来的财阀企业。

---

① 鈴木武雄:《現代日本財政史》(上),東京大学出版会,1952年,第230頁。

② 广田四哉:《旧資産階級の没落》,中村正則等編:《占領と改革》,岩波書店,2005年,第114頁。

③ 持株会社整理委員会編:《日本財閥とその解体》(資料編),原書房,1950年,第85頁。

④ 大蔵省財政史室編:《昭和財政史:終戦から講和まで》(17資料),東洋経済新報社,1981年,第22頁。

⑤ 俞辛焞:《论日本的战后改革(上)》,《世界历史》1980年第5期。

由于财产税法等相关政策的实施,彻底击碎了财阀家族的复辟之梦。财阀家族不得不以财产税形式交出其手中的全部有价证券、绝大部分动产和不动产,从而退出了日本企业经营的历史舞台。从财产税实际课税情况看,在驻日盟军总司令部指定的56人财阀家族成员中,其财产税课税程度相当严厉,平均比例在70%以上。虽然1947年以后美国开始转变对日占领政策,对解散财阀政策的执行也不甚彻底,但此时的财产税法已经基本获得执行,财阀家族已经以财产税形式上缴了其70%~90%的家族财产。三菱创始人岩崎弥太郎的儿子、三菱公司社长岩崎久弥曾经无奈地慨叹:"我已经完全赤裸了,只剩下土佐老家的土地和东京的墓地。"①

3.财产税政策有力推动了农地改革

与征收财产税、解散财阀等不同,农地改革被认为是由日本政府积极推动的一项战后改革。日本政府试图借此消除日益严峻的粮食危机和社会不稳定因素。根据驻日盟军总司令部的指令,1946年日本政府通过的《自耕农创设特别措施法》规定:不在村地主的全部出租地,在村地主超过1町步(北海道4町步)以上的出租土地,由市町村农地委员会予以全部强制收购,史称"第二次农地改革"。②

根据《自耕农创设特别措施法》,1947年3月31日,日本政府制定了农地收购计划。然而,在此之前,根据财产税法,所有日本国民必须在1947年3月15日之前申报并交纳财产税。因此,对于地主阶级来说,不管是以土地形式被迫交纳财产税,还是通过农地改革形式强行收购其所有土地,然后再交纳超额的财产税,他们都不可能再继续拥有大量土地。其区别仅仅在于交付形式、时间和方法。根据农地改革方案,农地委员会以公定价格收购地主土地,但地主却无法直接领取现金,而只能获得10年内禁止转让的"农地证券",其本金和利息的偿还期限为22年。由于战后初期物资奇缺,通货膨胀异常严重,加之农地委员会故意压低土地价格等因素影响,一些地主被迫选择以土地形式交付财产税,借此来保留其他家庭财产。因此,在财产税和农地改革的推进过程中,一些地方甚至出现了竞相交纳财产税的现象。

---

① 广田四哉:《旧资产阶级の没落》,中村正则等编:《占領と改革》,岩波书店,2005年,第137页。

② 1945年12月29日,日本政府曾经通过《农地调整法修改法》,但该法案未获得驻日盟军总司令部的认可,历史上称此为"第一次农地改革"。

4.财产税政策构建了战后日本收入再分配制度的基本框架

明治维新以后,日本学习西方资本主义国家的财产收入再分配制度,制定了自己的所得税法和继承税法,但税率相对较低。1887年,日本颁布《所得税法》,税率从1%(300日元)到3%(3万日元以上),所得税收入仅占国家税收的0.8%。1947年3月,在美国占领军指导下,日本全面修改《所得税法》,起征点修改为1万元。1万日元以下,纳税20%。超过1万日元,纳税25%。然后依次累进递增,其最高税率为75%。(详见表1)

表1　1947年所得税法税率

起征金额(日元)	纳税比率	起征金额(日元)	纳税比率
1万元以下	20%	5万以上	50%
1万以上	25%	7万以上	55%
1.5万以上	30%	10万以上	60%
2万以上	35%	20万以上	65%
3万以上	40%	50万以上	70%
4万以上	45%	100万以上	75%

与之相似,1905年,日本引入继承税制度。考虑到日本社会普遍实行家督继承制(嫡长子继承制)等历史因素,继承税法对家督继承和遗产继承分别规定了不同税率,即家督继承税率为1.2%～5.5%,普通遗产继承税率为1.5%～6.5%,继承税率相对较低。1947年4月,日本颁布新的《继承税法》,起征点调整为2万日元,从10%依次累进,最高税率为65%。对于赠与行为,按照与第三位顺序继承人相同的税率征税,即2万日元以下为15%,最高500万日元则累进至65%。(详见表2)

表2　1947年继承税法

起征金额(日元)	税率			起征金额(日元)	税率		
	第一位	第二位	第三位		第一位	第二位	第三位
2万以下	10%	13%	15%	50万以上	36%	39%	41%
2万以上	12%	15%	17%	60万以上	39%	42%	44%
5万以上	14%	17%	19%	80万以上	42%	45%	47%
10万以上	16%	19%	21%	100万以上	45%	48%	50%
15万以上	18%	21%	23%	150万以上	48%	51%	53%
20万以上	21%	24%	26%	200万以上	51%	54%	56%
25万以上	24%	27%	29%	300万以上	54%	57%	59%

续表

起征金额 （日元）	税率			起征金额 （日元）	税率		
	第一位	第二位	第三位		第一位	第二位	第三位
30万以上	27%	30%	32%	400万以上	57%	60%	62%
35万以上	30%	33%	35%	500万以上	60%	63%	65%
40万以上	33%	36%	38%	—	—	—	—

如果说根据财产税法、战时补偿特别税法和非战争灾害者特别税法而实行的财产税政策，只是对日本社会财富进行的一次性财产再分配的话，那么，1947年之后通过《个人所得税法》《继承税法》等而确立了财产税政策，则是对日本社会的财产收入关系进行的经常性调整，由此确立了战后日本财产收入再分配体制的基本制度框架。1946年的财产税法作为临时性政策，是对日本社会的现实财富关系进行的一次平衡尝试，而1947年的《所得税法》和《继承税法》作为经常性手段，则是对日本社会的财产再分配关系进行的一次制度构建。事实上，战后改革时期的财产税政策及其影响下的财产收入再分配制度，不仅直接缓解了战前日本社会的贫富差距悬殊和两极分化矛盾，而且为战后日本的高速增长创造了旺盛消费需求，为"一亿中流社会"的出现奠定了制度基础。

四、战后改革性质的决定因素

判断日本战后改革的性质，应该以战后改革是否真正改变了日本社会的根本性制度为前提，应该看战后改革是否真正颠覆了战前的天皇制专制主义统治，是否从根本上瓦解了战前军国主义的经济基础，是否在日本社会确立了新型的社会生产关系。对于战后改革，不能仅仅用简单的理论架构、制度模式和价值判断代替历史事实，也不能因为某些改革的不彻底性而对战后改革进行整体定性，不能因为某些制度体制的历史"连续性"而否定战后改革的革命性。

1.战后改革后期的不彻底性不足以改变战后改革的性质

由于美国对日占领政策的转变，战后改革后期的改革措施的确呈现了明显的不彻底性，而且这种不彻底性为战后日本的政治走向带来了严重的负面效应。然而，这种不彻底性是否必然改变战后改革的性质呢？这里需要明确的是，即使是真正"彻底性"的战后改革，也无非是一场资产阶级的民主主义革命,而不可能由美国占领军或日本政府去进行一场社会主义性质的改革或革命。全面审视日本战后改革,特别是财产税政策,对于几乎全部剥夺了日本天皇制贵族统治阶级的特权、土地、财产,并制定和颁布了民主宪法的战后改革,如果都不能称其为资产阶级的民主主义"革命",那么世界历史上似乎很难找到更合适的对象了。

战后改革存在着不彻底性,并不等于战后改革一定是对战前日本政治经济制度的部分调整或枝节改良。战后改革是否具有"革命"性质,关键不在于"革命"或"改革"一词本身的称谓,而在于战后改革本身的主要内容。从战前到战后,日本政治经济制度所发生的不是量变,而是质变。当战后改革,特别是激进的财产税政策的实施和民主宪法的颁行,已经足以从根本上颠覆战前的上层建筑、阶级结构和经济基础时,我们很难再用"改革"(改良)来对其进行定性,而必须承认它的"革命"性。事实上,经过战后改革,被颠覆的绝不仅仅是简单的"日本资本主义生产关系内的封建因素",而是天皇制专制主义和封建军国主义的经济基础。

战前日本的垄断财阀与军国主义相结合,虽然带来了严重的社会问题,但垄断财阀本身毕竟是一种财产占有关系和经营管理方式层次的问题。战后改革时期的解散财阀主要是强迫财阀家族成员交出手中的股票,放弃企业的经营控制权,而不是没收股票。如果日本政府仅仅采取合理赎买的形式,那么财阀家族在放弃控制权的同时,仍然会拥有巨额的社会财富。事实上,在解散财阀的过程中,由于实施了激进的财产税法,财阀家族首先丧失了企业的所有权,之后才丧失了企业的经营权、控制权。因此,战后改革后期在解散财阀和反垄断法实施过程中的不彻底性并不足以改变战后改革的性质。

当然,我们也应该充分正视战后改革不彻底性带来的社会危害。正是美国对日政策转变,日本战后改革未能触及日本的官僚体制、金融体系,未能彻底清算法西斯分子,这为战后日本右翼思想的回潮、右翼势力的沉渣泛起提供了肥沃的土壤和自由的空气。与此同时,我们也应该认识到,制度改革具有其天然的局限性,任何制度改革或革命都不可能解决所有问题。战后日本的民主改革与和平宪法颁布,虽然能够从根本上摧毁天皇专制主义的上层建筑,但不能彻底清理过去遗存的思想余孽;解散财阀,没收大地主、大资本家的财产,虽然能够瓦解封建军国主义的经济基础,但却不能消除潜藏在日本社会深层的文化根基。因此,我们没有理由因为战后改革的局限性和不彻底性而否认其革命性。

2.战后体制的继承性和连续性,难以否定战后改革的革命性。

美国占领军主导的日本战后改革,不仅完整保留了日本政府机构,而且在制度体制等方面对战前和战时具有一定的继承性,这是一个不争的事实。不仅作为战后经济民主化改革"三大支柱"的解散财阀、农地改革、劳动改革可以在战前找到某些政策原型,而且即便是本文主要涉及的财产税法,战前的日本政府也曾经一再进行研究论证,并先后翻译出版了德国财产税法和意大利财产税法。然而,一个不可回避的问题是,如果没有美国占领军的强力主导,日本是否能够真正推动后来的战后改革呢? 日本是否能够实施如此激进的财产税法和颁布和平宪法呢?

首先,战后改革是美国资产阶级按照自己的理念设计的,其改革目标是摧毁日本法西斯政权和军国主义的经济基础。美国占领后期的政策转变并不是对前期政策的全面否定,也没有触及和平宪法、财产税征收、劳动改革等根本性内容。战前日本历史上曾经出现大正民主运动,战时体制下的反财阀浪潮,劳动立法相关的政策动议,虽然都可能成为战后改革的政策原型,但充其量不过是政策素材和参考资料。大日本帝国宪法体制下的战前体制既不能为战后改革提供动力支持,也不足以直接衍生出战后日本的现代体制。

其次,在战后改革中,日本的政府机构虽然作为政权形式被保留并延续下来,美国占领军对日本战犯的整肃也不够彻底,甚至可以说遗患无穷。但是,战后改革时期的日本政府,特别是民主宪法后建立的日本政府,绝不等于战前法西斯政府的简单延续。一方面它不得不接受美国占领军的指导,另一方面,在战后日本宪法体制下,政治运行机制,政治家和官僚的构成人员等都发生了很大变化。那些曾经享受封建特权的皇族、华族、士族被迫退出历史舞台,日本社会的上层建筑主体和阶级基础发生了重大变化。向坂正男认为:"战争结束以后的昭和20年代,是涉及经济、政治、社会各领域从旧日本向新生日本转变的巨大'制度变革时代'。如果没有战败这个严酷的事实,经济民主化和专制政治废除等涉及根本制度的各项改革就不可能一下子实现。应该说,各项制度改革成为昭和30年代以后经济快速发展的重要源泉。"①

---

① 向坂正男:《制度改革の時代》,有沢広巳監修:《昭和経済史》(中),日本経済新聞社,1994年,第18頁。

结 论

日本战后改革是在美国占领军主导下由日本政府推动的,是针对日本天皇制专制主义上层建筑和法西斯军国主义的经济基础而进行的根本性变革,是按照美国的民主模式和治理理念而进行的一次资产阶级民主主义革命。制定民主宪法、征收财产税、解散财阀、农地改革、教育改革、劳动改革、解放妇女等一系列政策措施,共同构成日本战后改革的主体,并由此构建了战后日本的社会制度体系。作为战后改革的重要内容之一,1946年实施的激进财产税法,通过强制征收高额财产税,从根本上改变了日本社会的财产占有关系和阶级基础,为战后民主化改革铺平了道路,奠定了战后收入再分配体系的制度框架,并直接决定了战后改革的性质。战后改革的不彻底性和战后体制的历史连续性等不足以改变战后改革的性质。

本文原刊载于《南开学报》(哲学社会科学版)2019年第3期,得到了国家社会科学基金重大项目(13&ZD106)的资助。

作者简介:

刘轩,南开大学日本研究院教授,历史学博士,博士生导师,中国日本史学会、日本经济学会、中华日本学会理事,主要从事日本经济史、日本近代史研究。曾留学于早稻田大学、中央大学、东京大学,出版专著《日本经济转型与治理变革论》《日本国有企业民营化与制度创新》《日本电信产业规制研究》及论文多篇。

日本古代贡举的贵族化

李 卓

　　科举制度是通过考试选拔官吏的制度,是儒家伦理的制度体现,在中国历史上存在了1300年之久,对包括日本在内的周边国家产生了深刻影响。近年来,随着对科举制度研究的不断深入,日本不曾实施科举制度的传统看法已经改变,曾经仿行科举制成为学界的共识,[①]但对日本科举制并未实施长久及其终结的原因缺乏足够的关注。本文主要阐述日本科举——贡举[②]的贵族化特征,分析科举制度并未在日本长期存在的原因。

一、将平民屏蔽在外的制度设计

　　日本古代国家在以唐朝为样板建立中央集权政府的同时,也模仿唐制,通过"贡举"培养和选拔官吏。关于"贡举",作为《律令》官撰注释书的《令义解》"职制律"中称:"贡者,依令,诸国贡人。举者,若别敕令举,及大学送官者为举人。皆取方正清循,名行相副者。"[③]这一条显然出自《唐律疏议》卷九"职制"中的"贡举非其人"条:"依令,诸州岁别贡人。若别敕令举及国子诸馆年常送省者,为举人。皆取方正清循,名行相副。"[④]科举制度是中国悠久文明史的重要组成部分,是在中国古代独特而深厚的文化土壤中生长起来的,其形成经历了从汉代到隋唐长期的发展演变过程。而日本实施科举制的时代社会和文化都

---

　　① 如高明士:《日本没有实施过科举吗?》,《玄奘人文学报》2004年第3期;刘海峰:《中国对日朝越三国科举的影响》,《学术月刊》2006年第12期;吴光辉:《日本科举制的兴亡》,《厦门大学学报》(哲学社会科学版)2003年第5期;崔晓:《从日本汉诗看古代日本贡举制度》,《世界历史》2012年第1期,等等,都指出日本曾经实施过科举制。

　　② 日本为何称"贡举"而不称"科举",与古代中日关系的变化有关。"科举"是北宋中期以后特别是南宋时期才普遍使用的词汇,在此之前一直称"贡举"(参见刘海峰:《中国科举文化》,辽宁大学出版社,2010年,第114~145页)。日本贡举的实施主要处于遣唐使往来频繁的唐代,故循唐制使用"贡举"之称。从9世纪末期起日本终止了遣唐使的派遣,断绝了与中国的官方往来,故采用中国的制度多停留在唐制阶段,"贡举"之称的延续即如此。

　　③ 黑板胜美编:《新訂増補国史大系·22·令義解》,吉川弘文館,1939年,第34页。

　　④ 袁文兴等注释:《唐律疏议注释》,甘肃人民出版社,2017年,第267页。

比较落后,有汉学基础的知识分子很少,学校刚刚建立,律令国家的行政能力也很有限。如研究科举制的著名学者宫崎市定所言:"日本制定律令的时期,虽然在绝对年代上与唐朝处于同一个时代,但就社会发展水平而言,决不能说处于相同的时代",他认为把律令时代的日本比拟为汉朝最为恰当,①也就是说至少要比中国落后七八百年的时间,按日本学者评价,是"还没有达到实施科举的阶段"。②在这种情况下模仿唐朝实施贡举,不得不做出一些改变和调整。

这种调整除了考试的内容比唐朝简单③之外,把贡举与官学融为一体是突出特征,既可以说贡举是官学教育的一部分,也可以说官学教育是贡举的必经之路。从701年(大宝元年)起日本始兴贡举,即在中央设立由大学寮管辖的大学,④在地方设立由国司管理的国学,大学及国学的学生成绩优秀者,经过推荐可以参加国家的任官考试。从国学推荐的考生称"贡人",从大学推荐的考生称"举人",故这种国家考试被称作"贡举"。贡举考试由掌管官吏考察、任命的式部省(相当于唐朝的吏部)主持,每年一度的考试在10—11月间进行。

唐代的贡举在理论上说人人都可以参加,除了中央和地方学校考试合格的生徒外,还有乡贡,即由州、县考送的自学成才者,可以说对参与者不设出身限制,仅以考试成绩定取舍。而日本的贡举在实施之初就设立了身份门槛,仅限于学校出身者,即参与贡举的人必须是大学与国学的学生,普通百姓子弟皆与贡举无缘。在此仅考察大学与国学学生的入学资格,即可以得知日本贡举参与者的身份状况。

1.大学的入学资格及人数

《律令》"职员令"规定大学的定员为400人。⑤其入学资格按"学令"要求是"凡大学生取五位以上子孙及东西史部子为之。若八位以上子,情愿者听"。⑥

---

① 宫崎市定:《宫崎市定亚洲史论考》(中),张学锋等译,上海古籍出版社,2017年,第814页。
② 山本七平:《何为日本人》,崔世广等译,国际文化出版公司,2010年,第69页。
③ 例如,在式部省主持的秀才、明经、进士、明法四科中,秀才科的试方略策二条,进士科试时务策二条,少于唐朝的方略策五条和时务策五道;唐朝在秀才科之外,均要考帖试,日本只有进士科考帖试。
④ 有关大学寮设立的时间,在《日本书记》天智天皇十年(671年)正月条中有"学头职",天武天皇四年(676年)正月条中有"大学寮诸学生"的记载,说明在《大宝律令》颁布以前大学寮已经成立。
⑤ 井上光贞等校注:《日本思想史大系·3·律令》,岩波书店,1976年,第167页。
⑥ 井上光贞等校注:《日本思想史大系·3·律令》,岩波书店,1976年,第262页。

这里涉及三个层次的人:"五位以上子孙""东西史部子""八位以上子之情愿者"。"五位以上子孙"指的是贵族子弟。在日本,贵族不是后世史家赋予前人的历史概念,而是从古代一直延绵存在到战败时特定的特权阶层,随着社会环境的变化,在不同历史时期有不同的贵族居于政治舞台的中心。律令时代的贵族专指五位以上的高官高位者。依《令义解》之解释,"称贵者,皆据三位以上。其五位以上者,即为通贵",①即在当时从正一位到少初位下总计三十阶的官员中,只有五位以上属于贵族,其中的"贵"——三位以上是高级贵族,"通贵"——四位和五位是中下级贵族。"八位以上子之情愿者"是六位以下至八位以上的子弟有入学愿望的也可以入学,居此位阶者只作为下级官员存在,没有贵族身份。应该说实施贡举之初在政策上对下级官员子弟还是网开一面的。"东西史部子"是大和时代以来经朝鲜半岛东渡日本的大陆移民的后代,他们多是为躲避战乱而来,不少人因为有文化而被朝廷重用,多从事文笔记录工作,"前代以来,奕世继业,或为史官,或为博士,因以赐姓,谓之史也","居在皇城左右,故曰东西也",②其子弟因有文化基础而获得进入大学寮学习的资格。

那么,在律令时代究竟有多少具有进入大学资格的人呢?据日本学者考证,在奈良时代的圣武天皇神龟年间(724—729年),五位以上贵族共有150名左右,至孝谦天皇天平胜宝二年(750年),增加至200名左右,称德天皇时期(764—770年)达到279名,奈良时代末的桓武天皇时期(781—806年)又减少到263名。③进入平安时代以后,由于官职家业化和世袭化的发展,五位以上贵族人数下降到150名左右。④就贵族占当时人口的比例而言,关于奈良、平安时代日本的人口由于没有留下史料记录,只能根据现存户籍计账资料进行大致推算。按照日本人口学者鬼头宏的推测,725年日本的人口大约有451.22万人,到平安时代中期,增至644.14万人。⑤我们姑且按照200名贵族及每户五口人计算,即奈良、平安时代贵族及其家属总计为1000人左右,这个数字在奈良时代451.22万总人口中仅占0.022%;平安时代人口增加,贵族不增反降,在

① 黑板勝美编:《新訂增補国史大系·22·令義解》,吉川弘文馆,1939年,第100页。

②《令集解·学令》,黑板勝美编:《新訂增補国史大系·23·令集解》,吉川弘文馆,1943年,第14页。

③ 持田泰彦:《奈良朝貴族の人数変化について》,《学習院史学》1978年第15号。

④ 朧谷壽:《王朝と貴族》,集英社,1991年,第61页。

⑤ 鬼頭宏:《人口から読む日本の歴史》,講談社,2000年,第16~17页。

644.14万人口中的比例降至0.016%。如果把范围放大,即把六位以下的所有下级官人都计算在内,平安时代的律令官人数字大概在1万人左右,连同其家属共计4万人,也仅占当时人口的0.62%,再把受年龄因素("学令"规定大学及国学学生"取年龄十三以上,十六以下")以及性别因素(女性没有入学资格)限制的人群去掉,可以想见,真正能够进入大学学习并有机会参与贡举的人是少而又少。

2.国学的入学资格及人数

"职员令"规定,地方国学的学生定员按国之大小分配,"大国50人,上国40人,中国30人,下国20人",学生"取郡司子弟为之",②普通百姓子弟只能在郡司子弟不足时,才有进国学学习的机会。③郡是国下面的行政单位,郡司是郡的行政官,包括大领、少领、主政、主账四级官员。根据平安时代中期汇集律令施行细则的法典《延喜式》记载,当时全国共有68个令制国,下辖591个郡,④郡司之设为大郡8人,上郡6人,中郡4人,下郡3人,小郡2人。⑤若按平均4.6人计算,则591个郡的郡司总数为2719人。再按"职员令"规定的国学学生定员计算,全国68个令制国(大国13国,上国35国,中国11国,下国9国)的学额应为2580人。2719位郡司,2580个学额,一家一人还没有达到。我们无从知道郡司的子弟究竟有多少,但远超出2719这个数字是毫无疑问的,由2719位郡司的诸多子弟去分享国学的2580个学额,即使考虑到适龄因素及性别因素,显然也是不充分的,能有几多留给普通百姓子弟去填充不足呢?日本教育史学者久木幸男根据相关史料考察了8世纪30年代地处偏远地区的石见(现岛根县西部)、隐岐(现岛根县外岛)、萨摩(今鹿儿岛县)三地的国学情况,发现基本上都处于满员或接近满员的状态,⑥其他地区至少也应该在这个水平之上,说明普通百姓子弟基本上是与国学无缘的。以上主要是根据律令的相关规定进行的推算,从国学的实际运营来看,由于财政支持不足及郡司子弟不少是原土

① 朧谷壽:《王朝と貴族》,集英社,1991年,第61頁。
② 井上光贞等校注:《日本思想史大系·3·律令》,岩波书店,1976年,第196、262頁。
③ "学令"之古记云:"问,郡司子弟不得满数若为处分,答,兼取庶人子耳。"黑板胜美编:《新订增補国史大系·23·令集解》,吉川弘文馆,1943年,第444頁。
④ 国史大辞典编集委员会:《国史大辞典》(4),吉川弘文馆,1984年,第830、988頁。
⑤ 井上光贞等校注:《日本思想史大系·3·律令》,岩波书店,1976年,第194~195頁。
⑥ 久木幸男:《日本古代学校の研究》,玉川大学出版社,1990年,第242~243頁。

著国造①的后代,很难接受入学学习儒家经典这样的新事物,加上具有汉学基础的师资严重不足等原因,奈良时代大部分时间并没有做到一个令制国设一所国学,而是三四个国才有一所国学。②进入平安时代,随着中央集权制的衰落,国学一直陷于不振状态,11世纪末至12世纪初便归于绝迹。这些都说明能参与贡举的人群十分有限。

通过以上对大学与国学入学资格及人数的分析,可以肯定日本贡举的制度在设计之初就将平民子弟阻挡在贡举的大门之外,将参与者局限于极少数特权阶层及地方官员子弟。这种现象的存在正是"还没有达到实施科举的阶段"就匆忙实施贡举的结果,也是日本受663年在"白村江之战"中败于唐和新罗联军的刺激,转而放弃与唐朝的竞争与对抗,全面学习大唐制度与文化的具体举措。只是不顾当时的国情采用"拿来主义",其结果必然是打了不少折扣。可以说日本贡举在起点上就摈弃了科举的平等原则,进而堵塞了普通平民子弟进入仕途之路,也使贡举制因缺乏广泛的群众基础而无法具有像中国科举那样的旺盛的生命力。

二、贡举的参与者始终以贵族为核心

日本的贡举制度,其制定与实施之初就与科举之平等精神相悖。由于参与者仅限于贵族与官僚子弟,其效果并不理想。在贡举实施后不久的730年(天平二年)就有太政官奏文称:

> 大学生徒,既经岁月,习业庸浅,犹难博达,实是家道困穷,无物资给,虽有好学,不堪遂志,望请,选性识聪惠,艺业优长者十人以下五人以上,专精学问,以加善诱。③

奏文中所说的大学寮学生"家道困穷,无物资给",在当时的条件下似不太可信,很可能是大学寮请求朝廷增加资助的借口,但那些进了大学寮的贵族子弟,学了好几年,仍然"习业庸浅",说明贵族子弟们的学习状况不能令人满意。

---

① 国造:大和时代由地方豪族担任的地方官。
② 桃裕行:《上代学制の研究》,目黑書店,1947年,第418頁。
③ 《续日本纪》,圣武天皇天平二年三月辛亥条。

大学生的学习不能保证质量,就会直接影响到贡举的实施效果。为此,朝廷不得不做出调整,此前于神龟五年(728年)在大学寮已经设置了文章博士,在原有主要教授儒家经典的明经道基础上增设了文章道,从730年开始招募文章生20人及明法生10人,其录取原则是"简取杂任及白丁聪慧,不须限年多少者"。①"杂任"包括舍人、兵卫、资人、卫士等,是官府中的低级职员,②白丁,顾名思义为无官无位的普通百姓。应当说这项改革具有相当开放的意义,尽管招生指标很少,却是对当初以五位以上贵族子孙及东西史部子为主的入学资格的否定,为普通百姓进大学寮学习,进而参加贡举提供了机会。但从实际实施来看,真正能够进入大学寮的平民出身者并不多。研究日本古代学制的学者桃裕行在其著作《上代学制之研究》中列举了从延历五年(786年)到仁和三年(887年)的百年间见于史籍的58名文章生的名字,其中并没有"杂任"及"白丁"出身者,而绝大多数是五位以上贵族子弟,仅有个别几人是六位出身,③恰如教育史学者久木幸男的评价,"杂任、白丁的入学规定,实际上并未将文、法两科向民众开放,仅给了他们解放的幻想"。④

如前所述,奈良时代的中下级贵族——被称为"通贵"的四位、五位贵族尚有资格参加贡举,但进入平安时代以后,随着朝廷内权力核心不断集中,朝政逐渐由三位以上贵族把持,中下级贵族上升的渠道也受到了限制。9世纪上半期,尤其是在迷恋汉学、诗赋的嵯峨天皇(809—823年在位)时期,汉文学在日本达到全盛,贵族们对文章道的垄断欲也凸显出来。文章道也称纪传道,指大学寮中教授中国的史学、文学,并撰写文章的课程,于730年开始招募文章生20人。如上所述,最初的招生标准是"简取杂任及白丁聪慧",允许平民百姓的子弟入学。由于当时主要以汉文书写公文,朝廷及宫中飨宴等场合流行吟诗作赋,故讲授《文选》《尔雅》《史记》《汉书》等中国典籍、注重汉诗文写作的文章道引起众多贵族子弟的兴趣,很多人希望具有汉诗文方面的才能而获得更高官

---

① 《令集解·职员令》,黑板勝美编:《新訂增補国史大系·23·令集解》,吉川弘文馆,1943年,第80页。

② 据《令集解·赋役令》,杂任包括舍人(官员的护卫及生活服务)、兵卫(兵卫府的士兵)、资人(贵族府第中担任护卫和勤杂事务的侍卫)、卫士(从地方诸国军团选拔的轮流上京执行宫中警卫的士兵)、仕丁(每个里征二人,交替在都城服杂役者)。黑板勝美编:《新訂增補国史大系·23·令集解》,吉川弘文馆,1943年,第404页。

③ 桃裕行:《上代学制の研究》,目黑书店,1947年,第81~86页。

④ 久木幸男:《日本古代学校の研究》,玉川大学出版社,1990年,第96页。

职,往往报名人数多而导致超员。鉴于这种情况,朝廷于弘仁十一年(820年)对大学寮文章生的选拔制度进行了修改,一是仿照唐代"昭文、崇文两馆学生取三品已上子孙,不选凡流"①的做法,对文章生的录取"取良家子弟,寮试诗若赋补之"。何谓良家子弟?"偏据符文,似谓三位已上";二是在大学寮中"选生中稍进者,省更覆试,号为俊士,取俊士翘楚者,为秀才生者"。②这一新制简单说来就是文章生的选拔把平民子弟排除在外,仅限于"良家子弟"——三位以上贵族子弟,其中取优秀者为俊士,再从中选拔秀才生——文章得业生,③比天平二年(730年)"简取杂任及白丁聪慧"的原则是明显的倒退。这一做法的出现并非偶然,它与当时政权核心逐渐向三位以上贵族转移之趋势相一致。这一新制很快引起中下级贵族的反感,文章博士、正五位下都腹赤(789—825年)为此上牒大学寮,进而经大学寮上解式部省,再奏太政官,批评这一做法"有妨学道"。都腹赤在牒中称:

> 大学尚才之处,养贤之地也。天下之俊咸来,海内之英并萃。游夏之徒,元非卿之子;杨马之辈,出自寒素之门。④高才未必贵种,贵种未必高才。且夫王者用人,唯才是贵。朝为厮养,夕登公卿。而况区区生徒,何拘门资,窃恐悠悠后进,因此解体,又就中文章生中,置俊士五人、秀才二人。至于后年,更有敕旨,虽非良家,听补之俊士者。良家之子,还居下列。立号虽异,课试斯同。徒增节目,无益政途。又依令,有秀才、进士二科,课试之法,难易不同。所以元置文章得业生二人,随才学之浅深,拟二科之贡举。今专曰秀才生,恐应科者稀矣。望请俊士永从停废,秀才生复

---

① 昭文馆、崇文馆:唐收藏、校理典籍的官署名。昭文馆设于唐武德四年(621年),置学士,掌详正图籍,参议朝廷制度礼仪,教授生徒;崇文馆设于贞观十三年(639年),掌经籍图书,教授诸生。

② 天长四年(827年)六月十三日太政官符所引弘仁十一年十一月十五日官符"应补文章生并得业生复旧例事"。柿村重松注:《本朝文粹注释》(上),内外出版,1922年,第212、215页。

③ 得业生,始设于730年,在文章生中选两名成绩优秀者,作为秀才、进士考试的候补者,后称为秀才生。一般在学习数年之后,经对策及第后任官。

④ 游夏,孔子的学生子游与子夏的并称,长于文学;扬马,指汉代文学家扬雄与辞赋家司马相如。

旧号,选文章生,依天平格。谨请处分。①

　　这篇牒文反映了两个问题:第一,作为正五位下的文章博士都腹赤针对大学寮放弃早前"简取杂任及白丁聪慧"的原则(尽管并没有真正落实),仅录取三位以上贵族子弟这一做法表示不满,这应该不仅是他个人的意见,而是代表了当时四位、五位中下级贵族的普遍心态,连这些"通贵"都感到三位以上是"贵种",认为"贵种未必高才",说明当时四位、五位贵族的地位已经与三位以上贵族产生了很大差距。第二,牒文中批评设俊士五人、秀才生二人的举措,是"徒增节目,无益政途",担心参与考试者减少。他推崇原有的秀才、进士②"二科之贡举",请求恢复原有的"简取杂任及白丁聪慧"的原则。都腹赤的牒文经过层层上呈,最终由太政官中纳言春宫大夫良峰安世宣布"奉敕,依请",可以理解为是对730年"简取杂任及白丁聪慧"原则的恢复,但是在贵族当道的背景下,地位不高的杂任及白丁即使能有幸入选文章生,也很难得到官职。837年(承和四年),大学寮通过式部省向朝廷反映,尽管按照"简取杂任及白丁聪慧"的原则选拔文章生,而"今诸生等器少歧嶷,才多晚成,至应文章之选,皆及二毛之初,而人虽贤良,未必位荫",③意思是说白丁出身的文章生头发都熬白了,虽很有才华,却必能够叙位、任官,也就是说他们根本无法与贵族子弟竞争。

　　以贵族为核心的贡举缺乏广泛的群众基础,造成日本科举不盛的必然结果。据延历二十一年(802年)太政官奏文称:"建法以降,殆向百岁,二色出身未及数十",④意思是说,从"建法"——701年《大宝律令》确立贡举制度后的100年间,"二色"——秀才、明经二科的及第者只有数十人而已。另据成书于12世

----

① 天长四年(827年)六月十三日太政官符"应补文章生并得业生复旧例事",柿村重松注:《本朝文粹注释》(上),内外出版,1922年,第212、215页。牒:律令时代主典以上职员向上级提出的公文书;解:下级机构向上级机构提出的公文书。

② 唐代科举因秀才考试难度大,故"高宗永徽二年,始停秀才科"(《新唐书·选举志上》),此后进士科受到重视。而在中国受到追捧的进士考试在日本被认为是考题难、及第者叙位低而缺乏吸引力,9世纪中期以后不再实施,但"进士"这一称呼并没有被废除,在文章道一枝独秀的局面下,作为文章生的别称继续存在,即考中文章生相当于中了进士,以至于后来逐渐演化出"进士"这一姓氏。

③《日本纪略》,仁明天皇承和四年七月丁丑条。黑板胜美编:《新订增补国史大系·10·日本纪略》(前篇),吉川弘文馆,1965年,第350页。

④ 黑板胜美编:《新订增补国史大系·23·令集解》,吉川弘文馆,1943年,第506页。

纪初期的法令集《类聚符宣抄》记载,从庆云年间(704—707年)到承平年间
(931—937年)这233年中,经过方略试考取秀才者仅有65人。①平均算下来三
年出不来一位秀才,选官的目的难以真正实现。

三、荫位制度削弱并瓦解了贡举

荫位制度是根据父祖官位而循例入仕的制度,也是对唐代门荫制度的模
仿。不同的是唐代科举逐渐兴盛之日,就是门荫制度走向衰颓之时。日本的
贡举恰恰相反,在以贵族为核心且参与者本来就很少的情况下,荫位制度进一
步削弱了贡举,甚至加速了贡举的瓦解。

根据"选叙令"规定,五位以上贵族都有荫位资格,三位以上更可荫及孙
辈。一般而言,普通官员的叙位年龄是25岁以上,"唯以荫出身,皆限年二十一
以上",②叙位后便可根据"官位相当"③的原则获任官职。与唐代的门荫相比
(见表1),日本除了没有荫及曾孙这一条之外,多有优惠之处:一是荫位高于唐
代同等级别,如唐代最高的一品官荫子正七品上,日本一位之子荫从五位下,
唐代最低的从五品荫子从八位下,日本从五位荫子从八位上;二是日本荫位达
于庶子、庶孙,即嫡庶无别,唐代只荫及子、孙、曾孙,显然不包括庶子孙;三是
唐代门荫下取得散阶只是高官子弟跨入仕途的第一步,他们还要充任各种职
役,在经过一段时间后,通过专门选考方可任官,④日本的贵族子弟年满21岁便
可根据父祖恩荫叙位并任官,不需经过职役锻炼。对于已经在大学寮学习的
贵族子孙,也是"皆当年廿一,申送太政官,准荫配色",而且"不论业成不,皆当
申送",⑤即不论其学习成绩如何,都可以申报后叙位、任官。为了进一步"照
顾"这些贵族子弟,"选叙令"还专门做出规定,对参与秀才、明经考试成绩合

①《类聚符宣抄》(卷9)"方略试"承平五年(935年)八月二十五日条:"谨捡案内,我朝献策
者,始自庆云之年,至于承平之日,都卢六十五人。"黑板胜美编:《新订增补国史大系·27·类聚符
宣抄》,吉川弘文馆,1936年,第249页。
②井上光贞等校注:《日本思想史大系·3·律令》,岩波书店,1976年,第278页。
③律令时代任官实行"官位相当制"。所谓官位,即官与位,根据《令集解·官位令》,"职掌所
事,谓之官,朝堂所居,谓之位"。获得官位的顺序是"凡臣事君,尽忠积功,然后得爵位,得爵位然
后受官",即根据与天皇关系的远近获得位,再根据位得到官职,"阶贵则职高,位贱则任下"。黑
板胜美编:《新订增补国史大系·23·令集解》,吉川弘文馆,1943年,第3页。
④参见杨西云:《唐代门荫制》,《大连大学学报》1997年第1期。
⑤《令集解·学令》,黑板胜美编:《新订增补国史大系·23·令集解》,吉川弘文馆,1943年,第
460页。

格、并有荫位资格的贵族子弟可以加叙一阶官位,对于既有荫位资格,又在贡举中及第这样的"两应出身"者,选择从高叙位。[1]正是这种对贵族传承最具实质性意义的荫位制度促进了"五位以上子孙,历代相袭,冠盖相望"[2]的世袭社会的形成。

表1　中日荫位比较表

类别	官人	嫡子	庶子	嫡孙	庶孙	—
日本制	一位	从五位下	正六位上	正六位上	正六位下	—
	二位	正六位下	从六位上	从六位上	从六位下	—
	三位	从六位上	从六位下	从六位下	正七位上	—
	正四位	正七位下	从七位上	—	—	—
	从四位	从七位上	从七位下	—	—	—
	正五位	正八位下	从八位上	—	—	—
	从五位	从八位上	从八位下	—	—	—

类别	官人	子	—	孙	—	曾孙
唐制	一品	正七品上	—	正七品下	—	从七品上
	二品	正七品下	—	从七品上	—	从七品下
	正三品	从七品上	—	从七品下	—	正八品上
	从三品	从七品下	—	正八品上	—	正八品下
	正四品	正八品上	—	正八品下	—	
	从四品	正八品下	—	从八品上	—	
	正五品	从八品上	—	从八品下	—	
	从五品	从八品下	—	—	—	

资料来源:井上光贞等校注:《日本思想史大系·3·律令》,岩波书店,1976年,第280页;《新唐书》,中华书局,1975年,第1172页。

律令国家的大学寮及贡举制度之设,是为了对贵族子弟进行教育,提高其修养,并选拔优秀者任官。但荫位制度的设立却背离了这一初衷,变成靠门第任官。在这种特权的荫庇之下,进入大学寮进而参与贡举并不是贵族子弟立身出世的唯一途径,他们不必经过数年的寒窗苦读,仅仅依靠父荫祖荫,就可以轻松拥有官位,故并不是所有贵族子弟都对进入大学寮学习有足够的兴趣,以至于朝廷曾多次督促贵族子弟进大学寮学习,例如:

[1]井上光贞等校注:《日本思想史大系·3·律令》,岩波书店,1976年,第278页。
[2]《令集解·官位令》,黑板勝美编:《新訂増補国史大系·23·令集解》,吉川弘文館,1943年,第14页。

圣武天皇天平十一年(739年):"式部省荫子孙并位子等,不限年之高下,皆下大学,一向学问焉。"[1]

平城天皇大同元年(806年):"敕诸王及五位已上子孙十岁已上,皆入大学,分业教习。"[2]

淳和天皇天长元年(824年):"宜五位已上子孙,年廿以下者,咸下大学寮。"[3]

可以想象,如果贵族子弟都对进大学寮学习持积极态度,何来朝廷三番五次催促甚至带有强制性地要求贵族子弟入大学寮学习? 事实上,9世纪初期,朝廷已经注意到贵族子弟中不学无才的现状,如812年(嵯峨天皇弘仁五年)诏敕所言:

> 经国治家,莫善于文,立身扬名,莫尚于学。是以大同之初,令诸王及五位已上子孙十岁已上,皆入大学,分业教习,庶使拾芥磨玉之彦,雾集于环林,吞鸟雕虫之髦,风驰乎璧沼。而朽木难琢,愚心不移,徒积多年,未成一业。自今以后,宜改前敕,任其所好,稍合物情。[4]

这一诏敕透露出朝廷的无奈,无异于宣布对贵族子弟劝学政策的失败。贵族们既想垄断大学寮及贡举,其自身又缺乏学习动力和积极性,这是大学寮不振及贡举制实施不盛的根本原因。

另一方面,贵族的荫位特权也阻碍了杂任白丁进入仕途,使贡举失去了通过考试选拔官吏的意义。根据荫位制度,五位以上贵族子孙,年龄21岁即可获取官位与官职,一位官员的嫡子可得荫阶从五位下,这是下级官员子弟或无官无位的白丁努力30年到50年也无法得到的。[5]再比如,贵族中最低的从五位官员子弟可得荫阶从八位上(嫡子)与从八位下(庶子),而经过贡举考试取得最好成绩的秀才最高叙位也只是正八位上(见表2)。至于没有贵族家庭背景、

---

① 黑板勝美編:《新訂增補国史大系·2·続日本紀》,吉川弘文館,1966年,第155~156頁。

②《日本后纪》,平城天皇大同元年六月条。经济雜誌社编:《六国史:国史大系·日本後紀·続日本後記·日本文德天皇実録》,经济雜誌社,1918年,第84頁。

③ 柿村重松注:《本朝文粹注釈》(上),内外出版,1922年,第231頁。

④《日本后纪》,嵯峨天皇弘仁三年五月条。经济雜誌社编:《六国史·国史大系·日本後紀·続日本後紀·日本文德天皇実録》,经济雜誌社,1918年,第152頁。

⑤ 野村忠夫:《律令官人制の研究》,吉川弘文館,1967年,第279頁。

担任下级职务如舍人、资人、兵卫者,按照当时的考课制度,要到25岁以后才能从官位三十阶中最低的少初位下开始,经过少初位上、大初位下、大初位上,到晋升至从八位下,需要16年至32年时间。①荫位制带来的贵族特权使贡举始终处于一种悖论状态:有资格参与贡举的贵族子弟缺乏积极性;难得进入大学寮学习的下级官僚子弟即使经过刻苦学习,经过贡举考试取得好成绩,也只能担任下级职务,甚至出现"白丁仅得留省,有位曾无所进",即有位无官、等待任官的情况。面对仕途不畅的现实,下级官僚子弟及白丁进大学寮学习及参与贡举的积极性难免受挫,"因兹赴学之流,无意果业,苟规容身,竞为东西",②9世纪初就开始出现大学寮的学生扎堆东西两曹而不能任官,导致不再努力学习的局面,科举的平等性及选拔人才的意义日渐稀薄。

表2 《养老令·选叙令》荫位与任官考试合格者叙位比较

应叙位阶	荫位者	考试合格者
从五位下	一位嫡子	—
正六位上	一位庶子、一位嫡孙	—
正六位下	二位嫡子、一位庶孙	—
从六位上	二位庶子、三位嫡子、二位嫡孙	—
从六位下	三位庶子、二位庶孙、三位嫡孙	—
正七位上	三位庶孙	—
正七位下	正四位嫡子	—
从七位上	正四位庶子、从四位嫡子	—
从七位下	从四位庶子	—
正八位上	—	秀才上上
正八位下	正五位嫡子	秀才上中,明经上上
从八位上	正五位庶子,从五位嫡子	明经上中
从八位下	从五位庶子	进士甲
大初位上	—	进士乙、明法甲
大初位下	—	明法乙

资料来源:久木幸男:《日本古代学校の研究》,玉川大学出版社,1990年,第147頁。

---

① 関晃:《律令貴族論》,《岩波講座·日本歷史·古代3》,岩波書店,1976年,第50頁。

②《令集解·選叙令》,黑板勝美編:《新訂增補国史大系·23·令集解》,吉川弘文館,1943年,第506頁。

四、门阀化与家业化促使贡举走向终结

以上所谈是贡举考生的情况,而贡举的考官——大学寮教师的门阀化、家学化更加速了日本的贡举走向终结。

由于文章道在奈良、平安时代是最受重视和欢迎的学问,在大学寮内对文章生教授汉文学及中国正史等科目的教官——文章博士的地位迅速提高。文章博士相当于唐朝的翰林学士,本来是正七位下的下级官员,在热衷汉诗赋的嵯峨天皇时期,于弘仁十二年(821年)超过被称为大学寮"笔头博士"——明经博士的正六位下,跃升至从五位下,成为大学寮中地位最高的具有贵族身份的教官。文章博士还可以利用担任天皇侍讲、皇族侍读等机会接近天皇及权力高层,不少人官至公卿,其优势地位如成书于14世纪前期的公家有职故实①书《职原钞》所载:"纪传道儒士之撰也,异朝殊重之。居此职者必转于参政也,又诏敕等悉学士之所书。"②由于担任文章博士是向上晋升的捷径,故围绕文章博士的竞争相当激烈,其门阀化倾向日益严重。如著名的公卿学者、担任文章博士的菅原道真曾作古调诗"博士难",兹录全文:

> 吾家非左将,儒学代归耕。皇考位三品,慈父职公卿。
> 己知稽古力,当施子孙荣。我举秀才日,箕裘欲勤成。
> 我为博士岁,堂构幸经营。万人皆竞贺,慈父独相惊。
> 相惊何以故,曰悲汝孤悍。博士官非贱,博士禄非轻。
> 吾先经此职,慎之畏人情。始自闻慈诲,履冰不安行。
> 四年有朝议,令我授诸生。南面才三日,耳闻诽谤声。
> 今年修举牒,取舍甚分明。无才先舍者,谗口诉虚名。
> 教授我无失,选举我有平。诚哉慈父令,诫我于未萌。③

从这首诗中可以读出不少信息,尤其是能了解当时大学寮内复杂的人事

---

① 有职故实:记载官制、官位、任官、仪式等方面的书籍。

② 北畠亲房《職原鈔》,塙保己一编:《群书类丛》(5),平文社,1991年,第613~614页。

③ 877年(元庆元年),时任式部少辅的从五位下菅原道真被任命为文章博士,879年,晋升从五位上,元庆四年(880年)受命开始在大学寮授课,转年写下"博士难"。川口久雄等校注:《日本古典文学大系·72·菅家文草·菅家後集》,岩波书店,1966年,第175~177頁。

关系。在菅原道真刚成为文章博士的时候，人们都为他出任社会地位高且待遇优厚的官职表示祝贺，唯有担任过此职务的父亲因"畏人情"而表示担忧。接下来的诗句说明任职不久的他便有了亲身体验，"南面才三日，耳闻诽谤声"，即在大学寮内刚刚开始授课不久，就有人出来指责，反映出大学寮内人际关系并非融洽。进入9世纪后，文章博士菅原是善、巨势文雄、都良香等人都利用公职带来的名利和地位来经营私塾，在菅原道真写下"博士难"的十多年前，大学寮内即"博士每各名家，更以相轻，短长在口，亦弟子异门，互有纷争"，①学生们或出于对学问的追求，或看重某些利益，往往委身某"名家"之下。表面上他们有大学寮学生的"公"的身份，私底下却与文章博士结成个人间的师徒关系，门阀宗派由此产生。当然也有个别特立独行、不搞山头门户者，如下级官员出身的文章博士春澄善绳（797—870年），面对大学寮内的学阀之争，谨慎行事，不办私塾，"谢遣门徒，恬退自守，终不为谤议所及"，然这位学问出众的文章博士却因其不搞门派团伙，最终落得"无继家风者"②的下场。

"教授我无失，选举我有平"，这是菅原道真对自己在文章博士任上尽职工作、公平举才的自我表白。透过诗句，可以从中了解到9世纪晚期主持贡举的文章博士有了两个特权，一是有权推举文章生晋升文章得业生即"举牒"，二是举送学生任官即"选举"。在"文章得业生"只有区区两个名额的情况下，能够得到教师、考官的推荐是多么难得的优遇。那些有"举牒"与"选举"权利的学阀往往只推举门人弟子，菅原道真也未能免俗。如《菅家文草》中就有如下记载：元庆三年（879年）菅原道真"举牒"推荐门生、从八位下纪长谷雄"秀才之选，诚哉斯人"；883年（元庆七年），又推荐"稽古唯勤，日新可待"的文章生、从八位上巨势朝臣里仁"补得业生之阙"。③而对其他人的弟子则未必做到"选举我有平"，如文章博士巨势文雄的门人三善清行于881年参加方略试之际，巨势文雄举牒推荐"清行才名超越于时辈"，菅原道真作为考官则加以嘲笑，把"超越"二字改为"愚鲁"，④导致三善清行落第。尽管两年后改判其及第，但从此埋

①《日本三代实录》清和天皇贞观十二年（870年）二月十九日条。黑板胜美编：《新訂増補国史大系·4·日本三代実録》（前篇），吉川弘文館，1977年，第267页。

②黑板胜美编：《新訂増補国史大系·4·日本三代実録》（前篇），吉川弘文館，1977年，第267页。

③川口久雄等校注：《日本古典文学大系·72·菅家文草·菅家後集》，岩波書店，1966年，第587页。

④大江匡房：《江談抄》，塙保己一編：《群書類叢》（27），平文社，1993年，第608页。

下三善清行与菅原道真矛盾对立的种子。或许由于自己的亲身经历,三善清行对大学寮内的门阀化深恶痛绝,在天长四年(914年)上呈醍醐天皇的"意见十二箇条"中,痛斥大学寮内的不正之风,尤其是"博士等每至贡举之时,唯以历名荐士,尝不问才之高下、人之劳逸,请托由是间起,滥吹为之繁生"。①在门阀化日益严重的情况下,即使有资格进大学寮的贵族子弟的命运也在一定程度上被掌握在那些有"举牒"与"选举"特权的学阀手中,"贡举"也就彻底失去了其择贤选才的本来意义。

大学寮的门阀化是与家学化相辅相成的。平安中期以后,专司教育与考试的大学寮呈衰落之势,私学趁机发展起来。私学主要由贵族创办,最初是在大学寮旁边建立的专供一族子弟住宿、学习的设施,也被称作大学别曹。如式部少辅兼大学头和气广世于平安时代初期创办的弘文院、右大臣藤原冬嗣创办的劝学院(821年)、右大臣橘氏公创办的学馆院(847年)、治部卿在原行平创办的奖学院(881年)等,都是当时有名的大学别曹。伴随着朝廷内官职家业化倾向的发展,在大学寮任教的博士也逐渐世袭化,各种学问成为被一家或几家垄断的家学。

但凡作为家业而存在的事情,其根本特征便是世袭。在当时世袭的官职中,菅江两家(菅原家与大江家)把大学寮文章院的掌门人变成世袭的家职最具代表性。文章院是大学寮内专为教授文章道而设的机构。据平安时代后期的诗文集《朝野群载》(编者三善为康)记载,"文章院者,始祖左京大夫清公卿,遣唐归朝之后,申请公家,初立东西之曹司,各分菅江之门徒"。②"左京大夫清公卿"是菅原道真的祖父菅原清公(770—842年),804年作为遣唐判官渡唐,805年归国后建议参照唐的昭文馆、崇文馆于834年前后在大学寮内设立文章院,分设东西学曹。"菅江二家为其曹主,诸氏出身之儒访道于此二家而已","尔后二百年来箕裘之业于今不绝",③形成明显的曹主世袭之势,菅家掌西曹,大江家掌东曹,其他氏族也逐渐固定在两家势力支配之下。虽说菅江两家平分秋色,但大江家祖大江音人(811—877年)是菅原清公的弟子,故菅家势力及

---

① 柿村重松注:《本朝文粹注释》(上),内外出版,1922年,第289页。
② 黑板勝美编:《新訂增補国史大系·29·朝野群载》(上),吉川弘文館,1964年,第237页。
③ 三善為康:《朝野群载》,黑板勝美编:《新訂增補国史大系·29·朝野群载》(上),吉川弘文館,1964年,第237页;大江匡衡:《江吏部集》,塙保己一编:《群书類叢》(9),平文社,1992年,第218页。

影响更胜一筹。菅原清公有"儒门之领袖"的美誉,除大江音人之外,"诗家之宗匠"小野篁及著名的公卿学者春澄善绳等"在朝之通儒"等,"上卿良吏儒士词人,多是门弟子也"。①其后人皆承其衣钵,以文章道为家职。他们一方面在大学寮担任文章博士之公职,一方面开设家塾私传弟子。菅原道真曾著"书斋记",描述在自家宅邸内的书斋"山阴亭"招生讲学的盛况。出自此处的秀才进士"首尾略计近百人","其名弥盛","门徒数百,充满朝野",仅官至纳言者即有藤原道明、藤原扶干、橘清澄、藤原邦基等人。②或许由于菅原道真博学多才,深得宇多天皇宠信,从而升迁顺利,也或许由于菅家弟子势力过大,"累代儒家,其门人子弟半于诸司"③等原因,菅原道真遭到左大臣藤原时平等人的嫉恨与诬告,于901年被左迁至九州大宰府任大宰权帅,903年抑郁而死。此后,大江氏在大学寮逐渐取代了菅氏的地位,继续世袭文章博士及文章院之职务。但菅氏后人仍长时间掌管大学寮西曹,长子高视任大学头,五子淳茂、孙在躬、为时均是文章博士,④因此当代学者称菅原氏家族为"世袭之魁"。⑤

宽平六年(894年)日本停止了遣唐使派遣之后,来自中国的新的学问输入事实上已经终止,意味着文章道的发展要素濒于枯竭。在这样的背景下,由世袭学阀掌控下的大学寮及贡举到平安时代中后期已经流于形式,式部大辅三善清行在914年写的"意见十二箇条"中已指出了大学寮的式微状态:"大学寮是迍邅坎壈之府,穷困冻馁之乡。遂至父母相诫勿令子孙齿学馆者也。由是南北讲堂鞠为茂草,东西曹局阒而无人。"⑥朝廷为振兴大学寮及贡举,在927年编撰完成的《延喜式》中规定,"凡补文章生者,试诗赋,取丁第已上。若不第之辈,犹愿一割者,不限度数试之",⑦即在文章生试评判标准甲、乙、丙、丁、不第五个档次中,只要考中丁第就算合格,还允许不第者再考,且次数不限,说明文章生的考试已经形同虚设,那么再由这些人去参加式部省贡举考试会是什么结果? 只能说贡举已经名存实亡。据《类聚符宣抄》承平五年(935年)八月二

① 经济杂志社编:《国史大系·6·日本逸史·扶桑略记》,经济杂志社,1897年,第606页。
②《菅家传》,川口久雄等校注:《日本古典文学大系·72·菅家文草·菅家後集》,岩波书店,1966年,第75页。
③《善相公奉左丞相书》,柿村重松注:《本朝文粹注释》(上),内外出版,1922年,第1022页。
④《菅原氏系図》,塙保己一编:《群书类丛》(5),平文社,1993年,第253~254页。
⑤ 桃裕行:《上代学制の研究》,目黑书店,1947年,第341页。
⑥ 柿村重松注:《本朝文粹注释》(上),内外出版,1922年,第285页。
⑦ 经济杂志社编:《新订增补国史大系·13·延喜式》,经济杂志社,1900年,第606页。

十五日条记载:"宽平(889—897年)以后,只有儒后儒孙,相承父祖之业。不依门风,偶攀仙桂者,不过四五人而已。"①平安时代末期公卿藤原赖长在其日记《宇槐记抄》中也写道:"近代儒士多无才者,是依父举优其子。不论才不才,给学问料是也。所望之辈奉试者,无举无才之子也。"②贵族特权、学阀垄断、家业世袭,种种因素交织在一起,贡举的考试选官之职能丧失殆尽。1177年,大学寮毁于火灾,朝廷已无力再予复兴。此后不久日本进入武家社会,学问基本荒废,贡举制度遂退出日本历史舞台。

结 语

科举制度是中华文明的产物,尽管在后来实施过程中出现了不少弊端,但是通过考试竞争来选拔人才的制度本身所具有的进步性及平等性是不可否认的。在中国周边国家中,日本是最早实施科举,也最早终结了科举的国家。日本的贡举从兴到亡的过程就是其贵族化的过程。有日本学者曾经这样评价:"贡举是对科举的移植,这一点自不待言,但是相当简略化。"③在社会条件、文化基础都比较落后的条件下实施贡举,不得不根据自身条件改变其形式,把贡举与初创的官学教育结合在一起,把贡举的参与者局限在以贵族子弟及地方官员子弟为主的大学及国学的学生范围内,从一开始就设立了身份限制,摈弃了科举的平等原则。由于律令官僚制度随着天皇制中央集权制度的衰落而让位于贵族制度,维护贵族特权与世袭性的荫位制度,门阀化与官职家业化都削弱了贡举并最终导致其瓦解。

中国科举制的特点在于其相对平等性,忽略门第出身,便于在全社会范围内选拔人才,使寒门子弟也有可能步入仕途,有利于人才的不断更新。而日本的贡举制度自始至终都是服务于贵族制度的,因此仅仅存在于贵族处于辉煌时期的奈良、平安时代,最终随着贵族的衰落而走向终结。贡举在日本历史上只是短暂存在的根本原因,在于科举制度的平等精神与贵族世系决定一切的传统相距太远。中国实施科举制加速了贵族的消亡,而日本恰恰相反,是贵族瓦解了科举制。可以说,日本贡举制度的存与废,是诠释日本贵族制社会结构

---

① 黑板勝美編:《新訂増補国史大系·27·類聚符宣抄》,吉川弘文館,1936年,第249页。
② 桃裕行:《上代学制の研究》,目黒書店,1947年,第281页。
③ 久木幸男:《日本古代学校の研究》,玉川大学出版社,1990年,第62页。

的关键之所在。

本文原刊载于《史学集刊》2019年第5期,得到了国家社会科学基金重大项目"新编日本史"(13&ZD106)的资助。

作者简介:

李卓,女,1982年毕业于南开大学历史系世界史专业,历史学博士。南开大学日本研究院、南开大学世界近现代史研究中心教授,博士生导师,中国日本史学会副会长。主要从事日本社会史研究与教学,已出版《家族制度与日本的近代化》《中日家族制度比较研究》《日本家训研究》《日本近现代社会史研究》《儒教国家日本的实像——社会史视野的文化考察》(入选2012年度国家社科优秀成果文库)、《日本近世史》等著作,发表论文百余篇。

日本的"大陆政策"与"甲午战争"

米庆余

一、日本"大陆政策"的形成

1878年12月,日本进行"划时代意义"的军事改革,废除陆军省参谋局,设立参谋本部。本部长由"敕任"将官担任。参谋本部统辖各地的参谋将校和监军,策划军政机要,主管边防、征讨之策。在军令方面,参谋本部不受陆军卿和太政大臣的管辖,直接隶属于天皇。

1879年10月,日本政府公布《陆军组织条例》,进一步明确:"凡是有关军令之事项,由参谋本部长负责上奏和策划,经天皇亲自裁决后,由陆军卿执行之。"[1]

也就是说,除了日本天皇之外,任何机构都无权对参谋本部下达命令。反之,天皇则可依靠参谋本部长的辅佐,下达各种军事命令。日本参谋本部的设立,意味着日本形成了以武力推行对外政策的权力机构。

参谋本部下设管东局和管西局,管东局除了详细调查、编制日本国内东部地区的地理、地势之外,则是兼及库页岛、中国东北和西伯利亚等地。管西局的任务是调查、编制从朝鲜至中国沿海的地理地势,以备"有事之日"。[2]不言而喻,日本参谋本部的设立,意味着日本已经开始把战略目标转向中国大陆。

随后,1879年月10月,日本政府修改《征兵令》。根据新订条例,日本陆军编为四种兵役:一是常备军,由二十岁的壮丁抽签编成,服役三年;二是预备军,即常备军服役三年后,继续编为服役三年的预备军,但日常可在原籍从事生业;三是后备军,即预备役结束后再保留四年的服役期;四是国民军,由全国十七岁至四十岁的男子充之。[3]

---

[1] 松下芳男:《明治军制史论》(下卷),有斐阁,1956年,第81页。
[2]《陆军沿革史》,见大山梓编:《山县有朋意见书》(附录),原书房,1966年,第151页。
[3]《陆军沿革史》,见大山梓编:《山县有朋意见书》(附录),原书房,1966年,第151页。

这种征兵令的实施,等于把日本全国青壮年完全编入了军事体制之中。近代日本在对外侵略扩张的同时,在国内实施了典型的军国主义政策。

1879年和1880年,日本参谋本部派遣的军官和"中国语研究生",通过在中国各地的调查了解,汇总为六册的《邻邦兵备略》等两种书。在此期间,管西局长桂太郎中佐和该局主要成员小川又次少佐(后接任管西局长),也在中国内陆地区进行侦察活动。桂太郎归国后,立即向首任本部长山县有朋,提交了题为《对清作战策》的调查报告。其内容是主张派遣三个师团占领大连湾并袭击福州,然后"一举攻克北京,迫订城下之盟"。①

1880年11月30日,参谋本部长山县有朋在上述调查的基础上,向天皇上奏《进呈邻邦兵备略表》,其中言称:

> 方今万国对峙,各划疆域而自守,非强兵则不能独立……(欧洲)各国兵制,皆应其人口,常备之多者七十分之一,少者也不下百分之一。又,战时兵员,多者十五分之一,少者也二十分之一,岂有计较内外国债,顾及岁入岁出不能相抵之暇焉?

随后,他又言称,中国的兵制改革:

> 与咸丰、同治之清国不可同日而语。清国百万之兵,与其人口四亿两千五百万人口相比较,只相当于四百二十分之一。若是仿效欧洲之征兵法,平时招募百分之一,则可得四百二十五万人,战时抽取百分之二,则可得八百五十万人。清国若确实如同近日之状况,驽驽改革兵制的话,终将横行万国,岂止称雄东洋焉?

基于上述判断,山县认为:"邻国兵备之强,一则可喜,一则可惧。若以之作为亚细亚东方之强援,固然可喜;若与之开启衅隙,也不可不惧。若使邻邦疲惫衰微,成为欧洲各国之诱饵,唇齿之势,我亦受其压迫,莫如相互东方对峙,永保和好之美。"

---

① 见信夫清三郎编:《日本外交史》(上册),天津社会科学院日本问题研究所译,商务印书馆,1980年,第169页。

然而,山县随后又称:"邻邦之兵备愈坚,本邦之兵备亦不可疏忽。……西邻若得其强,则将介于我与朝鲜之间,犹如春秋郑卫之晋楚。列国权谋相倾之时,难保无有假路于虞而伐虢之变。"①

山县有朋的上述奏折,固然有日清两国"莫如相互东方对峙,永保和好之美"的说法,但其内心则是针对当时中国清政府的兵制改革,而要求强化军备。其奏折中特别谈道:

> 以陛下之圣武,克拔数百年来之盘根,惩治顽民,纵有国内小丑之蜂起,也立地剿灭,稍就小康。然而,此皆国内小事,非与他国抗衡之大事。在此期间,有台湾朝鲜等事件,若是破裂,其祸难测,幸而归于和好。惟彼一时也,此一时也,不可以彼之一时而类此之一时,安能以目前之小康而不察今后之大事焉?②

其所谓"彼一时也,此一时也",以及"难保无有假道于虞而伐虢之变",实际是借古喻今,意在针对中国。

及至1882年8月,也即因朝鲜的"壬午兵变",日清两国军队在朝鲜出现对峙的时候,转任日本参事院议长的山县,更是要求针对"直接附近的外患",扩大日本的陆海军。他在有关意见中明确谈道:

> 现今欧洲各国,与我相互隔离,痛痒之感并不急迫……然而,察我邻邦近来之势,骎骎勃兴,有决不可轻视疏忽者,岂能不可不思焉?故而……某曾进呈邻邦兵备略,傍及此事,以陈区区微衷。近来,担任此事者日夜勤勉,边备就绪。抑,我之欲以其力相较者,不在与我痛痒之感并不急迫之国,而在于直接附近之处。况且目前处于燃眉之急焉!
>
> 现今,我邦若是不恢复尚武之遗风,不扩张陆海军,以我帝国为一大铁舰而力展四方,以刚毅勇敢之精神而运转的话,那么,我曾藐视的直接附近之外患,必将乘我之弊。坐而至极,我帝国复与谁共同维持独立,又

---

① 以上见大山梓编:《山县有朋意见书》,原书房,1966年,第91~98页。
② 见大山梓编:《山县有朋意见书》,原书房,1966年,第94页。

与谁共同谈论富强？①

显而易见,在山县有朋的心目中,已经在准备对中国一战。而且,以他特殊的身份和地位,在引导日本国家走向扩军备战。

在此期间,日本有影响的思想家福泽谕吉,也极力鼓动"等待时机不如创造时机……若日本不着手朝鲜,只有倾刻落入他人之手"的战争观,并主张尽快进行资本输出和实业扩张,甚至提出应由他国借入资本转手使用等。②

同年12月,日本天皇召集地方官吏,下达扩充陆海军以及为此而增加税收的敕令。当时,日本政府参照英国式的海军,制定了加紧建造拥有5艘大舰、8艘中型舰、7艘小型舰和12艘水雷炮舰的8年扩张计划。据统计,1881年至1887年间,日本国家岁出总额所增无几,但军费开支却成倍增长。1881年军事开支1185万日元,而1887年则达到2223万日元。③同期内海军经费则急剧增加了200%。④右大臣岩仓具视认为,动用非常收税法,将"导致人民怨恨",但是"不足深虑"。⑤也就是说,日本政府在推行军国主义政策上,并不考虑本国人民的贫困与怨恨。

在此期间,日本政府还特意从德国聘请了梅克尔(Meckel)少校,将军事编制改为德国式,并设置了预定作战作为军团长的"监军"。此外,为了使旅团能在战时作为基本作战单位,还制订整顿了旅团条例,除了由战列队和补充队组成的常备军外,设有与战列队同样数量的后备军。可动员的陆军兵力猛然增加为原来的两倍半。日本海军也以击沉中国北洋舰队主力舰为目标,决定建造所谓松岛级的"三景舰",并发行海军公债,租借朝鲜绝影岛,设置煤炭储存所,等等。为了适应在中国南海和黄海作战,则在吴和佐世保两地(分别在广岛和长崎县境内,现今仍为重要军港)设置了镇守府。

此时,日本社会一度风靡的自由民权论,为极端的国家主义或日本主义所代替。如1884年8月29—30日,清法战争之际,东京横滨《每日新闻》则连

① 见大山梓编:《山县有朋意见书》,原书房,1966年,第119页。

② 参阅永井秀夫:《自由民权和天皇制》,见《日本历史讲座》(近代篇1,第5卷),河出书房,1952年,第151页。

③ 见杉田一次:《近代日本的政战略》,原书房,1978年,第118页。

④ 见大隈重信:《开国五十年》(中文版),上海社会科学院出版社,2007年,第210、218页。

⑤ 见藤村道生:《日清战争》,岩波书店,1974年,第8页。

续发表文章,认为清国之败是日本之幸,其中纵有担心日本走向军国主义的成分,但文章的主旨,却是"为了日本的利益,不可不期待清国早日败北,以结束战局"。①

同样,日本民权运动的指导者杉田定一(1851—1929年),在同年年底所写的《游清余感》中也称:

> "西人来兹(东亚),试欲争利称霸,吾辈同胞,在此必争之地,是坐而为其肉乎,还是进而共为膳上之客?"他明确表示:"或有论者曰,清为辅车之国,宜亲之,不可敌视。是乃知其一而不知其二也……若不乘此时机,中原之鹿,一旦落入白人掌中……则将变成新成之欧州。时至此时,尽管垂涎百尺,也固不可及……准照开化理论,鉴于优胜劣败之实际,也不可不着手于清也。不知其然,徒说自由、徒谈权利,也只能是说自由、谈权利之口,反而不自由、无权利也。"②

此后,日本国内基本上停止了争取自由民权的斗争,舆论转向拥护政府的立场。同年12月,日本政府为了实现其侵略政策,又趁中法战争之机,在朝鲜策划了上述旨在控制朝鲜的"甲申政变"。是时,代表地主资产阶级利益的自由党虽然已宣布解散,但其机关报《自由新闻》却依然发表社论,公然主张"苟是日本男儿,就要磨汝刀剑,充汝粮囊,随时准备将我之赫赫武力显示于宇内"。③

稍后,1885年3月,对日本社会具有影响的福泽谕吉则发表《脱亚论》,更是认为:"不出数年(清国与朝鲜)即将亡国,其国土将为世界文明各国所分割。"我国"莫如脱其伍,与西洋文明国家共进退……唯有按照西洋人对待之法处置之"。④

当时,日本的改进党也不甘落后,其代表人物尾崎行雄、犬养毅等人,也提出了"干涉朝鲜内政,务必加以并略"的意见,并且公然声称,若是因此而同中

---

① 见芝原拓自等编:《近代日本思想大系·12·对外观》,岩波书店,1988年,第294页。
② 见芝原拓自等编:《近代日本思想大系·12·对外观》,岩波书店,1988年,第316~317页。
③ 见芝原拓自等编:《近代日本思想大系·12·对外观》,岩波书店,1988年,第388页。
④ 见芝原拓自等编:《近代日本思想大系·12·对外观》,岩波书店,1988年,第313~314页。

国发生战争,正是"吾等为了国家所最希望者"。①跃跃欲试,溢于言表。

这些极端的国家主义滋生于日本社会,反过来又影响于社会,从而与历史的沉积——日本乃是神国、理应统治世界的观念相结合,进一步为"大陆政策"的形成准备了思想条件。

是时,日本参谋本部不仅积极进行兵要地志和战史研究,而且从对外作战的角度,派遣武官对中国大陆、西伯利亚、东南亚等地进行广泛的军事调查。时任管西局长的小川又次,两次秘密在中国进行侦察,并在听取谍报人员的汇报后,于1887年2月完成了《征讨清国策案》。其内容分为"彼我形势""作战计划"和"善后处置"三篇。

其中"彼我形势"中写道:

> 欲维持我帝国之独立,伸张国威,进而巍然立于万国之间,以保持安宁,则不可不攻击清国,不可不将现今之清国,分割为若干小邦。何以知之,彼我之形势是也……试看英国之于印度如何,则可明矣。英国保持富强,要在不可无此印度。也即我当掠取土地于清国,以之为附属防御物,或以之为印度也,更何况彼我之间有终究不能两立之形势。彼清国虽是衰老腐朽,但亦为世界之大国……。近来,陆海两军适值渐次改良之势……苟其实力稍备,对我国之感情又当如何? 实为不堪杞忧。若使自尊自大之彼,实力达到于此,则必然于即令与之无关之邦国,亦弄其腕力,更何况曾使其失败受辱,仅为彼之十分之一之我国耶? 台湾之举,深深印入清人脑中,又如琉球馆,现今尚在福州,清国依然扶持之。再者,朝鲜事件反招清人蔑视,朝鲜人抱怨。由是观之,清国终究不是保持唇齿之国。是为战略论者不可不深以为意者。最当留意者,适值时运,故而当乘其尚在幼稚,折其四肢,伤其身体,使之不能活动,始可保持我国之安宁,维持亚细亚之大势也。

> 自明治维新以来,(我国)常常研讨进取之术略,首先征讨台湾,继而干涉朝鲜,处分琉球等,皆断然以同清国交战之决心而决然行之,实为应继续之国策。

---

① 见藤村道生:《日清战争》,岩波书店,1973年,第12页。

上述的"彼我形势",实际是认为日本要和英国一样保持富强,则必须将当时的中国分割为若干个小邦,"折其四肢,掠其土地",以之为附属物,而且要以"断然"开战的决心而行之。至于所依据的理由,则是中国清代政府的"渐次改良之势"。

随后,该策案在"作战计划"中写道:

> 欲使清国乞降于阵前,最上策之手段,是以我之海军击破彼之海军,攻陷北京,擒获清帝。而易奏其功者,是以攻击北京之时,堵截击破来援京畿之敌,最为紧要。故而,为达到此种目的,派遣远征军之总数,当为八个师团。

进而"善后处置"部分则称:

> 若达到战争目的,缔结条约,应将自山海关至西长城以南之直隶山西两省、河南黄河北岸、山东全省、江苏省黄河故道宝应湖、镇江府大湖、浙江省杭州府、绍兴府、宁波府东北之地,以及第三项所列地区,划归为本邦版图,将东三省及内兴安岭以东、长城以北之地,分与清朝,使满洲独立,迎明代后裔,建立王国,割与扬子江以南之地,以为我之保护国,镇抚民心。更以扬子江以北、黄河以南之地,另立一王国,以为我属。于西藏、青海天山南路,立达赖喇嘛,于内外蒙古、甘肃省准噶尔之地,选其酋长或人杰,使其成为我可监视各部之长……

上述所谓"第三项所列地区",是指"即使在任何情况下,于签订战胜条约时,也必须将下列六个要冲之地划归本邦版图:其一,盛京盖州以南之旅顺半岛;其二,山东登州府管辖之地;其三,浙江舟山群岛;其四,澎湖群岛;其五,台湾全岛;其六,扬子江沿岸左右十里"。①

如此种种,用心险恶。实可谓欲置当时的中国于死地而后快。

---

① 《征讨清国策案》原件,现今保存在三浦梧楼家藏文书中。本书使用的是日本山本四郎教授的复印件。详细内容见米庆余主编:《日本百年外交论》,中国社会科学出版社,1998年,第19~20页。

《征讨清国策案》的出笼,意味着日本最高军事机构业已形成了分割中国的战略方案。这是"甲午战争"之后,日本政府对清政府要求割地、赔款的蓝图,也是尔后日本关东军发动九一八事变、制造伪满洲国的蓝图。1894年开始的甲午战争实际上是按照这个战略方案进行的。

在此期间,日本海军也从对清作战的角度,提出和拟定了种种方案。如同年12月30日,海军少佐樱井规矩之左右在《征清方策》中主张:"我军前沿部队,当击破敌之北洋舰队及旅顺军港,以大连湾以西即金州半岛,作为我军攻击北京之第一根据地。"1888年4月20日,海军"浪速"号舰长海军大佐矶边包义,在题为《对策》的意见书中主张:"应陆海军并进,攻陷旅顺口之后,进攻北京……向旅顺口推进,海陆夹击,占据大连湾,以之作为我陆海军基地,进行攻击北京的准备。"①

这些说明:日本陆海军在对中国发动侵略战争上,已经做了充分的准备。

1888年1月,时任监军的山县有朋进一步向政府当局提出了长篇《军事意见书》。内含"东洋形势""我国兵备现状"和"外交上兵力之必要"等三个部分。其"东洋形势"中写道:

> 盖我国之政略,在于使朝鲜完全与清国脱离关系,成为自主独立之邦国,以免欧洲强国借故占有朝鲜之忧。该国之位置,足以控制东洋形势,特别是强国掠而有之,将对我国直接不利。故而,我国先行向京城派遣公使,使欧美各国承认其自主独立,并尽力与之缔结条约……然而,清政府对外表示朝鲜自主自治,但暗中却待之如附庸国,特别是干涉其内政。因此,日清两国之政略,动辄难免冲突。
>
> 明治十八年(1885年——当是1884年)有京城事变,依据天津之条约,虽然维持和好,且规定了相互对朝鲜国之关系,但尔后清国政府日益加深干涉朝鲜内政。清国政府若趁势违反天津条约各款,我国不能默然置之。回想起来,京城事变之际,我国政府虽以和平主义了结事局,但当时若非势不得已,岂能没有对清国宣战之庙议焉?再如琉球之处分,我国虽已认为完全了结,但清国政府依然对之保持异议。由是观之,日清两国历来之纷争,尚不可谓之已解。故而,清国若是改革兵制,至其军备整顿之日,难

---

① 见黑野耐:《帝国国防方针研究》,总和社,2000年,第28页。

保对我不显示大国之威。"

现今清国派遣壮年士官留学欧洲，又频频兴办武备学校，购求兵器军舰，一则骎骎改革兵制，一则骎骎扩张军备。如在东洋掀起波澜者，岂止英俄焉？是以，东洋之事日益纷纭错综，有不是常道所能整顿者。我国之军备若不充实，焉能排除万难，安然立于波澜之中？

山县有朋的最后结论是：

无论从东洋之形势、我国（军备）现状及外交政略之任何一点来观察思考，完成军备都是我国最大急务。如要伸张我国国权，保护我国国利，使我国国威光耀海外，受万邦尊重，除了兵力之外，有何可恃？是乃有朋敢于有此建议之所以也。①

同年5月，日本政府再次进行军制改革，新订了师团、旅团条例，把原有的"镇台制"改为利于对大陆作战的师团制。

1889年2月，日本政府颁布《大日本帝国宪法》，明确规定"天皇统帅陆海军"，把统帅军队的大权从国务中独立出来，以便于军队的调度和指挥。

1889年12月，山县有朋受命组阁，担任政府总理大臣。1890年3月，其在《外交政略论》中，更加清楚地写道：

窃以为……国家独立自卫之道有二：一曰守卫主权线，不容他人侵犯；二曰防护利益线，不失自己有利之地位。何谓主权线？疆土是也；何谓利益线？与邻国接触之势，与我主权线之安危密切相关之区域是也。大凡为国，不可没有主权线，也不可没有利益线，而外交及军备之要诀，则专以此二线为基础也。方今立于列国之际，要维持国家之独立，仅仅守卫主权线，业已不足，必须进而防护利益线，不可不经常立于有利之地位。而如何防护利益线焉？也即各国之所为，如有对我不利者，我当有责任排除之，在不得已时，则以强力来达到我国之意志。

---

① 以上见大山梓编：《山县有朋意见书》，原书房，1966年，第179~185页。

山县进而言称：

> 我邦利益线之焦点，实在朝鲜。西伯利亚铁路已进至中央亚细亚，不出数年，及其竣工，发自俄都，十数日则可饮马黑龙江。吾人不可忘记，西伯利亚铁路完成之日，即是朝鲜多事之时，也不可忘记，朝鲜多事之时，即是东亚发生一大变动之机。而维持朝鲜之独立，有何等保障？此事岂非正是对我国利益线有急剧冲击之感者乎？[①]

1890年12月6日，山县有朋在国会上发表《施政方针》，内中再次重申：

> 大凡为国，不能保护主权线和利益线，则不能为国。方今立于列国之间，维持一国之独立，仅仅守卫主权线已决非充分，必须亦保护利益线。[②]

如此种种，不一而足。但是，把拥有独立主权的朝鲜王国，作为需要日本"保护"的利益线，无论在国际法上，还是在邻国关系上，都不是什么"自卫之道"，而是侵略之道。

山县有朋的《施政方针》，表明近代日本的"大陆政策"已经成型。它意味着日本政府为了夺取朝鲜，针对中国发动侵略战争已经势在必行。

此外，从山县所说的"西伯利亚铁路完成之日，即是朝鲜多事之时"而言，1894年日本政府所发动"甲午战争"，可谓又是一场抢在沙皇俄国之前的侵略战争。

总之，"大陆政策"形成后的日本，对邻近国家的关系，已经进入了夺取朝鲜，并觊觎东亚大陆的历史阶段。其手段则是山县有朋所说得"以强力来达到我国之意志"。

二、"甲午战争"与《马关条约》

1892年8月，伊藤博文第二次组阁，陆奥宗光担任外相。

1893年，日本政府大体完成了既定的扩军计划。根据战时编制，陆军拥有

---

① 见大山梓编：《山县有朋意见书》，原书房，1966年，第196~197页。
② 见大山梓编：《山县有朋意见书》，原书房，1966年，第203页。

7个师团,兵力为12万人以上,若加上10余万人的后备兵力,则可调动23万人。与此同时,海军也以击沉清政府北洋舰队的主力舰为目标,建造了大型军舰。至甲午战争爆发时,日本海军已拥有31艘军舰、24艘水雷舰。

在拥有上述军事实力的基础上,日本政府又进一步作了战前准备。除了向中国大陆派遣特工间谍人员而外,参谋本部次长川上操六还亲自于1893年4月,进入中国和朝鲜进行作战的实地调查,并由参谋、谍报人员绘制了有关中国、朝鲜的地形、地物,编制出详细的军用地图。后来,得到此种地图的欧人波纳尔也说:"这份地图本身,就是日本久已蓄意侵略中国的证据。"[1]

1894年春,适值日本政府准备发动侵略战争之时,朝鲜南部爆发了由秘密结社"东学党"人全奉准领导的农民起义。起义军提出了"灭尽权贵""逐倭灭洋"的纲领性口号,表明了反帝反封建的性质。5月31日,起义军攻占南部重镇全州,并控制了全罗道等广大地区。

此种事态,给日本政府出兵朝鲜提供了有利的借口。日本驻朝鲜公使大鸟圭介暗自庆幸,毫不掩饰地声称:若东学党进入京城,对日本来说,乃是"颇为可喜的时机"。[2]此时,日本参谋本部次长川上操六,也极力主张"以东学党匪乱为机,用兵力断然实行朝鲜政府之改造,恢复'甲申'政变后消沉的日系势力"。[3]

为了掩人耳目,日本驻朝鲜公使馆派员前往清政府驻朝使馆,对驻朝代表袁世凯称:"匪久扰大损商务,诸多可虑。韩人必不能了,愈久愈难办,贵国何不代韩戡〔乱〕? ……我政府必无他意。"[4]事隔一日,日本驻朝代理公使杉村睿又亲自出面,再次促使清政府出兵朝鲜。与此同时,日本政府则通过驻天津领事,直接对李鸿章作同样表示。

根据1885年中日有关朝鲜问题的《天津会议专条》,只要清政府出兵朝鲜,也就等于日本政府有了出兵朝鲜的依据。这正是日本政府所希望的。

1894年6月1日,朝鲜政府向袁世凯请求"援兵"。6月3日正式提出这种请求。[5]6月4日清政府决定应请出兵,派遣直隶提督叶志超、太原总兵聂士

① 见中国社会科学院近代史研究所:《帝国主义侵华史》,人民出版社,1972年,第331页。
② 参阅藤村道生:《日清战争》,岩波书店,1973年,第51页。
③ 参阅田保桥洁:《日清战役外交史研究》,刀江书院,1951年,第99页。
④ 见吴汝纶编:《李文忠公全书·电稿》(卷15),金陵刻本,1908年,第33页。
⑤ 据日本外务省编:《日本外交年表并主要文书》(上),年表部分,原书房,1965年,第111页。

成,率领清兵1500人,于6月6日"分坐招商轮船先后出发",并电训驻日公使汪凤藻"知照"日本外务省,"以符前约"。①

然而,日本政府在6月2日,便做出了"不问"清国以何等名义,日本也要出兵的决议,并得到天皇"裁可"。当晚,日本外务大臣陆奥宗光、外务次官和参谋本部次长川上操六又秘密策划,认定:

> 明治十五年(1882年)和十七年(1884年)京城之变时,因清国先发制人,故而以我之失败而告终。此次,无论如何必须节制清国……必须以在韩清国兵力以上之兵力前往……得知我军进入京城,前两次取胜之清兵,必定来京城攻击我军。若此时予以击退,则必派李鸿章属下号称四万淮军之两三万人,我若亦派出与之相应之兵力,于平壤附近战而胜之,则可讲和,以将韩国置于我国势力之下告一段落……②

日本德富苏峰在《陆军大将川上操六》一书中记载,川上和陆奥共同协商:首先派遣一个可达七八千人的混成旅团(旅团的平时编制为2000人)。此后,日本外交与军事行动相互协调,"就是基于此次一致"。③

随后,陆奥宗光训令驻朝公使大鸟随时准备归任,并与海军大臣秘密商议:大鸟搭乘军舰"八重山"号归任,并"特别增载海军若干,而且该舰及海军概听公使指挥"。日本参谋本部也向第五师团长发出密令:为将若干军队派往朝鲜,应进行"至急出师准备",同时密令邮船公司等征用运输和军需品,"急骤之间做了各种最为敏捷的处理"。④

6月9日,清政府派出的军队刚刚登陆牙山(12日方全数到达),日本政府已经运兵仁川,"前后共约四千五百名",并点兵四百前往汉城。⑤6月10日,日军控制了京城至仁川一线的战略要地,掌握了发动战争的主动权。

此时,李鸿章接到日军出动的消息后,大为惊愕,但其仍把希望寄托在欧美列强的调停上,并且告诸日本驻天津领事:"如已派兵保护官商,断不可多,

① 见吴汝纶编:《李文忠公全书·电稿》(卷15),金陵刻本,1908年,第33页。
②《林董回忆录》,第210页,见中塚明:《日清战争研究》,岩波书店,1973年,第120页。
③ 见日本外务省编:《外务省百年》,原书房,1969年,第310页。
④ 陆奥宗光:《蹇蹇录》,中塚明校注,岩波书房,1983年,第25页。
⑤ 见吴汝纶编:《李文忠公全书·电稿》(卷15),金陵刻本,1908年,第37页。

且非韩请派,断不可入内地,致华日(士)兵相遇生衅。"①

6月12日,日本政府照会清政府:"这次我政府向朝鲜派出军队,是依据《济物浦条约》上的权利。关于派出问题,除依据天津条约照会之外,我政府是自行所欲行者,关于我军队之多少及进退行止,毫无受清国政府掣肘之理。"②

此时,朝鲜形势发生变化。6月10日,全奉准领导的起义军与政府达成协约后,京城地区十分平静,清政府派遣的军队远驻牙山,并未深入内地,也没有出现川上操六等人所预计的情况,以致日军失去了挑起战争的借口。

6月16日,日军混成旅在仁川登陆完毕。同日,日本政府企图制造口实,用陆奥宗光的话说,"百尺竿头,再进一步"。于是,一方面对欧美国家伪称:日本出兵朝鲜"全然在于护卫驻该地之帝国公使馆、领事馆,保护帝国臣民之安全,决无他意"。③另一方面则对清政府提出了所谓"共同改革朝鲜内政"的方案。其中包括:共同镇压朝鲜内乱;两国派出常设委员,调查、整顿朝鲜财政;设置必要的警备兵力;等等。

此时,日本政府在《针对朝鲜国变乱的阁议决定》中,明确决定:"在与清国政府开始商议后,不见结局,不撤回目前在韩派遣之士兵";"若是清国政府不赞成我国意见,帝国政府要以独力使朝鲜政府从事前述之政治改革"。④

然而,日本政府所谓的"改革",不过是控制朝鲜的借口。陆奥宗光承认:"余自始对朝鲜内政之改革,并不特别注意","莫如以此促成破裂之机,欲作为一变阴天,使降暴雨,或得快晴的风雨计而利用之"。⑤

6月21日(旧历五月十八),清政府据理答复:"朝鲜之变乱,业已镇定,早已不烦清国士兵代剿。两国会同镇压之说,已无议论之必要。至于善后方法,其意虽美,但应朝鲜自行厘革。我国尚不干预其内政,日本当初就承认朝鲜自主,当是更无干预其内政之权。关于变乱后撤兵之事,乙酉年(1885年)所定之条约具在,今无须再议。"⑥

---

① 见吴汝纶编:《李文忠公全书·电稿》(卷15),金陵刻本,1908年,第35页。

② 陆奥宗光:《蹇蹇录》,中塚明校注,岩波书房,1983年,第39页。

③ 见日本外务省编:《日本外交文书》(第27卷第2册),日本国际联合协会,1952年,第268页。

④ 日本外务省编:《日本外交年表并主要文书》(上卷),日本国际联合协会,1955年,文书部分,第141页。

⑤ 陆奥宗光:《蹇蹇录》,中塚明校注,岩波书房,1983年,第63页。

⑥ 见日本外务省编:《日本外交年表并主要文书》(上卷),日本国际联合协会,1955年,文书部分,第141~142页。

6月22日,日本外务大臣陆奥答复汪凤藻,言称"帝国政府断然不能命令撤退现在驻朝鲜国之军队"。[①]同日,训令进兵京城的大鸟:"日清冲突不可避免",[②]并向清政府递交了《第一次绝交书》。

6月27日,陆奥通过加藤书记官向大鸟传达训令:"制造开战口实。"[③]

7月10日,大鸟向朝鲜政府提出限定时日,实施改革(7月16日朝鲜答复要以撤退日军为先决条件)。

7月12日,当日本政府确信各国将处于观望状态时,陆奥立即向大鸟发出训令:"英国在北京的仲裁已告失败,今有断然采取处置的必要,如不至引起外界过度非难,当利用某些口实,迅速开始实际行动。"[④]

7月14日,日本政府通过驻华公使小村寿太郎,向清政府递交《第二次绝交书》。内称:

> 朝鲜内讧,变乱屡起,实由内政不治所致。故我帝国政府深信……莫如与朝鲜有利害关系的贵我两国共同予以助力……不料贵国政府断然拒绝,而专事促我撤兵。又,近日驻贵国英国公使重视对贵我之友情,好意居中调停,以统一贵我分歧为己任。然贵国依旧只是主张我国撤兵,更无容纳我国意见之表示。此非贵国政府好事而何?事局既已至此,将来所生事态,帝国不负责任。[⑤]

特别值得注意的是,深得日本政府真意的小村,还特意在上述"贵国政府好事而何"这一具有诬蔑和挑衅的用语之前,添加了"有意滋事"的内容,千方百计地要把矛盾推向武力冲突。

7月23日,日本政府派出联合舰队,并下达了开战的密令。同日,日军按照预定作战计划闯入朝鲜景福宫,扶植大院君把持朝鲜国政。

---

① 日本外务省编:《日本外交年表并主要文书》(上卷),日本国际联合协会,1955年,文书部分,第142页。

② 日本外务省编:《日本外交年表并主要文书》(上卷),日本国际联合协会,1955年,年表部分,第112页。

③ 日本外务省编:《日本外交年表并主要文书》(上卷),日本国际联合协会,1955年,年表部分,第112页。

④ 陆奥宗光:《蹇蹇录》,中塚明校注,岩波书房,1983年,第73页。

⑤ 见日本外务省编:《小村外交史》,原书房,1966年,第50页。

7月25日,日本海军在朝鲜丰岛海面,突然袭击清政府北洋水师的"济远"和"广乙"号,并击沉运兵船"高升"号,不宣而战,揭开了"甲午战争"的序幕。30日,日本陆军占领朝鲜牙山。

8月1日,日本天皇发布《宣战诏书》。内称:

> 朕即位以来,于兹二十余年,寻求文明之化于和平之治……岂料清国之于朝鲜事件,对我采取殊违邻交,有失信义之举。
>
> 朝鲜乃我帝国首先启发,使其与列国为伍之独立国家,而清国每称朝鲜为属邦,公开与暗中干涉其内政,并在其内乱之际,借口拯救属邦之难,而出兵朝鲜。朕依据明治十五年(1882年)之条约出兵备变,更欲使朝鲜永远避免祸乱,保持将来治安,以维持东洋全局之和平……然清国反而设置种种生乱之辞,加以拒绝……事既至此,朕虽以和平为始终,专事内外宣扬帝国之光荣,但亦不得不公然宣战,依赖汝等忠实勇武,速克和平于永远,以期保全帝国之光荣。①

事实表明,日本天皇的《宣战诏书》实际是自欺欺人,而且是推卸发动侵略战争的责任,并掩盖侵略意图。

同年8月17日,日本外相陆奥宗光要求内阁制定将来的对朝政策,他向首相伊藤博文提出了甲、乙、丙、丁四种方案,以供选择:

> (甲)日本政府已向内外表明朝鲜为一独立国,又声明应使其改革内政。今后日清交战之结局,胜利归我之后,依然放任该国自主,不对其干涉,他国亦丝毫不能干涉,其国将来之命运任其自力。
>
> (乙)将来虽以朝鲜为名义之独立国,但日本也要间接或直接永久的,或某种长时期地扶植其独立,并代以防御其他外侮之劳。
>
> (丙)如果朝鲜终究不能以自身之力维持独立,而日本直接或间接地单独担任保护之责又不是上策时,则按照英国政府曾向日清两国政府劝告的那样,由日清两国约定,将来负责保全朝鲜领土之完整。

---

① 日本外务省编:《日本外交年表并主要文书》(上卷),日本国际联合协会,1955年,文书部分,第154页。

（丁）朝鲜以自身之力不能独立，而我国独立保护又不得策，日清两国负责保全该国领土也终究没有彼我合作之望时，则使将来的朝鲜国象欧洲的比利时、瑞士一样，作为各强国担保的中立国。①

对于上述四种方案，日本内阁决定采取（乙）案。也即名义上承认朝鲜独立，而实际是剥夺朝鲜的内外权利。这一事实进一步表明，日本发动"甲午战争"绝不是为了朝鲜的独立，而是要将朝鲜置于自己的统治之下。

同年8月20日及26日，日本驻朝鲜公使大鸟圭介又迫使朝鲜政府签订了《日韩暂定合同条款》和《大日本大朝鲜两国盟约》。

《日韩暂定合同条款》中规定：

京釜两地及京仁两地间修筑铁路一事，朝鲜政府考虑财政尚不充裕，愿与日本政府或日本某公司订立合同，相机动工，但目前情节曲折，难以动工，要妥筹良法，以尽速立约动工（第二款）。

日本政府于京釜及京仁两地业已架设之军用电线，应酌量时宜，订立条款，以期存留（第三款）。

为使两国将来交际亲密，且奖励贸易，朝鲜政府应在全罗道沿岸开一通商港口（第四款）。

日本政府夙愿帮助朝鲜成就独立自主之业，将来有关巩固朝鲜国独立自主之事宜，当由两国政府派员会同协商议定（第六款）。②

也就是说，日本政府在对中国宣战初期，便在朝鲜攫取了汉城至釜山、汉城至仁川之间的铁路铺设权和电信架设权，进一步控制了汉城、釜山和仁川等南部枢纽地区，而所谓"朝鲜国独立自主之事宜，当由两国政府派员会同协商议定"，则是企图进一步把持朝鲜国家的生存命运。这是所谓暂定条款的要害。

进而，《大日本大朝鲜两国盟约》中规定：

---

① 见陆奥宗光：《蹇蹇录》，中塚明校注，岩波书房，1983年，第158~159页。日本外务省编：《日本外交文书》（第27卷第1册），日本国际联合协会，1952年，第647~649页。

② 日本外务省编：《日本外交文书》（第27卷第1册），日本国际联合协会，1953年，第653~654页。

　　此盟约以使清兵撤出朝鲜国境之外,巩固朝鲜国之独立自主,增进日朝两国之利益为目的(第一条)。

　　日本国负责对清国之攻守战争,朝鲜国当为日军之进退及粮食准备尽力给予方便(第二条)。①

上述两项内容,实际仍是为了控制朝鲜。用陆奥宗光的话说,是将朝鲜"牢固地置于我国手中,使之不敢他顾"。②

　　同年11月7日,对政府决策具有重大影响力的山县有朋,更以维护朝鲜"独立"为名,提出了有关对朝政策的奏折。他说:

　　帮助此国名实保全独立,实属至难之业……依臣之见,最为急务者,有以下两策。一曰铺设自釜山过京城至义州之铁路;二曰向平壤以北至义州枢要之地移民。

随后,山县有朋对上述两项政策作了明确解释。他说:

　　釜山义州之道路,也即作为通向东亚大陆之大道,是将来横断清国、直达印度之道路。我邦要称霸东洋、永远雄视列国,也需以此道路作为直达印度之大道。此乃臣所确信无疑者……决不可因为一时小有不利而踟蹰百年大计。

　　至于向平壤以北的枢要之地,移殖邦人之理,与之稍有不同。平壤以北乃是接近清国之地……因距清国疆界不远,所以容易为之左右之倾向理所难免。宜向枢要之地移住邦人,使之逐渐掌握其商业农业之权,同时应诱导土著,使之走向真正文化之域,以断然杜绝清国之影响。

此外,山县在奏折中,还明确主张:

---

　　① 日本外务省编:《日本外交年表并主要文书》(上卷),日本国际联合协会,1955年,文书部分,第157页。
　　② 陆奥宗光:《蹇蹇录》,中塚明校注,岩波书房,1983年,第152页。

要帮助弱小之朝鲜,保全其独立,以一次驱逐清兵,使之绝迹于(朝鲜)八道,仍不足以成事,至少在今后数年之内,要驻扎若干兵员,以备其警急。①

由此可见,霸占朝鲜、"称霸东洋",乃是日本政府发动甲午战争的根本目的。这就是当年日本天皇在《宣战诏书》中所说的"寻求文明之化于和平之治"。

1894年9月,中日黄海海战之后,战场移向中国东北。10月24日,日军经过月余整顿,分兵两路同时侵犯大陆。一路由平壤北进,渡江入侵辽东;另一路经海上,在辽东半岛花园口登陆。清军除聂士成部在虎山抵抗外,余皆溃逃。26日,日军占领安东、九连城。11月初攻占大连,22日占领旅顺。李鸿章经营16年之久、耗费几千万银两的海军要塞落入日军之手。

在此期间,日军对旅顺居民进行了野蛮的大屠杀。日军士兵洼田仲藏在11月21日的从军日记中写道:"见到清兵,即欲使之成为粉末,见到旅顺市中之人,也皆杀之。致使道途唯有死尸,行进为之不便。室内之人,也皆杀之。每户几乎都有二三个至五六个死者,其血横流,其味恶臭。"②英国人詹姆斯·阿兰在《龙旗翻卷之下》中,也记述了日军惨杀中国居民的情景:"用刺刀穿透妇女的胸膛……将不满两岁的幼儿串刺起来,故意举向高空,让人观看。"③

据不完全统计,日军仅在旅顺地区便连续屠杀了两万多中国居民。④这是从军的欧洲军人和特别通信员目击的惨状。以致当时的美国报刊也惊骇地写道:"日本是披着文明的皮肤,长着野蛮筋骨的怪兽!""现今日本揭掉了文明的假面具,露出了野蛮的本体",等等。⑤

然而,对于这种屠杀事实,当年的陆奥宗光便称:"这种虐杀事件的虚实,另外即使是事实,其程度如何,也有追究的必要。"⑥实可谓否认侵华日军罪行的第一人。

同年12月13日,日军攻占海城后,向缸瓦寨推进,但遭到中国军民的激烈

① 大山梓编:《山县有朋意见书》,原书房,1966年,第224~225页。
② 见宇野俊一:《日本的历史》(第26卷),小学馆,1977年,第62页。
③ 见宇野俊一:《日本的历史》(第26卷),小学馆,1977年,第62页。
④ 据当地《忠魂碑》的记载。又,当时西人目睹:旅顺仅有36人的帽子上写有"此人勿杀",为了掩埋尸体而幸免。
⑤ 见陆奥宗光:《蹇蹇录》,中塚明校注,岩波书房,1983年,第126页。
⑥ 见陆奥宗光:《蹇蹇录》,中塚明校注,岩波书房,1983年,第126页。

抵抗。远藤永吉在《日清战争始末》中记载:"此次战役中许多负伤者倒卧雪上,纵有卫生队东奔西跑地以担架送至野战医院,但仍有许多伤者倒卧雪中……其声哀绝凄惨,闻者暗中落泪。"①这说明日本政府所发动的侵略战争,给普通士兵所带来的也是灾难。

日军在此次战役中失败,使之被迫退回海城。但是,正当爱国军民英勇抗击侵略者的时候,清政府却加紧了乞和活动。当时的美国政府也感到排斥列强、联合日本压迫中国的时机已经到来,于是暗示日本政府愿意居中调停。

1895年1月,清政府派出张荫桓、邵友濂为全权赴日议和。但是,日本政府蓄意破坏和谈,并于1月20日从威海东侧的成山头登陆,包抄困在威海港内的北洋水师。由于李鸿章"不得出洋浪战"的指令,致使日军迅速占领荣城,然后分兵进逼威海。北洋水师的官兵虽然进行了半个月的抵抗,但终因清政府内的投降派和国际帝国主义的破坏而全军覆没。

3月上旬,日军集中兵力进占辽东,先后攻陷牛庄、营口、田庄台,并肆意烧杀。日军下士官兵本利三郎在《日清战争从军秘录》中写道:日军火烧田庄台的市镇时,"黑烟遮蔽天日"。当时住在奉天的英国传教医生狄卡特·库里斯泰,在《奉天三十年》中,也记述了他所见到的情景:田庄台"曾是拥有一万人口的繁华城镇,而今已变成荒凉的废墟。还有冒着烟的房屋。因为冬季来临而拢岸的数百船只也被烧毁。街上到处都是牺牲者,凶恶的瘦犬贪婪地寻食着尸体"。②

由此可见,日军在侵华过程中,屠杀中国民众并非一时一事。

1895年3月19日,清政府按照日本政府的意愿,派遣李鸿章为全权代表到达下关(马关),3月20日开始议和。当时,日本政府决意迫使李鸿章接受事先拟定的议和条件。因此在李鸿章提出先行停战时,日本政府则乘机提出以下出四项条件:

> 日军占领大沽、天津、山海关等处之城垒;
> 前述各处清军将一切武器、军需品引渡给日本国军队;
> 日本军务官管辖天津至山海关间的铁路;

---

① 见宇野俊一:《日本的历史》(第26卷),小学馆,1977年,第65页。
② 见宇野俊一:《日本的历史》(第26卷),小学馆,1977年,第66~67页。

休战期间清国担负日本国军事费用。①

这四项条件,实际是企图将华北置于日军控制之下,以使清政府在谈判中更无回旋余地。李鸿章拒绝了上述条件。于是,开始正式和约谈判。

4月1日,日本外相陆奥宗光提出《和约底稿》,其条件极为苛刻。4月8日,日本政府总理大臣伊藤博文言称:"倘若此次谈判不幸破裂,则一声令下,我六七十艘运输船,将进而搭载增派之大军,轴舻相接,陆续开往战地,诚如是,则北京之安危亦有不忍言者。再说句严酷的话,清国全权大臣一旦离开此地后,能否再安然出入北京城门,似亦不能保证。这岂是吾等悠然迁延谈判日期之秋焉?"②全然是一种威压的态势。

4月17日,李鸿章终于在日本政府拟定的条款上,稍加改动之后,签署了内含11款的《马关条约》。其主要内容是:

第一条　清国确认朝鲜为完整无缺独立自主之国,有损其独立自主的朝鲜国对清国的贡献和礼仪等,将来应完全废除。

第二条　清国将下记土地主权并该地的城垒、兵器制造所及官有物永远割与日本国。

一、下记经界内的奉天省南部之地:

从鸭绿江口上溯该江至安平河口,自安平河口横贯凤凰城、海城、营口至辽河口的折线以南之地,并包括上述各城市,且以辽河中央为界。

辽东湾东岸及黄海北岸属于奉天省之各岛屿。

二、台湾及其附属岛屿。

三、澎湖列岛,也即英国格林威治东经119~120度,北纬23~24度之间各岛屿。

第四条　清国约定向日本国支付库平银二亿两,作为军费赔偿。上述金额分八次支付。第一次及第二次各支付五千万两。第一次支付应在本条约批准交换后六个月之内,第二次支付应在本条约批准交换后十二个月之内。余额分六年支付,其第一次应在本条约批准交换后两年之内,

---

① 外务省编:《日本外交文书》(第28卷第2册),日本国际联合协会,1953年,第290页。
② 见陆奥宗光:《蹇蹇录》,中塚明校注,岩波书房,1983年,第285页。

第二次应在本条约批准交换后三年之内,第三次应在……四年之内,第四次应在……五年之内,第五次应在……六年之内,第六次应在……七年之内。自第一次支付之期日起,尚未支付之金额,每年支付百分之五的利息。(下略)

第六条　日清两国间之一切条约,因交战而消灭。清国约定,在此条约批准交换后,迅速任命全权委员与日本国全权委员缔结有关通商航海条约及陆路交通贸易协定,且以现在清国与欧洲各国间的现有各条约章程,作为日清两国各条约之基础。(下略)

第一、清国在现今为各外国开放的各城市港口之外,为日本国臣民……开放下列城市港口,但应以现今开放场所同一条件,享有同样特典及利益。

(一)湖北省荆州府沙市。

(二)四川省重庆府。

(三)江苏省苏州府。

(四)浙江省和杭州府。

日本国政府有权在上述城市设置领事。

第二、为运送旅客及货物,将日本国汽船之航路,扩大至以下场所:

(一)扬子江上游,自湖北省宜昌至四川省重庆。

(二)自上海入吴淞江及运河,至苏州杭州。(下略)

第三、日本国臣民在清国内地购买货物及产品,或将其输入商品向清国内地运送,上述购买物品或运送品入库时,不纳任何税金厘金,且有临时借用仓库权利。

第四、日本国臣民在清国各开放场所,可自由从事各种制造业,只缴纳所定的输入

税,便可将各种器械自由输入清国……。

第八条　作为诚实履行本条约规定之担保,清国承认日本国军队暂时占领山东省威海卫。(下略)①

---

① 见日本外务省编:《日本外交年表并主要文书》(上卷),日本国际联合协会,1955年,第165~167页。

上述条约签订后,仅隔两日,日本政府便迫使清政府予以批准生效。

据日方记载,4月10日李鸿章在谈判中言称:"赔偿金两亿两,实在是莫大之金额,非我国今日所能负担者……更请减轻。"伊藤博文说:"已如明确所言……已无另行减轻之余地。如果今后继续战争,赔偿金额将不止于此。"李鸿章又称:"贵国连未占领之台湾,也作为要求条件,至少难以理解其意。"伊藤博文称:"即使未占领者也作为要求条件,又有何妨?"当李鸿章表示:"要求现在未占领之地,非为得当"时,伊藤博文则称:"如果那样,则直接送兵去占领任何?"①

由此可见,当年日本政府在议和谈判中,不仅出手凶狠,而且态度非常傲慢。

是时,中日下关谈判却引起了国际列强的注意。如同年4月1日,日本驻俄公使西德二郎在发给陆奥宗光的电文中言称:

> 3月26日发行的俄国官报中谈到,现今欧洲视线转向远方日本大本营之邻市下关……新闻言称:如今清国能否使日本承诺议和,其关系颇为重大……假若一朝不幸,议和破裂,则东洋将酿成前所未有之纠纷。不独老朽之清国陷入危殆之地,欧洲诸大国之利益,也将甚为蒙受损伤。欧洲各新闻之意见,与之大同小异……。今列举重要机关所论之要点,则是言称欧洲诸国认为日本要求过大,不可袖手旁观。故而有必要在媾和谈判终结之前进行干涉。如果日本在获得与文明各国为伍之名誉地位的道德权利之上,更要获得过分之实际利益,则欧洲各国终究不能默认。②

显然,这是日本政府非常顾虑的。如果与李鸿章的谈判议而不决,势必节外生枝。后来的事实也证明了这一点。

1895年,沙俄外交大臣洛巴诺夫认为:"中华帝国在今日被破坏的情况下……很难即刻复原以至'威胁'我们了。"③但是,日本企图一举占有辽东半岛的要求,却直接触犯了沙俄南下的目标。洛巴诺夫表示:"这些被日本硬塞进

---

① 日本外务省编:《日本外交文书》(第28卷第2册),日本国际联合协会,1953年,第410、414页。
② 见日本外务省编:《日本外交文书》(第28卷第2册),日本国际联合协会,1953年,第305页。
③ 见张蓉初:《红档杂志有关中国交涉史料选译》,生活·读书·新知三联书店,1957年,第150页。

条约的苛刻条款,尤其是要求割让辽东半岛,俄国甚至比中国更感到厌恶!"①因此,同年4月,沙俄政府召开"特别会议",决定迫使日本放弃占领东北南部,否则俄国"将保留行动的自由……依照我们的利益来行动"。②

4月23日,俄、德、法三国公使前往日本外务省,对日本割占辽东提出异议。沙俄公使在备忘录中谈道:"俄国皇帝陛下政府查阅日本向中国要求的讲和条件,认为日本领有辽东半岛不仅有经常危及中国首都之虞,同时将使朝鲜国的独立有名无实,障碍将来远东的永久和平。因此,俄国政府为向日本皇帝陛下政府再次表示诚实的友谊,劝告日本政府应确然放弃领有辽东半岛。"③

德、法公使的"劝告"内容,大体与俄国相同。也即不承认日本抢先占据中国东北。日本政府将此事照会英国,但英国政府依然表示坚持"局外中立"。④

在此之前的4月2日,也即李鸿章公开提出讲和条件的第二天,为了避免列强进行不利的干涉,日本政府曾通过驻外公使,试图以牺牲中国为代价,来缓和欧洲列强的干涉。据德国外交文件记载:日本驻柏林公使青木周藏曾通知德国政府说:"日本将要求'满洲'的部分领土。"他特意补充说:"旅顺口将变成直隶湾中的直布罗陀。"与此同时,他还劝告德国在中国南部获得一块领土,并称这比德国"在非洲所有的殖民地都更有价值"。此外,青木周藏还向德国表示:日本政府不反对俄国为了它的铁路而取得东北的一部分,而英国或许可以获得舟山,等等。⑤

显然,日本政府为了达到割占有辽东半岛的目的,在同欧美列强的外交中是煞费苦心的。然而,当时的德国有意把沙俄引向东方,却无意支持日本政府占有辽东。而当时的法国又与俄国具有同盟关系。因此,这一外交手段未能奏效。至于当时的英国,虽有意利用日本牵制沙俄的南下,但也无意为了日本而加深与俄国的对立。这样一来,日本企图笼络"强援",以对抗三国干涉的希望破灭了。于是,日本政府只好面对三国干涉。

---

① 见A·洛巴诺夫~罗斯托夫斯基:《俄国与亚洲》,纽约麦克米伦公司,1933年,第221页。

② 张蓉初:《红档杂志有关中国交涉史料选译》,生活·读书·新知三联书店,1957年,第159页。

③ 见日本外务省编:《日本外交年表并主要文书》(上卷),日本国际联合协会,1955年,文书部分,第169~170页。

④ 见日本外务省编:《日本外交年表并主要文书》(上卷),日本国际联合协会,1955年,文书部分,第171页。

⑤《德国外交文件》(第9卷),第260页,第2231号文件,1895年4月2日,德国外交部档案司米尔堡的条陈。见菲利浦·约瑟夫:《列强对华外交》,胡滨译,商务印书馆,1959年,第86页。

1895年4月26日,日本政府训令驻俄公使西德二郎向俄国表示:"在日清讲和条约已为我皇上批准的今日,放弃辽东半岛颇为至难。……希望俄国政府鉴于不伤日俄两国多年的亲密善邻关系,再次考虑此次劝告。"并称:"日本将来永久占领辽东半岛,也不会危及俄国的利益,在有关朝鲜的独立上,日本政府无论如何也要使俄国政府充分满意",等等。①但是,俄国政府没有答应日本的这种请求。

4月27日,西德二郎向国内回电:"俄国皇帝认为日本的请求违背俄国的劝告,没有使人满意的充分理由,不予采纳。"此时,日本驻美国公使栗野也发回电报说:美国只答应在不违反"局外中立"的范围内给予协助。②

4月30日,日本政府再次训令驻俄、德、法三国公使,提出所谓"同意在保全日本国之名誉和威严之后",另以追加定约的形式,对下关条约进行如下修正:第一、"帝国政府同意除金州厅之外,放弃其在奉天半岛的永世占领权",但是要与清国协议决定"作为日本国放弃其领土的代价金额";第二、在清政府全面履行讲和条件的义务之前,"作为担保,有权占领上述领土"。③

但是,这种妥协方案依然没有得到沙俄政府的同意。5月3日,西德二郎回电称:经过极力论辩,俄国政府不满意我国的照会,并决议不改动当初的"劝告"。

至此,日本政府只能忍气吞声。5月5日对三国宣布:"日本帝国政府基于俄法德三国政府的友谊忠告,约定放弃永远占领奉天半岛。"④5月9日,俄德法三国公使分别代表本国政府前来表示"祝贺"。以俄国为首的三国干涉,就这样在角逐中收场了。

但是,此时的陆奥宗光却在内心决定:"即使对俄德法三国全然让步,但对清国一步不让。"⑤这表明近代日本政府对邻近国家的侵略政策是不会改变的。与此同时,日本国内则出现了"卧薪尝胆"的呼声,预示了日俄必然要有更大的矛盾与争夺。

---

① 见陆奥宗光:《蹇蹇录》,中塚明校注,岩波书房,1983年,第311页。

② 见陆奥宗光:《蹇蹇录》,中塚明校注,岩波书房,1983年,第313~315页。

③ 见日本外务省编:《日本外交年表并主要文书》(上卷),日本国际联合协会,1955年,文书部分,第171页。

④ 见日本外务省编:《日本外交年表并主要文书》(上卷),日本国际联合协会,1955年,文书部分,第172页。

⑤ 见陆奥宗光:《蹇蹇录》,中塚明校注,岩波书房,1983年,第320页。

三、日本帝国在侵略中膨胀

"三国干涉还辽"告一段落。1895年6月2日,清政府全权李经方与日本桦山资纪交接台湾和澎湖列岛。此后长达50年,日本政府镇压台湾同胞的激烈反抗。

进而,同年11月8日,日本政府又按照既定方针,与清政府签订了《归还辽东半岛条约》。其中规定:

清政府必须在1895年11月16日以前,再向日本政府支付库平银三千万两,以作为"归还奉天省南部土地之报酬",而日本的撤兵则需在支付银两之后的三个月之内。①

1896年7月21日,日本政府进一步投井下石,与清政府缔结了内含29条的《日清通商航海条约》,其中除了规定相互派遣外交官、领事官和享有"国际公法"所赋予的权利之外,另行规定:

日本国臣民及其家属、雇员、仆婢,可在清国现今为外国人居住贸易而开放或将来开放之各港市,往来、居住、从事工商业和制造业,可从事其它一切合法职业,搭载其商品和携带物品随意往来于上述各开放港地之间,且可在已为外国人使用和占用所选定或将来选定之地区内,租借、买卖房屋,租借土地,建筑寺院、墓地、病院,对于此等一切事项可享有现今给予最惠国臣民或将来给予的同等特权及豁免权(第四条)。

日本国船舶可在现今停泊港口……并将来作为停泊港口之一切场所,按照有关外国贸易之现行章程,为装卸货物而停靠(第五条)。

日本国臣民携带本国领事发放、地方官副署之护照,为了旅游或商贸,可在清国内地各处旅行(第六条)。

清国与泰西各国之间所实施之税目及税则,适用于日本国臣民向清国输入,或从日本国向清国输入,适用于日本国臣民从清国输出,或从清国向日本国输出之一切物品(第九条)。

日本国臣民向清国输入,或从日本国向清国输入之一切物品,按照现

---

① 见日本外务省编:《日本外交年表并主要文书》(上卷),日本国际联合协会,1955年,文书部分,第173页。

行章程,在开港场所之间搬运,无论其所有者之国籍或搬运船只之国籍,一概不得收取各种税金、赋捐、手续费用和厘金(第十条)。

在清国之日本国臣民的人身、财产之裁判管辖权,专属日本国官吏(第二十条)。

清国官吏或臣民对在清国之日本国臣民,提出有关其财产的诉讼时,当由日本国官吏审理判决(第二十一条)。

在清国犯罪成为被告之日本国臣民,当依照日本国法律,由日本国官吏审理(第二十二条)。

日本国政府及臣民,可享有大清国皇帝陛下现今给予或将来给予他国政府或臣民的一切豁免及利益(第二十五条)。[1]

《马关条约》和《日清通商航海条约》的签订,使日本实现了与欧美列强"均沾"在华侵略权益的战略目标,并开始向军事帝国主义方向发展。

当年,日本政府从中国获取的2.3亿两白银(折合日币约3.65亿日元),大体相当于1895年日本国家财政收入的4倍以上。日本大藏大臣也情不自禁地地承认:中国的赔款使日本迎来了财政转变的新时期。[2]而中国为了这种赔偿却不得不大举外债,总数达3.7亿两,以致中国负债累累,时至1938年尚未还清。这是"甲午战争"所产生的第一个后果。

相反地,日本通过侵略战争和索取大量赔款,国内产业迅速发展。如1894年日本的私营造船公司为4家,纳税资本为27万日元,1896年虽然只增加1家,但纳税资本却上升为227万日元。同样,1894年日本有9家煤炭公司,纳税资本为97万日元,而1896年则增加为17家,纳税资本也激增为960万日元。1894年日本的银行总数为869家,名义资本1.29亿日元,纳税资本1亿多日元,而1898年末,银行总数则增加为1806家,名义资本为3.8499亿日元,纳税资本也增至2.5268亿日元。1893年,每100日元资本的纯利,全国平均16.57日元,而1895年增至20.58日元,至1896年更增加为27.93日元。[3]如此种种,不一而足。

---

① 全文见日本外务省编:《日本外交年表并主要文书》(上卷),日本国际联合协会,1955年,文书部分,第176~181页。

② 见深谷博治:《日清战争与陆奥外交》,日本广播出版社,1940年,第7页。

③ 见守屋典郎:《日本经济史》,周锡卿译,北京三联书店,1963年,第126~129页。

上述事实表明：日本帝国正在侵略中膨胀。侵略战争成了日本资本积累和增殖的源泉。日本人民在战争中付出的是血，而大地主大资本家所获得的却是带血的利润。

甲午战争的另一后果，则是将当时的中国推向了半殖民地的深渊，拉开了国际帝国主义瓜分中国的狂潮：

1897年11月，德国强占胶州湾，次年迫使清政府签订租界条约（为期99年）。1898年3月，俄国强行租借旅顺、大连湾（为期25年）。英国强占威海卫，强行扩大租借九龙半岛及大鹏湾、深圳湾（为期99年）。同年4月，法国租借广州湾（为期99年），并把滇、粤、桂三省作为"势力范围"。同年，日本迫使清政府宣布不将福建省让与他国，而美国则在1899年向各国提议，要求中国实施"门户开放"。

一时之间，划分"势力范围"、强占租界、在华筑路等等，构成了国际帝国主义瓜分中国的重要手段。而日本则成为在华拥有租界最多的国家。

甲午战争后，日本内阁频繁更迭。1896年至1898年，日本内阁总理大臣三易其人。1898年11月，山县有朋第二次组阁（1898年11月—1900年10月）。但此时日本的驻华公使却没有变化（1897年6月—1899年11月）。因此，透过驻华公使矢野文雄（龙溪）的政策主张，可以深入了解日本政府的对华政策。

矢野文雄（1850—1931年）以著述"政治小说"而闻名，他在1889年完成的《浮城物语》中写道："我等既然生在这个地球上，就应有横行全球的自由。焉有因为生于日本，便只能活动于日本之理。我等既已生于地球，就应以地球为舞台，成就稀世大业……西洋人种以地球作为功名之地，而我日本人以本国为功名之地，岂非不堪痛息？我等今将蹂躏整个地球，席卷无人之地，为日本开拓数十倍之大版图，以献于（天皇）陛下。"①

表面上看，这是几近张狂的描述，但却如实地反映了当时日本社会的国家主义思潮。特别是其担任驻华公使时期的思想主张，更与其"政治小说"有着"共同的特征"。②

1898年3月，矢野文雄向日本政府明确提出：列强现今已经开始正式分割中

---

① 见河村一夫：《近代日中关系史诸问题》，南窗社，1983年，第54页。
② 河村一夫：《近代日中关系史诸问题》，南窗社，1983年，第53页。

国了,日本有必要把台湾对岸的福建省,划为日本的势力范围。①日本政府采纳了这一主张。于是,矢野在4月22日向清政府递交了要求"不将福建省内各地让与或租与他国"的照会。②4月24日,清政府被迫同意了日本政府的要求。

接着,同年5月,矢野又奉命向清政府提出了"希望该省铁路铺设权不要落入他国之手"的要求,进一步迫使清政府作出了"在有关资金和工程方面,需要借助他国之时,先与日本政府交涉"的承诺。③日本政府采取的上述办法,与当年法国强租广湾并获得云南铁路铺设权的手段一模一样。此后,福建省变成了日本的"势力范围"。

这里,值得一提的是,矢野还有一个更为深远的投饵之策,也即为了在中国获取更多的侵略权益,矢野还曾专门向本国政府提出大批接受中国留学生的意见。他认为,接受中国留学生,不仅有助于获得福建省的铁路铺设权,而且是"将来在东亚大陆树立我国势力的长远之计"。他说,"若将受到我国感化的新人材,散布于老大帝国之内……其从武者不仅要模仿日本的兵制,而且将使军用器械仰赖于我,至于士官人物的聘用,也必然求助于日本。这样,清国的军事势必大半日本化。又,理科学生在器械、职工等方面也将求助于日本,使清国商工业与日本自然存在密切关系,从而成为我国商工业向清国扩张之阶梯。法律、文学学生将以日本的制度为准,谋求清国将来之发展。事若如斯,则我国势力及于大陆者乃不可估量也……"④如此种种,充分反映了日本政府企图全面控制中国的野心。

此后,扩大在中国的"优势地位",则变成了日本政府的战略目标。其具体表现则是充当"远东宪兵",与国际列强串通一气,联合镇压中国人民的反帝爱国斗争。

1900年,中国人民掀起了义和团运动。这场斗争首起山东,国际列强的侵华权益受到打击。于是,列强便开始酝酿联合镇压。是时,日本政府在国际列强联合出兵之前,便指令驻英公使与英国协商,主动要求承担英国的出兵任

---

① 见藤村道生:《日清战争》,岩波书店,1973年,第214页。

② 见日本外务省编:《日本外交年表并主要文书》(上卷),日本国际联合协会,1955年,第185页。

③ 参阅信夫清三郎编:《日本外交史》(第1卷),天津社会科学院日本问题研究所译,商务印书馆,1980年,第199~200页。

④ 日本外务省史料馆藏《在本邦支那留学生关系杂纂》,见河村一夫:《近代日中关系史诸问题》,南窗社,1983年,第58~59页。

务。用当时日本陆军大臣桂太郎的话说,参加这场联合行动乃是日本"将来掌握东洋霸权的绪端"。①

日本政府的主动,得到了当时陷入南非战争的英国政府的支持,并表示愿意提供经济援助。1900年5月,日本派出舰队驶至天津大沽口,充当了八国联军侵华的急先锋,并一度充任总指挥。在列强初期约4700余人的侵略军中,日军占3200人,居侵略者的首位。②及至8月,八国联军达到33500人,日军仍然占据多数,据当时日本总理大臣山县有朋的数据,"我邦前后出兵不下25000人"。③

8月14日,八国联军以日军作先导攻入北京,所到之处,烧杀抢掠,无恶不作。联军统帅瓦德西供认:"中国此次所受毁损及抢劫之损失,其详数将永远不能查出,但为数必极重大无疑。"至于杀人放火、强奸妇女等暴行,为数也"极属不少"。④如此等等,这就是所谓"文明对野蛮"的战争!

在联军侵华期间,日本政府还一手制造了"厦门事件"。1900年4月,"日本驻台湾总督府民政长官"后藤新平窜至福州,与当地日本领事合谋,由"驻厦门福州领事兼任台湾事务官,由台湾派出属僚……在领事管辖下,处理有关台、福事务"。⑤这实际是企图蚕食福建的第一步。

6月15日,日本内务大臣西乡从道致书外务大臣青木周藏,进一步协商此事。西乡在信中写道:"台湾与清国福建之关系颇厚,复加彼我交涉逐渐频繁,在统治台湾上尤有调查报告该省事情之必要。提出,委托驻该省厦门、福州的帝国领事调查上述事务,并向厦门领事支付年金一千元,向福州领事支付五百元作为津贴,且将两名总督府官员派往厦门、一名派往福州,辅助事务……"⑥对此,青木立即表示同意,并于8月17日向日本驻上海、香港领事发出通知,指令凡是有关涉及台湾与中国南部的事项,当报告外务省的,也要同时报告给"台湾总督"。

---

① 见《岩波讲座日本历史》(第16卷),岩波书店,1976年,第58页。
② 参阅《论集日本历史》第11卷《立宪政治》,有精堂,1975年,第233页。
③ 见大山梓编:《山县有朋意见书》,原书房,1966年,第257页。
④ 瓦德西:《拳乱笔记》,见《中国近代史资料·义和团》(第3册),上海书店,2000年,第29、34页。
⑤ 日本外务省外交史料馆藏《后藤台湾民政长官出差支那厦门福州件》,见河村一夫:《近代日中关系史诸问题》,南窗社,1983年,第140页。
⑥ 日本外务省外交史料馆藏:《有关委托驻外帝国领事兼任台湾总督府事务及事务官件》,见河村一夫:《近代日中关系史诸问题》,南窗社,1983年,第141页。

此前的 8 月 14 日,日本海军大臣山本权兵卫也向驶至厦门的"和泉"号舰长斋藤,发出了不失时机地占领厦门炮台,"努力使若干兵员登陆"的指令。①

时至 8 月 20 日,总理大臣山县有朋更以《北清事变善后策》为题,提出了所谓"南方经营"的战略方针。他认为:

> 清国虽然……暂时免于分割,但国家之生气久已衰耗,没有自行恢复之力。将来倘有诱导动机之微者,将继续发生变动,是乃各国亦明知者。所以,现今都在采取预先准备之策,且谋求将来遇有分割之机,不致误算。而作为此种方策,则将是扩张其势力范围,在其域内驻屯军队,要求铺设铁路,开采矿山等特权。

进而,山县言称:

> 值此之时,我国将以何等方针处之呢? 他先是违心地言称:"我邦对清国之关系,在于贸易而不在于侵略,在于保全而不在于分割。曩者,要求不割让福建,也毕竟只是保持与各国均衡,为了维持东亚和平"云云。然而,其提出的具体方针,却是应在福建之外,进一步将浙江纳入我国势力区域。诚如是,那么将来则可与台湾相对,成掎角之势。平时作为在清国内地贸易工业之根据地,有事之际,则可以扼制东亚之咽喉……

"至于势力区域之设定",山县主张:"第一要观察清国今后之形势,第二要审视各国之向背和动静,不可没有计划。至其限界,也应根据他日之形势而确定是及于江西,还是及于浙江及江西之一部。"

随后,山县明确表示:"谚曰追两兔者而不获。当此各国共同猎于清国之际,先追南方之一兔,获之而后,再行追逐北方之一兔,也未为晚也……要实现我国南门之经营,发展工商业,必须占有福建、浙江之要地,更何况,事情顺利、时机亦可呢?"

此外,山县在这篇《善后策》中,还进一步提出了"北方经营"问题。他说:

---

① 日本海军大臣官房:《明治三十三年清国事变海军战史抄》(卷 5),第 598~599 页。见大山梓:《日本外交史研究》,良书普及会,1980 年,第 204 页。

姑且不论朝鲜在我国历史上的关系。因其地位在远东占据海陆要冲,与我国国防及经济有至关重大的关系,得之失之,足以决定我国国运之兴废消长。前余年,我国敢于不惜与清国构兵、流血、暴骨,岂有他故焉。不幸的是,事逢三国干涉,归还辽东。但是,谁人又能一日忘记北方之经营呢?……若要将朝鲜纳入我国势力区域,则不可没有与俄国开战之决心,唯有以此决心方能实现北方经营之目的。①

山县有朋的《善后策》,经内阁会议后,变成了政府的决策。也就是说,此时的日本政府不仅要乘机先从中国南部下手,而且还要与沙俄争夺朝鲜和中国东北。因此,8月22日,日本参谋本部长大山岩经过天皇批准,及时地向台湾总督儿玉源太郎下达了指令:"一有机会,即应占领厦门。"②于是,8月24日便发生了日军烧毁设在厦门的东本愿寺并强行登陆的占领事件。

上述情况表明,"厦门事件"实际是日本政府扩大侵华政策的产物。此一事件虽因中国人民的抗暴斗争和国际列强间的矛盾而未能得逞,但却暴露了日本政府企图利用一切时机,扩大侵华势力的阴谋。这也是1915年日本政府对华提出"二十一条"要求时,再次要求占有福建的历史背景。

日军强占厦门受到挫折,但在与欧美列强联合出兵侵华过程中,却掠夺了大批财物。1901年9月,国际列强迫使清政府缔结《辛丑条约》,中国又被迫向各国赔款4.5亿两白银(分39年付清,加上利息和各省的赔款,总计为10亿两),日本从中分得了3470万两以上。日本帝国主义就是这样通过一次又一次地掠夺发展起来的。

此外,根据《辛丑条约》,当时的列强为了"保持京师与海通路无断绝之虞",得以在黄村、廊坊、杨村、天津、军粮城、塘沽、芦台、唐山、滦州、昌黎、秦皇岛和山海关等十二个地点"驻兵留守"。此后,便出现了日本的所谓"驻屯军",也即日本政府侵略中国的前哨部队。

1936年4月,日本政府突然增加"天津驻屯军"的数量,并越出条约范围占

---

① 见大山梓编:《山县有朋意见书》,原书房,1966年,第261~264页。

② 见信夫清三郎编:《日本外交史》(第1卷),天津社会科学院日本问题研究所译,商务印书馆,1980年,第207页。

据地处北平南北交通要道的丰台,实际则是准备发动全面侵华战争的前兆。这是后话。

综上所述,可以看出,1895—1900年前后,随着国际帝国主义时代的到来,日本政府依靠军事力量,成为帝国主义瓜分中国的重要一员。此后,日本的东亚战略和政策则进入了新的时期。按照山县有朋的说法是,"我国通过这次战争(甲午战争)将在海外获得新的领地,诚如是,则已需要扩充军备来守卫新领地,更何况要乘连战连胜之机而径直成为东洋之盟主呢?"①

本文节选自《日本东亚政策研究》,江苏人民出版社,2019年,第152~223页,标题有改动。

作者简介:

米庆余,1938年生于河北省玉田县,1964年南开大学历史系毕业。南开大学日本研究院教授、博士生导师,中华日本学会常务理事,中国日本史学会学术顾问。主要研究方向为日本近现代外交、中日关系。著作《日本近代外交史》《明治维新——日本资本主义的起步与形成》《日本西南战争》《日本的民权运动》《琉球历史研究》(获教育部社科优秀著作奖)、《近代日本的东亚战略和政策》《日本近现代外交史》《日本东亚政策研究》;监修《战后日本国家安全保障战略》(获天津市社科优秀著作奖);主编《日本百年外交史论》《近现代亚太地区国际关系研究》《国际关系与东亚安全》;合著《日本史》《日本近代化研究》《日中文化传统与近代化的比较》;译著《日清战争》。发表学术论文近百篇。

---

① 见大山梓编:《山县有朋意见书》,原书房,1966年,第230~231页。

平成时代的日本经济转型

——一场深刻的新自由主义变革

张玉来

一、结构变化:从政府主导转向企业为中心

政府主导经济发展曾是战后日本经济的显著特征,自有泽广巳等人创造的"倾斜生产方式"开始,历届日本内阁都会制定各式各样的"经济计划",如1960年池田内阁"国民收入倍增计划"等,于是,"官主导"成为战后昭和经济模式的代名词,美国学者约翰逊的《通产省与日本奇迹》便是代表之一。然而,这种计划色彩浓厚的经济模式却逐步走向僵化,特别是泡沫经济崩溃之后更是问题凸显。20世纪80年代,中曾根内阁就尝试削减政府干预,它实施了民营化改革,将一大批国家控制的交通、电信、航空等国有垄断部门转给民间。到平成时代,改革路线逐渐清晰,桥本内阁提出了"小政府"的改革思路。之后,以小泉内阁的新自由主义改革为代表,日本彻底走向新自由主义道路。改革令日本经济结构发生巨变,社会财富大规模从政府部门转向了企业和家庭部门。

(一)"凯恩斯惯性"令日本政府高筑债台

20世纪90年代,泡沫经济崩溃带来的一个重要"后遗症"就是拖垮了日本财政。截至2017年底日本政府(包括中央和地方政府)债务余额已经高达1279万亿日元,[1]相当于其国内生产总值的240%。[2]在七国集团(G7)中,日本主权债务余额远远高于其他各国,如债务危机严峻的意大利,其债务余额对GDP之比也不过仅为131%,比日本低近110个百分点。不过,若从净债务余额对GDP之比来看,日本为120%几乎与意大利持平,美、法两国也都在100%左右,这说明了日本政府同时掌握着大量资产。

---

[1] 根据日本政府(财务省主计局)统计预测,2018年底日本政府(包括地方政府)长期债务余额1107万亿日元、国债及借款债务余额1239万亿日元,根据SNA标准(中央及地方政府和社保基金)统计的债务余额为1279万亿日元。财务省:《日本の财政関係资料——平成30年》,第6页。

[2] 财务省:《日本の财政関係资料——平成30年》,第9页。

之所以债台高筑,原因在于日本政府习惯于凯恩斯主义式的经济政策。泡沫经济崩溃之后,历届日本内阁纷纷采取了凯恩斯式政策刺激措施。以泡沫经济崩溃之后为例,自1994年开始就相继实施了6次经济刺激计划,分别是1994年2月的"综合经济对策",政策资金额度15.3万亿日元(细川护熙内阁);1995年4月"紧急日元升值经济对策"7万亿日元、9月"经济对策"14.23万亿日元(村山富市内阁);1998年4月"综合经济对策"16万亿日元;1998年11月"紧急经济对策"24万亿日元、1999年11月"经济新生对策"18万亿日元(小渊惠三内阁)等。

2001年10月小泉纯一郎内阁成立之后,由于大力提倡构建"小政府",经济刺激规模明显缩减,其推出的"改革前沿项目"仅为5.8万亿日元、"紧急对应项目"4.1万亿日元。2002年12月小泉内阁推出了总额14.8万亿日元的"改革加速项目"主要是为了解决金融坏账问题,而且,直到2006年9月小泉内阁结束也没再推出新的刺激计划。[①]

然而,2008年金融危机之后,日本政府便重操旧业,再度开始大规模经济刺激措施。继2008年8月福田康夫内阁推出总额11.7万亿日元"紧急综合对策"之后,同年10月上台的麻生太郎内阁便推出了总额高达26.9万亿日元的"生活对策"。2009年4月,作为金融危机对策,麻生内阁甚至下了一剂猛药——推出了总额高达56.8万亿日元的"经济危机对策",日本一般会计支出也史无前例地骤然突破百万亿日元大关(101万亿),同比上年暴涨16.3万亿日元规模。此后,包括民主党政权在内,日本政府经济刺激规模年平均维持在20万亿日元左右,无疑此举带来了政府债台高筑的结局。

泡沫经济崩溃之前(1991年为例),日本政府债务余额仅为171万亿日元,对其国内生产总值(GDP)之比约为65%,在七国集团中低于加拿大(82%)和美国(71%)。而且,若从净债务余额角度来看,日本财政状况则是七国集团中最好的,其净债务余额对GDP之比仅为17.6%,相反,美国、加拿大都在50%以上,德、法、英也都在20%左右。泡沫经济崩溃之后,日本政府债务余额迅速攀升,1995年便突破400万亿日元(410万亿元),2005年更是逼近800万亿规模(774

---

① 社会事情データ図録:《政府のこれまでの主な経済対策》,https://honkawa2.sakura.ne.jp/5090.html,2018.9.12.

万亿日元)。①2014年,包括地方政府在内的日本政府债务余额首次突破千万亿日元大关,对国内生产总值之比也更是将近2倍左右,成为七国集团中财政状况最糟糕的国家。

(二)改革转型助推财富集中于企业部门

企业利润剩余也就是企业界的财富积累。截至2017年3月,日本全行业企业(金融、保险业除外)的利润剩余额已经突破400万亿(406万亿)日元,对国内生产总值占比超过80%。然而,1996年这种日本企业财富积累数字仅为2.6万亿日元,2006年也才达到11.9万亿日元。也就是说,日本企业的财富积累速度是最近20年增长了156倍,最近10年也增长了34倍之多。这其中,制造企业财富积累占比超过1/3(35%),截至2017年3月,日本制造业利润剩余为141万亿日元。

自有资本比例同样是衡量企业财富的重要指标,它也是企业盈利能力提高的结果。就这一数据而言,日本制造业要远远高于全行业企业。1986年,日本企业平均自有资本比率18%,而此时的制造业企业已经超过27%。经过10年之后的1996年,日本企业平均自有资本比率已经逼近20%,而制造业企业则突破了34%。到2006年,上述两个数字更是分别提升至33%和44%,很显然,泡沫经济之后,日本企业普遍更重视自有资本占比。截至2017年3月,日本企业平均自有资本比率突破40%,而制造业更是逼近48%(详见图1)。很显然,泡沫经济时代的惨痛教训,令日本企业纷纷改变了财务模式。

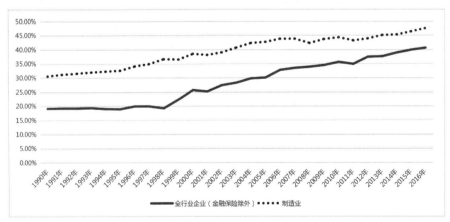

图1 泡沫经济崩溃后的日本企业自有资本比率(1990—2016年)(单位:%)
资料来源:《年次別法人企业統計調查概要》各年度。

---

① 财务省:《日本の財政を考える——平成17年》,第6页。

（三）家庭部门出现贫富分化

2018年9月20日，日本银行调查统计局公布了日本最新资金循环状况，在2018年6月底的日本社会"总账单"中，日本家庭部门的总资产已经攀升至1848万亿日元，而家庭部门的总负债为318万亿日元，二者相抵消之后，日本家庭部门的总净资产为1530万亿日元（约合13.5万亿美元），其规模超过了该国国民生产总值的3倍以上。日本非金融部门的总资产合计为3596万亿日元当中，家庭部门的占比超过一半以上（51.4%）。相反，在非金融部门的总计3346万亿日元的总负债当中，家庭部门的318万亿负债占比不足10%（仅为9.5%）。显然，这种财富分配结构显然具有了"藏富于民"的典型特征。[1]

再来看政府部门。2018年6月底，包括地方政府以及社会保障基金在内的整个日本政府的资产规模为572万亿日元，其中包括财政投融资信托资金26万亿日元、证券资产205万亿日元以及其他资产341万亿日元，整个日本政府系统在社会总资产中的占比不足16%。然而，反观负债状况的话，日本政府系统的负债高达1292万亿日元，其规模是其资产的近2.3倍，在全部负债总额中占比近4成左右（38.6%）。

最后来看企业部门。日本的非金融性企业部门的总资产为1176万亿日元，包括现金及短期存款259万亿日元——这也是常被日本企业津津乐道的所谓"手头资金"，再就是证券资产417万亿日元。在资产规模上，它仅次于家庭部门，总资产占比为32.7%。再来看非金融企业负债情况，在其总负债1736万亿日元当中，包括企业债在内的借款总规模为398万亿日元，证券债务额为1031万亿日元（其中，上市企业为589万亿日元），其他负债为307万亿日元。非金融企业的负债总占比超过一半，约为52%左右。

从国际比较视角来看，日本与美国和欧洲等发达国家共同的特征是政府系统负债占比最大，均处于资金不足的状态，相对而言德国的财政状况最健康。日美欧的家庭部门均是资产最大占有者，但资产构成结构有所不同：日本人更偏爱现金，其资产的52.5%是现金或银行短期存款，股票持有占比仅为10.9%，再就是保险年金等为28.5%；美国人的现金和短期存款占比仅为13%，人们更愿意把资产投向股票、投资信托及证券，三者占比合计达54%，保险年金

---

[1] 日本银行：《2018年第2四半期の資金循環》（速報），2018年9月20日，日本银行调查统计局，第1頁。

方面稍稍高于日本,为30.2%;欧盟方面,人们现金及短期存款持有比例为33%,介乎日美之间,股票、信托及证券为31%,保险年金则要高于日美,占比为33.4%。①

值得指出的是,最近这些年日本贫富差距现象开始凸显,但在2000年以前,日本基尼系数在七国集团中居中位置,社会财富分配相对平均。如1985年日本再分配之后的基尼系数为0.304,1995年则升至0.323,到2012年更是升至0.33。最近以来,日本"相对贫困率"、特别是"儿童相对贫困率"已经成为社会各界关注的焦点问题。

二、三大改革:新自由主义路线

桥本内阁的"六大改革"、小泉内阁的"结构改革"以及安倍内阁的"安倍经济学"是平成时代的三大改革,其基本指导思想就是倡导小政府、大市场的"新自由主义"。三大改革之间也形成了逻辑关联:桥本改革具有"灯塔"意义,它以行政改革为主导,正式开启日本从"官主导"的"大政府"模式转向市场主导的"小政府";小泉改革是平成改革的关键,它以所谓"无圣域结构改革"为口号,大规模处置政府资产的同时,还为政府"瘦身"并启动了劳动改革和地方分权改革;安倍改革试图全面扭转陷入长期通缩状态下的市场信心,同时启动供给侧与需求侧相关措施,极大改善了日本国内经济产业环境。

(一)新自由主义的世界潮流

二战后到20世纪70年代为止,发达国家经济政策一直以自由主义(liberalism)为主流(也就是凯恩斯主义,Keynesian)。其特征是:认为传统自由放任主义为基础的市场失败造成了世界恐慌,因此强调要扩大年金、失业保险、医疗保险等社会保障措施、通过公共事业调整经济景气、推进主要产业的国有化,通过国家积极介入来保证个人的社会权利(实质意义上的自由)。

这种"大政府、高福利"的路线,到1970年石油危机后便遭到供给学派经济学的评判。当时英国被讽刺为"英国病",陷入财政赤字不断扩大的困境。美国当时也陷入了经济滞胀(Stagnation)状况,导致失业增加。造成这种状况的责任,被认为是国家肆意介入以及政府部门的不断扩大(肥大化)导致。

---

① 日本银行:《资金循環の日米欧比較》,日本银行调查统計局,2018年,第2页。

1980年出台了新自由主义(哈耶克的新自由主义论:1986)。其代表是:英国玛格丽特·撒切尔夫人政权"撒切尔主义"、美国里根政权的里根经济学等经济政策。撒切尔政权将电话、煤炭、航空等各种国营企业民营化,实施劳动法制改革,放开了各种管制措施,改革了社会保障制度、实施了"金融大爆炸",清除了那些引进全球资本主义的导入外国资本以及拥护劳动者的制度思想。美国里根政权实施了大幅度放开和大规模减税,试图让民间经济变得更具活力。同一时期,日本的中曾根康弘政权也实施了电话、铁道民营化措施。1990年日本小泽一郎著书《日本改造计划》,集约了新自由主义思想。该书中提出,导入小选举区制、全面废除市町村,全国调整为300个市。(只是,现如今的小泽已经明确表示反对新自由主义)。另外,比尔·克林顿政权的经济政策——所谓基于华盛顿共识的全球化主义,被称为新自由主义的典型。1990年之后,韩国金大中政权、日本小泉纯一郎政权都是新自由主义的典型。

(二)从桥本改革、小泉改革到安倍经济学

灯塔式的桥本改革。1996年7月,自民党发布了"桥本改革蓝图",其目标是将迈入老龄化社会的"国民负担率控制在50%以下,以45%为目标",构建"效率和瘦身的政府体系"。这里的国民负担率是指国民收入中的租税负担(国税和地方税)与社会保障负担(年金、医疗保险和保险费)的合计额。事实上,桥本改革的真实背景是"官主导"为特征的日本传统经济发展模式已经"触顶"并僵化(如查莫斯·约翰逊《通产省与日本奇迹》),日本国内是政府长期干预市场导致僵化、形成了政、官、财"铁三角"利益集团,严重制约了企业创新;而在日本之外,世界掀起了经济全球化浪潮和以IT革命为主的新技术革命,新的全球价值链(GVC)正在逐步形成。桥本内阁提出了"行政改革、财政结构改革、社会保障改革、经济结构改革、金融系统改革和教育改革"等六大改革,除了国民负担率之外,它还明确提出要为大企业减轻负担,改善营商环境。诚然,桥本改革因为执政时间较短(1996年1月—1998年7月),未能取得显著成效,代表性改革成果是简政瘦身——一举将内阁22个省厅减半。

小泉改革堪称是让新自由主义理念在日本落地的重要改革,实施了邮政民营化、道路公团民营化、劳动改革和地方分权改革等。以"提升潜在经济增长率"为目标,启用民间人士(庆应大学教授)竹中平藏为国务大臣(经济财政政策担当大臣与IT担当大臣)主导结构改革。其显著改革成果包括:邮政改革

大幅削减了国家公务员队伍,任期内从127万国家公务员降至66万公务员
(2007年日本国家公务员更是降至25.4万人);处理了大量不良债权,使日本金
融机构不良债权比率从9%降至2%,大大改善了日本金融环境,为企业发展创
造了新的平台;推动了劳动改革,大举提升了劳动市场流动性,但也导致日本
贫富分化的加剧,正式员工比率从72%下降至67%,企业经营成本降低。

安倍改革主要依据耶鲁学派的通货再胀派理论,改革目标是让日本走出
长期通缩的困境。以所谓金融、财政和经济增长战略为"三支箭"的这次改革,
改革举措覆盖了供给侧和需求侧,重要成就主要包括改变了市场信心(日本股
市大涨、日元汇率下降)、提升了营商环境(消解了产业"六重苦")、开拓了海外
市场(日本入境游规模逼近5万亿日元、农产品出口将近1万亿日元)、占到了
自由贸易协定(FTA)谈判的前沿(如跨太平洋伙伴关系协定、日欧经济伙伴关
系协定等)。

(三)陷入困境的日本财政

从财政收支的国际比较来看,1991年前后,日本财政状况在七国集团中
属于最健康状态,其财政收支占国内生产总值之比为-0.9%,接下来是法国
(-2.4%)、德国(-2.9%)、英国(-3.1%),此外,美国为-5.8%、加拿大为-8.4%,而
意大利状况最糟糕(-11.7%)。但这种格局很快就发生了巨变,6年之后的1997
年,日本竟沦为最糟糕状态,其财政收支对国内生产总值之比恶化为-5.6%,其
他国家则因实施财政紧缩等重建措施,财政状况大为改善,尤其是加拿大经
常转为正值(0.2%),其他国家也都在-3%以内。[1]之后,美国财政状况逐步恶
化,特别是金融危机之后的2009年,其财政收支对国内生产总值之比甚至跌
至-13.7%,成为七国集团中最差状况。

---

① 财务省:《日本の財政を考える——平成17年》,第7页。

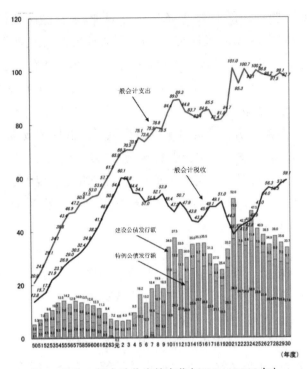

图2　日本一般会计收支的变化（1975—2018年）

资料来源：财务省：《日本の财政関係資料》（平成30年），第4頁。

以2018年日本财政预算为例，可以看到其财政"寅吃卯粮"的特征。2018年日本财政总规模为97.7万亿日元。从财政支出项目来看，"社会保障"一项占比总高，总计将近33万亿日元、占比34%左右；再就是"地方交付税"——也就是中央税收向地方税收的转移支付，其规模为15.5万亿日元（总占比16%）；接下来，就是经常被用于刺激经济的"公共事业"，其额度为5.9万亿（占比6%）；此外，超过5万亿规模的还有两项重要支出——"文教科学振兴费"和防卫费，它们分别为5.3万亿（5.5%）、5.1万亿（5%）。以上项目就是日本政府的"基础性财政支出"主要项目，但在支出项目中还有一项数额颇大的特别支出项目，这就是所谓"国债费"——是支付此前日本政府发行债务的本金和利息专用，2018年该项目支出高达23.3万亿日元，占总支出比将近24%，其中，用于本金偿还14万亿日元、债利息付费为9万亿日元（详见图2）。

（四）财政重建路在何方

近年来，日本税收有了较大增长，2018年再次突破59万亿日元，基本逼平创下战后最高税收纪录的1990年（60.1万亿日元）。在金融危机之后的10年间，日本税收增幅高达20万亿日元，2009年税收仅为39万亿日元。即便如此，日本政府还是必须靠举债才能维持财政收支——2018年公债发行规模33.69万亿日元，同比上年减少近2万亿规模。事实上，2013年初，日本银行所推出的所谓"异次元宽松"政策是日本国债发行得以下降的关键原因，在该金融宽松政策框架中，超低甚至负利率为日本政府提供了超低借债成本，有测算显示，该政策推出以来，国债发行成本至少被压低了5万亿日元；而且，高通胀显然也能减轻政府偿债负担，据日本经济新闻的报道，若真能实现年2%通胀率的话，33年之后（2050年）日本国债实际价值将能减半。也就是说，迄今为止日本财政支出仍有1/3靠举债来填补。而且，自泡沫经济崩溃以来，日本财政这种"寅吃卯粮"的日子已经持续了28年之久。

关于日本财政健全性，日本国内也是有着不同声音的，有人认为达到国内生产总值（GDP）2倍规模的主权债务问题已经非常危险；但也有人认为，由于政府债务9成以上是国内持有，因此不会出现希腊式债务坍塌。日本财务省在2018年3月推出的"日本财政相关资料"中，把政府债务非常形象地比喻成一个家庭，这个家庭收入6成依靠工资、3成多靠借贷，还有5%的其他收入；在支出方面，由于有贷款，所以24%用于还贷（9%利息支付、15%还本），另有76%用于生活支出，没有任何存款。那么，日本政府当前的任务就是首先要实现收入能够满足生活支出，然后借贷用于还款，也就是将76%的生活开支压缩至60%，使之与收入相抵。

纵观泡沫经济崩溃以来的近30年，除了上述日本政府"凯恩斯刺激"导致财政大幅恶化之外，社保费用不断增加、地方财政困难以及税收减少等也都是重要原因。

首先是社会保障相关费用增长，特别是近年来其增速不断加快，其关键因素就是老龄化问题。1990年，日本65岁以上人口为1489万，当时日本政府的财政支出用于社会保障方面的费用还比较少，为11.48万亿日元左右。1995年突破1800万之后，少子老龄化问题开始凸显，到2005年65岁以上人口数量更是达到2567万，财政中的社保相关支出也迅速增加，这一年突破20万亿日元（20.6万亿）。到2018年的今天，日本65岁以上老人已经达3537万，占全部人口之比为28%，财政支出中的社保相关支出已攀升至33万亿日元，占全部财政支出的34%左右（如图3）。

　　其次,近年来,日本出现了经济与人口从地方向东京、横滨等大都市集中的发展趋势,这造成了地方政府逐步陷入财政困境,中央政府不得不进行税收转移。1990年至2018年,日本新发国债中总计有85万亿日元被用于这种地方交付税,其中2009年曾一度突破7万亿日元规模。

图3　日本老龄人口增长与财政社保支出(1990—2018年)
资料来源:财务省:《日本の財政関係資料》(平成30年),第11页。

　　当然,泡沫经济崩溃之后,受经济低迷影响,税收下降更是日本财政困境的重要原因。传统的两大税种——“所得税”和企业“法人税”自1991年之后就不断下降,所得税从27万亿日元不断下滑,2009年甚至跌破15万亿日元大关,之后,有所恢复,但至2019年仍低于20万亿规模。2001年,日本企业法人税也从1990年的约18万亿日元下降至10万亿日元,之后有所抬头,但受金融危机冲击在2009年跌至7万亿规模,2018年又重新会升至13万亿左右。消费税是日本政府于1989年导入的新税种,1990年就将近10万亿日元,之后稳步提高,2014年消费增税之后迅速突破10万亿日元,如今已经与所得税和法人税并称为日本的三大税之一,预计在2019年再度提升至10%的税率之后,将有望成为日本第一大税种。

　　综上,鉴于日本政府仍有超过600万亿日元资产,其净债务为672万亿日元,加之消费增税的话,日本的财政重建目标其实并不渺茫。然而,毋庸置疑,作为日本政治家们,他们往往不会选择增税令选民讨厌的手段,而且,鉴于他们与各种利益集团之间错综复杂的利益关系,相关改革也难以启动和推进,如税收与财政一体化改革等。

三、企业竞争力重构:经营模式转型与全球化

20世纪90年代,美国进入了以互联网技术(IT)革命为特征的新经济时期。与欣欣向荣的美国经济正好相反,80年代中后期开始的日本泡沫经济却几乎在同时崩溃,日本陷入了"失落的二十年"。由于滞后于技术革命以及生产方式革命,日本企业竞争力出现全面衰退,从半导体到汽车产业先后于世纪之交陷入了经营困境。日本企业竞争力受挫主要有三大原因:一是与技术革命错位,80年代在实现对欧美国家技术赶超之后,日本把技术研发的重点集中转向了机器人,但全球技术浪潮的核心却是个人电脑和网络技术普及的互联网技术革命;二是经济全球化加速,让日本企业丧失了此前因投资海外各地而奠定的竞争优势,柏林墙倒塌之后,全球经济开始提速,跨国之间的产业链与价值链迅速蔓延全球,控制东亚生产网络的日本企业竞争优势开始瓦解;三是以模块化为特征的生产方式革命带来了各个产业生产效率的大提速,令长期占据领先地位的日本垂直一体化生产模式相形见绌,怠于改革创新的日本企业错失良机,这成为日企大面积遭遇滑铁卢的最主要原因。

(一)生产方式落伍造成竞争力衰退

模块化生产方式革命是致使日本经营模式衰退的核心原因。1962年IBM公司360体系设计是最早的模块化实践,这种崭新的生产方式很快在计算机领域普及,它带来了更有效的生产效率。从20世纪90年代开始,该模式又开始向其他产业领域蔓延,汽车产业的平台化趋势就是典型特征,最成功的案例就是德国大众汽车公司。进入21世纪以来,全球半导体产业步入更深层的模块化革命。以芯片为主的大型半导体公司普遍采取所谓"Fab Lite"战略,这是一种把生产委托给外部企业的模式,公司自身专注于设计研发。这一浪潮迅速席卷整个产业,它还催生出专门负责委托生产的厂商——"Foudry"企业,代表型企业就是中国台湾的台湾机体电路制造有限公司(TSMC)。

最典型的模块化革命——半导体芯片产业的四次大分工。20世纪60年代以前是所谓"全能企业"阶段,大多数企业全部采用垂直一体化的IDM(Integrated Device Manufacturer)模式,其特征是企业覆盖了整个产品的设计与制造、封装及测试等全过程,属于一贯式经营模式;20世纪60年代后期,出现了半导体

材料与半导体设备开始分离,半导体芯片生产设备开始分离出去,整个产业形成集成电路(IC)、设备和材料等三大子产业体系;20世纪70年代开始,又出现了所谓前、后工程分开阶段,即封装与测试等后工程从整个产业中分离,这主要因为半导体后工序封装、测试等已基本物化到设备仪器技术和原材料技术之中,那些半导体后工程转向了劳动密集的东亚新兴国家;20世纪80年代中期开始,进入半导体的设计分离阶段,由于计算机辅助工程(CAE)等辅助设计技术发展,半导体产业出现专门从事集成电路的设计公司——专业芯片设计公司(Fabless),如1982年成立的美国"LSI Logic"公司。

半导体芯片产业的高度模块化,也经历了不断深化过程,20世纪90年代后期这种高度分工模式的卓越成效凸显出来。在1994—2005年期间,全球专业化芯片设计公司数量增加了4倍,其整体营业收入也增长了40倍,年均增幅超过22%,远高于半导体产业整体8%、以及综合电子元器件制造商(IDM模式)平均7%的水平。日本半导体芯片产业一直滞后于模块化改革,特别是1986年《日美半导体协定》签署之后,曾使日本半导体产业迎来短暂的辉煌期,原因是它有效控制了当时最具增长力的动态随机存取存储器(DRAM)领域。但美国英特尔公司却主动放弃了此市场,转身进入了中央处理器(CPU)和逻辑电路领域。到90年代,日本芯片厂商便陷入了腹背受敌的困境,后面是韩国企业在动态随机存取存储器等领域迅速赶超,而前面的美国企业早已悄悄占领了半导体设计的高端,全球顶尖的专业芯片设计厂商多为美国企业。

经营组织模式落后是日本企业竞争衰退的主因。日本企业大多埋头于终端商业系统("TBS方式")、不断实施精细化战略,形成了一个个超大型混合体模式(conglomerate),如家电业10大企业集团——日立制作所、松下电器产业、索尼公司、东芝公司、NEC公司、富士通公司、三菱电机、三洋电机、夏普公司、先锋公司等。然而,在组织内部日企多采取事业部为核心的管理模式,形成各事业部"各自为战",导致了立足整个企业集团高度的投资战略缺位。

概言之,日本企业衰退的原因包括如下几点:其一,产品价格下降严重挤压了企业利润空间,伴随电子产品数码化、半导体领域摩尔定律的影响,加之全球生产与全球销售的迅速普及,电子产品价格出现普遍下降趋势;其二,企业营销能力普遍下降,伴随量贩式销售以及电商模式的普及,制造型企业定价权遭到削弱,而且,销售商还可以委托生产(OEM)方式生产自己品牌,韩国、中国台湾等家电企业的咄咄逼人导致日本综合电子巨头竞争力下降;其三,产业水平分工趋势带来的巨大压力,受模块化革命普及影响,以苹果公司为代表的新型企业开始去工厂化(fabless),代之以委托生产的方式来打造竞争力,在这种浪潮下,日本企仍然坚持传统的垂直一体化模式,导致竞争力下降;其四,丧失了核心竞争力,20世纪90年代后期,日本企业经营改革主流趋势是获得现金流,各个企业纷纷导入分公司体制,但在这种"选择与集中"改革过程中,却因过度强调现金而忽视了维护核心竞争力。

(二)虽有技术优势却处于低附加值

1999年至2009年,这十年间日本出口欧美产成品从1451.5亿美元骤然降至954.7亿美元,降幅达34%。但在同一时期,日本出口中国及东南亚地区的中间产品,却从642.8亿美元攀升至1416.2亿美元,升幅达120%。这两个相互背离的事实说明,日本制造业正在从最终产品的制造者,变身为"全球制造体系再分工"的上游供应者。不仅如此,日本贸易出口的中间品大多又具有所谓"唯一性",也就是说,占有更高的世界份额。

以半导体芯片为例。半导体素有"工业大米"之称,伴随技术进步、特别是信息技术发展,几乎所有产业都离不开半导体产业芯片。而在全球半导体产业链中,日本企业控制着上游领域,它占据着37%的半导体装置和66%的半导体材料市场,在某些领域甚至占有一半乃至90%以上份额,形成了垄断优势,如在电子束扫描、显影以及切割装置等领域,东京电子、尼康、佳能、信越化学、"SUMCO"、东京应化等都是代表企业。另外,日本还有"微控制器(MCU)王国"之称,据美国高德纳咨询公司调查数据,在微控制器领域中,日本挤占了前十位中的四席(2007年)。另据美国"iSuppli"公司数据显示,有5家日本大规模集成电路厂商进入全球前十。如瑞萨电子公司在上述领域都独占鳌头,占有该市场20%的份额。

然而,在全球价值链体系中,日本的高技术并没有带来高附加值,因为它不能影响或左右产品的方向性,于是,日本企业陷入"拥有技术优势却盈利乏力"的困境。近年来,过去日本企业以技术优势获得市场的传统发展模式已严重受阻,在全球市场中,日本半导体产业整体萎缩势头一直在延续。2011年日本半导体产业继续下滑,其全球产值占比跌破20%大关,降至18.9%的历史最低点。而在20世纪80年代,日本半导体产值曾占全球半壁江山,最高曾达到51%市场份额(1988年)。

2011年日本大地震之后,芯片产业陷入新一轮衰退。在45家主要半导体厂商中,37家企业的销售额出现同比负增长,25家企业陷入了赤字经营。在全球"MCU"市场中占有率第一,也是日本半导体代表企业的瑞萨电子,出现了史无前例的626亿日元巨亏。另外,作为日本唯一动态随机存取存储器生产商的尔必达存储公司,也因常年亏损而被迫在2012年宣布破产,这家曾是日立制作所与"NEC"在1999年联手打造的企业,如今不得不接受美国美光科技2000亿日元融资,成为其旗下子公司。由此,日本政府在2009年投入的300亿日元公共资金也瞬间化为泡影。从事半导体及相关业务的日本大企业同样遭受波及,索尼、松下及夏普等三大企业集团2011年度赤字合计达1.7万亿日元,仅有富士通勉强维持了盈利状态,其利润也同比出现22%的下滑。

(三)全球化经营与多样化转型

"日本企业在美国所生产产品的出口额高达700亿美元,超过了美国的对日贸易逆差。"这是日本政府2018年向美国贸易代表办公室(USTR)提交的一组数据,它成功阻止了美国向日本加征汽车关税的计划。不仅如此,2019年3月美国总统特朗普还披露,安倍首相向他表示,日本将向美国转移至少7座大型工厂,"投资将超过2万亿日元,在美国创造3.7万个就业岗位"。很显然,对美投资已经成为日美关系的重要构成,甚至影响未来走向的重要因素。

日本的对外直接投资(FDI)起步很早,最初是以东南亚为主,是日本战后的"赔偿外交"。从1965—1977年,日本对东南亚投资累计达44.6亿美元。之后,在"福田主义"原则下,日本继续扩大对东南亚以及亚洲四小龙(NIES)的投资,截止1994年累计投资超过751亿美元。这一时期的投资主要是以劳动密集型为主,充分利用东南亚低廉的经营成本。

日本向美国和欧洲的投资起步于20世纪80年代,最初主要是为了避免贸易摩擦以及日元大幅升值的压力。当时,以制造业为代表的日本企业不断向海外进军,一个重要指标就是制造业海外生产比率。起初,日本海外生产比率还仅为5%,但到90年代末便突破了10%。之后,由于中国实施改革开放政策之后,日本企业掀起对华投资热潮,特别是2001年开始大规模对华投资,其原因是这一年中国加入世界贸易组织,开始融入经济全球化。到2008年世界金融危机之前,日本海外生产比率已经逼近20%。受金融危机影响,这种向海外转移产能的势头一度下行,但2011年日本发生"3·11"大地震之后,制造业企业再度形成新的海外投资热潮,于是,海外生产比率又转为上升之势,截至2018年已经攀升至25.4%,这就意味着,日本的产能已经有1/4转移到国外。全球化经营使很多企业形成了"重心在外"的经营特征——不仅生产转移到中国以及东南亚等国家或地区,销售也是严重依赖海外市场。

日本企业不再一味追求市场份额。日本全行业(除金融、保险业之外)销售规模一直相对稳定状态,1990年之后,一直围绕1400万亿日元上下波动。据财务省《法人企业统计调查》数据,1992年日本全行业企业的总销售规模为1465万亿日元,24年之后的2016年为1455.8万亿,两者仅相差不到10万亿日元。这就意味着,泡沫经济崩溃没有对日本企业销售规模形成剧烈冲击。相反,全行业销售规模的谷底却出现在距泡沫经济崩溃已经时隔十年的2002年,但其规模仍然维持在1327万亿日元规模。

诚然,美国金融危机对日本企业销售规模造成了一定影响。金融危机爆发之前,日本全行业销售规模出现连续冲高的现象,如2005年首次突破了1500万亿(1508)日元,2007年甚至达到1580万亿日元的峰值,而危机爆发后的2008年该数字迅速回落到1508万亿。①不过,降幅也仅在5%之内。再专门就制造业而言,中国加入世界贸易组织曾对日本制造业形成巨大拉升作用,其销售规模从2002年377.5万亿日元规模一路上扬,到2007年金融危机之前曾创下471万亿日元的历史最高值。但金融危机之后,日本制造业规模却没能实现复苏向上,相反却一直徘徊在400万亿日元水平,2016年度也仅为395万亿日元规模。

---

①《年次别法人企业统计调查概要平成17年度》,《年次别法人企业统计调查概要平成20年度》,http://www.mof.go.jp/pri/reference/ssc/results/nenpou.htm,2017-12-28.

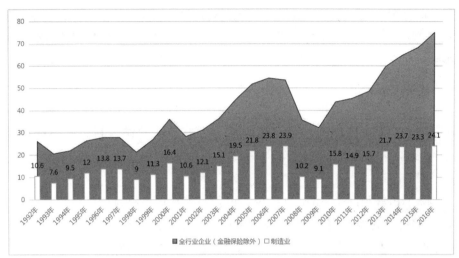

图4　泡沫经济崩溃后日本企业经常利润的变化(1992—2016年)
资料来源:《年次别法人企业统计调查概要》各年度版。

企业经常利润实现大幅提升。泡沫经济崩溃之后,日本企业营业利润一直在稳步增长,但在金融危机之后,这种上升速度明显提升。总体而言,全行业企业的增长大致分成三个时期:2000年之前从20万亿多一路增长至将近36万亿日元;2001之后,经历小幅波动之后,又进一步回升增长至54万亿日元;金融危机成为一个转折点,经历大幅滑坡之后,又从35万亿日元迅速增加,到2016年度创下了75万亿日元的最高纪录(详见图4)。

制造业企业的经常利润增长则以金融危机为界,分为两个时期。1993—2007年,其经常利润从7.6万亿日元逐步增长至2007年将近24万亿日元规模;金融危机之后大幅降低之,2009年降至9万亿日元的谷底,之后又迅速复苏,到2016年则突破24万亿日元,创下新的纪录。

普遍转向重视股东利益。销售利润率是衡量企业盈利能力的重要指标,也能充分反映企业经营效率。第一次石油危机之后,日本制造业大企业的销售利润率一度跌破2%,中小企业甚至为负。20世纪80年代,伴随着日本产品在全世界的畅销,日本企业销售利润也提升至4%左右,其中大企业更逼近5%,中小企业则在3%左右。也就是说,在传统的日本经营体制下,销售利润率并不被经营者们过度看重,相反,市场份额才是更重要的指标。

然而,泡沫经济崩溃之后,日本企业开始导入欧美经营理念,开始重视提升自身盈利能力。2006年日本制造业大企业盈利水平一度突破了6%,中小企业也达到3%以上。2008年金融危机对此形成重创,企业销售利润率再度下探到3%。然而,伴随着日本制造业战略转型逐步深入、特别是全球化经营特征越加突出之后,盈利能力以及自有资本盈利率等指标越来越受到企业经营者的重视。2010年之后,日本制造业销售利润率提升再次提速,到2017年3月,制造业大企业销售利润率已经突破8%(8.11%)(详见图5)。但问题是大企业与中小企业之间的差距不断扩大,虽然中小企业销售利润也达到4%左右,但受缺少继承人、人手短缺等问题困扰,日本中小企业今后转型面临着极其严峻的课题。

除了销售利润率之外,日本企业也普遍重视资产收益率(ROA)和自有资本收益率(或称股东权益收益率,即ROE)等指标,这是伴随着日本公司治理结构不断向重视股东方向转变,其考核指标也在向欧美企业看齐。总之,日本企业在盈利能力上虽然与美国企业仍存有一定的差距,但已经赶上甚至超过了英、德等欧洲企业。①

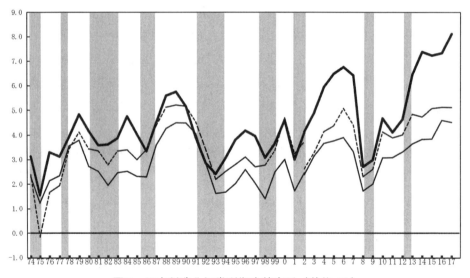

图5　日本制造业经常利润率的变迁（单位:%）

资料来源:《第175回全国企业短期经济観测调查》,http://www.boj.or.jp/statistics/tk/index.htm/.

走向"制造业服务化",实现高附加值化目标,这已经成为日本制造业摆脱

①みずほ総合研究所調査本部:《日本企業の稼ぐ力は高まったのか——企業収益の国際比較に見る日本企業の変化と課題》,みずほ総合研究所,2017年10月2日,第2页。

传统模式、实施战略转型的最突出特征。这种服务化关键就是要转变传统制造业只向客户提供"硬件"的历史,"软件"也成为重要目标。换言之,传统制造模式只是由企业创造价值,如今是要企业与客户一起共同创造价值。

在"大量生产、大量消费"的年代,只有少数发达国家能够进行现代工业品的大量生产能力,但这种局面到20世纪90年代冷战结束后被彻底打破,由于经济全球化以及模块化浪潮,以低成本为武器,新兴市场国家的制造企业迅速崛起,日本企业竞争优势逐步丧失。一些新的产品上市不久,价格因激烈的市场竞争而迅速下降。不仅仅通用性产品如此,高端产品也很快便沦为通用产品,这就是所谓"一般商品化"(commodity)现象,于是,价格竞争便主导了市场。

如何才能规避价格战并赢得高附加值呢?近年来,日本制造企业开始向服务领域拓展,也就是通过把个性化的服务附加到商品上,从而实现高附加值化的目标,这样既可以避免价格战,同时,也把客户纳入价值创造体系中来,从而实现所谓"共同创造价值"。其具体表现形式就是把以往的"制造产品"为重心,转向了向客户提供"价值"服务为重心。例如,向客户出售商品仅仅是一部分,还要向客户提供商品的后期保养维护、甚至是租赁服务等"新的商品",从而获得更高的附加价值。

四、转型之痛与新课题

平成时代日本经济经历了一场深刻变革与转型,以企业竞争力重构为代表,面对要素禀赋与经济环境不断劣化的背景,通过相关创新实现了优化与重构。然而,这场经济转型显然也有相关负面作用,突出案例就是制造业爆发一系列丑闻,暴露出"转型之痛"的另一面。而且,新自由主义导向也带来了严重的贫富分化问题,导致曾令世界艳羡的日本"一亿总中流"社会根基瓦解,出现了社会分化趋势,成为岸田内阁提出要构建"新日本式资本主义"的重要背景。此外,作为支撑"安倍经济学"的重要支柱——由日本银行主导的金融宽松政策也极大推升了金融风险,它与财政危机一起成为威胁日本经济发展的灰犀牛。

下面就以曾为日本经济靓丽招牌的制造业为例,分析经济转型如何让日本制造业陷入丑闻频发的"转型之痛"。造成日本制造业丑闻不断发生还有共性和更深层的原因,那就是过去曾支撑日本制造业不断改善、走向强盛的产业和社会环境以及社会基础发生了根本性转变。

其一,泡沫经济崩溃之后,20世纪六七十年代曾在日本蓬勃兴起的企业家精神也跟着走向衰退,如今,像松下幸之助、丰田喜一郎、盛田昭夫、本田宗一郎等领军创业人物,可以说已经非常鲜见。而日本制造业自泡沫崩溃开始,也在整体趋势上从过去那种进攻型转向防守型态势,这正如日本家电行业一度出现集体性败退的景象。

其二,传统生产方式也在向新生产方式转型。曾领先世界的日本生产方式,自20世纪90年代也走向衰落——曾被美国麻省理工学院(MIT)归纳为日本制造模式竞争力源泉的"精益生产方式"(TPS),遭遇到全球模块化浪潮的猛烈冲击。德国大众推出了平台化新战略、美国苹果公司建构起全球产业链,这些新商业模式均对日本制造形成重压,曾号称拥有"磨合型"优势的日本制造业,一度陷入了模式发展困境。如手机行业出现所谓"孤岛化"趋势,很快就几乎全军覆没;曾占全球半壁江山的半导体产业,也出现竞争力大幅衰退的趋势;即便是最后一块"高地"的汽车产业,丰田、日产、本田等巨头也纷纷被迫实施战略转型,它们逐步放弃了过去具有封闭性特征的垂直一体化生产体制,开始走向平台化战略。正如丰田汽车新近才推出的"TNGA"平台,其模块化转型比大众汽车整整迟到了20年。

其三,近年来日本基础研究水平也出现下滑趋势,理工科学生也呈现减少之势,各种专业人才开始转向短缺。而且,大学和企业也似乎不再热衷于基础科学,而是更看重短期效果,甚至也出现了"小保方"造假事件,于是,基础科学研究呈现了整体滑坡的趋势。日本诺贝尔奖获得者大隅良典发出了如此担心,今后"日本人可能不会再得诺贝尔奖"。这是日本科学基础研究发展现状的真实写照。

最后,日本制造企业的经营管理模式转型也产生了重要影响,它主要包括如下三个方面:

第一,近年来日本企业也更加强调股东利益,越加类似于欧美企业模式。过去,企业经营层更重视长期经营,为此会不断强调质量管理。但如今,过去那种非常普及的、一点一滴式的质量改善活动(QC)已经难觅其踪。企业高管更加关注各种财务报表,千方百计地追求利润上升。这正如小松公司原会长坂根正弘所指出的,"质量问题已很难再提交董事会层面讨论",而是更多的"放权给基层处理"。

第二,企业用工体制发生巨变,从根本上瓦解了质量改善的基础动力。

1995年,日本大企业联合会经团联提出了"新日本式经营"。这之后,曾被经合组织盛赞的"日本三大经营神器"——终身雇佣制、年功序列制和企业内工会已经黯淡无光。非正式员工的队伍日渐庞大,如今已逼近全部就业人口的40%左右。作为派遣员工,他们很难再对企业形成强烈的归属感,对企业技术进步、产品质量等已经毫无兴趣可言。即便是那些正式员工,也因企业经营业绩下滑或经营模式转型而面临更大的被解雇风险,其参与企业质量管理活动的热情大为减退。此外,被称作"团块"一代的原有熟练技术人员也已大量退休。因此,从"人的因素"来看,日本企业质量水平滑坡也是必然。

第三,全球化经营的深化也带来了日本管理者走向趋同世界的特征,而且,部分超大企业还形成了经营者傲慢态度。以神户制钢所为例,早在1999年该公司就曝出向特殊股东输送利益的丑闻,2003年又被曝工厂排放污染问题、2006年工厂排水土壤污染问题等,但该公司历任高层并没有引以为戒,强化企业风险危机管理,而是不断采取隐瞒掩盖手段,没有把社会责任和监督置于应有高度。无独有偶,几乎与神钢同时曝光车检丑闻的日产汽车,最初记者会上西川广人社长甚至没有表现出"谢罪"态度。

如今,日本进入令和时代已经是第5个年头。除了少子老龄化、财政危机、金融风险、能源问题等传统课题之外,其经济发展又开始面临新的课题,如全球资源价格上涨、地缘政治风险,尤其是美国主导的旨在围堵中国的全球经济秩序重塑等,都将对日本经济形成新的考验。而且,日本政府自身又推出了"经济安保"、防卫费倍增等新政策,这种对经济过度干预以及背离"吉田主义"路线的政策,无疑也将成为经济增长的负面因素。

本文是在《平成时代(1989—2019)日本衰退的虚与实》(天津人民出版社,2019年)第三章、第四章和第五章的基础上撰写而成。

作者简介:

张玉来,男,1972年生。现任南开大学日本研究院教授、博士生导师、副院长。主要研究方向为日本史、日本经济、日本企业与中日经济关系等。已出版学术著作4部、发表学术论文70余篇。承担国家社科、商务部等课题多项。学术兼职包括中华日本学会常务理事、副秘书长,全国日本经济学会常务理事、副秘书长,中国日本史学会常务理事等。

日美核能合作的历史缘起(1945—1955年)

尹晓亮

    战后以来,日本与美国在和平利用核能领域的"合作协定"①经历了四次签署与两次修订,②两国核能关系呈现出从"核限制"到"核援助"再到"一揽子同意制"③的演进路径。作为迄今世界上唯一原子弹"轰炸国"与"被炸国"之间的核能合作,不仅内嵌于日美同盟关系之中并对其演进起着特殊作用,而且为日本拥有潜在核武装能力创造了初始条件。追溯与研究日美核能合作的历史缘起,既能深度把握日美在核能领域上"合作中对立"和"对立中合作"的博弈型同盟结构,又有助于揭示两国在核能合作中各自的真实诉求。

    对于日美核能合作的研究,国内学界鲜有给予充分关注,尚未系统纳入"日本史研究"的范畴。与之相对,国外学界则从美国原子能法、交涉过程、国际法、核不扩散等角度对该问题进行了深入分析。森川澄夫结合美国原子能法123条款,重点阐述了日本在"1955年协定"中的权力、责任与义务。④李炫雄、田中慎吾详细考察了"1955年协定"的交涉细节与签署过程。⑤松井芳郎以

---

    ① 日美核能合作协议的日文是《原子力の非軍事的利用に関する協力のための日本国政府とアメリカ合衆国政府との間の協定》,英文是"Agreement for Cooperation Between the Government of the United States of America and the Government of Japan Concerning Peaceful Uses of Nuclear Energy"。

    ② 即1955年协定、1958年协定(1963年修订)、1968年协定(1973年修订)、1988年协定。

    ③ "一揽子同意制"是里根时期为修复与日本及欧盟的友好关系所实施的对外核能合作方针。即:预先设定一定的条件范围,在该范围内有关核燃料后处理的一切活动美国则全部予以承认,无需对个别事项逐一进行审批。该制度的确立对日本而言具有三个意义:一是日本在核燃料后处理领域的自主性大幅提升;二是奠定了日本长期稳定发展核能产业的基础,三是该制度使日本成为了世界上唯一可进行后处理的非核武装国家。参见"United States Policy on Foreign Reprocessing and Use of Plutonium Subject to U.S.Control",NSDD 39,June 4,1982,National Security Decision Directives,Ronald Reagan Presidential Librar.

    ④ 森川澄夫:《米原子力法123条と日米原子力協定》,《ジュリスト》1955年第93号,第9~18页。

    ⑤ 代表性著述参见李炫雄:《原子力をめぐる"日米協力"の形成と定着:1953—1958》,龍溪書舍,2013年,第1~290页;田中慎吾:《日米原子力研究協定の成立:日本側交渉過程の分析》,《国際公共政策研究》2009年第13卷。

"国际法与核能和平利用的关系"为视角,分析了"1955年协定"和"1968年协定"的签署背景、内容与意义。[1]关于"1988年协定"的研究,学界主要从核不扩散的角度,考察了日美就"日本能否独立进行核燃料再循环利用"等问题所进行的交涉与妥协。[2]此外,宋基姆运用比较方法论述了美国对日核政策区隔于韩国的历史背景与现实意义。[3]

国外学界的研究成果,尽管以不同的视角、资料和方法对合作协定进行了分析,但对两国核能合作的历史缘起尚存以下三个问题未予清晰解答。其一,美国从"垄断者"向"供给者"的核角色转变及其对日核政策的战略诉求是什么? 其二,日本与美国进行核能合作的逻辑起点是单纯为了"和平利用",还是存在"军需伪装"? 其三,日本最初与美国签署核合作协议是"被动接受"还是"主动谋求"? 显然,若不厘清上述问题,则将难以理解人类历史上迄今唯一被原子弹轰炸的日本为何会在战后短短10年内,与原子弹轰炸国的美国进行核能合作? 更难以理解战后日本将"作为核电的原子能"与"作为核爆的原子能"进行结合的历史原点及其内在机理。

形式上,日美核能合作属于"供给侧"与"需求侧"之间的互利合作,而且规定只限于核能的"和平利用"。但是,在现实中由于核能具有"军事利用"与"和平利用"的双重属性,致使日美核能合作既涉及能源安全与经济发展,又关涉国家安全与地缘政治。进言之,在挖掘和研究日美最初核能合作的形成及其原因时,不能只囿于从"和平利用"的单一视角进行考察,还应将核能的"军事利用"这一属性纳入分析框架。在此基础上,分析"核供给"的美国为试图主导世界核能发展趋势而进行的战略构想与制度安排,研究"核需求"的日本对核能的认识、诉求及其行动选择,不仅有利于深度理解美国的"核供给"与日

---

① 松井芳郎:《原子力平和利用と国際法:日米原子力平和利用協力協定を中心に》,《法律時報》(第50巻),第46~59頁。

② 代表性著述参见武田悠:《日米関係の変容と原子力開発問題》,《国際政治》,2010年第120号;山村司、須田一則等:《米国の核不拡散政策が日本の核燃料サイクル政策に与える影響に関する研究》,日本原子力研究開発機構,2014年,第48~62頁;遠藤哲也:《日米原子力協定(1988年)の成立経緯と今後の問題点(改定版)》,日本国際問題所発行,2014年,第1~93頁;猿田佐世、平野厚木等:《日米原子力協定:日本の再処理とプルトニウム保有への米国の懸念》,《原発教科書》,新曜社,2017年,第204~210頁。

③ Kim S C, "Endangering alliance or risking proliferation?: US‐Japan and US‐Korea nuclear energy cooperation agreements", *The Pacific Review*, vol.30, no.5(2017), pp.692-709.

本的"核需求"在合作中存在的异质性,而且有助于揭示日美核能研究合作的历史缘起及其内藏逻辑,进而在学术上拓展与深化国内"日本史研究"的边界与内涵。

一、从垄断者到供给者:美国核角色的转变与对日核政策

第二次世界大战在瓦解以欧洲为中心的传统国际秩序的同时,孕育并推动了以美苏对立图式为中心的新国际秩序。美国成功研制原子弹及其对日核轰炸中所凸显的破坏力,标志着人类开始进入恐怖的核时代,预示着核武器这个"恶魔"随时可能被人类从潘多拉盒中打开。原子弹作为"绝对的武器",[①]不仅深刻影响着冷战格局的形成与演进,[②]而且在地缘政治中甚至"改变了所有的问题,也改变了所有的答案"。[③]正因如此,二战后美国对核技术与核材料的垄断意识愈发强烈,[④]并试图通过制度安排梗阻核扩散路径以期确保自身的绝对核优势。

在国际层面,美国一方面终止了与英国、加拿大等国家的核能合作,另一方面试图通过政策设计谋求将核能的"军事利用"与"和平利用"进行一体化的国际垄断。1946年6月14日,美国在联合国原子能委员会第一次会议上提出了旨在控制国际原子能的"巴鲁克计划",由于该计划的主要思想是"先建立有效管制,然后处置现存核武器",本质上并不能确保销毁美国现存的核武器,[⑤]因此遭到了苏联等国家的强烈反对。在国内层面,8月1日,美国制定了旨在确

① 伯纳德·布罗迪所著的《绝对的武器》中认为,原子弹的诞生对于人类而言就是"绝对武器",它修正了过去五十年中所形成的传统国家安全理念。该书的详细内容参见 Bernard Brodie, ed., *The Absolute Weapon: Atomic Power & World Order*, New York: Harcourt, Brace, 1946.

② William H. Kincade, "The United States: Nuclear Decision Making, 1939~89", in Regina Cowen Larp, ed., *Security with Nuclear Weapon? Different Perspectives on National Security*, Oxford University Press, 1991, pp. 24~32.

③ 西奥多·索伦森:《肯尼迪》,复旦大学世界经济研究所译,上海译文出版社,1981年,第577页。

④ 即使在二战尚未结束时,美国为不使核技术、核材料泄露到德、日、苏等国,以便在战后威慑可能与其争夺世界霸权的竞争对手,在资金预算、技术合作、铀矿资源管控等方面采取了非常苛刻的核保密措施。参见 Richard G. Hewlett and Oscar E. Anderson, *A New World: A History of the United Atomic Energy Commission: Vol. 1: 1939~1946*, Pennslvalnia State University Press, 1962, pp.285~288.

⑤ Larry G. Gerber, "The Baruch Plan and the Origins of the Cold War", *Diplomatic History*, vol.6, no.1 (January 1982), p.75.

保有关原子弹设计、制造、工艺、流程等秘密技术资料不被泄露的《原子能法》(亦称"1946年原子能法")。①该法一方面为美国对核能实行国内控制奠定了法律基础,在内容上反映了美国的一种信念,即只要能够维持核垄断,就能在与苏联争霸中处于优势地位,进而有利于维护自身国家利益。

当然,美国对日核政策在二战结束初期不可能超越以垄断为核心思想的政策框架。美国对日占领政策的终极目标是从政治、经济和军事等方面,彻底改造日本,以确保其无力再次挑战与威胁美国的国家安全。②其中,消除日本的核武装能力则是美国对日占领政策的重要环节。1945年8月11日,杜鲁门为彻底掌握日本原子弹研制的具体情况,派遣了由45名专家构成的"原子弹调查团"和11名专家构成的"科学情报调查团",负责对日本军事开发的组织与活动内容进行调查。③调查团抵达日本后,一方面寻访日本陆军研究项目"仁计划"④及海军研究项目"F计划"⑤的相关人员,另一方面调查了日本理化研究所、东京帝国大学、京都帝国大学等相关核设施。最终调查结论主要体现在两个方面:一是认为日本在战时的核研究领域并未取得突破性进展;⑥二是认为在遭受原子弹轰炸后,日本政府对于核能的关切骤然提升。⑦

同年,9月22日,美国出于对日本核能研究活动的担忧,盟军总司令部向日本下达"第3号指令",即禁止日本媒体对广岛、长崎两地遭受核轰炸的惨状进

---

① U.S.Department of State, TheInternatinal Control of Atomic Energy: Growth of a Policy, Publication 2702(1946), p.19.

② "Report by the State-War-Navy Coordinating Subcommittee for the Far East", June 11, 1945, *Foreign Relations of the United States(FRUS)*, The British Commonwealth, The Far East, VolumeVI, pp.551-552.

③ 吉冈斉:《原子力の社会史:その日本的展開》,朝日新聞社,2011年,第56頁。

④ "仁计划"项目名称就以具体负责该项目的日本著名核物理学家仁科芳雄的第一个字的日语发音命名(ni)的。

⑤ "F计划"是以"原子裂变"的英文单词"fission"的首字母"F"命名的原子弹研制计划,该计划持负责人是核物理学家荒胜文策。

⑥ 小沼通二、高田容士夫:《日本の原子核研究についての第二次世界大戦後の占領軍政策》,《科学史研究》(第31卷),1992年,第138~145頁。

⑦ "Summary Report, Atomic Bomb Mission, Investigating into Japanese Activity to Develop Atomic Power", September 30, 1945, Box no.1, Formerly Top Secret Nuclear Physics Correspondence File 1947-1951.

行舆论报道;全面禁止日本从事一切原子能研究的活动。[①]10月31日,美国联合参谋本部向盟军总司令部发布新的指令,要求扣押日本核能及其相关研究的全部设施,限制核能研究人员的相关活动。[②]11月19日,盟军总司令部从日本理化研究所、大阪帝国大学、京都帝国大学收缴了四台回旋加速器,将其拆毁后全部投弃于海。[③]此举不仅使得以中曾根为代表的日本保守政治家倍感屈辱,并向美国表达了强烈不满,[④]而且美国亦有部分研究人员指责此举属于野蛮行径。[⑤]然而,美国是在何种情况下、出于何种考量解除了对日"全面核限制"政策呢? 事实上,冷战大幕的开启、朝鲜战争的爆发、所谓"共产主义(赤化)威胁"等因素的交织叠加,促使日本在美国全球战略中的利用价值陡然上升。美国认为在防止韩国、印尼等被"共产主义侵蚀"的过程中,日本能为其担当"不沉的航母""桥头堡""生产工厂"等重要作用。由此,如何使日本的地缘政治价值为己所用便成为美国的当务之急。

显然,美国"要想得到日本的忠诚",[⑥]仅承袭战后初期的对日占领统制政策是难以奏效的,只有将其身份从原来的敌对国转换为同盟国,并将之纳入自身的全球战略,才能有效地利用其地缘政治价值。鉴此,美国迅速调整了对日占领政策,表现在核政策上则是将"全面核限制"调整为"有限核自由"政策。事实上,美国在1948年的对日媾和草案中,依然保留了占领初期禁止日本一切核能研究的内容,[⑦]但在1949年11月的草案中则删除了禁止条款。朝鲜战争的爆发,不仅迅速提升了日本的战略价值,[⑧]而且加速推动了美国对日单独媾和的进程。以杜勒斯为首的美国国务院主张必须尽快实现媾和,拉住日本留

---

① 外务省特别资料部编:《日本占领及び管理重要文书集》(第1卷),东洋经济新报社,1949年,第84页。

② "WX79907", October 31, 1945, Formerly Top Secret Nuclear Physics Correspondence File 1947-1951, National Archives and Record Administration, Box no.1.

③ 理化学研究所史编集委员会:《理研精神八十八年》,独立行政法人理化学研究所,2005年,第11、106~109页。

④ 中曾根康弘:《自省録:歴史法廷の被告として》,新潮社,2004年,第42页。

⑤ 吉冈斉:《原子力の社会史:その日本的展開》,朝日新聞社,2011年,第57页。

⑥ マイケル・シャラー著,市川洋一訳:《"日米関係"とは何だったのか:占領期から冷戦終結後まで》,草思社,2004年,第56页。

⑦ 田中慎吾:《对日講和における核エネルギー規制条項の変遷:日本に与えられた自由とその限界》,《安全保障》,信山社,2015年,第217~236页。

⑧ 坂元一哉:《日米同盟の絆:安保条約と相互性の模索》,有斐閣,2000年,第16~17页。

在西方阵营,进而为其对外战略服务。同时,日本在希望美国承诺对日安全保障的时机、地点与内容的基础上,更加切盼签署媾和条约以结束美国的占领状态,恢复国家独立。1951年9月8日,美日正式签署《旧金山和约》,条约并无禁止或限制日本从事核研究的内容,此举标志着美国对日"全面核限制"政策的解禁。当然,条约的生效并不意味美国在核能方面给予日本完全的自由决定权。12月17日,美国联合参谋本部明确指出,日本独自进行核武器研发将违反《日美安保条约》,若使日本重建令美国满足的军备能力,可在核能领域特别是军事利用方面签署协定以使双方均能接受。[1]

由上,美国对日核政策从"全面核限制"转向"有限核自由"是其推行全球战略的现实选择。那么,美国以"核垄断"为核心的政策思想为何转变为"核分享""核援助"呢?进言之,美国为何在核角色上从"垄断者"转为"供给者"呢?

尽管美国试图通过制度安排谋求对原子能的绝对控制与垄断,但其对现实情况的判断上却存在"两个失误",即一是"低估了"苏联工业基础潜力与制造原子弹的能力,二是"高估了"原子能保密的有效性。[2]1949年8月,苏联第一颗原子弹的成功爆炸对美国而言是"令人头晕目眩的一击",[3]它打破了美国在世界上唯一拥有核武器国家的地位,宣告了美国核垄断政策的彻底失败,预示着未来核武器在速度与规模方面将日益扩散的严重性。另外,苏联在原子能的民用发电方面也取得了重大技术突破,并于1954年成功建成世界上第一座用于和平发电的核电站,第一个利用原子能发电的国家。与之相对,让美国烦恼的是曾经支撑"曼哈顿计划"的资本、人力、建筑、设备以及核原料等在战后如何安置、利用与维持。进言之,美国在原子能领域面临"两个困境":一是在军事战略方面,如何应对核垄断政策失败后世界核扩散的困境,二是在和平利用方面,如何将原子能的军事利用转化为具有商业利益的核能产业的困境。显然,上述"两个失误"与"两个困境",表明美国的"1946年原子能法"已无法适应当前世界原子能的发展形势,特别是随着核扩散使得核秘密的价值不断缩水的情况下,美国如果继续奉行核垄断政策,国际原子能市场的主导权有恐被苏联获得。由此,美国在形式上将核角色"垄断者"调整为"供给者",并试图通

① Memorandum for Robert A. Lovett from Omar N. Bradley, "Atomic Energy Controls in Japan", December 17, 1951, box 27, Geographic File 1951~1953, RG 218, NARA。

② 贝特朗·戈尔德施密特:《原子竞争1939—1966》,高强等译,原子能出版社,1984年,第129页。

③ 麦乔治·邦迪:《美国核战略》,褚广友等译,世界知识出版社,1991年,第53页。

过新的制度设计控制国际原子能。

其一,提出"和平利用原子能"构想。1953年12月8日,美国总统艾森豪威尔发表了"和平利用原子能"演说,并提案设立以原子能的"和平利用"为目的的国际原子能机构。具体构想是主要相关国家将自身保有的铀及核分裂物质交给联合国下设的国际原子能机构,该机构负责上交物质的保管、贮藏及保护工作。[1]其二,修改以垄断思想为核心的原子能法。原来的原子能法是在1946年美国独占原子能的时代所制定的,该法案规定禁止与其他国家进行核能技术交流,为美国对原子能实行国内控制奠定了基础。1954年2月17日,美国为开辟在核能领域中的国际合作,允许民间资本进行市场化参与,艾森豪威尔总统向国会提议修改"1946年原子能法"。8月30日,经过修订后的新原子能法(亦称"1954年原子能法")正式生效,这为美国展开双边原子能合作奠定了法律基础。[2]根据《1954年原子能法》第123条规定,[3]美国可与其他国家开展核能国际合作,但合作协定必须规定核材料及设施禁止用于制造核武器及其他军事目的。[4]其三,提供核材料援助计划。在第九次联合国大会上,美国提出"以签订双边合作协议的方式向同盟国提供100kg浓缩铀,用于实验用原子能反应堆"。[5]尽管该方案引起了世界瞩目并赢得了诸多国家赞许,但是美国这项"分享计划"绝非无条件地提供浓缩铀,而是要求核能需求国必须与美国缔结严格的合作协定。进而是企图以"和平利用"原子能的名义在技术、核材料方面绑架各国的核能发展,以期谋求继续维持在世界核能领域的主导地位。

综上,无论美国在国内层面修订原子能法、还是在国际层面设立国际原子能机构,也无论美国扮演"垄断者"角色、还是"供给者"角色,在本质上其并

---

① United States "Atoms for Peace" Proposal: Address by President Eisenhower to the General Assembly, December 8, 1953, in Trevor N. Dupuy and Gay M. Hammerman ed., *A Documentary History of Arms Control and Disarmament, Document on Disarmament*, T. N. Dupuy Associates, 1973, pp.358-365.

② Gerard H. Clarfield and William M. Wiecek, *Nuclear America: Military and Civilian Nuclear Power in the United States, 1940-1980*, Harper & Row, 1984, p.187.

③ 迄今为止,美国与其他国家间所缔结的原子能合作协定均是基于美国原子能法第123条,因此这些两国间原子能协定一般被称为"123协定"。

④ U.S., Department of State, *America Foreign Policy (cited as AFP), 1950-1955*, Washington, D.C.: U.S.Government Printing Office, 1957, Vol.2, pp.2861-2877.

⑤ 原子力委员会:《昭和31年版 原子力白书》(第7章),原子力委员会ウェブサイト,http://www.aec.go.jp/jicst/NC/about/hakusho/wp1956/index.htm,2019年5月17日。

没有超越冷战思维，"和平利用原子能"的构想只不过是其试图控制国际原子能发展的另一种垄断形式的逻辑表达。进言之，美国核角色的转变并不是基于真正为了人类和平而进行的具有价值理性的转变，而是试图谋求核优势地位而进行的具有工具理性的转变。同样，美国对日核政策从"核轰炸"到"核限制"再到"核援助"的演进，既是美国全球核战略的内在要求，又是将日本核能发展路径绑架于美国战略的必然产物，更是对约束日本核政策取向的因应考量。

二、从被炸者到需求者：日本的核认识及其选择

日本作为迄今人类历史上唯一被原子弹轰炸的国家，理应彻底反省战争责任，真诚地进行战争谢罪。然而，日本却非但不反思遭到核轰炸的根本原因，反而对原子能形成了"天佑论""无核战败论""产业革命论"等独特的解读方式与认识逻辑。其一，原子弹"天佑论"。一般认为，美国对长崎、广岛的核轰炸由于造成了致命的伤害与破坏，进而加速了日本投降进程。然而，在当时的诸多政治精英看来，美国的对日原子弹轰炸竟是"天佑"日本。1945年8月12日，米内光政海相对其信赖的部下高木惣吉海军少将表示："美国投放原子弹和苏联参战在某种意义上说是'天佑'日本。国内矛盾因此而尚未表面化就能收拾残局，实属万幸。"[1]当然，米内所言及的所谓"国内矛盾"主要是指日本共产主义的发展使得日本当局担忧天皇制国体将遭到共产主义者的破坏与颠覆。近卫文麿亦认为美国对日进行原子弹轰炸"对于抑制军部简直就是天佑"。[2]同样，作为宫廷政治家、"近卫影子"的木户幸一也认为美国的核轰炸促使了日本尽快结束战争，有利于维系皇室利益与国体。[3]那么，日本政治家为什么对原子弹轰炸存在"天佑"日本的独特认识逻辑呢？

第二次世界大战末期，以陆军首脑部为中心的主战派反对接受《波斯坦公告》，主张小矶国昭提出的"决战媾和论"。1944年10月，日本在莱特岛战役中惨败于美国之后就"战和问题"进行了激烈的讨论。陆军首脑认为"当前阶段若选择通过无条件投降来获得和平，则将导致国体变更，无论如何应决

---

① 实松譲编：《海军大将米内光政觉书》，光人社，1978年，第153~154页。

② 矢部贞治：《近卫文麿》，弘文堂，1952年，第567页。

③ 外务省编：《終戦史録4》，北洋社，1977年，第134~136页。

战到底"。①1945年2月,梅津美治郎上奏昭和天皇称:"因为美国的战争方针就是要破坏日本的国体,让日本本土成为战争焦土,故绝不能考虑与美国和谈"。②5月,陆军大臣阿南惟几以"日军仍然占领着敌人广阔的土地,而敌人仅是踏上了日本的小岛"为理由,反对以日本失败为前提考虑终战条件。③并要求铃木贯太郎首相做出决战到底的表态。8月9日的"御前会议"④上,梅津宣称"已经做好本土决战准备"。⑤可见,日本陆军首脑部在连续的战争失败中仍然固执于"即使日本各大城市化为焦土,亦不可投降"的执拗态度。但是,从国力而言,日本的能源、舰船、飞机等战略物资已无法继续支撑战争。⑥1945年6月8日,日本召开"御前最高战争指导会议",⑦会议资料中有一份重要决策报告《我国国力的研究》。该报告认为"日本的战争能力将丧失殆尽。从目前敌人的空军力量、大量燃烧弹攻击的威力来看,全国的城市已毋庸赘言,即便是村落,亦将被毫无遗漏地烧光,这并非难事,且无须太长时间"。⑧平沼骐一郎、广田弘毅、近卫文麿、若槻礼次郎等,也反对"本土决战必胜论",⑨认为陆军的"本土决战"方案只会导致日本陷入"无法保障皇室之安泰、国体之护持这一最低要求的惨境"。⑩近卫在上奏文中判断"若继续作战,形势必致最坏结果",即便"战而失败","国体仍无须担忧",但由"战而失败"引发"共产革命"则"国体堪忧"。⑪

核爆炸的惨状深刻影响了日本最高决策层及其战争意志。铃木贯太郎首

---

① 外務省編:《終戦史録 2 》,北洋社,1977年,第54页。

② 外務省編:《終戦史録2》,北洋社,1977年,第47页。

③ 外務省編:《終戦史録2》,北洋社,1977年,第248页。

④ "御前会议"是指在国家在战时进行重大决策时由天皇亲自参加的最高国务会议。昭和天皇前期共召开过十五次御前会议(1938年1月11日—1945年8月14日)。

⑤ 外務省編:《終戦史録4》,北洋社,1977年,第149页。

⑥ 有关二战末期日本战争物质及其能力的相关文献参见:稲葉雅夫他編:《太平洋戦争への道:開戦外交史・資料編》,朝日新聞社,1988年,第574~578页;三和良一、原朗:《近現代日本経済史要覧》,東京大学出版会,第134~135页。参謀本部所蔵:《敗戦の記録》,原書房,第58~59页。

⑦ 会议正式成员仅由首相、陆相、海相、外相、参谋总长、军令部长等出席,其他幕僚不出席。

⑧ 木戸幸一:《木戸幸一日記》(下卷),東京大学出版会,1966年,第1208~1209页。

⑨ 若槻禮次郎:《明治・大正・昭和政界秘史　古風庵回顧録》,読売新聞社、講談社,1983年,第441页。

⑩ 木户幸一:《木户幸一日记》(下卷),東京大学出版会,1966年,第1209页。

⑪ 歴史教科書教材研究会編:《歴史資料大系》(第15卷),学校図書出版,2001年,第616~617页。

相在震惊之余认为"除终战之外别无他选"。①昭和天皇在皇室和国体面临危亡之际,放弃将《波斯坦公告》作为结束战争之"交涉基础",转而希望"尽快终止这场无望获胜的战争"。②8月14日,天皇最终做出了所谓结束战争的"圣断"。当然,天皇做出终战决断的真正原因在于考虑到如果不尽快接受《波斯坦公告》而进行本土决战的话,③"国体危机""赤化危机"等严峻形势将无法收拾,而并非是天皇曾在御前会议上标榜的"无论自己将被如何处置,都想救万民于水火"的言辞。④在1945年8月12日的皇族会议上,对于反对媾和的朝香宫提出"若不能维护国体,是否选择继续战争?"这一问题,天皇的回答是"那是当然"。⑤显然,与国民生命相比,天皇内心真正持守的是"国体优先论"而非"国民优先论"。

综上,所谓原子弹"天佑论"的认识逻辑实质上是美国的核轰炸促成天皇做出终战"圣断",使陆军不失体面地遵从"圣断"而结束战争,避免了本土决战,进而最终弱化了所谓"共产主义革命危机",保障了日本天皇制的存续。而且,美国通过原子弹的轰炸也给了日本主动"拥抱战败"的机会,进而使得"试图以国民的生命为代价护卫自身名誉的日本军事势力得以存活,⑥更为重要的是天皇制的保留导致日本根本不可能对战前与战后的历史进行明确而完美的割断。而且,对于习惯于崇拜、学习、追赶强者的日本而言,美国的核轰炸在某种意义上就是对其发出建立同盟关系的邀请函,并促进了日美同盟关系的形成。⑦

其二,"无核战败论"。1945年8月15日晚,铃木首相在对国民发表讲话时号召并鼓励日本国民要"致力于这次战争最大缺陷之科学技术的振兴"。⑧17日,文部大臣前田多闻在上任伊始便强调日本将来必须重视"科技立国战略",

---

① 铃木贯太郎:《铃木贯太郎自伝》,日本図书センター,1997年,第325页。

② 外务省编:《终战史録4》,北洋社,1977年,第57~59页。

③《波兹坦公告》尽管要求日本无条件投降,但是并没有提及取消天皇制,公告中的第12条为"日本得依人民自由表示之意志成立一保障和平及负责之政府",其内容中就蕴含着日本天皇制是可以商量的,客观上给天皇制留下了生存空间。当然,公告既是这是诱降日本这一种手段,也是日本愿意接受投降的重要原因。

④ 由利静夫、東邦彦:《天皇語録》,講談社,1974年,第219页。

⑤ 寺崎英成等:《昭和天皇独白録》,文藝春秋,1995年,第150页。

⑥ 中尾裕次编:《昭和天皇発言記録集成》(下),芙蓉书房出版,2003年,第385页。

⑦ 三浦俊彦:《戦争論理学 あの原爆投下を考える62問》,二見书房,2008年,第257页。

⑧ 吉冈斉:《岐路に立つ日本の核政策》,《平和研究》(20卷),1996年,第78~79页。

原因在于二战中"我们败给了敌人的科学,这已被投到广岛、长崎的原子弹所证实"。[1]9月5日,战后第一任首相东久迩在国会施政方针的讲演中,竟然也将"原子弹的出现及其对日本的轰炸"视为日本战败的主要因素。[2]另外,昭和天皇在战后也毫不隐讳地将战败原因主要归结于"过于重视精神,忽视了科学"。[3]他在给皇太子的信中,在谈及战败原因时再次强调"我国的军人过于重视精神而忘掉了科学",并强调"科学和精神都很重要"。[4]

"无核战败论"成为驱动战后日本政府积极推动核能研发的强劲动力。怀揣国家主义、强权观念与大国梦想的中曾根从巢鸭监狱被释放后便称:"我在战时进行海军动员中,在高松见到了广岛上空的蘑菇云。那时,我就感觉到下一个时代必将是原子能时代。"[5]当然,中曾根所言及的"原子能时代"绝不是和平利用的核能时代,而是作为军事利用的原子能。1951年1月,为促使美国取消对日本核研究的限制,中曾根向美国特使杜勒斯提出"解禁日本核科学研究的限制"的请求。[6]

《旧金山和约》生效后,吉田茂首相曾积极着手策划在科技厅下设置中央科技特别研究所,以研发包括核能在内的新技术,但由于此种机构存在发展为军事性研究机构的可能性,并有可能被官僚控制科技研究,故而暂时搁置。随后,日本产业界也开始积极开展研究核能利用的工作。[7]对于核能的利用取向上,中曾根在国会上的解释是:"当然不可直接利用核燃料制造杀人武器,但不应禁止使用同位素制造新型钢铁用于机关枪。"[8]此外,首相鸠山一郎在被外国记者问及美国要求在日本储存核武器的可能性时,竟然回答为"如果'通过武力实现和平'是合理的,我们就必须允许美军在日本领土上储存核武器"。[9]显

①《铃木首相放送 新生活精神を涵養》,《朝日新聞》1946年8月17日。
②《科学立国へ 五小委員会を設置》,《朝日新聞》1945年8月20日。
③ 小森阳一:《天皇的玉音放送》,五月書房,2003年,第84页。
④"我认为战败的原因有四点。第一,对于兵法研究不充分……第二,过于重视精神,忽视了科学。第三、陆海军的不一致性。第四、缺乏常识的主要人物。"参见寺崎英成:《昭和天皇独白録》,文艺春秋,1995年,第99页。
⑤ 別冊宝島編集部:《昭和天皇100の言葉》,宝島社,2015年,第126页。
⑥ 中曽根康弘:《政治と人生:中曽根康弘回顧録》,講談社,第75页。
⑦《平和条約のためにダレス特使に要望する事項》,中曽根康弘:《天地友情:五十年の戦後政治を語る》,文藝春秋,1996年,第140~142页。
⑧ 日本原子力産業会議編:《原子力年表(1934~1985)》,中央公論事業出版,1986年,第24页。
⑨ 中曽根康弘:《政治と人生:中曽根康弘回顧録》,講談社,第170~171页。

然，该言论与"如果其他国家有核武器，我们（日本）理所应当也该拥有"的观点在逻辑上是一致的。[①] 对此，山冈淳一郎直言不讳地指出日本不放弃发展核能的真实意图在于右派政治家、国家主义者拥有"核武装的渴望"。[②]

由上，日本政治精英并未对遭受核轰炸进行深刻反思，而是将原子弹作为政治工具和战败借口。日本将原子弹具有"科学史上空前残虐的效果"与"过于重视精神忘掉科学"这二者进行并列关系的政治表达，是意图将战败原因归结于"科学不如人"，进而将国民对顶层政治家战争责任的批评引导到"无核战败论"的轨道上。显然，"无核战败论"就是"科学技术决定论史观"，本质上是日本统治阶层规避战争责任、疏泄国民情绪的策略手段，也是对日本国民的精神愚弄。"无核战败论"的认识逻辑表明，日本的投降不是"大义的败北"与精神的败北，而是技术的败北。换言之，如果日本拥有核武器的话，日本不会战败更不会投降，弦外之音流露出的是对原子弹的渴望。

其三，原子能产业革命论。对于原子弹的轰炸，日本在呼吁原子弹的残虐、非人性和破坏性的同时，政界、学界和舆论界开始强调原子能利用的科学性、革命性和产业性，甚者认为日本大力发展核能产业是其成为世界一流国家的必要条件。首先，日本报界极力宣扬"原子能产业革命论"。1945 年 8 月 15 日，《每日新闻》同时刊载了"残虐的原子弹"与"作为能源的核能"两篇文章。[③] 16 日，《读卖新闻》和《朝日新闻》都强调了原子能产业化利用的社会意义。《读卖新闻》在第二版右上方刊登了原子弹爆炸信息，在同一版面的左下方则刊登了以"原子能的产业化利用带来产业革命"为主的报道，即"原子弹基础原理不仅会带来军事革命，而且它将如第二次产业革命般令人震撼，原子能不久将彻底改变陆海空军的输送方式"。[④] 同日，《朝日新闻》刊文认为，原子能的产业化利用将开创人类的新时代，必将带来世界历史的转折，原子弹相关技术不仅可用于军事，也能用于一般生产，这是人类划时代的事件，该报期待核能替代石油、煤炭等化石能源。[⑤]

---

① 太田昌克：《日本核政策的概念扭曲：在美国"保护伞"下的矛盾性和一致性》，《和平与核裁军杂志》2018 年 4 月，第 5~6 页。

②《米驚かせた"核武装論"池田・佐藤元首相が打診》，《朝日新闻》2005 年 8 月 1 日。

③ 山岡淳一郎：《日本はなぜ原発を拒めないのか：国家の闇へ》，青灯社，2017 年，第 1~240 頁。

④《每日新聞》1945 年 8 月 15 日；《読売新聞》1945 年 8 月 15 日。

⑤《読売新聞》1945 年 8 月 16 日。

其次,日本学界也致力于解禁美国对日本核研发的限制活动,主张日本进行自主的核研发。千谷利三认为"如果正确地使用(原子能),会给人类的幸福做出不可估量的贡献。希望人类的睿智可以促进伟大原子能的正确使用、彻底地抑制错误使用"。[①]1945 年 10 月 15 日,仁科芳雄基于为制造、检测用于生物学、医学、化学、冶金等领域的放射线物质等理由,向盟军申请制造和使用回旋离心机。[②]1951 年 4 月,伏见康治在日本学术会议上提案,呼吁在媾和条约中取消禁止核能研究的条款。[③]在第 13 次日本学术会议上,茅诚司等科学家积极倡导日本应尽快加强原子能研究,填补日本在原子能利用领域的空白。

再次,日本政界重视核能的产业利用,但并不排斥核能的军事利用。日本政界认为继以煤炭和蒸汽为动力的第一次产业革命和以电气技术为中心的第二次产业革命之后,"以原子能为中心的第三次产业革命的浪潮正在席卷全世界"。[④]1947 年,社会党吉川末次郎在参议院大会上强调"正是原子力的发现才日益创造着一个新的世纪,原子能才能让世界真正地实现和平主义"。文部事务官清水勤二在文教会上称"日本攀登像原子能这样尖端的科学研究被禁止了,能否跟上世界科学是战后让大家都忧虑的问题"。[⑤]1953 年,日本政府为了进一步了解核能相关知识,向美国表示希望能得到核能相关的材料。[⑥]1954年,对于"比基尼事件",吉田茂内阁不仅未公开谴责美国也未要求美国停止相关核试验,其内阁成员冈崎胜男外相反而在国会上称"这种实验,不单单对美国,对每一个'自由主义国家'的安全而言,都是必要的"。[⑦]显然,日本政界并不排斥核能的"军事利用"。

综上,日本对核能的"天佑论""无核战败论"以及"产业革命论"等认识逻辑,决定了其从"被炸者"角色向"需求者"角色的快速转变,而这种转向具有很强的内生性、主动性与自主性。美国对日投放原子弹后,核能的"双刃剑"属性逐渐渗透到日本的认识结构之中。一方面日本社会存在对"原子能恐惧"的面相,但另一方面由于报界、学界和政界从产业化方面积极评价和大肆宣传,使

---

① 《朝日新闻》1945 年 8 月 16 日。
② 千谷利三:《世界原子炉めぐり》,技报堂,1955 年,第 213~214 页。
③ 中根良平等编集:《仁科芳雄往复书简集》(第Ⅲ卷),美铃书房,2007 年,第 1171~1172 页。
④ 吉冈齐:《原子力の社会史—その日本的展開》,朝日新闻社,2011 年,第 56 页。
⑤ 林克也:《幸福をつくる科学》,蒼樹社,1954 年,第 291 页。
⑥ 第 001 回国会文教委员会,文教委员会会议事録第四号,第 24 页。
⑦ 《第 19 回国会衆議院外務委員会会議録》(第 33 号),昭和 29 年 4 月 10 日,第 15 页。

得核能的"和平利用神话"逐渐被民众接受。①日本被原子弹轰炸的经历,不仅未能压制其对核能产业化利用的期待,反而刺激了其对核能研发与利用的执拗追求。当然,对于保守政治势力而言,在日本发展核能的逻辑起点中,就潜在地带有"谋求制造核武器能力"的军事意图。

三、供给与需求的合作交易:"日美核能研究协定"的签署

冷战开启后,美国对"轻武装、重经济"的"吉田路线"甚是不满,②认为该路线在安全上是"坐享其成"、在本质上是"弱者的讹诈",故而主张"应尽早采取步骤引导日本增强军力",③进而"发挥其战略价值"。④当然,美国的对日政策调整,对于未被整肃的日本军国主义分子、国家主义者而言,既是推动日本"重新武装"进而恢复军事能力的绝好机会,也是利用美国重新回归日本政坛的天赐良机。

1953年7月,美国特使邀请中曾根参加由基辛格组织的哈佛大学国际问题研讨班。对于此次访美,中曾根回忆认为最大的收获是"亲身参观了美国的核设施"与"在旧金山见到了在加利福尼亚大学留学的嵯峨根辽吉",⑤他通过前者坚定了追求发展核能的信念,通过后者得到了"确立国策、制定法律与编制预算、召集学者"的核能发展建议。⑥据当时在美国接待中曾根的山本英雄⑦回忆:"中曾根对原子弹、特别是对小型原子弹的开发极具兴趣。因为他反对'吉

---

① "第五福龙号事故"发生后,尽管在日本全国有组织的范围内掀起了反对核试验运动,但并没有改变政界发展核能的政治意志。

② 読売新聞戦後史班編:《昭和戦後史"再軍備"の軌跡》,読売新聞社,1981年,第174~256頁。

③ "Telegram from the U. S. Embassy in Tokyo to the Department of States, 894.1901/10~1953", October 19,1953, Box no.5665, Central Decimal File, 1950-1954, RG59, General Records of Department of State, NARA.

④ *Report by the Joint Strategic Survey Committee to the Joint Chiefs of Staff*, December 28, 1950, *Foreign Relations of the United States (FRUS)*, 1950, East Asia and the Pacific, Volume VI, p.1389.

⑤ *Memorandum by Mr. Robert A. Fearey of the Office of Northeast Asian Affairs, Tokyo*, February 5, 1951, *Foreign Relations of the United States (FRUS)*, 1951, Asia and the Pacific, Volume VI, Part1, pp.857-858.

⑥ 嵯峨根辽吉(1905年11月27日—1969年4月16日),是东京大学著名的物理学教授。二战期间,他曾经参与日本的原子弹研究工作。

⑦ 中曽根康弘:《政治と人生:中曽根康弘回顧録》,講談社,1992年,第166頁。

田路线',是重新武装论者,或主张日本也要研制核武器。"①尽管美国在日本新生代政治家身上颇下功夫,但由于日本拥有被核爆的经历与记忆,对于能否将其纳入核援助对象一直存有顾虑。然而,对于艾森豪威尔提出的"和平利用原子能"的构想,日本却出乎意料地进行了积极回应,②并快速从资金预算、舆论引导和机构设置等方面为发展核能迅速进行了政治安排。

其一,推动并通过核能预算案。保守政党中的积极推进派认为,日本学术会议在原子能开发问题上尽管有动力与需求,但易引起异议,耗费大量经费。③中曾根认为"美国核角色的转变"是"紧急的非常事态",在此情况下如果将开发核能的主导权让渡于左翼控制的日本学术会议,将形成马拉松式的论争,唯有以政治权力作杠杆才能在制度、资金等方面打破发展核能的约束困境。④1954年3月3日,"保守三党"⑤向国会提出修正预算草案,要求以2.35亿日元作为"制造原子炉的基础研究费与调查费",该修正案并未明确具体用途,但几乎未经讨论的情况下,于3月4日在众议院获得通过。⑥事实上,中曾根所在的改进党作为小党是难以在国会推动核能预算案的,但是当时自由党在国会议员席位并未超过半数,容易形成"扭曲国会",内阁提出的预算和法案若得不到改进党的支持就难以通过。中曾根抓住了自由党的软肋,利用吉田内阁预算案尚未通过的时机,突然提出预算修正案,目的是胁迫自由党同意接受"核预算突袭"。至此,日本为发展核能研究提供了资金上的保障。

其二,成立原子能利用准备调查会。针对美国核角色的转变,1954年5月,日本成立了以调查与决策为主要工作的原子能利用准备调查会。6月,调查会确立了建造国产小型实验用原子能反应堆的基本方针。⑦12月,日本派遣了由15人组成的原子能和平利用海外调查团,分成四队前往美、英、法、印、瑞、丹等

---

① 山本英雄是当时日本原旭公司驻纽约的特派员。

② 佐野眞一:《巨怪传:正力松太郎と影武者たちの一世紀》,文藝春秋,1994年,第510页。

③ 田中慎吾:《"日米原子力研究協定"への道程1951~1955》,《同志社アメリカ研究》2016年第52号,第8页。

④ 武谷三男:《原子力発電》,岩波书店,1976年,第13页。

⑤ 中曾根康弘:《天地友情:五十年の戦後政治を語る》,文芸春秋,1966年,第167页。

⑥ 具体是指自由党、改进党、日本自由党。

⑦ 原子力開発十年史編纂委員会:《原子力開発十年史》,日本原子力産業会議,1965年,第26页。

14个国家,调查各国核能行政组织体制,了解核能利用情况。[①] 1955年5月,海外调查团归国后向内阁提交了《原子能和平利用海外调查团报告书》,建议日本首要目标应是"建立以天然钚为燃料的多目的原子能反应堆,再建造使用浓缩钚的小型研究用反应堆进行辅助",希望"在适当的条件下接受美国提供浓缩钚"。[②]另外,报告团为了使日本能够尽快与美国进行核能合作,在报告书中竟然伪造了真实情况,将"只有美国设置了原子能委员会"谎称为"世界各国的(原子能)统一管理机构几乎都是采取的委员会形式",其目的旨在通过营造发展核能紧迫性气氛,促使日本尽快设置原子能委员会。[③]

其三,舆论诱导。舆论媒体在现代社会被称为立法、行政、司法之外的"第四权力机关",其影响力和渗透力被誉为"无冕之王"。1954年3月1日,日本的捕鱼船"第五福龙"号在马歇尔群岛附近进行捕鱼作业时,遭到了美国在比基尼岛进行氢弹爆炸实验时产生的有害物质的辐射。[④]日本政府企图控制公开事态,但《读卖新闻》于16日对此进行了独家报道。[⑤]导致日本社会反核运动日趋激烈,随之反美情绪急剧上升,美日关系一度恶化到战后以来的低谷。[⑥]美国担心日本从此脱离日美同盟走向"中立化",为消弭该事件造成的不利影响,艾森豪威尔派遣"原子能和平使节团"访日,开始积极向日本宣传"原子能和平利用"。[⑦]同时,美国中央情报局也加强了与《读卖新闻》社长正力松太郎[⑧]的联系,试图借用其在舆论界的影响力,达到在日本推行符合美国核战略的意图。正力也欲借美国之力,谋求登上首相宝座,二者之间的合作自然是水到渠成的。[⑨]为应对日本国民反核运动及其带来的对美反感,正力利用报纸、电视等媒体大肆美化宣传原子能的和平利用。[⑩]1954年《读卖新闻》以"终于捉到了太

① 日本原子力産業会編:《原研10年史》,日本原子力研究所,1966年,第16~17页。

② 《原子力委の設置、裏に偽装報告:55年初の海外調查団》,《朝日新聞》2011年7月17日。

③ 森川澄夫:《米原子力法123条と日米原子力協定》,《ジェリスト》1955年第93号,第11編。

④ 《原子力委の設置、裏に偽装報告:55年初の海外調查団》,《朝日新聞》2011年7月17日。

⑤ 近代日本研究会編:《戦後日本外交の形成》,山川出版社,1994年,第262~263页。

⑥ 木村朗、高橋博子:《核の戦後史》,創元社,2016年,第246~259页。

⑦ 木村透:《さらば原子力》,同時代社,1998年,第49页。

⑧ 佐藤正志:《"原子力平和利用"と岸信介の核政策思想》,《経営情報研究》2015年第2号,第30~31页。

⑨ 山岡淳一郎:《原発と権力》,筑摩書房,2012年,第55~57页。

⑩ 佐野眞一:《巨怪伝:正力松太郎と影武者たちの一世紀》,文藝春秋,1994年,第516页。

阳"为主题,持续向日本民众宣传和平利用核能的各种成果。而且,美日在东京共同举办了"原子能和平利用博览会",六周内共吸引40万观众,随后还在日本各地巡展,渲染核能对人类的益处。在媒体对核能和平利用的美化宣传下,"将带来伟大产业革命"的"核能梦想"稀释、淡化甚至屏蔽了日本民众对"核爆恐惧的历史记忆"。①

在上述基础上,美国将日本确定为第一批原子能援助国家成员,并于1955年1月11日正式通过驻日使馆向日本提交了一份"建设试验原子炉的援助计划"。②25日,美国向日本驻美大使井口贞夫就对日援助实验用原子能反应堆问题进行了非正式询问。③当然,日本对于美国的核援助计划给予了积极评价。3月11日,日本外务省认为从国际局势、日美关系、能源资源等角度分析,实现日美核能合作事关国家利益,④一并回应称:"日本政府准备在适当的条件下,尽快与美国政府就建造试验原子反应堆的技术援助达成双边协议。"⑤必须指出的是,日本虽然出于自身需求希望与美国缔结合作协定,但是并不意味着其言听计从于美国所设定的合作框架,而是谋求最大限度地摆脱美国的核约束以保持其自主性。

其一,围绕"秘密保护条款"问题的确认。在美国核浓缩铀的援助方面,日本学界有两种意见。一是以东京大学藤冈由夫为代表的"积极接受论"。藤冈认为在世界核能快速发展的今天,日本应该尽快接受美国的核援助。⑥二是以大阪大学的伏见康治为代表的"慎重接受论"。伏见认为,"现在的日本,应该

---

① 吉見俊哉:《夢の原子力》,筑摩书房,2012年,第133页。

② 国际协力局第3课《原子力問題資料》1955年5月6日,外务省公开史料《日米間原子力の非軍事的利用に関する協力協定関係》(第2卷)。

③ 井口认为:"从当今日本形势分析,采取以联合国为中心的和平利用路线是推进日本核能研究内外皆宜的选择。"在米大発本省宛《濃縮ウラニウムに関する配分の件》,外务省公开史料《日米間原子力の非軍事的利用に関する協力協定関係》(第2卷),1955年1月21日,B'0081。

④ 《原子力問題資料》1955年5月6日,外务省公开史料《日米間原子力の非軍事的利用に関する協力協定関係》(第2卷)。

⑤ United States, Japan, Other Bilateral Treaties, Peaceful Uses of Atomic Energy, March 19, 1955~March 7, 1958, National Archives, 611.9497/5~2455.

⑥ 《第22回国会衆議院予算委員会公聴会議事録》(第1号)1955年5月19日,国会会議録検索システム,http://kokkai.ndl.go.jp/SENTAKU/syugiin/022/0516/02205190516001.pdf,2019年12月15日。

确立自主的研究体系"。①日本学术会议也认为美国所提出的核能合作必须在"美国原子能法"的框架中进行,由于该法条款中存在"原子能秘密保护条款",因此如果美日签署包含秘密保护条款的协议势必有违日本学术会议提出的公开、自主、民主三项原则。同样,日本政府也担忧一旦缔结两国合作协定,美国将向日本提出难以接受的制约条件甚至日本会被卷入由美国主导的军事研究之中。为此,日本政府以"原子能三原则"为由,通过驻美大使馆向美国询问了有关"秘密保护条款"问题。对于日本的忧虑,美国表示"不会向日本提供需要秘密保护的机密情报,而只是要求日本保障其提供核物质的安全"。②

其二,围绕删除"协定第九条内容"的交涉。在美国看来,"美土协定"既是美国签署的第一个核能协定,也是与其他国家签署协定时的标准文本。19日,日本收到了美土核能协定的全文。③24日,日本立即组织相关省厅进行商讨汇总相关意见后强烈要求日本政府删除协定中的第九条。④"美土协议"第九条规定:"当事两国期待更高层的合作,使最初的合作协定拓展到发电原子炉的设计、建设以及操作。为此,当事两国将随时为原子能动力合作再进行进一步的协商。"⑤日本政府也认可该条款将限制自身未来核能发展的自由,会把日本的核能发展绑架在美国身上,⑥因此主张当前能合作应只限于"针对小型研究用的反应堆合作",不应谈及核能动力合作,故应删除第九条。⑦6月1日,日本向美国提出替代方案,即"由于本协定具有法律约束力,因此第九条内容不要

①《第22回国会衆議院予算委員会公聴会議事録》(第2号)1955年5月19日,国会会議録検索システム,http://kokkai.ndl.go.jp/SENTAKU/syugiin/022/0516/02205200516002.pdf,2019年12月15日。
②《濃縮ウラニウムの配分に関する件》1955年4月29日,外交史料館公開史料《日米間原子力の非軍事的利用に関する協力協定関係》(第1巻)。
③《米国提供の核分裂性物質受入問題》1955年5月23日,収蔵于外務省戦後外交記録《日米間原子力の非軍事的利用に関する協力協定関係》(第2巻)。
④《米国提供の核分裂性物質受入問題》1955年5月25日,収蔵于外務省戦後外交記録《日米間原子力の非軍事的利用に関する協力協定関係》(第2巻)。
⑤《米国提供の核分裂性物質受入問題》1955年5月25日,収蔵于外務省戦後外交記録《日米間原子力の非軍事的利用に関する協力協定関係》(第2巻)。
⑥《第22回国会衆議院外務委員会会議記録》(第14号)1955年6月1日,第10~11頁。
⑦国際協力三課:《米国提供の核分裂性物質受入問題》1955年5月25日,収蔵于外務省戦後外交記録《日米間原子力の非軍事的利用に関する協力協定関係》(第2巻)。

放置在本协定的框架内,而应以会议记录的形式予以处理"。①事实上,日本认为协议款框架中,"美日是否签订动力原子能合作的权限"主要在于美国,而日本的方案则侧重表达这一权限在于日本。对于日本的要求,美国表示难以接受。2日,美国向日本驻华大使井口解释道:"核能合作协定的目的是在美国原子能法的框架下,向需要核材料与研究用原子炉的友好国家进行相关销售。协定签署后,日本无须从美国租赁或购买多余的核分裂材料及其设备。"②在美国看来,日本若无利用原子能发电的意愿,即使删除第九条也无关大局,但难以理解日本为何要求在正式协议文本中删除第九条后又以合作纪要的附件方式保留第九条。③日本则向美国重申删除第九条的原因在于,当时日本政府在国内的政治环境中权力较弱,反对派的实力不可小觑,若不修改则在国会上恐将引起争议。

除了上述争议外,日本还在协定名称、协定时效等方面向美国提出了异议。④在协议名称上,美国确定的是"非军事利用原子能合作协定",而日本主张改为"和平利用核能合作协议",以期在形式上淡化核能的军事作用。在协定期限上,日本认为"10年有效期"过长,为避免其发展核能的自主性长期受到美国约束而提出修改为"5年有效期"。⑤对于上述要求,美国起初以与其他国家交涉也采用了同样的协定方案为由表示拒绝,但经过多轮磋商,美国基于维护和加强日美同盟关系的考量,对日本做出让步,承诺在两国核能合作中不涉及"秘密条款"内容,允许删除"第九条"并将之另附交换公文,同意将有效期缩短为5年。

由上,美国核政策思想的转变是日美核能合作的前置条件,日本对原子能的需求与渴望是日美核能合作的内在驱动。作为核能"供给者"的美国与作为"需求者"的日本,在实际合作过程中呈现出了"合作中对立""对立中合作"的

---

① "Japanese Agreement for Cooperation", June 1, 1955, Box420, Lot57D688 RAEM 1944~63, RG59, NACP.

② "Japanese Atomic Bilateral", June 2, 1955, Box420, Lot57D688 RAEM 1944~63, RG59, NACP.

③ "Japanese Agreement for Cooperation with Japan", June7, 1955, Box420, Lot57D688 RAEM 1944~63, RG59, NACP.

④《ウラの多い日米原子力交渉》,《エコノミスト》,1955年第33卷25号,第27页。

⑤ 田中慎吾:《日米原子力研究協定の成立:日本側交渉過程の分析》,《国際公共政策研究》2009年3月,第152页。

博弈型同盟结构,日本以各种理由为借口调整了美国提出的核能合作框架、边界与内涵,致使美国未能将美土协定内容照搬于美日协定,进而最大限度地争取了发展核能的自由空间。日本通过双边协议,打破了发展核能的政治限制,获得了研究所用的核物质及其相关技术,创造了自主发展核能的初始条件,进而奠定了"尽管目前采取不拥有核武器的政策,但是始终要在经济与技术上保持制造核武器的潜力,对此不应掣肘"[①]的军事意图。

四、结 语

日美核能合作是迄今世界上唯一原子弹"轰炸国"与"被炸国"之间的合作。美国从"垄断者"向"供给者"的核角色转变并非单纯基于为人类和平利用核能而进行的具有价值理性的转变,而是因其对核技术与核材料无法实现"绝对垄断"情况下而进行的具有工具理性的转变,更是试图控制世界核能发展的另一种垄断形式的逻辑表达。美国对日核政策从"核轰炸"到"核限制"再到"核援助"的发展路径,是在东西两大阵营对立图式的演进、日本地缘战略价值的提升、美国核政策思想的转变等因素的叠加共振中实现的。因此,美国将日本纳入核援助对象国的真实意图既是其全球战略的内在要求,又是试图绑架日本依赖美国发展核能构想的必然产物,更包含有约束日本核武装的因应考量。

日本的"原子弹天佑论""无核战败论"以及"产业革命论"等认识逻辑,不仅体现着其对核能需求的内生性、主动性与自主性,而且决定了日本从"被炸者"角色向"需求者"角色的快速转变。日本在遭受原子弹轰炸后,不仅未能彻底反省战争责任,反而促进了其对核能的执拗追求与渴望。日本与美国进行核合作的真实意图在于打破发展核能的政治限制,摆脱技术落后与核材料匮乏的瓶颈约束,进而不断提升本国的核能利用研发能力。当然,对岸信介、中曾根康弘等战后未被清算且又回归政治舞台的保守政治家而言,日本通过倡导"和平利用"推进核能发电的过程本身也为核武器开发潜在地奠定了物质与技术基础。进言之,日本在推进发展核能时的逻辑起点上,业已存在着"谋求拥有制造核武器能力"的隐秘意图,和平利用中蕴含着"军需的伪装"。

美国"核供给"角色中的主导性与日本"核需求"角色的主动性在"两国供

[①] 外交企画委员会:《我が国の外交政策大綱》1969年9月25日,外務省2010年11月29日公开外交記録,第67頁。

给与需求的合作交易"中同时产生作用,形成了一种"合作中对立、对立中合作"的博弈型政治结构。1955年12月6日正式生效的《日美核能研究合作协定》标志着美国将日本纳入其核政策体系,达到了使日本的核物质与技术依赖于美国的意图,但是日本通过策略性地与美国交涉,在协定时效、合作内容等方面最大限度地摆脱了美国的约束,并成功地从美国得到了研究所用的核材料及其相关技术,这为日本自主性地发展核能奠定了初始条件。然而,"和平利用"与"核武开发"在本质上是一体同源,能否在二者之间相互切换的决定因素取决于"政治意愿"。通过研究日美核能合作的历史缘起,既清晰地钩沉出日美在合作中各自的真实意图,又有助于理解战后日本将"作为核电的原子能"与"作为核爆的原子能"进行结合的内在逻辑,更是客观铺陈了日本在发展核能中除"和平利用"意图之外还蛰伏着"军事利用"的选择性与可能性。

本文原刊载于《世界历史》2020年第1期,得到了国家社科重点项目"战后日本核政策研究"(16ASS002)、南开大学亚洲研究中心资助项目(AS1913)的资助。

作者简介:

尹晓亮,南开大学日本研究院教授、博士生导师,早稻田大学产业经营研究所招聘研究员。2008年毕业于南开大学日本研究院,获历史学博士学位。主要研究方向是日本政治与外交、东亚国际关系史、日本能源政策等。在海外留学与访学多年。获得省部级科研奖励2项。在《世界历史》《日本学刊》《外交评论》《东北亚论坛》《南开学报》《产业经营》(日本)等期刊上发表中外文论文数十篇,主持国家社科基金重点项目等省部级以上项目数项。

试论战后日本公共外交运作模式的演变

程 蕴

如果以好感度来评价日本公共外交的话,那么它虽有缺陷,但也取得了相当不错的成果。根据英国广播公司(BBC)对全球民意的调查,2006—2017年日本在全球的受欢迎度始终排在被调查国的前五位,其中2007年、2008年、2012年这三年,日本还一度成为全球最受欢迎的国家。[①]皮尤研究中心(Pew Research Center)2015年的一项调查也显示,日本在亚太地区获得了中位数高达71%的好感度,成为该地区最受欢迎的国家。[②]日本国家形象建设的成功,使学者们对其公共外交产生了浓厚的研究兴趣。

进入21世纪以来,有关日本公共外交、文化外交的研究可谓层出不穷。这些研究大致可分为三类:第一类是对日本公共外交或文化外交的宏观解读。它包括了对政策沿革、组织机构、特征、实施方式以及总体评价等诸多方面的考察。[③]一些研究虽然缩小了范围,着重考察日本对某个国家或地区在某个时段的公共外交,但其研究方法仍属同一范畴。[④]这类研究的优点在于能够从整体上把握日本公共外交的各个方面,但缺点是未能在政策和效果之间建立起清晰的因果联系。第二类是对日本公共外交某一方面的微观研究。这类研究

---

① 详细数据和排名参见历年的英国广播公司全球民意调查(BBC world service poll),https://jihirog.air~nifty.com/blog/2015/12/2006~2014~bbc~7.html [2020~02~01].

② Bruce Stokes, "How Asia-Pacific Publics See Each Other and Their National Leaders", https://www.pewresearch.org/global/category/publications/[2020~02~01].

③ 相关研究参见丁兆中:《战后日本文化外交战略的发展趋势》,《日本学刊》2006年第1期;刘国华、李阵:《战后日本的公共外交》,《日本学刊》2007年第4期;吴咏梅:《浅谈日本的文化外交》,《日本学刊》2008年第5期;姚奇志、胡文涛:《日本文化外交的观念变革与实践创新——以国际形象的建构为中心》,《日本学刊》2009年第5期;廉德瑰:《日本公共外交的特点》,《日本学刊》2011年第1期。

④ 相关研究参见周英、唐小松:《日本对东盟的公共外交》,《国际问题研究》2017年第4期;赵晖:《跨文化传播语境下文化外交的有效路径——基于日本在拉美开展文化外交的案例分析》,《拉丁美洲研究》2018年第5期;赵蓉、于朔:《日本对华文化外交及其国家形象的构建》,《日本学刊》2019年第2期。

大部分集中在对流行文化尤其是动漫外交的研究方面,涉及动漫作为日本文化的代表性问题,动漫作为国家战略的可行性问题,以及作为公共外交手段的日本流行文化的发展前景问题。[①]这类研究的优点是以跨学科的方式全面分析日本动漫外交的优势与不足,进而在公共外交的手段与效果之间建立了较为可信的因果联系。然而,由于动漫外交的特殊性,这种因果联系并不能扩展到日本公共外交的其他领域。第三类是针对日本公共外交运作模式的研究。这类研究虽然较少,却为日本公共外交在政策与效果之间建立因果联系开辟了新的道路。例如,周英从构建社会关系网络获取社会资本的角度,探讨了日本对东南亚公共外交的运作模式;张耀钟以日本国际协力机构的活动为中心,探讨了日本在对非援助方面的公共外交运作模式;蔡亮、俞东阳则以观光外交为视角,提出了日本基于观光外交而发展出的新的公共外交运作模式。[②]然而,当前这类研究尚处于起步阶段,研究视角多局限于微观层次,缺乏对日本公共外交运作模式演变的整体性探讨。本文试图在这方面做一尝试,通过对运作模式演变的考察,分析日本公共外交的优势和缺点,进而探讨运作模式与政策效果之间的关系。

一、公共外交与战后日本

"公共外交"一词出现在日本的官方话语中,时间并不久远。从日本外务省每年发布的《外交蓝皮书》来看,直到2004年"公共外交"这一表述才真正进入了日本政府的外交话语体系之中。这一年日本外务省进行了机构改革,设立新的"宣传与文化交流部",旨在最大限度地挖掘本国的软实力资源,以更好地推进公共外交的展开。然而,作为一种外交形式,日本的公共外交自明治时期就已经开始了。1921年外务省情报部以及1934年国际文化振兴会的设立,标志着日本在对外政策宣传和文化输出方面已经建立起了相对完备的政策执行体系。

---

① 参见岩渕功一:《文化の対話力—ソフト・パワーとブランド・ナショナリズムを超えて—》,日本経済新聞出版社,2007年;櫻井孝昌:《アニメ文化外交》,ちくま書房,2009年;渡辺靖:《文化と外交—パブリック・ディプロマシーの時代—》,中央公論新社,2011年;归泳涛:《日本的动漫外交——从文化商品到战略资源》,《外交评论》2012年第6期。

② 参见周英:《日本对东南亚的公共外交:资源、行动和结果》,《东南亚研究》2019年第1期;张耀钟:《日本对非公共外交的多维解构:以JICA为中心》,《世界经济与政治论坛》2016年第3期;蔡亮、俞东阳:《日本对华"观光外交"的模式、成效及启示》,《太平洋学报》2019年第3期。

在经历了二战战败和美国对日占领后,日本的公共外交在1951年得以重新开展。战后相当长一段时期内,日本公共外交的重点仍然是围绕政策宣传和文化外交两大块展开的。因此,在"公共外交"这一术语受到广泛认可前,学术界常常以"政策宣传外交"(日语为"広報外交")和"文化外交"来研究日本面向他国民众的外交活动。然而,公共外交并不能简单地理解为两者相加。虽然二者涵盖了公共外交领域的大部分日常工作内容,但这种理解方式没有体现出日本公共外交的运作模式随着时代的发展而发生的转变,因而也难以从根本上把握和理解日本的公共外交。

艾坦·吉尔伯(Eytan Gilboa)将公共外交划分为三种运作模式:基础冷战模式(the Basic Cold War model)、非政府传播模式(the NonstateTransnational model)和国内公共关系模式(the Domestic PR model)。所谓基础冷战模式是指国家在一个对抗性的关系中,运用公共外交手段在国外社会中实现一个长期的结果。它假设如果目标国家的社会公共舆论被说服接受一个对本国有利的形象,就会对该国政府产生压力以替换既存的敌对态度和政策。因此在这种公共外交模式下,就需要向对方国家公众提供有关本国的更具平衡性的信息,以对冲目标国政府在国内进行的丑化宣传。所谓非政府传播模式是指非政府行为体利用全球新闻网络和媒体事件来培育对其理念和目标的全球性支持。这里强调非政府组织(NGO)和非营利组织(NPO)对于塑造全球舆论的重要作用。国家如果希望树立良好的国际形象,就必须与这些组织网络之间建立良好的互动关系。而国内公共关系模式就是一国政府雇用目标国家中的公共关系公司甚至说客来达到自己的目的。这种方式由于具有隐蔽性,所以往往比政府直接参与影响别国舆论更加有效。①

吉尔伯的划分实质上较为清晰地描述了战后西方学界对公共外交理解的变化,这种理解的变化进而影响了各国的公共外交政策。作为公共外交传统的基础运作模式(类似吉尔伯的基础冷战模式),一国讯息向目标国家传播的基本路径为:政府主导下的相关机构及人员→对方国家的重要信息传播节点(如主要媒体、学者、"社会意见领袖"等)→普通公众。这种传播模式是冷战时期大部分国家的经典做法。它的优点在于利用别国的信息传播系统,以最低

---

① EytanGilboa, "Searching for a Theory of Public Diplomacy", *The Annals of the American Academy of Political and Social Science*, Vol. 616, Mar. 2008, pp. 59-60.

的成本可能获得相对较好的效果,因此这一点也影响了早期学者对公共外交一词的定义。例如,汉斯·塔奇(Hans Tuch)就将公共外交定义为政府同别国公众交流的过程,在这一过程中政府试图使别国公众理解本国的观念、思想、制度、文化以及国家目标和政策。①

然而,随着时代的发展,公共外交的基础运作模式开始显现出种种弊端,其效果也开始受到普遍质疑。首先是承担公共外交的行为体。如果仅仅依靠政府主导下的相关机构,那么公共外交的影响范围就会受到极大限制。曾在日本驻华大使馆担任过新闻文化中心主任的井出敬二就指出,改变中国人对日误解的最好办法是与其进行长达3个小时的面对面的诚恳交流,但面对中国13亿的人口,这种方法显然不可行。②要在信息高速流动的全球化时代树立更好的国家形象,就必须动员政府以外的多元行为体,共同参与到公共外交中来。这就是当前学术界所普遍推崇的新公共外交(new public diplomacy)。简·梅丽森(Jan Melissen)指出,新公共外交是一种由非政府行为体所推动的外交实践的转变,多元行为体越来越多地参与到与国外公众的联系中,并且在形式上将单方面信息传播转变为对话与互动。③

其次,在公共外交的基础运作模式中,以对象国的重要传播节点为主要目标进行信息输出,在理论上看似是一种高效的方法,但其效果并不稳定。因为作为重要的传播节点,主流媒体、学者、"社会意见领袖"等都具有自己相对独立的价值观和认知结构等。他们往往会对信息以自己的方式进行解读和加工,从而偏离公共外交实施国的初衷。多温·卡特赖特(Dorwin Cartwright)指出,发送者的信息在抵达受众后,受众对信息的处理还会经历以下四个步骤:引起注意;对信息适合与否进行评估;对机会大小进行评估;决定是否行动。其中,在第二步中,当信息与受众现有的认知结构不一致时,则会出现被拒绝,

---

① Hans Tuch, *Communication with the World: US Public Diplomacy Overseas*, New York: St. Martin's, 1990, p.3.

② 金子将史、北野充主编:《公共外交:"舆论时代"的外交战略》,《公共外交》翻译组译,外语教学与研究出版社,2010年,第163页。

③ JanMelissen, "The New Public Diplomacy: Between Theory and Practice", in Jan Melisseneds., *The New Public Diplomacy: Soft Power in International Relations*, New York: Palgrave Macmillan, 2005, pp.11-16.

或被扭曲以符合接受者认知结构的情形。①这表明,在公共外交中,信息传播的效果在很大程度上取决于双方是否具有相似的认知结构,进而在此基础上产生共鸣和共情。而一国政府针对他国重要信息传播节点的输出很难保证双方在每个方面都具有相似的认知结构,因此共鸣的产生并不是确定的。解决的方案是通过构建跨国共同体来构筑共同价值理念,例如,知识共同体以及更具广泛动员能力的非政府组织等。这也就是吉尔伯所说的"非政府传播模式"。它有利于在某个领域形成具有普遍意义的价值和共识,进而改善不同文化间的沟通,使彼此间更容易产生共鸣。而这种共鸣之下所营造的世界舆论影响力将会极大地影响各国政府的外交决策。

再次,公共外交的基础运作模式假设对象国国内的传播节点对普通民众具有较强的影响力。这一点在冷战后也受到了挑战。一项关于"外籍人士在抵达北京前如何了解北京"的调查显示,通过有访问经历的亲朋好友介绍的占18.8%,本国主流媒体占18.4%,社交媒体占11.2%,在国外的华侨、留学生占10.3%。②从中可以看到,虽然传统的主流媒体仍是普通民众获取别国信息的主要渠道,但其相比非主流媒体渠道尤其是口口相传,并不具有明显优势。事实上,这一点在理论上也可以获得支持。著名的"两级传播理论"就指出,大众媒介的讯息在传播过程中经历了"意见领袖"的中转,他们在其所处的人际网络中为其他人筛选、解释并扩散了自己的所见所闻。③"意见领袖"一词可能让我们产生一种脱离人群高高在上的感觉,但两级传播理论的研究对象是初级群体,所谓的"意见领袖"其实往往就是我们身边的一员。因此,要克服传播节点对普通公众影响力方面所存在的缺陷,就需要建立面向普通公众的直接且有效的传播方式。这其中,将象征本国的组织直接嵌入对方基层社会就是一种非常有效的解决方案。同时,嵌入一般还伴随着该组织与对象国政府之间的非正式沟通渠道的构建,因此在理论上,嵌入后的组织可能会具备与对象国公关公司同样的功能。

---

① 威尔伯·施拉姆、威廉·波特:《传播学概论》,何道宽译,中国人民大学出版社,2010年,第208~211页。

② 欧亚:《众媒时代下的媒介化公共外交》,载陈雪飞主编:《数字时代的公共外交对话录》,时事出版社,2016年,第73页。

③ 伊莱休·卡茨、保罗·F.拉扎斯菲尔德:《人际影响:个人在大众传播中的作用》,张宁译,中国人民大学出版社,2016年,第30~32页。

然而,这些对公共外交基本运作模式的改良并非没有缺陷。其一,行为体的多元化必然伴随着利益的多元化,如何调动具有多元利益的行为体朝着政府设定的目标迈进并最终实现双赢并非易事。其二,跨国共同体往往强调相对于国家的独立性,所以其舆论影响力并非单向的。它往往在影响别国政策的同时,也会对本国的决策造成影响。其三,嵌入对方基层社会的组织一般都不会具有明显的政治目的性,否则在日常生活中很难建立与普通公众之间的共鸣。所以,这种方式虽然有利于提高普通公众对本国的好感度,但对别国政策的直接影响力尚无法准确评估。在很多情况下,它更像是一种"预防性的公共外交"。

即使存在这些缺陷,对公共外交基本运作模式的改良仍是冷战后各国公共外交发展的基本趋势。日本的公共外交在顺应这种趋势的同时,显然较好地解决了改良后模式中存在的一些问题。其代表性的运作模式有:议题设置式的公共外交、商业模式的公共外交以及嵌入式的公共外交。所谓"议程设置式公共外交",就是以构建跨国共同体的方式来加强彼此之间的共鸣,并通过这些跨国共同体在相应的领域向对方社会传输自己所偏好的价值观和认知方式。所谓"商业模式公共外交",就是将本国偏好的文化价值元素注入产品之中,借助成功的商业运营模式将涉及文化价值层面的内容潜移默化地传递给对方国家受众。所谓"嵌入式公共外交",是指国家与本国的非政府行为体(跨国企业、非政府组织等)合作,在尊重非政府行为体独立性的前提下,有意识地让其作为文化交流和信息传播的非政府渠道,承担代表本国形象、构建社会关系网络的任务。由于非政府行为体能够嵌入对方社会,与对方普通公众直接互动,并了解其具体需求,因此这种公共外交方式能够发挥政府和非政府行为体两方的优势,从而达到更好的效果。

综上所述,本文所讨论的公共外交是指,政府或与政府保持着沟通和联系的非政府行为体,通过直接或间接的方式影响别国舆论或关于某些跨国问题的国际舆论,进而影响他国政策、为本国整体外交推进创造良好外部环境的行为。对于战后的日本来说,虽然继承了战前的一些遗产,但其战后公共外交依然是一个不断摸索的过程。而这一过程的主线就是对公共外交基本运作模式的构建与改良。

二、基本运作模式下的日本公共外交

战后日本的公共外交发端于1951年。这一年日本加入了联合国教科文组织,同时依据新的《外务省设置法》,将原来的外务省情报部升格为情报文化局。1952年《旧金山对日和约》生效后,日本相继与一些国家签订了双边文化协定,同时也恢复了对日本国际文化振兴会和国际学友会的政府补助。但在这一时期,日本并没有对公共外交投入过多的资源,担负国际文化交流任务的外务省情报文化局第三课在1957年度的预算仅为5063万日元,不到当年整个外务省预算的1%。[①]虽然日本政府在某些方面也表现出了对公共外交的重视,如1962年,日本政府改组了国际文化振兴会,由前首相岸信介出任会长,时任首相池田勇人和外相大平正芳分别担任名誉正副会长,[②]但预算的短缺注定了日本公共外交在战后初期不可能有太大的作为。

因此,在公共外交的运作模式方面,直至20世纪70年代之前,日本并没有形成任何成型的模式。它更多是继承了战前日本的遗产,通过相对固定的渠道来向外发送有关日本的信息。很难说这些信息的传播是有针对性和系统性的。从一些数据来看,通过这些渠道所发布的信息对其他国家的涉日舆论影响有限。例如1968年外务省对日舆论调查显示,在美国和英国认为"日本是值得信赖的友邦"的受访者比例分别只占到了40%和17%。[③]相比通过公共外交来增强影响力,日本更倾向于通过经济手段来显示自身的存在感。到20世纪70年代初,东南亚主要地区已经遍布了日本企业和消费品。而在西方,日本产品也取得了与当时的联邦德国产品大致相同的品质认可度。[④]

然而,此时日本的国家形象却在迅速恶化。随着日美贸易摩擦愈演愈烈,日本企业快速占领东南亚市场,对日本经济急剧扩张的恐惧、对军国主义复活

---

① 朴祥美:《帝国と戦後の文化政策—舞台の上の日本像—》,岩波書店,2017年,第104頁。

② 参见岸信介:《会長就任に際して》,《国際文化》(第94号)1962年3月,第1頁;牟倫海:《戦後日本の対外文化政策—1952年から72年における再編成の模索—》,早稲田大学出版会,2016年,第240~244頁。

③《わが外交の近況》(第13号),1969年,https://www.mofa.go.jp/mofaj/gaiko/bluebook/[2020~02~08]. 由于在英国获得的肯定回答比例过低,次年,外务省在调查中将"信赖"二字去掉,结果认为日本为友邦的回答上升到了30%左右。

④《わが外交の近況》(第15号),1971年,https://www.mofa.go.jp/mofaj/gaiko/bluebook/[2020~02~08].

的担忧,以及对日本社会封闭性和国民性的批判在国际社会蔓延开来。尤其是1972年,时任日本首相田中角荣访问东南亚之际在泰国和印度尼西亚遭遇反日游行,对日本产生了极大的震动。日本亟须通过公共外交来消除美国和东南亚地区民众对日本的误解。正是在这一过程中,日本构建起了战后公共外交的基本运作模式。

首先是确立一个基本的主题以展现战后日本的崭新形象,同时围绕这一主题对有关本国的信息进行系统化构建。战后的日本将自身定位为介于东方与西方、先进和后进之间的联系纽带。①因此在面对美国时,日本强调两国间拥有相同的自由民主价值观。虽然日本也承认在这一高度抽象的词汇下,日美两国国民在更加具体的价值观层面存在差异,但其希望在这一判断的基础上,以美国为首的西方国家在自身强势的话语体系内,能够对日本所表现出来的差异性或者说特殊性给予更多的善意理解而非歧视。

在面对东南亚等相对落后地区时,上述日本的特殊性又被描述为一种成功经验,并着力挖掘其普适性的潜力。这一点从1973年日本的东南亚文化使节团的报告书中就可以清晰地看到。该使节团敏锐地觉察到了东南亚国家的一些精英人士对日本在现代化过程中如何实现本国传统社会与西方文明的有机融合所抱有的浓厚兴趣,强调对此做出回应是日本对东南亚文化交流事业的一大支柱。②也就是说,日本对东南亚国家公共外交的原则是绕开当地原有的殖民主义话语陷阱,与该地区精英共同建构起一种新的能够阐释东西文明融合及后发国家现代化路径的话语体系。这种话语体系一旦确立,日本经济体系以及对其形成支撑作用的社会体系就会自然而然地成为对东南亚国家具有普遍意义的发展模式。

其次,日本政府开始通过自上而下的信息渗透方式,将反映本国新形象的信息经由对方国家的传播节点逐渐向目标社会的公众层面进行扩散。这些信息的传播除了依靠通常的外交渠道外,大量的特殊渠道也得以建立。在信息传播方面,日本明显加大了对西方传媒核心人物的访日邀请力度,企图通过他们的亲身体验和客观描述来消除西方社会对日本存在的误解。而在文化交流

---

① 铃木九万:《百号発刊を迎えて》,《国际文化》(第100号)1962年10月,第1页。

②《東南アジア文化使節団報告書》,1973年,https://www.mofa.go.jp/mofaj/gaiko/bluebook/1973/s48~fuhyou~12.htm[2020~02~08].

领域,日本于1972年设立了国际交流基金,确立了政府主导型的对外文化交流模式。这一时期日本的对外文化交流基本可分为四个层次:一是文化界人士和学者的一般性交流。这些交流更突出彼此价值观的共通性。二是日本研究专家的培育和交流。在这方面,日本仿效战后美国对日公共外交的做法,大力支援在他国建立日本研究中心,以期培育更多的日本问题专家。这种做法一方面有利于战后日本发展模式、日本经验的总结和传播,另一方面也有利于理解日本文化的特殊性。三是社会基层意见领袖的培养。这一工作主要针对东南亚国家。日本于1973年相继开始了对有留日经历的东南亚留学生的召集组织工作,以及亚洲初中、高中教员的赴日考察工作等,试图通过影响他们来带动当地社会形成更有利的对日舆论。四是青少年之间的交流。它旨在促进下一代人之间相互理解,提高日本青年的国际视野,并为彼此之间建立一些跨国社会网络提供机会。继1967年日本开始"青年之船"项目后,1974年又专门面向东南亚启动了"东南亚青年之船"项目。

20世纪70年代的日本公共外交取得了一定的成效。到了80年代,东南亚地区学习日本现代化的经验已成为一种潮流。马来西亚总理马哈蒂尔甚至提出了"东方政策",认为相比西方,日本的经验、劳动伦理以及现代经营哲学更适用于本国的发展。[①]而日本政府也开始进一步提倡基于东亚共通精神和文化传统的"亚洲价值"。[②]与此同时,欧美学界针对日本战后高速发展的研究成果也开始出现,东亚的发展模式获得了越来越多的认可。[③]此外在美国,虽然日美贸易摩擦问题仍待解决,但根据调查,认为"日本值得信赖"的美国普通民众的比例,在整个20世纪80年代的平均值首次超过了半数。[④]

---

① 吉村真子:《東方政策(ルークイースト)の30年と今後の展望—日本・マレーシア関係の視点から—》,《マレーシア研究》2013年第2号,第6~7页。

②《ASEAN歴訪の中曽根内閣総理大臣のクアラ・ルンプール・スピーチ》1983年5月8日。https://www.mofa.go.jp/mofaj/gaiko/bluebook/1984/s59~shiryou~205.htm[2020~02~08].

③ 例如:Ezra F. Vogel, *Japan as Number One: Lessons for America*, Cambridge: Harvard University Press, 1979; Chalmers Johnson, *MITI and the Japanese Miracle: The Growth of Industrial Policy 1925~1975*, Stanford: Stanford University Press, 1982.

④ 参见外务省委托美国盖洛普公司进行的"美国的对日舆论"历年的调查结果,20世纪80年代美国民众认为日本值得信赖的平均数值为51.8%,70年代为45.8%,60年代为41%。见https://www.bunka.go.jp/seisaku/bunkashingikai/kondankaito/bunka_hasshin_senryaku/03/pdf/shiryo_5.pdf[2020~02~08].

三、改良型运作模式下的日本公共外交

在日本公共外交取得一定成效的同时，日本仍面临着西方社会的批判。在西方强势话语体系下，日本相对于美欧国家的差异性，始终伴随着现实矛盾的变化被时而弱化时而突出。尤其是在日美贸易摩擦愈演愈烈之时，日本的特殊性往往被解释成为狭隘的民族主义和单一民族社会的封闭性。这进而也影响到了"亚洲价值"的建构，因为一旦西方社会所建构的日本国家形象影响到了东南亚国家精英的对日看法，那么所谓的"亚洲价值"不过是在丧失多样性的条件下，突显日本人的傲慢。于是在20世纪80年代，日本政府开始着力强调承担国际责任和日本国内社会的"国际化"。

"国际化"的初衷虽然是向西方国家展示日本社会的开放性，但它客观上却使参与公共外交的行为体走向多元化，进而改变了日本公共外交的基本运作模式。然而此时，多元行为体的参与还没有为提升日本的国家形象形成合力。以日本交流与教学项目（Japan Exchange and Teaching Program，简称"JET项目"）为例，这项开始于1987年的项目旨在招募外国青年（主要为英语国家）来日本中小学教授外语，或者在地方自治体内协助国际交流工作，但是其参加者不一定都对日本留下了积极的印象。根据麦康奈尔（David L. McConnell）的调查，大约有60%的参与者在项目结束后对日本形成的是一种正面和负面并存的复杂印象。[①]显然，单纯的扩大接触面并不一定能提升公共外交的整体水平。

即使如此，日本也并未停止对公共外交的基本运作模式进行改良的脚步。日本意识到，随着冷战的结束以及非国家行为体在国际政治中的地位显著上升，在当代全球治理中，不以国境为边界的各种公众网络越来越成为影响世界舆论的主要力量。因此日本公共外交寻求拓展的唯一路径就是对原有的运作模式进行改良，参与到全球的跨国公众网络的构建中去，在正确的时间向正确

[①] David L. McConnell, "Japan's Image Problem and the Soft Power Solution: The JET Program as Cultural Diplomacy", in Watanabe Yasushi and David L. McConnell eds., *Soft Power Superpowers: Cultural and National Assets of Japan and The United States*, New York: M. E. Sharpe, 2008, pp. 24-27.

的人物传递正确的信息。①日本着力推进的跨国网络构建有两大类:一类是跨国NGO网络,一类是跨国知识共同体网络。这两个网络的构建形成了日本的议程设置式公共外交。

(一)议程设置式公共外交

议程设置式公共外交的第一个主要方面是推动日本非政府组织的发展,并融入全球日本非政府组织的跨国网络中去。这为日本带来了不小的挑战,因为所谓的"平等双向的交流"意味着一国在打开了影响别国舆论通道的同时,也向别国敞开了影响本国舆论的通道。而在跨国日本非政府组织的网络中,日本的日本非政府组织无论在规模还是影响力方面都处于明显的劣势。根据2015年《全球期刊》(*Global Journal*)杂志的调查显示,在全球日本非政府组织的前五百位排名中,榜上有名的日本非政府组织的数量虽然在国别比较中排名第五,但一共只有18家,远低于排名第一的美国(130家)。②这就意味着日本在融入全球日本非政府组织网络时,会面临来自国外对本国舆论影响更大的压力。1997年日本国内发生的禁止地雷运动,以及2005年发生的抗击贫困运动,都是日本国内日本非政府组织响应全球行动的结果。

然而日本并未因此而放弃对本国日本非政府组织国际化的支持。针对本国日本非政府组织相对弱小的情况,日本政府积极为其发展创造有利环境。1989年日本政府开始发放日本非政府组织事业补助金,1999年又开展了名为"日本非政府组织活动环境整备支援事业"的项目,积极帮助日本非政府组织进行人才培养和组织建设。与此同时,从1996年开始,日本政府与本国日本非政府组织建立了定期协商机制,向日本非政府组织说明政府的各项政策,并接受来自日本非政府组织的各种建议和批评。这种政府与本国日本非政府组织的正向互动,使日本政府能够在国际场合利用本国日本非政府组织的资源与别国日本非政府组织进行沟通并影响它们的态度。例如,从2005年开始,在每年举行的联合国妇女地位委员会上,日本政府代表团都会以顾问的形式吸收若干日本非政府组织成员参与会议的讨论,并为政府和各国日本非政府组织

---

① 国际交流研究会:《新たな时代の外交と国际交流の新たな役割—世界舆论形成への日本の本格的参画を目指して—》2003年4月,第7~8页。

②《世界のNGO TOP500! 果たして日本は?》,https://drive.media/posts/6084[2020~02~10].

之间的沟通牵线搭桥,起到了良好的效果。①与此同时,日本的日本非政府组织也在无形之中为本国政府站台。成立于2014年的"非洲开发会议市民网络"(市民ネットワーク for TICAD)就是一个典型的例子。该组织网罗了日本30个日本非政府组织团体,旨在联合非洲国家的市民社会团体一道共同推动更多的人关注和参与日本的非洲开发会议,并致力于推动参会各国的日本非政府组织与各国政府之间建立战略合作关系,持续推进日本对非洲的开发援助。这在无形中就为日本政府的非洲政策提供了有力支援。②

议程设置式公共外交的第二个主要方面是构建跨国知识共同体。例如,1991年在国际交流基金下创设了"日美中心"、2001年日本与欧盟制定的《日欧合作行动计划》,都是以此为主要目标设立和制定的。冷战后,日本在跨国知识共同体的构建中最为出彩的一笔还是日本与中东国家之间的异文化交流网络。2001年,在时任日本外相河野洋平的主导下,日本政府开始搭建本国与中东知识精英之间的共同体圈子。其后,在反恐战争导致的文明冲突论甚嚣尘上、美国对中东公共外交空前失败的背景下,小泉纯一郎政府接过了担子,积极开展对中东的公共外交。2003年9月,日本政府向中东派遣了完全由知识界成员组成的第一次文化交流和对话代表团。对话的主题避开了当时中东各国反感的民主化,转而以"传统和现代化"为主题,旨在实现文明间的所谓"创造性和谐"。③"传统"与"现代化"能否共存,二者又如何定义?对此,在中东地区相对保守的国家内部仍然是个疑问。于是在2004年对中东派遣第二次文化代表团时,日本就将重心从讲述日本现代化的经验,转变到了正确认识日本和中东的差别,以"共同思考、共同推进、共同解决"的精神来推进对话的展开。④与此同时,日本对自身价值观的讲述也以一种非常形象具体的方式进行展现。如通过对日本近代史的讲述来强调不应对他者的成功感到妒忌和反感,而应建立虚心向他国学习的态度;通过对柔道的讲述来传达一种对对手表示敬意,并在相互刺激中提高彼此的品格和能力的态度;通过对本国女性形象的讲述

---

① 外務省:《外交青書》,2006年,第227页。

② 市民ネットワーク for TICAD,http://afri~can~ticad.org/[2020~02~10].

③《中東文化交流・対話ミッション　報告と提言》(2003年10月),第2~9页,https://www.mofa.go.jp/mofaj/gaiko/culture/koryu/kuni/jigyo/pdfs/houkoku_teigen.pdf[2020~02~08].

④《第2回中東文化交流・対話ミッション　報告と提言》(2004年11月),第3~4页,https://www.mofa.go.jp/mofaj/gaiko/culture/koryu/kuni/jigyo/pdfs/houkokuteigen2.pdf[2020~02~08].

来传达一种扎根传统的同时活跃于世界的人生哲学。这类讲述在中东的知识圈内引起了广泛兴趣,甚至形成了一种伊斯兰精神和武士道精神有类似性的亲近感。①这为后来日本与中东知识界的持续对话打下了坚实的基础。而基于这些对话所形成的知识共同体也为日本影响中东诸国的改革政策开辟了道路。例如,2016年日本与埃及缔结了《日本埃及教育伙伴关系声明》,为埃及引入日式教育打开了大门;而沙特的《愿景2030》改革计划出台后,日本则成为沙特改革计划中少数几个指定的战略伙伴之一。

(二)商业模式公共外交

日本对公共外交基本运作模式的第二种改良路径是商业模式的公共外交。它旨在利用本国的商业部门来传播日本的核心价值观。这种模式所传播的价值观虽然隐晦模糊,但其渗透性却远远高于其他方式。曾任日本文化厅长官的近藤诚一就指出,日本的价值观传播采用的是一种"展示"(presentation)的方式,即通过艺术的表达以及物品的创造将自身的价值观融入其中,间接而平静地展示出来,而不像美国那样采取"投射"(projection)的方式,直接将自身的价值观强加于人。②

日本商业模式公共外交的典型代表是流行文化和制造文化(ものづくり文化)。这一点在其2005年制定的《知识产权推进计划》中清晰地反映出来。该文件将日本的文化资产概括为相互联系的两大部分:一部分是世界范围内广泛流行的日本电影、漫画以及游戏软件等流行文化产业,另一部分则是融合了传统与创造、代表了日本生活方式的日本品牌(Japan brand),如食品、服饰、地方特产等。③这些文化资产被命名为一个深受年轻人喜爱的词汇——酷。而小泉内阁设立的直属智囊机构"推进文化外交恳谈会"也将所谓"21世纪的酷"界定为:糅合了本国传统文化、现代先进科技,以及人与自然协调发展、物

---

① 《第3回中東文化交流・対話ミッション 報告と提言》(2005年12月),第2~5页,https://www.mofa.go.jp/mofaj/gaiko/culture/koryu/kuni/jigyo/pdfs/houkokuteigen3.pdf[2020~02~08].

② Kondo Seiichi, "Wielding Soft Power: The Key Stages of Transmission and Reception", in Watanabe Yasushi and David L. McConnell eds., *Soft Power Superpowers: Cultural and National Assets of Japan and The United States*, New York: M. E. Sharpe, 2008, pp. 194~196.

③ 知的財産戦略本部:《知的財産推進計画2005》,2005年6月10日,http://www.kantei.go.jp/jp/singi/titeki2/kettei/050926f.pdf[2020~02~11].

质与精神同步提高等社会发展理念的日本的社会生活模式。①

在商业模式的公共外交中,日本政府在帮助本国产品进行海外推广方面起到了积极的作用,但它并没有介入生产过程。所以本质上流行文化和日本产品在世界范围内被广泛接受仍是一种商业行为。日本政府的方针是努力创造一个自由交流的公共环境,在促进商业推广的同时,也借助产品和服务使本国的价值体系和生活方式得到受众的认可。然而,商业的利益导向与日本公共外交的理念并非完全一致。在流行文化的传播方面,米甲·戴利奥-布尔(Michal Daliot-Bul)指出,日本的流行文化本质上是一种过度娱乐和非正统的民间文化,它的存在是对正统文化的挑战和越界。它以一种设计精巧、享乐主义和最前沿的方式来冲破乏味、单调的日常生活结构,并在生产者和消费者的持续交叉互动中被推进。②这与日本官方构建的理想型流行文化形态有很大的差别。它意味着,如果日本政府不干预商业行为而让其放任自流,必然会冲淡流行文化中所反映的本国价值观;而如果日本政府施以一定的干预手段,则建立在生产者和消费者之间持续互动基础上的流行文化接受度就会随之萎缩。然而,直到现在,日本政府仍没有实质性的办法去除色情、暴力等本国流行文化中的负面因素在世界范围内的传播。③因此,这种模式虽然强化了别国公众对日本这一符号的接受度和喜爱度,但并不意味着对日本价值观的接受。

在制造文化的传播方面,日本也处于两难的境地。政府期望日本产品也能够发挥传播价值的功能,并将其命名为"感性价值"。它指的是将制作者的工匠之技、美学意识、设计构想等融入产品之中,以一种可视化的方式传达给消费者,而消费者在使用中也能够感到满足、感动、理解以及信赖,从而产生理念上的共鸣。④在理论上,生产者与消费者之间的共鸣与互动确实能够推动自身品牌价值的提升,然而在现实中,它并不适用于所有产品。以制作工艺品的

---

① 文化外交の推進に関する懇談会:《〈文化交流の平和国家〉日本の創造を》,2005年7月。

② Michal Daliot~Bul, "Japan Brand Strategy: The Taming of 'Cool Japan' and the Challenges of Cultural Planning in a Postmodern Age", *Social Science Japan Journal*, Vol. 12, No. 2, Winter 2009, pp. 248~249, 262.

③ Michal Daliot~Bul, "Eroticism, Grotesqueness and Non~Sense: Twenty~first Century Cultural Imagery of Japan in the Israeli Media and Popular Culture", *Journal of Intercultural Studies*, Vol.28, No. 2, May. 2007, pp. 177~180.

④ 経済産業省:《感性価値創造イニシアティブ》(2007年),第11~25页,http://www.nopa.or.jp/copc/pdf/kansei~honbun.pdf[2020~02~11].

态度来生产日常消费品会带来成本的大幅提升,进而导致商业运营方面的困境。这也是2013年官民合作成立的"酷日本机构"始终无法摆脱赤字"魔咒",截至2018年累计亏损约179亿日元的原因。①

借助多元行为体的优势,商业模式的公共外交使日本在世界范围内受到了广泛欢迎,尤其是那些处于都市中产阶级地位的青年人。然而,日本对别国舆论的影响力似乎并未因此得以显著提升。2006年日本政府对于东盟六国民众的调查显示,认为中国在当时并且以后会成为本国最重要伙伴国的比例都超越了日本。②而在中韩两国,年轻人确实喜欢日本的流行文化,但他们却清晰地将对日本社会的印象和日本的国家形象进行区分,从而弱化了日本政府的公共外交效果。③这表明商业模式的公共外交在传播日式价值观方面仍然任重道远。

(三)嵌入式公共外交

日本对公共外交基本运作模式的第三种改良路径是嵌入式的公共外交。其主要包括两种方式:第一种是以本国的跨国企业为载体,通过这些企业逐步融入当地社群或与当地的相关组织和机构合作来获得对象国民众的信任,在提升国外公众对本国的好感度的同时,也构筑起了与所在国政府进行联系的非政府渠道。第二种是通过本国的非政府组织参与国际开发合作或紧急救灾,使整个援助更紧密地与日本的国家形象联系在一起,即所谓的"看得见的援助"。嵌入式公共外交的背后虽然有政府的政策指导性因素,但其实施主体为非政府行为体,因此在整个过程中更能体现公益性,也更易为对方国家民众所接受。

对于跨国企业在公共外交中的作用,历来很难界定,因为企业出于自身利益需求也会进行公共关系方面的公关。但现代公共外交的理论家们已经将跨

---

① 具体内容详见"酷日本机构"历年事业报告,参见 Cool Japan Fund《事業報告》,https://www.cj~fund.co.jp/investment/report.html[2020~02~11].

②《ASEAN 地域主要 6 か国における対日世論調査》,https://www.mofa.go.jp/mofaj/area/asean/pdfs/yoron08_03.pdf[2020~02~11].

③ 参见:NissimKadoshOtmazgin, "Contesting Soft Power: Japanese Popular Culture in East and Southeast Asia", *International Relations of the Asia~Pacific*, Volume 8,2008, p. 95;Koichi Iwabuchi, "Pop~culture Diplomacy in Japan: Soft Power, Nation Branding and the Question of 'International Cultural Exchange'", *International Journal of Cultural Policy*, Vol.21, No. 4, 2015, pp. 425-426.

国企业纳入公共外交之中加以考量。①对于日本政府来说,企业也是公共外交不可或缺的一部分,在历次向东南亚国家派出的文化使节团中,企业代表都占据了相当大的比例。2014年,在一次有关企业活动与日本公共外交的研讨会上,时任外务省广报文化外交战略课课长的新居雄介就说明了企业活动对日本公共外交的重要作用。他以美国在涉及慰安妇问题上的舆论为例,表示除了加利福尼亚之外,凡是日本企业投资较多、雇佣率较高的地区,都没有在此问题上有所行动。②可见,一旦与当地社群构筑了良好的共生关系,跨国企业在客观上都会具有一定的舆论扭转功能,有效地降低当地对本国不利舆论的关注度。

企业在公共外交中的作用可归纳为三个方面:其一,通过企业的社会责任、交流活动等,在当地居民中树立良好的国家形象;其二,通过交流事业等构建能够影响他国政策的非政府渠道;其三,为政府提供人才、资源、情报等。企业的活动虽然并非都是由政府授意,但其所构建的渠道确能为政府公共外交所用。例如,日立制作所在华盛顿的事务所,在20世纪90年代末就开始积极与当地的智库和学术团体共同开展各种项目(包括:与美国外交关系协会合作培养知日派的项目,与美国科学促进会联合举办的日立系列讲座项目,以及美国科学促进学会、布鲁金斯学会与日立共同举办的论坛等)。通过这些项目,日立构筑了与美国政界的良好关系,强化了信息收集和向美国政府提出政策建议的能力。这些都成为日本对美施加政策影响的间接渠道。③

相比企业,日本的非政府组织与日本政府在嵌入式公共外交上的合作更加显而易见。2000年,日本政府联合经济界与非政府组织共同成立了"日本平台"(Japan Platform,JPF),旨在灾害发生之后,非政府组织可以在此平台上使用政府或民间的资金实施紧急人道主义援助。2002年,日本政府开始了针对非政府组织的无偿资金合作,即日本政府为非政府组织的海外活动提供资金支持。这些活动包括:学校建设、医疗援助、母婴保健、受灾地区的援助、农业开

---

① EytanGilboa, "Searching for a Theory of Public Diplomacy", *The Annals of the American Academy of Political and Social Science*, Vol. 616, Mar. 2008, pp. 72-73.

② 経済広報センター:《〈パブリック・ディプロマシー〉日本の対外発信と企業活動》,https://www.kkc.or.jp/plaza/magazine/201502_13.html[2020~02~12].

③ 経済広報センター:《〈パブリック・ディプロマシー〉日本の対外発信と企業活動》,https://www.kkc.or.jp/plaza/magazine/201502_13.html[2020~02~12].

发以及未爆弹的拆除等。2003年日本政府又设立了"草根技术合作"项目,旨在与非政府组织合作推动直接有利于发展中国家民众生活水平提高的技术转移。在这些活动中,非政府组织代表日本参与了援助开发项目的全部过程,加深了日本这一符号在受援者心目中的印象。而日本的非政府组织组织也迅速扩大,并在当地建立相关运营机构,有效地融入了当地社区。以日本难民救济会(Association for Aid and Relief,Japan)这一非政府组织为例,该组织的活动主要是针对发展中国家的难民进行紧急援助、残疾人援助,以及帮助排雷和改善卫生状况。其2018年度的海外事业支出占到了总支出的69.4%,而来自日本政府的补助金则占到了总收入的46.6%。这些补助金都是以合作完成项目的形式提供的,它帮助该组织的活动范围遍及东南亚、南亚、中东、非洲等地区的15个国家。虽然在2018年度该组织的海外派驻人员只有31名,但它在项目开展地区的职员人数已经达到了349名。这表明该组织在所在国的运营机构已经发展得相对成熟,并融入了当地社群。①

通过上述三种改良型的运作模式,日本的公共外交在冷战后进入了一个新的阶段。虽然这些模式并未见得已经成熟,且有些模式真正能在多大程度上影响别国政策还有待进一步检验,但其至少在国家形象的塑造上获得了成功,提升了别国民众对日本的好感度。这在很大程度上成为一种预防性措施,使日本能够在处理对自身不利的突发公共外交事件时有更大的回旋余地。

四、安倍第二次执政后的日本公共外交新动态

当然,日本的公共外交并不仅仅满足于获得别国民众的好感。面对在公共外交领域日趋激烈的国际竞争,安倍晋三第二次执政以来,在充实完善各种改良型公共外交运作模式的同时,也更加注重战略性地推进公共外交,将良好的国家形象转化为真正发挥影响作用的软实力。

2015年日本的《外交蓝皮书》将日本在公共外交领域面临的挑战总结为三点:一是越来越多的国家开始在政策宣传和文化交流中投入更多的资源,在公共外交领域国家间的竞争越来越激烈。二是全球范围内的信息量在飞跃性增长,信息传播的方式也越来越多样化。为了在海外扩大知日层和亲日层,必须再寻求新的信息传播手段。三是政府之外,智囊机构、媒体、个人等多样化的

---

① AAR Japan:https://www.aarjapan.gr.jp/about/annualreport.html[2020~02~12].

主体在国际舞台上日益活跃,它们正在形成具有国际影响力的跨国网络。与这些主体积极进行接触,可以有效地提升日本在国际社会的存在感,更好地获得信赖和好感。①

为了应对这些复杂的环境,安倍晋三第二次执政后迅速强化了日本在公共外交领域的应对举措。首先是应对公共外交领域越来越激烈的国家间竞争。这些竞争为日本带来的压力大体可分为两个方面:一是关注度的下降。在注意力成为稀缺资源的今天,对别国的关注就意味着对本国的相对忽视。二是国家形象的受损。在历史问题、领土问题以及国家新战略等问题上,不同国家的主张和解读差异,使日本在国际上的形象偏离了本国政府原本的预设。对于第一点,日本政府致力于在全球范围内吸引那些对本国关注不高的人群的注意力。这些举措包括:政府与企业、地方自治体合作向外传播日本的文化魅力,如外务省于2013年开始的"日本品牌宣传事业";听取国内外专家的意见,根据当地的需求来发送相应的信息,如2013年日本申奥成功后,推行"为明天而运动"(sport for tomorrow)的计划;在伦敦、圣保罗、洛杉矶三地开设日本屋(Japan House),作为一站式的信息服务中心,发送有关日本的信息,展现日本的魅力。对于第二点,日本政府则积极利用各种国际场合来宣传自己的主张,邀请国外的舆论领袖、媒体报道相关人员以及社交媒体的活跃人物访日,与之发展人脉关系并促进其对日理解,同时扩大日本有识之士的海外派遣,支援与日本相关的研讨会的召开。

除了上述战术性措施外,安倍第二次执政后还采取了一项重要的战略性举动来强化自身在公共外交领域的竞争力,那就是主导推动亚洲新文化的创造。2013年1月,刚刚再次上台的安倍就提出了对东盟外交的五项原则,其中之一就是要共同守护、培育亚洲多样化的文化和传统。为推进这一原则的具体实施,2013年4月成立了直属首相的"亚洲文化交流恳谈会",讨论在亚洲多文明融合与发展过程中日本应发挥的作用和贡献。经过五次讨论,2013年9月,该恳谈会建议,以渐进的方式,即亚洲各国站在对等的立场上,在保持自身的认同和多样性的前提下,通过构建相对宽松的连带关系来推动创造新的亚洲文明。而作为具体的可行性政策措施,"艺术、文化的双向交流"和"日语教

① 外务省:《外交青书2015》(第58号)2015年,第237页。

410

育的援助"成为日本对东南亚文化政策的重点。①根据这一提议,安倍在2013年12月举行的日本东盟特别首脑会议上正式提出日本要以2020年为目标,在未来七年内实施"文化之WA(和·环·轮)项目",并于2014年4月在国际交流基金内新设"亚洲中心",以推动该项目的实施。②在向东南亚国家推广日语方面,"亚洲中心"推出了日语伙伴计划,它类似一种反向的外语指导等外国青年聘用(JET)项目,即日本向东南亚国家派出本国人员以支援当地的日语教育。截至2018年底,日本已向东南亚十国的873所中学派遣了1506人,而这些学校的日语课程增加了30.2%,而选修日语的学生增加了47.3%。③另一方面,在艺术文化交流领域,美术、电影、舞台艺术、体育以及知识界的交流和市民层次的交流,也在日本与东南亚国家之间得以推动。这些交流在充分尊重多样性的同时,也在塑造日本作为亚洲文化中心的地位。即亚洲的多样性文化在日本汇聚和融合,经过传统与现代的碰撞和改良,逐渐演变为一种为各国所认可的共有文化。在这一过程中,日本依据自身的经验试图推动和主导这一过程,以期在亚洲新文化的形成方面获得更多的话语权,进而在东亚公共外交领域的竞争中构筑一种相对优势。

其次,为了应对公共外交领域信息传播的多渠道化与行为体的多元化,日本的公共外交逐渐向"泛外交化"的方向转变。所谓"泛外交化"表现为两方面。一方面是日本政府有意识地将更多的行为体引入公共外交领域,并借助他们的力量来树立日本的对外形象,诠释日本的魅力所在。例如,从2008年开始,日本外务省就积极与地方自治体联合在国外举办地方物产展览以及吸引旅游和投资的大型活动,并在日本国内举办相关研讨会,向驻在东京的各国外交使团展示日本各地方的魅力;从2010年起,外务省又与地方各自治体合作,召集各国驻日外交官组成地方视察团到日本各地进行实地考察,截止到2019年7月已累计组织了35次地方视察团。为应对东日本大地震后流

① 《アジア文化交流懇談会提言》,2013年,https://www.cas.go.jp/jp/seisaku/asiabunka/index.html[2020—02—12].

② 所谓"文化之WA(和·环·轮)项目"中的WA是日语发音,而和、环、轮这三个汉字都对应这个发音。所以该项目的名称既体现了作为价值观的"和",也表达了旨在促进本国与东盟各国国民之间增进联系并形成一个有机整体(环、轮)的期望。见https://www.jpf.go.jp/j/about/press/2014/005.html [2020—02—23].

③ 《日本語パートナーズの軌跡 2014~2019 in 東南アジア》,https://jfac.jp/partners_kiseki/np.pdf[2020—02—12].

言传播所造成的伤害,2011年外务省又联合地方自治体设立了"地方魅力传播"项目,利用在外使领馆强化对日本各地的宣传。此外,外务省还通过组织"地方协作论坛"等研讨会,加强地方官员对日本外交的了解,提高他们从事公共外交的能力。

"泛外交化"的另一方面表现是越来越多的事务被赋予了传播价值观和提升自身形象等公共外交的内涵。以科学技术为例。2011年8月制定的《第四期科学技术基本计划》提出了"科学技术外交"这一概念。其后,2014年日本外务省成立了直属于外务大臣的科学技术外交恳谈会,就这一新外交形式的发展方向进行了全面探讨。在2015年提出的报告书中,科学技术外交被视为日本争夺全球性问题话语权的重要手段,是在政府对话渠道面临困难时,有助于促成双方达成互信的二轨外交渠道或半官半民渠道,还是树立日本作为科技先进国的形象和提升软实力的重要途径。①根据该报告的提议,日本外务省聘请东京大学名誉教授岸辉雄担任外务大臣科学技术顾问一职,并在其下召集相关领域的学者成立了"科学技术外交推进会议",参与相关政策的制定与实施。该体制建立后,日本积极构建科技领域的跨国关系网络,并对外广泛介绍自身处于世界领先地位的科学技术,宣传日本在科技领域的国际贡献,有效地提升了日本在科技领域的软实力。

再次,为了最大限度地向外传播日本的价值理念,日本开始注重从传统外交中发掘软实力资源,试图将传统外交手段与公共外交进行有机结合。例如,以政府开发援助(ODA)为代表的国际开发援助一直是日本经济外交的主要内容之一,但随着2015年新的"开发合作大纲"的制定,对外传播日本的开发理念、发展经验及模式的成分被大大加强。而在实施的过程中,通过与相关国际组织合作,日本强化了在相关议题领域的发言权;通过与非政府组织和市民社会组织、财团、企业等的合作,日本能够以嵌入的方式将相关理念向对方社会渗透。这些都成为传统外交与公共外交有机结合的重要方式。

为了将日本的开发合作理念有效地向外推广,并在此过程中培养更多的亲日派和知日派以构建跨国联系的社会网络,2015年9月联合国通过了《2030年可持续发展议程》后,日本于次年5月设立了由内阁总理大臣担任本部长的

①《科学技術外交のあり方に関する有識者懇談会報告書》(2015年),https://www.mofa.go.jp/mofaj/press/release/press4_002096.html[2020~02~12].

"可持续发展目标(SDGs)推进本部",负责制定日本的实施方针。在对非政府组织、有识之士、民间部门和国际组织进行广泛的意见征求工作后,日本于2016年12月推出了《日本可持续发展开发目标实施指针》。该指针从联合国设定的17个可持续发展目标中,挑选了符合日本开发理念并能发挥主导作用的8个目标作为优先课题,参照日本的发展模式对联合国的开发理念进行了重构,并以可持续发展目标推进本部为司令塔,打破了省厅间条块分割以及公共部门和民间部门之间的壁垒,以一种联合推动的方式将日本的开发理念和模式向外推广。[①]

安倍第二次执政以来,日本的公共外交在运作模式上虽未有实质性的突破,但其政策的战略指向性越来越强。日本政府不断联合所有可以动员的力量,向外部世界战略性地发送所谓"真实正确的日本形象",展示日本的魅力,输出日本的价值理念,培育和扩大亲日和知日派。而传统外交与公共外交的有机结合更是在最大限度上扩展了日本外交的影响力。这些战略性举措都在尝试推动日本的公共外交从获取别国民众好感进一步走向发挥政策影响力。

五、结 语

如果用一句话来描述战后日本的公共外交,那就是致力于推动别国民众对日本的"理解"与"信赖"。然而这两个词的含义在不同时期却有所不同。在冷战时期,"理解"等同于破除偏见,因此日本公共外交的主要任务就是向别国提供更多的信息,以及传播对这些信息的解读方式。而最有效的运作模式就是在政府的主导下,与制造偏见的别国精英和作为信息传播重要节点的媒体和学者进行沟通,进而影响大众舆论。冷战后尤其是21世纪以来,"理解"一词有了更多的内涵。除了破除偏见外,它也是在受众中建构一种符号化的国家形象。皮特·范哈姆(Peter van Ham)指出当今国家致力于将自身形象"品牌化"。它是一种将自己的产品和服务赋予一种公众能够辨别的感情维度的过程。一旦这种感情维度得以确立,一国将不再是地图集里单调的色块,而成为

---

① SDGs推進本部:《日本持続可能な開発目標(SDGs)実施指針》(2016年),https://www.mo-fa.go.jp/mofaj/gaiko/oda/sdgs/pdf/000252818.pdf[2020~02~12].

带有地理和政治背景的品牌国家(brand states)。①因此,所谓理解就是对符号化的国家形象的认知。在这种情况下,信息只具有相对重要性,相比提供信息,公共外交的"营销手段"更为重要。因此以中产阶级为主要对象的商业模式公共外交和以当地社群为主要对象的嵌入式公共外交就显得尤为重要。虽然它们在影响别国政府决策能力方面还相对欠缺,但其所构建的良好国家形象,却能够帮助本国抵御一些公共外交突发事件的冲击。

与"理解"一样,"信赖"在不同时期也有不同的内涵。冷战时期的"信赖"是一种立场上的趋同,它主要存在于精英层面,因此公共外交的基本运作模式就足以应付。而冷战后的"信赖"则更多地体现为立场上的公正与形式上的平等。因此,动员具有相对独立性的非政府行为体广泛参与公共外交,就成了国家弱化利己属性、强调公正立场的重要手段。而致力于构建跨国知识共同体以及 NGO 网络的议程设置式公共外交,就体现了公共外交在形式上的双向交流而非单方面输出的发展方向。虽然跨国共同体的构建也为别国影响本国舆论建立了通道,但正是这种交互性成为日本获取别国信赖的重要原因。

当然,我们并不能因日本在公共外交领域所取得的成果而片面夸大其整体外交的成就。应该看到,公共外交并非传统外交的替代,其存在明显的作用边界,很难想象在一对缺乏政治互信和经济共赢的双边关系中,公共外交能够为彼此间关系的改善带来实质性结果。在这种情形下,公共外交的展开往往会陷入一种结构性困境之中,其在国民层次所构建的彼此间好感会轻而易举地被突发事件所摧毁。因此,只有将公共外交与传统外交相结合,才能从根本上推动国家间关系的改善。在这一过程中,公共外交发挥了"入口"和"补强"的作用。作为"入口",它为双边关系的改善提供了一定的舆论基础;而作为"补强",它又将国家间的互信渗入了草根层次。

本文原刊载于《日本学刊》2020年第2期,得到了天津市哲学社会科学一般项目"战后日本中东外交研究"(TJSL19002)的资助。

---

① Peter van Ham, "The Rise of the Brand State: The Postmodern Politics of Image and Reputation", *Foreign Affairs*, Vol.80, No. 5, Sep./Oct. 2001, p. 2.

作者简介：

程蕴,南开大学日本研究院副教授,山西芮城县人,2006—2009年在北京大学国际关系学院学习,获硕士学位。2010—2015年赴日本法证大学留学,获博士学位。主要研究方向:战后日本外交。研究成果连续入选2019年度、2020年度由中华日本学会等全国6家日本研究学会联合评选的日本研究年度优秀论文40篇。2018年,获得中国社会科学院日本研究所主办的第一届"日本研究青年学者论坛"论文三等奖。

江户时代政治贿赂研究
——贿赂的运行机制与幕府的反贿赂政策

丁诺舟

日本的政治贿赂现象最早可以追溯到国家体制形成初期的飞鸟时代。在武士掌权的江户时代,贿赂行为进入高峰期,握有重权的武士卖官鬻爵,大肆受贿,与一般印象中恪守"武士道"的武士形象存在较大差异。无论是中国还是日本学界,对日本政治腐败、政治贿赂的研究往往集中于近现代,特别是二战之后,较少有著作关注明治时代及之前的政治贿赂问题。

日本学者中濑胜太郎的著作《江户时代的贿赂秘史》是有关江户时期政治腐败问题的研究性专著。中濑胜太郎的主要研究方向是会计监察制度,其著作《江户时代的贿赂秘史》亦是从会计监察的角度出发,在挖掘史料的基础上系统性地总结了德川幕府自成立至灭亡期间发生大的政治贿赂现象。在史料的搜集与筛选上,《江户时代的贿赂秘史》是一本全面而细致的著作,然而中濑胜太郎仅仅列举了江户时代政治贿赂的状况,却未对政治贿赂横行的原因进行理论性的阐述与分析。此外,童门冬二所著的《江户的贿赂》一书虽涉及了不少贿赂事件,但该书系"历史小说",并非研究著作,且该书注重的是对行贿、受贿者的内心分析,而非历史事实的印证与历史理论的架构,因而学术价值较低。在中国,有关日本古代贿赂问题的研究较日本更为少见。挖掘江户时代的政治贿赂行为及贿赂伦理,探索滋生贿赂行为的政治、社会特征是本论文的主要研究目的。

一、江户时代之前的政治贿赂与贿赂观

"政治贿赂"主要指通过向公权力的持有者或代行者赠送金钱、礼品的方式,获得公权力的特殊关照,攫取政治、经济利益的行为。日本的政治贿赂行为可追溯至飞鸟时代。推古十二年(604年)制定的《宪法十七条》中第五条规定"顷治讼者,得利为常,见贿厅谳。便有财之讼,如右投水"。①禁令的出台往

---

① 植松安:《假名日本书记下卷》,大同馆书店,1920年,第212页。

往意味着被禁行为的普遍存在,可以推知这一时期已出现了收受贿赂、歪曲审判的官员。孝德天皇在大化二年(646年)八月五日召见东国各国司,向其发布了施政指导方针,其中明确指出不得受贿索贿,让民众受苦。此后,孝德天皇多次对受贿者进行惩罚。[①]天武天皇曾经于天武十年(682年)五月十一日发令禁止为获取私利而使用金钱贿赂官员的行为。[②]恒武天皇于延历十八年(799年)二月发布禁令,禁止贿赂买官行为。[③]与之前单纯地靠贿赂走后门不同,在恒武天皇时代,已有富豪阶层通过贿赂官吏换取爵位来满足自身功勋欲望。进入藤原氏掌权时期后,贿赂行为有增无减。特别是藤原道长(966—1028年)掌权时期,无论是富豪还是各级官员均会想方设法地贿赂藤原氏,以换取各种政治经济利益。

在武士阶层掌权之后,贿赂依然大行其道。在镰仓时代,幕府的掌权者长期因贿赂横行、政治腐败而苦恼不已。北条泰时(1183—1242年)曾多次警告受贿无度、怠慢工作的官吏(奉行、头领)。[④]北条时赖(1227—1263年)严惩了三百余名按贿赂多寡断案的法官。北条时宗(1251—1284年)特别任命了"回国使",令其体察各地民情,然而"回国使"反而向各地民众索取贿赂,引发了民众的反感。[⑤]

室町幕府禁止贿赂的法令基本延续了镰仓幕府的传统,但却出现了巨贪伊势贞亲(1417—1473年)。伊势贞亲任政所执事一职,通过一系列政治斗争掌握了幕府的实权。在处理政务时,贿赂多寡是伊势贞亲做出判断的重要依据。在处理畠山家、斯波家继承人纷争时,伊势贞亲向冲突双方索贿,最终做出对贿赂金更多的一方有利的判决。进入战国时代后,室町幕府的中央权力大幅削弱,贿赂将军或幕府高官的行为因无利可图而相对减少,但大名间的贿赂、大名家臣团内的贿赂行为依旧存在。贿赂不仅能影响大名间的同盟与敌对关系,还会影响武士在家臣团内部的地位。战国时代末期,德川家康用金钱贿赂细川忠兴、伊达政宗等丰臣秀吉一方的大名,引诱其背叛丰臣家,最终取

---

① 植松安:《假名日本书记下卷》,大同馆书店,1920年,第349~350页。

② 植松安:《假名日本书记下卷》,大同馆书店,1920年,第524页。

③《日本后纪》(1764年抄本),国立国会图书馆古典籍资料,http://dl.ndl.go.jp/info:ndljp/pid/2574109,2018年8月4日。

④ 国书刊行会编:《吾妻镜:吉川本第1~3中卷》,国书刊行会,1915年,第99~191页。

⑤ 中濑胜太郎:《江户时代贿赂秘史》,筑地书馆,1989年,第2~3页。

得了关原之战与大阪城之战的胜利,结束了战国时代。

在江户时代之前,日本统治者对于政治贿赂行为存在着两种认知。第一种认知是,贿赂行为会导致社会不公平、行政效率低下,积弊若久则可能激发民怨,影响统治基础。因而从圣德太子到室町幕府的历任将军,往往都会发布法令禁止贿赂行为。第二种认知是,贿赂是权力的象征,如果统治者和各级官吏不拥有实权,则不会收到政治贿赂。为数不少的统治者不但不认为受贿是坏事,反而将贿赂视为对自身权势的肯定。藤原道长大肆收受土地、钱财等贿赂品,据此感叹天下为自己手中之物;藤原惟宪(963—1033年)在处理平季基叛乱时,告知平季基倘若贿赂绢3000匹即可赦免其罪,在朝廷命大宰府逮捕平季基之时,藤原惟宪直接拒绝执行朝廷的命令,[①]以此炫耀自身权力已可凌驾于朝廷之上。镰仓幕府、室町幕府统治时期,均曾出现不以贿赂为丑事的高级官员。

然而需要注意的是,在江户时代之前,虽然中下级官僚的个人财产与国家财政有着清晰划分,但政权的顶层存在"公私不分"特征。国家的财政与天皇、摄政乃至将军的"家财"并没有彻底分离,藤原道长在受贿的同时,也会使用私财运营公共事务,藤原惟宪在索贿受贿的同时,又主动降低税率,用受贿获得的财产维持政治运营。镰仓幕府、室町幕府的统治结构与财政经营同样存在"家国不分"的特征,贿赂款未必全部中饱私囊,而会被投入至公共事务,并非典型意义上的"政治贿赂"行为。在这一财政结构下,受贿者、行贿者不以贿赂为耻,只要不殃及自身,就连一般民众也在一定程度上可以容忍政治贿赂的蔓延。

总体而言,江户时代之前已经出现了遍及中央、地方各级官员的政治贿赂行为。而针对贿赂行为,存在着坚决反对贿赂与不以贿赂为恶的两种截然相反的观念,这两种贿赂观一直延续至江户时代,成为贿赂与反贿赂长期拉锯战的思想根源。

二、江户时代的政治贿赂行为与贿赂伦理

江户时代是日本历史上政治贿赂的高峰期,大量江户幕府高官与各藩行政官吏公然索贿受贿。特别是在酒井忠清(1624—1681年)、柳泽吉保(1658—

---

① 笹川种郎:《史料大成·第3》,内外书籍,1935年,第212页。

1714年)、田沼意次(1719—1788年)等贪官掌控幕府政权时期,掌权者明码标价卖官鬻爵,行贿者不避人耳目公然行贿,甚至发明出"行贿预约时间表""指定受贿品"等前所未有的行贿方式,带动了以奢侈品、西洋舶来品、地方特产为中心的贿赂产业链,贿赂品的种类与价值均超越了以往。同时,与之前的时代不同,幕府官僚的个人财产极少用于国家事业运营,公与私在财产上出现了明确分割。因而,江户幕府官僚利用手中的公权力为个人谋财的行为可以被较为明确地定性为"政治贿赂"。

　　然而,江户幕府并非在成立之初就放任贿赂的蔓延。在德川家康、德川秀忠、德川家光统治时期,确立江户幕府对日本全国的统治秩序是三位将军的主要政治目标,因而幕府无论对各藩大名还是幕府直属官僚均实行严格的管理制度,频繁使用包括改易、减封、撤职、切腹等处罚手段,管控各层官吏的行为,使其不敢越雷池一步。因而,江户幕府前三代将军统治时期,政治贿赂行为相对较少。然而自第四代将军德川家纲(1641—1680年)时期开始,江户幕府的幕藩统治体制基本稳定,社会呈良性稳定运转趋势,失去危机感的幕府对官吏的管理日渐松弛,其直接结果是掌握权力的官吏的私欲开始膨胀,以权谋私之风日盛。在德川家纲统治时期掌握实权的是酒井忠清。酒井忠清曾对官吏公然宣称:"赠吾以礼即为尊崇将军。"①酒井忠清在任期间,不但滥用职权,中饱私囊,过着奢侈的生活,而且为确保自己权势的长久,以将军德川家纲无子嗣为由,试图邀请京都的公家担任将军,自己则企图效仿北条氏担任掌握实际权力的"执权"。然而,酒井忠清的计划最终落空,德川家纲的异母弟德川纲吉(1646—1709年)继任第五代将军。德川纲吉十分厌恶酒井的所作所为,酒井很快被命令回家疗养,解除一切职务。

　　酒井忠清开启了江户时代政治贿赂的先河,此后各种贿赂行为愈演愈烈,先后在柳泽吉保、田沼意次和水野忠成掌权时期出现了三次政治贿赂高潮。

　　柳泽吉保于德川纲吉时期掌握大权,其受贿之频繁远超酒井忠清。松平赖长、池田纲正、藤堂高久、细川纲利等名门大名常派人等候在柳泽吉保宅邸的玄关之前,费尽心机地从柳泽的仆人口中打听柳泽的嗜好,然后争先恐后地准备赠礼,以求得到柳泽的特别关照。在贿赂柳泽吉保的大名中,谱代大名往

---

① 户田茂睡:《御当代记》,国书刊行会,1915年,国立国会图书馆珍贵古典籍资料库,http://dl.ndl.go.jp/info:ndljp/pid/945799/19,2018年8月4日。

往希望获得更高的官位,而外样大名则谋求承担较为轻松的公共建设。出于不同政治目的的贿赂逐渐演变成竞争,各大名费尽心机寻觅柳泽中意的贿赂品。细川纲利因向柳泽吉保赠送夜宵而深获柳泽欢心,众人闻讯后立刻争先恐后地送上夜宵,期望以此换取柳泽的青睐。行贿者们不知柳泽的偏好时,便送上各式各样的食物,供柳泽的仆人挑选。为了保证食品的鲜度,柳泽家的仆人竟然创造出"行贿预约时间表",预先制定好每日送礼者的名单,以避免行贿者的冲突与礼品的浪费,柳泽吉保因此获得了"夜宵少将"的绰号。①元禄十五年(1702年)四月五日,柳泽的家宅烧毁于大火,家财尽失。然而,家中失火反成为柳泽大肆敛财的机会。诸大名和御用商人纷纷打着"慰问火灾"的旗号,公然向柳泽行贿。仅火灾翌日收到的慰问品就有"食品千人份,盐腌鲑鱼一百匹,白绢二百匹,岛绢二百匹,花纹长衫五十件,内衣白小袖五十件,木板一万枚",②此后收到的贿赂品更是数不胜数。柳泽的势力如日中天之时,无论"武家法度作何规定,贿赂品照收不误",③受贿之猖獗可见一斑。

与酒井忠清相同,为了确保自身权力与经济利益,柳泽吉保也竭力插手将军继承问题。甲府藩主德川纲丰(1662—1712年)多次被推荐为将军继承人,但柳泽畏惧其能力,屡次加以阻拦。柳泽所青睐的是文弱多病的纪州藩主德川纲教,但德川纲教却死于麻疹,柳泽吉保只得转而拥立德川纲丰。为获得德川纲丰的赏识,柳泽极尽阿谀逢迎之能事,不惜散尽家财贿赂德川纲丰,甚至花重金从京都买来中纳言园池宗朝的女儿,将其献给德川纲丰。不久,德川纲吉病死,德川纲丰继任将军,改名德川家宣。德川家宣有着明晰的政治理念,丝毫不为柳泽的贿赂所动,在德川纲吉葬礼结束后,柳泽吉保立刻被罢免。

柳泽吉保本人的受贿行为影响了下层官员,与其关系密切的吉良义央(1641—1703年)是索贿受贿的惯犯。吉良义央的职位是"高家笔头",本职工作是教授武士各种礼仪规范。然而,如果求教礼仪规范者交给吉良义央的贿赂金不能令其满足的话,就会遭到吉良的百般刁难。元禄十四年(1701年)二月四日,左京亮安达村丰和内匠头浅野长矩均承担了接待朝廷御使的任务,需

---

① 户田茂睡:《御当代记》,国书刊行会,1915年,国立国会图书馆珍贵古典籍资料库,http://dl.ndl.go.jp/info:ndljp/pid/945799/19,2018年8月4日。

② 户田茂睡:《御当代记》,国书刊行会,1915年,国立国会图书馆珍贵古典籍资料库,http://dl.ndl.go.jp/info:ndljp/pid/945799/19,2018年8月4日。

③ 中濑胜太郎:《江户时代贿赂秘史》,筑地书馆,1989年,第21页。

向吉良学习相关礼仪。安达家的家老熟知吉良秉性,事先通过行贿讨得吉良欢心,吉良自然认真教授,安达村丰得以顺利完成任务。然而,浅野家家老安井、藤井等却较为吝啬,没能拿出令吉良满意的贿赂品,导致浅井长矩遭到吉良的冷遇和刁难,最终酿成著名的"忠臣藏事件"。在浅井长矩砍伤吉良义央的三年前,石州津和野城主龟井兹亲也因贿赂不足遭吉良百般侮辱刁难,满腔愤怒的龟井兹亲欲不惜一死斩杀吉良。龟井家家老角泽大学立刻准备金三百两、布匹若干,连夜送往吉良家。收到厚礼的吉良态度大改,面会龟井之际,不但大赞其懂礼明事,还认真教授其各种礼仪技巧。龟井瞠目结舌,仪式结束回到家中,方从家老角泽口中听到星夜贿赂之事。[①]

吉良义央根据贿赂金多寡决定教学态度的变相索贿行为是柳泽吉保掌权时代政治风气的如实反映。在柳泽掌权时期,虽然贿赂已逐渐成为政治活动顺利运行的潜规则,但官员与民众仍然以贿赂为丑事,柳泽吉保以外的官吏尚不敢明目张胆地索贿受贿,因而吉良义央才会采取相对隐晦的方式索贿。同时,行贿者也不敢明目张胆地登门送礼,而是选择相对隐晦的行贿方式避人耳目。在江户时代,有用干鲷和冰砂糖回礼表达谢意的风俗,行贿者常借用这一习俗,将干鲷与冰砂糖置于有夹层的箱中,箱间夹层则铺满金银。在柳泽掌权时期,这一贿赂方式逐渐普及,干鲷与冰砂糖分别成了金与银的隐语。

柳泽吉保造成了江户时代第一次贿赂高潮,极大影响了幕府的行政效率与公平性。新将军德川家宣极度反感柳泽吉保带来的不良政治风气,命新井白石推行反贿赂政策,新井白石被免职之后,下一任将军德川吉宗基本继承了新井白石的反贿赂政策,然而新井白石与德川吉宗的努力并没能抑制贿赂行为的蔓延,在幕府的某些部门,贿赂行为甚至变本加厉。

按照习俗,各大名家在家督更替之际,需宴请幕府的老中、若年寄众、侧用人等高级武士,以表谢意。这一习俗随着时间的推移逐渐变质,最初仅为联络感情,但到了德川吉宗时代已经成为贿赂收买老中的绝好机会。到了第九代将军德川家重(1712—1761年)的时代,幕府甚至发出政令,命令各大名家必须设宴款待老中。"家督继承之时宴请老中之事,近来无故不请,或故意延迟者有之,今后需杜绝上述情况"。[②]幕府公然向诸大名公布"贿赂催促令",腐败之风

---

① 大田南亩:《蜀山人全集·卷3·半日闲话》,吉川弘文馆,1907年,第72~73页。
② 高柳真三、石井良助编:《御触书宽保集成三十二》,岩波书店,1958年,第891页。

可见一斑。此后,大名家在继承、隐居、纳养子等家庭结构出现变化之时,均要赠予幕府官员巨额财产。甚至有武士看中了这一发财致富良机,不惜投入巨财也要出任老中。

自德川吉宗时代起,勘定所成为腐败的另一重灾区。勘定所主要掌管地方财政事务,此外大名领地、武士俸禄、代官与幕府的交涉等诸多事务均受其管辖。一部分不属于町奉行或寺奉行掌管的诉讼也会交由勘定所裁决。财权与审判权在任何时代都是吸引贿赂的强力磁石,为了使勘定所的判断有利于自己,无论是大名还是平民百姓都不得不前往勘定所行贿。勘定所为了保护"隐私",使用屏风将工作区域分成若干小隔间,名为保护来访者与工作人员交涉的"隐秘",[1]实则为行贿受贿提供了便利。然而到了第九代将军德川家重统治时代,幕府于宝历九年(1760年)勒令撤掉所有屏风,使工作人员与来访者的交涉暴露在众目睽睽之下,希望借此遏制贿赂。这一禁令是德川家重在任期间最后的反腐败努力,但并未取得实际效果,私下的贿赂反而转变成堂堂正正的贿赂,勘定所的腐败行为直至幕末也未见好转。元治元年(1864年)的勘定奉行铃木重岭表示:"勘定所从御三家、御三卿手中收取了巨额财物,其受贿总额难以计算。"[2]

德川家重病逝后,田沼意次掌握了实权,江户幕府迎来了第二次政治贿赂高潮。田沼意次当政期间大肆贪污敛财,其受贿总金额为江户时代罕见。田沼意次认为"金银比人命更有价值,赠送金银请求奉公机会之人,其心必存至忠,赠金钱之量,足以忖度人心"。[3]"余每日登城,为国操劳,一刻不曾安心。退朝还家,见廊下赠礼堆积如山,顿忘一日疲劳,神清气爽。"[4]正如田沼所期待的,每逢节日,田沼家就会堆满各藩赠送的奇珍异宝。"小巧的青竹篮、野茶、雕刻、花纹小刀,尽是天下名品,难得珍宝。"[5]与柳泽吉保不同,田沼意次将贿赂奉为美谈,认为贿赂金多寡象征着行贿者的诚意,自此贿赂行为开始走向公开化。

---

① 中濑胜太郎:《江户时代贿赂秘史》,筑地书馆,1989年,第56页。

② 旧事咨问会编,进士庆干校注:《旧事咨问录:江户幕府役人的证言》,岩波书店,1986年,第63~64页。

③《天明夜话集江都见闻录》中的记录虽未必是出自田沼本人之口,但却展现了世人对田沼贿赂惯性的认知。参见中濑胜太郎:《江户时代贿赂秘史》,筑地书馆,1989年,第58页。

④ 中濑胜太郎:《江户时代贿赂秘史》,筑地书馆,1989年,第59页。

⑤ 中濑胜太郎:《江户时代贿赂秘史》,筑地书馆,1989年,第65页。

在田沼意次掌权期间，卖官鬻爵明码标价，"长崎奉行"值金两千，"御目付"值金一千，①就连大老一职都可以靠贿赂获得。彦根藩主井伊直幸乘中秋赏月宴会之际，给予田沼巨额贿赂，"九尺见方的石台上搭建小屋。屋顶全部用金小判修葺，窗户、窗框、壁面皆为金银币，门前庭院以豆板银为碎石铺路，其间植芦苇数株，近旁以银锁绑缚小猪一匹，以此为山村秋景"。②即便是天下珍宝堆满廊下的田沼也不曾见如此奢华之景，自然全力协助井伊直幸升任大老。只可惜冰山难靠，田沼失足之日，井伊也立即被免职。

田沼权势最盛之时，单是获得与他面谈的机会也要贿赂不菲的钱财。相模守堀田正顺为出任大坂城代一职，向田沼贿赂金三千两。成功就任之后，堀田又欲谋求更高职位，于是再次拜访田沼。然而田沼会客繁忙，难以相见。堀田见状，立刻送金一百二十两给田沼家的侍卫，求其帮助引见田沼。然而，田沼家的武士觉得金一百二十两出价过低，处处予以阻挠，堀田最终未得与田沼面谈。③虽说堀田拜见田沼动机不纯，但田沼身为掌管政务的将军侧用人，与执掌行政工作的武士面谈本是其本职工作。即便谈工作也要索贿，这是田沼时代政治运营的典型特征。除了行政事务之外，商人可以通过贿赂田沼获得幕府公共事业的承包权，从中攫取高额利益。

田沼意次个人的受贿行为很快影响到日本各地，形成了盘根错节的受贿体系，从江户、京都到偏远地方，行贿受贿已成风气。在京都，财政状况本已捉襟见肘，但掌管财政的武士们仍然虚报支出，中饱私囊，使皇室的财政状况更加紧张。

在将军德川家治（1737—1786年）病逝后，田沼意次一手遮天的腐败政治迅速走上了下坡路，家财全部查抄，其时家中堆积财产之量当世罕见。"藏米八百六十二万余俵，金七亿零八十万桶，油二百八十万箱，房屋二百七十所。"④上述记录不过是田沼失势后街头巷尾的传言，数据未必属实，却在一定程度上反映田沼受贿数额之大。

---

① 栗本锄云：《匏庵遗稿》，国文学史料研究馆近代书志近代画像数据库，http://school.nijl.ac.jp/kindai/OWND/OWND~00075.html，2018年8月4日。

② 小宫山绥介：《德川太平记第1～4编》，博文馆，1894年，国立国会图书馆珍贵古典籍资料库，http://dl.ndl.go.jp/info:ndljp/pid/773045，2018年8月4日。

③ 秋山：《德川时代之背面》，晴光馆，1909年，第93~95页。

④ 辻善之助：《田沼时代》，岩波书店，1980年，第25~26页。

　　田沼意次虽然造成了江户时代政治贿赂的第二次高潮,但其大力推行的重商主义政策活跃了日本国内市场,实现了经济的迅速发展与民众生活质量的提高。因而,此后掌权的松平定信虽然大力打击贿赂行为,试图塑造清廉的政治环境,但成效甚微,反因严厉奉行节俭、重归重农主义而造成经济停滞,引发民众强烈不满,很快丧失了权力。

　　此后,出羽守水野忠成(1763—1834年)担任老中,松平定信的反贿赂政策被迅速推翻,政治贿赂进入第三次高潮。与田沼意次相同,水野忠成对贿赂持欢迎态度。水野忠成以加封为交易条件,收受高额贿赂。越前藩加封二万石,越后藩加封五万石,肥前侯获准持长刀,藤堂家、丹羽家获准使用虎皮鞍,姬路酒井家家格提升等等,均拜贿赂水野忠成所赐。①八户藩藩主南部信顺为提升家格贿赂水野忠成,在筹集行贿款过程中,南部信顺不但私加税赋,而且将赈灾粮食倒卖一空,最终筹得行贿款及打通人脉的好处费共计金三万两。不料,该年适逢荒年,领地内无米可赈济,导致八户藩饿殍遍野。②

　　水野忠成的受贿行为不断对周边造成影响,上至将军,下至中央地方各级官吏均加入行贿受贿大军。水野忠成执政期间,作为"大御所"垂帘听政的将军德川家齐(1773—1841年)尽享受贿之乐。德川家齐最大的贿赂来源同样是冀求提升家格、加封土地的武士。贿赂金源源不断地经林忠英、水野忠笃、美浓部茂育、中野播磨守等"秘书官"之手,汇入德川家齐的腰包。天保十二年(1841年)德川家齐病逝之时,受贿款尚有大量结余。结余的受贿款被分成小包赠送给常年侍奉德川家齐的近臣,仅一包内就有金二万两。③将军凭借权力受贿自不用说,就连权臣的家臣都可狐假虎威,借主人之威勒索大名。水野忠成的家老土方缝之助拜贿赂所赐,生活奢华无比。④老中松平康任的家臣高滨直右卫门借主人之威,横行霸道,强行索贿。平户藩藩主松浦清多次被迫宴请高滨直右卫门及其随从,从宴席到看戏名目繁多,总计金额接近金百两。⑤

---

　　① 小宫山绥介:《德川太平记第 1～4 编》,博文馆,1894 年,国立国会图书馆珍贵古典籍资料库,http://dl.ndl.go.jp/info:ndljp/pid/773045,2018 年 8 月 4 日。

　　② 泷本诚一:《日本经济丛书·卷34·甲子夜話》,日本经济丛书刊行会,1915 年,国立国会图书馆珍贵古典籍资料库,http://dl.ndl.go.jp/info:ndljp/pid/950417,2018 年 8 月 4 日。

　　③ 中濑胜太郎:《江户时代贿赂秘史》,筑地书馆,1989 年,第 148 页。

　　④ 中濑胜太郎:《江户时代贿赂秘史》,筑地书馆,1989 年,第 124~125 页。

　　⑤ 泷本诚一:《日本经济丛书·卷34·甲子夜話》,日本经济丛书刊行会,1915 年,国立国会图书馆珍贵古典籍资料库,http://dl.ndl.go.jp/info:ndljp/pid/950417,2018 年 8 月 4 日。

水野忠成执政时期,行贿受贿之风在幕府的行政管理机构广为渗透,"奥祐笔组"是最为突出的受贿大户。"奥祐笔"是江户幕府"若年寄"麾下负责文案工作的部门,工作多涉及幕府机密。诸大名在向幕府或将军上呈书状之前,必须先交给"奥祐笔组"确认内容。"奥祐笔组"的意见直接影响书状是否能提交给将军,实权极大。担任"奥祐笔"的官吏自不用说,就连"奥祐笔"的家臣都敢公然向大名索贿。"奥祐笔组头"的家臣井上忠卫门借家事向松浦清先后索要金八两有余,用该款乘船游历镰仓,又赴吉原享乐。此后,在井上的帮助下,松浦家得以免除幕府徭役,为表谢意,松浦清再次邀请井上前往吉原游玩,[①]行贿受贿不仅堂而皇之,而且频繁至极。

与田沼时代相比,水野忠成执政时期的贿赂形式趋于单一,以赠送金、银等贵金属为主,以豪华的饮食、观光接待为辅。虽然贿赂给德川家齐、水野忠成、土方缝之助等顶级武士的财物中,珍奇异宝仍占很大比例,但在中下层官吏间,保值性较强的金银成为最主要的贿赂品。这一变化与劣质货币"文政小判"的发行及随之而来的通货膨胀有很大关系,珍奇异宝的价值有可能随着物价变化出现较大起伏,但金银则因价值相对稳定成为积累财富的主要物品。在水野忠成的带头之下,官吏不以贿赂为耻。索贿行贿不仅更加公开,而且广泛渗透到中下层官吏,贿赂参与者数量大增。

水野忠成死后,水野忠邦继任老中,掌握了幕府实权。与松平定信相似,水野忠邦也推行了一系列反贿赂政策,试图扭转水野忠成时期的贿赂之风。然而,在水野忠邦执政时期,幕府权力已经开始衰落,政策的强制力难及松平定信时期,水野忠邦的反贿赂政策最终未能取得实际成效。1843年,水野忠邦遭罢免失权,此后江户幕府的统治能力日益低下,不久后即进入幕末的社会动乱时期。中央政权的衰落导致政治贿赂不再是实现政治利益的最主要手段,刺杀、威吓、武装兵变逐渐取而代之,江户幕府的统治也走向了尽头。

在江户时代,政治贿赂长期存在,参与贿赂人员的广度、贿赂品的金额均呈不断上升趋势。造成江户时代政治贿赂愈演愈烈的原因主要有五点。第一,江户幕府实现了长期稳定统治,权力基础稳固,统治结构与利益关系固定化,行贿者较少担心当权者的更迭造成行贿款浪费,钱权交易的利益链相对稳

---

① 泷本诚一:《日本经济丛书·卷34·甲子夜話》,日本经济丛书刊行会,1915年,国立国会图书馆珍贵古典籍资料库,http://dl.ndl.go.jp/info:ndljp/pid/950417,2018年8月4日。

定。第二,将军往往只信任一人或少数几人,导致权力过于集中,侧用人或老中权力极大。对于行贿者而言,只要贿赂掌握重权的一人或几人就可实现目的,贿赂途径相对单一便捷。第三,在江户时代,社会生产水平有显著提高,大名的参勤交替又激活了日本国内市场交换,相对发达的商品经济成为滋生贿赂行为的温床,行贿者有经济实力购置高额物品进行贿赂。同时,江户幕府经常通过招标制集中采购物品、兴办大型工程。幕府的经济活动在促进全社会经济发展的同时,也成为滋生贿赂的温床,商人不惜重金贿赂幕府的招标负责人,以图攫取高额利益。第四,权力监管体系极不完善,无论是江户幕府还是各藩都没有预防、治理贿赂的专门机构。因未行贿而利益受损者、因行贿款不足而未受特别关照者是举报贿赂行为的主体,不能形成广泛意义的全社会舆论监督。第五,社会价值观、公众舆论将贿赂行为与"赠答"传统相混淆,并不将受贿行为视为坏事。受贿者以得贿为荣,行贿者追求令受贿者心安理得地受贿的贿赂美学。[1]一般民众虽然憎恶官吏为贿赂上官而巧取豪夺,但当贿赂不殃及自身时,则往往将贪官当作戏谑的对象,并未形成对"贿赂"行为本身的批判意识。[2]

三、江户幕府的反贿赂努力

对江户幕府而言,行贿受贿行为是威胁统治稳定性的重大隐患,特别是在大饥馑之时,靠剥削民脂民膏获取贿赂钱款的行为多次引起农民反抗,严重动摇了幕府统治,迫使幕府积极寻求控制贿赂的手段。然而,江户幕府始终没能建立起成型的贿赂监督体制。幕府的司法部门"评定所"虽然处罚了不少受贿行为,但受罚者以小贪居多,受贿额仅为"三贯"左右,贪污数额巨大的大贪极

---

[1] 江户时代的政商河村瑞贤(1618—1699年)通过变相贿赂老中稻叶正则,获取了大量幕府公共建设项目的主持权,从中赢取高额利益。稻叶正则憎恶贿赂,拒绝接见任何携带礼物前来的商人。河村瑞贤则另辟蹊径,假装打碎了稻叶家菩提寺的洗手盆,作为补偿,不但理赔了新洗手盆,而且将菩提寺修复一新。稻叶正则因此极为赏识宠信河村瑞贤,河村别出心裁、因人而异的贿赂美学成为此后江户商人争相效仿的政治贿赂方式。参见童门冬二:《江户的贿赂》,集英社,1998年。

[2] 《甲子夜话》与《鹦鹉笼中记》中均记载了一般民众对贿赂行为的看法。民众往往将高官受贿视为奇闻逸事,大幅夸张官吏受贿金额,最后针砭时弊,具有朴素的劝恶扬善性质。然而,对于通过贿赂获取利益的行贿者,民众则充满羡慕,认为贿赂是一跃龙门的良方,体现了民众对贿赂行为认知的两面性。

少接受评定所审判。①非但如此,评定所同样是贿赂行为的高发区,负责司法的武士收取贿赂为人所共知,甚至有武士认为收取好处是当审判官的福利。②

在这一情况下,江户幕府不得不将督促武士自律作为防止贿赂腐败的重要手段。幕府先是在《宽永令》(1653年)中要求"清廉行政,不得违法",③又大力推行以朱子学为核心的"武士道"。"武士道"以"忠义诚礼"为本,滥用主君赋予的权力,不尽职工作,是为不"忠";滥用公款,据为己有,是为不"义";收人好处为人办事,用权不公正,是为不"诚";以权谋私,收礼不办事,是为无"礼"。表面上看,"武士道"的基本要求限制了官吏可能出现的各层面腐败,可谓完整的反贿赂精神预防网。然而,实际情况是大量官吏无视这些道德约束,腐败处处生根,上至幕府重臣,下至小藩权吏,不受贿者反属罕见。

组织监督、道德自律、舆论监督的缺失使得掌权者的政策成为决定政治风气的最关键要素。在柳泽吉保、田沼意次等巨贪倒台之后,继任者往往会试图以政令的方式扫除腐败,凭借幕府强制力塑造清廉的官场秩序。因而贿赂高潮与重拳反贿赂的不断交替构成江户时代的主要特征。新井白石(1657—1725年)、松平定信(1759—1829年)、水野忠邦(1794—1851年)是"反贿赂政治家"的突出代表。

在引发第一次贿赂高潮的柳泽吉保被罢免后,儒学家新井白石成为将军德川家宣手下的第一智囊,对幕府政策的制定产生了重要影响。新井白石出身于破落武士家庭,他极度厌恶政治腐败,在任期间推行严厉的反贿赂措施,积极查办了若干受贿惯犯。

为了杜绝腐败之风,新井白石恢复了被柳泽吉保废除的会计检查机构"勘定吟味役",该机构有权清查幕府官吏的一切收支,如发现贿赂可追查到底。在当时,许多官吏认为贿赂是正当收入的一部分,新井白石此举的主要目的在于扭转官员的贿赂观。此后,新井白石又于正德二年(1712年)颁布"贿赂禁止

---

① 参考《仕置例类集》,《仕置例类集》是江户幕府的司法机关"评定所"编纂的判例集。各级奉行在遇到难断之案时,会向老中汇报案情,请求审判意见。老中则往往向评定所索要案例进行参考,评定所将案情与判例分类整理,编纂《仕置例类集》164册,成为江户时代案件审判的基本依据。《仕置例类集》先后编纂五次,收录了1771年到1852年的典型判例,除已遗失的第五辑之外,每辑均有"贿赂之部",详细记述了收受贿的实情与相关处罚。

② 中濑胜太郎:《江户时代贿赂秘史》,筑地书馆,1989年,第9页。

③ 杉山文悟,杉山俊之助编:《国史通释》,金昌堂,1900年,附录第4~6页。

令",①严格禁止包括"赠答"在内的各种贿赂行为。然而,长期以来的贿赂之风不可能被一纸禁令终止,以"请愿"为幌子的行贿行为愈演愈烈。商人们或称为了官府,或称为了赈济万民,请求藩厅或役所兴建土木工程,将钱款作为"请愿费"贿赂给官员,而付出"请愿费"的商人则顺理成章地称为工程负责人。正德六年(1716年),新井白石不得不针对这一现象发布"请愿禁止令"。②在新井的时代,即使是与力、同心、手代等下级武士官僚也会随意编造借口,从町人百姓手中索取贿赂,再将受贿的财物转赠给上级武士。在此风气下,原本不应升职的武士迅速升任,而资质能力兼备的武士若不行贿反而无法升职。正德三年(1713年)七月,新井白石不得不再颁禁令,"诸组与力·同心·手代,因人脉关系而任职,或因贿赂财物而任职者,即便编入组中,也不应支取俸禄……今后如有此类人等,上级官员应充分审议,予以注意",③明令禁止卖官鬻爵的行为。

在新井白石掌权时期,近江守荻原重秀是最大的贪官。荻原重秀曾与柳泽吉保沆瀣一气,大量改铸劣质货币,从中获取暴利。逢大型土木工程之时,荻原重秀更是大肆索贿受贿,谋取巨额私利。新井白石在《折焚柴记》中痛斥了荻原的受贿行为,"商贾先估量工程之大小,再按其规模赠送给官员成百上千之金银,令官员托工程于己。若官员应允,则再赠金银,以为'回礼'。若财物过少,则投标必定失败,毋言无钱馈赠。贿赂之款,少有低于千金。如是,原需百金之工程,最终却耗万金"。④新井白石意识到想要扭转贿赂之风,就必须惩治荻原重秀。新井白石以荻原重秀受贿26万两金为由,多次弹劾荻原重秀,最终于正德二年(1712年)成功地罢免了荻原重秀,没收其俸禄三千石,迫使荻原重秀绝食自尽。⑤

虽然新井白石不遗余力地推行反贪污政策,但官吏的受贿行为并未明显减少,贿赂之风甚至蔓延到新井白石自身。长崎某寺院派遣僧人拜访新井,希望新井利用职权为其提供便利,"如若答应此请求,先赠金五百两,聊表谢意。事成之后,再赠金三百两,以答恩情"。⑥新井哭笑不得,在《折焚柴记》中感叹

---

① 高柳真三、石井良助编:《御触书宽保集成·十八》,岩波书店,1958年,第523页。
② 高柳真三、石井良助编:《御触书宽保集成·四十九》,岩波书店。1958年,第1300页。
③ 高柳真三、石井良助编:《御触书宽保集成·十八》,岩波书店,1958年,第523页。
④ 新井白石:《折焚柴记》,青山堂,1911年,第98~100页。
⑤ 新井白石:《折焚柴记》,青山堂,1911年,第118~119页。
⑥ 新井白石:《折焚柴记》,青山堂,1911年,第213页。

道:"鄙人般位卑权轻之人,尚有如此巨额之贿赂。权门之贿赂,实难想象。"①
新井本人也已察觉,反贿赂的改革仅仅停留在表面,难以真正贯彻到整个官僚
集团。

德川吉宗(1684—1751年)继任第八代将军后,新井白石遭到罢免。虽说
德川吉宗废止了新井白石的诸多政令,但反贿赂政策在其掌权期间基本得到
了贯彻。在德川吉宗之后,第九代将军德川家重更是发展完善了"勘定吟味
役"的监督职能,建立了类似会计检查院的机构,审核幕府各部门额财政预算,
竭力杜绝政治贿赂行为出现。然而,经历了新井白石、德川吉宗、德川家重三
代人的努力,官吏的贿赂之风仍未能得到彻底改变,贿赂行为反而不断升级。

随着德川家重的过世,幕府有意识的反腐败尝试暂告一段落。新井白石
和德川吉宗均明确认识到以受贿为代表的腐败行为是危害幕府统治之顽疾,
但是在遏制贿赂的具体措施上,无论是儒者出身的新井白石,还是将军德川吉
宗都选择以禁令等强制性方式规范武士行为,未能建立起足够完善的权力监
管体制,少数人掌握不受监督的大权,而原本负责监管、惩治贿赂行为的机构
反而成为贿赂的重灾区。在思想层面,官僚和民众对贿赂行为的认知并没有
发生根本变化,掌权者反贿赂的决心没有被基层官员与民众理解,反贿赂只停
留在了表层,这是新井白石、德川吉宗、德川家重三代近五十年反贿赂整改最
终失败的重要原因。第一次重拳反贿赂时期非但没能扭转贿赂之风,反而使
贿赂愈演愈烈,受贿方式日趋多样化,贿赂行为也更加公开化。于是第十代将
军德川家治时代便出现了田沼意次掌控下的第二次政治贿赂高潮。

田沼意次被罢免后,松平定信就任首席老中,掌握了政治主导权,开始了
第二次重拳反贿赂时代。松平定信以惩治受贿行为作为扫除田沼时代各种政
治积弊的突破口。在呈交将军的建白书中,松平定信详细论述了政治贿赂的
严重后果,"以金钱贿赂权门,图谋自身之荣华富贵者,实与禽兽无异。如不严
加制止,则政道崩坏,奸臣当道。将军应亲自发布禁令,张贴于权门檐上,陪
臣、公用人、家老等人家亦须逐一张贴,出入权门的医生儒者之家亦不可遗漏。
若此,则贿赂之事可减十之七八"。②

上任之初,松平定信大刀阔斧地推行廉政,有受贿嫌疑之人一律免职,在

① 新井白石:《折焚柴记》,青山堂,1911年,第214~216页。
② 中濑胜太郎:《江户时代贿赂秘史》,筑地书馆,1989年,第100页。

官吏间引起了极大恐慌。官吏人人自危,无心工作,以致行政工作几乎陷入停滞。面对官吏的消极抵抗,松平定信不得不改变态度,提出过去的受贿既往不咎,今后不可再犯,要一心一意努力工作。然而,面对根深蒂固的受贿风气,松平定信"下不为例"的妥协是徒劳的,大量官吏持续罢工,导致政务积压迟迟得不到处理,民众怨声载道。为打破僵局,松平定信再次做出妥协,"幕府关键部门之职员,绝不可收取金银。然收人礼物,亦属无奈"。①默许了官员接受实物的贿赂行为。松平定信原本希望通过这一让步限制腐败,不料却使实物贿赂合法化,反而刺激了受贿行为。松平定信在《灯前漫笔》中无奈地记录道,"各实权部门的接待室与办公室中,时钟等西洋泊来物堆积如山,少则十台,多则二三十台"。②松平定信的反贿赂政策反而刺激了高级奢侈品的销售,使商人大谋其利,实物受贿愈演愈烈,更有甚者,用礼品纸包裹金银,纸面书写"阿堵物"等谦辞,就可充当礼物堂而皇之地行贿。松平定信虽然声势浩大地推行反贿赂政策,但却在官吏的消极抵抗下屡屡让步,体现了江户时代单纯依靠政策政令抑制贿赂行为的不可行性。

虽然松平定信向世人展示出拒腐蚀永不沾的高姿态,但其本人获得官位也是通过向田沼行贿而来。松平定信在自传中记录道,"今得叙四品之官,远超家格。得此殊荣,虽仰仗权贵,却并非全因贿赂而来。本年,真田伊豆守同叙四品,较吾之贿赂五六倍有余。"③虽较真田家为少,但对通过贿赂升官一事,松平本人供认不讳。此后在向将军递交的意见书中,松平定信毫不遮掩地陈述了自己的贿赂行径,"对于盗贼般的主殿头(田沼意次),吾每日造访,纵使囊中羞涩,亦需递金送银"。④其怨气并非田沼受贿之事本身,而在于田沼开价过高。貌似正气凛凛,遵从"武士道"规范的松平定信在未掌权之时,同样是能够适应时局的利己主义者,为了自身前途日日观察田沼,伺机行贿。因此,松平定信虽然厌恶贿赂行为,却并未深刻认识贿赂行为的危害性,这是他在发布政令严禁受贿之后,仍会不断改变政策,步步妥协,最终不但未能扭转贿赂之风,反而促进了腐败蔓延的原因所在。

---

① 中濑胜太郎:《江户时代贿赂秘史》,筑地书馆,1989年,第103页。
② 松平定信:《乐翁公遗书上卷》,八尾书店,1893年,国立国会图书馆珍贵古典籍资料库,http://dl.ndl.go.jp/info:ndljp/pid/898746/266?tocOpened=1,2018年8月4日。
③ 松平定信:《宇下人言》,松平定晴发行,1928年,第23~24页。
④ 松平定信:《宇下人言》,松平定晴发行,1928年,第25页。

　　松平定信下台之后,水野忠成就任老中,出现了第三次贿赂高潮。水野忠成之后,再度试图扭转贿赂之风的是水野忠成的同族亲戚水野忠邦。作为"天保改革"的第一步,水野忠邦先从反贿赂做起,处死了水野忠笃、林忠英、美浓部茂育等数十名巨贪,进而推行严格的奢侈禁止令,整顿风气,关闭滋生腐败的娱乐场所,试图扭转德川家齐、水野忠成时代的腐化之风。

　　水野忠邦主导的天保改革虽在反贿赂政策上与松平定信、德川吉宗有相近之处,但本质相差甚远。松平定信虽多次放宽反贿政策,但他自当权之后洁身自好,因而敢于严查贿赂行为,然水野忠邦则不同。在任老中之前,水野正是靠贿赂获得了将军德川家庆(1793—1853年)的喜爱。为了给将军留下深刻印象的贿礼,水野忠邦费尽财力广寻美人,最终觅得绝世美女阿雪,将其收为养女,教授各种礼仪之后献给将军,一来讨取将军欢心,二来企图通过阿雪在"大奥"探查情报。除将军外,水野忠邦还不遗余力地贿赂大御所德川家齐的爱妾美代,求其向将军美言,最终获得了老中之位。[①]任老中之后,水野忠邦立刻从行贿一方转为受贿方,明码标价地卖官鬻爵。"升任大将,五千两;升任中将,五千两;升任宰相,一万两;升至携带枕矛长刀级别,八千两;升至虎皮鞍级别,五千两;升至可携带金纹箱级别,一万两。"[②]如此贪污之人,即便能制定出严密的反贪政策,亦无可能予以贯彻。水野忠邦的参谋涩川六藏在报告书中总结了当时的腐败状况,"近年贿赂盛行,天下之事,无论大小,无金银难以办妥。凡赠送金银者,事纵难亦少有不成。朝廷命官卖官鬻爵,权威日下,实应担忧。居上者好收贿赂,居下者自以贿赂为合理。家臣亦借主人之权威,贪人金银,不少于主君。位卑言轻之官,亦凡事皆收贿赂,功过不分,赏罚不明,众人皆嘲上官之有法不依"。[③]

　　与憎恶贿赂行为的新井白石、松平定信不同,水野忠邦对贿赂行为持有双重判断标准,他允许自己行贿受贿,却禁止他人行同样之事。水野忠邦任老中之时,适逢酒井家可能移封之流言盛行。为了避免移封之祸,酒井家分别向水野忠邦、太田资始两老中赠金三千两,请求帮忙运作。太田当场予以拒绝,而

①　大谷木醇:《鼠璞十种·第2·同灯前一睡梦》,国书刊行会,1916年,国立国会图书馆珍贵古典籍资料库,http://dl.ndl.go.jp/info:ndljp/pid/945823/118?tocOpened=1,2018年8月4日。
②　国书刊行会编:《新燕石十种·第1·天言笔记·卷2》,国书刊行会,1912年,第166~167页。
③　涩川六藏:《涩川六藏上申书》,古文书好读会,https://sites.google.com/site/komonzyokai/si-bukawa,2018年8月4日。

水野却以各处联络需要经费为由,将钱款全额笑纳。[1]水野受贿一事被町奉行矢部定谦知晓。如能查清水野忠邦执法犯法行为自是大功一件,求功心切的矢部定谦欲将水野忠邦受贿之事公之于众。水野忠邦获悉后,只得拜托主管财政的后藤三佐卫门将贿赂款归还酒井家,最终得以息事宁人。水野忠邦的"还贿"之举展示了这一时期反贿赂政策取得了一定成效。然而,追查水野忠邦的矢部定谦却同样是靠贿赂水野忠邦才得以登上町奉行宝座。矢部定谦之友藤田东湖留有如下记述:"矢部曾言,一介三百俵的藩士,能登今日之位,并非有真才实干,全靠贿赂而来。诉说之时,毫无遮掩羞愧之意,反显踌躇满志。"[2]在矢部定谦看来,贿赂高官是安身立命之良方,然而别人的受贿行为则是其邀功之良机,应奋力追查。可惜水野忠邦魔高一丈,矢部定谦非但未能邀功,反因此事招来水野忠邦的忌恨,最终丢掉了官位。无论是制定反贿赂政策的官员,还是监督贿赂行为的官员,均靠行贿获得职位,靠追查贿赂邀功,这是江户时代反贿官员队伍的突出特征。

该事件中拒收酒井家贿赂的太田资始在污浊的政界看似极为特殊。[3]然而,太田并非真正厌恶贿赂,只是其心机深重,受贿时极为注重方法途径。与水野忠邦相同,太田资始同样靠贿赂谋取重职,自然需靠出卖权力换回成本,卖官鬻爵是最为主要的方式。能登守阿部正备请求太田资始协助升职,报酬是深川地区的宅邸一间。太田资始答应了阿部的要求,推举其担任寺社奉行。阿部正备赠送的宅邸富丽堂皇,内有名园,可谓屈指可数的豪宅。太田深知如果白白获赠,日后必生事端,因而以购买的形式接收宅邸。实价一万两以上的豪宅,仅支付了七百余两。[4]即使如此小心谨慎,深川宅邸一事仍被政敌水野忠邦查知。水野忠邦认为酒井家受贿之事败露,是拜太田资始所赐,只要太田仍居老中之位,自己就有被举报之风险,因而严查宅邸一事,最终迫使太田免职归家。无论是水野忠邦还是矢部定谦,追查受贿的目的不是整顿政治秩序,而是攻击政敌、维护自身权力与地位,这正是水野忠邦执政时期,乃至整个江

---

① 关口隆正编:《梦界丛书》,台印社,1914年,第23~25页。

② 中濑胜太郎:《江户时代贿赂秘史》,筑地书馆,1989年,第164页。

③ 大盐平八郎(1793—1837年)在暴动之前,将写满幕府要人腐败行为的意见书送到江户,在意见书中,没有遭到指责的老中仅有太田资始与肋坂安董两人。肋坂安董未曾任职于大阪,与大盐平八郎没有接触机会,换言之,全体老中之中,没有明显腐败行为的,仅太田资始一人。

④ 关口隆正编:《梦界丛书》,台印社,1914年,第63~64页。

户时代越反越腐的重要原因。

即便在贿赂横行的江户时代,亦存在着举世皆浊我独清的官吏。哀民生之多艰,进而率民造反的大盐平八郎可谓廉洁官吏的模范。有人将少量的菜肴赠送给大盐平八郎作为礼物,大盐立刻修书一封,呈交町内官员,"此菜肴为播磨屋利八所赠,此人乘吾外出之际,将菜肴置于吾屋中,实为可耻之事。吾定将菜肴原封归还,警告其不可再有此事"。[1]然而,如大盐平八郎般洁身自好的官吏终为少数。大盐无力实现统治阶层内部政治风气的转变,只得与下层民众一起通过武装起义的方式反抗江户幕府。

四、政治贿赂的运行机制及产生原因

各种形式的行贿受贿行为贯穿了江户幕府统治期。在江户时代之前,同时存在"公私不分"与"损公肥私"两种受贿款使用模式,然而进入江户时代之后,随着幕府统治体制与财政制度的不断完善,私财与国库开始明确分割,"公私不分"与"私财公用"不再是主流,"损公肥私""聚敛私财"成为受贿款的主要去向。一般而言,官员存在"主动索贿"与"被动受贿"两种态度,索贿还是受贿往往取决于行贿目的与受贿者官位。

江户时代主要存在四种贿赂模式,其运行机制各不相同。

第一种是卖官鬻爵型,官位任免权与金钱的交易构成主要利益关系。这一类型的政治贿赂多出现在掌握任免权的幕府高官身上,柳泽吉保、田沼意次等人均因此得以致富。卖官鬻爵型贿赂的目的直接明确,行贿手段以直接赠送金钱财物为主,行贿对象可能不唯一,且需对同一对象行贿多次。在这一模式下,官员既可能主动索贿也可能被动受贿,主动与否往往取决于贿赂金是否足以购买相应官职。受贿者在收到满意的财礼后,会以任命或推荐的形式替行贿者谋得官职。在江户时代,卖官鬻爵是贯穿始终的"刚性需求",从老中到底层官吏,官职官阶高低与所需贿赂款额成正比,这一模式构成江户时代政治贿赂体系中最为基础而稳定的利益链条。

第二种是投标回扣型,幕府出资兴办土木工程或基础设施建设时,除了指派藩全权负责之外,还以投标的形式招募商人承包。商人在投标之前向官员行贿,并承诺在得标后给予官员回扣,而官员则按贿礼轻重来判断投标结果,

---

[1] 中濑胜太郎:《江户时代贿赂秘史》,筑地书馆,1989年,第168页。

这构成投标回扣型贿赂的运行逻辑。在这一模式下,官员只需被动受贿。著名政商河村瑞贤终生依靠这一模式,承包了幕府大量工程项目。为了赚回行贿款,商人往往虚报工程价格,骗取幕府公款。投标回扣型贿赂的本质是行政决定权与金钱间的交易,官员与商人合谋利用幕府制度攫取公共财产。

第三种是徇私枉法型,行贿者以赠送财物为手段,向掌权者谋求偏袒自己的判决。这一贿赂模式普遍存在于各层级官僚,上至老中,下至评定所官员都可能成为行贿对象。上有"御三家""御三卿"贿赂勘定所以求蒙混财政决算,甚至贿赂老中以攻击政敌,下有町人、农民贿赂评定所以图法外开恩。在这一模式下,官员以被动受贿为主,主动索贿为辅,柳泽吉保等高官有着较明显的索贿倾向,但一般官员则往往被动受贿。以徇私枉法为目的的政治贿赂受众面广,需求大,因而勘定所与评定所两处审判机构逐渐成为江户时代政治贿赂的重灾区,极大破坏了行政公平性与司法公正性。

第四种为笼络感情型,与前三种贿赂模式不同,此种政治贿赂不具有明确而直接的目的,行贿者不定期地赠送财物,却不需受贿者立刻为其办事,只求拉近与权臣的关系以备不时之需,因而此贿赂模式往往是日常化的。在这一模式下,官员一般为被动受贿。由于这一模式不存在明确的钱权交易,很容易与正常的礼尚往来混淆。但是与礼尚往来不同的是,笼络感情型贿赂的财物移动是单向的,受贿方不会回礼,而是在需要时通过政治权力进行回馈,可以视为贿赂金的"零存整取"。

四种类型的贿赂交织在一起,形成了遍及社会各阶层的、稳定而常态化的利益关系网。针对上述类型的政治腐败行为,幕府遏制贿赂的方法主要有两类。第一类是通过颁布法令禁止政治贿赂,但这些法令往往是针对具体贿赂行为的补漏洞式立法,未能解决个人权力过大且不受监督这一根源问题。同时,追查贿赂的法律执行者往往也是受贿者。第二类是通过宣传武士道等价值观,靠精神反腐。然而道德观只能约束一部分愿意遵守规矩之人,在江户时代,道德伦理观往往输给现实利益,大量高级武士以敛财为乐,视武士道为无物。

无论是法令禁贿还是精神反贿,"运动式反腐"是江户幕府遏制贿赂的最大特征。在政治贿赂极度猖獗之时,往往会出现一位政治家采取各种措施推行全方位反腐,政治贿赂因之受到一时遏制,但运动势头过后,政治贿赂立刻卷土重来,反贿赂的政治家或被迫下台,或自开倒车。因而,江户时代的反贿尝试均是物极必反的应激性反应,而非根本性、系统性的反腐努力。

需要认清的是,在江户时代的政治体制、经济结构与贿赂认知的条件下,任何反贿赂的改革措施都不可能从根本上遏制受贿行为。造成江户时代政治贿赂屡禁不止的原因主要有四点。

第一,江户时代的"幕藩体制"决定了大名与幕府间的贿赂行为是刚性需求。除了强制各大名参加参勤交替与公共建设(普请)之外,收取高额贿赂也是幕府削弱、控制大名经济能力,避免大名起兵反叛的重要方式,因此大名向将军、老中行贿往往不被追究。反过来,各大名也亟须通过贿赂幕府高官换取政治利益,谱代大名靠贿赂换取幕府要职,而外样大名则依靠贿赂换取相对轻松的公共建设任务。特别是对外样大名而言,承担公共建设任务所耗费的财力与劳力多寡直接关系藩的存亡,因而外样大名在行贿时即使花费重金,也要换得成本较低的任务。可以说,政治贿赂是江户幕府的"幕藩体制"的必然结果。

第二,江户幕府的行政体制导致各级官吏的受贿行为难以根除。江户幕府没有建立健全的分权制度与监督制度,权力高度集中且较少受监督。老中、奥祐笔组、勘定所等要职手握重权,其一己之见可以决定政治、经济利益的归属。与此相对的,权力监管体制极不完善,虽有"勘定吟味役"等机构负责监督财务,但更多的贿赂行为处于无监管状态。即便能查清贿赂行为,但江户幕府惩治贿赂行为的立法极不完善,执法亦不严,小贪可能被革职,但大贪只要持续掌权就可免受惩罚,几乎不存在因受贿贪污行为曝光而下台的政治家。权力监管的缺位与惩治手段的不完善是各级官吏贿赂行为屡禁不止的重要原因。

第三,江户幕府的经济运行机制导致官吏与商人间结成稳固的利益链,成为诱发贿赂行为的温床。虽然从表面上看,幕府的各项采购与工程实行招标制,可以选择价廉质优的商家承担业务。然而,老中、奉行拥有工程承包商的决定权,商人获得工程项目的最佳方式不是节省经费、提高质量,而是贿赂拥有决定权的官吏。商人用于贿赂的款项最终会被算入工程预算,大大增加了幕府的财政开支。在江户时代长期的和平环境下,农业生产与商品经济稳步发展,幕府有足够的财力兴办各项公共事业,因此出现官吏与商人的大量钱权交易。可以说,经济的良性发展与官吏对经济事务的高度决定权是官吏与商人间贿赂不断的主要成因。

第四,在江户时代,社会各界缺乏对贿赂的正确认知。无论是官吏还是民众,普遍无法明辨"赠答"与行贿的区别,其核心问题在于缺乏对"公权力"的正确认识。在商界,以"赠答"为形式的礼品交换是促进商业活动的重要形式。由于商人不掌握"公权力",因而商人间的礼品交换属于个人层面的利益交换,不对社会公平构成损害。然而,拥有"公权力"的官吏与商人不同,以获取"公权力"提供的便利为目的的"赠答"即为"行贿"。然而在江户时代,"公权力"的特殊性并没有被充分认识,幕府虽然多次通过法令禁止受贿,但对于"赠答"与"贿赂"的界限一直没有明确定义,导致法令不清。松平定信曾一度笼统地将赠予物品视为可以允许的"赠答",而赠予金钱则构成"贿赂",诸如此般模糊不清的贿赂界定是贿赂行为得以蔓延的思想诱因。

结 语

政治贿赂行为在江户时代之前即已出现,在经济快速发展、权力高度集中的江户时代达到了高峰。权力的高度集中化、监督体系的缺位、社会各阶层对贿赂的错误认识是造成贿赂横行,越反越腐的根本原因。

江户幕府灭亡之后,明治政府掌握了中央政权。虽然明治政府召开议会、健全法律体系、鼓励政党争鸣、实行责任内阁制,为实现政治的近代化做出了大量努力。然而,权力集中、监督体系缺位、贿赂观不清等问题并没有发生根本性改变。因而在明治时代,各种形式的政治贿赂行为依旧层出不穷。战后日本经过了驻日盟军总司令(GHQ)的民主改革,政府权力分散化、权力监督体系不断完善、官吏与民众均对"公权力"与"贿赂"有了相对明确的认识,现代媒体也开始发挥舆论监督职能。因而在20世纪六七十年代,数位政府高官因受贿行为被揭发而失去权力。自此,日本的政治贿赂行为在重重监控之下,逐渐销声匿迹。受贿官吏虽至今仍然存在,但再无如柳泽吉保、田沼意次般公然索贿却不受惩罚者。

本文原刊载于《世界历史》2020年第2期,得到了中央高校基本科研业务费专项资金(63192142)、中央专项资金基本科研业务费项目(63192703)的资助。

作者简介:

丁诺舟,男,1987年生,南开大学日本研究院讲师,历史学博士。

主要攻日本社会史。2006年9月—2010年6月,南开大学历史学院世界史专业在学,获学士学位。2010年9月—2013年6月,南开大学历史学院世界史专业在学,获硕士学位。2013年4月—2015年3月,日本京都大学西洋史研究科博士课程前期。2015年9月—2018年6月,南开大学日本研究院世界史专业在学,获博士学位。2017年4月—2018年3月,日本上智大学史学研究科留学。

日本对汪伪政府"参战"问题的决策探析

张　展

太平洋战争爆发后,国民政府向轴心国正式宣战,汪伪政府亦提出向同盟国"宣战",却遭到日本当局拒绝。直至1943年初,汪伪政府才经日本当局许可而正式"参战"。就这一过程的前因后果,既有研究相对较少,且主要从汪伪政府角度进行考察。石源华在著作《汪伪政权全史》、论文《汪伪政府对英美"宣战"述论》中认为,"太平洋战争爆发后,汪伪政府并没有马上提出'参战'问题",①至1942年7月方对日提出"参战",而最终决定则是汪精卫与东条英机共同密谋的结果;另一篇相关的专题论文,赵东喜的《太平洋战争后汪伪政府参战原因探析》,基本沿袭了石源华的观点,并认为日本为拉拢汪伪政府参战,给出了一系列诱惑条件,用以迎合汪伪政府。②然而,若从日本当局决策角度进行考察,则可以得出不同的结论。汪伪政府在太平洋战争爆发之际,即对日明确表示希望"参战",系日本当局在围绕自身利益进行判断后,要求汪伪政府不"参战"。最终汪伪政府得以"参战",同样是日本根据自身利益变化而进行政策调整的结果,与"拉拢""诱惑"汪伪政府关系不大。日本当局对此事单方面决策后,仅通知汪伪政府实行之,而非汪精卫与东条英机所共同决定。本研究主要利用日文档案等资料,在梳理勘误的基础上,分析日本对汪"参战"问题的决策过程及其幕后逻辑,展示日汪关系的运行模式与其复杂的利益关系,希望能对相关研究有所裨益。

一、日本当局拒绝汪伪政府"参战"

1941年12月8日,日本偷袭珍珠港并对美宣战,随后国民政府正式对包括日本在内的轴心国宣战,但与之同时,日本当局明确要求汪伪政府,暂不对英

---

① 余子道、曹振威、石源华、张云:《汪伪政府全史》,上海人民出版社,2006年。
② 余子道、曹振威、石源华、张云:《汪伪政府全史》,上海人民出版社,2006年;石源华:《汪伪政府对英美"宣战"述论》,《军事历史研究》1999年第4期;赵东喜:《太平洋战争后汪伪政府参战原因探析》,《河南师范大学学报》(哲学社会科学版)2009年第1期。

美等同盟国宣战。

12月8日,日本外务大臣东乡茂德在东京紧急约见汪伪驻日大使徐良,告以日本与英美等国开战消息,并提出"帝国对英美开战,鉴于日华特殊关系和日华基本条约等,国民政府自然也要有与帝国紧密一致的施策,但帝国政府认为,国民政府没有参战的必要"。[1]同日在南京,中国派遣军总司令西尾寿造等会见汪精卫等,除通知"日本与英美已处于交战状态"外,还由日本驻汪公使兼代理大使日高信六郎代表日本政府,向汪精卫提出了三点对汪伪政府的要求,包括:

一、国民政府(注:即汪伪政府)不参战;

二、汪主席明确国民政府立场,以防止人心动摇,并进而掌握人心,为此需要发表声明。

三、外交部严正声明,否认英美领事在国府治下行使职权。[2]

这几条要求的重点,在于汪伪政府"不参战",即"大使馆和总军司令官根据政府方针,不让国民政府参战,仅要求其实际上协助日本足矣"。[3]

然而,汪伪政府方面认为,如若不能"参战",要"实际上协助日本",有名不正则言不顺之嫌。经过数日考虑,汪精卫还是向日本驻汪最高军事顾问影佐祯昭"坚决表明南京政府参战的意愿":"不幸,中国目前分成两个阵营,与英美共命运的重庆,和与日本共命运的南京,两者相互对立。现在重庆已经对日本宣战,但南京却与英美处于平常的状态,无论如何都是很不合理的事情,我们很难对国民交代。"[4]

汪伪政府希望"参战",对日本当局为何不许自身"参战"感到疑惑。汪

---

① 東郷外務大臣:《対米英開戦に関し在本邦中国大使への説明振り》(1941年12月8日),外務省:《日本外交文書·太平洋戦争第一冊》,六一書房,2009年,第14頁。

② 在中国日高代理大使より東郷外務大臣宛電報,《汪兆銘に対し開戦の通告及び南京国民政府不参戦等を要望について》(1941年12月8日),外務省:《日本外交文書·太平洋戦争第一冊》,六一書房,2009年,第137頁。

③ 清水記:《国民政府参戦問題二付テ》(1942年11月1日),JACAR(アジア歴史資料センター)Ref.B02030534000,支那事変関係一件 第十一巻(A~1~1~0~30_011)(外務省外交史料館)。

④ 影佐祯昭:《我曾经走过的路》,陈鹏仁译著:《汪精卫降日秘档》,台湾联经出版事业公司,1999年,第63页。

伪政府行政院副院长周佛海感慨"惟日方似不愿我政府立于表面,未知用意何在"。①但很快周佛海即被影佐祯昭说服,其日记记载,12月10日,"影佐少将来,谈日、美战后一切政治问题。对于中国政府暂时不向英美宣战一点,详为解释,余亦赞同"。②影佐究竟做何解释,周佛海在日记中虽未言及,但在后来曾向日本外相东乡茂德回顾此事:"在大东亚战争爆发时,我曾经同日本方面谈过中国对英美宣战的问题,当时日本方面表示,日本如果让中国同英美宣战,(伪)满洲国就需要也向英美宣战,而(伪)满洲国宣战的话,满、苏之间的气氛就会十分微妙,让双方关系陷入难堪,因此中国对英美宣战需要等待时机。"③

然而,对日本当局所谓顾及苏联这一理由,汪精卫显然并不信服,并向影佐强调"我相信微微的南京政府的参战,不会影响苏联的动向",④汪精卫还向日本驻汪大使馆方面表示:"所谓担心今日中国参战,会刺激苏联的神经,我认为在日美战争已经开始的情况下,不应对此过于担心。"⑤

所谓担忧日苏关系,虽然确对汪伪政府"参战"有所影响,但应并非促成日本当局决策的主要原因。当时在苏德战争中处于劣势的苏联,对日本政策走向影响有限;而且即便汪伪政府"参战",日本当局仍然可以要求伪满洲国政府不"参战",事实上后来的战争实践亦确实如此。日本当局拒绝汪伪政府"参战"系另有所图,但其原因并不适宜向汪伪政府全盘传达。

在太平洋战争爆发之前,日本外务省即研究过汪伪政府"参战"的利弊。研究认为,汪伪政府"参战"对日本的有利之处,包括以"中国政府"名义发起交战权,使日本废除"敌国权益"更为方便,并在法理上强化汪伪政府与日本的配合,包括"缉拿敌船、敌国私有飞机","禁止一切中国人与中立国人同敌国人的

---

① 周佛海著,蔡德金编注:《周佛海日记全编》(下卷),1941年12月8日,中国文联出版社,2003年,第548页。

② 周佛海著,蔡德金编注:《周佛海日记全编》(下卷),1941年12月10日,中国文联出版社,2003年,第549页。

③《南京国民政府の参戦問題や対重慶工作等に関する東郷外相と周仏海との会談》(1942年7月17日),外務省:《日本外交文書·太平洋戦争第一冊》,六一書房,2009年,第166页。

④ 影佐祯昭:《我曾经走过的路》,陈鹏仁译:《汪精卫降日秘档》,台湾联经出版事业公司,1999年,第63页。

⑤《南京国民政府の参戦を差当り待機させるための説明振りにつき請訓》(1941年12月21日),外務省:《日本外交文書·太平洋戦争第一冊》,六一書房,2009年,第157页。

交易和援助"，"根绝敌国援蒋物资"等。而不利之处，主要是可能使汪伪政府失去法律上的中立地位，导致"来自敌国的金融、物资、技术等对中国的供给断绝"、"在敌国的华侨汇款断绝"，"帝国无法通过中国从中立国获取物资"，"中国受到攻击时无法自卫，需要帝国保护"等。[1]

汪伪政府"参战"固然有利于日本征收敌对国权益，但即便汪伪政府不"参战"，日本当局亦可强硬进行之；而汪伪政府"参战"可能导致的第三国所采取的封锁措施，则是日本所无法控制的。

汪伪政府"参战"对征收敌对国权益这一主要的"好处"，亦存在引发日汪争夺权益，从而使利益关系复杂化的可能。

外务省情报局在后来总结，"大东亚战争爆发以来，帝国之所以一直抑制国民政府参战的请求，其原因在于：

一、当下国民政府的施政，必须主要着眼于在占领区渗透政治力量，不应徒劳追求恢复国权，在参战等对外施策上，更要避免此种情况。

二、国民政府参战，必然会刺激其恢复国权，乃至回收敌方权益的欲望，可能会影响帝国进行战争所必要的对在华敌国权益的处理。

三、如果国民政府参战，为了增强其政治的效果，必须要让其实现某种程度的恢复国权，但尚未做好准备。

四、国民政府参战也会诱使（伪）满洲国参战，可能会影响对苏关系。

五、国民政府参战，可能会成为该政府成立以来，一直致力进行的全面和平工作的障碍。[2]

从此可以看出，日本当局颇担心汪伪政府会借"参战"，来从日本手里"恢复国权"。驻汪公使兼代理大使日高信六郎听取汪精卫"参战"的请求后，认为

---

① 外务省条约局第二课：《帝国参战ノ場合中国ヲ参戦セシムル利害》，1941年11月18日，JACAR（アジア歴史資料センター）Ref.B02032969400，大東亜戦争関係一件／開戦関係重要事項集（A~7~0~0~9_51）（外務省外交史料館）。

② 外務省情報局：《国民政府ノ参戦ト日支新関係ニ関スル啓発宣伝指導要領（説明）》（1943年1月12日），JACAR（アジア歴史資料センター）Ref.B02032949700，大東亜戦争関係一件／中華民国国民政府参戦関係 第二巻（A~7~0~0~9_41_002）（外務省外交史料館）。

"中国担心不参战,就无法参加对英美权益的分配",①而中国派遣军总司令官畑俊六也认为,汪伪政府的参战请求,着眼于"希望能够由国民政府接收英美的权益"。②

而汪伪政府的表态,也似乎从另一方面印证了日本当局的疑虑。对太平洋战争,日本当局希望汪伪政府能够"对中国国民善加解释贯彻本次战争的真正意义,极力防止民心动摇,这是比什么都要重要的"。③但汪精卫则有针对性地表示,民众心理并不稳定:"一般民众抱有两点疑问,第一是战争长期化,日本会不会逐渐处于不利,第二是如果日本取得胜利之际,会不会将对中国的军事管理永久化",并就此向日本当局提出要求:"日本无论提出怎样的要求,国民政府都会极力将之实行",但与之相对应的,"为了打破上述的第二个疑问,国民政府需要提出的相应的要求和希望,也促请日本方面能够加以考虑"。汪精卫还强调,"集合褚民谊、陈公博等各主要干部讨论之际,大家异口同声,对此提出了要求和希望"。④而周佛海也在同期向影佐祯昭表示"中国对于日、美战争有两观点:一为日本初必胜,后因物资缺乏,结果必败。二为日本如胜,中国必沦为植(殖)民地。望日方对于此两点有说明并保障"。⑤

汪伪政府索求回报与承诺,引发了日本当局的极大不满。中国派遣军总司令畑俊六便在日记中认为,"关于大东亚战争,国民政府的首脑者间就参战一事进行着议论。其中一方认为,自身没有实力,参战无意义,而另一方认为,可以借此振作、统一民心,又能显示与日本同甘共苦的精神,主张参战。后者虽然嘴上说得好听,但实际上是希望由国民政府接收英美的权益,而且在战后和平会议上占有一席之地,这样功利的想法,他们颇为巧妙地加以隐藏。实际上汪主席的内心所想,也正如后者那样"。⑥

---

①《南京国民政府の参戦を差当り待機させるための説明振りにつき請訓》(1941年12月21日),外務省:《日本外交文書・太平洋戦争第一冊》,六一書房,2009年,第157頁。

②《戦史叢書——大本営陸軍部(3)》,朝雲新聞社,1967年,第358頁。

③ 東郷外務大臣:《対米英開戦に関し在本邦中国大使への説明振り》(1941年12月8日),外務省:《日本外交文書・太平洋戦争第一冊》,六一書房,2009年,第14頁。

④《汪主席影佐少将会談要旨》(1941年12月12日),外務省:《日本外交文書・太平洋戦争第一冊》,六一書房,2009年,第146、147頁。

⑤ 周佛海著,蔡德金编注:《周佛海日记全编》,1941年12月11日,中国文联出版社,2003年,第549頁。

⑥《戦史叢書——大本営陸軍部(3)》,朝雲新聞社,1967年,第358頁。

虽然驳回了汪伪政府的"参战"要求,但日本毕竟将汪伪政府作为仆从政权,双方对外政策从长期来看应保持一致,因此遭到拒绝后,汪伪政府仍然有继续提出"参战"的空间。畑俊六认为,"国民政府参战问题,未来应该只要一有机会,就会随之抬头"。①日高信六郎则向外务省建议"日本要让中国暂不参战,有必要提供能让其接受的说明,为此我方也要提供相应的事实,来显示本次战争是解放东亚的战争,无论其是否参战,双方利害都是共同的","按照今天的势头发展,据观察将来还是避免不了参战"。②

而就何时"参战"问题,汪伪政府自身并无同日本博弈的能力,其结果决定于日本当局自身的需要。根据兴亚院政务部的说法,"中央准备在我方完成接收在华英美权益后,则不妨碍其(汪政府)参战"。③日本当局为维护自身侵略权益,而暂时拒绝汪伪政府的"参战",准备在太平洋战争相关利益格局确定后,再放行汪伪政府参战,确保日本对其侵略利益的完全掌控。

二、汪伪政府"参战"问题的转机

1942年7月,周佛海访问日本,向日本外相东乡茂德再次提出:"奉汪主席之命,要与阁下商量中国对英美参战问题。"④

并提出以下几点理由,说明"参战"一事符合日汪共同利益:

1. 获取占领地民心,为支援日本提供依据:"国民政府强调与日本同甘共苦,一般人民并不一定这么想","需要中国自身参加大东亚战争,人民才能得以自觉其义务责任"。

2. 在轴心国战胜后,增加日伪在国际和平会议上的发言权:"未来战胜后的国际和平会议上,中国和(伪)满洲国有发言权的话,也有助于确立大东亚共荣圈。"

3. 不会影响"重庆工作":"现在国民政府军与重庆军已经在进行战斗,

---

①《戦史叢書——大本営陸軍部(3)》,朝雲新聞社,1967年,第358頁。

②《南京国民政府の参戦を差当り待機させるための説明振りにつき請訓》(1941年12月21日),外務省:《日本外交文書・太平洋戦争第一冊》,六一書房,2009年,第157頁。

③《南京国民政府参戦等に関する華北連絡部長官の意向につき報告》(1941年12月23日),外務省:《日本外交文書・太平洋戦争第一冊》,六一書房,2009年,第160頁。

④《東郷外務大臣周仏海財政部長会談録》(1942年7月17日),外務省:《日本外交文書・太平洋戦争第一冊》,六一書房,2009年,第166~172頁。

如清乡工作中与重庆军的战斗,如果参战的话,不仅不会对全面和平的工作造成任何妨害,相反会带来良好的效果。"

此外,周佛海向东乡强调。国民政府只是为了尽义务责任,不需要与日本进行利益交换:"不需要返还租界,撤销领事裁判权等报答。"①将这份承诺清单与前文日本当局总结的不许汪伪政府"参战"的理由相对比,可以看出汪伪政府已经认识到了日本当局的利益考量,并有针对性地做出了承诺。然而,汪伪政府"参战"的请求,仍然遭到了日本当局拒绝。

东乡茂德向周佛海强调,汪伪政府"参战"会让其与重庆国民政府陷入完全的敌对关系,不利于"全面和平","何况大东亚战争将来将会陷入长期战争,因此现在没有急于参战的必要。总之,还是要看与重庆政权的关系如何"。②东乡还传达日本大本营政府联络会议的决定表示,"要研究参战问题对于各方面的影响,帝国要从实现战争的全局角度,进行进一步的慎重研讨"。③对此周佛海虽然当面应承,"汪主席的意见也不是要现在立即参战,而是加以充分研究的基础上,跟从日本的指示",④但内心则颇不以为然,在日记中抱怨"东乡对于中国参战表示异议,谓:此足以妨碍全面和平。余告以全面和平与中国参战无关;中国参战至少不致妨碍全面和平,而于强化国民政府颇有效力。谈一小时余,不甚投机"。⑤

但在会谈中,东乡又根据日本当局"就算现在认为(汪政权)不必要参战,也要对国际形势的变化做好准备"⑥的决定,宽慰周佛海"就现在正进行的战争

①《東郷外務大臣周仏海財政部長会談録》(1942年7月17日),外務省:《日本外交文書·太平洋戦争第一冊》,六一書房,2009年,第166~172頁。

②《東郷外務大臣周仏海財政部長会談録》(1942年7月17日),外務省:《日本外交文書·太平洋戦争第一冊》,六一書房,2009年,第166~172頁。

③連絡会議了解《国民政府の参戦に関する件》(1942年7月29日),JACAR(アジア歴史資料センター)Ref.C12120245100,重要国策決定綴卷2昭和16年12月~17年7月(防衛省防衛研究所)。

④《東郷外務大臣周仏海財政部長会談録》(1942年7月29日),外務省:《日本外交文書·太平洋戦争第一冊》,六一書房,2009年,第173~175頁。

⑤周佛海著,蔡德金编注《周佛海日记全编(下)》,1942年7月17日,中国文联出版社,2003年,第627页。

⑥清水記:《国民政府参戦問題二付テ》(1942年11月1日),JACAR(アジア歴史資料センター)Ref.B02030534000,支那事変関係一件 第十一巻(A~1~1~0~30_011)(外務省外交史料館)。

而言,局势变化极快,新事态不断产生,谁也不能预测未来何时,会发生何种事态"。①周佛海解读东乡这一表态,认为这表示"国际形势变化极快,中日两国须急研究中国参战问题,以便随时可以应付",并进一步推断认为,日本允许汪伪政府"参战"的时机,"察其意,似正待德、苏战局之结果也"。②

不难看出,周佛海的思路仍然逡巡于"日苏关系"的影响。推断日本当局将汪伪政府的"参战",与国际形势相联系,然而,周佛海对日本碍及"全面和平"的说法不以为然,将德苏战局结果当作关键因素,这一判断并不完全准确。从当时的时间点来看,日本当局确以"全面和平"的成败,当作影响汪伪政府"参战"的最大因素,而非苏德战争等外部原因。

1942年春,"天皇表现出对中国战场很感兴趣,于是积极进攻的意见开始得以抬头"。③4月1日,参谋本部第一部制定完成《对重庆战争指导纲要》,判断"大东亚战争后,现在的事态,是中国事变以来从未有过的对华处理的绝好机会"。④参谋本部第十五课⑤则构想,要"进行进攻重庆的作战,利用宽大的条件来力图完成对华处理"。⑥这一计划进攻重庆等地的军事行动,即所谓"五号作战",⑦日本当局希望能够以军事进攻配合政治诱降,实现所谓"全面和平"。

周佛海访日提出"参战"要求之际,正是日军准备发起"五号作战"之时。日军军部准备,"陆军统帅部,准备在五号作战的第一期后,在适当的时期,通过宽大的条件,引导中日走向全面和平,而国民政府的参战会加深双方的相互对立,并不妥当"。裕仁天皇亦表示担心:"国民政府的参战,会不会成为全面和平的障碍。"因此日军计划,为了给"五号作战"后实行"和平工作"留下空间,暂时继续拒绝汪伪政府"参战","如果五号作战不实施了,就是时候让国民政

---

①《東郷外務大臣周仏海財政部長会談録》(1942年7月29日),外務省:《日本外交文書・太平洋戦争第一冊》,六一書房,2009年,第173~175頁。

②周佛海著,蔡德金编注:《周佛海日记全编(下)》,1942年7月29日,中国文联出版社,2003年,第631页。

③《戦史叢書——大本営陸軍部(3)》,朝雲新聞社,1967年,第594頁。

④ 機密戦争日誌,1942年4月1日,JACAR(アジア歴史資料センター)Ref.C12120320300,機密戦争日誌其4自昭和16年12月8日至昭和17年12月7日(防衛省防衛研究所)。

⑤ 1942年1月20日,负责关于指导战争的相关业务的,参谋次长直辖的第20班成为第15课,属于第一部。《戦史叢書——大本営陸軍部(3)》,朝雲新聞社,1967年,第339頁。

⑥《戦史叢書——大本営陸軍部(3)》,朝雲新聞社,1967年,第594頁。

⑦《戦史叢書——大本営陸軍部(3)》,朝雲新聞社,1967年,第598頁。

府参战了"。①

　　1942年9月3日,参谋本部"召集关东军参谋长和中国派遣军总参谋长,明示大本营关于准备五号作战的意图"。②中国派遣军得到命令,准备进攻四川。③但由于日军在太平洋战场的瓜岛战役中遭遇失利,并消耗大量战争资源。9月末,陆军省明确告知中国派遣军,当下无法满足"五号作战"的弹药需求。④至10月,由于"反攻瓜岛作战以失败结束,陆军统帅部忙于制定下一步的对策,再也没有给以关于五号作战的指示"。⑤

　　与之相对应的,9月下旬,日本陆军统帅部认为,"五号作战"延期的可能性很大,"全面和平"陷入绝望境地,因此倾向于让汪伪政府参战。⑥其思路如参谋本部作战部长田中新一所言,"瓜岛恶战不仅为美国担心重庆对日妥协的忧虑打上了休止符,也让南京国民政府对战争前途真正地忧虑";为安定汪伪政府情绪,"需要采取必要措施,明示日本胜利后,中国一定会得以解放的基本方针","需要同意国民政府的参战"。⑦

　　10月5日,日本陆军省部同意汪伪政府参战。⑧10月9日,陆军与海军相关负责部门意见达成一致。⑨10月29日,日本当局召开政府大本营联络会议,会上通过决议,允许汪伪政府"参战"。⑩

　　对"参战"要求,汪伪政府一直抱有较强意愿,而日本当局在完成利益分配后,亦为汪伪政府的"参战"留有余地。但除国际形势外,日本当局仍然对诱降

---

　　①《戦史叢書——大本営陸軍部(5)》,朝雲新聞社,1967年,第119页。
　　②機密戦争日誌(1),1942年9月3日,JACAR(アジア歴史資料センター)Ref.C12120320800,機密戦争日誌其4自昭和16年12月8日至昭和17年12月7日(防衛省防衛研究所)。
　　③《戦史叢書——大本営陸軍部(5)》,朝雲新聞社,1967年,第76页。
　　④陆军省:《五号作戦用弾薬前送延期の件》,1942年9月28日,JACAR(アジア歴史資料センター)Ref.C01000676800,昭和17年《陸亜密大日記 第43号3/3》(防衛省防衛研究所)。
　　⑤《戦史叢書——大本営陸軍部(5)》,朝雲新聞社,1967年,第185页。
　　⑥《戦史叢書——大本営陸軍部(5)》,朝雲新聞社,1967年,第169页。
　　⑦《戦史叢書——大本営陸軍部(5)》,朝雲新聞社,1967年,第121页。
　　⑧《機密戦争日誌》,1942年10月5日,JACAR(アジア歴史資料センター)Ref.C12120321000,機密戦争日誌其4自昭和16年12月8日至昭和17年12月7日(防衛省防衛研究所)。
　　⑨《機密戦争日誌》,1942年10月9日,JACAR(アジア歴史資料センター)Ref.C12120321000,機密戦争日誌其4自昭和16年12月8日至昭和17年12月7日(防衛省防衛研究所)。
　　⑩《第115回連絡会議》(1942年10月29日),JACAR(アジア歴史資料センター)Ref.C12120262200,大本営政府連絡会議議事録其3昭和17年1月10日～18年1月30日(防衛省防衛研究所)。

重庆国民政府抱有投机心理,并将同意汪伪政府"参战"与计划进攻重庆的"五号作战"相挂钩。日军在太平洋战场的瓜岛战役中失败后,引发了一系列的连锁反应,不得不无限期搁置"五号作战",并随之允许汪伪政府"参战"。从这里可以看出,日本当局把汪伪政府的"参战",当成其他选项无法实现前提下的最后选择,主要立足于自身面对形势与利益的变化,并未过多考虑汪伪政府的利益与立场,从此也体现了日汪关系的本质。

三、汪伪政府的正式"参战"

虽然日本决定允许汪伪政府"参战",但此时日汪围绕"参战"的利益诉求,仍然未能完全统一。

1942年9月,汪精卫向日本"特使"平沼骐一郎提出,汪伪政府要求"参战",主要是因为"参战可以鼓舞军官民士气,加强政府团结,也能让国民政府堂堂正正地与日军合作,供给军需物资,还能消灭重庆方面指责国民政府为傀儡政府的口实等"。[①]

汪精卫的这一表态,有明显的迎合日本当局需求的意味。日本外务省方面也认为,汪精卫陈述的上述"参战"理由,"是对日本方面的表示,不能将之完全当作其真实意图"。[②]

而对汪伪政府的"真实意图",外务省"综合各方面的情报,认为其要求参战真正的理由如下":

  1、由于种种事项的影响,国民政府内部不但不意气昂扬,相反意气消沉,希望能够通过参战赋予其新的目标。

  2、国民政府一直努力协助日本的战争,如果正式参战的话,可以获得大义名分,使其不再是单纯被动地听从日本要求,这样其承受的负担苦痛,也有了对应的解释。

  3、中国近年来一直希望回收外国权益,但现在未参战,于是不能介入,只能全部交给日本,袖手旁观。

---

① 清水記:《国民政府参戦問題二付テ》(1942年11月1日),JACAR(アジア歴史資料センター)Ref.B02030534000,支那事変関係一件 第十一巻(A~1~1~0~30_011)(外務省外交史料館)。
② 清水記:《国民政府参戦問題二付テ》(1942年11月1日),JACAR(アジア歴史資料センター)Ref.B02030534000,支那事変関係一件 第十一巻(A~1~1~0~30_011)(外務省外交史料館)。

4、参战有利于提升国民政府对外的地位。

5、如果国民政府正式宣战,预想日本也会缓和对国民政府政治经济上的政策,多少也能获取一些自由。①

从外务省的分析中可以看出,日本当局认为汪伪政府要求"参战",仍然有从"参战"一事上获得一定利益的考量。但相较于之前日本当局对此的坚决排斥,此时随着日本战争形势的恶化,日本当局立场开始有所变化。参谋本部作战部长田中新一认为,"如果战争胜利的话,未来怎么办都好说,如果战争失败的话,还要持有利权,也没有任何意义"。②大东亚相青木一男在联络会议上则表示,"万一大东亚战争失败了,现在对中国就算怎么加强控制,到头来还是一无所得,失去一切"。③日军研究认为:"无论帝国如何蹂躏中国,就算将来把中国当作自己的领土,但如果帝国大东亚战争失败了,就会当即归零,这是不言自明的道理。"④

在这一背景下,日本当局微调之前执着于控制侵略利益的立场,决定同意汪伪政府"参战",并从形式上适当让渡权益,以收买占领区人心。11月3日,外相谷正之、大东亚相青木一男、驻汪"大使"重光葵举行会晤,共同认为"目前大东亚战争形势日益严峻,对中国的协助的需要也日益切实,因此需要接受国民政府的期望,实现其参战,唤起中国官民对协助帝国的热情"。⑤首相东条英机在政府大本营联络会议上,就允许汪伪政府"参战"一事陈述理由表示,"实际上就算国民政府参战,并不会对帝国有实力上的贡献,相反会束缚手脚,但我

① 清水记:《国民政府参戦問題二付テ》(1942年11月1日),JACAR(アジア歴史資料センター)Ref.B02030534000,支那事変関係一件 第十一卷(A~1~1~0~30_011)(外務省外交史料馆)。

② 種村佐孝:《大本営機密日誌》(1942年12月21日),第144頁。

③《第121回連絡会議》(1942年11月27日),JACAR(アジア歴史資料センター)Ref.C12120262700,大本営政府連絡会議議事録其3昭和17年1月10日~18年1月30日(防衛省防衛研究所)。

④ 第十五課:《対支情勢判断二関スル研究》(1942年12月2日),JACAR(アジア歴史資料センター)Ref.B02032947700,大東亜戦争関係一件/中華民国国民政府参戦関係 第一卷(A~7~0~0~9_41_001)(外務省外交史料馆)。

⑤《谷、青木、重光会談ノ記録・国民政府参戦問題》(1942年11月3日),JACAR(アジア歴史資料センター)Ref.B02032947200,大東亜戦争関係一件/中華民国国民政府参戦関係 第一卷(A~7~0~0~9_41_001)(外務省外交史料馆)。

们仍然希望国民政府参战的原因,在于汪精卫所希望的,即借此掌握民心"。①

而东条未在会上言及的另一个原因,则是英美等同盟国的行动,给日本带来的宣传上的压力。日本外务部门担忧"英美撤销在华治外法权,不仅给重庆方面,也对中国方面普遍的心理造成重大影响",而"我方也一直在强调东亚的解放,但这次对抗英美的政治进攻,所做的只有宣传而已,对于实质的促进中国方面协力的措施,什么都没有做。中国方面普遍怀疑我方诚意,恐怕导致对把握中国方面民心的不利影响",因此需要"处理租界和治外法权问题,根本改善在华占领地政治"。②而就这一系列措施而言,日本外务部门认为,"如果中国不参战,也要推出上述措施,会让部分中国人产生误解,以为帝国孱弱易欺",③因此日本决定将一系列"对华新政策",与汪伪政府的"参战"绑定到一起。

1942年10月29日,日本政府大本营联络会议通过允许汪伪政府"参战"的方案。④11月27日,联络会议确定"国民政府参战时间预定为明年一月中旬"。⑤东条英机于12月20日汪精卫访日之际向其正式通告:"根据研究的结果,就按照国民政府所希望的,大家共同立于对英美的战线"。⑥

得知日本当局允许自身"参战"之际,汪伪政府方面颇感突然。周佛海感慨:"思余去年七月赴东京,曾主张中国参战,日本犹豫不决,今忽即[急]转直

---

① 《第115回連絡会議》(1942年10月29日),JACAR(アジア歴史資料センター)Ref. C12120262200,大本営政府連絡会議議事録其3昭和17年1月10日~18年1月30日(防衛省防衛研究所)。

② 在北京土田参事官より谷外務大臣宛電報《租界及び治外法権問題につき大局の措置が必要である旨意見具申》(1942年10月15日),外務省:《日本外交文書・太平洋戦争第一冊》,六一書房,2009年,第175、176頁。

③ 《外務大臣説明(案)》(1942年12月19日),JACAR(アジア歴史資料センター)Ref. B02030533900,支那事変関係一件 第十一巻(A~1~1~0~30_011)(外務省外交史料館)。

④ 《第115回連絡会議》(1942年10月29日),JACAR(アジア歴史資料センター)Ref. C12120262200,大本営政府連絡会議議事録其3昭和17年1月10日~18年1月30日(防衛省防衛研究所)。

⑤ 連絡会議了解(案)《国民政府参戦ニ伴フ諸準備ニ関スル件》(1942年11月27日),JAC-AR(アジア歴史資料センター)Ref.B02030534000,支那事変関係一件 第十一巻(A~1~1~0~30_011)(外務省外交史料館)。

⑥ 《東条総理汪主席会談要録》(1942年12月21日),JACAR(アジア歴史資料センター)Ref. B02032948000,大東亜戦争関係一件 / 中華民国国民政府参戦関係 第一巻(A~7~0~0~9_41_001)(外務省外交史料館)。

下,必有原因。"①由此亦可见汪伪政府就日本允许其"参战"一事的决策过程几不知情,更无从论及对日本政策产生实质影响或进行博弈,在双方关系中处于完全被动的状态。从根本上说,日本从不允许汪伪政府"参战"到允许之,其决策主要依据自身利益的变化,而汪伪政府的态度并未起到决定性影响。

在"参战"具体日程安排的过程中,汪伪政府亦只能根据日本当局要求,被动进行调整。汪精卫原计划"于1月20日参战",但东条英机提出"我方认为1月15日为宜",汪精卫只能同意。②1943年1月6日,日军大本营截获美国电报,得知美国可能在近期宣布对中国撤销治外法权。③为应对这一紧急情况,1月7日,日本当局将汪伪政府的"参战"提前到1月9日。④这一决定同样未与汪伪政府商量,仅在决定后通知其实行。⑤

1943年1月9日,日汪签订《日华共同宣言》,汪伪政府正式对英美"宣战"。

影响日本当局决策的最大决策因素,是日本在这一问题上的相关利益。太平洋战争爆发之时,汪伪政府即提出"参战"要求,但日本担心其"恢复国权",尤其是与日本抢夺英美等国在华利益,进而否决其"参战"请求。1942年7月,汪伪政府再次提出"参战"请求时,则明确对日保证不求利益回报,但日本虑及其寻求与国民政府实现"全面和平"的需要,而再次拒绝汪伪政府"参战"请求。随着战争局势的急转直下,日本对华"全面和平"的希望破灭,其收买占领区民心,振奋内外士气的迫切性日益增强,为此日本不得不决定让渡部分侵略利益,并将之与汪伪政府的"参战"相结合,试图从中获得更多的政治利益。可以说,从否决汪伪政府"参战"请求,到同意这一请求,日本决策的逻辑是一贯的,即如何实现日本侵略利益的最大化。

---

① 周佛海著,蔡德金编注:《周佛海日记全编(下)》,1943年1月9日,中国文联出版社,2003年,第692页。
② 《東条総理汪主席会談要録》(1942年12月25日),JACAR(アジア歴史資料センター)Ref.B02032947900,大東亜戦争関係一件/中華民国国民政府参戦関係 第一巻(A~7~0~0~9_41_001)(外務省外交史料館)。
③ 《戦史叢書——大本営陸軍部(6)》,朝雲新聞社,1967年,第150页。
④ 《第125回連絡会議》(1943年1月7日),JACAR(アジア歴史資料センター)Ref.C12120263300,大本営政府連絡会議議事録其3昭和17年1月10日~18年1月30日(防衛省防衛研究所)。
⑤ 《重光大使より谷外務大臣宛電報》(1943年1月8日),JACAR(アジア歴史資料センター)Ref.B02032948600,大東亜戦争関係一件/中華民国国民政府参戦関係 第二巻(A~7~0~0~9_41_002)(外務省外交史料館)。

汪伪政府提出追随日本"参战",从逻辑而言是其作为傀儡政权的应有之举,但却遭到日本当局拒绝。而将日本当局对汪伪政府陈述的拒绝理由,与日本当局实际的政策考虑相比较,可以看出日本当局以自身利益制订政策,却对汪伪政府追求自身利益极为警惕和排斥,并严格限制其就相关问题博弈议价的空间。而且就拒绝"参战"这一问题,日本政府内部的说法,与对汪伪政府陈述的说法是两套不同的理由,使双方处于严重的信息不对称之中,这固然使日本当局在形势变化之时,可以避免自食其言,留下了更大的政策调整的空间,确保了日本当局在双方关系中的绝对主动权,也使汪伪政府处于绝对被动的境地。从日本当局不允许汪伪政府"参战",到允许之的过程,从表面上来看是日本当局最终同意汪伪政府请求,并对之在形式上让渡部分侵略权益,但深入考察日本的决策过程,则恰恰表现出日本当局并未对汪伪政府有任何"迎合"或博弈之意,而完全以自身利益需求的变化而调整其政策,从此事不仅可以更深入地考察日汪关系的不平等本质,同时可以从对史实细节的考证,发现这种不平等具体的表现方式,以及日汪双方相互关系的复杂性等,相信仍然有就进一步研究的必要。

本文原刊载于《抗日战争研究》2020年第3期,得到了国家社科基金抗战专项"中国抗日战争志"(16KZD021)的资助。

作者简介:

张展,南开大学历史学院副教授,北京大学历史学系博士毕业,曾任中国社会科学院近代史研究所博士后研究员,主要研究方向为日本史、中日关系史、抗日战争史。曾在《近代史研究》《抗日战争研究》《中共党史研究》《民国档案》等杂志发表文章十余篇,出版专著1本,主持国家社科项目1项,并作为子课题负责人和参与多个国家社科重大项目。

近代日本军队的国民"统制"机制及其演进

郭循春

近代日本历史上,从思想观念到政治进程,从城市规划到国民生活,无不深受军事因素的影响。研究此种军事因素的关键在于军队,研究军队的关键则在于其同政治、同国民之间的关系。日本历史上武家政治的影响、天皇制政体的存在、政府有意为之的军国教育、统帅权独立的制度设定、不断推进的对外战争等因素,使近代日本除了第一次世界大战后的短暂时期以外,总呈现出一种"军事优先"的特征。这一特征,再加上军队(陆军)驻扎地与所辖士兵籍贯地相同的征兵制度设计,使得军部能够很容易地构建起自上而下监督、影响、引导国民的"统制"机制。①针对这一问题的研究,国内学界已有的少量成果主要集中在"帝国在乡军"人会的侵华问题上。日本学界的研究成果丰富,但是大多数研究者将征兵制、在乡军人会、青年训练所、学校现役将校配属制度等国民统制制度作为独立的问题点进行分别解读,而没有针对国民统制制度之发展过程、节点、巩固等问题机制性研究。②本文尝试在已有成果的基础上,利用陆军省档案等资料,结合近代日本教育史、军制史的内容,将军队的国民统制机制做一更系统、更明细的论述。

---

① "统制"一词采取日语概念,即统一管理、统一行动、使协调一致的意思。例如,《国语大辞典》中该词的解释为:"多くの物事を一つにまとめ収めること;一定の方针に従って制限と指导すること"(小学館:《国语大辞典》,小学館,1995年,第1755页),强调的是统一化、协调化,所谓"统制派"即指此意。中文的"影响""控制""统合""管理"等词汇均难以完整表达其涵义,故本文直接使用了"统制"一词。

② 加藤陽子:《徴兵制と近代日本》,吉川弘文館,1996年;遠藤芳信:《近代日本軍隊教育史》,青木書店,1994年;平原春好:《配属将校制度成立史の研究》,野間教育研究所,1993年;由井正臣:《軍部と民衆の統合》,岩波書店,2009年(本书标题与本文相近,但全文只有第五章和第六章介绍了"国民统合"问题,且论述集中于总体战思想及"九一八"之后的在乡军人会)。此外,松下芳男《明治軍制史論》(国書刊行会,1978年)、大江志乃夫《天皇の軍隊》(小学館,1982年)、一瀬俊也《近代日本の徴兵制と社会》(吉川弘文館,2004年)、原田敬一編《近代日本の軍隊と社会》(吉川弘文館,2019年)等书对此问题也有提及。纐纈厚《大戦期間における陸軍の国民動員政策》(《軍事史学》1982年第17卷第4号)等论文也对各个制度进行过分别的论述。

由于海陆军的区别,本研究将重点放在陆军方面。这是因为与陆军相比,海军人数较少,战斗力以舰船为中心,且驻扎地只在个别城市和军港,无法与基层社会形成紧密的联系。虽然海军省为海军退役人员组织了类似于在乡军人会的海军协会,但其规模一直很小,未能像陆军一样发挥国民统制的作用。[①]另外,因篇幅所限,本文对于已有较多研究成果的征兵制本身着墨较少,而将不为国内学界所熟知、围绕征兵制衍生的各种制度作为主要的研究对象进行论述。在历史发展顺序上,明治维新后,日本政府先建立征兵制,然后建立针对退役人员的统制机制,最后建立针对役前青少年的统制机制,所以本文的论述顺序也按照先役后、后役前的顺序来展开。

一、巩固征兵制与帝国在乡军人会的建立

近代日本军队国民统制机制的建立,最初萌芽于征兵制的推行过程中。

1872年11月,明治天皇发布了《征兵诏书》,太政官发布了《征兵告谕》,称"士非从前之士,民非从前之民,均为皇国一般之民……全国四民男儿年至二十岁者应尽编入兵籍",[②]宣告了四民平等、全民皆兵的精神。紧接着,1873年1月,明治政府颁布了《征兵令》,从技术上规定了征兵制的内容。其后,随着镇台制的建立,陆军以六个镇台为单位实施征兵。[③]但是,标榜平等、进步的征兵制,并没有立刻被国民接受,原因在于以下三点:第一,普通国民对服兵役抱有恐惧心理;第二,服兵役会使兵役家庭减少劳动力;第三,上流家庭子弟追求接受高等教育,将兵役视为贱役,影响了国民认知。面对强制的兵役,国民以"血

---

① 为推行"八八舰队"计划,实现海军军扩,海军中将佐藤铁太郎在1917年联合民间人士,模仿欧美的海军协会,组织了日本的海军协会。但是其后很长时间内,国内外形势要求海军军缩,使得海军协会无所发展。在此期间,海军协会的活动内容主要是进行海军、海事等相关的调查研究、组织前往军舰军港的见学、主持海军纪念日、海军和海运事业等。一直到1932年,海军才有意识地扩本部组织、整备全国支部组织网、扩大社会基础。但截至1936年末,海军协会也只有会员18万人。二战爆发后,海军协会再次扩大规模,在日本国内及殖民地建立101个支部,截止1944年6月,拥有会员115万人,但所从事的主要是宣传、征求献金等活动,远未实现国民统制的功能(土田宏成:《一九三〇年代における海軍の宣伝と国民の組織整備構想》,《国立歴史民俗博物館研究報告》2006年第126卷)。

② 由井正臣、藤原彰编:《日本近代思想大系·4·軍隊兵士》,岩波書店,1989年,第68頁。

③ 镇台:日本陆军从1871年开始实施的军队编制单位,每个镇台负责一个军事管理区,下辖二到三个联队,每个联队负责一个军管区即某某联队区。1888年镇台改为师团,军事管理区改称为师管区。

税暴动"和"征兵忌避"两种方式进行反抗。

政府在《征兵告谕》中,对兵役有一个比喻,称"凡天地之间一事一物均有其税以充国用,然则为人者当尽其心力以报国家,西人称之为血税,谓之以其生血以报国"。但是,普通民众将这句话理解为,服兵役即须取活人之血,更有谣言称所取之血将被用以制造葡萄酒。①谣言越传越广,再加上民众的其他诉求,各地均出现暴力抗拒征兵的事件。从1873年3月到1874年12月,全国共发生血税暴动15起,其中规模较大者参与民众达数万人。"血税暴动"被镇压之后,民众对征兵制的反抗方式转变为非暴力的"征兵忌避",即因忌讳兵役,而利用征兵令中的免役条款逃避征兵的行为。1873年的《征兵令》第三章"常备兵免役概则"规定了12项免役条件,其中包括生理缺陷、学生身份、一家之主、独子独孙、养子身份等。②在征兵范围内而又不愿服兵役的人就利用免役条项,逃避兵役。山县有朋在相关意见书曾表示"通过自损肢体或者逃亡等诈伪手段免于兵役者为数众多"。③除了山县所说的自损肢体以外,民众还利用过继身份、更换户籍地等方法来逃避兵役。根据当时的统计,从1873年到1889年间,每年征兵失踪和逃亡的人数最高可达4205人。④

为了应对抵抗和逃避兵役的问题,陆军大臣大山岩在1881年9月提出了应对征兵忌避的建议:第一,修改户籍法,废除过去户长有权增减户籍的法规;⑤第二,处分逃兵役者;第三,增加地方官责任,在地方厅设置征兵课。⑥以此建议为基础,1883年1月内务省在各府县设置兵事课,开始强化地方机构的兵事行政制度。⑦在1883年以前地方府县尚未设置兵事课的时候,兵政工作主

---

① 松下芳男:《徵兵令制定史》,内外书房,1943年,第199頁。

② 由井正臣、藤原彰编:《日本近代思想大系·4·軍隊兵士》,岩波书店,1989年,第75頁。

③ 大山梓:《山県有朋意見书》,原書房,1966年,第120頁。

④ 霊山德行:《日本陸軍の在郷の基盤》,《法学研究》1975年第5号。

⑤ 户长是明治初期区、町、村等行政区的负责人,最初由地方居民选举产生,负责管理户籍、地卷)、税收、教育、征兵等事务,因而可以利用修改在籍人员年龄等方法来帮助某些人规避兵役。户长地方选举制在1884年被改为官选制,1889年被彻底废除(内阁官报局:《法令全书·明治17年》1887年,第173頁)。

⑥ 由井正臣、藤原彰编:《日本近代思想大系·4·軍隊兵士》,岩波书店,1989年,第116~121頁。

⑦ 政府还在1883年12月和1889年1月,第三次、第四次改正征兵令,全面取消免役条例,而增加了征兵延期的条例,将学生、独子等原本属于免役条例的内容划入到延期条例中,要求符合延期条例的人到了一定的期限后必须服兵役。同时,新修改的征兵令取消过了过去存在的缴纳270日元即可免役的规定。

要由各府县庶务课户籍系来负责,而基层户籍由户长管理,所以户长成为兵政工作的基层负责人。每年年底,户长配合镇台(后来改为师团)司令部派遣的征兵使、征兵副使、军医以及府县知事派遣参事进行征兵工作。但是,1883年以后,各府县兵政工作全部交由本县兵事课负责,兵事课下设置郡役所兵事担当书记,负责征兵宣传、征兵检查等工作。其后,兵政工作渐渐成为各地方行政人员的重要工作内容,工作效率与政绩挂钩,如果工作业绩不理想,还会被上级部门斥责。地方政府设置的征兵课,增加了军队与社会基层在行政上的关联性,并逐渐增强了军队在基层社会的话语权。

另一方面,对退役军人的管理也加强了军队与地方的行政关联性。为了实现对退役军人的管理,陆军省在1883年修改了《征兵令》,将召集制度和检阅点呼制度写入《征兵令》中,规定预备役士兵在平时每年进行一次60天以内的勤务演习,并接受至少一次检阅点呼。[①]1886年10月,陆军省正式颁布了陆军召集条例,制定了平战两时的召集制度,并将召集方式分为六种,其中演习召集、补缺召集、教育召集、检阅点呼这四种召集方式全属于平时每年都会进行的召集,召集工作由军队各区长官和地方行政官员共同负责。陆军召集条例总则第6条规定"地方长官等负责检查其所部召集事务的整饬与否,并交由下级官员进行检查","充员召集事务之负责者,须平时预做此相关之计划准备,以期有事之际无所遗算",[②]严格规定了行政人员在各种召集活动中的责任。如此,地方行政部门就不仅需要负责征兵工作,还要负责退役军人的召集工作,各地方行政人员不得不为兵事所烦恼,需要提前做好各种准备,研究相关手续,以应对每年的召集或者突然出现的召集活动。于是县政府就必须经常汇聚各郡负责兵事的书记,召开兵事会议,使得兵事行政成为地方政府最重要

---

① 由井正臣、藤原彰编:《日本近代思想大系·4·军队兵士》,岩波书店,1989年,第124页。1873年《征兵令》规定,陆军分为常备军(3年)、第一后备军(2年)、第二后备军(2年)、服过现役者(13年)或未服过现役者(23年)的国民军三个部分,其中第一后备役军人每年进行一次屯营召集(1873年征兵令规定)。1889年《征兵令》在原来的基础上,将常备军分为现役(3年)和预备役(4年),常备结束后服后备役5年,其后服国民兵役至40岁。1927年改《征兵令》为《兵役法》,规定将役种分为现役(2年)、预备役(5年)、后备役(10年)、征兵体检合格但未被抽签进入现役者被编入的第一及第二补充兵役(12年)、结束后备役和补充兵役的第一国民兵役(至40岁)、征兵体检属丙种的人所服的第二国民兵役(17~40岁)。

②《陆军召集条例ヲ定ム》(1886年10月9日),国立公文书馆藏,类00262100,Ref. A15111162200。

的工作内容之一。久而久之,兵事课同军队(镇台及其后的师管区司令部)的联系愈发直接,逐渐形成为平行于地方政府的一条军政渠道,军队对于地方社会的了解、认知、监督都可以通过兵事课来展开。

至此,军队通过征兵制及各地方兵政机关的设立,虽非刻意,却客观地建立起了对社会的初步统制机制。紧接着,各地方自发出现的军人会组织,给军队提供了国民统制的又一个途径。

如上文,征兵及召集制度使得地方政府困于兵政之负担,为了减轻这一负担,同时也为更好地改善人们对兵役的认识、完善兵政工作,各地方政府以及军部从1887年开始鼓励郡、町、村级别的地方社会设立自发的在乡军人组织。最早出现的地方军人会组织是滋贺县在1887年1月创办的尚武义会。尚武义会最初是滋贺县退役军人自发成立的,目的在于改正人们对征兵制的认识,宣传其积极色彩,并"奖励滋贺县依照征兵令服役的人员,引导在乡后备役军人维持尚武精神"。①得知尚武义会建立的消息,滋贺县兵事课对之进行了鼓励,并要求尚武义会修改会则,增加了其为官方服务的色彩,进一步明确了该组织的活动内容:第一,宣传征兵制;第二,援助服兵役者留守家族的生活;第三,导入名誉制度;第四,援助战场死伤者及其家族。其中第三项的具体做法是,军队将服役者在服役期间的表现情况以书面形式通知尚武义会总部,总部再将之传达给郡、町、村的支部,最后送达其家族,如此,服役者有任何荣誉或不荣誉的事件,都会被邻里周知。这种刺激面子意识的做法,无形中扩大了国民对军队的认知基础。尚武义会组织会则的内容,经过县议会的决议、县知事的认可,被以布告的形式公之于众。同时,尚武义会组织总部常设于县厅、支部常设于郡役所,政府官员也直接加入到了尚武义会管理层中,担任各级负责人员,对县厅和该地所属的第四师团大津联队区司令部负责。尚武义会内按照所缴纳会费的高低,设定名誉会员、正会员、赞助会员、义务会员四种会员,所以其组织的主要构成者必然是地方上有实力的有产者,这类人对于地方基层,具有军司令部和政府所欠缺的影响力,以其为骨干的组织自然能够非常有效地实现对地方的影响。尚武义会的会则、负责人与骨干人员的身份,使其成为一个半官方、半民间的组织,其存在大大加强了军

---

① 《兵事新报》(第二号),奇正社,1887年,第10页。转引自霊山徳行:《日本陸軍の在郷の基盤》,《法学研究》1975年第5号。

队影响与统制基层国民的基础。

此后,各地方自设军人会纷纷成立,虽然在名称上有尚武会、军友会、奖武会、报国会、兵谈会等区别,但性质和作用基本一致。另外,1889年,军部开始推行军备自费的一年志愿兵制度。能够自费参军的兵员,必然是出自地方上相对富裕、对地方有较大影响力的有产家庭,所以,随着该制度的推广,家庭富裕、地方影响力较大的志愿兵退役人员成为各地军人会组织的主要成员。再加上军人的组织性要远远强于其他民间自由组织,所以各军人会组织成为地方上最有力的组织系统,其帮助军队驱散国民对征兵制的不信任和恐怖感、防止征兵忌避出现、配合军队召集在乡军人、战时征发军用物资、援助伤残军人、抚慰军属,对于基层社会的影响力日益强大。[①]军部利用兵事课和军人会,将其影响力的锲子打入"县厅——郡役所——町村役场——国民个人"这条行政路径中,把征兵与退役军人事务纳入一个相对完整的体系之中,大大促进了军队国民统制机制的发展。其后发生的甲午战争、日俄战争,为地方自设军人会组织的发展和巩固提供了新的机会。截至1906年,类似组织在全日本有4367个,1910年帝国在乡军人会建立之前,发展至11364个,[②]成为军部后来构建的帝国在乡军人会的基础。

随着各地自设在乡军人会组织的增加,军部就开始考虑将其整合为一个统一的组织,并将之发展为一个具有更多重性质的系统。1898年6月,时任参谋本部第二部员的田中义一在其赴俄国留学前的欢送会上,较早地提出了"发挥在乡军人的军队教育效果,使之成为乡党的中坚力量"的构想,[③]并向山县有朋提出了相关建议。山县命令前往德国留学的副官儿岛惣次郎留意德国的在乡军人会制度,儿岛在1905年回国后,提出了相关报告。1906年,陆相寺内正毅以儿岛惣次郎的报告为基础,将组织"帝国在乡军人会"的工作先后交由军务局步兵课和军务局军事课负责,最后由担任军事课长的田中义一实际推进了"帝国在乡军人会"的建立。田中义一从日俄战后到其担任第三联队长、第

---

① 《陆军一年志愿兵取扱规则ヲ定ム》(1886年6月28日),国立公文书馆藏,类00262100,Ref.A15111160700(一年志愿兵制度最早被写入1883年征兵令,并在1889年正式确立。该制度规定17~26岁在各学校学习的学生在接受检查后可志愿参军,但需要自费所有军用装备,服现役一年即可完成兵役,并在退出现役后被编入预备役候补士官系列)。

② 霊山徳行:《日本陸軍の在郷的基盤》,《法学研究》1975年第5号。

③ 高仓徹一:《田中義一伝記》(上卷),田中儀一伝記刊行会編,1958年,第399頁。

二旅团长期间,就非常重视退役军人对于引领地方社会的重要性,称退役军人在地方"恰如投入池中之石子,形成影响之波纹,感化人民,在乡里间鼓吹军队之精神"。①他曾通过地方各种军人会,对地方退役军人进行了长达两年的调查,针对调查结果表示"两年间受到地方长官夸赞的退役军人必然是地方的良民,可以说现在在军内培养良兵就是为将来培养良民,所以我们必须在军队内部培养良兵",②并将相关心得写成题目为《军队与地方社会》的小册子在陆军内分发,产生了广泛的影响。其后田中结合儿岛的报告,以自己的军队经验为基础,③推出了"良兵良民"思想。所谓"良兵良民"就是指军队培养思想、品质、技能方面的"良兵",使其退役后"善用其确实之精神、强壮之体力、有益之知识,保持遵守规矩的习惯,成为乡党的中心,帮助父老、劝诱少年、引领刚健质实之风尚,促进卫生、增进健康、劝诱产业、富裕地方,以协调一致之精神率先尽力于公共事业……以军队教育之精神引领国民",④该思想最终成为"帝国在乡军人会"的核心思想。

1910年11月3日,帝国在乡军人会正式建立。实际上,早在1907年,陆海军就已经讨论了正式建立"帝国陆海军在乡军人会"的构想,但是二者之间对在乡军人会的性质存在很大的分歧,使得"陆海军在乡军人会"拖延至1910年才建立。海军认为应该让在乡军人会成为独立的法人团体,保持其自主性,反对现役军人参与管理;而陆军则认为应该由现役军人担任在乡军人会各个机构的负责人,使之成为完全的军队统制机构。⑤双方分歧久拖不决,陆军终于在1910年抛开海军,单独建立了"帝国在乡军人会"。根据《帝国在乡军人会规约》,其组织包括总部、支部、分会三重结构,本部设立于东京偕行社内,支部设立于各联队区司令部,分会设立于各市、区、町、村役所,本部和支部的负责人皆由现役军人担任,其目标包括发扬军人精神、抚慰援助伤残士兵及军属等内

---

① 田中義一:《壮丁読本》,小林川流堂出版,1918年,第131页。

② 藤井忠俊:《在郷軍人会 良兵良民から赤紙・玉砕》,岩波書店,2009年,第46页。

③ 1907—1909年,田中担任第三联队长时期,曾进行过"良兵良民"主义的实验,即通过在军内设立农场培养士兵农业技能,通过与地方行政长官的联系,了解退役军人活动状况,改善军队与地方的关系(藤井忠俊《在郷軍人会 良兵良民から赤紙・玉砕》,第31页)。

④ 高倉徹一:《田中義一伝記》(上巻),田中儀一伝記刊行会编,1958年,第408~409页。

⑤《在郷軍人会設立の件(1)》,防衛省防衛研究所蔵,海軍省~公文備考~M44~1~1179,Ref. C07090102800。海军还在会费、军人会所能发挥的实际效果、海陆军退役军人的区别等方面与陆军存在分歧。

容。①其后至1936年,帝国在乡军人会共9次修订规约,在1917年的修订中增加的内容包括:将分会开设进矿山、工厂、会社中,在乡军人要负责协助联队司令部进行征兵检查与检阅点呼、指导劝诱地方青少年、参与改善地方公益和教化事业、帮助发展地方产业、增进人民知识等。②1925年,新规约将维护地方公共安全也纳入乡军人会的业务范围内了。③从不断演进的规约内容可以看到,"帝国在乡军人会"完全吸纳了各地自发成立的军人会的基层组织和人员,将11364个地方军人会进行了统一,确定了在军队指引下,"帝国乡军人会"对地方社会的统制作用。从军队指导者的角度看,帝国在乡军人将可以"影响地方一般民众,恰如投入池中之石子,形成影响之波纹,感化人民,在乡里间鼓吹军队之精神"。④

下面以帝国在乡军人会若松(福岛县会津地区)支部和埼玉县所泽市松井村分会的具体案例,来说明帝国在乡军人会对基层社会和国民如何起到统制作用。20世纪初期,日本基层社会中,能够吸纳群众的有力组织比较少,在农村只有农会,在城市只有小规模的同业公会,其他如青年会、妇人会、红十字会等虽也存在,但力量薄弱。所以,帝国在乡军人会建立之后,很快成为基层社会的最大组织。福岛县若松市在1909年建立第二师团所属步兵第65联队,1910年底建立帝国在乡军人会若松支部。根据1913年的材料,若松支部共有13个分会,会员20438名,其中包括由联队长及其他现役军人充任的管理人员若干、由出身若松的将佐级军人担任的荣誉会员26人、由地方政府各级官员担任的特别会员869人。⑤可以说若松支部完全处于第65联队和若松地方政府的联合管理之下。帝国在乡军人会在基层社会的实际活动范围,很多时候超过了《在乡军人会规约》的规定,除了组织军人葬礼、抚慰军属、援助贫困以外,还组织村落内的共同作业。如若松河沼郡若宫村1915年6月组织维修道路,

---

① 《帝国在郷軍人会規約》,防衛省防衛研究所蔵,陸軍省~大日記甲輯~T3~6~12,Ref. AC02030717500。

② 《帝国在郷軍人会規約中改正の件》(1917年6月6日),防衛省防衛研究所蔵,陸軍省~大日記甲輯~T6~6~16,Ref.C02030812200。

③ 《帝国在郷軍人会規約中改正の件》(1925年3月),防衛省防衛研究所蔵,陸軍省~大日記甲輯~T14~2~13,Ref.C02031198000。

④ 田中義一:《壮丁読本》,小林川流堂出版,1918年,第131頁。

⑤ 猪巻恵:《在郷軍人会の地域社会における確立過程について_若松支部資料を事例として》,《現代社会文化研究》(第31号)2004年11月。

参与工作的66个人员中有53名都是在乡军人。此外,在乡军人会还有一个重要工作,就是以军事思想教育当地青少年。担任若松在乡军人会支部长的福田彦助(第65联队司令官)曾经在报告中表示"在乡军人须承担起壮丁的感化活动,促进其增强体力,将青年的娱乐活动变成具有尚武性质的游戏,逐渐扩大在乡军人会的工作范围"。[①]相比较于支部,分会的活动更加具体。埼玉县松井村分会隶属于帝国在乡军人会熊谷支部,其所在的松井村在1911年前后拥有的3190名村民中,181名是在乡军人会成员。在乡军人是村中青壮年骨干,又人数众多,其所在的军人会对村中事务自然发挥着重要的组织作用。例如,1911年,陆军省要在松井村设立气球研究所,其过程中购买土地、建筑场地等工作,都是由在乡军人会帮助陆军省推行的。再比如,1912年11月15日到11月19日,陆军进行有10万人参加的关东地区特别大演习,松井村恰好位于演习区域的核心地带,松井村在乡军人分会在联队的指示下,负责演习服务工作。在其过程中,在乡军人会的活动包括:设定预算;将村庄划分为四个区、设定四个管理所;为演习士兵分配宿舍;分配食品;慰问宿营部队;担任军事警察助手。整个演习期间,在乡军人会实质上代替村委会,成为村行政中心。[②]从若松支部、松井村分会的实例可以看出,在乡军人会建立后,很快就发展成了地方基层社会的中坚力量,除了参与征兵、抚慰等有关的军事性质的活动以外,还成为社会公共事业的组织者。在这样多次的组织活动中,在乡军人会的国民统制组织这一属性已经非常明显了。

帝国在乡军人会的建立,贯彻了田中义一此前在军队内宣传的"良兵良民"思想,至1913年,该思想写入"军队教育令"中:"军人为国民之精华,其教育适否,直接影响乡党闾里之风尚,进而影响国民之精神……军队教育者固然应以战斗为教育本旨,但亦须有培养良兵、塑造良民、陶冶国民之模范典型的觉悟。"[③]这一阶段,陆军以"良兵良民"为思想,以退役军人为工具,以帝国在乡军人会为组织,将军队与社会的统制关系建立了起来。

---

① 猪卷惠:《在郷軍人会の地域社会における確立過程について_若松支部資料を事例として》,《現代社会文化研究》(第31号)2004年11月。

② 君島和彦:《在郷軍人会分会の成立と展開～1910年前後の埼玉県松井村分会の事例》,《東京学芸大学紀要》(第39号)1987年12月。

③《軍令陸第一号軍隊教育令》,国立公文书馆蔵,類01165200,Ref.A13100072600。

二、"良民良兵"主义与现役前青年军事教育制度

上节介绍了巩固征兵制与建立"帝国在乡军人会"之间的因果关系,并论述了军队以在乡军人会为工具进行国民统制的机制。在该机制中,军队针对的核心群体是退出现役的在乡军人,那么针对尚未进入现役的青年人,军队是如何构建基层社会的统制机制的呢? 答案在于由军队直接参与的、多种途径的青年军事教育机制的构建。青年教育机制的核心思想就是1924年起担任陆军大臣的宇垣一成所提出的"良民良兵"思想。

1923年,宇垣一成在陆军内部的一次演讲中提到,随着战争规模的扩大,当以举国皆兵、国家总动员之概念,先培养良民,从中获得良兵,致力于"良兵良民主义"的构建。[①]宇垣一成提出"良民良兵主义"的时间虽然是1923年,但其根源在于一战期间出现的总体战和国家总动员战略思想。一战期间的1915年9月,陆军省组织"临时军事调查委员会"负责调查欧洲军事形势。该委员会在1916年1月出版了题目为《欧洲交战诸国的陆军》的报告书,提出了总体战和国家总动员的思想,强调总体战与总动员需要确立自给自足的经济圈、实现战时产业动员和劳动力保证、完善对运输和通信的统制,其中特别强调对国民精神的团结和动员。报告在关于国民精神之团结、国民总动员的部分,称总体战就是以国民的"爱国奉公心"为基础的动员战,民心的动员是国家总动员的根基,并指出"欧洲各大军队,完全因人民之本性而发挥其效用,受过健全的教育、惯于规律而义勇奉公之念愈深的国民所组成的部队,战斗力愈是强大,欧洲各国在开战前专念于青年教育,实为无上真理",[②]此中已经可以看到"良民良兵"思想的来源。在国家总动员的逻辑中,实现良兵当以造就良民为前提,造就良民当以培养爱国奉公的国民为条件,培养爱国奉公的国民当以青年之军事教育为基础。通过对青年进行军事教育,既可培养良兵,也可抓住青年思想实现国民统制,该问题遂成为一战后陆军最为关注的一个问题。

欲了解陆军针对青年军事教育这一问题的解决方法,首先需要了解近代日本的教育体系。近代日本教育体系从明治维新起,先后经历过单轨制(1879

---

① 宇垣一成:《宇垣一成日记 1》,みすず書房,1968年,第550页。

② 临时军事调查委员会:《欧洲交戦国ノ陆军二就テ》,临时军事调查委员会,1917年,第132页。

年)、双轨制(1886年)、三轨制(1893年)、多轨制(1903年)的发展,最终建立起以下数条教育轨道:普通小学—高等小学—普通中学—高等中学—大学;普通小学—高等小学—普通师范—高等师范;普通小学—高等小学—中等学校—专门学校;普通小学—高等小学—中等职业学校;普通小学—初等职业学校(实业补习学校、学徒学校、简易农学校等)—社会。①上述轨道内的多个教育机构,分别吸纳了6~13岁、14~17岁、18~20岁、21~24岁四个阶段的青年人,其中20岁以后依然在接受教育而延期服兵役的青年,和20岁之前尚未到服兵役年龄的青年,成为军队进行青年军事教育的主要对象群体。针对这个群体,军部提出了教育统制的计划。

1917年10月,寺内正毅内阁召开临时教育会议,本拟解决学制改革问题,但是寺内和陆军大臣田中义一为推动国民教育军事化的实现,趁机提出了在小学推行兵式体操、延长小学教员及师范学校学生兵役年限的两条议案。②该议案计划对小学生推行军队式的体育教育的同时,加强小学教师的军事训练和军国主义思想,"从娃娃抓起"军国教育,最终将国民教育变成系统的军国主义教育的一部分。该计划虽未被完全赞成,但"延长师范学校毕业生兵役期限至一年"这一议案被通过。一战结束后,日本国内社会迅速出现了反战、军缩的呼声,再加上普选运动、关东大地震等接二连三的事件的影响,军方未能在战后迅速推行国民教育的军事化行动。一直到1924年,日本政治进入短暂的稳定期,军部终于等来了利用军缩再次展开行动的机会,其核心行动者就是担任陆军大臣的宇垣一成。

宇垣一成在1922年5月至1923年10月担任教育总监部长期间,多次与文部省人员沟通,强调"当今农村青年思想荒诞,唯有服过兵役的年轻人,拥有比较坚实稳健的思想",③希望在国民教育环节内增加军事教育内容。1923年8月,宇垣一成起草了《陆军改革私案》,核心是实现国家总动员战略,在动员国民方面,要求加强对青少年的指导和训练、派遣现役将校到中等以上的学校进

① 根据臧佩红:《日本近现代教育史》(世界知识出版社,2010年)总结。
② 《各種調查会委员会文書·臨時教育会議書類·二○一速記録綴自第一号至第十号》,国立公文書館藏,委00211100,Ref.A05021030500。根据1889年征兵令,师范学校毕业生和小学教员具有服6周短期兵役即可获得军曹资格的待遇,1918年起师范学校毕业生服役时间延长为一年,1927年又改为5个月。
③ 《宇垣一成日記1》,みすず書房,1968年,第431頁。

行军事教育、国库补助在乡军人会使之发挥多种作用（维持军事教育效果、稳定地方治安、普及牺牲奉公精神等）等。①这几条内容成为1924年以后军部推行青年军事教育和训练计划、实现对青年人的统制的基本纲领。具体而言，军部的青年军事教育和训练包括两种统制制度，一种是中等以上学校内陆军现役将校配属制度，一种是青年团与青年训练所制度。

中等以上学校现役将校配属制度是指配属现役将校进入中等以上学校（中等学校、师范学校、高等学校、专门学校、实业学校、大学预科、大学、农商务省的水产讲习所、递信省的官吏养成所、商船学校、殖民地各个学校等），强制学生接受军事教育和训练的制度。上文已经提及近代日本学制的数条轨道，该制度的存在，等于将所有的役前在校（不包括职业学校）青年全部纳入了军事教育的体系内。该制度的设立的背景一是宇垣军缩，一是军队的国民教育军事化计划。一战后，日本社会多次呼吁缩减军备，1923年山梨陆军军缩后，1925年至1926年间又进行了宇垣军缩。如何安置军缩中须安置的现役将校，是陆军大臣宇垣一成急需考虑的问题。②另一方面，为了实行国民教育军事化以应对未来的总体战，1924年4月，清浦奎吾内阁设立了由文部大臣负责、内务省和陆军省官员担任咨询委员的文政审议会，负责教育制度的改革，其间陆军省向文政审议会提出了在学校内设置军事教练这一建议并被采纳。③基于上述两点原因，1925年4月11日，日本政府以天皇敕令的形式公布了《陆军现役将校学校配属令》，强调以此"明确国家观念，振奋献身奉仕之精神，养成国民服从命令的风气，增进国防能力"，充分体现了该制度进行军事教育和国民统制的目的。4月13日，日本政府命令陆军省和文部省共同推动此制度，全国即日起落实。在此期间，陆军共安置现役将校2168人，其中1300~1400人被分配到各个学校担任军事教练。④《陆军现役将校学校配属令》公布后不久，原本不在配属令范围内的学校，如各种私立学校、宫内省所管辖的学习院、内务省所

---

① 由井正臣:《軍部と民衆の統合》,岩波書店,2009年,第159頁。

② 军缩过程中数万士兵被裁减,但被裁部队军官作为职业军人并未全部转入预备役,因而须为其安置工作。

③《各種調查会委員会文書・文政審議会書類・八・文政審議会議事速記録》(1924年12月12日),国立公文書館蔵,委00385100,Ref.C02030812200。

④ 秦郁彦等編:《日本陸海軍の生態学——組織・戦闘・事件》,中央公論新社,2014年,第56~62頁。

管辖的神宫皇学馆等,也请求军部安排现役将校入学负责军事教育。[①]短时间内,现役军人便进入了全日本绝大多数中等以上学校任职。

现役将校进入各级学校之后,开始对学生进行全面的军事教育。根据文部省的训令,现役将校所教授科目包括:以步兵操典为基础的各种队列训练、[②]射击训练、战阵中的勤务训练、旗语信号训练、距离测算、绘图、马术、军事讲话、战史、兵器保养法、卫生及急救法、结绳法、手榴弹掷弹法、各种军事设备运用方法、军事演习见学、野外军事训练等。[③]按照课程规定,从中等学校到大学,每周须进行3小时左右的训练、每年进行4~6天的野外军事训练。在军事训练的过程中,现役将校会将自己在军队所学习到的军国主义思想,潜移默化地传递给青年学生,造成军部对年轻学生思想统制的必然结果。从内容上看,现役将校配属制度无异于将简化版的陆军士官学校课程引入了普通校园,其最终的效果就是将学校变成兵营,在国民教育中种下军国主义的种子。[④]在实行现役将校配属制度的同时,陆军省还公布了"陆军现役将校配属学校教练查阅规程",[⑤]规定各联队区司令长官要派人对其管区内的学校配属将校及其工作进行每年一次的查阅。因为查阅结果直接影响到对学校的评价,所以,各个学校及配属将校对于查阅非常重视,为此各个学校为应对查阅必须举全校之力进行训练。查阅官每年4月20日之前将查阅报告提交给师团长,师团长在5月10日之前将多个学校的查阅报告进行总结,然后提交给陆军大臣。如此这般,军部对于学校的军事教育情况就有了最根本的掌握。除此之外,配属将校对于学生训练成绩的处理方式,进一步加深了军队对于青年人的统制程度。按照规定,某个学生的军事训练成绩须从过去的体育成绩中独立出来,在该学生毕业时,由配属将校制订成册,在3月31日之前提交给所在地的联队区司令

---

① 《学校教練振作の為現役将校配属に関する件》(1925年6月2日),防衛省防衛研究所蔵,陆军省~大日記甲輯~T14~4~15,Ref.C02031223500。

② 1885年起,文部大臣森有礼就在师范学校内引入了以步兵操典为基础的"兵式体操",1911年,文部省将军事训练引入体育教学,使之与体操分离,但教授人员多是在专门的"体操传习所"训练的体育老师或者退役军人,训练参差不齐,流于形式。在1925年之前,学校内并没有系统的军事教育(平原春好:《配属将校制度成立史の研究》,野間教育研究所,1993年)。

③ 平原春好:《配属将校制度成立史の研究》,野間教育研究所,1993年,第138页。

④ 《岩波講座現代教育学》(5),岩波書店,1962年,第175页。

⑤ 《陸軍現役将校配属学校教練査閲規程制定の件》(1925年5月),防衛省防衛研究所蔵,陆军省~大日記甲輯~T14~4~15,Ref.C02031225800。

官,由联队区司令官汇集相关信息后,再提交给本地师团长,师团长在该学生未来服兵役时,将之转交给该学生所在的基层部队以为参考。[1]相应制度的建立,等于将所有在校青年人的信息纳入到了统一的军队监管体系内,对于军队构建统制性的社会,具有非常重要的作用。因而中等学校以上现役将校配属制度,是日本军队在20世纪20年代所构建的国民统制机制的重要一环。

现役将校的学校配属制度,构建了对中等以上学校青年的统制基础,那么,针对中等以下学校或者已经进入社会工作的非在校青年,军队做了怎样的统制机制的构建呢?答案是构建大日本联合青年团与青年训练所(青年学校)。

自江户时期开始,日本地方社会就有自发的青年人组织,即地方青年团,负责地方公共事业。明治时期,因为有了专门警察、消防等团体,青年团体失去活力并发生性质的转变。至1890年各地出现以"某某会"为名称的新青年团体,至甲午战争时期全日本已经有相应组织690多个,被统称为"青年会",在战时发挥了维护地方治安的作用。日俄战争期间,青年会在基层社会发展进一步活跃。1905年内务省向各地方长官首次发出了发展地方青年会组织的训令,地方政府响应内务省训令,使地方青年团体数量进一步增加,各地随后出现了"建立日本统一的青年团"的呼声。1912年11月,文部省召开第一回青年团调查委员会,就青年团的组织、目的、地域、运作等问题进行了讨论,确定了青年团作为青年修养、补习机关的性质。至1913年全日本青年团组织数量达29230个,人数300万,建立统一的团体势在必行。[2]另外,此时日本开始流行社会主义理论,"大逆事件"后,青年受社会主义思想影响极大,成为日本政府重点关注的内容,建立统一的青年组织以引领青年思想、防止社会主义化更显必要。

1914年8月田中义一在结束了为期4个月的考察后,对于德国的青年组织和青年教育有了深刻的认识,回到日本后认为有必要重整日本已有的青年组织,将其发展为一个进行思想统制的机构,并为此刊发了题目为《社会的国民教育·一名青年义勇团》一书来推广其想法。在该书中,田中将其构想的青年团设定为20岁以下青年的团体、被指导而非自治的团体、与帝国在乡军人会相

---

①《学校教練成績の通知等に関する件》(1925年12月),防衛省防衛研究所藏,陆军省~大日記甲輯~T14-4-15,Ref.C02031227600。

② 高仓徹一:《田中義一伝記》(上卷),田中儀一伝記刊行会編,1958年,第594~600頁。

连接的团体、以统制思想为目的的团体、军事的预备教育团体。[①]经过沟通与准备,文部省和内务省1915年9月向全国地方长官联署发表了"青年团指导发展文件""青年团相关通牒"。在此基础上,文部省于1916年1月组织了全国青年团的统一机关"中央报德会青年部"。其后又经过数次改革,政府将中央报德会的性质设定为"自主、自立、自治"的组织,连团长也要由团员自主选举产生。随着一战后和平、反战、民主思潮影响力增加,地方青年团团体的自主性和自治性一步步加强。这样的特点距离田中最初的设想有很大的距离,军部对此极为不满,所以在1924年组建的文政审议会上,提出了进一步联合和改革地方青年团组织的建议并被采纳。1925年4月15日,军部主导的大日本联合青年团成立,吸纳16~20岁的青年人加入其中。大日本联合青年团成立大会讨论了青年训练制度,并通过了《青少年国民训练实施纲要》,[②]响应了从田中义一到宇垣一成所构想的青年思想统制方针。大日本联合青年团作为全国地方青年团的联合组织,向地方青年团传达了青少年国民训练的重要性,获得了地方的响应。以岩手县滕根村为例,滕根村青年团负责人高桥峰次郎曾表示:"青年训练的目的在于养成完全的国民、完成平战两时国家总动员的演习、青训绝不仅仅是政府的责任,而是国民自身的工作",[③]这般思想正是地方社会对于青年训练的基本认识。青年团在地方的活动一般包括:军事祭祀(招魂祭等)、军事讲座、军属安抚、陆军纪念会、武道会、模拟国会、运动会等,相应活动大多与在乡军人会共同组织,渐渐成为在乡军人会的连体机构。一次又一次的活动将青年团的组织化程度加深,也就使其具有了统制青年的基本属性。

青年团的作用在于组织青年活动和引领青年思想,而真正实现军事训练的机构是青年训练所。1925年12月18日,军方向文政审议会提出了"青年训练相关施设案"(第七号案),要求建立青年训练所,加强社会青年的军事训练。该提案虽然遭到多名委员反对,但文政审议会最终还是采纳了这一提案。[④]1926年4月9日,日本政府以敕令的形式颁布了《青年训练所令》,规定"青年训

---

① 田中义一:《社会的国民教育·一名青年义勇团》,博文馆,1915年,第140~149頁。

② 纐纈厚:《大戦期間における陸軍の国民動員政策》,《軍事史学》1982年第17卷第4号。

③ 米田俊彦:《青年訓練所青年学校と高橋幸次郎》,《国立歴史民俗博物館研究報告》(第101集),2003年3月。

④ 《各種調査会委員会文書·文政審議会書類·十二文政審議会議事速記録》(1925年12月18日),国立公文書館蔵,委00389100,Ref.A05021066100。

练所之目的在于锻炼青年身心,提高国民资质;公立青训所设置在每个基层行政区的基层学校内,私立青年训练所经文部大臣同意亦可选址设立";①16岁至20岁的、不在中等以上学校求学的青年,必须进入青年训练所接受训练"。②4月20日,文省颁布了《青年训练所规定》,要求青年在4年内,在青训所学习修身及公民科目的时间要达到100小时、职业科目达到100小时、普通科目达到200小时、军事训练时间达到400小时。③可以看出,军事训练是青训所最主要的修业科目,其内容同上文所论述的学校现役将校制度下的训练内容完全一致。为了保障训练效果,军部还制定了《青年训练所查阅制度》,规定查阅须由陆军现役将校负责,至少两年一次,具体的查阅方法和学校现役将校制度下的查阅方法一致,即将青年人成绩汇集成册,并提交给联队区司令、师团、青年人服役的部队长官以监督青年思想、体能、军事教育状况。青年训练所的建立表面上是由文部省主导的,但是查阅制度的建立,等于将青训所的运营纳入了陆军的监管范围内,在此影响下,青年训练所也就成为陆军宣传国防思想、实行青年统制的基层组织。

根据文部省的调查,截至1928年1月,全日本共有公立青训所15606所,职员14503人,指导员87770人(其中35691人是在乡军人),学生923413人,私立青训所172所,职员168人、指导员1614人,学生13164人。④从这个数据可以看出,青年训练所在基层社会普及的广泛性以及军部国民统制机制的初步有效性。1935年,青年训练所与实业补习学校合并,改称为青年学校,为中等以下学校青年的军事训练进一步提供了便利条件。⑤

现役将校学校配属制度和青年训练所(青年学校)制度建立,帮助陆军实现了青年国民训练计划,同时也实现了对现役前青年人的统制机制。至此,陆

---

①《青年訓練所令ヲ定ム》(1926年4月9日),国立公文书馆蔵,類01587100, Ref. A14100041800。

②进入青训所的青年主要是已经工作或者在实业学校学习的青年,所谓训练,是指他们须在特定的时间到青训所进行学习,四年内完成固定学分,而不是一直呆在青训所内。学分修完合格的青年,可缩短半年兵役。

③《青年訓練所令ヲ定ム》(1926年4月9日),国立公文书馆蔵,類01587100, Ref. A14100041800。

④ 纐纈厚:《大戦期間における陸軍の国民動員政策》,《軍事史学》1982年第17卷第4号。

⑤《青年学校令》,国立公文书馆蔵,勅令第四一号, Ref.A03021980900。实业补习学校是从1890年至1935年间存在的初等教育学校,接纳初等小学毕业生入学学习3年修身、读书、习字、实业等科目。

军就已经利用青年训练制度、征兵制度、在乡军人会制度,按照现役前、现役中、现役后三个阶段标准,将青壮年国民完全纳入到了一个"三段式"的统制机制内。在这个机制内,16~40岁的青壮年无论身处何处、从事何等职业,都能在军部的"花名册"中找到自己的位置,并处于军队的监管、统制的范围内,日本的"兵营社会"至此完全建立。

三、统制机制的巩固与战争开始后的变化

截至1926年,陆军已经将现役前、现役中、现役后三部分构成的国民统制机制构建完整,后来又经过了以下历史阶段,进一步将其巩固:第一、镇压共产主义运动和反军运动期间;第二,九一八事变和一·二八事变期间;第三,从侵华战争到太平洋战争期间。

第一,1928年起,日本社会以及军队内部出现了一股反军反战风潮,陆军在镇压与引导这股社会风潮的过程中,首次试验了"役前、役中、役后"这个三段式的国民统制机制的有效性,并巩固了其国民统制力度。一战期间日本经济发展带来的自由主义思想以及一战后的国际反战思想、共产主义思想的传播,使社会反感军人,军人社会地位大为下降。陆军大臣宇垣一成在1926年的日记中写道:"学者称战争的混乱使学艺衰退而讨厌战争、政治家反对军费过重而讨厌军人、文官猜忌军人夺取权力而待军人如外人、道德家厌恶军人服装佩剑等生活方式、农民讨厌军队召集其子弟当兵,人民讨厌担负军费而越来越主张军备无用论,长期的和平使人们忘记了军人过去的功绩。"[1]1928年之后,反军风潮更加激烈,并波及军队内部,使军内反军事件亦随之增加。根据宪兵司令部的记载,军队内部反军事件从1928年的394件,增加至1932年的2437件,如图1。[2]对此,军部采取了下列应对方法。

---

[1]《宇垣一成日记1》,みすず書房,1968年,第526頁。
[2] 大谷敬二郎:《昭和憲兵史》,みすず書房,1979年,第637頁。

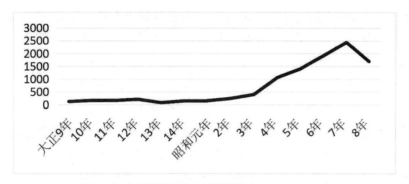

图1　军内反军事件数量变化图(1920—1932年)

首先,陆军省和教育总监部向各师团司令部提出了思想监管和引导规定,要求各级单位加强师管区内思想审查力度。第八师团在1929年7月向陆军省提交的《第八师团思想业务处理要领》中称,该要领根据昭和三年7月28日陆密第307号文件的要求搜集资料后做成。[1]由此可见,至少在1928年7月,陆军省就已经向各师团去区提出了具体的思想审查规定。根据第八师团的反馈可知,陆军中央所提出的纲领要求在师团司令部内设置思想业务主任一名,负责调查及联络司令部和部队的工作,且思想业务主任须与所在地的宪兵队和地方官宪紧密联系以收集资料,并向上级报告。同时,还具体规定了师团司令部、各联队区卫戍司令部、各基层部队队长、征兵检察官、点呼检阅负责人、在乡军人会负责人、宪兵分队司令等各个机关在思想监察工作中的工作内容和责任。具体而言,思想业务规定要求,各联队区司令部负责将现役军人、在乡军人、青年训练所、学校教练部、思想政治及劳动诸团体的材料进行区分整理,向上级进行报告。报告的内容包括《在营兵要注意人员名簿》《在乡军人要注意人员名簿》《地方人要注意人员名簿》《要注意壮丁名簿》《要注意学生名簿》《在营要注意人员教化统计表》《管区内思想团体调查表》《劳动团体调查表》《政党团体调查表》《农民团体调查表》《各团体地理位置要图》《管区内主要言论机关一览表》《管区内外国人调查表》《各工厂存在团体者调查表》等。相关调查内容包括:家庭状况(本人生平及性行关系事项);"左倾"思想动机及所属关系;入营前的职业及行动;是否接受过学校训练及青年训练;入队的教化迁

---

①《第八师团思想業務取扱要領の件》(1929年7月27日),防衛省防衛研究所藏,陆军省~密大日記~S4~3~11,Ref.C01003853000。笔者未能查找到陆密第307号文件原档。

善情况；其他必要事项等。从这些名目繁多的调查表就可以看出，军部不仅尽管兵营内的士兵，也在监管基层社会的国民，军队对基层国民统制具有相当的严密性。这种严密性还可以从当时的检阅点呼过程中来了解。原本仅负责预备役、后备役军事素养检查的检阅点呼制度，在1929年开始成为对在乡军人进行思想监管的制度。第十师团司令在1929年的检阅点呼报告中就非常详细地报告了其下各个联队区负责的各个市郡的整体思想状态，并列述了各地思想需注意人员的详细情况。比如针对兵库县姬路市加东郡、多可郡，报告称"姬路市参加检阅点呼的军人中有三名需要注意……"紧接着详细介绍个三名具有反军思想的预备役军人的情况，最后对其中一个名叫小松原弘的预备役辎重兵进行评价称"此人担心被抓捕，平时装作极其柔顺之人，但非常重要之际，即窥伺机会积极活动以期实现其主义思想"，要求对该人继续注意。[①]所以，通过应对反军风潮，军队进一步强化了其国民统制机制的严密性和有效性。

其次，将宪兵审查引入到了社会监管和统制机制中。宪兵制度是日本模仿法国在1881年建立的军事警察制度，本来宪兵只负责对军队的监管，但是后来不断扩大权限，逐渐成为辅助军队统制社会的机构。1929年10月宪兵司令部提出了"昭和五年度宪兵警备计划"，在警备任务第一项中表示"平时秘密进行调查和情报工作，主要负责弄清楚各种团体、言论机关（报纸、杂志及其他刊物）、通信机构、结社团体、出版业者、印刷所、广播、电影及需要注意的人物的性质、内容、系统，查明一般社会动静中反军思想（策动）的倾向"。[②]而这些内容在之前1927年12月制定的宪兵警备计划中是不存在的。[③]宪兵的社会监管与统制程度之严密，令人印象深刻。如1929年5月，宪兵分队报告称第二十师团管区内有个叫戒谷春松的22岁的年轻人，原来是食堂伙计，1928年3月参加了旧劳农党，中间研究共产主义思想，出入劳动组合及其他无产阶级组织，最

---

①《昭和四年度第十师管地方简阅点呼场に於ける思想状况送付の件》（1929年11月12日），防卫省防卫研究所藏，陆军省~密大日记~S4~3~11，Ref.C01003854800。

②《昭和5年度宪兵警备计画训令の件》（1929年10月14日），防卫省防卫研究所藏，陆军省~密大日记~S5~1~3，Ref.C01003891800。

③《宪兵警备计画策定要领制定の件》（1929年10月14日），陆军省~密大日记~S5~1~3，Ref.C01003894700。

近开始服兵役并进入了朝鲜平壤步兵第77联队,请求予以注意;①再如1929年11月东京麹町宪兵分队发现陆军省和参谋本部附属的小林印刷所有五名印刷工人私下阅读社会主义类书籍、拥有反军思想,遂将之告发,使印刷所解雇了上述人等并加强了职工雇员的审查力度;②又如1930年7月鸟取县宪兵分队报告称国际妇联委员会委员美国人夏普利在鸟取县演讲时,表示反对高等学校内的军事教练制度,煽动听众的反战情绪,请求予以注意。③另外,自1929年起,宪兵分队被要求就地方国民思想状态等问题,同陆军各地方的联队区司令部加强合作。④宪兵分队向宪兵司令负责,而宪兵司令又向陆军大臣负责,所以,整个统制体制完全军部的控制之下,并随着此次对反军反战思想的镇压与引导而强化了。

第二,利用九一八事变、一·二八事变的机会,开展大范围的"国防思想普及运动",从思想上进一步完善国民统制机制。九一八事变的发生,给军部提供了大肆煽动日本民族主义的机会,使日本民族主义情绪在排外热、军国热、国家危机论的影响下日益高涨。军部利用此机会,为加强了社会思想统制的力度,首先利用报纸进行了相当的宣传。当时全日本的报纸发行量达到150万份,在军部的影响下,宣扬排外、战争、蔑视中国的报道井喷式地出现。民众对报道信以为真,将对生活的怨气转化成了对中国的敌意,越是底层的民众越被激发起排外、好战的思想。⑤其次,军部推出了"国防思想普及运动",命令拥有300万会员的在乡军人会在全国范围内组织演讲会,以"普及国防思想,正确引导国防观念"为核心,动员国民支持战争。从1931年9月18日到10月23日,全日本各地共召开演讲会1886次,听众数量达1655410人。1932年一·二八事变爆发,日本进一步对华用兵,同时也进一步在国内煽动民族主义情绪。宪兵司令部在此前后的报告中称,地方财界的有力团体和无产阶级党员一改过去的

---

① 《労働要注意人入営に関する件》(1929年5月16日),防衛省防衛研究所蔵,陸軍省~密大日記~S4~3~11,Ref.C01003852300。

② 《小林印刷所職工中思想要注意者発見の件》(1929年11月6日),防衛省防衛研究所蔵,陸軍省~密大日記~S4~3~11,Ref.C01003854700。

③ 《学校教練に反対なる意見を講演する米人女宣教師の件》(1930年7月5日),防衛省防衛研究所蔵,陸軍省~密大日記陸軍省~密大日記~S5~1~3,Ref.C01003898100。

④ 《昭和5年度憲兵警備計画訓令の件》(1929年10月14日),防衛省防衛研究所蔵,陸軍省~密大日記~S5~1~3,C01003891800。

⑤ 江口圭一:《十五年戦争の開幕》,小学館,1982年,第92頁。

思想,开始容忍军部的态度,除了个别极端的"左倾"分子和一部分政党人士以外,民众都对军部产生了共鸣。①再次,在一·二八事变爆发后的3月份,在大阪成立了"大阪妇人会",军部又在10月份将"大阪国防妇人会"扩展成了"大日本国防妇人会",并将之快速扩展到全国的基层社会。在战争开始以后,由于在乡军人的出征,国防妇人会成为军队对基层社会进行统制的重要组织。最后,军队通过青年团、青年训练所、学校配属现役将校,普及所谓的"国防思想",组织青年加入"铳后奉公会",一而再再而三地组织青年人参加武器献纳运动、防空演习、国防讲座、军事野外训练、出征士兵欢送会及家属抚慰活动。②在战争的过程中,在乡军人会积极参与军部所推动的"满洲建国"和"武装移民"运动,将军队的国民统制机制快速地扩展到了军事占领区。这些活动在原有统制机制的基础上,为军队增强国民统制力度提供了条件。

第三,国体明征运动与军队国民统制机制的成熟——政治干预工具的成型。随着在乡军人会在九一八事变、一·二八事变后的进一步发展,其内部又先后出现了一些以影响政治为目标的团体,例如新潟县高田联队区在乡军人会组建的兴国会、退役大将田中国重组织的明伦会、退役中将高田丰树组织的皇道会、退役炮兵大佐小林顺一郎组织的三六俱乐部等。③这些团体以在乡军人会为基础,以宣扬国家主义、反对军缩、彻底解决"中国东北问题"、抵抗国联压力为目标。在乡军人会与这些立足于在乡军人会基础上的右翼团体,在日后成为军部利用来打击政党与自由主义思想的工具。1933年"塘沽协定"之后,日本暂时停止对华战争,政党再次开始批判军部,为此陆海军于1933年12月联合发表了"军民离间声明",称政府离间地方民众与军队的关系,展开对政党的反击。④随着军人的跋扈,东京大学宪法学教授美浓部达吉等人保持对军部的批判,其"天皇机关说"成为军部及右翼团体的批判目标。1935年2月,贵族院议员、陆军预备役中将菊池武夫在贵族院指责美浓部达吉的"天皇机关说",其后各地在乡军人会加入对美浓部达吉"天皇机关

---

① 江口圭一:《十五年戦争の開幕》,小学館,1982年,第93頁。

② 藤井忠俊:《在郷軍人会 良兵良民から赤紙·玉砕》,岩波書店,2009年,第211~225頁。

③ 由井正臣:《軍部と民衆の統合》,岩波書店,2009年,第181頁。

④《果然、議会解散論陸軍内で起る〈非常時を担当するように政府·政党を改造せよ〉と》(1933年12月18日),《大阪時事新報》,神戸大学経済経営研究所新聞記事文庫 議会政党および選挙(39~078)。

说"的批判中,要求内阁"明征国体"。①当时的内阁首相冈田启介原本对批判"天皇机关说"持保留态度,但是在乡军人会对冈田的态度表示强烈不满。4月23日,在乡军人会本部发布《关于大日本帝国宪法解释的见解》15万册,批判天皇机关说,强调天皇主权说,抗议冈田内阁。在此压力下,冈田内阁对美浓部达吉进行了行政处分,并两次发表声明,彻底批判了"天皇机关说"。②至此,军部利用右翼团体和在乡军人会完成了对天皇机关说的批判,也确立了自己的意识形态。军部将在乡军人会工具化,实现了对政治的干预,意味着军队的国民统制机制走向完善。

在成熟化的国民统制机制建立后,全面侵华战争爆发,军部的国民统制机制因而发生了新的变化。

首先,就是在乡军人会的弱化与爱国妇人会、青年团作用的强化。侵华战争爆发以后,陆军在两个月内就下发了4次征召令,随着战争的进展,越来越多的在乡军人被送往中国前线。所以,在乡军人会主体缺失,难以完成国民统制的作用。在这样的情况下,爱国妇人会和青年团就担当起上情下达、组织国民献金、抚慰军属、组织欢送会、普及战况的任务。

其次,国民统制机制在青年人身上发挥了更大的作用。随着战争的进展,日本需要将更多的士兵投入战场,在高等学校经过现役将校培训的青年人逐渐也成为被召集人员。1943年9月,政府修改兵役法,废除了学生延期服兵役的规定,要求满足20岁的青年人必须进入兵营,1944年,又将兵役年龄下调为19岁。同时,军部加强了对青年学校学生的训练。1939年4月,日本政府颁布了"青年学校令",规定不进入中等以上学校的青年(13~19岁)必须在青年学校完成一定量的军事学习。相应的制度进一步巩固了军部对社会青年的管理与统制,为日后青年人走向战场或走向"劳务统制"提供了条件。

再次,内务省的统制机制(邻组——常会机制)建立并代替军部统制机制,逐渐发挥了主要的国民统制作用。随着战争的进展,日本政府认识到对基层国民统制力度需要进一步强化,为此,内务省在1940年9月颁布了"邻组强化法"。"邻组"类似于中国的"保甲",其规定5到10家组成一组,负责上情下达、

---

① 增田知子:《天皇機関説排撃事件と国体明徴運動》,《名古屋大学法政論集》(第173号),第171~219页。

② 由井正臣:《軍部と民衆の統合》,岩波書店,2009年,第187~189页。

促进团结、征收物资、配给统制物、统制思想、相互监督、组织防空活动等,将政府的国民统制单位缩小到了每一个家庭。同时,制定了"常会制度",要求由"常会"代替过去的各个组织团体会议。常会按照行政级别、组织团体、出席人员的不同,分为多种类型,基层社会的常会由每户户主参加,会议内容包括遥拜、祈祷、捧读敕谕、商量地方对策、战争物资征收讨论等内容,是帮助邻组发挥作用的一种会议形式。[①]战争的进展带来军政一体化,内务省所推行的"邻组——常会"的机制,代替了军队所构建的其他组织,成为太平洋战争爆发后统制基层社会的工具。[②]

太平洋战争末期,日本政府又组建了国民义勇队、铁血勤皇队、少年护乡队等具有战斗性质的国民组织。1945年6月,日本政府为实现其"一亿玉碎"战略,颁布了《义勇兵役法》,规定男子15岁到60岁,女子从17岁到40岁,皆须编入国民义勇战斗队,[③]进一步加紧国民统制力度,几欲置全体国民于死地。

四、结 语

日本国家的近代化,伴随着对外战争扩展,对外战争的扩展依赖于军队的建设,军队的建设以其对国民的掌控为基础,这一历史逻辑是了解近代日本军队与社会关系的关键。在此逻辑指引下,从山县有朋到田中义一再到宇垣一成等近代军事建设者,依靠青年团、青年训练所(青年学校)、中等以上学校配属的现役将校、地方政府兵事课、兵营、在乡军人会、爱国妇人会等组织,构建起了由青年训练制度、征兵及现役制度、在乡军人会制度组成的"三段式"国民统制体系,意味着日本"兵营化社会"的实现。[④]该体系的扩充即非随意进行的,也不是一开始就计划好的,而是随着军部高层对战争经验的总结、战争认识的变化逐步完成的。19世纪70年代对欧洲军事制度的学习是实现征兵制的原因,日俄战争及其后出现的"良兵良民"思想是构建在乡军人会制度的指导

---

① 長浜功:《小集団の国家的再編成~太平洋戦争下の常会・隣組》,東京学芸大学紀要出版委員会編:《東京学芸大学紀要》(第32号)1981年3月,第57~72頁。

② 关于战时日本政府的国民统制机制、国民总动员机制,还须有专门的文章来进行研究,此处限于文章篇幅,不拟展开论述。

③ 防衛庁防衛研修所戦史室:《本土決戦準備(1)関東の防衛》(戦史叢書第51巻),朝雲新聞社,1971年。

④ "兵営社会"一词最早由日本学者大江志乃夫提出(大江志乃夫:《天皇の軍隊》,小学館,1982年,第77頁)。

思想,第一次世界大战及其后出现的"良民良兵"思想是青年训练制度的指导思想。1926年后,"三段式"机制完全建立,随后发生的镇压反军运动和"左倾"思想的活动成为该机制的试验场并对其予以巩固,九一八事变、一·二八事变、国体明征运动将军队的国民统制机制推向完善。

日本军队国民统制机制,塑造了近代日本"兵营社会"的特性。在此兵营社会中,任何一个13~45岁的男性都能在军队的"花名册"中找到自己的位置。在非战争时期,军队利用这个机制来引导和控制民众思想、维护社会安定、保持国民组织的军事属性。在战争时期,就以之为工具误导民众的战争认识、征集战争物资、扩充作战人员。太平洋战争爆发以后,日本需要在原有的基础上进一步加强国民统制,军队的国民统制机制进而与政府的机制走向融合,最后形成的国家统制机制,对于战后乃至今天的日本社会,亦有重要影响。

本文原刊载于《世界历史》2021年第5期,得到了教育部人文社科项目"日本官方对共产党的认识与政策研究 1921—1945"(20YJC770010)的资助。

作者简介:

郭循春,南开大学日本研究院副教授,东京大学访问学者,研究方向为日本陆军史和近代中日关系史,主要通过研究日本陆军来了解近代日本军政关系,进而了解日本军政关系的变迁如何影响到中日关系的变迁。以近代日本陆军与中国为主题,已经在《世界历史》《近代史研究》发学术论文十数篇。

近代中日关于东北问题的论争

刘岳兵

引 言

九一八事变后半年,伪满洲国成立,又过半年,日本签订所谓《日满议定书》,日本因此"名正言顺"在伪满开始实行实质性的殖民统治。《日满议定书》签订之前,重新上任的外务大臣内田康哉1932年8月25日在国会发表演说,分析近年远东地区国际关系恶化的原因,认为那是"中国的混乱状态,加上受到过激思想的显著影响而实行排外性的革命外交所致"。在这种异常的状况下,"日本是最大的受害者"。对九一八事变,他解释说:"对于我帝国而言,那是基于自卫权的发动所为,因此丝毫无愧于天下。我们的行动可谓光明正大,有这种自信。"而把伪满洲国的成立,说成是"以当地有别于中国本部的地理上、历史上及居住民心理上的特异性为背景的独立运动的结果",是"根据其居住民的自发的意图而成立的",同时也是"中国内部分离运动的结果"。①对此,当时中国的《中央日报》发表社评《内田康哉之演词》,"就内田外相之宣言以观,予世人以最大之恶劣印象,要算是日本外交家之政治才能与道德之破产"。②"其措辞之荒谬、态度之横蛮,几无一句无一字不违背法理、不违背事实。"③

《日满议定书》签订的翌日,即1932年9月16日,日本外务省发表承认伪满洲国之宣言,宣称"此为日本曾赌国运救其危急之地,尔来二十有七年,日本官民一致参加开发该地,苦心经营之结果,遂至今日之繁荣"。解释日本发动九一八事变的缘由,是因为"近年日本在此之重大权益,被中国排外的革命外交所蚕食,而遂见九一八案之勃发,及日本自卫权之发动"。同时强调"此为日本

---

① 《官报号外》(昭和七年八月二十六日　衆議院議事速記録第三号),大蔵省印刷局,第13、14、18页。参见网址:帝国議会会議録検索システムhttps://teikokugikai~i.ndl.go.jp(第63回帝国議会　衆議院本会議　第3号　昭和7年8月25日)。

② 《内田康哉之演词》,《中央日报》1932年8月28日。

③ 《内田之荒谬演词》,《中央日报》1932年8月28日。

国防之生命线地",承认伪满洲国是为了"促进该地安宁,永远确立远东和平"。①日本所追求的"安宁"与"和平",给中国所带来的灾难,当时的中华民国政府的抗议书中这样写道:

> 日本既以武力掠据东三省之全部,乃从事于傀儡组织之制造,谥之曰"满洲国",而使溥仪为主,一切实权则操之于向东京政府负责之官吏之手。至是攫夺我铁路,截留我官盐及其他税款,破坏我邮政,屠戮压迫我人民,恣意毁灭我财产,以及其他一切非法行动,尽以(伪)"满洲国"之名义行之。实则主之者乃效忠日本政府,或受日本政府所支配之人员。日本在中国每次侵略举动,中国政府无不向之提出严重抗议,唤起其对于自身所负重大责任之注意。无如日本对于此类抗议,非特漠然置之,反报之以侵略更甚之行动。②

就在《日满议定书》签订的次月,《东方杂志》的复刊号上还发表了《如此"满洲国"》的图片报道。指出"(伪)'满洲国'为日人所一手造成乃世人周知之事实。日政府现已于九月十五日加以正式承认,并派所谓驻满全权大使武藤信义与(伪)'满洲国'代表签订日满条约,将中国东北全部利权尽行侵吞"。③

60年后,山室信一出版《吐火怪兽(Chimera)——(伪)满洲国的肖像》,以古希腊神话中的吐火怪兽(Chimera)来比喻伪满洲国,设定其头是狮子(关东军)、身体是羊(天皇制国家)、尾巴是龙(中国皇帝及近代中国),从"傀儡国家"和"理想国家"两个侧面描绘了伪满洲国的形象。正如伊藤隆的书评文章标题所示,伪满洲国实际上是"与崇高理想背道而驰的殖民地国家"。④对伪满洲国本身的研究,中日学界已经有不少成果。伪满洲国的出现,是日本明治以来,甚至是此前更早的日本"战略家"心中"大陆雄飞"的渴望与梦想,他们对包括中国东北在内的认识、冀望与占领,随着时代的发展,越来越迫切。如上述中国

① 《日本外务省关于承认"满洲国"之宣言(二十一年九月十六日)》,《东方杂志》[第29卷第4号(复刊号)],1932年10月16日,第121~122页。

② 《国民政府外交部为日本承认"满洲国"致日本抗议书(二十一年九月十六日)》,《东方杂志》[(第29卷第4号(复刊号)],1932年10月16日,第122页。

③ 《如此"满洲国"》,《东方杂志》[(第29卷第4号(复刊号)],1932年10月16日,"东方画报"栏,第6页。

④ 伊藤隆:《高い理想と裏腹の植民地国家を描く》,《朝日新聞》1993年9月26日。

国民政府的抗议书中所言,他们不顾中国的反对,变本加厉,最终造成了这种历史的结果。中日学界对此的研究多侧重于静态地研究日本单方面情况,[①]而从近代中日文化交涉学的角度来反观中日学者在东北问题[②]上的论争与交锋,并由此揭露日本方面对中国东北从觊觎到占领的心态发展历程的论著,似乎还很少见。[③]

近代以来,日本对中国东北、西北的认识和重视,其视线有一个从朝鲜到东三省再到蒙古、新疆的转移过程。1890年日本总理大臣山县有朋在《外交政略论》中提出所谓"主权线""利益线"之说,并明确日本"利益线之焦点,实在朝鲜"。[④]1894年以维护朝鲜独立为名发动甲午战争,到1910年8月日本政府迫使韩国签订《合并条约》,吞并朝鲜,用了20年的时间。甲午战争觊觎东北的贼心未能如愿以偿,于1905年发动日俄战争,一方面使日本可以完全自由处置朝鲜,另一方面从俄国"继承"了旅顺大连的租借权和"南满铁道"的一切权益。1915年迫使袁世凯政权接受"二十一条",宣示其在中国东北等各处的"特殊权益"并企图长期霸占,旨在将整个中国置于日本的"附属国"地位。通过1927年的东方会议,《田中奏折》式的称霸思想已经成熟。1931年5月石原莞尔提出占领中国东北,接着九一八事变爆发,翌年,伪满洲国成立,至此东三省实际上被日本所侵占。近代日本对东三省的步步逼近明显地可以分为日俄战争、"二十一条"的提出和九一八事变三个时间节点。下面我们来看看这三个节点前后中日学者关于此问题的相关论争。

---

① 中见立夫:《"满蒙问题"の历史的构图》,东京大学出版会,2013年。郑毅、李少鹏:《近代日本社会的"满蒙观"研究》,吉林文史出版社,2018年。王美平所著《日本对中国的认知演变——从甲午战争到九一八事变》(社会科学文献出版社,2021年)一书中也多有论及。

② 东北问题,在用词上,日本称为"满蒙问题",某些中国学者起初也不自觉这样跟着用,但是后来意识到有问题。此事后文将论及。

③ 张静:《中国知识界与第三届太平洋国交讨论会》,《近代史研究》2004年第1期。王美平:《太平洋国际学会与东北问题——中日学会的交锋》,《近代史研究》2008年第2期。叶碧苓:《九一八事变后中国史学界对日本"满蒙论"之驳斥:以〈东北史纲〉第一卷为中心之探讨》,(中国台湾)《"国史馆"学术集刊》2007年第11期。

④ 大山梓编:《山县有朋意见书》,原书房,1966年,第197页。到1909年,山县有朋强调"应为关东半岛永久归于我帝国的领土建立确乎不拔的基础",因为"半岛之地是以几乎二十亿的资财和二十余万的死伤而获得的战利品",是不可能到租界期满就轻易归还的。主张"将关东半岛当成帝国领土一样"来大力开发经营,而"造成不能从满洲撤退的形势"。大山梓编:《山县有朋意见书》,原书房,1966年,第308页。1900年到1912年日本政府关于"满洲问题"的政策方针,参见角田顺的著作《满洲问题と国防方针—明治后期における国防环境の变动》,原书房,1967年。

一、日俄战争前留日学生刊物《游学译编》的相关论述

甲午战争之后,无论是政府还是民间,中国出现了留日高潮。各地留学生纷纷创办刊物,介绍新知识,传播新思想。《游学译编》这本以湘籍日本留学生为中心的刊物创刊于1902年10月,至1903年9月停刊,每月发行一期,共出版12期。作为最早在东京以省为单位发行的同乡会刊物,对其他省份的类似刊物具有示范意义。《游学译编简章》的第一条即为"本编以扩充本国见闻、增益国民智识为主"。[①]同时,如杨度在《游学译编叙》中所言,深刻意识到"今日之中国,方为世界竞争之中心点",西方列强或瓜分论或保全论,均以敲我骨髓亡我种族为目的,如不觉醒自强,"必为天演所淘汰",[②]表现了强烈的危机意识和家国情怀。杨度在为外交栏目所说明时就当时的日英同盟及其意义,与中国应取的态度,有如下透彻的论述:

> 日本者,与我同洲同种同文之国,近又以英日联盟保全清、韩两国著称于地球之上,而印入我国民之脑而生其感戴者也。而山本邦之助日:"英日联盟以保中国,实为我工商政策之根本,从此与中国改订通商条约,可乘此机以得和平战争之胜利。我国民不可不猛勇奋进以图之。"故二国之保全中国而与朝鲜并称者,皆其对俄外交政策,而于我无所用其外交焉。日本如此,他国可知。然中国问题,固为今日世界各国之公共外交材料也。不然,人何爱于我而必群为保全之,人又何忧于我而必代为开放之乎?夫天下岂有待人保全而能自存,被人开放而能自守者?我国民恶其名也,舍自立无策焉。我国民而甘为狐媚所昵也,是不亡于人而亡于己也。[③]

上述言语虽短,实际上也是一次针锋相对的短兵相接。杨度看穿了日英同盟的目的是对付俄国,而所谓保全中国不过是狐媚之昵,完全不可信。日本

---

① 游学译编社编辑:《游学译编》,湖南师范大学出版社(影印本),2008年,第111页。

② 杨度:《游学译编叙》,见游学译编社编辑:《游学译编》(影印本),湖南师范大学出版社,2008年,第7页。收入刘晴波主编《杨度集》(上册),湖南人民出版社,2008年,第76页。

③ 游学译编社编辑:《游学译编》(影印本),湖南师范大学出版社,2008年,第16页;刘晴波主编:《杨度集》(上册),湖南人民出版社,2008年,第83页。

根本没有把中国当回事,只不过是作为"公共外交"的材料罢了。"天下岂有待人保全而能自存,被人开放而能自守者?"精辟!日本对付俄国,目标主要就在中国东北。

《游学译编》中刊载了多篇日本人中国观的文章,其中不乏对中国作尖锐批评者。如第三册(1902年12月15日)刊发了当时任驻华全权公使内田康哉的文章,其言曰"举国昏昏,尚不猛醒"的国家,自然是其"独立不可得""前途不堪问"。因此,"分割中国乃世界外交家最大之问题也。主兵力者有之,主商务者有之,主实业者有之。非过于强硬即迁其程度"。从而,他一方面批评日本当局者说:"我当局诸公,犹因循姑息昏昏焉,日以保全中国为主义,余诚不解其何谓也。"另一方面更是以自己的亲身经历和判断,鼓动其国民"猛力前进,以扩张我权势而收他日之大效"。果然,30年后,伪满洲国成立了。为了辩明日本侵略行为的合法性,承认伪满洲国,不惜在国会上放言:"即便国家变成焦土,也要举国一致贯彻此主张而寸步不让。"①这就是所谓的"内田焦土外交"。内田,是"幸运"的,只看到日本如何将别国变成"焦土",因为他死得早,1936年就去世了。

直接论及"满蒙"的文章,有两篇。一篇是第八册(1903年5月15日)所载牧野谦次郎的《遍告中外清人》,一篇是第十册(1903年7月15日)所载尾崎行雄的文章。汉学家牧野谦次郎在文章中哀叹中国人的"奴隶根性",说:"为人之下而不知自奋,是之谓奴隶根性。今举一国而为奴隶根性而不知耻焉,则其比邻同文之国,虽有智者而欲救之,岂其可得?""夫以奴隶根性之官,而率奴隶根性之民,上下胥习,甘为奴隶根性之事,外侮顿至,不知为忧。内难日滋,不知为恤。姑息宴乐,务掩主上聪明而窃一日之安,以为人生之能事毕矣。"在这种国情之下,中国东北边境上强悍的俄国,的确是对中国极大的威胁。他感叹:"殆哉!清人岌岌乎不可救药矣!"②

尾崎行雄的中国观早在他甲午战争期间出版的图书中就有系统的论述

---

①《官报号外》(昭和七年八月二十六日　衆議院議事速記録第三号),大藏省印刷局,第18頁。参见网址:帝国議会会議録検索システム https://teikokugikai~i.ndl.go.jp(第63回帝国議会衆議院本会議　第3号　昭和7年8月25日)。

②藻洲子(牧野谦次郎):《遍告中外清人》(原文为汉文),游学译编社编辑:《游学译编》(影印本),湖南师范大学出版社,2008年,第819頁。

了，①依然观点鲜明犀利。

> 今日中国之表面不犹俨然独立乎？实则德据胶州，却之不得。俄占满洲，攘之不能。其他，政权仰外人之鼻息，财权入各国之范围，全失独立国之性质。所谓国际上之独立国，不过外交上之辞令而已。若语真实独立，则凡他人侵吾独立国丝毫之权利，未有不一致协力以抵抗之者也。②

> 且中国东北为俄国有为中国有，我日本抑何所轻重于其间哉？若逆论将来之情势，则与其使最弱之中国有，犹不若使最强之俄国有。盖俄国得中国东北，于日本虽不无危险，然只一时之现象耳。若欲中国保中国东北，则必先完其独立而更望其将来之自强。予则确信中国无可强之道，籍强矣，尤非日本之福。盖甲午之羞未遽忘也。俄则未尝与我干戈相见，虽得满洲，未必即为我害。我日本果奚择焉。③

他是反对日俄战争的。文章这样结尾："俄得中国东北，我守朝鲜，其事至易。我以客攻，俄以主守，其势至难。此予所以反对嗷嗷之口，而主张任中国之自然生活，力扶朝鲜以护吾势力者也。"④对于尾崎此文，译者有段简短的前言，很值得一读。其中说道：

> 尾崎行雄君，尝著文言，吾国内情之腐败，凿凿言之，不啻置摄影镜于蓬莱绝顶，遥揭老大帝国之真相。今复因中国东北问题著为斯论，洋洋洒洒，旁若无人。筹其国至周，警吾国至切。令人读之不寒而栗。然皆切实研究之言，迥非泛泛挠舌者比。世之日日言同种同文、唇亡齿寒、冀可借东风倒黑潮者，其亦猛醒否耶？嗟乎！事齐事楚，牛后羞人，何如斩葛断藤，独辟冲天之径，我国民其善读尾崎君之言！⑤

---

① 参见刘岳兵：《近代以来日本的中国观·第3卷（1840—1895）》，江苏人民出版社，2012年，第364~375页。

② 尾崎行雄：《不可扶持论》，游学译编社编辑：《游学译编》（影印本），湖南师范大学出版社，2008年，第1031页。该文收入《尾崎咢堂全集》（第5卷），尾崎咢堂全集刊行委员会，1962年，文章标题为《满洲问题》。

③ 游学译编社编辑：《游学译编》（影印本），湖南师范大学出版社，2008年，第1032页。

④ 游学译编社编辑：《游学译编》（影印本），湖南师范大学出版社，2008年，第1035页。

⑤ 游学译编社编辑：《游学译编》（影印本），湖南师范大学出版社，2008年，第1029页。

中国"其前途只有衰减二字",举国为"奴隶根性",已"不可救药",尾崎、牧野之言,的确是"警吾国至切"。对于中国东北,牧野这时只谈到俄国的虎视眈眈和中国的岌岌可危,并未论及日本,而尾崎则明确地站在日本的立场,在"归属"问题上,他提出"与其使最弱之中国有,犹不若使最强之俄国有"。他确信中国不可能强大,也显然不希望中国强大,"籍强矣,尤非日本之福。盖甲午之羞未遽忘也"。中国就任其衰弱下去,让列国瓜分好了,日本不要冒险与俄国去争中国东北,就让俄国占领"中国东北",日本只要好好守住朝鲜,巩固维护好自己的势力就可以了。这种"周到"的筹划,看来在当时的日本算是比较"保守"的了。

上文译者希望"我国民其善读尾崎君之言"的"善读"所指何谓,其实《游学译编》中也有明确的解答。第三册的卷末有一封以"湖南编译社同人"名义给读者的公开信。信中写道:"摘取其可言者,以生吾人愧耻之心。与其讳莫如深,包羞含疾,毋宁暴而扬之,足以激发志气,昭镜国耻。此所以稍尽周夔恤纬之心,亦以置身盲风晦雨之途,愧无以担当责务,姑以是策自励焉。"①这种好学发奋、知耻自励的"善读",可以看作是梁启超向日本"诚求而善学"②的先声吧。

杨毓麟在《游学译编》的第九、十一、十二册(1903年6月、8月、9月)"外交"栏,连载发表文章,③共计近八万言。他在"绪言"中明确指出:中国民族不能自解决此问题,则必使欧美日本列强取而解决之。使欧美日本列强取而解决之,则为亚洲大陆主人翁者将永无视息天日之下之一日。"④这是侧重于从国际而言。具体到日俄两国,他分析二者观点如下:

> 顾彼日本者,岂能塞耳闭目高拱揖让,以坐待切肤之痛哉?岂能蜷首曲足,踧踖不进以坐观事机之失哉?且为之妒,且为之羡,且为之食指动,且为之欲焰焚灼,于是蹶起,于是叫号。一则曰利害关系最切莫如我日

① 游学译编社编辑:《游学译编》(影印本),湖南师范大学出版社,2008年,第258页。

② 参见刘岳兵:《清末维新派的明治维新论及其对日本研究的启示》,《日本问题研究》2017年第4期,第41页。

③ 收入饶怀民编:《杨毓麟集》,岳麓书社,2001年(2008年收入"湖湘文库"再版)。以此为校本,又收入阎昌洪、何广编:《中国近代思想家文库·杨毓麟 陈天华 邹容卷》,中国人民大学出版社,2014年。

④ 游学译编编辑:《游学译编》(影印本),湖南师范大学出版社,2008年,第895页。

本，再则曰殖民权利之所当分享者莫如我日本。而在俄人心目中，则成为有主之幼稚的新领土之一名词；在日本人心目中，则成为无主之荒芜的新世界之一名词。①

该文的最后落脚到"国民之前途"上，对于这一问题的性质和解决办法，扼要地提出了五点"义谛"：

今日论此问题，以吾国民主权之存亡为第一义谛。（中略）不承认满政府，使得仍旧垄断吾民族之主权满政府所外市之主权，他国不得以享有之。夺满政府以夺他国，而后吾民族拥护主权之势力无往而不伸也。此为第二义谛。（中略）独立者，国民一切事业之母，一隅独立，则足以号令一省，一省独立，则足以号令全国。此为第三义谛。（中略）独立者，非独对于满政府，抑亦对于全世界。此为第四义谛。不自由毋宁死。死者购独立之代价也。（中略）有个人对强权者之死，有团体对强权者之死。非热心任个人对强权者之死者，抑不能热心任团体对强权者之死。先练精魂，次练技业，而后个人可以死，团体可以死。今日不及练习者，则先以死倡之。是为第五义谛。②

杨毓麟接着上文呼吁："吾今持此五义谛，以贡献吾国民，曰死！死！！死！！！知死则蹈死，知死蹈死则可以独立，可以与满政府宣战而保存主权！！！可以与俄英德法美日本宣战而收回主权！！！国民国民。听者听者。"③1911年8月5日，杨毓麟在英国利物浦"蹈海以殉，亡身报国"。④孙中山分析杨毓麟的死"是因为明白了革命的道理，没有到革命的时机，不能做革命的事业，看到中国太腐败，要以速死而享幸福，便在英国投海而死，以死报中国。"赞扬他"是热心

① 杨毓麟：《续满洲问题》，游学译编编辑：《游学译编》（影印本），湖南师范大学出版社，2008年，第1263页。

② 杨毓麟：《满洲问题》。游学译编编辑：《游学译编》（影印本），湖南师范大学出版社，2008年，第925~927页。

③ 游学译编编辑：《游学译编》（影印本），湖南师范大学出版社，2008年，第927页。

④ 孙中山：《令陆军部准建杨郑二烈士专祠并附祀吴熊陈三烈士文》（1912年3月6日），尚明轩主编：《孙中山全集》（第9卷），人民出版社，2015年，第86页。

血性的真革命党"。①

二、由华盛顿会议引发的论争：梁启超的主张与内藤湖南的辩词

第一次世界大战之后，包括日本在内的西方列强通过1919年的巴黎会议和1921年到1922年的华盛顿会议达成的系列条约完成了重新瓜分世界的"凡尔赛-华盛顿体系"。中国在巴黎和会上没有实现的"还我青岛"的目标在华盛顿会议上得到了初步解决。经过多次谈判，1922年2月4日，中日代表签订《解决山东悬案条约》，使得中国完全恢复了在山东的主权。当然，日本是不甘心放弃其在华的各种"特权"的。日本不得已放弃山东的部分特权，是为了保障其在中国东北的特权。1921年12月3日会议讨论在华租借地归还问题，据日本方面的资料记载，当时日本全权代表外务次官埴原正直对中国全权代表顾维钧要求回收包括旅顺大连在内的所有租借地的正当要求，发表了如下的意见：

> 日本的租借权不是直接从中国获得的，日本是牺牲了生命和财产才继承了从他国获得的权利，关东州是从俄国、胶州湾是从德国继承来的。特别是后者尽管已经声明归还了；现在中日之间正在进行交涉。对于日本以正当的手段而获得的旅顺口的权利，我们没有要放弃的意思。因为旅顺口在地理上最接近日本，该地区与日本的经济生活及国防有重大的关系，（中略）日本在关东州所扶植的利益与日本的经济生活紧密相关，不可或缺。②

对此顾维钧代表给予了有力的回击。租借地本来就是列强通过不义的战争从中国抢夺去的，而日本则是"侵入"其中而攫取的，"正当"从何而来？顾维钧特别强调："旅顺大连都是中国领土的重要部分，中国人称为东三省，此地几个世纪间都是外国侵略中国的通道，因此作为中国的领土，保卫其安全，对中国的国家安全具有重要的意义。"③这里明确了东三省作为中国领土的重要意

---

① 孙中山：《在陆军军官学校开学典礼的演说》（1924年6月16日），尚明轩主编：《孙中山全集》（第7卷），人民出版社，2015年，第629页。
② 東方通信社調査部編：《華府会議大観》，東方通信社，1922年，第244页。
③ 東方通信社調査部編：《華府会議大観》，東方通信社，1922年，第246页。

义。之所以如此，大概也是针对会议期间存在的在领土问题上对"何谓中国"的质疑的一种回应。①

实际上，这种"质疑"之声，也很快传到中国本土。梁启超1921年11月26日应天津青年会之请发表了题为《太平洋会议中两种外论辟谬：重画中国疆土说与国际共管说》，②第一种谬说是"说中国疆域应限于长城以内的十八省。这是日本有名的几大报馆同时鼓吹，而且在华盛顿会场内外到处放空气"。第二种谬说是"说中国财政要破产了，中国人没有自己统治自己的能力，外国人应协同共管。这也是日本报界半年以来常说的，而上海英国半官报之字林西报鼓吹尤力。中国也有一部分人希望他实现"。③对此，他一一进行了驳斥。

> 日本人所倡第一种谬说，是从他们几年来倡的更进一步，他的用意，不外是要把东三省收作自己囊中物，还借此送一个秋波给英国，叫他去打西藏的主意。我们中华民国现在的疆域，都是多年来从历史上传下来，这些历史事实，都是天下共见，也不必我逐个逐个地方来背履历。但对于日本人耽耽垂涎的东三省，我却要把历史上证据搬出来，请全世界人评一评。④

对第二种谬说，梁启超觉得"不像第一种那么简单"。管什么、怎么管、怎么共、谁授权、该不该共管等都是问题。他总结说："主张共管的最强理由，是说政府财政要破产，外债还不起。外国人为保护债权者利益起见，不得已而出此。其实我们大部分外债，用关盐作保，偿还资源，已极确实。其余无担保品的一小部分，大半是来历暧昧。用莎士比亚剧本中《一磅肉》的毒计，借些款来促成我们的内乱，以便敲我的骨髓。就道德上论，这种残忍狡谲的债权者，本

---

① 据上述《华府会议大观》的记者报道，在1921年11月12日会议举行开幕式之后，在同月19日和22日两次提到会议内外对"何谓中国"的质疑之声。《華府會議大觀》，東方通信社，1922年，第179、180页。

② 丁文江、赵丰田编：《梁启超年谱长编》，上海人民出版社，2009年，第602页。

③ 梁启超：《饮冰室合集》中《饮冰室文集》(37)，中华书局，1989年。

④ 此处引文对照了刊发在1921年12月10日出版的《沈阳高等师范学校周刊》第60期上的讲演稿，收入《饮冰室文集》时"打西藏的主意"误植为"打西藏的主义"。

就应该多尝一点苦头。"①一些中国的附和者,认为对付中国的"恶官僚恶军阀"我们实在没有办法,只好请外国人来帮忙。对此,梁启超告诫国人:"须知权利滥用,是人类的通病。在这种无监督机构的国家之下,无论中国官吏外国官吏总是一丘之貉。说外国人个个都是不饮盗泉,有这理吗? 我还有一句话揭穿来说,外国人无论是独吞是共管,总之他们有许多事不能直接办去,什有九是间接假手于中国人。用中国的干员去搜刮脂膏,派中国的悍兵去弹压反侧。那时最得力的人,还不是这群恶官僚恶军阀吗?(中略)外国除却派大兵来,没有镇压中国的力量。不派大兵而想镇压中国,就只有利用我们的人来镇压我们,(中略)结果,什么好处得不着,只多得了几根绳子来自己捆死自己。你看,南满铁路管理权在外国,我们粮食的运输,就被人家制了死命。胶济铁路管理权在外国,我们便沿路矿业一概不能办。关余收放权在外国,我们就到金融万急时候也一点不能通融。须知此类所争的,并不是国家体面的问题,件件都是我们切身利益。我们若是激于一时意气,看错题目,引虎入室,将来怕悔之无及了。"②

对此,日本学者内藤湖南专门撰文与梁启超论辩。这就是他的《梁启超氏的疆域论》和《评梁启超氏的非国际管理论》。③前者,内藤湖南主要是批评中国人对"疆域"的定义不明确,"从来中国人的地志记载中交聘国与朝贡国、朝贡国与真正的领属地之间的区别都不明确,因此历史上被认为是领土的事实,在今天的国际关系和学问上是不可能被认可的"。④他所谓的在"今天的国际关系"下是怎么看待领土问题的呢? 他说:"从今天的国际关系上思考,在政治上没有对该地进行统治,在经济上没有对该地进行开发,只是主张名义上的领土权,不仅毫无益处,而且实际上可以说是妨碍世界文明的进步的行动。"其目的,不仅要从历史上说明"东三省未归入中国领土的时代远远地要比归入中国的时代长",而且更要强调近年来日本人用"许多人命和巨额的资本"为"开发中国东北"所做出的"贡献"。因此,"对于如中国东北这样依靠日本的资本和

---

① 《沈阳高等师范学校周刊》(第60期),梁启超:《饮冰室文集》(37),中华书局,1989年,第17~18页。

② 梁启超:《饮冰室文集》(37),中华书局,1989年,第19页。

③ 内藤湖南:《梁啓超氏の疆域論》,《大阪每日新聞》1922年1月4日;《梁啓超氏の非国際管理論を評す》,《表現》(第二卷第三号,1922年3月。收入内藤湖南研究会编:《内藤湖南未収録文集》,河合文化教育研究所,2018年。

④ 内藤湖南研究会编:《内藤湖南未収録文集》,河合文化教育研究所,2018年,第529页。

日本人的经济能力而得以开发,而对世界文化做出了贡献的地方,仅仅凭着名义上的领土权,就想无视日本人的特殊利益,世界列国能认可吗? 况且就连其领土权的历史,如果列举其真实的事实,结果也是如上所述,而梁启超所说的历史根据都是粗陋的杜撰"。①

后者,即所谓国际管理论,内藤湖南首先强调共管的目的和动机,即目的"主要是给中国人在政治上注入正直这一要素",是在觉得当时依靠中国自身的力量进行政治改良和财政整理无望的情况下,充分考察古今中国的实情,认为没有比国际共同管理更好更快的办法来建设新的中国了,是充分体现列国对中国最大的善举。他批判梁启超完全是利用中国国民的无知而煽动厌恶外国人的感情,是用恶意来对待列国的善意。值得注意的是,内藤在文章结尾一方面再次强调"公平地说,共管论决不应该遭批驳",最后却又声明"从日本的立场而言,现在自己不赞成共管论"。②顺便提一句,就在3个月之前,即1921年12月发表的《中国的国际管理论》一文中,还自豪地宣称"也许自己是所谓中国的国际管理论的最早的主唱者",同时发出警告:"即便说是站在日本的立场为中国考虑,不希望这种结局,但是从维持世界和平及拯救中国人民来考虑,此外别无他途。"③

其实这两点,有兴趣的读者可以继续往前追溯。内藤湖南那本"完全是替中国人为中国出谋划策而写的"名著④中就已经有比较明确的论述了。他的计谋之一,比如对当时敏感的蒙古、西藏、中国东北问题,他说:"在今天从国力即兵力、财政力而言所不能维持的土地,从政治上将其割裂出去,单纯谋求将来经济上的发展是最为妥当的。"进而指出:"中国的领土问题,从政治上的实力考虑,今天应该缩小,不要被五族共和这种空想的议论所支配,考虑实际的实力,哪怕宁愿一时失去其领土的一部分,应该谋求内部的统一。"⑤作为御用文人的内藤湖南认为本地人对日本没有任何不好的感情,一方面埋怨日本政府没有设法使那些对外国势力俯首帖耳的人来管理支配,而是让那些没有日清

---

① 内藤湖南研究会编:《内藤湖南未收录文集》,河合文化教育研究所,2018年,第531页。

② 内藤湖南研究会编:《内藤湖南未收录文集》,河合文化教育研究所,2018年,第778页。

③ 内藤湖南:《支那の国际管理論》(1921年12月《表現》(第一卷第二号),《内藤湖南全集》(第5卷),筑摩书房,1972年,第154页。

④ 内藤湖南:《支那論》(1914年,自叙),《内藤湖南全集》(第5卷),筑摩书房,1972年,第295页。

⑤《内藤湖南全集》(第5卷),筑摩书房,1972年,第349页。

战争日俄战争经验、特别是受过所谓变法自强意义上的新教育的中国南方人，来当官吏，认为他们不懂世界大势，妄想只要排除外国人就可以维持国家的独立，他建议日本当局将这些南方官吏"逐退"，这样就可以圆满推进了。另一方面，他对中国政府说，此地经济实力的增强和财政的发展，都是因为俄国和日本的资本投入、铁路建设等开发，如果俄国日本的势力撤走的话，此地依然贫乏。因此仅从中国财政上来考虑，割裂此地是有利的，因为现今的财政没有能够维持它的实力。①关于国际管理，内藤在这里也有论述，他觉得义和团事件之后在天津的都统衙门就是列国的联合政治。其实质仍然是不外乎——或者说是恰恰印证了梁启超的结论，即"他的用意，不外是要把东三省收作自己囊中物"，而所谓国际共管也不过是"引虎入室"。至于作为历史学家，其学术与政治的关系，也已经有许多论述了，②而清朝是中国的一个朝代、"大清帝国为中华帝国之延续"，这些常识性的论断被"挑事"的"新清史"论者质疑，③这种质疑，如果追溯其源头，或许也可以追到内藤湖南们这里吧。④

三、九一八事变前后的论争

从甲午战争到日俄战争，日本酝酿准备了十来年；从华盛顿会议经1927年田中义一首相召集的东方会议到九一八事变，也是十年。日本对中国东北的"执念"与"渴求"一朝没有得到满足，其脚步就一刻也不会停留，直到1945年战败，"迷梦"彻底破灭。

日本学者对梁启超的批评还在升级。最有代表性的是京都大学教授的矢野仁一。作为学者，矢野仁一的近代中国研究，在中国当时也有一定的知名度，蒋廷黻还专门推介过他的书，说"就叙事方面言，著者似有严正的史家态度"，而史料方面，"似乎次料居多，原料居少"。特别提到"关于道咸二朝的外交，此书似尚欠彻底的了解。其故在于矢野先生不明中国人对于林则徐的崇拜，及此崇拜对于中国外交的影响。著者若了解郭嵩焘痛斥'南宋士大夫'派

---

① 《内藤湖南全集》（第5卷），筑摩书房，1972年，第347~348页。
② 傅佛果：《内藤湖南：政治与汉学（1866—1934）》，陶德民、何英莺译，江苏人民出版社，2016年。
③ 参见汪荣祖主编：《清帝国性质的再商榷——回应"新清史"》，中华书局，2020年。
④ 参见孙江：《"新清史"的源与流》，收入钟焓主编：《新史学（第十三卷）——历史的统一性与多样性》，社会科学文献出版社，2020年。

的外交的理由，则道咸二朝的外交不解自解了"。①其"御用学者"的一面，也已经有人指明了。张百高翻译矢野的文章《中国人的敌视日本思想与日本人的反省》发表在上海《时代文选》的创刊号（1939年3月20日）上，正文前有一段"译者附识"，这样介绍说："这篇文章的笔者矢野仁一是日本的一个文学博士，专门研究东洋历史。现任京都帝国大学名誉教授。这是一个怀抱着偏狭的爱国思想的御用学者，所以不免有点曲学阿世之讥。他的关于中国历史方面的著述，是很足以增进日本人侵略中国和敌视中国的思想的。"矢野是如何曲学阿世的，举几个例子就明白了。

> 渤海国对日本等也几乎执臣下之礼而极为恭顺，渤海对中国执朝贡之礼，也不过是同样以贸易的利益为目的。这样就能说是中国的的话，那日本也不妨说是日本的。②

> 满洲（中国东北）不是中国本来的领土，日本为了防护生死的利害而赌上国运从俄国取得这块土地后，没有归还给中国的必要，即使日本不归还，中国也没有理由要求归还。即使日本归还了，但中国也不能以满洲（中国东北）是中国的完整领土为由，拒绝承认关乎日本民族生存根本的基本权利。如果出现这种不讲信义不讲德义的态度，日本将会与俄罗斯发动战争一样，不仅如此，将更加坚决地膺惩中国，这是日本当然的权利。③

从以上这些观点和情绪，或许可以看到是那个时代最典型的日本御用文人面目之一斑。

华盛顿会议之后，中日在国际公开场合就中国东北问题进行论辩的，还有两次值得关注。一次是1929年在京都召开的太平洋国际学会上中日代表的论争，一次是1932年底到1933年初的日内瓦国联大会上中日双方就《李顿调查团报告书》的论争。前一次虽然是民间的形式，但是通过论争，中日各自表明

---

① 蒋廷黻：《矢野仁一：近世支那外交史（昭和五年东京弘文堂出版，九百四十六页）》，《政治学报》（清华政治学会）（第1卷第1期），1931年1月，第157~158页。
② 矢野仁一：《満蒙蔵は支那本来の領土に非る論》（《外交時報》1922年1月），《近代支那論》，弘文堂書房，1923年，第105頁。
③ 矢野仁一：《満洲近代史》，弘文堂書房，1941年，第519頁。

和坚持了自己的立场。①这两次论争日本方面的主角都是松冈洋右,前一次的言论收录在他的书中,其观点如该书的自序中开篇所言:"作为我国经济上国防上的生命线,是历史地、地理地展开的地域。我们已经付出了巨大的牺牲,投入了巨大的资本,而我们所要求的尽管只是民族最小限度的生存权,此愿望也未得到满足。到现在连既得的权益都在不断受到侵害,感到我国的特殊地位在显著地动摇。"②后一次的影响更大,日本因此孤注一掷而退出国联,走向了侵略战争的深渊。松冈在国联大会上的言论很快就被编辑出版,编者对其言论做了高度的评价:"非常时期国民、自主外交时代的国民,都应该读一读松冈全权代表我们国民向世界发出呼声的全文,并了解其意义,这是义务,不,我相信这是责任。不仅如此,我认为将在我国外交史上具有历史意义的语言,留作给下一代人们的教训,也是义务之一。"③松冈的观点总体上而言也不出前文论及的当时外务大臣内田康哉及上文的矢野仁一之右,这里限于篇幅,其具体情况只好待今后有机会再展开论述了。

这里需要补充说明的是军方的情况。当时还是步兵中佐的关东军参谋石原莞尔,在1931年5月提出了有名的"私见",吹响了直接占领满洲的号角。而且要人们相信这种占领是"正义"的。其理由也很简单明快:

> 汉民族社会也终将渐渐进入资本主义经济,因此我国也应该撤回在此地的经济军事设施而与汉民族的革命一起完成我国的经济发展,这种议论固然值得倾听和探讨,但是根据我们的直观所见,中国人果真能够创造近代国家吗,对此颇有疑问。我确信,不如在我国的治安维持下期待汉民族的自然发展,这对他们而言是幸福的。④

这的确是如内藤湖南一样是打着专门为中国着想、为中国人幸福的幌子而行侵略之实的阴毒之计! 石原莞尔还真的去请教过内藤湖南。查一下他的

---

① 参见前述王美平的论文《太平洋国际学会与东北问题——中日学会的交锋》。

② 松冈洋右:《動く満蒙》,先進社,1931年。引文见该书《自序》(第1页)。

③ 竹内夏積编著:《松冈全権大演説集》,大日本雄辯会講談社,1933年。上文引自编者竹内夏積为该书所写的序,第3~4页。

④ 石原莞爾:《滿蒙問題私見》(1931年5月),角田順编:《石原莞爾資料–国防論策篇》,原書房,1967年,第77頁。

日记①就可以知道，1929年1月20日，他拜托自己陆军大学时的老师、内藤的得意门生稻叶君山做介绍，2月12日拜访内藤，向内藤请教的问题，他早就准备好了，这些问题有："能否用武力阻止外敌的来袭？如果可以维持中国的治安的话，占领中国进行长期的持久战可能吗？""中国应该向什么方向发展？我们统治的根本方针。应解剖的中国的病源。"内藤虽然在养病，但还是谈了很长时间。这些问题，对于一个东洋史大家而言，大概是想历史地、学理地讲清楚，而对于一个40岁的日本军人来说，大概是想得到一个直接明快的答案，结果"没有充分达到主要目的"，也不难理解。虽然不知道石原这次访问的"主要目的"具体何在，但是从"私见"的基本思路中可以明显看到内藤的影子。

我们再来看看中国方面的应对与批驳。这里想主要以南开大学师生的活动为例来加以说明。②众所周知，南开之创办与甲午战败为动机，教育救国是南开办学的基本理念。上文中的梁启超，1921年秋恰值受聘南开大学，主讲中国文化史。而蒋廷黻也曾经是南开大学的教授。早在1917年12月，南开中学主办的《南开思潮》第一期"论说"栏有一篇《致中国有志青年书》（信天），痛斥"日本以二十一条恶款强横要挟"，揭穿当时石井菊次郎倡导的"保护中国行远东门罗主义"实质上是"将以亡朝鲜之政策而亡我中国。野心狂言，无所忌惮。其视我国无人也久矣"。因此呼吁"祖国男儿、有志学子，闻吾言亦将有所兴起者乎"。每逢国耻之日，南开学校都有纪念活动，抗议日本的侵略。华盛顿会议之际，不仅梁启超，而且南开师生也集体发声，不仅撰文揭露"近邻之军国侵略主义正额额自得，掀动其爪牙，从事预备以达其所时刻希望'雄飞中国中原，建大日帝国于东亚大陆'之野心"。警醒世人"立国于今日之世界，决非不能自强而依恃他人所可自存也"。③而且于1921年12月14日召开讨论会，下午"大中两部全体同学共约1500余人举行示威运动，职教员及校役亦均同行"。④

---

① 石原莞爾:《日記》（1929年），角田順編:《石原莞爾資料–国防論策篇》，原書房，1967年，第6、8、28页。

② 民国时期南开大学师生的日本研究成果，参见张伯苓等著、刘岳兵编:《南开日本研究（1919—1945）》（南开大学出版社，2019年，其中专门有一辑为"日本对中国东北的侵略"）；以及刘岳兵编纂的《南开日本研究史料编年初稿（1898—1949）》（收入刘岳兵编《至竟终须合大群：南开日本研究的回顾与前瞻》，江苏人民出版社，2020年）。

③ 汪心涛:《太平洋会议中国之失败及今后之觉悟》，《南开周刊》（第25期），1921年12月20日，第4页。

④《南开周刊》（第25期），1921年12月20日，"校闻"栏第16页。

南开大学的爱国情怀,当时最重要的体现之一,是1927年11月15日成立的"满蒙研究会"(后改名为"东北研究会"),①一方面通过翻译介绍日本人的"是第二朝鲜"用心,"揭穿日人图我之一斑,以示我中华国民"。②一方面通过调查研究,旨在唤起人们明白"日人企图永久占领与控制东北——这块纯中国领土的警示,应引起中国人民和世界人民的极大关注"。③1928年夏,南开大学教授蒋廷黻参加张伯苓校长组织的东北考察活动,10月30日发行的《南开大学周刊》第63期"言论"栏目发表蒋廷黻的演讲稿《中日俄与东三省》(乐永庆记录),指出:"东三省问题,是现在中华民族最大问题,也是将来中华民族极重要的问题,因为那是中华民族将来发展的最好的地方。"批驳"日人近来常宣传东三省是'满洲人'的东三省;意思是日本人在东三省,与汉人乃立于同等地位。可惜这种宣传,毫无历史上的根据!"④12月20日,《南开大学周刊》第68期发表宣言,⑤声讨日本的侵略罪行。

南开大学东北研究会的重要成果,体现在"得风气之先"的"警世之作"《南开中学东北地理教本》(上下册)这本教材上。⑥该书的出版日期,封面署"中华民国二十年秋"。具体日期,根据1931年10月20日《南开大学周刊》第116期发表的该书编者傅恩龄10月6日和10日的讲演整理稿结尾处提到"参照拙著《中国东北地理》(南开中学课本)"⑦推测,最晚在10月初已经出版。当时为南开中学学生的何炳棣后来回忆起这本教材,感叹道:"这本教材无疑义地是当

① 参见刘岳兵编《南开日本研究(1919—1945)》一书的前言及附录。

② 满蒙生译:《满蒙是第二朝鲜》(《南开大学周刊》(第49期,1927年12月),见刘岳兵编《南开日本研究(1919—1945)》,南开大学出版社,2019年,第343页。

③ 张伯苓:《日本人侵略东三省对中国人民生活幸福的威胁》(1928年7月12日),见梁吉生、张兰普编:《张伯苓教育佚文全编》,人民教育出版社,2019年,第124页。原文为英文,张兰普翻译。

④ 参见刘岳兵编:《至竟终须合大群》,江苏人民出版社,2020年,第552~553页。1929年5月,蒋廷黻调至清华大学任历史系主任。后与傅斯年、方壮猷、徐中舒、萧一山共同编撰《东北史纲》,结果只有傅斯年的第一卷古代之东北出版,其编撰动机与主旨见该书"卷首 引语"。对该书的研究,参见前述叶碧苓论文。

⑤ 收入刘岳兵编《南开日本研究(1919—1945)》一书。

⑥ 2015年8月,南开大学出版社以《八十四年前的东北地理教本》为书名将该书影印出版。张心龙为该影印本写的《重印序》和刘运峰的《南开〈东北地理教本〉重印记》(《中国编辑》2016年第4期)对原书编辑的缘由、内容、历史意义和现实意义等做了比较详细的论述。

⑦ 傅恩龄:《日人强占东北之由来,及吾人应有之认识》(高仲元记录),见刘岳兵编:《南开日本研究(1919—1945)》,南开大学出版社,2019年,第463页。

时国内有关东北地理有限著作之中最好的一部。举国上下悲愤之际,都知道东北地旷人稀,资源丰富,对祖国将来的建设极为重要,但只有南开中学才能以扼要的科学知识和大量的统计数字教导学生加深了解何以东北对祖国是那样重要、神圣。"①

该教本分地理、行政、交通、富源、工业、商业、辽东半岛与日本租借地、中东铁路公司与南满铁路公司、葫芦岛与大连之比较观、哈尔滨经济情形、东北中外之移民、呼伦贝尔及兴安区经济情形、东北与国际之关系、结论——东北问题之解决方策如何,共十五章。内容明显以经济为主,难怪历史学家何炳棣在回忆时将该书书名记成了《东北经济地理》,这也与傅恩龄的经济学背景(1927年毕业于庆应大学经济学部)有关。实际上,该书作为新开设的必修课教材,也与东北研究会的教育方面的目的,即"调查、讲演,报告日俄两国情况及其在我东北各种经营概况"相吻合,也体现了南开务实、扎实的学风。这种务实精神,还体现在重视自我反省、勇于承当责任上。比如在第七章论述辽东半岛日本租借地时就指出:"甲午一役辰巳一役,皆与此间租界历史有重大之关系。俄既得之而复失之,日本始得之,继失之,终复得之。而为之主人者,乃袖手作壁上观,一听他人之争夺劫杀而莫能置喙于其间,亦可哀矣。此间租界期满,能否收归吾有,尚为未来之问题,无由悬测。要之自今日观之,他人之所以处置此土者,其视已割之台湾有以异乎?此则吾人之所为怆然欲绝者矣。"②而全书是这样结尾的:"东北之权益,既由吾人失之,故东北所失权益之规复,其责任亦应由吾人负之。简而言之,东北问题之解决,在于吾人者多,而在于他人者寡。中国建设成功之日,恐即东北问题完全解决之时也。"③也就是说,东北问题,不只是个理论的问题,更重要的是实践的问题、切己的问题。

南开大学的东北研究会自其成立之时起,就引起了日本官方的注意,而且派特务跟踪研究会的东北调查活动。④1937年日本全面侵华战争爆发之后,南开学校遭到日军的轰炸,就是因为南开是抗日的基地。

---

① 何炳棣:《一个可以向全世界挑战的纪录》(1979年9月18日),《天津文史资料选辑》(第八辑),天津人民出版社,1980年。见《南开大学校史资料选编(1919—1949)》,南开大学出版社,1989年,第392页。

② 傅恩龄编著:《八十四年前的东北地理教本》(上册),南开大学出版社,2015年,第285页。"辰巳一役"即"甲辰乙巳一役",指日俄战争。

③ 傅恩龄编著:《八十四年前的东北地理教本》(下册),南开大学出版社,2015年,第293页。

④ 参见前述刘岳兵编《南开日本研究史料编年初稿(1898—1945)》中1928年的相关史料。

余 论

以上就日俄战争前后以来不同历史时期中日双方关于中国东北问题论争的一些事例进行了介绍与分析。中国学者的一个显著的共同特点,就是在主权问题上的始终坚持。但是,在"话语权"的自觉上,中国方面有一个认识的过程,这集中体现在对"满洲""满蒙"这个用语的沿袭和警惕、更正上。南开大学的"满蒙研究会"更名为"东北研究会",就是一个很好的说明。后来在《东北地理教本》第二章"行政",专有一款辨析"东北行政区划上正确之名称",特别提示:"事虽微末,关系至大,凡我国人均望注意。""'满洲'在当时不过一部落之名,充其量仅能代表现在辽宁之兴京一县,或其附近各地,决不能将东北,概称为'满洲'。且东三省本为吾国之领土,既有定称,而他人何得任意变更。今外人竟居然统名之曰满洲,或曰南满北满。殆故意为此,以冀达其侵略东北之野心乎! 故吾人对此,实应加以纠正,决不能任意盲从为帝国主义者所欺蔽也。"①第二年,傅斯年的《东北史纲》在正文之前也专设一篇《论本书用"东北"一名词不用"满洲"一名词之义》,开篇即警示曰:"日本及西洋人之图籍中,称东三省曰'满洲',此一错误,至为浅显,而致此错误之用心则至深。"②

日本对中国东北的觊觎,从"利益线"到"生命线"以至于武力侵占,最终导致日本自身的覆灭,这个过程,即是近代日本军国主义膨胀和帝国主义瓜分世界的国际形势所致,也是近代中国忍辱负重、浴血奋战,最终取得胜利而扬眉吐气的艰辛历程。这个过程中,御用学者的曲学阿世、强词夺理,他们作为军国主义的帮凶,将同侵略者一同被钉在历史的耻辱柱上。而经得起历史考验的真正的学术研究成果,从来就不分国界,一直在交流和传播。如上所述蒋廷黻对矢野仁一的推介与批评就是一个典型的例子。而傅斯年的《东北史纲》(第一卷)的《卷首 引语》中更加明确地表示:"日本学人近于东北史地之致力颇有功绩,今亦引其吾人得见而可信者,借以循是非不以国界为限之义,且以见日本治历史者,如公实立言,亦只能将东北史作为中国学之一部研究之,亦不能不承认东北史事为中国史事之一部,其地或为中国郡县,或为中国藩封,且东北在历史上永远与日本找不出关系也。史学家如不能名白以黑,指鹿为马,

---

① 傅恩龄编著:《八十四年前的东北地理教本》(上册),南开大学出版社,2015年,第46页。
② 欧阳哲生编:《傅斯年文集》(第2卷),中华书局,2017年,第394页。

则亦不能谓东北在历史上不是中国矣!"①无独有偶,东北史研究大家的金毓黻在1941年印行的《东北通史》上编的《卷首 引言》中感叹"研究东北史之重心,不在中国,而在日本",同时指出:"以乙国人,叙甲国事,其观察之不密,判断之不公,本不待论。重以牵强附会,别有用意,入主出奴,积非成是,世界学者读之,应作如何感想。是其影响之钜,贻患之深,岂待今日而后见。"②学术报国,当选正途。

对历史人物的评价,也要注意其复杂性,注意在不同时代的变化,而尽量避免将人物标签化。比如尾崎行雄,如前所述,他在日俄战争之前主张东北宁愿归俄国所有也不要归中国,明确表示:"就让中国像今天这样没有真正的独立吧,换言之,即任列国分割好了,这样反而对我国有利。"③但是后来,他对伪满洲国的成立是持批判的态度的。他说:"如果让三千万住民自由投票的话,其大多数是反对(伪)满洲国的吧。而且如果没有日本的武力与财力援助,(伪)满洲国恐怕维持不了数月就会崩溃。这种形势,十指所指,十目所见,谁能认识不到呢。"因此他得出了与日本政府完全相反的结论:"(伪)满洲国如世间一般所认定,正是日本的傀儡,而决非独立的国家。想以与其缔结的条约具有国际价值,终究不过是不可能的徒劳。"④而且他指出"(伪)满洲国的要人大多数为了利益而卖国求荣的小人",而"帮助卖国者建国,何谈忠义之道"? ⑤像尾崎行雄这样的日本议会民主主义的代表性政治家,其政治思想与中国观是值得进一步深入研究的。

本文原刊载于《南开学报》(哲学社会科学版)2022年第1期,得到了国家社会科学基金重大项目(19ZDA217)的资助。

作者简介:

刘岳兵,1968年生于湖南省衡南县,中国社会科学院哲学博士(2001年)、日本关西大学文化交涉学博士(2020年),现任南开大学日

---

① 欧阳哲生编:《傅斯年文集》(第2卷),中华书局,2017年,第393页。

② 金毓黻:《东北通史》(上编六卷),五十年代出版社,1944年,卷首引言,第2页。

③ 尾崎行雄:《再び満洲問題に就て》(1903年10月),《尾崎咢堂全集》(第5卷),尾崎咢堂全集刊行委员会,1962年,第87页。

④ 尾崎行雄:《墓標に代へて》(1933年),《尾崎咢堂全集》(第8卷),尾崎咢堂全集刊行委员会,1962年,第9页。

⑤《尾崎咢堂全集》(第8卷),尾崎咢堂全集刊行委员会,1962年,第10~11页。

本研究院教授、院长,主要从事日本思想史、中日思想文化交流研究。主要著作有《日本近代儒学研究》(2003 年)、《中日近现代思想与儒学》(2007 年)、《日本近现代思想史》(2010 年)、《近代以来日本的中国观 第三卷(1840—1895)》(2012 年)、《"中国式"日本研究的实像与虚像》(2015 年)、《近代中日思想文化交涉史研究》(2019 年)、《南开日本研究史料纪事编年》(编著,2023 年)等。

从"文明象征"到侵略利器：近代日本在华图书馆的职能嬗变

万亚萍

引 言

近代日本图书馆事业是明治维新文明开化政策的一环，日本社会的变革又为其图书馆文化发展提供了契机。近代日本人在华创办图书馆是旧中国半殖民地半封建社会下的一个特殊现象。1901—1945年，在我国台湾、东北、上海、北京、天津等地开办了大大小小近百所日本图书馆。目前，学界针对日本在华图书馆的研究视角主要集中在以个案研究为主的图书掠夺和破坏、文化摧残等文化侵略方面，对其本源性、根本性问题的探究还不够。事实上，早期日本侨民"有志者"在华创办的图书馆，很大程度上是作为"文明象征"而设立的。后来，受国际局势及中日关系的影响，大量的职业图书馆人来华"谋业"，图书馆"社会教育"机构的功能凸显，军政当局试图利用图书馆这一"工具"加强在占领地的文化统制。二战前后，尤其是在战时日本总动员体制下，在华日本图书馆背负起特殊"文化使命"，越来越多的从事各种带有殖民侵略色彩的文化、教育活动，沦为日本对华文化侵略的利器。系统考察近代日本在华图书馆社会功能的嬗变，将对客观描述近代日本在华图书馆活动的文化侵略性质提供依据。

一、作为"文明开化"象征的在华日本图书馆

明治维新以后，作为文明开化的成果之一的日本近代图书馆事业得到发展。日本文部省书籍馆在创建以后，从开始的居无定所，后几经辗转，又回到上野公园旧址。图书馆与上野公园无形之中便形成了地理上的牵引。在明治年间出版的风景图绘，尤其是明治维新后不久出版的各种名胜图绘，如《开化东京名胜图绘》《东京名胜之·上野山一览图》等均把上野公园作为人文景观倍加推崇。位于上野公园的"近代图书馆"，自然也是被标榜的近代文明开化的产物之一。1890年，小川尚荣堂出版的《东京名胜图绘》中，东京图书馆已独立

于上野公园单独在列。①在日本的宣传引导下，当时赴日参观考察的外国人大多将"上野图书馆"作为主要"景点"游览之地，在他们的游记中或多或少存在一些日本图书馆的相关记载。随着日本殖民扩张步伐的加剧，在国内被宣传、标榜的图书馆文明逐步带至海外。早期日本侨民在海外创办的图书馆，很大程度上都是作为"文明象征"而引入的。

(一)作为"新地标"的"台湾文库"

发端于1898年的台湾文库，被认为是日本在中国台湾图书馆事业的嚆矢，也是日本在海外殖民地创办的第一个图书馆。对于其"文明象征"的职能，从其"成立宗旨"便可窥知一二。

"台湾乃南海一个孤岛，所在僻远，人文未开。由此，居住于斯土者，条件不若中央之水准，可谓理所当然。更因社会秩序未上轨道，有使人们行为未臻理想之嫌。如今，欲矫正此种弊端，实有强化自学充实之必要。而所谓自学充实，则非设置公共图书馆不可。"②

依"宗旨"所言，当时中国台湾"人文未开"，设置公共图书馆是以丰富知识促进中国台湾民众的"文明开化"，而公共图书馆即是文明的象征。1901年1月27日，台湾文库举行开馆仪式，馆址设在当时的"淡水馆"。"淡水馆"的前身是清光绪六年(1880年)由台北知府陈星聚等募资创建的登瀛书院，光绪十六年，知府雷其达奉命修缮，建筑新舍，此后即成为中国台湾的文化地标，"四方学者就读于此者甚众"。③日本据台后将此文化地标改为官员俱乐部，并更名为"淡水"馆。背负"文明象征"的台湾文库选址于此，是希冀此处能成为中国台湾的新文化地标。

台湾文库存续时间不长，由于受到台北市区规划变更以及"淡水馆"的木质结构腐朽老化、文库经费短缺等因素的影响，于1906年8月正式关闭。其馆藏1.3万册图书几经辗转后被1915年开馆的"台湾总督府图书馆"继承，也正因为如此，台湾文库被认为是该馆的前身。但二者的职能有着根本的区别，由日本官方指导成立的"台湾总督府图书馆"乃是日本在台进行文化统制、"思想善

---

① 中野了随:《東京名所図絵》，小川尚栄堂，1900年，第155~156页。
② 据中国台湾学者林景渊《日据时期的台湾图书馆事业》(南天书局，2008年)一书，该宗旨发表于1898年创刊的《台湾协会会报》(第18期)。
③ 季啸风:《中国书院辞典》，浙江教育出版社，1996年，第357页。

导"的机构。

（二）日本模式的"清国日本图书馆"

近代天津的公共图书馆事业可追溯至八国联军侵华后在天津设立的都统衙门时期。都统衙门总秘书处的汉文秘书丁家立曾提出在天津兴建公共图书馆的设想，并提交了具体方案。但直到1902年8月都统衙门关闭，该计划并未付诸实施。1905年8月开馆，由井上勇之丞、原田俊三郎等十余名在津日侨发起成立的"清国日本图书馆"，是近代天津最早的公共图书馆。该馆仿照日本俱乐部经营模式，采用会员制，选举推荐会长1名、评议员20名，缴纳会费的会员可以免费阅览图书，非会员则要另外收费。该馆的创办初衷是为居住在天津的日本人及其子女提供文化、教育上的便利，几乎是原封不动地将日本图书馆模式搬至中国。

"清国日本图书馆"的性质很快就发生了转变，并随着管理者的变更而几易其名。1908年以后，随着军政力量的介入，该馆表面上看来是为普通日本居留民提供服务的通俗图书馆，实质上是为侵华日军提供了大量书刊资料和重要情报信息的参考图书馆。学界对此也有诸多研究，不再赘述。

二、作为文化输出工具的在华日本图书馆

明治、大正时期，日本学界、政府在文化输出的动力下主动向中国知识分子输出文化——德育、法律等都成为文化产品。而在华图书馆是日本"对华文化机构"的重要组成部分，既是文化输出的"产品"，又是输出文化的"工具"。利用图书馆这一"工具"加强文化统制，这并非日本原创，英国在其殖民地经营中实践过。日本学习西方经验也有迹可循，如由日本外务省拓殖局编辑的《拓殖局报》（第22辑）列举了英国在殖民地的经营机构，其中便有"殖民图书馆"的描述，涉及殖民省附属图书馆及各殖民学校附属图书馆等。①然而，日本人将图书馆在侵略活动中的作用发挥得淋漓尽致，这在朝鲜及中国台湾、东北地区的日本图书馆均可窥见端倪。

---

① 拓殖局：《拓殖局报（第22）各国殖民厅施设梗概》，拓殖局，1911年，第23页。

(一)"满铁"图书阅览场的社会教育属性

"南满洲铁道株式会社"(简称"满铁")开办图书阅览场是遵照日本官方要求,其最初定位便是作为"文明输出"工具的社会教育设施。1910年2月3日,日本文部省向各地方行政长官发布关于建设图书馆的训令,[①]同年6月18日勒令第278号,更正了原图书馆令中的第五条,[②]文部省随即于该月30日发布"图书馆令施行规则"。[③]作为日本官方代理,"满铁"有在当时开办教育设施的义务,并根据"关于图书馆施设的训令"要求,所开办中小学内需附设相当规模的图书馆。因此,"满铁"附设的图书阅览场,几乎与其沿线小学校的建设同步进行。

1910年9月3日,"满铁"《社则》(第5号)上发布了"图书阅览场规程",明确了阅览场的图书分为三种,即巡回书库、常备图书和临时备用图书,各类图书的选择是在地方课的指导下由调查课具体实施。[④]在"满铁"沿线主要地区开设的图书阅览场增设巡回书库,主要是为了借助图书阅览扩大影响。1910年10月中旬开始,各图书阅览场逐步开放,最早建成的有瓦房店、大石桥、辽阳、奉天、公主岭、长春,而后是铁岭、开原、本溪湖、安东等地,至1913年6月已达10处。各阅览场的特色不一,针对各阅览场各自为政的情况,当时的"满铁"已然开始组织各馆间的联络合作,试图建立一种总分馆模式。[⑤]仔细推敲图书阅览场的性质便会发现,图书阅览场虽名为公立,但是图书的选择和配置权均为"满铁"所有。公立的图书阅览场和私立的调查部图书室,人为地想要促成总分馆的关系。"满铁"从一开始的定位便是日本帝国主义推行侵略政策的"国策会社",其下属的调查部图书室的经营目的,自然与"满铁"的宗旨保持一致。名义上作为公共文化设施的图书阅览场,实质上从一开始便是"满铁"文化侵略政策的一环。

由于经营差异,各阅览场存续时间不一,但其命运殊途同归。以"奉天图书阅览场"为例,虽然该阅览场建立较早,但由于奉天的"寒村"地位,一直不受重视。直到经张作霖治理,奉天在中国东北的地位上升之后,"奉天图书阅览

---

① 《圖書館ノ施設ニ關スル訓令(文部省)》,《官報》1910年2月26日。
② 《勅令/-/第278号 圖書館令中改正》,《官報》1910年6月20日。
③ 《省令/文部省/第18号/圖書館令施行規則》,《官報》1910年6月30日。
④ 《南滿洲鐵道株式會社圖書閲覽塲規程》,《図書館雜誌》1910年第10期。
⑤ 佐野友三郎:《南滿洲の圖書館》,《図書館雜誌》1915年第3期。

场"于1918年更名为"奉天简易图书馆"。1920年4月,公费运营的奉天简易图书馆归"满铁"私营后,奉天简易图书馆又更名为"满铁奉天图书馆"。作为参考图书馆的"满铁奉天图书馆",可谓日本"文装的武备"侵略思想的直接产物。

(二)"台湾总督府图书馆"的文化渗透职能

如前所述,"台湾总督府图书馆"继承了原台湾文库的藏书,但二者职能截然不同。如果说台湾文库等早期侨民自发建立的图书馆还曾具有"文明象征"的功能,那么,日本设立的"台湾总督府图书馆"的定位从一开始就是不折不扣的文化渗透工具。1914年4月13日"台湾总督府图书馆官制"第一条便明确规定该馆以"广泛收集,妥为保存古今国内外图书"为主要任务,并且明确该馆"受台湾总督管理",即由"台湾总督"任命馆长,馆长和司书均由"台湾总督府"高官担任。[①]日据时期,"台湾总督府图书馆"历任五位馆长,分别是隈本繁吉、太田为三郎、并河直广、若槻道隆、山中樵。首任馆长隈本繁吉于1915年8月6日就任,但其只是挂名的官吏,真正推动馆务的是太田为三郎。第四任馆长若槻道隆为代理馆长,其任期仅为两个月,因此在某些资料中并未提及此人。可以说,"台湾总督府图书馆"是在太田为三郎、并河直广、山中樵三位职业图书馆人担任馆长期间得到了继承性的发展。

太田为三郎曾任日本帝国图书馆司书官,受隈本繁吉邀请参与"台湾总督府图书馆"的草创事业,于1916年就任馆长。在其任上,太田为三郎设立巡回文库,设置儿童图书馆,并开始有系统地收集中国南方、南洋群岛文献资料。并河直广于1921年就任馆长,在此之前曾担任日本石川县图书馆馆长达10年。在任期间,除了延续了太田的管理制度,还注重图书的宣传推介,在训练馆员等方面也做了大量的工作。山中樵于1927年9月接任馆长,他曾长期担任新潟县立图书馆馆长,赴台后积极筹建图书馆网,试图扩大图书馆的社会影响,当年12月即筹办了"全岛图书馆协会"。在台湾的日本职业图书馆人将自身定位为"文化工作者",但其图书馆活动是建立在文化侵略基础上的,在台推动和发展图书馆事业,只是为了更好地服务于日本的侵略统治。"台湾总督府图书馆"从一开始就是不折不扣的文化渗透工具,乃是不争的事实。

---

① 《勅令/-/第62号/臺灣總督府圖書館官制》,《官報》1914年4月14日。

三、作为文化侵略利器的在华日本图书馆

如果说早期日本图书馆人在华创办的图书馆还曾具有"文化输出"的功能,对当地文化、教育发展产生一定影响。那么第二次世界大战期间,在华日本图书馆已全然变成日本进行文化侵略的利器。全面抗战爆发前夕相继建成的北京、上海近代科学图书馆,便是在日本推行"大陆政策"的背景下建立的。"满铁"各馆组成的"满铁图书馆业务联合会"、以"台湾总督府图书馆"为首的"全岛图书馆协议会"等成立后,甚至出现了成立"大东亚图书馆协会联盟"的幻想,试图在东亚范围内搭建以日本为中心的图书馆情报网。这些机构的主动权被日本当局牢牢控制,其发展轨迹自然与日本的对华政策相辅相成。

(一)北京、上海近代科学图书馆的"使命"

"华北事变"后,日本为了配合即将全面发动的侵华战争而在文化事业上做了方向性的调整,日本外务省随之转变,出台了"新规事业"(也称"新计划"),即筹建中日学院附设农事试验场、华北产业科学研究所、北京日本近代科学图书馆以及上海日本近代科学图书馆。以此为契机,北京近代科学图书馆、上海近代科学图书馆相继建立。

"北京近代科学图书馆"于1936年12月5日正式开馆,成立初期由日本外务省文化事业部主管,其运营经费从"对华文化事业特别会计助成金"中拨付。1939年以后,该馆转由兴亚院主管,外务省严格限定该馆经费的使用范围,仅限于图书馆的日常经营、北京西城日语讲习所兼新闻杂志阅览处的经营、选购日本近代科学之图书、举办以普及日本科学知识为目的之集会等。日本大力支持该馆推广日语教育、举办各种展览会等集会活动,目的是通过宣传日本文化和精神,以增进北平市民的"亲日意识",巩固其在华北的侵略。

"上海近代科学图书馆"于1937年3月正式开馆。成立伊始,由于人事与管理机制不完善以及战事开始等原因,初期运营不甚理想,一度闭馆。1938年6月复馆后,通过调整人事与管理机制、改善馆藏、强化阅读服务等手段,使得"上海近代科学图书馆"的发展迎来"短暂的春天"。①"上海近代科学图书馆"也于1939年以后转由兴亚院补给经费。日本不仅从经济上严格管控上海近代

---

① 石嘉:《抗战时期日本在上海的文化侵略——以上海日本近代科学图书馆为例》,《江苏社会科学》2015年第1期。

科学图书馆的运营,还加强对该馆的日常管理,规定该馆馆则、运营规程的制定与改废、图书馆出版物的采购发行等事项,除了必须经过外务大臣或上海日本总领事批准审核外,还得随时向外务大臣及上海日本总领事汇报该馆的运营和利用情况。这一方面是为了操控上海近代科学图书馆以全面配合其侵华国策,另一方面是欲通过此类调查,刺探文化情报。

日本非常重视在上海的"文化事业",认为在上海租界的文化工作比中国其他地区具有更重要的"使命",即通过鼓吹"东洋民族觉醒",排挤欧美国家在沪之势力及清洗租界内的抗日力量,以实现日本在上海乃至全中国的主宰地位。上海近代科学图书馆对于贯彻加大日本文化宣传,强化对华文化楔入的"使命"不遗余力。在日本政治动机的支配下,北京、上海近代科学图书馆无不成为日本侵略、控制我国华北、华东地区的重要机构,沦为日本对华侵略的帮凶。

(二)"中日图书馆提携论"的本质

打着"中日提携"的幌子进行文化侵略,是日本人一贯的伎俩。借助庚子赔款金成立的东方文化图书馆,便打着"文化提携"的旗号,大肆收掠中国善本古籍。在1928年济南惨案发生后,该馆最终成为日方在华的"独占事业",不但未能给中国近代图书馆事业带来有利影响,更是成为不折不扣的日本倒卖中国古籍的据点。[①]"中日图书馆提携论"是在近代"中日提携"思想泛滥的大背景之下提出的,建立在日本侵略文化扩张和日本近代图书馆事业大发展的共同作用之下。其主要提倡者是在华日本图书馆人。从最初成立的日本图书馆协会的"(伪)满洲支部",到最终夭折的"大东亚图书馆协会联盟",均是日本意欲在华进行图书馆文化统制的直接证据。

卫藤利夫[②]正式提出"中日图书馆事业协作"是于1921年4月在日本召开的第16次全国图书馆大会上。他以促进中日图书馆协作为由,迫切期望成立东亚图书馆协会或日本图书馆协会"(伪)满洲支部"。卫藤利夫就"如何在图书馆事业上实现中日合作"提出了具体方案,即远景目标是"寻找一个适当地

---

① 王古鲁:《日本之中文圃》,《图书馆学季刊》1935年第2期。

② 卫藤利夫,1883年出生于日本熊本县,东京帝国大学文科大学毕业后,曾留校担任司书。1919年7月,受"满铁"邀请来到伪满,任"满铁"大连图书馆司书。1920年2月,抵达奉天,担任公费运营的奉天简易图书馆主事。1920年4月1日,奉天简易图书馆改归"满铁"私营,卫藤利夫任"满铁"奉天图书馆长,直到1942年1月辞职归国,是近代在华日本图书馆界的主要头目之一。

点,营建一座汇集东亚文献的大图书馆,并以之为中心,形成一个东亚研究的机构抑或是大学;近景目标是扩大如日本图书馆协会之类组织的范围,将中国容纳进来,成立一个东亚图书馆协会之类的组织,方便日本各地的图书馆长及其从业者在中国开展"亲善"活动。卫藤利夫认为,在中国东北地区从事图书馆行业的日本人,已达百人以上,从地利上而言,与中国方面的接触机会更多些,双方互相协力,可行之事数不胜数,实现这个目标"不一定是难于登天之事",而第一步便是建立据点。①

在近代中日战争局势下,在华日本图书馆无不成为日本侵华势力的帮凶。卫藤利夫所经营的"满铁奉天图书馆",从一个馆藏3000册的简易图书室最终发展成与"满铁"大连图书馆、哈尔滨图书馆齐名的"满铁三馆"之一,在相关文献收集与整理、汉籍收掠等方面臭名昭著。随着日本对华侵略的加剧,"满铁"各馆逐渐走向联合,成为日本侵略者扩大政治宣传的重要组成部分。七七事变后,北平、上海近代科学图书馆与"满铁"图书馆遥相呼应,构成在华日本图书馆网。日本图书馆人卸下伪装,在所侵占的地区大肆进行文献掠夺,开展文化侵略的同时,战时环境下畸形发展的日本图书馆管理制度、文化精神被带入中国。太平洋战争后,在华日本图书馆界还阴谋策划"大东亚图书馆协会联盟",②但由于日本当局各方势力的权利角逐,卫藤利夫的离职回京,日本战局扭转等因素影响,这一谋划进展迟缓,并最终随着1945年日本战败投降而彻底流产。

四、近代在华日本图书馆功能嬗变的动因

侵华战争时期,在华图书馆成为日本对华文化侵略的利器,其进行的文献掠夺、日语教育、文化展览、战地文库等一系列活动,都是赤裸裸地为战争助力。日本在华图书馆的行为正是近代日本文化扩张性的表征。而日本在华图书馆的这一属性特征,与其本土图书馆文化发展不无关系。

(一)近代日本图书馆文化的扩张性

近代日本,与亚洲其他国家一样面临这个两难的问题,即在吸收西方文化

---

① 衛藤利夫:《圖書館事業に於ける日支提携の實行策如何》,《図書館雑誌》1921年总第45期。

② 《大東亞圖書館協會聯盟結成への下準備》,《図書館雑誌》1942年第11期。

的同时,如何保持自己民族传统文化的活力,并使之成为实现近代化的精神动力。在这个问题上,日本选择了"东西思想文化融合"的路径,而这也成为近代日本文化发展的基本规律。日本文化的"摄取性"属性,决定其文化兼具主体性和开放性的基本特征。明治维新以后,随着近代日本经济发展及国力的提升,其对外扩张的步伐越来越快。在日本的占领区,日本文化逐步渗透,图书馆文化亦在其中。近代日本主动对外扩张输出图书馆文化的突出表现是其海外图书馆的建设。

20世纪初在华创办的日本图书馆,其发起人以有志者或民间团体居多,其办馆初衷多是便宜来华日本人及其子女教育,故而藏书建设以日文书刊为主,也极少举办日本文化相关展览会。而随着日本官方的介入及日本侵略势力的增强,日本在中国东北政治、经济能力的提升,以"满铁图书馆"为主的在华日本图书馆开始大肆收掠中国古籍文献,包括中国方志、地图等。另一方面,在华图书馆的服务对象范围不断扩大,中国读者人数大幅上升。而面向中日两国人的文化展览活动、语言培训、图书馆教育活动等也在馆内多次举办。日本政府和军方打着文化扶持的幌子,在中国实施文化渗透与文化侵略。近代日本图书馆文化输出中的扩张性,在其侵华战争时期表现得淋漓尽致。以卫藤利夫为首的在华图书馆人提出并大肆宣扬"中日图书馆提携""大东亚图书馆联盟"的口号,意在塑造日伪政权"中日亲善""共存共荣"的假象。以伪满洲国为例,其"国立中央图书馆"从策划到成立均是出自日本人之手,"(伪)满洲国国立图书馆"成立后所开办的"资料文献讲习会""开拓地读书资料讲习会"等图书馆教育活动、伪满洲图书馆协会①组织召开的"全国图书馆大会"均受日本人控制。

(二)战时日本图书馆思想畸形发展

近代日本图书馆事业的每一次大的变革均与其国家政策息息相关,而依附于此的近代日本图书馆文化的演进也是变革的产物。1896年,在首任帝国图书馆馆长田中稻城等人向帝国议会提交的《帝国图书馆成立方案》中,将东京图书馆在中日甲午战争中所发挥的参考咨询作用作为东京图书馆的主要功能之一加以详细说明,以达到其扩建东京图书馆为帝国图书馆的目的。文中

---

① 1939年12月,伪满洲图书馆协会在长春成立,第一任会长荣厚。协会成立后,发行会刊、开办讲习会等图书馆员教育活动相继开展。

指出，在甲午战争期间，到东京图书馆查阅地理、财政、政治、战事等相关参考资料的个人和机构大有人在，记载朝鲜、中国情况，尤其是一些与战争结局相关的藏书，为国务提供了重要参考。文中还强调"倘若当时该馆不具备这些，定会造成诸多不便，后果不堪设想"。[①]文中标榜东京图书馆的战争助力作用，暗含东京图书馆扩建为帝国图书馆，将能够进一步提升服务能力，为战争服务也是帝国图书馆的"使命"之一。帝国图书馆第二任馆长松本喜一[②]则将这一"为战争服务"的使命诠释得淋漓尽致。松本喜一担任帝国图书馆馆长长达20余年，入职之初，因其非专业背景担任馆长职务，日本图书馆界颇为不满，虽然后来松本曾留洋学习图书馆学，但终其一生都是"与文部省关系紧密"的官僚教育者的人设，用日本图书馆史学者石山洋的话来说是个"对图书馆一无所知的人"，[③]与首任馆长田中稻城的图书馆学家形象形成强烈反差。然而，松本喜一任职期间不断打压异己，最终达到日本图书馆界权力的巅峰。

松本喜一是狂热的战争鼓吹者，在其领导下，不论是日本图书馆事业还是图书馆教育的发展轨道都有所偏离。松本喜一于1923年1月接管图书馆员教习所（1925年更名文部省图书馆讲习所）。作为文部省图书馆讲习会的当权者，松本喜一在进行演讲时频频发表鼓吹战争的言论。他曾说道："近代战争并非单纯的武力战，也是经济战、文化战、体现国力的总体战，因此在振兴国民精神乃至涵养国力方面，扩充图书馆等文化机构便迫在眉睫……图书馆人在'圣战'中的重要任务是收集和活用文化财产。"[④]

随着文部省图书馆讲习所的壮大，历届毕业生成为日本国内和海外图书馆的主力。据"芸草会会员名录"记载，截至1931年图书馆讲习所成立10周年之际，"满铁图书馆"已派出10余名馆员赴文部省图书馆讲习所进修，1931年后，"满铁图书馆"仍以每年2~3的惯例派遣进修学员。而这些人也正是松本喜一所说的"图书馆人的重要任务"的实践者，他们大肆收掠中国方志、地图等图书资料，进行文化调查刺探战争情报，成为侵华势力的马前卒。总体战体制下的日本战时政策迫使其近代图书馆学术研究中断，图书馆职能突变，图书馆精

---

①《帝国図書館設立案》，帝国図書館，1896年，第6页。

② 松本喜一（1881年8月12日—1945年11月13日），初为文部省官僚，1921年被派遣进入帝国图书馆就职，继田中稻城后成为帝国图书馆第二任馆长。

③ 森茜：《"図書館学校"創設90周年を記念して》，《図書館情報学橘会会報》2011年第12期。

④ 松本喜一：《戦争と文化》，《図書館講習所同窓会会報》1939年第5期。

神文化扭曲,在华日本图书馆在其"国策方略"的指导下所进行的学术传播活动也发生了质的变化。

总而言之,近代日本人在华创办的图书馆经历了从"文明象征"到"文化输出工具"再到"文化侵略利器"的社会职能的嬗变。这一嬗变轨迹正是近代日本文化扩张性的表征,同时也从侧面反映了战时日本图书馆事业的畸形发展。日本在华图书馆的发展轨迹也是日本对华文化政策演变的缩影。通过深入挖掘近代在华日本图书馆史,探究日本对华政策两面性之本质,能更大程度上还原日本侵华史的真相。

本文原刊载于《北华大学学报》(社会科学版)2022年第1期,得到了国家社会科学基金青年项目"在华日本图书馆人的角色嬗变研究(1901—1945)(19CTQ004)"的资助。

作者简介：

万亚萍,女,1986年生,河南周口人。曾先后就读于河南科技大学外国语学院、武汉大学信息管理学院、南开大学日本研究院,获管理学硕士、历史学博士学位。现为南开大学历史学院博士后研究人员,天津社会科学院日本研究所副研究馆员,主要从事中日思想文化交流史、中日图书馆比较研究。主持国家社科基金项目1项,主持并完成省部级课题项目1项、局级课题项目3项,在核心期刊公开发表学术论文10余篇。

明治天皇御医贝尔茨对日本医学近代化的反思

田　妍

　　明治时期,日本医学逐渐由以汉方医学为主导转变为系统学习西方医学,近代医学教育和研究得以推行。研究这一阶段的医学史,既要分析医学的发展逻辑,又要关注医学与日本社会的互动,以理解医学在日本现代化过程中所扮演的角色和所发挥的作用。目前,国内对明治维新期间医学近代化的讨论相对较多,[1]但对明治维新期间的医学与日本文化的冲撞研究较少。然而,仅凭日本人对当时历史的记述,很难对日本医学的近代化问题有相对全面的认知,因而需要一个第三方视角。

　　德国教师埃尔文·贝尔茨(Erwin Baelz,1849—1913年)的是东京帝国大学的德国奠基教师之一、天皇的御医,他在日本度过了29年的时间,作为高等学府中的医学教师、日本最高权威的御医,对西方科学与日本文化的互动有着很深的体察。在有关贝尔茨的研究中,有学者研究了贝尔茨的人生经历,[2]还有学者介绍了贝尔茨对当时德国政府的批判,[3]亦有学者研究了德国医生前往日本的这段历史,讨论了明治时代德国医学与日本医学的碰撞。[4]但是,贝尔茨对于科学和文化的认知并没有得到足够的重视,而这一思想对于理解日本医学近代化的历程有着重要作用。作为中国学者,剖析贝尔茨的思想,反思科学的本质及其与东方文化的互动,以期为中国科学研究的现实问题提供一些参考。

---

　　① 参见邹小凤:《近代日本汉洋医学之争探析》,四川师范大学硕士学位论文,2012年;牛亚华:《中日接受西方解剖学之比较研究》,西北大学博士学位论文,2005年;酒井泰治、李达顺:《“江户时代”后期日本引进西方文化的实况及背景——考察中日两国接受西方文化的异同》,《自然辩证法研究》1991年第10期;潘桂娟:《日本汉方医学的起源与兴衰》,《中华中医药杂志》2005年第12期;陈巍:《近代日本对西方医学的接受》,《世界历史评论》2020年第3期。

　　② 安井広:《ベルツの生涯 近代医学導入の父》,思文閣,1995年。

　　③ 高辻正久:《ベルツの黄禍論批判とその特徴》,学習院大学ドイツ文学会研究論集,2017年第21期,第151~170頁。

　　④ Hoi~eun Kim, *Doctors of Empire: Medical and Cultural Encounters between Imperial Germany and Meiji Japan*, Toronto: University of Toronto Press, 2014.

一、从莱比锡大学到东京大学：西方医学与日本医学的碰撞

贝尔茨对日本医学近代化的反思，源于三个方面：一是贝尔茨具有前往日本任教并成为天皇御医的独特经历；二是贝尔茨对西方医学有着一定的认知和反思；三是贝尔茨发现了日本在接受西方医学过程中存在的问题。

1849年贝尔茨出生于德国施瓦本，1866年进入图宾根大学医学部学习，并于1869年转学到莱比锡大学。1870年，贝尔茨应召作为野战医院见习军医参加普法战争，之后回到莱比锡大学担任病理解剖研究室的助手。1872年，贝尔茨从莱比锡大学医学部毕业。1875年，在莱比锡大学附属医院工作的贝尔茨治疗了日本留学生相良玄贞，二人结下了深厚的友谊。此后，贝尔茨回到莱比锡大学内科研究室工作。1876年，经时任医学考察事务官的相良玄贞的引荐，贝尔茨前往东京医学校担任教师。

贝尔茨任教期间，教授了生理学、内科学、病理学、精神医学、临床等课程，并写作了《内科学》教科书等著作，收获了学界和学生的赞誉。1890年，贝尔茨治好了皇太子（之后的大正天皇）的疾病，并通过增强锻炼和营养的方式使皇太子的体质得到增强。此外，贝尔茨还治疗了皇太后的肺炎，因而获得了明治天皇的信任。天皇决定任命贝尔茨为皇室御医，重病时请贝尔茨对诊。[①]贝尔茨曾任帝国教育会名誉会员、日本医学大会名誉会长等职，离日前设立了贝尔茨基金，以奖励在物理疗法上有突破的研究者。贝尔茨去世后，大正天皇专程向德国发去对贝尔茨的吊唁。贝尔茨的研究主要包括医学研究和人类学研究，其中医学研究包括出血性梅毒、脚气病[②]、日本风土病等研究，人类学研究包括日本、韩国等国的民风和民俗研究。

基于这样的人生经历，贝尔茨不仅继承了近代德国医学的科研和教学传统，还对日本医学的近代化有着深入的思考。他对日本医学近代化的反思之所以值得重视，有如下几点原因：在社交关系方面，贝尔茨与皇室、以东京大学

---

① ショットレンダー著，石橋長英訳：《エルウィン・フォン・ベルツ：日本に於ける一ドイツ人医師の生涯と業績》，日本新薬，1971年，第116~118頁。

② 脚气病在当时的学界颇有争议，贝尔茨从西医的角度出发，认为是一种有传染性的多发性神经炎，这一结论之后被证明是错误的。

为代表的学界①、政界②等有着频繁的交流;在个人经历方面,贝尔茨见证了天
皇莅临的东京大学医学部开校仪式、新宪法的颁布、第一次议会召开、甲午战
争等一系列重要的历史事件;在所处立场方面,身为受聘到日本的德国教师,
贝尔茨的观点既有医学研究者的专业度,又相较于日本人更为客观;从对日本
文化的熟悉程度而言,贝尔茨到日本后很快便学会了日语,③之后与日本女性
荒井花子结婚并育有一儿一女,在德国被誉为"日本人贝尔茨"。总之,贝尔茨
亲历了大量日本近代政治、经济、科技、教育的历史,他对日本近代化的观察有
着极高的价值。

在贝尔茨来到东京大学医学部的前身——东京医学校之前,已经有一部
分德国教师受明治政府所聘来此任教。普法战争的胜利使得日本人认识到了
德国的国力,并在向英国还是德国学习这一问题上选择了后者。在日本政府
看来,不仅要模仿西方,更要移入西方科学技术的原动力,在此基础上超越西
方。然而,与这种盲目推崇西方医学的观点相左,贝尔茨认为应当辩证地看待
西方医学,正视日本传统医学和文化的价值。

二、辩证看待西方医学

在医学观方面,贝尔茨继承了德国近代医学中的实证主义传统,强调内
科与外科、预防与治疗的结合。19世纪中叶,德国有很多医生认为瘴气是引
发各种传染病的原因,而贝尔茨的老师——被称为"德国第一的内科医生"
的卡尔·温德里奇(Carl Wunderlich,1815—1877年)教授则坚决反对这种观
点。在温德里奇看来,医学是建立在实证体系上的,医生必须是实证主义者,
因此他支持细菌致病理论。贝尔茨继承和发扬了温德里奇的观点,既强调医
学的科学性,又认为医学研究不能只依靠某一学科的理论,还要进行综合判
断。因此,不能仅靠外科手术治疗疾病,还要将外科和内科相结合,例如鼻炎
和淋病等无法通过外科治愈的疾病,需要交由内科医生诊治等。此外,药物
和医疗器具不是万能的,应当注重增强患者的体质,过度医疗不利于患者身

---

① 包括绪方正规、高桥顺太郎、石黑忠德、北里柴三郎等。
② 包括伊藤博文、大隈重信、菊池大麓、井上馨、青木周藏、板垣退助、岩仓具视、清廷出使日
本大臣李经方、德国公使等。
③ ショットレンダー著,石橋長英訳:《エルウィン・フォン・ベルツ:日本に於ける一ドイ
ツ人医師の生涯と業績》,日本新薬,1971年,第80頁。

体的恢复。①

在医学实践问题上,贝尔茨认为医生学习和研究不只是为了获得知识,更是为了治病。在治疗疾病方面,当时德国微生物学家罗伯特·科赫(Robert Koch,1843—1910年)发明了用于注射治疗结核病的结核菌素,但其药效尚未得到证实。贝尔茨指出,生命是有机体,不应只关注药物的效用,还要注重增强患者的体质。根据担任皇室御医的经验,贝尔茨强调要重视家庭医生的作用,因为这些医生既能支持、促进人们的保健,在人们虚弱、危险的时候也能实施救治。在教学内容方面,贝尔茨发现当时的医学课缺少对健康人体的介绍。然而,医生的对象是活人而非死人,应当注重医学实践与实际应用的结合。②在教学形式方面,贝尔茨强调教学的标准化和统一化。当时日本各个大学开设不同的医学课,学时也不统一。与此形成对照的是,德国的许多大学往往课程相同,学生可以自主去其他大学选课,这样既能拓宽学生的视野,还使全国的医学院校之间可以互通。③贝尔茨认为,德国大学的这些经验值得借鉴。

然而,贝尔茨并不认为日本应当完全照搬西方医学的发展进路。在科学观方面,贝尔茨认为日本人对西方科学的起源和本质有误解。贝尔茨发现,人们往往误认为科学像机械一样随意搬运。然而,"西方科学的世界绝非机械,而是一个有机体,其成长像其他的有机体一样,需要一定的气候、一定的大气。正如地球的大气是无限时间的结果一样,西方精神的大气也是许多以探索自然、究明世界的奥秘为目标的人们数千年来努力的成果"。④贝尔茨列举了这些科学精神大道的先行者,古代的人物包括毕达哥拉斯、亚里士多德、希波克拉底、阿基米德等,近代的科学家则包括法拉第、达尔文、亥姆霍兹、巴斯德、伦琴等。

贝尔茨进一步指出,基于上述科学观,日本人对待医学的态度使医学无法得到综合发展。1902年,首届日本医学大会召开,石黑忠惠、北里柴三郎等著名医学家都出席了这次会议。贝尔茨在大会致辞中指出,医学会促进了医师之间的交流,有利于医学在中央和地方之间的传播。但由于医学的分科过多、

---

① ゲルハルト・ヴェスコヴィ著,熊坂高弘訳:《エルヴィン・ベルツ 日本医学の開拓者》,文芸社,2001年,第63~64頁。

② トク・ベルツ編,菅沼竜太郎訳:《ベルツの日記》,岩波文庫,1979年,第254頁。

③ トク・ベルツ編,菅沼竜太郎訳:《ベルツの日記》,岩波文庫,1979年,第257~258頁。

④ トク・ベルツ編,菅沼竜太郎訳:《ベルツの日記》,岩波文庫,1979年,第238頁。

过细,参加医学大会的医生往往只参加本学科的分会,这一点又阻碍了各学科之间的相互借鉴。贝尔茨认为,日本这种专门主义的尝试在欧洲已经被证明不利于医学发展,如果日本医学界的这种状况被欧洲医界所知,将导致日本医师的信誉度下降。人们应当借此机会了解其他领域的研究,进而丰富自己的研究。[1]

三、尊重日本传统医学和文化

在明治时期的德国教师中,贝尔茨之所以尤其被日本人所尊敬,还有一个重要原因,即呼吁民众尊重日本的传统医学和文化。贝尔茨发现,除了对科学有错误的认知外,日本人也采取了错误的行动对待科学。一方面,他肯定了日本医学界的成绩,在短短的二三十年中就培育了许多优秀的学生,他们继承了欧洲教师的精神。另一方面,贝尔茨敏锐地察觉到,科学精神尚未深入到日本社会中。日本人只满足于西方教师带来的科学的果实,却没有真正吸收科学的精神,即"科学之树"。

关于"科学之树",贝尔茨在任教25年的庆典中对在场的师生详细解释道:"西方各国虽然给诸君送来了教师,这些教师热忱地在日本培植这种精神,希望使这种东西成为日本国民自己的财富,但是他们的使命被误解了。他们原本应该是培育科学之树的人,他们原本也是如此设想的,但他们却被当作贩卖科学果实之人。他们播种,以使科学之树在日本独立生长。若这棵树能被妥善地培育,则会在日本结出新的而且是愈发美丽的果实。日本现在只想从他们那里得到科学的'成果',把最新成果从他们那里继承下来便心满意足,却不想学习带来这些成果的精神。"[2]

除了要认真培育"科学之树"以外,贝尔茨还指出,日本医学是十分有价值的,需要和西方医学相结合。对此他解释道:"我们西方教师的本分,除了单纯地助力日本之外,还有助言。但这并非原封不动地将欧洲文化所有的成果移植到这个国家,而是要首先研究日本文化中所有珍贵的财富,尤为缓慢而谨慎地使其适应当下和未来需求的快速变化。"[3]初到日本的贝尔茨发现,当时日本

①トク・ベルツ編,菅沼竜太郎訳:《ベルツの日記》,岩波文庫,1979年,第248頁。
②トク・ベルツ編,菅沼竜太郎訳:《ベルツの日記》,岩波文庫,1979年,第239頁。
③トク・ベルツ編,菅沼竜太郎訳:《ベルツの日記》,岩波文庫,1979年,第47頁。

的医生地位并不高,学校大多采用的是汉方医学的教育方式,缺少现代医学的设备、管理和人员,医学在当时的社会中被看作是技术或是秘方,存在着各种各样的问题。尽管如此,贝尔茨指出,人们在学习西方医学的过程中,需要知道西方医学的界限,重视日本传统的医学和生活方式。在医疗保健方面,贝尔茨十分注重利用日本当地的资源,是最早在近代医学杂志上发表有关日本温泉作用论文的学者,推动了伊香保、箱根、草津等地温泉疗养所的建设。在贝尔茨看来,日本人在衣、食、住等方面的习惯相较于欧洲社会更为健康,[①]并倡导学生练习弓术、剑道、柔道等运动。[②]

贝尔茨发现了日本社会对西方的过度崇拜,反对日本人对日本传统的忽视,认识到重视日本文化的意义。贝尔茨认为日本有好的医师,他们完全可与西方的医师的水平比肩。在日本执教一段时间后,贝尔茨对学生进行了组织学的考试,其中有一半的学生取得了最高等级的分数。贝尔茨在日记中提道:"诸如'日本的学生中绝不可能出现优秀的医师'这一类的话,对我来说是完全无法理解的。"[③]贝尔茨初到日本时就看到了日本传统文化的价值,对日本文化有着很高的肯定。他认为在日本的传统文化中有着淡泊无欲的优良品质,而这样的品质正在被西方文化所冲击。[④]在对日本人进行文化人类学的研究中,贝尔茨也强调要尽可能不带偏见地与各种身份的日本人进行交流。关于西方文化对其他文化的傲慢,贝尔茨指出:"认为其他国民的生活或风俗中有各种奇怪之处的人,是在嘲笑自己原本不理解的事物,最终自己不过是笑柄罢了。"[⑤]

四、小 结

人是历史的主体,人物研究是理清历史脉络的一个方式,也是观察历史的一个角度。分析贝尔茨对日本医学近代化的反思对今天有如下三点启示:

一是医学研究和学习应当以解决实践中的问题为基轴。随着西方医学的

① ショットレンダー著,石橋長英訳:《エルウィン・フォン・ベルツ:日本に於ける一ドイツ人医師の生涯と業績》,日本新薬,1971年,第104頁。
② ゲルハルト・ヴェスコヴィ著,熊坂高弘訳:《エルヴィン・ベルツ 日本医学の開拓者》,文芸社,2001年,第62頁。
③ トク・ベルツ編,菅沼竜太郎訳:《ベルツの日記》,岩波文庫,1979年,第57頁。
④ トク・ベルツ編,菅沼竜太郎訳:《ベルツの日記》,岩波文庫,1979年,第61頁。
⑤ トク・ベルツ編,菅沼竜太郎訳:《ベルツの日記》,岩波文庫,1979年,第128頁。

发展,许多欧洲和日本的医学生陷入了误区,即重视医学知识的学习,而不重视临床实践。然而,医学作为一门应用科学,除了是科学之外更是一门技术,应当促进学生的自主科研和实践。对此,贝尔茨曾满意地提到,他刚进入东京大学医学部工作时就主张这一观点,十几年后德国医学界才逐渐承认了这种观点的重要性。①

二是应当培养科学精神,汲取实证研究的方法。正如贝尔茨对西方科学与日本文化的关系进行的反思,与其说科学是文化,不如说科学是一种思维方式。贝尔茨强调,科学是精神而不是物质,是过程而不是结果,是方法而不是圭臬。当一个国家具备了培养科学精神的"大气",那么"科学之树"亦将在此苗壮生长。

三是应当重视传统医学和文化的价值。贝尔茨指出,西方科学是众多科学家们数千年的成果,是想要探明世界的人们的思想的集合,其中的反思因果关系、演绎、归纳、证伪的思想方式是推动人类进步的重要工具,但不应当成为泯灭人类多样性的主宰。在全球化的21世纪,需要的是对各种文化的认同和融合,而不是唯科学主义的傲慢。

总之,作为日本近代的外国思想家之一,贝尔茨的思想对今天有着重要的借鉴意义。除了贝尔茨以外,明治时代帝国大学还雇用了一系列外国教师,②这些教师的思想既提供了观察明治历史的新角度,也是世界现代化历程中的精神财富,有待今日的后学持续开掘。

本文原刊载于《南开学报》(哲学社会科学版)2022年第1期,得到了中央高校基本科研业务费专项资金资助项目(青年教师研究一般资助项目)"日本北里传染病研究所早期出国留学人员研究"(63212115)项目的资助。

作者简介:

田妍,1992年生,女,黑龙江七台河人,博士毕业于北京大学哲学系科学技术哲学专业,曾赴日本东京大学研究生院综合文化研究科交换学习一年。在CSSCI索引期刊发表论文《野口英世的蛇毒研究》

---

① トク・ベルツ編,菅沼竜太郎訳:《ベルツの日記》,岩波文庫,1979年,第256頁。
② 中村元など:《近代日本哲学思想家辞典》,東京書籍株式会社,1982年,第512頁。

（第二作者）、《生命科学技术将步向何方？——林真理〈被操作的生命：科学话语的政治学〉评介》（第一作者）、《"约定"视域下的意义整体论与认识论的还原论之争》（第一作者），现任南开大学日本研究院助理研究员，主要从事日本科技史研究。

日本政府对东北易帜的干涉与九一八事变

——兼驳"关东军独走说"

王美平

关于东北易帜与日本的关系,日本鲜见系统性研究,陈太勇分析了东北易帜与田中内阁对华政策之衍变的关系,其论点落脚于日本在干涉东北易帜后"强硬政策的回调"。[①]众所周知,日本学界就九一八事变多持"关东军独走说",[②]认为关东军以"下克上",擅自发动柳条湖事件,日本政府被其拖入战争。然而,笔者通过研究日本政府对北伐的政策,发现早在东北易帜前后,日本内阁与军部就已形成了武装侵略东北的共识,并以官方形式将之正式通报于东北当局。

1926年7月,蒋介石在国共合作的前提下,举起反帝反封建大旗,出师北伐。占领南京后,蒋在日英等列强的联合施压下,发动四一二反革命政变。[③]1927年4月,田中义一组阁后,采取了"扶蒋反共""调和南北"等政策,企图以长江分治中国[④]。随着蒋介石继续北伐,日本第一次出兵山东,促使北伐失败,蒋介石下野。日本召开东方会议,出台"分离满蒙"的方针。翌年4月,蒋介石联合冯玉祥、阎锡山继续北伐。田中内阁又两次出兵山东,并以增派至山东的2万余大军等为后盾,提出"五一八备忘录",不许武装的奉军与北伐军在京津交战后进入山海关,否则不论南北何方,均解除其武装。由此,南北双方停止在京津交战,由阎锡山进京接收,奉张离京出关。[⑤]然而,田中首相虽试图通过扶植张作霖主政东北,但中央军部与关东军则鉴于张的排日态度,而不准其返回东北。[⑥]故当张作霖列车经过皇姑屯时,被关东军炸死。此后,张学良主政东北。日本企图卵翼张学良,实际控制中国东北。南京国民政府对东北则要求

---

① 陈太勇:《东北易帜与田中内阁对华政策的衍变》,《世界历史》2020年第5期。

② 如岛田俊彦:《関東軍:在満陸軍の独走》,講談社,2005年。

③ 详见王美平:《日本政府对一次北伐的观察与反应》,《历史教学》(下半月刊)2019年第2期。

④ 详见王美平:《田中内阁"扶蒋反共"政策与蒋日合作(1927—1928)》,《历史研究》2019年第6期。

⑤ 详见王美平:《日本对北伐进军京津的干涉与影响》,《社会科学辑刊》2021年第5期。

⑥ 佐藤元英:《昭和初期对中国政策の研究》,原书房,1992年,第364页。

统一,推进"南北和谈",且对列强宣布"已届满期之条约,当然废除,另订新约"。①田中内阁对"南北和谈"极力阻挠,并采取了一系列措施。

一、首阻南北妥协与《"满蒙"时局措施方案大纲》的出台

皇姑屯事件爆发后,张学良与国府就和平解决东北与内地之统一问题逐步达成一致。然而,日本却为实现其分离目标,对此横加阻挠。

其一,日本驻奉天总领事林久治郎等人密切关注南北和谈动向,田中义一初步确立阻挠东北易帜的方针。张作霖离京后,张学良、杨宇霆与国府抵京代表孔繁霨谈判,提出安国军撤离平津,晋军可和平入城,但要求将津东永、遵等10县作为直鲁联军屯兵区。孔则提出:东北改悬青天白日旗;改编直鲁联军;奉方服从国府命令。谈判未成,蒋介石即令二、三、四集团军分别向热河、滦河挺进。当张学良接到其父被炸消息后,下令京畿附近之三、四方面军火速向滦河撤退。张、杨将直鲁联军部署于芦台、唐山、滦州以西一带,部分奉军部署于滦河东岸、北戴河及山海关地区,将三、四方面军团部设于锦州,吉军驻山海关、锦州之间,此后张、杨即转到滦州,收束军队。②

6月12日,国府向奉方提出和平条件;东三省须服从国府命令;奉军须全体出关;奉吉黑各省,应改悬青天白日旗,并依法组织党部及政治分会等。13日,奉天省议会议长召开三省代表会议,有人主张:速谋南北统一,敦促杨宇霆、张学良返奉。对于国府条件,奉方决定:"先行撤兵关外,设法融合新旧两系,以期一致对外";待东北地方政权初建后,向国府提出议和条件:大体对设立政治分会、服从国府命令、易帜三项均可容纳,赞成统一,但要求"政治分会中之委员,奉派至少须占半数。奉吉黑三省,亦仍由原军驻防"。③

6月18日晚,张学良抵奉。20日,林久治郎向田中义一首相兼外相提议:"从我国立场来看,让东三省升起青天白日旗,无异于允许南方势力入侵。我国的特殊权益所在地满洲将陷入南北政争的漩涡,这恐将阻碍我国经济的和

① 李恩涵:《北伐前后的"革命外交"》,"中研院"近代史研究所,1993年,第121页。
② 张友坤、钱进编:《张学良年谱》(上),社会科学文献出版社,1996年,第281~282页。
③《国府对奉不用武力?》(1928年6月12日),季啸风、沈友益主编:《中华民国史史料外编——前日本末次研究所情报资料(中文部分)》(第31册),广西师范大学出版社,1996年,第159、165页。

平发展,应尽可能阻止之。"①25日,田中回电指示,借口南方内部尚不稳定,制止南北妥协。即:现难料"蒋、冯、阎之间的关系将如何发展,国民政府的政治色彩难免生变……此际东三省毫无必要迎合南方……故暂应维持现状,保境安民"。②由此,田中首相初步确定了阻挠东北易帜的方针。

其二,日本内阁出台《"满蒙"时局措施方案大纲》,在继续推行阻挠东北易帜的同时,企图推进利益争端的解决,促使东北政权的傀偏化。7月2日,张学良接受推戴担任东三省保安总司令,并通电"决无妨碍统一之意"。4日,张派王树翰、邢士廉、米春霖、徐祖贻四人为正式代表,赴北平商洽和平统一办法。③5日,田中复令林久治郎制止南北和谈。④7月6日,东北代表于珍向阎锡山提出和平条件四项:东三省组织政治分会;以张学良为政治分会主席;国民革命军绝不进入关外;奉军亦可裁军。11日,蒋介石单独接见东北四代表时态度大为缓和,表示:只要东北易帜和服从三民主义,其他均可商量。张学良接代表电后,旋即电复同意,表示"愿对国民政府服从到底",定于7月22日易帜,并要热河汤玉麟先期易帜,试探日本反应。⑤14日,国府派参谋本部第一厅厅长刘光等为代表抵奉,提出:东三省归国府节制;奉行三民主义;改悬青天白日旗。张学良表示:这三条均可办到,但须待解决以下四项:外交问题,请立示机宜;党务方面,先派员赴南方见习,再举办党部;政治分会,由其组织请委;停止对热河的军事行动。刘光将之电告北平蒋介石。⑥15日,张学良召开东北地方保安会议,说明国府提出的和谈条件,决定先应由三省保安司令商讨,立召黑、吉两省保安总司令万福麟、张作相。⑦

7月17日,张学良鉴于日本的武力淫威以及日方对其上台主政的支持,在召开三省保安司令会议前,征求林久治郎的意见,试图说服日本同意易帜。张

---

①《青天白日旗揭扬問題に対する我方のとるべき態度請訓》(1928年6月20日),外務省編《日本外交文書》(昭和期Ⅰ第1部第2卷),外務省,1990年,第202~203頁。

②《青天白日旗揭扬問題に対する我方のとるべき態度請訓》(1928年6月25日),外務省編《日本外交文書》(昭和期Ⅰ第1部第2卷),第203頁。

③ 张友坤、钱进编:《张学良年谱》(上),社会科学文献出版社,1996年,第286~287页。

④ 高倉徹一頁:《田中義一伝記》(下),原書房,1981年,第960頁。

⑤ 张友坤、钱进编:《张学良年谱》(上),社会科学文献出版社,1996年,第288页。

⑥《刘光张同礼电蒋中正张学良对东北易帜撤兵及服从主义均可办到所虑四点》(1928年7月14日),台北"国史馆"藏,典藏号:002~020100~00024~016。

⑦ 驻奉天总领事林久治郎致田中义一外务大臣第426号电(1928年7月17日),アジア歴史資料センター:B02031863000。

向林久治郎介绍了蒋介石的要求,主张:东三省的政治不由国府干涉;因难以区别是共产党还是国民党,不准国府的宣传人员进入东三省;热河归东三省领有。林久治郎则借口"维持治安",以张学良就职时日尚浅,基础不牢,反对东北易帜。张学良阐述了易帜理由:一则虽声明服从三民主义,但那只是表面,实则与现在毫无变化;二则张之幕僚及吉黑两省、大连要求采用三民主义,三省议会也倾向于接受三民主义;三则等列强承认南方政府后,恐亦将出现相同结果;四则热河汤玉麟的态度不明,但"杨宇霆大体与我意相同,张作相等人也无异议";五则现若拒绝,张将陷入困境,或将被迫下野。林久治郎进一步恫吓:南方政府向来标榜废除不平等条约,无视国际法,单方面宣布废除条约。东三省若也采取此种政策,则"日本帝国断不容忍"。张答称"即便将来奉行三民主义,也绝不会单方面废约"。林久治郎表示事关重大,需等政府训示。[①]张学良当晚召集张作相、万福麟、杨宇霆、郑谦等人开会,商讨蒋介石之条件。会议就统一并无异议,但认为尚需考虑防止南方的渗入等问题,特别是鉴于对日关系,需要慎重处理。[②]

7月18日,日本政府出台《满蒙时局措施方案大纲》,规定武力阻止国府"武统"东北的方针,同时,企图推进铁路、商租权等利益争端问题的解决,要求"立即着手施行在北京签订的四条铁道",并希望推进尚未解决的五常线、新邱线及白音塔拉—林西—察哈尔—地、五常—哈尔滨—墨儿根—黑河、昂昂溪—齐齐哈尔—墨儿根、长春—海龙—辑安、宁古塔—三姓、开鲁—赤峰—张家口(或热河)等线路;以约定"废除东三省内的领事裁判权"为条件解决土地商租问题;允许日本在临江设置领事馆;开放当地资源,允许日本开发;在日本顾问的"指导下"推进财政改革等。[③]该方案无疑是日本企图阻隔统一,通过扶植张学良进一步扩张日本在东北的利权,通过财政、军事等顾问,实际控制东北政权,使之沦为日本的傀儡。田中还指示林久治郎,以承诺"若南军进攻东三省,或

---

①《蒋介石側代表より東三省政治分会設置等申入れに関する張学良の談話について》(1928年7月17日)、《条約既得権履行に関する張学良の態度を確かめたうえ易幟後も支持すべき旨意見具申》(1928年7月17日),外務省編:《日本外交文書》(昭和期Ⅰ第1部第2卷),第208~209、210頁。

②《張学良の南北統一後における東三省委員制実施に関する河野への談話について》(1928年7月18日),外務省編:《日本外交文書》(昭和期Ⅰ第1部第2卷),第216頁。

③《満蒙時局措置案大綱》(1928年7月18日),外務省編:《日本外交文書》(昭和期Ⅰ第1部第2卷),第214~215頁。

东三省内部有不逞分子行使武力,届时日本将基于五一八备忘录以断然措施对抗"为前提,要求警告张学良切莫迎合南方。①其所谓"断然措施",即指对国府武力统一东北,则动武制止。19日,林久治郎向张学良详细说明了田中的上述训令。张表示他本人反对易帜,但当日成立的东北保安会要人一致主张与国府妥协,服从三民主义,揭举青天白日旗,以避战祸。现若反对,张本人将陷入非常严峻的境地,终将被迫下野。林久治郎按田中训令讲道:东三省现不应与国民政府妥协,而应观望形势;对于国民政府的主义,"取形而不取实"的做法断不可行,在必要场合,"日本会给予充分援助",即日本将以武力阻挠北伐军武统东北。张学良在多次重申"部下的强烈要求与南方的威胁"等理由后,仍未能说服对方,遂表示当晚召集要人开会,通告田中电训大意,切实说明妥协的不利。但若被拒绝,张可能被迫下野,要求林久治郎向田中详报其艰难处境。②当晚,张学良在大元帅府召集要人开会,宣布了日本的态度。会议认为一旦拒绝与南方妥协,则将被迫放弃热河,这不仅有损于东三省,且不利于贯彻日方所希望的"保境安民"目的。东三省虽无意扩张地盘,但为防止国府的军事乃至政治性渗透,必须领有热河,宜采取表面上的妥协。三民主义不可能完全实行,即便易帜,也未必与"保境安民"主义相抵触。"保境安民"即自立自守之意,妥协可免遭外省侵犯,减少军费,有利于维持秩序,这符合自治精神。但是,会议鉴于日本的劝告,决定今后再行深入商讨。③其后,张学良立将林久治郎之意电告王树翰等四代表,评价日方"论旨颇为严厉,恐更见纠纷",并向蒋告达:"形势险恶,仅靠口头援助,恐无任何效果。"④

　　其三,关东军与驻奉总领事轮番恫吓张学良。7月20日,张学良与关东军司令官村冈长太郎在"满铁公署"进行了秘密会谈。张希望日本同意东北易帜,村冈则借口三民主义近似于共产主义而明确拒绝,并对张怕担上阻挠中国统一之恶名的担忧进行了训斥:"你若在先父丧葬未完之际,屈服于敌,破坏三

　　①《南方に対し迎合的態度を執らず保境安民を主として中立を守るよう張学良に警告方訓令》(1928年7月18日),外務省編:《日本外交文書》(昭和期Ⅰ第1部第2巻),第212~214頁。

　　②《国民政府との妥協による易幟の不可なる旨張学良に対する説得について》(1928年7月20日),外務省編:《日本外交文書》(昭和期Ⅰ第1部第2巻),第218頁。

　　③《南北妥協問題に関する要人会議の内容に関し河野が袁金鎧より得たる情報について》(1928年7月20日),外務省編:《日本外交文書》(昭和期Ⅰ第1部第2巻),第219頁。

　　④参謀本部:《七月二十日奉天発張学良ヨリ王、刑、米、徐電》(1928年9月6日),JACAR(アジア歴史資料センター)Ref.B02031863000。

省,有何面目做三省保安总司令?"遭到村冈斥责与威胁的张学良泣不成声,长达半小时之久。村冈判断,张学良经此会谈"倾向于拖到葬礼结束后再与南方妥协,并无立即易帜之意"。①

7月21晚,蒋介石会见奉天代表,催张"不为倭奴恫吓,决然通电服从中央"。②翌日,蒋给张发出三四份电报,内称:日本政府干涉中国内政,将三省视若日本领土,令人遗憾,若使日本乘隙得逞,则三省永难摆脱日本羁绊;不论受到日本何种警告,都不应受之影响,宜立即通电易帜,接受三民主义;日本政府若对三省以外横加干涉,则中国将以全国之力抵抗。三省之存亡关系中国全土之存亡。张学良遂派秘书王家桢访问林久治郎,希望日本重新考虑。林久治郎于23日派河野回访,并发出"严重警告"。张表示鉴于日本态度,正在慎重考虑。③当日,张学良未按约易帜,致使蒋介石"夜难安眠"。④7月23日,张学良在大元帅府召开东北保安委员会,说明接到日本政府的警告,力主眼下东三省易帜不利,谋求委员等人谅解。袁金凯及张景惠表示赞同,最终决定观望形势,暂缓易帜。25日,张学良派人通告林久治郎中止妥协。⑤

可见,日本为阻挠东北易帜而对张学良进行的恫吓与威胁,绝非仅是张学良为拖宕易帜、从中牟利的借口,其推动易帜的决心也绝非不真诚。张为推动东北易帜,三番五次地与日本进行交涉,但因受到日本的武力警告,而最终被迫接受日方主张,延期易帜。武力阻挠国府武统东北,伺机迫使张学良在交涉中对日让步,通过操纵张学良扩大在东北的权益,是该阶段日本的共识。

二、二阻南北妥协与武装侵略东北共识的形成

1928年7月末以后,南北和谈朝着有利于国府的方向发展。日本在形势不利的情况下,不仅进一步阻挠东北易帜,且就此后"武力侵略"东北逐步达成一致。

---

① 关东军司令官致铃木庄六参谋总长、陆军大臣关电第296号(1928年7月21日),郭洪茂、李力编:《近现代日本涉华密档·陆军省卷》(第71册),线装书局,2014年,第221~231页。

② 斯坦福大学胡佛研究所藏:《蒋介石日记》,1928年7月21日。

③《蒋介石より张学良に对し对日抵抗、易幟の即時実施を要求について》(1927年7月23日),外務省编:《日本外交文书》(昭和期Ⅰ第1部第2卷),第227页。

④ 斯坦福大学胡佛研究所藏:《蒋介石日记》,1928年7月22日。

⑤《保安委員会のおいて南方との妥協は一時打切りと決定した旨の张学良よりの通知について》(1927年7月25日),外務省编:《日本外交文书》(昭和期Ⅰ第1部第2卷),第229页。

7月25日,国府与美国签订关税自主条约。①中英交涉亦有进展,8月9日谈判解决宁案。②美英两国均趋向承认国府,③国府处境大为改善,全国的统一形势得到强化。这促使张学良进一步下定决心易帜。7月31日,张学良与蒋介石约定在张作霖丧礼结束后易帜。④对此形势,日本采取了如下措施。

其一,田中义一派前驻华公使林权助作为其个人特使访问张学良。7月31日,林久治郎向田中请示南北议和再度开谈后的对策。⑤日本外务次官吉田茂向林久治郎转达田中特派前驻华公使林权助访问张学良事宜。⑥林权助临行前,田中交付两份秘密文件,⑦从其内容来看,日本目的有五。其一,以出动至山东的第三师团恐吓张学良停止与国府妥协,力避东北与内地的统一。其二,向张学良表态,当张终止与南方妥协,国府武力讨奉时,日本将武力"助张反国"。其三,劝告张学良实施"保境安民"即东北实际独立政策的同时,通过依靠日本的资金、顾问等"援助",实施内部改革,以加强日本对东北的控制。其四,以废除日本在东三省的领事裁判权为条件,换取东三省的完全开放,使日本人获得完全自由的居住、营业及土地利用权,在实质上获取久悬未决的商租权。其五,不能给国际社会以日本强迫张学良之感,以免引起国际、国内"干涉中国内政"的批判,而要求以上诸项均由张学良主动实施的形式展开。其六,要求张学良万事与日本驻奉总领事商谈,要求中国东北地方政权的最高领袖沦为日本的傀儡。要之,林权助的使命就是落实《满蒙时局措施方案大纲》。

8月2日,林久治郎会晤张学良,接洽林权助来奉事宜。此时张学良的对日态度,已发生微妙变化。田中内阁阻挠东北易帜的消息传到日本后,在野党批判田中内阁"干涉内政"。⑧田中内阁则公开出卖张学良,称事情起因于张"征询林总领事的个人意见",这导致张学良遭受各方攻击。故在与林久治郎的会

---

① 王建朗:《中国废除不平等条约的历程》,江西人民出版社,2000年,第244页。

② 斯坦福大学胡佛研究所藏:《蒋介石日记》,1928年8月9日。

③ 英国于1928年12月20日由蓝普生公使正式提国书,并正式承认南京国民政府。

④ 张友坤、钱进编:《张学良年谱》(上),社会科学文献出版社,1996年,第295页。

⑤《南北妥協交渉再開に際し我が方の執るべき態度につき請訓》,外務省編:《日本外交文書》(昭和期Ⅰ第1部第2卷),第232~233頁。

⑥《田中外相より林権助特派大使に付与の張学良への伝達事項について》,外務省編:《日本外交文書》(昭和期Ⅰ第1部第2卷),第233~234頁。

⑦《外務大臣ノ談話要領》,《林大使ニ対スル訓令》(1928年7月31日),JACAR:Ref. B02031915300。

⑧《我党の第二次対支声明》,《民政》1928年8月号,第3頁。

谈中,张学良首先对田中内阁"把亲日者陷于困境"的做法表达了不满。就南北和谈问题,张表示将在葬礼结束后,综合各方情况做出最终决定。林久治郎追问是否意指南北妥协。张学良申辩了易帜的三点理由:国府来电责问"奉天莫非中国领土?""你要不服从国家而服从外国之令?";美国已承认国府,英国亦会紧随其后,英国外交大臣在议会上就东北问题做出不利于日本的表态;东北内部主张迅速妥协者日多,吉、黑两省将迅速易帜,这一态势已难遏制。林久治郎则反驳:一两个国家的承认并不意味着国家的统一,不悬挂青天白日旗的也并非只有东三省。南京政府对最具重大关系的善邻之日本无视国际法,宣布废除条约等,这是一个完整政府不应有的态度,且南方能否马上实现统一亦有疑问。他还强辩田中内阁公开出卖张学良的做法只是"误解",表示日本政府始终"援助"张学良,要求张"体察已故大元帅的遗志,致力于保境安民",并强调日本"断然"不能忍受东三省在与南京统一后"对我居留民及财产实行无条约国的待遇"。对此,张学良一则反驳其对中国统一前途的"质疑",称"南方桂系继续拥蒋,蒋介石在五全大会上很可能不会下台"。二则说明接蒋来电,内称"若不妥协则不会停止对热河的军事行动"。三则表示他须避免将来背上卖国贼的骂名。林久治郎进一步诡辩:不服从南京政府绝非卖国,这与南方不服从五色旗的统治是相同的。①3日,林久治郎再访张学良,威胁称:"如现在一反常态与南方联合,就是主动挑起对日本的争端。"②

8月5日,林权助、林久治郎等人参加了张作霖的葬礼。8日,林权助在林总领事的陪同下访问了张学良,表示:1905年善后会议之际,我国全权提出关于改善维持中国东北治安施政的提案,当时按中方希望,未将之写入协议,而只保留于会议记录。迩来日本政府一直认为维持中国东北的治安、改善施政,是日本之责。其后林权助按照吉田次官所发文件,告知张应以"保境安民、改善施政"为本,此际过早促进妥协,有违令尊遗训,为东三省与日本考虑都断不可取。张学良表示:妥协问题已为舆论所动,大势所趋,难以改变。日本又将妥协归咎于我,我处境艰难,照此下去我将难以为继。张又重申了向林久治郎提出的理由,林久治郎再次威逼利诱。张学良表示等明日访问领事馆后再下

---

①《南方との妥協を決定の張学良に対し警告付与について》(1928年8月2日),外務省編:
《日本外交文書》(昭和期Ⅰ第1部第2卷),第240~241頁。
②《青天白日旗揭揚に反対の旨張学良へ申入れについて》(1928年8月3日),外務省編:
《日本外交文書》(昭和期Ⅰ第1部第2卷),第243~244頁。

最终决定。①

8月9日保安会召开,在袁金凯的主持下讨论东北易帜问题。同时,张学良回访林权助,再次表示"大势难逆",要与国民政府妥协,并向日方保证:即便达成妥协,也毫不影响"保境安民"的根本精神,并完全赞同日本需要维持在东北的条约权利。林久治郎威胁称:若南北妥协,"将酿成堪忧事态"。林权助又打出感情牌:若张作霖健在,必定会真正地回归"保境安民",在与日本保持圆满关系的条件下,改善三省的施政,作为其子的学良定会体察先父的遗训。张学良再次强调:作为我个人原本就不赞成三民主义白日旗,但大势难逆。林权助回称:"昨日来你口中所谓的大势,由贵总司令自己造成,对于此种错误的浊流应发挥总司令的威力进行弹压"。林久治郎亦以武力威胁:"对于违反总司令意志的会议决议应断然拒绝。日本对此也将不惜提供援助。然而,若违反我国劝告,与暴乱的南方达成妥协,则我国为维护既得权利而不得不采取必要行动。就此等结果,还请你三思。"张学良最终表示:立将今日会谈内容交付正在召开的保安会,待其决议。②

9日夜,保安会决定南北妥协已不得不为,但何时易帜,以及是否与黑、吉两省逐步改悬,都尚未决定。8月10日,保安会委员刘哲以个人身份访问林久治郎,提议暂缓三个月后再允妥协,但不对外发表。若三月内南方形势发生变化,或许果然无须妥协。林久治郎要求田中外相就此尽快做出指示。③

其二,日本军部与外务省出台动武侵略方案。8月3日,正在访问东北的参谋次长南次郎经过考察,判断张学良在南方及杨宇霆等人的施压下,倾向于在葬礼结束后立即易帜,故向参谋总长铃木庄六建议:希望政府紧急向总领事及关东军司令官发出指示,劝告张学良中止妥协,施行"保境安民",且可明言充分支持之。④参谋本部则提出了张若不从则采取倒张、动武等举措。即其一此际再向学良说明日本政府关于中止妥协之意,同时发出严重警告,学良若不从,

---

① 《林特派大使よりの南北妥協問題に関する張学良との会談内容報告》(1928 年 8 月 8 日),外務省編:《日本外交文書》(昭和期 I 第 1 部第 2 卷),第 247~248 頁。

② 《林特派大使よりの南北妥協問題に関する張学良との会談内容報告》(1928 年 8 月 9 日),外務省編:《日本外交文書》(昭和期 I 第 1 部第 2 卷),第 249~250 頁。

③ 《劉哲保安委員より南北妥協交渉三か月中止申出について》(1928 年 8 月 10 日),外務省編:《日本外交文書》(昭和期 I 第 1 部第 2 卷),第 251~252 頁。

④ 《張学良に対する妥協中止勧告について》(1928 年 8 月 3 日),外務省編:《日本外交文書》(昭和期 I 第 1 部第 2 卷),第 244 頁。

或避免担当困局,日本则必将"采取自卫性措施"。对于学良个人,亦当取消向来的友好态度。其二当经上述威赫可阻妥协时,日本公布如下声明:"帝国虽望中国统一,但南方政府随意废弃条约,无视国际正义,若其不改此种态度,(中略)万难容忍的。另外,在当前状态下,若南方以武力强行统一中国东北,则帝国将重申基于五一八备忘录采取必要措施。"其三当发生前项事态时,向张学良提出日本对东三省的期望,提议解决各种悬案,听取学良对日希望,并约定对其援助。其四当张学良不接受第一项警告时,则断然改变向来的亲善关系,监视事态的发展,"若有既得权益遭受侵犯之事态发生,则断然采取武力进行自卫"。其五当发生上一项事态时,在暗地操纵东三省的旧派分子,驱逐学良、杨宇霆等新派人物,以促成建立符合我国政策的亲日政权,并以之为对象,推进积极政策。[①]可见,为阻止张学良在其父丧礼后易帜的打算,日本军部已出台了当东北易帜后,其在东北的既得权益有"遭受侵犯"之虞时,便采用武装侵略的政策方案。

值得关注的是,此时外务省内亦有人提出"动武"方案。8月6日,林久治郎在向田中外相的建议中,虽反对因易帜而倒张动武,却主张"待他日事态恶化,治安真正被扰乱,确实侵害我国的既得权益,再决然用兵弹压"。[②]同日,向来标榜"国际协调"与"不干涉主义"的民政党也不仅放弃批判田中内阁干涉中国内政的态度,还宣布"若南方政府对东三省也采取废弃条约的横暴态度,则断难容许,将彻底拥护东三省的权益"。[③]

其三,关东军陈兵奉天施压。日本政府在通过林权助及林久治郎进行口头警告的同时,还于8月10日在奉天火车站陈兵示威,形势顿时紧张。此举并非关东军的擅自行动。日本陆军次官早已电训关东军参谋长:"关于南北妥协问题的交涉,一切按照政府方针办理,其善后处置皆由林总领事指示,故关东

---

① 参谋本部:《満州ノ形勢急変ニ応スル措置案》(1928年8月6日),外务省编:《日本外交文书》(昭和期Ⅰ第1部第2卷),第246~247頁。

②《南北妥協の場合を予想し今より時局転回策を講じ置くの必要について》(1928年8月5日),《林総領事第480号に関し》(1928年8月6日),《南北妥協反対なる旨張学良へ申し入れについて》(1928年8月6日),外务省编:《日本外交文书》(昭和期Ⅰ第1部第2卷),第244~245、241~242、246頁。

③《対支外交に関する我党の態度》,《民政》1928年9月,第7頁。

军切勿擅自采取任何措施。"①在关东军与外务省的联合施压下,10日晚,东北保安会决定暂观三个月形势。次日晨,刘哲命杨策将上述消息告知林久治郎。②8月12日,张学良欢送林权助时,面告其延期3月方案。林在表示谅解的基础上,劝说张学良今后万事与林总领事商谈。③田中亦对三月延期妥协方案表示满意。④

可见,由于日本的阻挠,张学良未能实现在张作霖葬礼后易帜的原计划,决定延期三个月实施易帜。在日本二阻东北易帜的过程中,军部与外务省纷纷出台了当张学良实施东北易帜,且当其后发生东北治安混乱,"损害"日本既得权益时,日本就以武力侵略东北的方案。

三、东北易帜与九一八事变宣言书

三月延期妥协办法成立后,张学良鉴于此前日本的横加干涉,而秘密推进议和。日本则仍在暗中关注南北议和之动向,并采取了相关措施。

其一,日本各方密切关注南北和谈进程,林久治郎再次警告张学良。8月8—15日,国民党召开中央执行委员会第五次全体会议,蒋介石的地位得到巩固,蒋、冯、阎、桂的合作关系得以维持,这强化了张学良的易帜决心。张学良除于8月派邢士廉赴南京接洽议和事务外,又于9月下旬派胡若愚为驻南京代表,且与白崇禧合剿直鲁联军。10月8日,蒋介石电告张学良,国民党中央党部及政治会议正式决议任命张学良等16人为国府委员,并定于双十节举行任命仪式。⑤张学良立即回电表示追随之意。⑥9日,蒋又请张于双十节易帜并就任

---

① 陆支262号至急《次官ヨリ関東軍参謀長ヘ電報》(1928年8月4日),郭洪茂、李力编:《近现代日本涉华密档·陆军省卷》(第71册),线装书局,2014年,第74页。

②《保安会における南北妥协问题の内幕に関する情报について》(1928年8月10日),外务省编:《日本外交文书》(昭和期Ⅰ第1部第2卷),第251~252页。

③《林特派大使より帰国に际し南北妥协三ヶ月间中止の通告受理に関する張学良との会谈报告》(1928年8月12日),外务省编:《日本外交文书》(昭和期Ⅰ第1部第2卷),第254页。

④《東三省の南方との妥协延期决定に满足なる旨の通报について》(1928年8月13日),外务省编:《日本外交文书》(昭和期Ⅰ第1部第2卷),第260~262页。

⑤《蒋中正电张学良本日中国国民党中央党部及政治会议已举张为国民政府委员》,1928年10月8日,台北"国史馆"藏,典藏号:002~020100~00024~045。

⑥《张学良电蒋中正蒙提携得参国事至感届时请加列其名宣布就任》,1928年10月9日,台北"国史馆"藏,典藏号:002~020100~00024~047。

国府委员职。[①]翌日,张学良回电:东省易帜,早具决心,实因某方压迫,致生障碍。当时撤处与之面约以三个月为限,届时即行易帜,同时拟请中央将东北政治分会及奉、吉、黑、热各省政府主席分别任命,使易帜就任之事同时举行。[②]

10月18日,日本外务省获知蒋介石通过邢士廉致张学良涵:劝告学良迅速服从中央政府,就任国府委员,东三省实施委员制;由中央政府任命张学良为东三省政府委员主席,其他委员由学良推荐任命;东三省的所有政治都要尊重学良的意见推行。张学良对此非常满意,决定等杨宇霆解决热河问题,筹组东三省政府委员制后,再发表易帜。[③]有鉴于此,23日,林久治郎访问张学良,在就推进有关问题的交涉进行威胁后,就易帜问题警告道:"除非日本与南方的关系得到改善,否则若有在此前妥协之举,则如过去屡次所说,鉴于日本帝国在东三省的立场,为维护条约权益,日本不能对此漠不关心。"张学良表示:与南方的妥协极其复杂,故眼下仍含糊处理,对南京的委员任命,现仍不即不离,我亦无意三月一过即行易帜。[④]

其二,田中内阁鉴于日本国内外局势,对干涉东北易帜的态度软化。10月23—26日,张学良召开东三省军政会议决议:至不得已时,以不设国民党党部为易帜条件;东三省税收自征自用。25日,蒋电催张将关内撤防及热河改组两事先行解决。29日,张学良与杨宇霆、罗文干等和蒋介石、白崇禧之在奉代表会谈,决议放还车辆及平奉通车,先提前解决通车事,双方暂以山海关为交界终点;奉军于当月底陆续撤退,平东防地由白崇禧部接防;易帜时期,须俟省政府组成方能实现,对热河愿以和平方式处置;中日外交,决由中央完全处理,东北当局决采取一致方针。30日,张学良特派邢士廉、王树翰为东三省保安委员会全权代表赴宁,接洽易帜问题。11月4日,张学良令驻扎关内的吉军万余人撤回原防。10日,邢、王抵达南京,与何成浚、张群等商洽后,蒋介石基本同意

---

①《蒋中正电张学良国民政府委员既经发表应乘机同时易帜宣言就职》,1928年10月9日,台北"国史馆"藏,典藏号:002~020100~00024~046。

②《张学良电蒋中正东北易帜事早具决心正积极准备俟就绪即三省同时宣布》,1928年10月10日,台北"国史馆"藏,典藏号:002~020100~00024~048。

③ 社長室情報科長より東京支社長宛第6299号電(1928年10月18日),アジア歴史資料センター:B02031863100。

④《満蒙懸案解決のための非公式交渉開始促進および南北妥協問題にかんする張学良との会談について》(1928年10月23日),第38~39頁。

东北所提方案。①

此时,田中内阁鉴于国内外形势,对东北易帜问题态度软化。首先,10月末,田中内阁在国际舆论的压力下,通过外务省、陆军省、关东厅对皇姑屯事件的联合调查,确认张作霖系被关东军所炸。②张学良与日本存在"杀父之仇"的客观事实,致使田中再难推行通过扶植、操纵张学良的方案。其次,日本干涉东北易帜等政策,引起美英等列强的警戒。1928年8至10月间,田中内阁通过内田康哉利用巴黎举行的《非战公约》签署会议,企图争取美英支持日本的所谓"特殊地位与权益",结果失败。③这也动摇了田中干涉东北易帜的决心。11月10日,日本举行昭和天皇即位大典,张学良派莫德惠、王家桢为正、副专使祝贺。莫、王二人在东京曾与田中会见,莫告以明年元旦前东三省即行易帜。田中对此虽言及反对,但莫表达张学良"必须易帜"决心后,对此遂不得不说"此为中国内政问题",莫、王理解田中默认东北易帜,回奉天复命。④23日,林久治郎向田中征询了3月暂缓妥协过后的对策,⑤田中并无积极回应。

其三,当林久治郎判明张学良故意麻痹日本实施东北易帜后,日本政府向张学良发出发动九一八事变的宣言书。12月6日,蒋介石致张学良亲笔信:对外问题,由中央负责,东北内政,由现有职员维持,概不更动,唯盼即易帜。⑥13日,张学良召集杨宇霆、翟文选、邢士廉、王树翰等开会。邢、王报告在京谒见蒋详情,午后开保安委员会,根据邢、王在京接洽情形,讨论易帜改制问题,大致商定于1929年1月1日易帜,将由国府任命张学良为东北边防军总司令,张作相、万福麟为副司令,奉、吉、黑、热4省政府组织各省府委员均已内定。⑦

12月14日,林久治郎向田中报告:张学良召集保安会委员及各军政要人,商讨变更政治组织,决定将东三省保安总司令部改为东三省军事委员会,省长

---

① 张友坤、钱进编:《张学良年谱》上,社会科学文献出版社,1996年,第317、318页。
② 《张作霖爆杀事件调查特别委员会第二回会议议事录》(1928年10月23日),外务省编:《日本外交文书》(昭和期Ⅰ第1部第2卷),第195~199页。
③ 佐藤元英:《昭和初期对中国政策的研究》,原书房,1992年,第366页。
④ 张友坤、钱进编:《张学良年谱》上,社会科学文献出版社,1996年,第319页。
⑤ 《南北妥协中止期间终了后も奉天派の态度不变の状况について》(1928年11月23日),外务省编:《日本外交文书》(昭和期Ⅰ第1部第2卷),第275页。
⑥ 张友坤、钱进编:《张学良年谱》上,社会科学文献出版社,1996年,第318页。
⑦ 《南北妥协问题に关する刘哲の内话要领について》(1928年12月18日),外务省编:《日本外交文书》(昭和期Ⅰ第1部第2卷),第276~277页。

公署作为省政府改为政治执行委员会等。眼下正与保安委员会及总司令部秘书厅反复磋商,起草组织大纲及细则。[①]16日,刘哲向日本驻奉天领事馆透漏:东三省的政治分会鉴于国府有意取消各地政治分会,故名义另定,但内容仍是只能从东三省内选出3名要人担任委员,设立独立的政治组织,以此为前提,国府将任命张学良为东北边防司令。热河将设置有别于东三省的委员政治,不许南军进入热河,这已基本得到确认。[②]12月20日,日本驻宁领事冈本向外务省报告,国民政府对东三省及热河的悬案得到了如下解决:明年1月1日开始易帜;任命张学良为东北边防总司令,吉黑各设置副司令;在奉天设置政治分会,以张学良、杨宇霆、张作相等11人为委员;热河改为省,设置委员;热河以莫德惠为首席委员,从国民政府、奉天各选出1名,从热河选出2名,从军队选出1名;东三省的新旧外交问题移交南京办理。关内奉军接受中央的命令,关内奉系委任的知事也接受河北省政府的委任。[③]

12月13日会议后,邢、王即将当日决议急电何成浚转呈蒋介石。蒋要求东北应于12月29日易帜,不必等待元旦。张学良又于24日在总部召集重要军政人员开会。会议决定东三省于12月29日同时易帜,于当晚密电东北各地军政长官,通知此次会议决定,并告以青天白日旗尺寸规格,"惟事前仍应持秘密,勿稍漏泄,以免惹起他方注意"。[④]27日,林久治郎判断东北当局已决定于28日发表易帜。[⑤]次日,他又从省政府议长张成箕处了解到:28日下午南京发来任命张学良等13名委员的电报,东三省将于29日易帜,就此通令各长官,该日官公署放假,发配由被服厂生产的青天白日旗,打算让市民也尽量挂起青天白日旗。[⑥]而后,林久治郎派警察发现28日晚奉天城内中国商民中已有数百家挂起了青天白日旗,军事厅长荣臻作为张学良的代表到宪兵司令部,召集警察人等,提醒因易帜有可能引起与日本的意外事端,特需注意。林

①《東三省政治改組二関スル件》(1928年12月14日),JACAR:Ref.B02031761500。
②《南北妥協問題に関する劉哲の内話要領について》(1928年12月18日),外務省編:《日本外交文書》(昭和期Ⅰ第1部第2巻),第276~277頁。
③南京駐在領事より田中義一外相第760号電(1928年12月20日到),アジア歴史資料センター:B02031863100。
④张友坤、钱进编:《张学良年谱》上,社会科学文献出版社,1996年,第326页。
⑤《1月1日より易幟実施との情報について》(1928年12月18日),外務省編:《日本外交文書》(昭和期Ⅰ第1部第2巻),第278頁。
⑥《二十九日易幟実施について》(1928年12月28日),JACAR:Ref.B02031864700。

久治郎鉴于"中方并未给予我方任何通告",判断"这是由于担忧提前告诉日本将遭干涉"。[1]29日,田中义一从驻齐齐哈尔、吉林等地领事处接到黑、吉两省也已易帜的消息。

12月30日,林久治郎向田中报告了东北易帜前的决策情况及日本今后的对策,判断张学良是故意麻痹日本推行易帜,"其无视对日感情与关系的态度,表露了他因其父被炸而对日积怨极深的真实态度"。林久治郎认为只要南京政府不改变对日态度,张学良也不会在对日交涉中表现出"诚意",故需立即要求张学良履行对满铁吉会线、长大线的工程契约,并要求发出严重警告。[2]当日,田中电训林久治郎,称日本政府此际已无意阻止东北易帜,但张学良所采取的无视对日感情与关系的态度令其"震惊",同时做出如下指示:"相信东三省政治组织的变化,丝毫不能影响我国在当地的特殊地位。若今后在此种事态之下,万一无视与帝国之间的条约,或阻碍我国正在与东三省当局进行的交涉,或扰乱东三省的治安,有恐影响到我国的权益,则帝国政府将为维护权益与治安,断然采取必要的措施。故此,为了日后贯彻我国的上述决议,现需贵官向张学良紧急通知该决议。"[3]该训令表明,在张学良实施东北易帜后,日本政府亦已出台当东三省"无视条约",或妨碍正在推进的交涉时,则动武侵略的政策。31日,林久治郎与张学良会谈,宣讲了田中训令的主旨,并进一步表示:"请你记住帝国政府今后将依据你的态度不得已而采取断然措施。"其所谓的"断然措施"实际就是指"动用武力"。

由上可见,当张学良实施东北易帜后,日本政府以首相兼外相田中义一通过驻奉总领事正式警告中国东北当局的形式,表达过一旦东北做出"侵害"日本既得权益之举,甚至东北当局在日本扩大东北权益问题上表现出不合作的态度,日本就将动用武力侵略东北。此实乃日本政府发动九一八事变的宣言书,故日本学界盛行的所谓九一八事变是由关东军"独走"导致之说,实属片面。正是因为日本政府与军部在因应北伐过程中已经出台了武力侵略东北的

---

①《奉天城内の商民数百軒青天白日旗掲揚の情報について》(1928年12月9日),外務省編:《日本外交文書》(昭和期Ⅰ第1部第2卷),第281頁。

②《易職実施にいたる経過と今後の対策について》(1928年12月30日),外務省編:《日本外交文書》(昭和期Ⅰ第1部第2卷),第283頁。

③《南北妥協に際し東三省における権益擁護、治安維持に関する日本側の決意張学良へ申入れ方訓令》(1928年12月30日),外務省編:《日本外交文書》(昭和期Ⅰ第1部第2卷),第283頁。

政策方针,才会有九一八事变的正式爆发。

本文原刊载于《社会科学辑刊》2022年第3期,得到了国家社会科学基金重点项目(20AZS012)的资助。

作者简介:

王美平,1980年生,内蒙古呼和浩特市托克托县人,毕业于南开大学日本研究院。2005—2006年在日本立命馆大学、2007—2009年在日本早稻田大学留学,2015-2016年在日本东京大学访学。现为南开大学历史学院教授,兼任中国日本史学会理事。从事中日关系史、日本近现代史的教研工作。出版《日本对中国的认知演变》等专著2部,译著1部,在《历史研究》《世界历史》《近代史研究》《南开学报》《史学月刊》《历史档案》《历史教学》等刊物发表论文30余篇。先后承担国家社科基金重点项目、教育部青年基金等项目3项,参与国家社科基金重大项目、教育部重大攻关项目等数项。获得省部级奖项多项。

关东军稀有元素调查班考

乔林生

　　二战期间日本关东军司令部除了筹建细菌战部队、化学战部队之外，为了推进日本研制核武器计划，还秘密组建了一支由采矿和地质专家组成的特殊部队，即"关东军稀有元素调查班"。关东军稀有元素调查班，是原班长山村礼次郎在未公开的个人手记中使用的内部称谓，而在驻日盟军总司令部（GHQ）的审讯供词与原调查班队员久野久的个人回忆中，该部队的对外称谓分别为"关东军地质调查班"和"关东军司令部地质调查队"。

　　关于关东军稀有元素调查班的情况，无论是日本防卫厅防卫研修所战史室正式编撰的官方丛书《战史丛书：关东军》（朝云新闻社，第1卷1969年版，第2卷1974年版），还是原稀有元素调查班负责人、关东军副总参谋长池田纯久撰写的个人著作《日本的转折点：军阀的悲剧与最后的御前会议》（千城出版1968年版），抑或其他代表性研究如岛田俊彦著《关东军》（中央公论社1965年版）、历史读本编辑部编《关东军全史》（新人物往来社2012年版）以及梅里昂·哈里斯著《太阳战士：日本帝国军队的兴衰》（兰登书屋1994年版）等，均无任何记述。据笔者调查，关于该部队的状况，至今鲜为人知，国内外都没有发现有关研究，目前仍处于研究的空白状态。

　　据关东军稀有元素调查班班长山村礼次郎中尉在战后初期接受美军讯问时供认，在苏军占领关东军司令部之前，有关原始档案和文件均被销毁。[①]因此，本文拟根据美国国家档案馆收藏的驻日盟军总司令部绝密档案、关东军稀有元素调查班队员的手记、回忆录等资料，来探究二战后期日本为了加速推进核武器研制计划、紧急筹措铀矿而成立关东军稀有元素调查班的背景，考证该调查班的人员构成及其在中国东北调查和开采铀矿的活动，旨在阐明二战期

[①] "Search by Japanese Military for Uranium in Manchuria, Apr 44 to Mar 45", 1 Dec 48, Box No. NRS~2, 安斎育郎编：《GHQトップ・シークレット文書集成　第Ⅳ期——原爆と日本の科学技術関係文書——》（第3卷），柏書房，1998年，第13頁。

间日本地质、采矿专家们实际上也直接参与了研制核武器的军事计划,在侵略战争中积极地扮演了一个"加害者"的角色。

一、关东军稀有元素调查班的成立背景

关东军稀有元素调查班的诞生,是太平洋战场局势恶化后,日本为了加速推进秘密研制核武器计划而采取的重要军事行动。

1938年底德国科学家哈恩和斯特拉斯曼发现核裂变现象。1939年9月第二次世界大战全面爆发之后,德美英法苏等国相继开展了核武器研制计划,日本也成为最早开展研制计划的国家之一。1940年夏,日本陆军航空技术研究所所长安田武雄中将得悉理化研究所仁科芳雄博士"准备着手进行原子弹制造的实验研究"消息后,于翌年6月正式下令委托仁科研制原子弹。①1941年12月日本挑起太平洋战争,由于战争初期日方战事顺利,陆军对研制核武并未予以很大关注,仁科研究室也只是进行了有关理论计算和基础研究。

然而,1942年6月中途岛海战后,太平洋战局逆转,日本失去制海权与制空权,研制新式武器的需求急剧增加。而且,通过西班牙人间谍贝拉斯科,日方也得知了美国秘密研制核武器的消息。于是,首相东条英机命令升任陆军航空总部部长的安田武雄,以该部为中心推进核武器研制。②据航空总部总务课长川岛虎之辅回忆,东条也把他叫到首相办公室指示说:"美国和德国的原子弹制造计划已取得相当进展,若我们落后,战争就会失败。一句话,以你为中心推进研制!"③研制核武器计划,作为最高军事机密,被命名为"NI号研究"(即"仁号研究")。川岛受命后拜访仁科芳雄时表明:"资金和器材要多少我们也出,您要的东西,无论如何也给筹集",仁科则表示:"我们研究是先造原子弹,还是先造核反应堆,尚未可知。总之是没有原材料铀矿,这就有劳军方帮着搜寻了。"④

中途岛海战日军惨败后,联合舰队司令山本五十六也希望海军技术研究

① 安田武雄:《日本における原子爆弾に関する研究の回顾》,《原子力工業》(第1巻第4号),第44頁。

②《原爆製造研究の思い出》,陸軍航空技術研究所所員鈴木辰三郎少佐の戦後の回想録、防衛庁防衛研修所戦史室編:《戦史叢書　本土防空作戦》,朝雲新聞社,1968年,第632頁。

③ 読売新聞社編:《昭和史の天皇4》,読売新聞社,1968年,第84頁。

④ 読売新聞社編:《昭和史の天皇4》,読売新聞社,1968年,第85、142頁。

所"设法开发划时代的超级武器",电气研究部的伊藤庸二便提出了研制核武器的设想。1942年初夏,伊藤与仁科芳雄协商后,组建了"核物理应用研究委员会"。该委员会从1942年7月到1943年3月召开了10多次会议,最终结论是"即使美国,这次战争恐怕也难以利用核能"。[1]于是,海军技术研究所决定中止研制核武器,集中资源研发雷达。然而,在中途岛海战中败北的日本海军颇具危机感,在舰政总部的主导下,海军方面重启了核武器研制计划。1942年10月,舰政总部将研制核武器计划委托京都大学理学部的荒胜文策教授。该研究计划暗号称为"F研究",采取了有别于陆军"热扩散法"的"远心分离法",希望用天然铀矿提炼出浓缩铀。海军面临的不仅是制造回旋加速器等技术问题,同样亟待解决的瓶颈问题是缺乏制造核武器的原料——铀矿。

有鉴于此,首相东条命令川岛虎之辅:"给我按仁科说的办,全力找铀矿!"[2]当时德国、美国分别使用了捷克、比属刚果和加拿大等地的铀矿,而日本国内缺乏铀矿资源。据川岛回忆,日军在国内寻找铀矿的同时,1943年夏也急忙向盟国德国求援,德国最终同意派遣两艘潜艇运送两吨沥青铀矿,结果第一艘潜艇U864在挪威海域被盟军击沉,另一艘U234当时未能成行,1945年3月起航,5月因德国战败遂在大西洋向美军投降。[3]

太平洋战争后期战况恶化,促使日方决心加速研制核武器,积极推进铀矿勘探进程。1944年6月日本发动"阿号作战",在马里亚纳海战中再遭惨败。7月塞班岛被攻克后,日本"绝对国防圈"崩溃,本土进入美军远程轰炸机的轰炸范围。首相东条命令陆军兵器行政总部总务部长菅晴次中将:"给我火速筹集10千克铀。"[4]曾负责筹集铀矿的兵器行政总部第八陆军技术研究所少佐山本洋一,在1982年接受采访时证实了军方的情况。他说:"塞班岛失陷后,军部高层陷入一种异常亢奋状态。总之,不是突然提出有关铀的话题,而是务必要搜寻铀矿石,夺回塞班岛,向塞班美军投下原子弹,以报一箭之仇……东条说,有10千克铀就可以造原子弹,总之是,给我筹集铀矿石!"[5]

1944年6月初,三笠宫崇仁亲王(昭和天皇四弟)也特意从东南亚带回矿石

① 読売新聞社編:《昭和史の天皇4》,読売新聞社,1968年,第181頁。
② 読売新聞社編:《昭和史の天皇4》,読売新聞社,1968年,第142頁。
③ 防衛庁防衛研修所戦史室編:《戦史叢書 本土防空作戦》,朝雲新聞社,1968年,第633頁。
④ 山本洋一:《日本製原爆の真相》,株式会社創造,1976年,第18頁。
⑤ 保阪正康:《日本の原爆:その開発と挫折の道程》,新潮社,2012年,第70頁。

让理化所的饭盛里安博士鉴定。6月25日,三笠宫崇仁亲王和高松宫宣仁亲王(昭和天皇三弟)还将仁科博士、饭盛博士和矿物专家长岛乙吉等人请到家中,就研制原子弹与筹集铀矿等问题进行了商谈。山本洋一证实,特别是从1944年6月左右,日方强力推进核武研究,也是按照崇仁亲王和宣仁亲王的想法执行的。①

于是,日军在日本国内勘探了福岛县的矿山,但矿石品位低,含量很少。与此同时,1944年4月,川岛少将通过参谋本部,通令"大东亚共荣圈"各地军政长官,让他们在其辖区内极力调查并开采稀有金属矿床,特别是钍和铀。②在朝鲜半岛,日方开采了黄海道的菊根矿山,但该矿为砂矿,含量低,开采成本高。③在东南亚马来半岛,日方发现锡渣含有铀,用专用运输船运到日本4500吨之后,因运输船被美国潜艇击沉而告终。一海之隔的中国大陆,遂成为日本探查和开采铀矿的重要目标。日方在对中国东北、内蒙古、新疆、江西等地广泛调查后,将辽宁海城作为重点开采地区。

接到限期提供铀矿的军令后,驻屯伪满洲国的关东军迅速成立了"关东军稀有元素调查班",以作战命令的形式,展开了对当地铀矿资源的调查和开采。据1993年日本地质学会成立100周年搜集到的未公开资料,即原关东军稀有元素调查班班长山村礼次郎(北海道大学工学部矿山学科第13期)的手记记载:"1944年6月,我突然收到转任关东军司令部参谋部第四课的命令……来到新京中心一幢高大巍峨的城楼式建筑——关东军司令部……当时在(伪)满洲国经济部矿山司任职的大学同届同学千村勘也来到司令部,情况很清楚……(伪)满洲国许多地质、采矿专业毕业的都被召到军队,大家不知所措。于是,最大限度地摸清政府、满铁或工矿企业方面的有关成员状况,将其召集到关东军司令部,军队本身萌生了组建一个从铀矿探查到开发生产的核心组织的想法。这就是世界上独一无二的'关东军稀有元素调查班'诞生的契机。一直到

---

① 山本洋一:《日本製原爆の真相》,株式会社創造,1976年,第58頁。

② "Search by Japanese Military for Uranium in Manchuria, Apr 44 to Mar 45", 1 Dec 48, Box No. NRS~2,安斎育郎編:《GHQトップ・シークレット文書集成　第Ⅳ期——原爆と日本の科学技術関係文書——》(第3巻),柏書房,1998年,第11頁。

③ 梅野實先生伝記編さん委員会:《梅野實翁伝記》,梅野實先生伝記編さん委員会,1972年,第122頁。

战争结束,该调查班是全军中唯一一个用轰炸机向东京运送铀矿石的组织。"①

原调查班队员、东京大学教授久野久,在回忆中亦记述了调查班成立的情况。他指出,"从1944年左右开始,日本内地核物理学者和无机化学专家合作,开始铀同位素分离研究。当然,目的是研制原子弹","随着研究的推进,据说预计1944年中期会提炼出铀235,故需大量铀矿。此前人们已知鞍山附近的海城出产的前寒武纪伟晶岩(花岗岩中特别是粗粒结晶集聚的矿脉)中含铀矿,所以陆军省向关东军司令部下达密令,令其从当地一年提交50吨铀矿精矿。于是,关东军司令部与当地各矿山会社、满铁地质调查所协商之后,将各部队的地质、采矿专家召集到司令部,成立了地质调查队,隶属第四课"。②

关于关东军稀有元素调查班成立的具体时间,班长山村礼次郎与队员久野久在手记和回忆录中都没有明确说明。据1948年12月美军对山村和久野等有关人员的审讯记录,该调查班的成立时间应为"1944年8月"。该绝密档案证实,"1944年8月,关东军副总参谋长在关东军司令部第四课组建了一个地质调查班(关东军地质调查班)"。③

那么,上文提到的关东军副总参谋长究竟又是谁呢?据美国国家档案馆收藏的GHQ绝密档案记载,关东军地质调查班班长"山村中尉直接向关东军参谋部第四课的领导池田纯久中将受命并汇报情况",属于顶级机密的有关海城调查工作进展报告,山村也亲手提交池田中将。④据笔者查证,这里提到的中将池田纯久,1894年出生于日本大分县,1924年日本陆军大学毕业,1935年出任日本中国驻屯军参谋,1938年出任步兵第45联队长,1941年出任关东军参谋。从1942年7月1日到1945年7月28日,担任关东军副总参谋长,⑤正是稀有元素调查班的直接负责人。

---

① 山村礼次郎:《関東軍稀元素調査班》,矢島道子:《資料:戦時中のウラン探鉱》,《科学史研究》2006年第2期。

② 久野久:《東満の大森林地帯》,久野久等:《続・科学随筆全集4 地球との対話》,学生社,1968年,第54頁。

③ "Search by Japanese Military for Uranium in Manchuria, Apr 44 to Mar 45", 1 Dec 48, Box No. NRS~2, 安斎育郎編:《GHQトップ・シークレット文書集成 第Ⅳ期——原爆と日本の科学技術関係文書——》(第3巻),柏書房,1998年,第11頁。

④ "Search by Japanese Military for Uranium in Manchuria, Apr 44 to Mar 45", 1 Dec 48, Box No. NRS~2, 安斎育郎編:《GHQトップ・シークレット文書集成 第Ⅳ期——原爆と日本の科学技術関係文書——》(第3巻),柏書房,1998年,第11、12頁。

⑤ 秦郁彦編:《日本陸海軍総合事典(第2版)》,東京大学出版会,2005年,第349頁。

二、关东军稀有元素调查班的队员构成

关东军稀有元素调查班,这支特殊军队主要是由关东军各部队临时抽调的采矿和地质等方面专家组建的。

首先,就关东军稀有元素调查班人数而言,各方说法略有出入,约为24人。原调查班队员久野久在回忆中指出:该调查班"最初约15人,到战败时约有25人。班长是北海道大学矿山专业毕业的山村中尉(现煤炭研究所工作人员)。队员有现九州大学教授野田光雄博士、现熊本大学教授斋藤林次博士、现横滨国立大学教授鹿间时夫博士等。我当时还是兵长,但该部队是以专业研究为目的组建的,大家都不在乎军内等级,是一支很和睦的队伍"。[①]

原调查班班长山村礼次郎在个人手记中记载:"这个调查班成员当初是18人,后来变成20多人……技术中尉的我担任班长,其中有战后成为东京大学教授、担任过 NASA 宇宙开发计划月球岩石研究主任的久野久(时任兵长),北海道大学理学部毕业的斋藤林次(熊本大学名誉教授),九州大学名誉教授野田光雄等地质专家,与我同届北海道大学矿山专业的金曾吉夫和各大学矿山专业毕业的技术人员聚在一起,组建了一支罕见奇特的军队。"[②]据山村在战败后讯问过程中向美军提供的调查班名单(表1)显示,该调查班成员1944年八九月组建之初为18人,1945年三四月调查班结束铀矿调查之后,为了执行新任务,鹿间时夫等6人也加入调查班。[③]于是,稀有元素调查班共有24名队员。山村中尉担任班长,盐泽军曹担任副班长。

其次,从队员专业构成来看,该调查班基本上是一支地质、采矿方面的技术专家队伍。如表1所示,关东军稀有元素调查班除了一名中文翻译外,有10名采矿专家,10名地质专家,两名化学专家,还有一名管理学专家。

再次,从队员职业构成来看,该调查班成员都是从关东军各部队抽调的现役军人。关东军司令部之所以从各部队抽调军人,而不是从当地政府或工矿

---

① 久野久:《東満の大森林地帯》,久野久等:《統·科学随筆全集4 地球との対話》,学生社,1968年,第54~55页。

② 山村礼次郎:《関東軍稀元素調査班》,矢島道子:《資料:戦時中のウラン探鉱》,《科学史研究》2006年第2期。

③ "Roster of Kanto Army Geological Survey Detachment", 1 Dec 48, Box No. NRS~2, 安斋育郎编:《GHQ トップ·シークレット文書集成 第Ⅳ期——原爆と日本の科学技術関係文書——》(第3卷),柏書房,1998年,第31页。

企业征调民间专家,可以说主要是考虑到核武器研制计划的保密性,以及紧急筹措铀矿任务的效率性。此外,据盟军总司令部的绝密档案记载,还有一个重要原因就是,尽管军方授权在完成任务时可以使用民间和政府人员及设施,但关东军司令(陆军大将山田乙三)估计后勤部门会反对,因为他们担心可能会流失许多重要人员,故不同意非军事人员参加该调查班。[①]

于是,关东军司令部从下辖部队抽调相关专业人员,组建了稀有元素调查班。譬如班长山村礼次郎,在北海道大学矿山专业毕业后,1941年2月应征入伍,后返回日本进入神奈川县渊野边的军校学习,1942年1月中士毕业,分配到伪满洲国第16野战兵器厂。1942年12月晋升为少尉。1944年8月,山村少尉从临时勤务的野外营地被调到长春关东军司令部,1944年9月晋升为中尉,被选派为新成立的关东军地质调查班班长。[②]队员久野久,1933年东京帝国大学理学部毕业后留校任地质学教研室助手,1939年晋升为副教授。据其随笔记载,1941年7月他被征召入伍,作为高射炮兵在边境执勤两年。1943年他被调到牡丹江市的第三军司令部,从事了一年的军用地方志调查。从1944年9月到战败,隶属于新京关东军司令部的地质调查队,从事地下资源(特别是铀矿资源)调查。[③]

表1 关东军稀有元素调查班队员名单

序号	姓名	专业	赴伪满洲国的时间	1944年8月的军衔	1945年9月5日的军衔
1	山村礼次郎(Reijiro YAMAMURA)	采矿	1941.1	少尉	中尉
2	盐泽岩(Gan SHIOZAWA)	采矿	1941	二等军曹	一等曹长
3	神田四男(Yomoo KANDA)	地质	1942	伍长	二等军曹
4	久野久(Hisashi KUNO)	地质	1941.7	伍长	二等军曹
5	本藤恒夫(Tsuneo HONDO)	采矿	1941	上等兵	伍长
6	安藤真田富(Masatomo ANDO)	管理	1941	一等兵	上等兵

① "Search by Japanese Military for Uranium in Manchuria, Apr 44 to Mar 45", 1 Dec 48, Box No. NRS~2, 安斎育郎編:《GHQトップ・シークレット文書集成 第Ⅳ期——原爆と日本の科学技術関係文書——》(第3卷),柏書房,1998年,第11頁。

② "Search by Japanese Military for Uranium in Manchuria, Apr 44 to Mar 45", 1 Dec 48, Box No. NRS~2, 安斎育郎編:《GHQトップ・シークレット文書集成 第Ⅳ期——原爆と日本の科学技術関係文書——》(第3卷),柏書房,1998年,第11頁。

③ 久野久:《東満の大森林地帯》,久野久等:《続・科学随筆全集4 地球との対話》,学生社,1968年,第45頁。

续表

序号	姓名	专业	赴伪满洲国的时间	1944年8月的军衔	1945年9月5日的军衔
7	桥本七郎(Hichiro HASHIMOTO)	采矿	1942	一等兵	上等兵
8	金曽吉夫(Yoshio KANESO)	采矿	1941	一等兵	上等兵
9	葛谷秀雄(Hideo KOTANI)	采矿	1944	一等兵	上等兵
10	野田光雄(Mitsuo NODA)	地质	1933	一等兵	上等兵
11	斎藤林次(Rinji SAITO)	地质	1936	一等兵	上等兵
12	高须昭(Akira TAKASU)	采矿	1941	一等兵	上等兵
13	和田诚二(Seiiji WADA)	地质	1943	一等兵	上等兵
14	桥山庆喜(Keiki HASHIYAMA)	地质	1944	一等兵	一等兵
15	山口恒夫(Tusneo YAMAGUCHI)	采矿	1942	一等兵	一等兵
16	久保恭介(Kyosuke KUBO)	地质	1943	二等兵	一等兵
17	久保田光男(Mitsuo KUBOTA)	化学	1940	二等兵	一等兵
18	澄川林部(Rinbe SUMIKAWA)	化学	1940	二等兵	一等兵
				1945年4月的军衔	
19	安崎常泷(Tsunetaki ANZAKI)	采矿	1940	上等兵	上等兵
20	堀内和夫(Kazuo HORIUCHI)	地质	1936	一等兵	一等兵
21	三井刚(Tsuyoshi MITSUI)	地质	1942.4	一等兵	一等兵
22	鹿间时夫(Tokio SHIKAMA)	地质	1940	一等兵	一等兵
23	土屋幸三(Kozo TSUCHIYA)	采矿	1937	二等兵	一等兵
24	藤枝济氏(Zaishi HUZIE)	中文翻译	1939	二等兵	一等兵

注:上列18人在1944年八九月间被选派到调查班,下列6人在1945年三四月间被选派到调查班。

资料来源:安斋育郎编:《GHQトップ・シークレット文書集成 第Ⅳ期——原爆と日本の科学技術関係文書——》(第3卷),第31页。

三、关东军稀有元素调查班的任务与活动

为了完成日本军部下达的供给铀矿的作战命令,关东军稀有元素调查班勘探了辽宁海城和绥中地区的稀有矿藏,指导采矿公司开采铀矿,制定运送矿石计划;后期还调查了矾土页岩等其他矿藏,还为建立对苏战争的撤退据点进行了地质调查。

关于稀有元素调查班的任务,原班长山村礼次郎在未公开手记中表明:"1944年6月……我刚向第四课长(小尾哲三)报到,就接到一项意想不到的任

务,即'你是最高学府矿山专业毕业的专家,此次大本营向全军下达作战命令,最高命令是截止本年(1944年)12月,必须向东京送达10吨铀(矿石)。……中国东北这里有铀矿,望尽快制定调查及开发生产的作战计划。'"①美方公布的驻日盟军总司令(GHQ)绝密档案亦基本上印证了该内容。据档案记载:"1944年10月,山村中尉收到关东军司令部一份电报,令其不迟于1945年3月要运送10吨铀矿到东京大本营。"②原调查班队员久野久在回忆中也提道:"随着日本内地研究的推进……陆军省向关东军司令部下达密令,从中国东北一年要交50吨铀矿精矿。"③

具体而言,据驻日盟军总司令绝密档案记载,调查班的首要任务是对中国东北地区已探明铀矿进行一个地质调查,其分别位于辽宁省海城东部、东北部山区(东经122°42′、北纬40°52′)和绥中西部山区(东经120°20′、北纬40°20′);其次任务是去探寻关东军统辖地区的新铀矿。④

于是,据山村手记记载,1944年8月"在组建稀有元素调查班的同时,他向参谋建议,在新京将校会馆召集了满铁、满洲矿业开发株式会社、满洲矿山株式会社("满业"的下属企业——作者)等民间地质采矿专家……遴选可能出产稀有元素矿藏的若干地区……然后由军队、政府和民间专家组成的共同调查班用了两周时间再次筛选……将目标锁定于南满地区的伟晶岩矿藏","立即在鞍山东南方的海城地区进行第二次重点调查……此前我们是采集矿石标本,本次则集中稀有元素调查班全部力量。行动开展三个月后,探明了伟晶岩中铀矿的性质、状态以及储藏特征"。⑤

原调查班队员久野久在回忆中记述了调查班的活动情况。他叙述道:

① 山村礼次郎:《関東軍稀元素調査班》,矢島道子:《資料:戦時中のウラン探鉱》,《科学史研究》2006年第2期。

② "Search by Japanese Military for Uranium in Manchuria, Apr 44 to Mar 45", 1 Dec 48, Box No. NRS~2, 安斎育郎編:《GHQトップ・シークレット文書集成 第Ⅳ期——原爆と日本の科学技術関係文書——》(第3巻),柏書房,1998年,第13頁。

③ 久野久:《東満の大森林地帯》,久野久等:《続・科学随筆全集4 地球との対話》,学生社,1968年,第54頁。

④ "Search by Japanese Military for Uranium in Manchuria, Apr 44 to Mar 45", 1 Dec 48, Box No. NRS~2, 安斎育郎編:《GHQトップ・シークレット文書集成 第Ⅳ期——原爆と日本の科学技術関係文書——》(第3巻),柏書房,1998年,第11頁。

⑤ 山村礼次郎:《関東軍稀元素調査班》,矢島道子:《資料:戦時中のウラン探鉱》,《科学史研究》2006年第2期。

"1944年9月上旬,队伍组建后,马上开赴海城。他当时参观了刚着手开采的铀矿现场后,非常吃惊,数十米宽的伟晶岩突出部,大部分是长石和石英,看上去一片白色。其中零星散布着芝麻粒儿大小的铀矿石,需仔细抠出来。如若这样,不要说年产50吨,就是一吨也比较困难……我此时深感责任重大,军队、(伪)满洲国政府、民间企业都对我们调查班寄予厚望。"于是,"我一度返回新京,阅读伟晶岩文献,查看会社矿石标本,意想不到地发现……铀矿附着在斜长石(含钙和钠的长石)上,绝非附着在正长石(含钾的长石)上"。"9月下旬,我们几乎全员出动,再次来到海城附近,开始调查","地质专业的队员三四人一组分若干区域,制作承担地区的地质图,寻找伟晶岩","因矿物很少裸露在外,故在估计斜长石集聚的地方用凿子凿出小洞,放入炸药,进行爆破,再调查内部情况。于是山里到处传出咚咚爆炸声,回荡山间,传到村庄,当地人还以为是放爆竹……"①

该调查班勘探了海城地区的大房身和三台沟的矿床,发现大房身有3个伟晶岩矿脉,三台沟有超过13个矿脉含有铀矿石。②"伟晶岩矿床的特性是,铀矿含量不过百万分之几克,从经济上看,当然不合算,但可以断定从技术上进行生产是可能的,便向关东军司令部提交了报告。"③

关于铀矿开采和运送情况,班长山村在手记中指出,"发现铀矿产地后,我们立即通知负责采矿的满洲矿山株式会社的现场办事处,马上进行正式开采"。此外,"1944年11月,还成立了一个叫满洲稀有元素株式会社的特殊会社,在我们的技术指导下开始采掘铀矿"。④实际上该特殊会社名为"泰亚工矿株式会社",是负责"仁号研究"的陆军航空总部总务部长川岛虎之辅少将要求根津财团的镇目泰甫成立的。⑤

---

① 久野久:《東満の大森林地带》,久野久等:《続・科学随筆全集4 地球との対話》,学生社,1968年,第55、56、57頁。

② "Search by Japanese Military for Uranium in Manchuria, Apr 44 to Mar 45", 1 Dec 48, Box No. NRS~2, 安斎育郎編:《GHQトップ・シークレット文書集成 第Ⅳ期——原爆と日本の科学技術関係文書——》(第3巻),柏書房,1998年,第12頁。

③ 山村礼次郎:《関東軍稀元素調査班》,矢島道子:《資料:戦時中のウラン探鉱》,《科学史研究》2006年第2期。

④ 山村礼次郎:《関東軍稀元素調査班》,矢島道子:《資料:戦時中のウラン探鉱》,《科学史研究》2006年第2期。

⑤ 梅野實先生伝記編さん委員会:《梅野實翁伝記》,梅野實先生伝記編さん委員会,1972年,第122~123頁。

　　原调查班队员久野久回忆:"黑色铀矿,是与白色石英或长石混杂的岩块,开采后将其运到办事处院子。采用最原始的方法,即从附近农家雇用女人和孩子,敲碎岩块,用手捡出黑色铀矿,然后将矿石装草袋,运到奉天军用机场,听说从那里空运到日本。"①泰亚工矿株式会社顾问梅野实的传记中也记述到,采掘的矿石在现场收集在一起,严格选矿之后,将精矿存放现场办事处,然后过称、标记、贴封、上锁,进行保管。采满100千克以上,就配置护卫,用关东军调拨的汽车运到奉天,从奉天搭载战斗机,送到日本。为了保密,公司将那里开采的铀矿命名为海城石。②另据驻日盟军总司令绝密档案记载,日本政府要求,在一些矿区当采集到20千克铀矿精矿时,就要运到奉天,然后由第237部队空运到日本。③原调查班班长山村礼次郎在1948年6月29日接受审讯时供认,他专门制订了空运铀矿精矿到东京的具体计划,采集打包的铀矿石由卡车运送,或用马车运到军需站后再用火车转运到奉天,前后运送了三次,第一次是1944年11月运送300千克到日本,交付东京大本营。④

　　由于研制核武器任务紧急,加上又是重体力劳动,日方从辽宁海城当地和中国其他省区大规模地征用和"招募"了许多劳工。为了推进采矿任务,日方从白石村、南台海城地区按照每户一人的比例,征用了大量劳工。⑤据美国公布的GHQ绝密档案记载,约在1944年11月1日,400名当地劳工在20名日本工头的监督下开始开采,用手捡拾,精选铀矿石。⑥为了补充当地劳工不足的情

---

　　①久野久:《東満の大森林地帯》,久野久等:《続·科学随筆全集4　地球との対話》,学生社,1968年,第57页。

　　②梅野實先生伝記編さん委員会:《梅野實翁伝記》,梅野實先生伝記編さん委員会,1972年,第124页。

　　③"Rare Element Minerals in the Haicheng District, Liaoning Province, Manchuria", 8 Oct 49, Box No. STD~2,安斎育郎编:《GHQトップ·シークレット文書集成　第Ⅳ期——原爆と日本の科学技術関係文書——》(第6卷),柏書房,1998年,第214页。

　　④"Search by Japanese Military for Uranium in Manchuria, Apr 44 to Mar 45", 1 Dec 48, Box No. NRS~2,安斎育郎编:《GHQトップ·シークレット文書集成　第Ⅳ期——原爆と日本の科学技術関係文書——》(第3卷),柏書房,1998年,第14页。

　　⑤梅野實先生伝記編さん委員会:《梅野實翁伝記》,梅野實先生伝記編さん委員会,1972年,第124页。

　　⑥"Search by Japanese Military for Uranium in Manchuria, Apr 44 to Mar 45", 1 Dec 48, Box No. NRS~2,安斎育郎编:《GHQトップ·シークレット文書集成　第Ⅳ期——原爆と日本の科学技術関係文書——》(第3卷),柏书房,1998年,第13页。

况,日方一般还要从中国华北地区和山东等地"招募"劳工。[①]

另据泰亚工矿株式会社的高木证实(表2),到1945年,该公司在海城三台沟五处矿区的21个作业区,每天征用约近千名(950人)劳工开采铀矿。因未找到"满洲矿业开发株式会社"和"满洲矿山株式会社"征用劳工的数据,若据此做简单推断,其征用劳工人数亦不会少于千人。采矿人员像军队一样,编成小队、中队、大队,在指挥官的号令下统一进行开采作业。

关于海城劳工的具体劳动境况,驻日盟军总司令绝密档案简要记述到:"五到九月……暴雨成灾,劳工不愿下矿……"然而,"北部矿区环境并没有直接影响劳工们的效率,但他们不得不在夏季一天中最热的时候休息,在冬季则奋力劳作以暖和身子"。[②]另外,从同时期日本在朝鲜菊根矿山征用劳工开采铀矿的情况亦可窥见一斑。据美国国家档案馆公布的一份资料显示,从1943年9月到1945年8月期间,日方在菊根矿山最初征用了1200名工人,结果工人们不断逃亡,最后只剩下600人。他们一天劳动10个小时,要开采5000坪(每坪约3.3平方米)。[③]

表2 辽宁海城三台沟矿区劳工人数与铀矿日产量

矿区	作业区数	劳工人数	精矿产量(kg/天)	监工人数(日本人)
向阳寨	4	300	5	1
北沟	8	400	5~6	3
白石寨南沟	3	200	4~5	1
小台沟	4	100	3~4	1
小南沟	2	50~60	2	(中国东北人)
合计	21	950	15	—

资料来源:安斋育郎编《GHQトップ・シークレット文書集成 第Ⅳ期——原爆と日本の科学技術関係文書——》(第3巻),第28頁。

①"Rare Element Minerals in the Haicheng District, Liaoning Province, Manchuria", 8 Oct 49, Box No. STD~2, 安斋育郎编:《GHQトップ・シークレット文書集成 第Ⅳ期——原爆と日本の科学技術関係文書——》(第6巻),柏書房,1998年,第213頁。

② "Rare Element Minerals in the Haicheng District, Liaoning Province, Manchuria", 8 Oct 49, Box No. STD~2, 安斋育郎编:《GHQトップ・シークレット文書集成 第Ⅳ期——原爆と日本の科学技術関係文書——》(第6巻),柏書房,1998年,第213~214頁。

③ "CIS/SpInt, S/I, Radioactive Minerals in Korea", 20 Jun 49, BoxNoSTD~2, 安斋育郎编:《GHQトップ・シークレット文書集成 第Ⅳ期——原爆と日本の科学技術関係文書——》(第7巻),柏書房,1998年,第275頁。

据美国解密档案记载,到1945年1月,海城的勘探工作结束,调查班南移至绥中。其中副班长盐泽等四名成员继续留在海城,负责联络满洲矿山株式会社和一个契约开采矿石的私人公司,并提供帮助。①原调查班队员久野久在回忆中也写道:"从1945年初开始,我们调查班开始新的调查。那是华北边境的山海关略靠北部的绥中,旁边就是绵延起伏的万里长城。从1月到2月我们初步调查该地","从3月开始正式在绥中附近展开调查,这里也是前寒武纪伟晶岩,因此方法与此前完全相同,结果发现几处新铀矿产地",②譬如在矾石山的伟晶岩中调查发现贝塔石,在石门子和丰海调查发现伟晶岩含有褐钇铌矿和黑稀金矿,但产量很小。③"然而,1945年3月,大本营下达密令,说'该大战中预计敌国美英不会造出原子弹,本次作战中止'。"④因此,当稀有元素调查班收到关东军司令部发布中止调查的命令时,在绥中西部的勘测尚未完成。

1945年4月1日,调查班全员回到关东军司令部,停止中国东北地区的铀矿调查。此时,又有鹿间时夫等6位新成员(表1)加入调查班,开始了新任务。具体任务如下:一是调查本溪湖附近的牛心台矾土页岩。从1945年4月中旬到8月实施该计划,曹长盐泽负责18个人的工作组。二是勘察通化东部遗址。1944年伪满洲国政府起草计划,准备将一些重工业企业从沈阳迁到通化东部山区的地下军事设施,但该计划并未实施,1945年期间该计划改为建设一个地下工事,以便作为关东军司令部的撤退据点。从1945年4月到8月,山村和桥本、山口勘测该地,选定通化东部的5个地点。在详细调查和规划完成之前,战争结束。三是勘探硫铁矿。神田于1945年5月调查安东与奉天之间的地区,无果而终。四是勘探水银矿。久野久在1945年三四月间调查绥中附近的一个

---

① "Search by Japanese Military for Uranium in Manchuria, Apr 44 to Mar 45", 1 Dec 48, Box No. NRS~2, 安斎育郎編:《GHQ トップ・シークレット文書集成 第Ⅳ期——原爆と日本の科学技術関係文書——》(第3巻),柏書房,1998年,第12頁。

② 久野久:《東満の大森林地帯》,久野久等:《続・科学随筆全集4 地球との対話》,学生社,1968年,第58頁。

③ "Search by Japanese Military for Uranium in Manchuria, Apr 44 to Mar 45", 1 Dec 48, Box No. NRS~2, 安斎育郎編:《GHQ トップ・シークレット文書集成 第Ⅳ期——原爆と日本の科学技術関係文書——》(第3巻),柏書房,1998年,第12頁。

④ 山村礼次郎:《関東軍稀元素調査班》,矢島道子:《資料:戦時中のウラン探鉱》,《科学史研究》2006年第2期。

地区,未取得成果。[1]

久野久在回忆中也提到,他曾向关东军司令部建议,重点调查若干候选地,以探寻铜铅矿脉中的铀矿或沉积岩形成时的伴生铀矿,然而,随着战局每况愈下,一向强硬的军队也变得消极了。军方说,"原子弹好像怎么也赶不上这次战争了,停止调查吧!"于是,他们被授予其他任务,那就是在伪满洲国东部地区探查地下洞穴,或研究利用已有废矿,选定便于挖掘新坑道的地方,准备为日苏开战时关东军据守伪满洲国东部大森林地区构建防御工事。久野没去调查洞穴,而是再次回到绥中,进入热河省调查水银矿床。稀有元素调查班最后的工作是矾土页岩的调查,进入7月,日军从东南亚铝原料的运送完全中断,于是关东军在伪满洲国只能另谋他法。为了生产飞机,调查班开始调查本溪湖附近的铝矿资源。8月8日苏联对日开战后,关东军电令调查班全员返回长春关东军司令部。因广岛被扔下"特殊炸弹"原子弹,据说把调查班召回来,是为了让调查班再次去调查铀矿。两天后,调查班在关东军司令部迎来日本战败。[2]

四、关东军稀有元素调查班指导开采的铀矿总量

日本到底在中国是否开采过铀矿?究竟从辽宁省海城地区掠夺了多少铀矿?日方当事人和后世研究者,或含糊其词,或避而不言。日本"仁号研究"负责人、原陆军航空总部总务部长川岛虎之辅少将在接受采访时回忆说:"不知何时下面汇报说,抚顺有铀矿,现在有三到五吨原矿石,于是我说'那就立刻送来!'然而从此杳无音信,什么也没送来。"[3]川岛的说法显然有误,抑或是故意混淆事实。

日本东京工业大学教授山崎正胜是研究二战期间核武器研制计划的科技史专家,其在专著《日本的核开发:从原子弹到原子能(1939—1955)》(绩文堂2011年版)中专设一目"陆海军在殖民地对铀矿的探查",然而遗憾的是,该书

---

① "Search by Japanese Military for Uranium in Manchuria, Apr 44 to Mar 45", 1 Dec 48, Box No. NRS~2, 安斋育郎编:《GHQトップ・シークレット文书集成　第Ⅳ期——原爆と日本の科学技术関係文书——》(第3卷),柏书房,1998年,第12页。

② 久野久:《東満の大森林地带》,久野久等:《統・科学随筆全集4　地球との対話》,学生社,1968年,第59~62页。

③ 読売新聞社編:《昭和史の天皇4》,読売新聞社,1968年,第146页。

在仅有的两段文字中只提及了日本在朝鲜菊根矿山开采铀矿、从马来半岛运来黑砂和海军从上海黑市购买约100公斤氧化铀的事,却对日本在辽宁海城开采铀矿的事只字不提。

然而,原陆军第八技术研究所山本洋一曾明确指出日本开采海城铀矿的事,只是未说明具体数量。他在著作中表明:"关于大石桥附近海城县出产的黑稀金矿,满洲矿业开发株式会社以及都商会进行了开采,采掘的矿石由满洲第237部队购买等事,明白无误。"①原关东军稀有元素调查班班长山村礼次郎在1948年6月29日第一次接受美军讯问时供认,估计开采了10吨并送到日本;然而在同年9月30日的第二次讯问中,他却改变说法,说是开采了5或6吨,且不确定有多少运到日本。②

原调查班队员久野久则对美军供认,从1944年10月到1945年3月在中国东北每月生产铀矿精矿约1吨。③也就是说,从1944年末到1945年3月"满洲矿山株式会社"和泰亚工矿株式会社在海城地区共开采铀矿精矿4吨。④久野在《东亚地质矿产志》(1952年)发表的论文中也指出:"从1944年夏到1945年3月……该地区精矿总产量约达4吨。1945年月产量约达1吨。"⑤

泰亚工矿株式会社常务董事长与子田敏雄在1948年11月10日和11日对美军供认,该公司从1942年到1945年开采了5.5吨铀矿石,并且这些铀矿由"(伪)满洲第237空军部队"空运到日本。⑥需要指出的是,与子田证实的公司开采的起始时间有误。据泰亚工矿株式会社顾问梅野实的传记记载,该会社

---

① 山本洋一:《日本製原爆の真相》,株式会社創造,1976年,第80页。

② "Search by Japanese Military for Uranium in Manchuria, Apr 44 to Mar 45", 1 Dec 48, Box No. NRS~2,安斎育郎編:《GHQトップ・シークレット文書集成 第Ⅳ期——原爆と日本の科学技術関係文書——》(第3卷),柏書房,1998年,第13页。

③ "Search by Japanese Military for Uranium in Manchuria, Apr 44 to Mar 45", 1 Dec 48, Box No. NRS~2,安斎育郎編:《GHQトップ・シークレット文書集成 第Ⅳ期——原爆と日本の科学技術関係文書——》(第3卷),柏書房,1998年,第14页。

④ "Rare Element Minerals in the Haicheng District, Liaoning Province, Manchuria", 8 Oct 49, Box No. STD~2,安斎育郎編:《GHQトップ・シークレット文書集成 第Ⅳ期——原爆と日本の科学技術関係文書——》(第6卷),柏書房,1998年,第212~213页。

⑤ 久野久:《南満洲海城地方ペグマタイト中の長石、石英、雲母及び稀元素鉱物》,《東亜地質鉱産誌》(1952年)満州之部、満州・金属—15d,第3页。

⑥ "MEMO FOR RECORD: RS/JPH/mlm, SUBJECT: Toshio YOSHIDA", 18 Nov 48, Box No. NRS~2,安斎育郎編:《GHQトップ・シークレット文書集成 第Ⅳ期——原爆と日本の科学技術関係文書——》(第3卷),柏書房,1998年,第25页。

正式运营是在1944年10月10日。[①]

　　原"满铁"地质调查部矿床地质调查室主任坂本峻雄在1948年8月5日接受美军审讯时供认,二战期间的1944年8月到1945年2月,日本从海城的两个伟晶岩采石场开采了5吨黑稀金矿,这些黑稀金矿含有8%的氧化铀。[②]

　　原"满洲重工业开发株式会社"总裁高碕达之助在《满洲的终结》(1953年)一书中也指出:"在战败前不久,(日本)发现了大石桥附近的原子弹的原料铀矿,选矿约5000吨矿石,运到日本内地。"[③]

　　中国铀矿地质与勘探专家谢家荣在1947年12月发表的《中国之独居石矿》一文中指出:"辽宁海城之铀矿:据日人勘探估计金属铀质储量为13吨,曾经于10个月之探矿工作期间内获得精独居石矿砂4.4吨,其成分为含8%的UO_2,计含金属铀量362公斤。"[④]

　　综上所述,从1944年10月到1945年3月的半年左右时间内,在关东军稀有元素调查班的指导下,日本在中国海城地区破坏性开采的铀矿石总量约为5000吨,运到日本的精矿少则3吨,多则10吨。从中国海城等地开采的铀矿被送到日本,然而,直到1945年2月,理化研究所使用热扩散法的分离实验始终未能成功,没有提取出铀235。荒胜文策的远心分离机也远未达到每分钟10万次的转数,无法造出铀235。1945年4月,理化研究所实验室的分离塔被炸,事实上日本研制核武器计划基本告终。同年5月伪满洲国政府下令停采铀矿。

五、结　语

　　关东军稀有元素调查班作为唯一一支由地质、采矿专家组成的调查开采铀矿的特殊部队,直到日本战败投降后的1945年9月5日,才宣布正式解散。班长山村礼次郎力主调查班全员是以民间专家应召入伍的,应就地解散。于是,随着日本投降,调查班成员也被关东军全部解雇,秘密分散到伪满洲国、中

---

　　① 梅野實先生伝記編さん委員会:《梅野實翁伝記》,梅野實先生伝記編さん委員会,1972年,第123頁。

　　② "Interrogation Report No.17432",安斎育郎編:《GHQトップ・シークレット文書集成第Ⅳ期——原爆と日本の科学技術関係文書——》(第3巻),柏書房,1998年,第38頁。

　　③ 高碕達之助:《満州の終焉》,実業之日本社,1953年,第114頁。

　　④ 谢家荣:《中国之独居石矿》,1947年,全国地质资料馆,档号4972。

国华北和朝鲜半岛等地。[①]除个别死亡外,该调查班成员基本上避免了被苏军俘虏后或接受劳动改造,或接受法庭审判的命运,大都辗转回到日本,其中数人在战后还当上了大学教授或研究所工作人员。

关东军稀有元素调查班这个特殊部队、特殊专家群体,在日本对外侵略战争中,积极参与了日本核武器研制计划,对华铀矿的调查与开采本身就是一种掠夺稀有资源、奴役劳工的侵略行为。进而言之,日本研制核武计划不是一个只有日本国内核物理和化学专家参与技术研发的内部军事研究计划,也是一个地质采矿专家参与的、包括铀矿的探查、开采、运输等环节在内的庞大侵略计划,其伴随着大规模奴役和大量稀有资源的掠夺,严重侵害了被侵略国家和人民的利益。

关东军稀有元素调查班的活动作为日本研制核武器计划的一部分,也是日本军部为了扩大侵略战争而制造大规模杀伤性武器的加害性行为。从结果来看,若说731部队等的行为是完成了的组织性犯罪,那么可以说稀有元素调查班的行为是未完成或部分完成的组织性犯罪。说其是未完成的组织性犯罪,是指日本核武研制计划最终失败,日军没有使用原子弹实施侵略行为;如若日本研制核武计划一旦成功,则必将导致更大规模的战争灾难。说其是部分完成的组织性犯罪,除了上述已完成实施的掠夺殖民地稀有资源、奴役殖民地劳工之外,事实上研制核武计划的执行,客观上也助长了日本军部法西斯负隅顽抗的嚣张气焰和垂死挣扎的所谓勇气。如上所述,日本军部从1942年6月中途岛海战惨败之后,就对研制原子弹寄予很大期望。塞班岛战役后的1944年11月,日本军部更是迫切期待专家们能够尽快造出原子弹,炸飞塞班岛空袭日本的美军机场。即使是1945年8月6日广岛被原子弹轰炸之后,日本军部仍然对研制核武抱有幻想,考虑不惜任何代价再坚持六个月,以便让科学家集中起来赶制原子弹,来对付美国。[②]

总之,关东军稀有元素调查班的活动,是二战期间日本研制核武器计划的一个重要组成部分,其带有明显的"军事性""殖民性"和"侵略性"特征。该调

---

① "Search by Japanese Military for Uranium in Manchuria, Apr 44 to Mar 45", 1 Dec 48, Box No. NRS~2,安斋育郎编:《GHQトップ・シークレット文书集成　第Ⅳ期——原爆と日本の科学技術関係文書——》(第3卷),柏書房,1998年,第11页。

② Robert K. Wilcox, *Japan's Secret War: Japan's Race Against Time to Build Its Own Atomic Bomb*, NewYork: Marlowe & Company, 1995, p.177.

查班的地质采矿专家们，在战争期间也变成了侵略者的一员，积极地扮演"加害者"的角色。

本文原刊载于《近代史研究》2022年第4期，得到了南开大学亚洲研究中心资助项目"战时日本研制核武器计划及其对亚洲铀矿资源掠夺情况研究"（AS2204）的资助。

作者简介：

乔林生，内蒙古凉城县人，现任南开大学日本研究院教授、博士生导师。研究方向为日本政治外交、中日关系和东亚国际关系史。主要成果有专著《日本对外政策与东盟》《民主的危机：日本"世袭政治"研究》，合著《近代以来日本的中国观1945—1972》（第五卷）、《日本首相评传》等，在《国际政治研究》《近代史研究》《世界历史》《日本学刊》等发表论文50余篇，分别获得中国宋庆龄基金会"孙平化日本学学术奖励基金"专著类一等奖、天津市社科优秀成果一等奖和教育部高校科学研究优秀成果奖二等奖等5项。

一君万民——近代日本宪政与国体的互生共融

张　东

明治维新后，日本实施王政复古，以国体标榜天皇统治的独自性，同时学习西方宪政，使民参政，历经大正德谟克拉西、政党政治，终在持续扩大的对外侵略中趋向法西斯统治。通常认为，近代日本政治是民众、政党、众议院等民主宪政势力与天皇、枢密院、贵族院、军队等封建保守势力并存与对抗的过程，宪政体制与国体精神作为异质的内容此消彼长。而且对于宪政的考察，通常在于民众参政、政党发展、宪法条文等方面，对于国体的考察，则常在于思想文化或社会史研究之中，如支撑天皇大权的精神力量、蒙蔽民众的教化宣传以及破坏宪政、对外侵略的精神根源。当然，亦有学者从西方政法理论去探讨近代日本的国体，但近代日本的国体并非单纯的政法概念，其包含着社会历史性与伦理道德等，且在不同阶段有着不同表现，因此单以政法概念考察近代日本的国体，不免有脱离历史语境之倾向。

既然说近代日本是基于传统政治而导入宪政，在明确了传统政治与宪政并存的前提下，我们还应知二者何以并存，即知其然知其所以然，阐明二者的结合点、以及结合后权力秩序的特质与趋向。本文认为，近代日本的所谓宪政，是指一君万民伦理道德在政治上得到体现，天皇总揽大权下，采取职能性分权，民众参与立法，大臣辅弼并承担政治责任。其所谓国体，即基于肇国神话与民族性，实现一君万民政治，万世一系天皇作为无上之尊与日常自然的道德表率，保全国利民福。基于此，通过考察明治立宪与国体的互生、大正德谟克拉西与"国体明征"间的关联，明确国体在民众参政中的推动力与界限，辨析天皇统治与民众参政间的吊诡之处，指出近代日本一君万民伦理道德下宪政与国体互生共融的过程及其内在逻辑。

一、明治立宪与国体的互生

立宪主义产生于西方文明，其思想可追溯至古希腊时期，如法制、权力制衡、民主等。经过中世纪至17、18世纪，启蒙思想兴起，限制王权与注重权力正当性等成为共识,在一切法律和政治之前的个人权利与社会契约说相结合,成为近代立宪主义的主要内容。但由于法国大革命中的恐怖政治,天赋人权、自然权利、社会契约说等遭遇批判,立宪主义的基础也从抽象的理性演绎转向具体的历史传统和社会秩序。明治维新后,日本在传统政治的基础上导入宪政,其关键即在于限权、并标榜天皇统治的正当性。

1867年12月9日,在萨摩、土佐等五藩藩兵的支持下,有栖川宫炽仁亲王、中山忠能、岩仓具视等在宫中发布"王政复古大号令":"诸事回神武创业之始",①以复古行维新,废除幕府、京都守护、京都所司代等武家职位,以及摄关、议奏、武家传奏等朝廷旧职,设总裁、议定、参与三职。翌年1月3日,幕府军与政府军在京都西南郊的鸟羽、伏见相遇,戊辰战争开始。

明治新政府在打破旧制、确立天皇权威的同时,需广泛争取支持,稳定秩序、与外交际。如大久保利通在1868年1月23日提出迁都计划时称:之前天皇只与少数公卿接触,这"有悖为民父母之天赋职责","上下隔绝之弊习,未尽敬上爱下之人伦大纲,有失君道、臣道",因此借迁都之机,更始一新,"除数种大弊,行为民父母之天赋君道"。②3月14日,明治天皇率公卿、诸侯等在京都紫宸殿向天神地祇宣誓,发布《五条誓文》。随后在4月27日又公布了《政体书》,实施太政官体制。

1868年12月,明治天皇命令开设公议所:"保全万民,确定永世不朽之皇基,万机应出自公论"。③翌年1月25日,岩仓具视上奏称:"(公议所)看似模仿欧美诸国之风,实则不然,我皇国神代既有采取公论","施政法度有众议参与,经宸断后实施,即使有异论百出,亦不易变更","古之良法美制或不适于今日,则断然弃之"④。他认为"君臣之道、上下之分"为建国之体,政体应基于国体并随时而变,明确了天皇亲裁与天下公论共存之意。

对于建国之体,岩仓具视在1870年详论:"天神使天孙降临,神胤统治国土,建万世一系天子统治之国体,亿兆各守其分,定君臣之义,此为天神虑亿万年后、使国土永久安全之意。因此,天子使亿兆各安其业、各得其所,以此为天神尽责。亿兆励行其业、各保其生,以此为天子尽责,是为上下通义。天子爱

---

① 多田好問編:《岩倉公実記》(下卷1),皇后宮職,1906年,第148页。
② 日本史籍协会编:《大久保利通文书》(第2卷),日本史籍协会,1929年,第191~195页。
③ 尾佐竹猛:《日本憲政史大綱》(上卷),日本評論社,1939年,第206页。
④ 多田好問編:《岩倉公実記》(下卷1),皇后宮職,1906年,第682~685页。

亿兆,为王者大宝,亿兆尊天子,称御一人,此为我建国之体。"①在他看来,"人君体天意,惩恶劝善,不随意发挥威权。天将万民托付于人君,非君之私物"。指出历代勅语中"有'朕为万人苦心'等残编断简之辞句,是为念苍生之心","陛下与他国人君不同,在于服从祖宗之名诫"。并引用池田光政之言:"人君自俭爱民,使国民服从",若"以锻冶之甲胄、利刃护身,是为浅薄"。因此,"陛下上服祖宗名诫,下听光政之言,察古今治乱,于今政治定有裨益"。②

1871年11月12日,岩仓具视作为特命全权大使率团出访欧美。1873年5月,大久保利通提前回国,随后提出制宪意见书,认为君主以命令约束无智之民,只能达一时之治,"一旦暴君污吏擅权,生杀予夺随意而为,众怒国怨归于君主一人,动辄生废立篡夺之变",应"上定君权下限民权,至公至正君民不得私"。他认为立宪并不是轻视天皇大权,"外在的天子大权越重,其实权越轻,将门均秉之日,天子在九重之内,威严堂堂,下民仰为神,天子无尺寸之权,一旦亲裁万机,下民拜天而知至尊所在,外在威严半损,人情时势逐渐开明,其势非物理自然人力所能为。今不察此,欲强行外在之大权,天子坐拥空器,不仅与昔时将门秉均之日无异,天位亦将危殆,上定君权下限民权,出自国家爱欲至情,使人君万世不朽之天位安泰"。③

可以看出,无论是说君民无隔、君臣之义、君主之天职责任,还是说天子"不重外在大权",明治政府在树立和强化天皇权威时,亦知天皇"免责减负"方可长久安泰,其途径则是将一君万民伦理道德纳入国体叙述,而系统论述并将此融于宪法的则是井上毅。

对于近代政治,井上毅认为其中一个必然产物是政党:"文明之邦皆有政党,召开议院、分席而坐,相制以呈均势,各党争辩以发现真理。"④但他批判政党偏向私利、争夺政权,而且对议会政治表示疑虑:"通过阴险狡猾手段在众议院聚集多数,其议不能称作舆论,此非国会真正多数,非民望之舆论。"⑤因此他认为政府应在一个全能君主的信任下,"调和社会各阶层利害,避免倾轧,否则

① 多田好問編:《岩倉公実記》(下卷1),皇后宮職,1906年,第822~832页。

② 日本史籍協会:《岩倉具視関係文書》(一),東京大学出版社,1983年,第376~386页。

③ 議会政治社編輯部編:《日本憲政基礎史料》,議会政治社,1939年,第106~111页。

④ 井上毅伝記編纂委員会:《政党論》,《井上毅伝》(史料篇第一),国学院大学图书馆,1966年,第289页。

⑤ 井上毅伝記編纂委員会編:《非議院制内閣論》,《井上毅伝》(史料篇第三),国学院大学图书馆,1969年,第631页。

国家不固。政府不基于议会、与政党无涉,这样才能增进永久生存之国运"。①

当然,井上毅希望天皇成为这种"全能君主"。但问题是,如何使作为"全能君主"的天皇能够持久稳固。在他看来,若要使君主不易被人攻击、否定,就要避免宗教化崇拜。因为"宗教发展常与知识进步相反,随着知识发展,人们不再满足道义之先天空想,倾向于以人事推天道,注重考据,伦理学逐渐向哲理发展。最终社会中产生不信之念,豪杰起而另寻机轴,主张新说排击旧典,宗教遂成退缩之势"。②也就是说,如果假借神明来推广某种普世神教,虽可流传颇易、人心归一,但随着人们智识发展,所谓神教也会被质疑,其势不得不后退。因此,不能使"全能君主"与宗教相关联。他转而将目光投向孔孟儒学,称其"远鬼神,务民义,知生不知死,其言布帛菽粟,毫无神怪,没有祸胎,可谓千古卓见",提出要"以古典国籍为父、儒教为师"。③

在他看来,"国法学源于各国古典,今日神学者之说可取之处少,但探立国之本、寻风俗之源,决不可将其束之高阁",④即保存国典是立国要务,"以古典国籍为父"。1888年他在皇典研究所演说时称:"国典是国家政治、国民教育之必要,而非宗教之必要,亦非某一政党之素材",将国典作为宗教理论、或以之攻击其他宗教的话,是"有悖国道之本意"。"国学是属于我国所有人的,精通国典者将之作为自身或自身党派的专有物,将其他党派排除在国典之外,这不仅是量见狭小,且有悖国典本意。"⑤井上毅认为国典、国学有着超越政治与宗教的普遍化性格,试图在国民生活习惯、历史、文学中发现天皇权威与立国之本。

因此,井上毅着力研究国典,终"发现"了日本独特的天皇统治方式,即"皇祖以来的家法""皇道之本"。他认为天皇统治方式与中国或者欧洲的统治方式不同,不是把国土和国民作为物质上的私产,这种区别即公私之别,且为"不

　　① 井上毅傳記編纂委員會編:《非議院制内閣論》,《井上毅伝》(史料篇第三),国学院大学图书馆,1969年,第630~632页。
　　② 井上毅傳記編纂委員會编:《欧洲模倣ヲ非トスル说》,《井上毅伝》(史料篇第一),国学院大学图书馆,1966年,第51页。
　　③ 井上毅傳記編纂委員會编:《儒教ヲ存ス》,《井上毅伝》(史料篇第三),国学院大学图书馆,1969年,第499~500页。
　　④ 井上毅傳記編纂委員會编:《教導職廃止意見案》,《井上毅伝》(史料篇第一),国学院大学图书馆,1966年,第389页。
　　⑤ 皇典講究所編:《皇典講究所五十年史》,皇典講究所,1932年,第116~121页。

容歪曲之明文与事实,亦是两千五百年来历史之结果"。①实际上,他这里所说
的天皇统治方式,并非单纯复古的天皇统治,而是在他对近代宪法的认识基础
上的。他认为宪法的基本原则在于限制君权、赋予人民立法权、定宰相责任,
若宪法不明此义,"(民众)怨恨愤懑,结果或致法国大革命时民众拥立国宪之
骚乱"。②也就是说,在对近代宪法原则有所认知的前提下,井上毅"发现"了独
特的天皇统治方式,从而使西方宪政与日本传统相融合,进而标榜"我国宪法
非欧洲宪法之临摹,而是皇祖之不文宪法在今日之发展"。③

经过对外考察宪政、对内"发现"传统,1883年9月19日伊藤博文上奏制宪
方针:"我国古来万世一系天皇总揽万机,以万邦无比之国体为基础,举经国大
纲,明君民分义。"④一系列准备后,1886年6月,伊藤博文、井上毅、金子坚太郎、
伊东巳代治等开始起草宪法。几经修改,1889年2月11日"纪元节",明治天皇
颁赐《大日本帝国宪法》(即明治宪法)。其勅语中表示:"我祖我宗赖臣民祖先
之协力,肇造帝国,以垂无穷,乃神圣祖宗之威德,及臣民忠实勇武,爱国殉公,
成就光辉国史"。"朕及朕子孙将来依循宪法条章而行,重臣民之权利、财产安
全,并保护之。"⑤伊藤博文对宪法第一条解释道:"祖宗重天职",其统治非"一
人一家之私事,此乃宪法之依据",⑥即君民共守立宪政治与伦理道德。

近代日本在树立天皇权威的同时,以一君万民伦理道德为其政治之义,皇
权有所自制,避免随意发动与专断之失,宪政在此基础上展开。宪政与国体互
生共融,宪政因国体而被历史化、正当化,国体亦因宪政而有了顺时进步的"近
代化"色彩,如伊藤博文所言:"固有国体因宪法而愈益巩固"。⑦

明治宪法颁布后,藩阀政府主张"超然政治",以"至公至正"立于议会之外
施政,但其"至公至正"在议会多数决议面前显得说服力不足,对议员的争取和
笼络更显得切实可靠,政党人士开始入阁,甚至有短暂的隈板政党内阁(1898
年6月—11月)。宪政趋向深化,民众要求扩大选举权范围、明确大臣辅弼的政

① 清水伸:《明治宪法制定史》(中),原书房,1981年,第133~136页。
② 井上毅傳記編纂委員會編:《憲法意見控》,《井上毅伝》(史料篇第一),国学院大学图书馆,1966年,第94~95页。
③ 清水伸:《明治宪法制定史》(中),原书房,1981年,第133~136页。
④ 春畝公追頌会:《伊藤博文伝》(中卷),原書房,1970年,第365页。
⑤ 伊藤博文:《帝国宪法义解·皇室典范义解》,丸善株式会社,1935年,第3~5页。
⑥ 伊藤博文:《帝国宪法义解·皇室典范义解》,丸善株式会社,1935年,第11页。
⑦ 伊藤博文:《帝国宪法义解·皇室典范义解》,丸善株式会社,1935年,第10页。

治责任。随着宪政发展,"国体观念非单纯的法律观念,它有远超国法之价值",①国体亦愈显其价值。

二、大正德谟克拉西:民众的缺失与国体精神的强化

虽然明治立宪与国体互生,但二者并非一开始就充分结合,亦非此消彼长。通常认为,明治末期的民众参政扩大、政党发展以及随后的大正德谟克拉西有力地推动了近代日本的民主化进程,同时削弱了保守专制势力,但事实上,此时在宪政发展的表象之下,一君万民伦理道德与国体精神却得到了强化。

大正德谟克拉西(即大正民主运动)是指贯穿整个大正期(1912—1926年),涉及政治、文化等各个领域的运动与思潮,以"打破阀族、拥护宪政"为口号、民本主义为主要指导思想。一战之后,与世界革命风潮相呼应,普选成为其政治目标。大正德谟克拉西是民众对藩阀专制、政治特权的批判与反抗,要求确立责任政治、将民意更充分地反映在政治当中。如德富苏峰所说,"只有赖国民之力,得其奉戴,皇室才能安泰,其尊荣与天壤无穷",②此时,一君万民伦理道德为民众参政提供了正当性,宪政发展亦被视为有助于实现真正的天皇统治。在打破藩阀专制、反对政治特权之后,大正德谟克拉西的关键在于如何使天皇统治与持续扩大的民众参政相协调,而这一过程则呈现出了其特质——民众的缺失与国体精神的强化。

大山郁夫认为,社会生活不是理性的产物或契约的结果,而是出自人类原始本能的社交性,注重伦理关系、同类意识与共同利害等心灵上的冲动、以及家族与民族等血统意识,"物质需求应置于心灵需求之下,政治应服从于伦理"。③在他看来,反抗权威、否认特权之后,"如果没有东西来替代它们,社会则趋向解体",④希望德谟克拉西能够成为替代权威与特权的社会结合力、伦理之力。室伏高信亦认为:"现在应摆脱对法国大革命的憧憬之心、对英国自由主义传统的赞美之情",理想的德谟克拉西是"从个人到协同、从权利欲求到自

① 美濃部達吉:《憲法講話》,有斐閣,1912年,第75頁。
② 德富猪一郎:《尊皇的普通選舉》,《蘇峰叢書 第3冊 国民と政治》,民友社,1928年,第201頁。
③ 大山郁夫:《国家生活と共同利害観念》,太田雅夫:《大正デモクラシー論争史》(下卷),新泉社,1971年,第18~19頁。
④ 大山郁夫:《社会改造の根本精神》,太田雅夫:《大正デモクラシー論争史》(下卷),新泉社,1971年,第481頁。

我牺牲",①抛却个人的利己欲望,才能实现机会平等与真正自由。

相比个人价值,大正德谟克拉西更关注社会秩序,这反映在政治制度上,便是对代议政治的怀疑。如浮田和民提出:"我们必须尽快摆脱对议会的讴歌与空想,无意义的代议政治绝不能使德谟克拉西获得创造性发展。"②通过对一战时各国的观察,他认为"即使是在民主主义国家,政治也是以国家为绝对目的","立宪君主制混合了国家主义与民主主义的长处,取舍了共和制的优缺点。我国体千秋万古如泰山之安、磐石之重,即在于国民养成立宪精神与宪政运用",③他以伦理道德、国家主义来牵制代议政治。

可以说,大正德谟克拉西论者是将国家作为内部没有利害对立、浑然一体的共同生活体,强调秩序、伦理道德与国家主义,山川均批判这是"在砂石上构建德谟克拉西"。④在普选与民本主义,大正德谟克拉西的这一特质表现得至为明显。

(一)普选与天皇统治的结合

一战爆发后,日本出现了"成金"风潮,物价飞涨,贫富差距拉大,1918年8月,富山县爆发"米骚动",民众积极展开普选运动。而政党最初认为民众智识水平尚低,不宜过早实施普选。但随着一战后世界革命与民主化风潮、以及日本民众对藩阀专制和政党腐败的不满等,政党转而支持普选。

在当时诸多普选理由之中,值得注意的是从天皇统治中引申出的普选正当性,其代表人物便是国体论者上杉慎吉。上杉慎吉从1916秋开始鼓吹普选,他认为日本的选举制度造成了民众缺乏民族主义意识,应尽快开展普选,"使国民参与议员选举,保障国策运行,这也是举国一致的重要条件"。⑤而且,他认为政党"毫无节操,唯利是图,愚弄国民,失去了立宪政治的本质",通过普选

---

① 室伏高信:《デモクラシーの新理想》,太田雅夫:《大正デモクラシー論争史》(下卷),新泉社,1971年,第382~383页。

② 浮田和民:《新民主主義の提唱と対国家問題》,太田雅夫:《大正デモクラシー論争史》(下卷),新泉社,1971年,第331~332页。

③ 浮田和民:《新民主主義の提唱と対国家問題》,太田雅夫:《大正デモクラシー論争史》(下卷),新泉社,1971年,第331~332页。

④ 山川均:《沙上に建てられたデモクラシー(大山郁夫氏の民本主義を評す)》,太田雅夫:《大正デモクラシー論争史》(下卷),新泉社,1971年,第23页。

⑤ 上杉慎吉:《國體精華乃發揚:真正日本乃建設・舉國一致乃提唱》,洛陽堂,1919年,第302~303页。

"扫除那些把政权作为私欲、阻碍国家发展、国民幸福之势力,实行公明政治,鬼魅魍魉无处容身",①使"亿兆国民之真心能够充分反映在天皇那里,国民之心日益同体",②普选被视为天皇统治的应有之意。

大正德谟克拉西的两大旗手——吉野作造、美浓部达吉都支持普选,但同时都反对以天赋人权作为普选的理由。吉野作造认为,"主权在民是绝对的或哲学上的民主主义,理论上将权力归于人民,它是对国家本质的抽象性思考",也是"我国所不能容忍的危险思想",其"缺点已被充分认知"。③他认为天赋人权论主张绝对自由平等下的生存权及劳动权,早已失去了理论根据,普选应有新的理由,即"国家乃个人集合体,我们在经营国家上要有积极责任,参政权就是个人对国家的责任分担"。④

美浓部达吉亦毫不吝惜对普选的批判,认为国民间的精神联络构成了国家单一体,"同时代的国民有共通目的、单一体之自觉,不同时代者之间亦然","无论强弱,任何国家皆如此"。⑤而普选在"理论上并非正当、实际上亦非最优",国民主权、天赋人权论已被认为是"根本错误的","人有天赋平等之权利,这是违反天赋性质的,个人天生的能力与见识极不平等","不应将哲学理论作为普选根据,今日各国的普选绝非基于此空论"。⑥

也就是说,近代日本的普选与天皇统治一致融合,而非对立。其普选不是指个人独立下的权利伸张和意志表达,而是基于共同生活体性质的政治职责,公务色彩浓厚。个人意志被消解在一君万民伦理道德之中,参政的民众越多,天皇统治则越显稳固。

(二)民本主义中民众的缺失

民本主义是大正德谟克拉西的主要指导思想,其基本内涵即是施政为民。事实上,大正德谟克拉西论者在高唱民本主义的同时,普遍对民众智识表示怀

---

① 上杉慎吉:《普通選挙の精神》,敬文館,1925年,第53頁。

② 上杉慎吉:《普通選挙の精神》,敬文館,1925年,第125~126頁。

③ 吉野作造:《ヘーゲルの法律哲学の基礎》,《吉野作造選集》(1),岩波書店,1996年,第26~29頁。

④ 吉野作造:《民本主義の意義を説いて再び憲政有終の美を済すの途を論ず》,《吉野作造選集》(2),岩波書店,1996年,第111頁。

⑤ 国分典子:《美濃部達吉の〈国家法人説〉——その日本的特殊性》,《法学研究》1993年第10期。

⑥ 美濃部達吉:《時事憲法問題批判》,法制時報社,1921年,第340~342頁。

疑。河上肇认为："舆论政治绝不是众愚政治,国家方针不应由多数众愚决定,而应基于少数贤者的无私判断。"①大山郁夫亦认为："自古以来,民众运动必须要有伟人指导,若没有强大组织力和统帅力的伟人指导,民众的希望终将落空,民众也会从乌合之众而走向骚乱。"②即便是被视为最具立宪性的吉野作造,其民本主义亦是如此。

吉野作造认为,"政治上的绝对自由并非使君主真的自由,而是以君主大权之名行贵族政治跋扈之实,这会导致人们对贵族政治的不满累及皇室,危害国家前途"。③他认为,国体"不只是法律上的主权在君,更是道德上君主与人民间微妙的情谊关系。尊崇皇室为民族之宗,使国民精神以皇室为中心实现团结,这是我国独有的、冠绝万国之特长,正因为此,我国君主作为主权者地位才最巩固"。④因此在他看来,民众参政并不会根本上冲击到以皇室为中心的国民团结,民本主义与国体并不相悖,且更能强固国体观念。因为,"形式上说,立宪政治是国民舆论支配政治家,但实质精神上,它是少数贤者指导国民"。理想的立宪政治便是"少数贤者指导国民精神,君主立于之上,成为道德感化的中心,其地位、人格受国民尊崇的"。"若(君主)滥用法律地位,干涉细微政治问题,卷入政治漩涡,决不能维持其尊严。君主不轻易使用法律地位,常事依于人民,则是一种趣意。"⑤

也就是说,即便是立宪政治下,多数民众仍需要有见识和能力的少数贤者做指导,"若政界被众愚盲动所支配的话,国家就不可能健全发展","政治上的民本主义与精神上的英雄主义浑然一体,宪政之花才能绽放","缺乏指导的平民容易陷入盲动和革命暴虐,从而使国家涂炭苦难,如革命时期的法国,或者无节操的众愚被少数奸雄操纵利用,国民全体利益受到蹂躏,如现在的墨西

---

① 河上肇:《民本主义とは何ぞや》,太田雅夫:《大正デモクラシー論争史》(上巻),新泉社,1971年,第64頁。

② 大山郁夫:《政治的機会均等主義》,太田雅夫:《大正デモクラシー論争史》(上巻),新泉社,1971年,第384頁。

③ 吉野作造:《民本主義と国体問題》,太田雅夫:《大正デモクラシー論争史》(上巻),新泉社,1971年,第57頁。

④ 吉野作造:《民本主義と国体問題》,太田雅夫:《大正デモクラシー論争史》(上巻),新泉社,1971年,第57頁。

⑤ 吉野作造:《民本主義と国体問題》,太田雅夫:《大正デモクラシー論争史》(上巻),新泉社,1971年,第55~56頁。

哥"。①"若国民接受伟大精神的指导,并且能够体会其精神的话,就可以实行有民众监督的政治,这才是健全的民众政治。"②而且,在吉野作造看来,民本主义并不意味着民众对所有政治问题都要有积极的独立意见,直接参与国政的人向民众阐述自己的观点和政见,以征求民众支持,而民众在聆听各方主张后冷静判断,被动地判断各方政见就可以了。因为"只要具备了一定教育和普通常识,任何人都可以做出判断,民众不必就每个问题都有自己独自的积极政见"。③吉野作造虽以舆论政治为重,但其舆论政治非在于民众自身。他强调多数民众与少数贤者的调和,以及少数贤者处于实质性的支配地位,民众处于被动位置。

表面上看,大正德谟克拉西要求扩大民众参政、确立责任政治,主张普选,这有助于政党发展、推动宪政深化,但在一君万民伦理道德下,民众参政所释放出的政治能量由此被导向天皇统治,造成了民众的缺失与国体精神的强化,山川均认为这是"德谟克拉西的烦闷"。④而正是这一烦闷,使大正德谟克拉西与随后的"国体明征运动"、法西斯统治有了连通之可能。

三、宪政危机的克服与"国体明征"的吊诡

在大正德谟克拉西的推动下,越来越多的民众参政并释放出政治能量,当有政党或其他政治势力疏导这些政治能量、并承担其政治责任时,可使天皇统治趋于安泰、国体得到维持。但在一君万民伦理道德下,妨碍君民一体的政治势力会受到批判和质疑。当国体精神强化、宪政与国体充分结合,这种批判和质疑会更强烈。但是,若没有政治势力承担责任,一君直面万民,民众参政所释放出的政治能量会强烈冲击天皇统治,使宪政与国体遭遇危机。这一吊诡在大正德谟克拉西之后愈加明显,并在"国体明征"运动前后达到了高潮。

1924年6月,宪政会、政友会、革新俱乐部三派联合组阁,近代日本终迎来政党政治期。翌年5月实现了普选,选民人数激增至1240万人左右,约占总人

---

① 吉野作造:《憲政の本義を説いて其有終の美を済すの途を論ず》,《吉野作造選集》(2),岩波書店,1996年,第50~53頁。
② 吉野作造:《現代の政治》,実業之日本社,1916年,第35頁。
③ 吉野作造:《憲政の本義を説いて其有終の美を済すの途を論ず》,《吉野作造選集》(2),岩波書店,1996年,第49頁。
④ 山川均:《吉野博士及北教授の民本主義を難ず(デモクラシーの煩悶)》,太田雅夫:《大正デモクラシー論争史》(下巻),新泉社,1971年,第192頁。

口的20%。然而仅8年时间，以1932年"五一五事件"为契机，[①]政党政治便告结束，由于选举腐败，政党、议会受到强烈批判，宪政遭遇危机。随后5月26日，海军大将斋藤实组成"举国一致"内阁。

面对"举国一致"的长期化趋势，曾支持政党内阁的美浓部达吉明确反对政党组阁，否定政党组阁的能力，主张强化内阁制度，避免行政决策受内阁频繁更迭的影响。1932年10月，他提出："议会并不直接施政，而是通过支持或打倒内阁来间接影响政治。宪政中真正的中心势力是内阁而非议会，宪政是否良善在于内阁组织是否健全。""将来宪政发展的中心问题是内阁制度，净化议会、修改选举制度、保障官吏身份等都是次要问题。"[②]

美浓部达吉把宪政分为政党内阁和非政党内阁两种形式，在政党政治结束后，他认为只能组成非政党内阁，但非政党内阁的最大弱点是缺乏议会的支持，因此内阁常以不正当手段与政党妥协，这会导致政界堕落。那么，"挽救其弊的唯一途径是政党抛却政权之念，基于批判地位而公正监视内阁施政。只要内阁无大局错误，政党即应给与援助"。因此，他希望此时"政党抛却政权之念，援助内阁，协力救国，这样才能使政治安定"，[③]进而提出了由政党、军部、实业界、劳动者代表组成的"圆桌巨头会议"构想，以此确立财政政策。

美浓部达吉之所以会提出"圆桌巨头会议"，这与他的明治宪法解释密切相关。他认为"国民不能构成统一意志，不能以自己意志将权利、权能委任给议员。选举仅止于选定何人为议员，而非委任权能之行为。议会权能是由宪法而获得的，非由他人授权"，[④]议会依据其自身意志行使权能，独立决议，不受他者约束。在他看来，议会决议在国法上被视为国民意志，但这"并不是说已经存在的国民意志通过议会来表达，而是说议会决议在国法上被视为国民意志。国民本身没有意志能力，只有通过议会，国民才能成为国法上的意志主体"。[⑤]因此，"选举与代表之间无任何法律上的直接关系，议会不只代表选民。即使议员不是由全体国民选出，仍无妨其代表国民"，"通过选举产生出代表关

① 五一五事件：1932年5月15日，海军少壮派军人为主发动政变，袭击首相官邸、警视厅、内大臣邸、政友会总部以及东京周边变电所等，犬养毅首相被杀。
② 美濃部達吉：《議会政治の検討》，日本評論社，1934年，第20页。
③ 美濃部達吉：《議会政治の検討》，日本評論社，1934年，第28~29页。
④ 美濃部達吉：《憲法撮要》，有斐閣，1932年，第347~348页。
⑤ 美濃部達吉：《憲法撮要》，有斐閣，1932年，第348~349页。

系,这只是政治理念而非法律观念"。①只要有议会存在,无论任何情况下,国民意志都会在国法上得到表达,从而使政治有了立宪性,内阁与议会内多数的关系如何,就不再是重要的了,这也就为"圆桌巨头会议"提供了正当性支持。

也就是说,为了克服政党政治结束后的宪政危机,美浓部达吉提出了"圆桌巨头会议"。然而,此时日本已实施普选,有更多的民众参政,"圆桌巨头会议"与议会内多数无关,其组阁的正当性仍会受到质疑。为强化和维持"圆桌巨头会议"的正当性,就需要强化推荐首相的人——即元老、重臣的责任,而这种强化政治特权的倾向与大正德谟克拉西精神有些相悖。而且,大正德谟克拉西要求民意充分反应在政治当中,实现君民一体,但美浓部达吉以法定权限解除来自民众的政治压力,这无疑是对民众政治力的压抑和冷却,使天皇统治在一君万民伦理道德上的政治免责与担保受到削弱,有隔离君民之嫌。

1935年2月18日,陆军中将、议员菊池武夫在贵族院会议上攻击美浓部达吉的天皇机关说为"叛逆思想","破坏了金瓯无缺之皇国国体"。②随后,民间右翼团体和在乡军人会掀起了全国性的反对运动。4月23日,在乡军人会本部发布《关于大日本帝国宪法解释的见解》,强调"全体国民以天皇为中心,浑融一体,国家乃永久发展之生命体"。③为平息事态,冈田启介内阁在8月、10月先后两次发布"国体明征"声明。

某种意义上说,所谓"国体明征"运动,正是在承续了大正德谟克拉西的脉络中对美浓部达吉展开批判。例如,山崎又次郎批判美浓部达吉只看法律关系而忽视了政治性权力:"(国家法人说)作为脱离事实的概念论,从法与正义出发,但实际上却往往无视和破坏法与正义。"④"国家内部有非常复杂的利益关系,它是多种利益团体相结合的复合体",因此"政治性权力是必要的",由此"从国家整体上增进个人或团体的安宁福祉"。⑤

究其实质,"国体明征"运动欲使宪政与国体完全一致,以一君万民来克服宪政危机。里见岸雄认为:鉴于日本国体,"天皇大权不是游离于道德、民族、

① 美濃部達吉:《議会制度論》,日本評論社,1948年,第77頁。
② 宮沢俊義:《天皇機関説事件:史料は語る》(上),有斐閣,1997年,第74頁。
③ 帝国在郷軍人会本部:《大日本帝国憲法の解釈に関する見解》,軍人会館本部,1935年,第12頁。
④ 山崎又次郎:《国体明徴を中心として帝国憲法を論ず》,清水书店,1935年,第93~94頁。
⑤ 山崎又次郎:《国体明徴を中心として帝国憲法を論ず》,清水书店,1935年,第77~79頁。

社会、国民精神的一纸法文、一条权力,只以法律不能全面完整地理解天皇大
权"。①因此,"在社会爱的基础上,基于日本国体的构造,天皇与臣民通过命令
服从、统制扶翼、指导奉教、慈民归一、祈祷报恩等精神而一致实施政治行动,
其中心便是天皇政治。从道的观念来说,即皇道政治,从国体上说,即国体政
治"。②亦如中谷武世所言:"国体是派生和发现一切法、制度、组织、法律、典章
的原理与法源,因此,日本的宪法学、国法学及国家学都应是国体学。"③1938年
12月,国体明征派召开时局协议会,标榜"纯正的护宪运动":"宪政是天皇统治
之大道,亦是皇运扶翼之臣道规范,显扬肇国本然之日本主义","帝国议会作
为政治运行机关应恪遵于此,通过立法预算翼赞宏谟,作为臣道躬行之神圣殿
堂","日本主义扫荡功利主义,充分发挥议会、行政、司法机能,政治与国体相
合,才能实施国策、打开局面,谋得国民生活安定",因此,"基于日本主义才能
确立宪政"。④

可以看出,美浓部达吉与"国体明征"运动都欲克服宪政危机,也都反对
政党政治,希望政府决策不受议会内政争及民众压力的影响,谋求强力内阁。
但二者有根本区别,美浓部达吉主张强化内阁及元老、重臣的责任,将议会作
为法定国民代表机关,仅止于监督地位。"国体明征"则欲通过国民对天皇的
情感、一君万民伦理道德来解释宪法,强调全体国民的辅弼之责,议会成为连
接君意民心的通道、实现国体精神的首要辅弼机关。如佐藤清胜所说,"天皇
之心即臣民之心,臣民之心也就是天皇之心。天皇与臣民是同一生命,同心
一体"。⑤

"国体明征"欲实现一君万民政治,积极恢复民众对议会的信心,实则是为
强化天皇权威,为内阁提供最广泛的民众支持,号召民众参政,最终也只是对
民意的压抑与无视。然而,如上所说,随着一君万民伦理道德与国体精神的强
化,君民更趋一体,二者不再是单纯统治与被统治的对立关系,而是亲密无间
的,天皇成为公平无私之存在,没有"私意私欲"。这样一来,任何个人、政治势

---

① 里見岸雄:《国体宪法学》,二松堂书店,1935年,第363页。
② 里見岸雄:《国体宪法学》,二松堂书店,1935年,第363页。
③ 中谷武世:《美濃部学説的思想的背景》,《维新》1935年4月号。
④《ファッシズムの理論》,今井清一他编:《現代史資料四　国家主義運動一》,みすず書房,
1963年,第259~261页。
⑤ 佐藤清胜:《美濃部達吉博士の日本憲法論批判》,東亞事局研究会,1934年,第17頁。

力都可能成为妨碍君民一体的"幕府""奸侧",原本欲求广泛民众支持的强力内阁亦会受到批判,越多民众参政,对内阁的这种批判力就会越强。但如果缺少政治主体承担责任,"万民"参政(辅弼)所生发出的政治能量会冲击"一君","不逞之徒趁此间隙,虽口称'万民翼赞',实则违反宪法、紊乱朝宪,甚至有变革国体之可能"。①因此,实现一君万民政治,需有承担责任的政治主体。而无论任何人或团体作为这种政治主体,都会有可能被批判为"幕府""奸侧",这一吊诡在随后的大政翼赞体制中充分表现了出来。

1940年8月28日,近卫文麿首相发表新体制构想:"超越自由主义下的多元性政党政治,其本质是举国性的、全体性的和公共性的",是"公益优先的超政党国民运动","不允许部分的、对抗的和竞争性的政党运动"。②10月12日,大政翼赞会成立,近卫文麿首相出任总裁。由于《大政翼赞运动规约》规定其总裁与首相一致,议会及舆论批判大政翼赞会有"违宪嫌疑"。1941年1月的第76回议会(又称"翼赞议会")上,议员对其人员构成、宪法地位及其性质等问题进行了讨论。鉴于此,近卫文麿内阁不得不在1941年4月2日改组大政翼赞会机构,废止了政治性强的政策局、企划局以及议会局。

1941年10月16日,现役陆军大将东条英机组阁。翌年2月,以阿部信行大将为首成立了翼赞政治体制协议会,实施"推荐选举制"。随着"东条独裁"的强化、以及战局的走向,右翼团体批判东条英机内阁有悖君民一体国体精神,例如中野正刚表示:"天皇非以严法酷罚号令民众的专制国皇帝,而是长期苦心志、劳身骨、磨圣德、冒艰险,成为躬行实践的人格模范";"以'非常时'为借口,通过行政抹杀政治力,使社会丧失活力、民众沉沦,这决非日本传统的指导精神"。③1944年1月末,近卫文麿等重臣开始倒阁运动,7月22日,东条英机内阁辞职。

结　语

明治维新后,新政府积极塑造天皇权威,同时为其"免责减负",将一君万民伦理道德纳入国体叙述,国体与宪政互生共融,民众参政有了持续扩大之可

---

① 山崎又次郎:《新体制の基礎帝国憲法論》,清水書店,1943年,第269頁。
② 大政翼贊会奈良県支部:《翼贊綱要》,大政翼贊会奈良県支部,1941年,第23~27頁。
③ 中野正剛:《戦争に勝つ政治》,東方会,1942年,第10~12頁。

能,并采取职能性分权与大臣辅弼。随着宪政深化,大正德谟克拉西反对藩阀专制、政治特权,在天皇统治与普选、民本主义相融合的过程中,却造成民众的缺失与国体精神的强化。经过八年短暂的政党政治期,1935年"国体明征运动"承续大正德谟克拉西所释放出的政治能量,使宪政与国体充分融合,强化议会沟通君意民心的机能,实现一君万民政治并欲克服宪政危机,但随后展开的大政翼赞体制充分显示出了一君万民政治的吊诡之处。

从争取政党政治到反对政党组阁,近代日本的宪政在不同阶段有着不同表现,其基本内涵则是皇权自制、使民意反映在政治之中。同时,从穗积八束到美浓部达吉、再到"国体明征运动",近代日本的国体在不同阶段亦有不同表现,其基本趋势则是伦理道德与政治权力逐渐融合。其宪政与国体并非对立,而是在一君万民伦理道德下互相支撑。吊诡的是,欲达成宪政,需有政治主体来承担责任,但随着一君万民伦理道德的强化,任何政治主体都可能被批判为"幕府""奸侧",这就使宪政难以维持。如果没有宪政、缺乏政治主体连接君民,天皇将直面万民参政之冲击,被暴露在政争与决断面前,国体亦将处于危境。所谓一君万民伦理道德,它既是近代日本宪政与国体之基础,又在内部对二者有所破坏,一君万民之理想得到的却是无君无民之混迷,民众充分参政的结果却是权力对民众自身的压抑。

本文原刊载于《北华大学学报》(社会科学版)2022年第5期,得到了国家社会科学基金项目"制宪权视角下象征天皇制与神权天皇制间的断裂与连续研究"(18CSS027)的资助。

作者简介:

张东,1984年生,男,河南许昌人,南开大学日本研究院副教授,研究方向为近现代日本政治史。在河南师范大学社会发展学院、东北师范大学历史文化学院、南开大学日本研究院分别获得学士、硕士、博士学位。博士毕业后曾在东北师范大学世界史博士后流动站、中山大学历史学系工作。曾出版专著两本,主持国家社科基金、教育部人文社科基金、中国博士后科学基金项目各一项,在《世界历史》《史学集刊》等刊物发表论文十数篇。

编 后 记

继 2019 年出版的 19 卷《百年南开日本研究文库》（以下简称"文库"）之后，再编辑出版《南开史学百年文存·日本卷》（以下简称"文存"），我认为也是很有意义的。

因为我们不仅可以从这本"文存"看出日本研究在南开史学中的一些样子，而且它还可以弥补"文库"的不足。比如收入本"文存"中的熊沛彪和王蕾都是曾经在南开大学工作过的日本研究学者，徐思伟、王美平、张展是在南开大学历史学院工作的日本史研究学者，张东、程蕴、丁诺舟等年轻教师以及万亚萍、田妍两位博士后研究人员，这些人的论著都没有收入"文库"，而他们都是南开日本研究的重要力量。

"文存"的编辑，内容上，按照相关研究者每人一篇的原则，在世的学者基本上都是自选的，过世的学者大都是我选的。收录的 31 篇文章，均是已经发表过的，目录是按照发表的先后顺序编排的。1949 年之前，只收录蒋廷黻和张伯苓各一篇，蒋廷黻的《中日俄与东三省》一文，邓丽兰、刘依尘编的《蒋廷黻文集》（南开大学出版社，2019 年）中未见，我将此文收到了刚刚出版的《南开日本研究》2023 年第 1 辑（总第 28 辑）中，遗憾的是有删节。张伯苓的《日本研究谈》对我们今天日本研究的重要意义，我在很多场合都讲过。读者想了解 1949 年之前南开日本研究的状况，可以参见"文库"中我编的《南开日本研究（1919—1945）》（南开大学出版社，2019 年）。

本"文存"中的文章，有一些因为发表的时间比较早，注释不太符合现在出版社要求的规范，比如吴廷璆先生的文章《大化改新前后日本的社会性质问题》发表在 1955 年 10 月《南开学报》的创刊号上，我尽可能增补了注释中的相关书志学信息，有些目前一时无法核查的，只好保持原状了。注释中的日文文献，原文发表时是日文的，保留日文；原文发表时是中文的，保留中文。还有，一些文章中的有些"表述"，出版社认为不符合当下的"要求"而做了尽可能接近原意的修改，这也是我这个编者无可奈何的事。好在每篇文章都是已经发表过的,有兴趣的读者,如果和原文对照着看,也可能会觉出蛮有意思的。

昨天,责任编辑王湉湉老师冒着酷暑送来一叠厚厚的二校样稿,很认真地逐一和我讨论文稿中的相关问题,对一些"老先生"的文章,我尽可能"亲自"查阅、处理,一些年轻朋友的文章,我就直接扫描了寄给他们,"问题"较多的,为了提高效率,就只好请与出版社直接联系了。湉湉老师说,还需要我写一篇编后记,为此做了上述简要的说明。日本研究院资料室的郑昭辉老师在收集资料和初稿编排方面做了大量工作,在此一并表示感谢!

刘岳兵

癸卯小暑(2023年7月7日)

于南开大学日本研究院307室